유통관리사

3급 10개년 기출문제해설

시대에듀

Always **with you**

사람의 인연은 길에서 우연하게 만나거나 함께 살아가는 것만을 의미하지는 않습니다.
책을 펴내는 출판사와 그 책을 읽는 독자의 만남도 소중한 인연입니다.
시대에듀는 항상 독자의 마음을 헤아리기 위해 노력하고 있습니다. 늘 독자와 함께하겠습니다.

유통관리사 자격증,
기출문제 풀이로도 합격이 가능할까

유통관리사는 모두 객관식이라는 장점은 있지만 쉽게 합격하기는 어려운 시험입니다. 응시자 중 어떤 사람은 1주일 만에 합격했다는 사람도 있고, 한 달 만에 합격했다는 사람도 있습니다. 이렇게 단기간에 합격한 경우는 대부분 용어들과 이론에 익숙한 관련 학과 전공자이거나, 관련 업종에서 근무한 적이 있는 사람일 것입니다.

유통관리사 자격시험은 기출문제만 보아서는 합격할 수 없습니다. 그러나 기출문제가 공부를 하는 데 가장 기본이 되는 것임에는 틀림이 없습니다. 기출문제 경향을 알아야 효과적인 공부를 할 수 있기 때문입니다. 단기간에 자격증을 취득하려는 분들이 좀 더 시간을 단축할 수 있는 가장 효과적인 방법은 기출문제를 보면서 관련 이론을 찾아 공부 하고, 비슷한 유형의 문제를 모아 공부하는 것입니다. 2015년부터 2024년까지의 총 10개년 기출문제를 통해 지문의 유형과 문제 형식을 파악해둔다면 어렵지 않게 합격할 수 있습니다.

시대에듀의 유통관리사 집필진들은 자신감을 가지고 이 책을 펴냅니다. 유통관리사 자격시험을 준비하는 수험생 여러분들에게 희망이 될 수 있기를 바랍니다.

집필진·편집진 일동

주 관
산업통상자원부

시행처
대한상공회의소

응시자격
제한 없음

검정기준
유통에 관한 전문적인 지식을 터득하고 관리업무 및 중소유통업 경영지도의 보조 업무 능력을 갖춘 자

합격기준
매 과목 100점 만점에 과목당 40점 이상, 전 과목 평균 60점 이상

가점 부여기준
유통산업분야에서 2년 이상 근무한 자로서 산업통상자원부가 지정한 연수기관에서 30시간 이상 수료 후 2년 이내 3급 시험에 응시한 자에 대해 10점 가산

2025년 시험일정

회별	등 급	원서접수	시험일자	발표일자
1회	2·3급	04.10 ~ 04.16	05.03	06.03
2회	1·2·3급	08.07 ~ 08.13	08.30	09.30
3회	2·3급	10.30 ~ 11.05	11.22	12.23

※ 시험일정은 변경될 수 있으니 시행처의 확정공고를 확인하시기 바랍니다.

원서접수방법
인터넷 접수 – 대한상공회의소 자격평가사업단(http://license.korcham.net)

1과목 유통상식

대분류	중분류	세분류
유통의 이해	유통의 이해	• 유통의 기본개념과 기초 용어 • 유통산업의 환경과 사회적, 경제적 역할 • 도소매업의 유형과 특징 • 도소매업의 발전추세 • 유통업태의 유형과 특성
판매원의 자세	판매원의 자세	• 판매의 개념 • 판매원의 자세와 마음가짐 • 판매원의 역할 • 판매원과 고객과의 관계
직업윤리	인간과 윤리	• 윤리의 개념 • 윤리의 기능과 성격
	직업과 직업윤리	• 직업윤리의 개념과 성격 • 직업윤리의 필요성과 중요성 • 직업윤리의 특성
	상인과 직업윤리	• 상인의 지위 • 상인의 윤리강령과 거래수칙
	양성평등의 이해	• 사회발전과 성역할의 변화 • 양성평등에 대한 이해
유통관련법규	유통산업발전법	• 유통산업발전법에서 규정하는 용어의 정의 • 유통산업시책의 기본방향 • 체인사업 관련 규정 • 상거래질서
	소비자기본법	• 소비자의 권리와 책무 • 소비자단체 • 소비자안전 • 소비자분쟁의 해결
	청소년보호법	• 청소년보호법에서 규정하는 용어의 정의 • 청소년유해매체물의 청소년대상 유통규제 • 청소년유해업소, 유해물 및 유해행위 등의 규제

2과목 판매 및 고객관리

대분류	중분류	세분류
매장관리	상품지식	• 상품의 이해 • 상품분류 및 상품구성(진열) • 브랜드의 이해와 브랜드전략 • 디스플레이와 상품연출
	매장의 구성	• 매장 레이아웃 계획 및 관리 • 매장 공간 계획 및 관리 • 매장 환경 관리 • 온라인 쇼핑몰 구성 및 설계 • 온라인 쇼핑몰 UI, UX
판매관리	판매와 고객서비스	• 고객서비스의 특징 • 고객서비스와 고객행동 • 고객서비스의 구조와 품질 • POS의 이해와 활용 • 판매의 절차와 특성 • 정산관리 • 디스플레이 기술과 응용 • 상품에 대한 지식과 판매전략
	촉진관리	• 촉진관리전략의 이해 • 프로모션믹스 관리 및 전략적 활용 • 접객판매기술 • POP 광고(구매시점 광고)
	고객만족을 위한 판매기법	• 고객유치와 접근 • 고객욕구의 결정 • 판매제시 • 상품포장 • 판매 마무리 • 고객유지를 위한 사후관리
고객관리/응대	고객의 이해	• 고객의 욕구와 심리 이해 • 고객의 유형분석과 구매행동 • 고객관계관리(CRM)
	고객응대	• 고객응대 및 접객화법 • 커뮤니케이션 • 전화응대 예절과 고객칭찬 • 고객만족과 충성도 관리
	고객의소리 관리	• 고객의소리(VOC) 대응 및 관리 • 고객불만 대응 및 관리

2023년 유통관리사 3급 최종 합격 후기입니다.

- 시험일 : 2023년 5월 13일
- 취득일시 : 2023년 6월 13일
- 공부기간 : 5일
- 공부방법 : 10개년 기출 1회독 + CBT 모의고사
- 학습도서 : 유통관리사 3급 10개년 기출문제해설(시대고시기획)

상식 수준의 배경지식을 가지고 공부를 시작해 걱정은 되었지만 3급은 상식 수준으로도 풀 수 있는 문제가 많았습니다.

제 공부방법은 아래와 같습니다.

1. 첫날 기출문제 10개년 정답에 전부 체크(∨) 표시를 한다.

2. 앞쪽부터 문제에서 묻고자 하는 핵심 단어와 정답, 해설에 적힌 핵심 근거에 형광펜 표시를 한다.

3. 집중력이 좋은 날은 3개년, 집중력이 안 좋은 날은 2개년치에 해당 작업을 한다(총 10개년을 4일 동안 진행).

4. 시험 전날 CBT 모의고사를 전체 문제 범위로 풀어본다.

5. CBT 모의고사에서 틀린 문제 중 기출문제집에 있는 것을 따로 표시를 하고, CBT 문제풀이 기록에서 틀린 문제 확인 후 문제집 해설과 CBT 해설을 보며 복습한다.

6. 시험 당일 시험장 입실 전에 틀린 문제들에서 물어보는 개념들과 느낌상 잘 나올 것 같은 암기요소 (SWOT, 4P 등)를 반복 숙지한다.

유통관리사가 문제은행방식이었다면 그냥 문제-답 해가며 달달 외웠겠지만, 문제은행 방식이 아니었기 때문에 최대한 해설을 중심으로 짧고 간결하게 공부하는 전략을 세웠습니다.

기출에 정답표시를 하고, 형광펜으로 핵심내용 줄긋기를 하다보면 자주 등장하는 문제들이 보이는데, 그런 문제들은 머릿속에 기억하고 있다가 다시 나오면 앞에서 어떤 식으로 나왔었는지 최대한 생각했습니다.

시험 전날에는 CBT 모의고사로 내가 아는 것과 모르는 것을 확실하게 구분했고, 모르는 것들로만 공부범위를 줄여 해당 내용을 암기했습니다.

자격증 공부 요령이 있으신 분들은 1주 이내에, 요령이 없더라도 이 글을 비롯한 다른 합격수기들을 찾아보며 공부방법을 정립한 후 공부하면 2-3주 안에 합격이 가능하다고 생각합니다.

비전공자인 제가 해냈으니 여러분도 할 수 있습니다!

1과목 유통상식

출제영역	2020	2021	2022	2023	2024	합 계	비율(%)
제1장 유통의 이해	18	14	23	21	22	98	32.7
제2장 도·소매업의 이해	16	18	15	12	8	69	23
제3장 판매원의 자세	13	18	14	13	12	70	23.3
제4장 직업윤리	6	6	4	9	11	36	12
제5장 유통관련법규	7	4	4	5	7	27	9
합 계(문항 수)	60	60	60	60	60	300	100

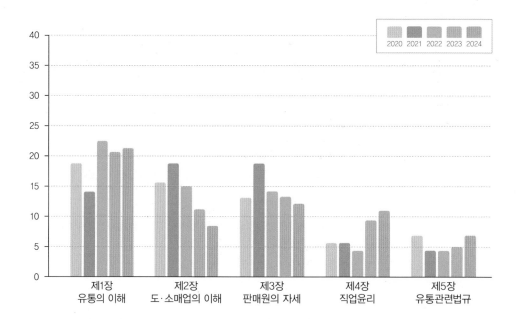

영역별 평균 출제비율

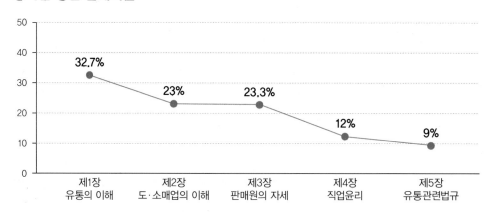

2과목 판매 및 고객관리

출제영역	2020	2021	2022	2023	2024	합 계	비율(%)
제1장 매장관리	33	27	27	26	31	144	38.4
제2장 판매관리	30	31	39	36	28	164	43.7
제3장 고객관리와 응대	12	17	9	13	16	67	17.9
합 계(문항 수)	75	75	75	75	75	375	100

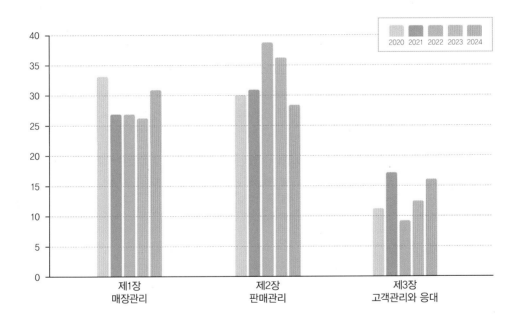

영역별 평균 출제비율

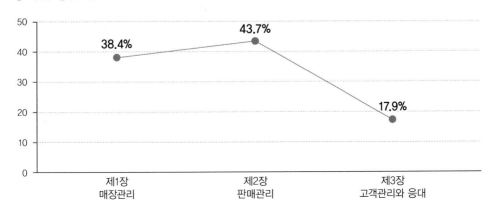

1과목 유통상식

1장 유통의 이해

1과목에서 출제비중이 가장 높은 부분으로 유통경로의 필요성과 유통경로별 특성 구분, 최근 유통환경의 변화 등을 중점적으로 학습해야 합니다. 최근에는 물류와 관련된 문제도 간혹 출제되고 있으니 이러한 출제경향을 파악하여 물류와 관련된 기출 이론을 함께 학습해 두면 좋습니다.

2장 도·소매업의 이해

1장에 이어서 출제비중이 역시 높은 부분으로 소매업과 도매업이 수행하는 기능에 대한 구분, 도매기관의 종류, 유통업태 및 신유통업태 각각의 특징에 대해 중점적으로 학습해야 합니다.

3장 판매원의 자세

판매원이 갖춰야 할 기본적인 태도와 판매기술, 매장 내에서의 역할에 대해 학습해야 하는 부분으로 내용은 그리 어렵지 않기 때문에 기본적인 내용만 훑으면서 학습해도 충분히 문제를 해결할 수 있습니다.

4장 직업윤리

출제비중이 낮기 때문에 이론적으로 그리 중요하게 다루지 않아도 되는 부분입니다. 주로 기업윤리와 판매원의 윤리에 대해 출제되며 문제 난이도 또한 낮은 편에 속합니다.

5장 유통관련법규

최근 시험에서는 출제비중이 다소 낮아져 유통산업발전법, 소비자기본법, 청소년보호법 등에서 주로 문제가 출제되지만 종종 '방문판매 등에 관한 법률', '양성평등에 관한 법률'과 같이 생소한 법에서 출제되기도 하니, 최근 기출문제 경향을 파악하여 공부해 두는 것이 좋습니다.

2과목 판매 및 고객관리

1장 매장관리

브랜드의 특성과 '편의품, 선매품, 전문품'에 대한 구분, 진열과 디스플레이, 레이아웃 방식이 자주 출제되는 부분입니다. 출제비중이 다소 높기 때문에 자주 출제되는 이론을 중심으로 충분히 학습해야 합니다.

2장 판매관리

2과목에서 출제비중이 가장 높은 부분입니다. 서비스의 특성 및 서비스품질 측정모형, 상품 특성에 대한 판매 전략, 바코드와 POS 시스템, 촉진관리 전략 등에서 자주 출제됩니다. 특히 POS 시스템에 대해서는 과목을 넘나들며 1과목에서도 간혹 출제되고 있기 때문에 잘 알아두어야 하는 이론입니다.

3장 고객관리와 응대

고객관계관리(CRM)와 고객충성도관리, 고객의 소리(컴플레인) 처리 방법에 대해 주로 출제됩니다. 다른 장에 비해 출제비중이 낮은 편이며 난이도 또한 어렵게 출제되지 않는 편이지만 기본적으로 중요한 내용은 숙지하면서 학습해야 합니다.

이 책의 차례 CONTENTS

빨리보는 간단한 키워드

기출문제로 점검하는 유통관리사!

이 책의 차례 CONTENTS

DISTRIBUTION MANAGER

빨간키

빨리보는 간단한 키워드

시험직전까지 외우고, 또 외울 핵심요약노트

1과목 유통상식

2과목 판매 및 고객관리

유통기구
유통기능을 수행하는 사회적 기구

유통경로
고객이 제품이나 서비스를 사용 또는 소비하는 과정에서 참여하는 상호의존적인 조직들의 집합체

유통산업의 역할
- **사회적 역할** : 소비문화의 창달, 풍요로운 국민생활에 공헌
- **경제적 역할** : 생산자와 소비자 간 매개역할, 산업발전의 촉매역할, 고용창출 역할, 물가조정 역할

유통경로의 기능
- 생산자와 소비자 연결
- 거래의 촉진
- 제품구색 불일치 완화
- 거래의 표준화
- 고객서비스 향상
- 상품, 유행, 생활정보 제공
- 쇼핑의 즐거움 제공

유통환경의 변화 요인
- 인구통계적 특성의 변화
- 사회·문화적 특성의 변화
- 소비자 특성의 변화
- 경쟁 및 기술 환경의 변화
- 법적·제도적 환경의 변화

중간상의 필요성
- 총 거래 수 최소 원칙
- 분업의 원리
- 변동비 우위의 원리
- 집중준비의 원리

유통경로의 효용

- **시간 효용(Time Utility)** : 재화나 서비스의 생산과 소비 간의 시차를 극복하여 소비자가 재화나 서비스를 필요로 할 때 이를 이용 가능하도록 해주는 효용
- **장소 효용(Place Utility)** : 지역적으로 분산되어 생산되는 재화나 서비스가 소비자가 구매하기 용이한 장소로 전달될 때 창출되는 효용
- **소유 효용(Possession Utility)** : 생산자로부터 소비자에게 재화나 서비스가 거래되어 그 소유권이 이전되는 과정에서 발생되는 효용
- **형태 효용(Form Utility)** : 대량으로 생산되는 상품의 수량을 소비자가 원하는 적절한 수량으로 분할·분배함으로써 창출되는 효용

유통경로 길이의 결정요인

제품특성, 수요특성, 공급특성, 유통비용구조

유통경로상에서의 흐름

- 소유권의 흐름
- 재화의 흐름
- 촉진의 흐름
- 정보의 흐름
- 대금결제의 흐름

중간상의 분류기능

- **분류(Sorting Out)** : 이질적인 제품들을 크기나 품질 등의 기준을 통해 동질적인 집단으로 나누는 기능이다.
- **집적(Accumulation)** : 여러 생산자로부터 상품을 구매하여 대량으로 축적하는 기능이다.
- **분할(Allocation)** : 동질적인 제품들을 소규모 단위로 나누는 기능이다.
- **구색(Assorting)** : 판매를 위해 분할된 상품들을 연관성 있는 상품들의 집단인 카테고리별로 매장에 진열하는 기능이다.

서비스 유통경로

소비자들이 원하는 시기 및 장소에 서비스를 받을 수 있도록 하기 위해 설치되고 수립되는 것

로지스틱스(Logistics)

원자재 조달로부터 완제품의 배송 및 판매에 이르기까지 일련의 흐름을 효과적으로 수행하기 위한 활동

집중준비의 원칙

유통경로상에 도매상이 개입하여 소매상의 대량 보관 기능을 분담하여 소매상은 최소량만을 보관하는 기능을 수행한다고 보는 이론

총 거래 수 최소화의 원칙

중간상의 개입으로 거래 총량이 감소해 제조업자와 소비자 사이의 거래가 보다 효율적으로 이루어지므로 중간상의 개입이 정당화될 수 있다는 논리

생산지향적 사고

기업이 제품을 만들어 놓기만 하면 소비자들은 구매한다는 사고방식

집약적(개방적) 유통전략

- 가능한 많은 점포들이 자사 제품을 취급하도록 하는 경로전략
- 고객들의 편의성을 최대한 높이는 반면에 중간상들에 대한 통제가 어려운 전략

수직적 유통경로구조(Vertical Marketing System)

생산에서 소비에 이르기까지의 유통 과정을 체계적으로 통합하고 조정하여 하나의 통합된 체제를 유지하는 것

수직적 마케팅 시스템의 종류

- 관리형 VMS
- 계약형 VMS
- 기업형 VMS

유통경로의 갈등

- **수직적 갈등** : 유통경로 상에서 서로 다른 단계에 있는 구성원 사이에 발생하는 갈등
  예 제조업체와 도매상 간의 갈등, 도매상과 소매상의 갈등
- **수평적 갈등** : 유통경로의 동일한 단계에서 발생하는 갈등
  예 소매상 간의 갈등, 도매상 간의 갈등
- **업태 간 갈등** : 동일 단계에 있는 다른 유형의 구성원 간에 발생
  예 온라인 유통업체와 오프라인 유통업체 간의 갈등

▪ 유닛로드 시스템

운송하고자 하는 물자를 취급하기 쉬운 일정규격으로 묶어 운송수단에 관계없이 그대로 수송할
수 있도록 하는 시스템

▪ JIT(Just In Time) 시스템

필요한 시점에, 필요로 하는 수량의 상품을 소매점포로 배송하는 시스템

▪ 소매수명주기이론

- **도입기** : 새로운 유형의 소매업태 탄생, 새로운 상품구색
- **성장기** : 매출신장, 경쟁심화, 자사 제품만의 차별성·우수성 강조, 인지소구에서 구매유도적인
  마케팅으로 전환
- **성숙기** : 대부분의 제품들, 비사용자를 사용자로 전환, 품질개선과 스타일 개선전략
- **쇠퇴기** : 가격인하, 수익성 적은 유통 폐쇄

▪ 마이클 포터의 가치사슬

모든 조직에서 수행되는 활동은 본원적 활동과 지원활동으로 나뉜다.

- **본원적 활동** : 자원유입, 생산운영, 물류산출, 마케팅 및 판매, 서비스
- **지원활동** : 기업 하부구조, 인적자원관리, 기술개발, 자원확보(조달프로세스)

▪ 표준화(Standardization)의 목적

- 생산합리화를 통한 원가절감
- 원활한 상품의 유통
- 욕구를 충족시킬 수 있는 상품의 발견
- 상품을 보다 합목적으로 사용

▪ 브로커(Broker ; 거간)

특정 다수의 구매자, 판매자를 위하여 상품의 매매를 중개하는 도매상

▪ 벤더(Vendor)

다품종 소량 전문도매업체

▪ 위탁매매인

생산자를 대신하여 고객을 창출하고 고객을 대신하여 상품을 중개(위탁매매, 판매)

판매원의 영업 유형
- **적응형 영업** : 고객의 성향과 영업 상황을 파악하여 적합한 제안 내용을 변경시키는 방식
- **자문형 영업** : 고객문제를 진단하고 해결해 주며, 고객에게 독특한 가치를 창출하는 해법을 제시하는 방식

편의점 설립의 기본조건
- 입지의 편의성
- 시간상의 편의성
- 상품구색상의 편의성
- 우호적인 서비스
- 소인원 관리

편의점의 경영전략
다점포화, 전략적 제휴 확대, 생활서비스 강화, 정보화, 택배거점화

Every Day Low Price(EDLP) 전략
광고비의 절약, 가격경쟁의 감소, 재고관리의 개선

소비자에 대한 소매업의 역할
- 올바른 상품을 제공하는 역할
- 적절한 상품의 구색을 갖추는 역할
- 상품 정보·유행 정보·생활 정보를 제공하는 역할
- 쇼핑의 장소(위치)를 제공하는 역할
- 쇼핑의 즐거움을 제공하는 역할
- 쇼핑의 편의를 제공하는 역할

소매기업이 제조업자 및 생산자를 위해 수행하는 기능
- **고객서비스 대행 기능** : 제조업자가 제공할 고객서비스를 소매상이 대행
- **재고유지 기능** : 제조업체의 기능을 보완
- **정보제공 기능** : 소비자정보를 생산자에게 제공
- **시장확대 기능** : 생산자를 위하여 고객을 창출

소매업과 도매업의 구분
- **소매업** : 최종 소비자들에게 제품이나 서비스를 판매하는 유통업
- **도매업** : 제품을 소매업 및 기타 상인, 산업체와 기관 사용자에게 판매하는 유통업

소매상의 유형

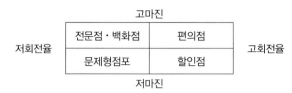

도매업의 본원적 기능

재고유지, 기술지원, 신용 및 금융 제공

도매상의 개입조건

- 생산부문이 다수의 중소규모의 생산자로 구성
- 생산자나 소매상이 지리적으로 넓게 분산
- 생산자가 서로 다른 특정한 상품의 생산에 전문화
- 소매상의 상품구성이 다수 생산자의 상품믹스로 이루어진 경우

소매아코디언이론

소매점은 다양한 상품 구색을 갖춘 점포로 시작하여 시간이 경과함에 따라 점차 전문화된 한정된 상품 계열을 취급하는 소매점 형태로 진화하며, 이는 다시 다양하고 전문적인 제품 계열을 취급하는 소매점으로 진화해 간다는 이론

소매수레바퀴이론

혁신적인 소매상은 항상 기존 소매상보다 저가격, 저이윤, 저서비스라는 가격 소구 방법으로 신규 진입하여 기존업체의 고가격, 고마진, 고서비스와 경쟁하면서 점차 기존 소매상을 대체한다는 이론

하이테크형 소매업태

진열, 보관 노하우를 바탕으로 상대적으로 낮은 마진과 대량구매 위주의 셀프서비스, 즉 '저수익률 – 고회전율' 전략으로 이마트, 롯데마트, 홈플러스 등이 속한다.

하이터치형 소매업태

제한된 제품라인과 특정 제품에 강하게 초점을 맞춘 제품구색이 특징인 전문화된 소매업태를 말한다.

- **카테고리 킬러(Category Killer)**
  할인형 전문점으로서 특정 상품계열에서 전문점과 같은 깊은 상품구색을 갖추고 저렴하게 판매하는 업태

- **가맹점형 연쇄점**
  임의형·협동형·프랜차이즈 체인형

- **임의형 연쇄점(Voluntary Chain)**
  같은 업종에서 경쟁관계에 있는 소매업자들끼리 모여 조직을 형성함으로써 공동구매로부터 공동마케팅 등으로 영역확장이 가능한 체인 조직

- **프랜차이즈 사업본부 입장에서의 장점**
  - 과도한 자본을 투자하지 않고 보다 빠르게 시장을 확대할 수 있다.
  - 지역시장에서 밀착경영이 가능하다.
  - 유연한 유통망 확보가 가능하다.
  - 재무위험의 공유와 안정된 수익의 보장이 가능하다.

- **하이퍼마켓**
  주로 대형매장에서 1차 식품류를 위주로 해서 의류 및 잡화 등의 상품구색을 판매하는 소매업태

- **양판점**
  다품종 대량판매를 목적으로 다점포화를 추진함으로써 매출증대를 꾀하는 업태

- **무점포 판매 업태**
  TV 홈쇼핑, 방문판매, 자동판매기, 텔레마케팅

- **머천다이징**
  적절한 상품이나 장소·시기·수량·가격으로 판매하기 위한 계획 활동

- **인스토어 머천다이징**
  시장의 요구와 일치하는 상품 및 상품구성을 가장 효과적이고 효율적인 방법으로 소비자에게 제시

- **마이크로 머천다이징**
  고객을 만족시키기 위해 필요한 점포특유의 제품믹스를 계획하고 수립하여 배달하는 과정을 말하며, 레이저빔소매업이라고도 한다.

▪ 역매입

소매업체가 사용하는 전략으로, 다음 두 가지의 경우로 살펴볼 수 있다.

- 가장 윤리적인 문제를 초래하는 것으로 소매업체가 공급업체에게 경쟁사의 상품을 역매입하게 하여 소매업체 선반으로부터 제거하고, 그 공간에 공급업체의 상품을 진열하게 하는 경우
- 느리게 판매되는 상품에 대해 소매업체가 공급업체에게 역매입을 요구하는 경우

▪ 기업의 윤리문제를 발생시키는 요인

- 자사의 이득만 생각하는 이기적 관점
- 이득을 위한 기업 간의 치열한 경쟁
- 문화적 상충

▪ 윤리 경영을 실행하기 위해 필요한 방안

- 윤리 행동을 평가하고 그 결과는 반드시 보상하여야 한다.
- 윤리적 통제 시스템을 구축하고 이를 적극 활용하여야 한다.
- 윤리적 경영자를 선발하고 양성하는 방안을 강구하여야 한다.
- 윤리적 가치 이념을 기업전략으로 연계시키는 방안이 필요하다.

▪ 코틀러(P. Kotler)가 제시한 판매원의 기본적 의무

판매활동, 서비스활동, 정보활동

▪ 판매사원이 지녀야 할 기본적인 자세

- 전략적인 사고방식
- 판매에 대한 전문 지식
- 철저히 준비하는 습관

▪ 고객에게 호감을 주는 3S

Smile(미소), Sincerity(성실성), Soft Touch & Smooth(부드러운 분위기)

▪ 판매원이 고객에게 신뢰성을 유지하는 방법

- 컴플레인의 신속한 처리
- 고객과의 지속적인 커뮤니케이션
- 정보제공의 서비스
- 특별한 서비스의 제공
- 고객의 특별한 이벤트에 관심

- **롤플레잉(Role Playing)**

  판매실습을 통해 고객과 판매사원의 역할을 교대로 실시해 보며 미숙한 용어 사용이나 판매동작, 습관을 개선해가는 실습교육

- **특별장려금(Push Money)**

  소매점이나 외판원에게 지불하는 판매촉진 장려금으로, 판매노력을 강화하기 위해 취급점에 현금, 선물을 제공하는 것

- **임파워먼트(Empowerment)**

  동기부여와 직무만족, 조직몰입도 향상을 위해 종업원에게 권한을 부여하는 것

- **소비자의 계열화**

  고객의 취향에 맞추어 소매점의 주도하에 고객의 조직을 만들어 고객을 유지하는 것

- **직업의 중요성(개인적 차원)**
  - 생계유지의 수단
  - 자아실현의 수단
  - 소속감을 통한 심리적 안정
  - 사회 참여와 사회 발전에 기여

- **직업윤리의 개념**
  - 직업인으로서 마땅히 지켜야하는 도덕적 가치관
  - 직업인에게 평균적으로 요구되는 정신적 자세나 행위규범

- **기업문화**

  기업의 구성원들이 지니고 있는 보편적인 가치관

- **직장에서의 성희롱**

  성희롱 여부의 판단기준 : 가해자의 의도, 고의성 여부

- **디지털 경제**

  지식과 정보의 중요성이 매우 높고 디지털 기술과 같은 새로운 기술을 기반으로 하는 경제

44 구전 커뮤니케이션을 유발하는 소셜 미디어(social media)들로 적절하게 나열한 것은?

> 가. 사용자들이 올린 동영상 콘텐츠로 일반인의 참여가 늘고 있다.
> 나. 페이스북 등 관계형성을 목적으로 네트워킹이 이루어지고 있다.
> 다. 다수의 사용자가 참가하여 콘텐츠의 양과 질을 개선한다.

① 가 – UCC   나 – SNS   다 – 위키
② 가 – UCC   나 – 블로그   다 – 싸이월드
③ 가 – SNS   나 – 블로그   다 – 위키
④ 가 – SNS   나 – UCC   다 – 블로그
⑤ 가 – 싸이월드   나 – UCC   다 – 블로그

해설 가. UCC : 사용자가 직접 제작한 콘텐츠로 상업적인 의도 없이 제작한 콘텐츠를 온라인상으로 나타낸 것이다.
나. SNS : 특정한 관심이나 활동을 공유하는 사람들 사이의 관계망을 구축해 주는 온라인 서비스인 SNS는 최근
페이스북(Facebook)과 트위터(Twitter) 등의 폭발적 성장에 따라 사회적·학문적인 관심의 대상으로 부상했다.
다. 위키 : 하이퍼텍스트(Hypertext) 글의 한 가지로 일종의 협업 소프트웨어다. 여러 사람이 함께 글을 쓰고 수정하
면서 콘텐츠를 지속적으로 만들어가는 웹서비스 방식으로 블로그, 게시판 등과 구분된다.

45 신규고객을 유치하는 방법 중 고객의 부정적 반응이 가장 강하게 나타날 수 있는 것은?

① 경쟁기업의 고객을 겨냥하여 상표전환 유도하기
② 구전을 통해 고객유치하기
③ 타 업종과의 전략적 제휴를 통해 고객접촉 시도하기
④ 먼저 접촉해 온 고객을 유치하기
⑤ 리스트공급업체를 통해 제공받은 자료를 가지고 직접적으로 고객접촉 시도하기

해설 신규고객 유치를 위해 리스트공급업체를 통해 고객 데이터를 구입할 수는 있으나, 오늘날의 고객들은 직접적으로
고객에게 접촉을 시도하는 업체들에 대해 부정적인 반응을 보인다.

2015

제3회 | 기출문제해설

제 **3** 회

제1과목 유통상식(01~20)

01 소매업 수레바퀴이론과 관련된 설명으로 가장 옳지 않은 것은?

① 도입기, 성장기, 성숙기, 쇠퇴기를 거치며 발전한다.
② 혁신적인 개념으로 시작해서 결국은 새로운 신업태에게 자리를 내주게 된다.
③ 진입단계에서는 최저가격과 최저비용을 특징으로 한다.
④ 혁신적인 소매상은 시간이 흐름에 따라 점점 더 좋은 입지에, 보다 다양한 상품구색으로, 더 많은
   서비스를 제공하는 소매상으로 변하게 된다.
⑤ 편의점은 이 이론으로 설명하기에는 설득력이 떨어진다.

해설 ①은 소매수명주기이론에 대한 설명이다. 수레바퀴이론은 도입기, 성장기, 취약기를 반복하며 발전한다.

> **보충설명**
>
> 소매업 수레바퀴이론의 단계별 특징
>
> | 단 계 | 도입기 | 성장기 - 취약기 | 취약기 - 도입기 |
> |---|---|---|---|
> | 특 성 | • 저가격
• 최소한 서비스
• 제한적 제품구색 | • 차별적 서비스
• 고가격, 고비용
• 고품질, 고서비스 | • 저가격
• 저마진
• 저서비스 |

02 소비자기본법에 의한 소비자분쟁 해결에 관련된 조항으로 옳지 않은 것은?

① 소비자는 물품 등의 사용으로 인한 피해 구제를 공정거래위원회에 신청할 수 있다.
② 사업자 및 사업자단체는 소비자의 피해를 신속하게 처리하기 위한 기구의 설치·운영에 적극
   노력해야 한다.
③ 사업자 및 사업자단체는 소비자의 불만 또는 피해의 상담을 위해 '국가기술자격법'에 따른 관련
   자격이 있는 자 등 전담직원을 고용·배치하도록 적극 노력해야 한다.
④ 중앙행정기관의 장은 사업자 또는 사업자단체에게 소비자상담기구의 설치·운영을 권장할 수
   있다.
⑤ 공정거래위원회는 소비자상담기구의 설치·운영에 관한 권장기준을 정하여 고시할 수 있다.

해설 소비자는 물품 등의 사용으로 인한 피해 구제를 한국소비자원에 신청할 수 있다(소비자기본법 제55조 제1항).

03 대형마트 등 파워소매업체(Power Retailer)의 영향력이 증가하게 되는 배경으로 옳지 않은 것은?

① 소비용품 시장의 제조업체 간 경쟁 심화
② 유통업체 간 통합에 의한 규모의 증가
③ 가격에 대한 소비자의 민감도 증대
④ 특정 브랜드에 대한 소비자 선호도 증가
⑤ 유통시장 개방과 수입관세 인하로 인한 가격경쟁 촉진

해설 특정 브랜드, 즉 제조업자 상표(National Brand)에 대한 소비자 선호도는 감소하고, 소매업체 상표(Private Brand)에 대한 선호도가 증가함으로써 파워소매업체의 영향력이 증가하게 되었다.

> **보충설명**
>
> 파워소매업자(Power Retailer)
> 소비자들의 교육수준이 높아져감에 따라 제품구매에서 가치를 중요하게 생각할 뿐 아니라 여가활동을 늘리는 방법에 대해 보다 많은 신경을 쓰게 되었다. 이에 따라 소비자들은 그들의 이러한 다양한 욕구를 더 잘 충족시키는 대규모 소매업자를 선호하게 되었는데 이들을 파워소매업자(Power Retailer)라고 한다. 파워소매업자들은 표적고객이 누구이며, 그들이 무엇을 원하는지 정확히 이해하고 이를 토대로 잘 선정된 품목의 상품들을 공급한다. 소비자들은 파워소매업자의 점포를 방문함으로써 언제나 자신이 원하는 품목을 쉽게 구입할 수 있다.

04 유통산업발전법에서 규정하는 유통관리사의 직무사항에 해당하지 않는 것은?

① 유통경영·관리 기법의 향상
② 유통경영·관리와 관련한 계획, 조사, 연구
③ 유통경영·관리와 관련한 진단 및 평가
④ 유통경영·관리와 관련한 상담 및 자문
⑤ 유통경영·관리와 관련된 인력양성

해설 **유통관리사의 직무사항(유통산업발전법 제24조 제1항)**
• 유통경영·관리 기법의 향상
• 유통경영·관리와 관련한 계획·조사·연구
• 유통경영·관리와 관련한 진단·평가
• 유통경영·관리와 관련한 상담·자문
• 그 밖에 유통경영·관리에 필요한 사항

05 소매상의 유형 중 전문품 취급의 비중이 가장 높은 유형은?

① 편의점   ② 슈퍼마켓
③ 하이퍼마켓   ④ 카테고리킬러
⑤ 할인점

해설 카테고리킬러는 할인형 전문점으로서 특정상품계열에서 전문점과 같은 깊은 상품구색을 갖추고 판매하는 것을 원칙
     으로 한다. 취급하는 상품은 주로 완구, 스포츠용품, 가전용품, 자동차용품, 레코드, 사무용품 등이다.

06 최근 유통환경의 변화와 관련된 내용으로 가장 옳지 않은 것은?

① 유통시장 개방이 지속되고 있다.
② 소비자 욕구가 다양화되고 있다.
③ 업태 간 경쟁이 줄어들고 있다.
④ 무점포 소매업이 성장하고 있다.
⑤ 핵가족화로 인하여 가구수가 증가하고 있다.

해설 예전의 소매시장은 각 소매업태들이 판매하는 제품과 제공하는 서비스, 그리고 소비자 계층까지 확연히 구분되어
     경쟁구도가 형성되기 어려웠지만, 지금의 소매시장은 신업태의 등장으로 인해 편의점이 동네 슈퍼마켓을 대체하고,
     할인점이 백화점과 재래시장, 그리고 슈퍼마켓의 소비자들을 유인하면서 업태 간 경쟁이 치열해지는 구조로 재편되
     고 있다. 또한 최근에는 홈쇼핑과 인터넷 쇼핑이 각기 새로운 소매업태의 한 분야로 성장하면서 업태 간의 고객확보
     경쟁은 갈수록 치열해지고 있다.

07 중간상에 대한 내용으로 가장 옳지 않은 것은?

① 생산자와 소비자 간의 직접 거래에 비해 거래빈도수를 낮춘다.
② 생산자와 소비자 간의 직접 거래에 비해 거래비용을 낮춘다.
③ 유통경로에서 수행되는 수급조절, 보관, 위험부담 등 다양한 기능을 효율적으로 수행할 수 있다.
④ 제조업체 입장에서 중간상에게 유통을 분담시키는 것은 변동비 측면에서는 유리하지 않다.
⑤ 도매상이 없는 경우에는 소매상이 많은 수의 브랜드를 대량으로 보관하기도 한다.

해설 변동비 우위의 원리
     무조건적으로 제조와 유통기관을 통합하여 대규모화하기보다는 각각의 유통기관이 적절한 규모로 역할분담을 하는
     것이 비용 면에서 훨씬 유리하다.

08 고객의 구매심리 단계에 따른 대응으로 가장 옳은 것은?

① 특정상품을 주시하는 단계 – 밝은 표정과 예의바른 자세로 대기한다.
② P.O.P 광고를 읽는 단계 – 자신감을 가지고 고객에게 권한다.
③ 구매의사를 말로 표현하는 단계 – 구체적인 견본을 제시하고 질문을 한다.
④ 구매하는 단계 – 고객의 시선을 주목하고 접근한다.
⑤ 가격표를 보거나 질문하는 단계 – 잘 보이는 매력적인 진열을 연출한다.

해설 ② P.O.P 광고를 읽는 단계 – 구체적인 견본을 제시하고 질문을 한다.
③ 구매의사를 말로 표현하는 단계 – 자신감을 가지고 고객에게 권한다.
④ 구매하는 단계 – 배려와 감사함이 깊게 담긴 배웅을 한다.
⑤ 가격표를 보거나 질문하는 단계 – 고객의 욕망에 따른 적절한 상품을 사용 상태를 보여주며 설명한다.

┌─ 보충설명 ─
│ 특정상품을 주시하는 단계(1단계)의 대응
│ • 밝은 표정과 예의바른 자세로 대기한다.
│ • 잘 보이는 매력적인 진열을 연출한다.
│ • P.O.P, 전단, 쇼카드로서 호응한다.
└─

09 판매 담당자가 기본적으로 가져야 할 지식에는 시장에 대한 지식과 상품에 대한 지식이 있다고 한다면, 보기 중 시장에 대한 지식에 포함되지 않는 것은?

① 상품의 기능
② 경쟁점의 상품구성
③ 상권의 규모
④ 인구통계적 요소
⑤ 고객의 구매성향

해설 상품의 기능은 상품에 대한 지식에 포함된다.

┌─ 보충설명 ─
│ 시장에 대한 지식
│ • 고객층 : 고객의 구매성향, 라이프스타일, 추구하는 가치 등
│ • 인구통계적 요소 : 인구수, 세대수, 소득수준, 직업형태 등
│ • 경쟁상황 : 경쟁점의 상품구성, 마케팅전략 등
│ • 상업상황 : 상권의 규모, 주요 업종·업태 등
│ • 지리적 상황 : 입지적 조건, 교통환경 등
└─

10 콜라, 라면 등 편의품의 경우에 가장 많이 이용되는 경로정책은?

① 개방적 경로정책　　　　　　　② 직접적 경로정책
③ 배타적 경로정책　　　　　　　④ 전속적 경로정책
⑤ 선택적 경로정책

<u>해설</u>　개방적(집중적) 경로정책은 모든 소매업에 대하여 자사 제품을 취급하게 함으로써 가능한 한 많은 수의 판매점을 확보하여 광범위한 시장을 커버하는 정책이다. 생필품, 편의품, 일반적인 제품 등에 적합하다.

11 인터넷 쇼핑몰에 대한 설명으로 가장 옳지 않은 것은?

① 상거래 과정이 인터넷상에서 전자적으로 이루어지는 가상공간을 인터넷 쇼핑몰이라 한다.
② 제품을 비교하기 편리하고, 쇼핑시간을 절약할 수 있다는 장점이 있다.
③ 인터넷 쇼핑몰은 일반 점포나 상점에 비해 재고에 따른 비용이 절감되기 때문에 가격이 상대적으로 저렴하다.
④ 점포 소매업에 비해 고객과 공급자의 상호작용은 더욱 증가하고, 양방향의 의사전달에서 단방향 의사전달로 변화·발전하였다.
⑤ 시간과 공간적 제약이 사라져서, 소비자는 다양한 상품을 선택할 수 있는 선택의 기회가 확대되었다.

<u>해설</u>　인터넷상의 상호작용 증대로 단방향의 의사전달에서 양방향 의사전달로 변화·발전하고 있다.

12 소매점의 매출향상을 위하여 판매원들에게 판매 동기를 부여하는 방법으로 가장 옳지 않은 것은?

① 도전적인 목표량을 설정하여 목표달성에 대한 의욕과 의지를 고취시킨다.
② 정기적 또는 비정기적인 교육을 통하여 판매원의 능력 향상을 돕는다.
③ 기본급과 이에 덧붙인 능력급제를 시행하는 등 인센티브를 부여하여 동기를 고취시킨다.
④ 판매원 서로 간의 경쟁심을 최대로 유발하고 긴장감을 주어서, 점포전체의 실적향상을 유도한다.
⑤ 공정한 업적평가 및 피드백을 통해 기여도에 따른 적절한 보상을 한다.

<u>해설</u>　성과급제는 판매원들 간의 경쟁심을 유발하여 업무효율을 올리고자 하는 제도이지만 그 성과가 공정하게 평가되지 않을 때에는 오히려 판매원 간의 단결과 효율증진에 역효과를 가져올 수 있다.

13 유통경로의 사회적, 경제적 기능에 대한 설명으로 옳지 않은 것은?

① 유통경로는 상품과 서비스의 흐름을 중개하기 위해 소유권 이전기능 및 물적 유통기능을 수행한다.

② 제조업자는 제품의 소유권을 중간상에게 이전함으로써 제품불량이나 애프터서비스는 책임지지 않을 수 있다.

③ 제조업자들은 중간상의 이용을 통해 적은 비용으로 더 많은 잠재고객에 도달할 수 있다.

④ 유통경로의 중간상은 제조업자를 대신하여 소비자에게 제품의 배달, 설치, 사용방법교육 등의 서비스를 제공하기도 한다.

⑤ 중간상은 분류기능을 수행함으로써 제조업자와 소비자 간의 상품구색 차이를 해소시켜준다.

해설 소비자는 제품에 대한 불만제기를 제조업자에게 하는 것이 아니고 중간상에게 주로 한다. 그래서 중간상은 제조업자를 대신하여 소비자에게 제품불량이나 애프터서비스에 대한 책임을 지게 된다. 하지만 제조업자가 중간상에게 소유권을 이전했다 하더라도 제조업자의 책임까지 면제된다고 볼 수 없다. 제조물책임법 제3조 제1항에 의하면, "제조업자는 제조물의 결함으로 생명ㆍ신체 또는 재산에 손해(그 제조물에 대하여만 발생한 손해는 제외한다)를 입은 자에게 그 손해를 배상하여야 한다"고 규정되어 있다.

14 청소년 보호법에서 일반적으로 정의한 청소년에 해당하는 사람으로 옳은 것은?

① 만 16세 미만인 사람

② 만 17세 미만인 사람

③ 만 18세 미만인 사람

④ 만 19세 미만인 사람

⑤ 만 20세 미만인 사람

해설 "청소년"이란 만 19세 미만인 사람을 말한다. 다만, 만 19세가 되는 해의 1월 1일을 맞이한 사람은 제외한다(청소년 보호법 제2조 제1호).

15 기업차원의 고객만족 경영을 실현하기 위한 조건으로 옳지 않은 것은?

① 최고경영자의 실천의지보다는 실무자의 의지가 필요하다.

② 기업중심 사고에서 고객중심 사고로의 관점 전환이 필요하다.

③ 명확한 추진 목표를 설정하는 것이 필요하다.

④ 직원들의 자발적인 참여를 유도해야 한다.

⑤ 기업차원의 지속적인 선행투자가 필요하다.

해설 전사적으로 고객만족 경영이 실현되기 위해서는 최고경영자의 적극적인 실천의지가 중요하다.

16 유통과정을 통하여 창출되는 효용이라고 할 수 없는 것은?

① 시간효용   ② 구조효용

③ 장소효용   ④ 소유효용

⑤ 형태효용

해설 유통경로의 효용
- 시간효용 : 보관기능을 통해 생산과 소비 간 시간적 차이를 극복
- 장소효용 : 운송기능을 통해 생산지와 소비지 간 장소적 차이를 극복
- 소유효용 : 생산자와 소비자 간 소유권 이전을 통해 효용이 발생
- 형태효용 : 생산된 상품을 적절한 수량으로 분할 및 분배함으로써 효용이 발생

17 회전율과 마진율이 모두 높은 소매업태는?

① 편의점   ② 전문점

③ 백화점   ④ 할인점

⑤ 양판점

해설 회전율과 마진율이 모두 높은 소매업태는 편의점이다.

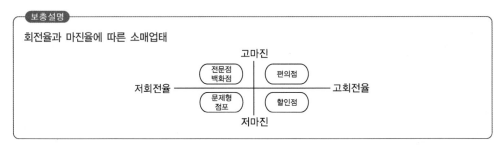

18 각 기업이 자체적으로 물류기능을 수행하는 것이 아니라 물류전문업체에게 위탁하여 물류기능을 수행하게 하는 것을 일컫는 말로 가장 적절한 것은?

① 물류표준화   ② 통합물류

③ 제3자 물류   ④ 공동물류

⑤ 물류혁신

해설 3자 물류는 제품 생산을 제외한 공급체인상의 전체 또는 일부 기능을 특정 물류전문업체에게 위탁(아웃소싱)하는 것으로 고객서비스의 향상, 물류 관련비용의 절감 그리고 물류활동에 대한 운영효율의 향상을 목적으로 한다.

19 유통산업발전법상 '무점포판매'란 상시 운영되는 매장을 가진 점포를 두지 아니하고 상품을 판매하는 것으로서 산업통상자원부령으로 정하는 것을 말한다고 명시하고 있다. 다음 중 무점포판매에 포함되지 않는 것은 무엇인가?

① 다단계판매
② 프랜차이즈형 체인사업
③ 텔레비전홈쇼핑
④ 인터넷쇼핑몰 또는 사이버몰 등 전자상거래
⑤ 이동통신기기를 이용한 판매

해설 무점포판매의 유형(유통산업발전법 시행규칙 제2조)
• 방문판매 및 가정내 진열판매
• 다단계판매
• 전화권유판매
• 카탈로그판매
• 텔레비전홈쇼핑
• 인터넷 멀티미디어 방송(IPTV)을 통한 상거래
• 인터넷쇼핑몰 또는 사이버몰 등 전자상거래
• 온라인 오픈마켓 등 전자상거래중개
• 이동통신기기를 이용한 판매
• 자동판매기를 통한 판매

20 판매관리자의 임무에 대한 내용으로 가장 옳지 않은 것은?

① 판매목표의 설정
② 판매원의 모집과 선발
③ 판매 상권분석
④ 판매원의 훈련
⑤ 판매원의 동기부여

해설 판매 상권분석은 점포운영자의 임무에 해당한다.
판매관리자의 임무는 기본적으로 판매원의 모집과 선발, 훈련, 동기부여 등으로 구분할 수 있다. 또한 판매관리자는 스스로 담당지역 내의 제품별 및 고객별로 판매목표를 구체적으로 수립하고 수행해야 한다.

21 특정 환경에서 제공되는 제품과 서비스의 묶음인 서비스 패키지는 지원시설(Supporting Facility), 서비스 포함 상품(Facilitating Goods), 정보, 명시적 서비스 및 묵시적 서비스로 구분할 수 있다. 다음 중 구성 요소와 그 예로 바르게 짝지어진 것은?

① 지원 시설 – 비행기의 여유좌석 여부
② 포함 상품 – 고급레스토랑의 스테이크
③ 정보 – 대출사무실의 사생활 보호
④ 명시적 서비스 – 치과 치료 중 들려오는 클래식 음악
⑤ 묵시적 서비스 – 정비 후 부드럽게 달리는 자동차

해설　서비스 패키지
• 서비스 지원시설 : 서비스 제공 이전에 반드시 갖추어야 하는 물리적 자원들 예 호텔, 레스토랑, 병원
• 서비스에 포함되는 상품 : 서비스 제공과정에서 소비되는 제품이나 자재 예 고급레스토랑의 스테이크
• 정보 : 고객에 제공되는 운영 데이터 또는 정보 예 비행기의 여유좌석 여부
• 명시적 서비스 : 가격을 지불하고 얻은 서비스에서 충족되는 직접적 편익 예 정비 후 부드럽게 달리는 자동차
• 묵시적 서비스 : 종업원들의 태도나 예절, 서비스 시설의 안정성, 편의성, 분위기, 서비스를 받기 위해 대기하는 시간, 서비스를 통해 느끼는 어떤 대우감 등 심리적인 편익
　예 대출사무실의 사생활 보호, 치과 치료 중 들려오는 클래식 음악

22 소비자의 신상품 수용시점에 따른 분류와 일반적인 특징에 대한 설명으로 가장 옳지 않은 것은?

① 혁신수용층(Innovators) – 집단규범에 덜 의존하며, 자기 과신적이다.
② 조기수용층(Early Adopters) – 집단에 밀접한 영향을 주기 때문에 의견 선도적이다.
③ 조기다수파(Early Majority) – 많은 정보를 수집하여 브랜드를 평가하고, 신상품 정보를 집단에 의존한다.
④ 후기다수파(Late Majority) – 제품수명주기의 쇠퇴기에 해당될 때 신상품을 수용한다.
⑤ 지참자(Laggards) – 집단규범에 비의존적이며 어쩔 수 없이 교체하는 경향이 높다.

해설　후기다수파(Late Majority)는 회의적인 사람들로 대대수의 사람들이 새로운 아이디어와 상품을 사용할 때 수용한다. 즉 제품수명주기의 성숙기에 해당될 때 신상품을 수용한다.

23 다음 글상자의 괄호 안에 들어갈 알맞은 용어는?

> (   ) 광고는 소비자에게 상품판매의 자리에 접근하게 하는 광고라는 의미로서, 소비자가 점포 내에서 구매를 하게 하는 시점에서 행하여지는 광고를 말한다. 즉, 상품을 구매할 의사가 있거나 잠재적으로 구매가능성이 있는 소비자에게 현장에서 직접 소구(appealing)하여 판매와 연결시키는 직접광고이다.

① POS(Point of Sales)

② POP(Point of Purchase)

③ 구매(Purchase)

④ 배너(Banner)

⑤ 포지셔닝(Positioning)

해설 POP(Point of Purchase) 광고는 구매(판매)시점 광고라고 하며, 구매(판매)가 실제 발생하는 장소(쇼윈도나 매장 내외 등)에서의 광고를 말한다.

24 포장에 대한 설명으로 옳지 않은 것은?

① 포장화(Packaging)는 어떤 특정한 제품의 용기나 포장재를 디자인하고 제조하는 제반활동을 말한다.

② 포장은 내용물을 보호해야 하고, 취급 및 저장에서도 견고하게 견뎌야 한다.

③ 포장은 구매자의 관심을 끌 수 있어야 한다.

④ 포장은 제품의 특성을 설명할 수 있어야 하고 호의적인 인상을 심어주어야 한다.

⑤ 소비자들의 소득이 증가하게 되면서 간편성과 외양, 신뢰성, 품위 등을 추구하게 되었으나 좋은 포장의 제품에 대해 기꺼이 더 지불하려고 하지는 않는다.

해설 소득이 늘면 소비자들은 과시적 소비행태를 보이기 때문에 좋은 포장의 제품에 대해 기꺼이 더 지불하려고 한다(베블런 효과).

25 판촉수단에 대한 설명으로 옳지 않은 것은?

① 샘플링 : 구입이 예상되는 고객에게 특정 제품을 무료로 제공함으로써, 상품을 접촉하게 하여 최초 구매를 유도하거나 상표전환을 유도하는 수단이다.

② 쿠폰 : 특정 제품을 구입할 때 할인혜택이나 기타 특별한 가치를 주고받을 수 있는 가치증서로서 가장 널리 사용되고 있는 수단이다.

③ 현금 환불(리베이트) : 제조사나 마케터가 제품구매에 따라 일정금액을 되돌려 주는 방법이다.

④ 경품 : 이름, 연락처 등 몇 가지 사항을 기재해 보내면 되는 용이한 방법으로, 추첨형식으로 진행된다.

⑤ 즉석 당첨 프리미엄 : 정가에서 할인된 가격을 표찰이나 포장에 표시하여 판매하는 것으로, 소비자들에게 즉각적인 현금보상과 절약의 의미를 줄 수 있다.

해설　⑤는 소액할인에 대한 설명이다.
즉석 당첨 프리미엄은 제품 구입과 동시에 즉석에서 현장 추첨을 통해 프리미엄을 제공하는 기법이다.

26 다음 소매점 판매과정을 순서대로 올바르게 나열한 것은?

ㄱ. 판매제시	ㄴ. 고객욕구의 결정
ㄷ. 고객에게 접근	ㄹ. 판매결정
ㅁ. 고객유지를 위한 사후관리	ㅂ. 판매마무리

① ㄷ - ㄴ - ㄱ - ㄹ - ㅂ - ㅁ　　　　② ㄷ - ㄱ - ㄴ - ㄹ - ㅁ - ㅂ
③ ㄴ - ㄱ - ㄷ - ㄹ - ㅂ - ㅁ　　　　④ ㄴ - ㄱ - ㄷ - ㄹ - ㅁ - ㅂ
⑤ ㄷ - ㄴ - ㄱ - ㅂ - ㄹ - ㅁ

해설　소매점 판매과정(6단계)
고객에게 접근 → 고객욕구의 결정 → 판매제시 → 판매결정 → 판매마무리 → 고객유지를 위한 사후관리

27 고객 불평이 발생했을 경우, 해결방법에 대한 내용으로 옳지 않은 것은?

① 먼저 판매원 자신의 의견을 개입시켜 부분적인 사항을 파악하고, 그것을 토대로 고객 불평의 내용과 원인에 대해 정보를 수집한다.

② 불만의 원인을 분석하고 사실 확인 및 문제점을 파악한다.

③ 해결책을 검토하고 요구사항에 대해 만족할만한 해결 방안을 모색한다.

④ 고객이 만족스러운 해결방안을 결정할 수 있도록 고객에게 해결책을 제시한다.

⑤ 처리 결과를 검토하고 고객 불평이 재차 발생하지 않도록 미연에 방지한다.

해설　먼저 고객의 이야기를 끝까지 듣고 고객의 주된 불만이 무엇인지 파악하고 있어야 한다.

28 소비자가 특정 상표를 구입하려는 구매동기를 일컫는 말은 무엇인가?

① 기초적 구매동기   ② 선택적 구매동기
③ 충동적 구매동기   ④ 일상적 구매동기
⑤ 감각적 구매동기

해설 구매동기는 소비자가 구매행동을 유발하게끔 영향을 미치는 동인으로서 특정 상품을 구매하려는 기초적 동기와 특정 상표를 구매하려는 선택적 동기로 구분할 수 있다.

29 고객 응대를 위한 판매원의 커뮤니케이션에 관한 내용으로 가장 옳지 않은 것은?

① 구매자가 상품에 대한 지식과 정보가 부족하여 상품 선택이 어려운 경우에는 판매담당자의 전문가적인 도움이 필요하므로 매장에서 판매담당자의 커뮤니케이션 능력은 매우 중요하다.
② 판매담당자가 훌륭한 커뮤니케이터로서의 역할을 올바르게 수행하기 위해서 상품에 대한 지식과 정보를 구비해야 한다.
③ 고객이 구매상황에서 가지고 있는 욕구상태를 파악할 수 있는 자질을 구비해야 한다.
④ 표현, 태도 면에서 고객에게 전달하는 커뮤니케이션 능력을 겸비해야 한다.
⑤ 판매담당자는 단순히 매장을 정리정돈하거나 상품을 보충 및 포장하는 일만을 수행할 수 있으면 되므로 커뮤니케이션은 중요하지 않다.

해설 판매담당자가 훌륭한 커뮤니케이터로서의 역할을 올바르게 수행하기 위해서는 기본적으로 지식과 정보의 구비, 고객 욕구의 파악 능력, 정보전달능력(커뮤니케이션 기술) 등 3가지 요건을 갖추어야 한다.

30 고객불만관리의 중요성에 대한 내용으로 옳지 않은 것은?

① 불만을 갖는 고객을 최소화시키는 것도 중요하지만, 불만을 느끼는 고객들의 불만을 어떻게 관리해 가는지도 매우 중요하다.
② 일반적으로 고객들의 불평을 방치하면 고객유지율이 감소한다.
③ 부정적인 구전은 신규고객의 창출에 악영향을 미칠 수 있다.
④ 고객 불평에 대한 분석을 통해 현재 제공하고 있는 제품이나 서비스의 품질 개선을 위한 아이디어를 얻을 수 있다.
⑤ 불평고객을 적극적으로 관리한다 해도 충성고객으로 만드는 것은 불가능하다.

해설 불평고객을 적극적으로 관리하여 고객을 크게 만족시키면 자사의 상품을 재구매할 가능성이 크다. 성의를 다하는 불평처리는 회사의 신뢰도를 높여주고 고객과의 관계를 효과적으로 유지시켜 주어 충성고객으로 만들 수 있다.

31 판매결정 단계는 판매완결의 핵심이며 가장 극적인 단계라고 할 수 있으므로 판매결정의 기회를 포착해 제대로 마무리 지어야 한다. 판매결정을 촉구할 때 판매담당자의 기본자세로 옳지 않은 것은?

① 고객의 구매욕망을 돋구고 판매결정으로 유도하는 자신의 능력에 대해 자신감과 확신을 가진다.

② 판매담당자가 원하는 방법으로 판매결정을 시도하여 그 상품을 판매함으로써 판매자가 얻게 될 혜택, 가치를 고객에게 이해시켜야 한다.

③ 신중하지만 신속한 판매종결을 시도한다.

④ 구매를 망설이는 고객에게는 지금이 구매의 적기라는 근거를 준비하여 제시한다.

⑤ 판매를 성공시키기 위해서 고객의 반대의사를 두려워하지 말고 극복하여야 한다.

해설 판매담당자가 원하는 방법이 아니라 고객이 원하는 방법으로 판매결정을 시도한다.

32 브랜드(Brand) 및 브랜드 범주들(Brand Cate-gories)과 관련된 설명으로 옳지 않은 것은?

① 무상표 상품(Generic Goods) : 생산자나 판매자 브랜드에 비해 상당히 할인되어 판매되는 상표가 없는 제품

② 짝퉁 브랜드(Knock-off Brand) : 생산자 브랜드명 상품에 대한 불법 복제품

③ 브랜드 자산(Brand Equity) : 주어진 브랜드명으로 연상되는 요인들, 즉 인식, 충성도, 지각된 품질, 이미지와 감정의 조합

④ 브랜드 충성도(Brand Loyalty) : 소비자가 만족하고 그 브랜드를 좋아하며 추가구매를 하려는 정도

⑤ 브랜드 인식(Brand Awareness) : 생산자의 이름을 쓰지 않는 대신 유통업자나 소매상의 이름을 쓰는 제품

해설 ⑤는 프라이빗 브랜드(Private Brand)에 대한 설명이다.
브랜드 인식(Brand Awareness)은 브랜드의 친숙도를 높이고 구매과정상 중요한 단계에서 브랜드를 회상하게 해준다. 즉 존재, 몰입, 본질을 나타내는 신호가 된다.

33 고객관계관리(CRM ; Customer Relationship Management) 기법의 몇 가지 특성 및 설명으로 옳지 않은 것은?

① CRM은 시장점유율보다 고객확보율을 더 중요시 한다.

② CRM은 고객의 획득보다는 고객의 유지에 중점을 둔다.

③ CRM은 단순한 제품 판매보다는 고객 관계에 중점을 두고 있다.

④ CRM은 고객과의 관계를 통해 고객의 욕구를 파악하여 상품을 만들고, 적시에 공급하여 기업의 높은 경영 성과를 거두려는 전략이다.

⑤ CRM은 경영성과를 거두기 위해 고객에 관한 데이터베이스가 구축되어야 할 필요가 없지만, 그 데이터를 분석하고 가치화하기 위해서는 마케팅의 우위를 확보해야 한다.

해설 통합된 고객정보의 실시간 접근 및 분석을 위해 고객에 관한 데이터베이스가 구축되어야 한다.

34 매슬로우(A. Maslow)의 욕구단계설에서 말하는 낮은 차원의 욕구에서부터 높은 차원의 욕구에 대한 순서가 올바르게 나열된 것은?

① 생리적 욕구 - 자존욕구 - 사회적 욕구 - 안전욕구 - 자아실현욕구

② 생리적 욕구 - 안전욕구 - 자존욕구 - 사회적 욕구 - 자아실현욕구

③ 생리적 욕구 - 사회적 욕구 - 자존 욕구 - 안전욕구 - 자아실현욕구

④ 생리적 욕구 - 안전욕구 - 사회적 욕구 - 자존욕구 - 자아실현욕구

⑤ 생리적 욕구 - 사회적 욕구 - 안전욕구 - 자존욕구 - 자아실현욕구

해설 매슬로우의 욕구단계설
- 1단계 생리적 욕구 : 가장 기본적인 생리적 욕구
- 2단계 안전욕구 : 추위, 질병, 위험 등으로부터 자신을 보호하려는 욕구
- 3단계 사회적 욕구(소속의 욕구) : 인간은 사회적 존재이므로 어디에 소속되거나 다른 집단에 받아들여지고 싶다는 욕구
- 4단계 존경의 욕구(자존욕구) : 소속단체의 구성원이나 타인으로부터 인정받아 명예나 권력을 누리려는 욕구
- 5단계 자아실현욕구 : 자신의 재능과 잠재력을 충분히 발휘해서 자기가 이루고 싶은 모든 것을 성취하려는 최고 수준의 욕구

35 서비스품질의 측정모형인 SERVQUAL의 다섯 가지 차원에 해당하지 않는 것은?

① 신뢰성
② 대응성
③ 공감성
④ 무형성
⑤ 확신성

SERVQUAL의 서비스 품질차원(5가지)
• 유형성(Tangibles) : 물적 요소의 외형
• 신뢰성(Reliability) : 서비스 제공에 대한 준수, 명확한 임무 수행
• 대응성(Responsiveness) : 즉각적이면서 도움이 되는 서비스 제공
• 확신성(Assurance) : 능력 및 공손함, 믿음직스러움과 안전성
• 공감성(Empathy) : 소비자 개개인에 대한 관심과 배려

36 고객으로 하여금 서비스적 의미와 예술적 의미를 느끼게 하면서 상품을 선택하여 구매하도록 하는 통과구매비율(Pass-buy Ratio)을 높이려는 활동을 일컫는 말로 가장 옳은 것은?

① 디스플레이
② 광 고
③ 레이아웃
④ 판매촉진
⑤ 점내 발주

디스플레이란 상품제시(Merchandise Presentation) 또는 상품진열(Merchandise Display)이라고도 하는데, 점내배치에 의해 배정된 각 위치에서 상품을 조직화하고 조정하는 것을 말한다. 디스플레이의 목적은 진열된 품목의 옆을 통과하는 대다수 고객이 구매결정을 하게끔 소구하려는 데 있다. 즉 통과구매비율(Pass-buy Ratio)를 높이려는 데 있다.

37 유통업체가 개별적으로 개발한 상표로서, 이 상표를 이용하여 유통업체가 독자적으로 상품을 기획하고 제조, 가공하게 되는 상표를 무엇이라고 하는가?

① DCB(Double Chop Brand)
② RB(Retail Brand)
③ PB(Private Brand)
④ UB(Union Brand)
⑤ NB(National Brand)

① 제조업체 브랜드와 유통업체 브랜드를 공동으로 표기된 상품
② 대형 소매업자들이 독자적으로 제작한 자체 브랜드로 하청업체에 생산을 위탁하거나 직접 생산하여 자체 개발한 상표를 부착하여 판매하는 상품
④ 여러 브랜드가 연합하여 상호보완적인 역할을 이루려는 전략상품
⑤ 전국적인 규모로 판매되고 있는 제조업체 브랜드

38 불만을 느낀 고객이 불평행동을 취할 것인가의 여부는 고객불만의 원인을 어디에 두는가에 따라 결정된다는 이론은 무엇인가?

① 귀인 이론　　　　　　　　　　② 비용과 이익분석 이론
③ 인지 이론　　　　　　　　　　④ 지각 이론
⑤ 균형 이론

해설 귀인이란 개인이 다른 사람이나 혹은 자신의 행동 원인을 추정하는 인지적 과정을 일컫는 하나의 이론적 구성 개념을 말한다. 불평행동에 관한 귀인적 접근은 문제상황의 원인이 소비자 자신에게 있느냐(내적 귀인), 혹은 제조업자나 판매자 또는 기타 다른 요인에 있느냐(외적 귀인)에 대한 지각에 따라 불만족 후의 불평행동이 달라진다는 것이다. 귀인 이론에 의하면, 불만에 대한 고객의 반응을 결정하는 것은 단순히 제품이 실패했다는 판단만이 아니고, 고객은 왜 그 제품이 실패했는지를 알고 싶어한다는 것이다. 그리고 그렇게 추론된 이유는 그들이 불만족스러운 경험에 어떻게 반응할 것인가에 영향을 미친다고 한다.

> **(보충설명)**
>
> 귀인 이론(Weiner)
> 귀인 이론이란 인간 행동의 원인을 설명하고 예언하려는 이론으로서, 사건이나 행동 결과에 대해 인간이 내리는 원인론적 해석을 다루는 이론이다. 이 이론은 귀인양식이 그 자신의 행동에 어떤 영향을 미치는가에 관심을 두고 있다. 사람들이 성공과 실패를 어디에 귀인하며, 그에 따라 개인의 성취 수준과 행동 및 정서와 어떠한 관계를 가지는가를 밝히려는 데 초점을 두고 있다. 즉, 성공이나 실패의 원인을 찾으려고 하고 그 원인을 무엇으로 귀인하느냐에 따라 후속 행동과 정서적 반응에 영향을 준다고 본다.

39 다른 생산업체로부터 상품의 설계도, 제조에 관한 공정이나 기술을 제공받아 생산하는 방식은?

① 위탁 생산
② 가공 생산
③ 라이센스 생산
④ 주문자 상표부착 방식 생산
⑤ 간접 생산

해설 라이센스 생산은 상품 생산시 외국의 생산업체로부터 설계도나 제조에 관한 노하우(know-how)를 제공받아 생산하는 방식으로서, 일부 기술의 도입이 아니라 전면적으로 그 생산업체의 기술에 의존한다.
① · ④ 주문자의 의뢰에 따라 주문자의 상표를 부착하여 판매할 상품을 생산하는 방식(= 주문자생산 상표부착 방식)
② 어떤 원자재나 반제품을 처리하여 새로운 제품을 만들거나 질이 더 좋은 제품을 만들어 내는 방식
⑤ 주요 제품이나 서비스의 제조에 필요한 품목을 생산하는 것

40 고객만족에 대한 내용으로 옳지 않은 것은?

① 고객만족은 고객의 제품이나 서비스에 대한 사용경험이 구매 이전에 가지고 있던 기대수준을 미달하는 정도라고 할 수 있다.

② 고객만족 수준은 고객이 제품, 서비스에 대해 사용 이전에 가지고 있던 기대(Expectation)와 사용 후에 지각하게 된 성과(Perceived Performance)와의 비교에 의해 결정된다.

③ 기대와 인지된 성과 수준에 따라 '기대＜지각된 성과'인 경우 만족 상태라고 할 수 있다.

④ 고객만족경영은 기업 운영을 고객만족에 초점을 맞추어서 실행하고자 하는 경영기법을 말한다.

⑤ 기업은 고객만족도를 정기적이고 지속적으로 파악하여 고객만족을 제고시키고자 한다.

해설 고객만족은 고객의 제품이나 서비스에 대한 사용경험이 구매 이전에 가지고 있던 기대수준과 일치하거나 초과하는 수준이라고 할 수 있다(기대수준 ≤ 지각수준).

41 판매담당자가 고객과의 만남에서 달성해야 할 구체적인 목표와 예시에 관한 내용으로 옳지 않은 것은?

① 고객의 경계심을 빨리 제거하고 편안하게 느낄 수 있도록 한다.

② 고객을 뒤따라 다니지 말고 자유스러운 분위기를 보장해 주는 것이 효과적이다.

③ 고객과의 대화가 시작된다면 곧 고객에게서 호감과 신뢰감을 획득하여야 한다.

④ 전문가답고 친절한 태도를 겸비하여 고객의 동기와 욕구 등을 파악하여야 한다.

⑤ 고객지향 서비스 정신이 아닌 판매지향 서비스 정신과 적극적인 태도로 고객을 대한다.

해설 판매지향 서비스 정신이 아닌 고객지향 서비스 정신으로 고객을 대해야 한다.

42 윗면이 평평한 진열대를 이용하여 상품을 쌓아 두는 평대진열 방식의 장점으로 옳지 않은 것은?

① 제작비용이 적게 든다.

② 진열대의 높이가 낮기 때문에 점내를 관망하기 쉽다.

③ 진열정리를 잘 해두면 상품을 선택하기 쉽다.

④ 눈높이 아래에 상품을 진열해 두기 때문에 고객이 상품을 쉽게 접촉할 수 있다.

⑤ 계절감과 분위기 상황을 쇼윈도에 직접 강조함으로써 테마포인트가 될 수 있다.

해설 ⑤는 쇼윈도 진열방식에 대한 설명이다.

43 코틀러(P. Kotler)가 제시한 제품개념에 대한 설명의 짝으로 옳은 것은?

> 가 : 포장, 스타일, 품질
> 나 : 보증, 배달
> 다 : 즐거움의 추구

① 가 : 확장제품, 나 : 유형제품, 다 : 핵심제품
② 가 : 확장제품, 나 : 유형제품, 다 : 종합제품
③ 가 : 유형제품, 나 : 확장제품, 다 : 핵심제품
④ 가 : 유형제품, 나 : 핵심제품, 다 : 확장제품
⑤ 가 : 종합제품, 나 : 핵심제품, 다 : 확장제품

해설 코틀러(P. Kotler)의 제품차원
- 핵심제품(Core Product) : 소비자들이 구매하려는 제품으로부터 기대하는 핵심혜택 예 즐거움, 편안함
- 유형제품(Tangible Product) : 소비자가 제품으로부터 추구하는 혜택이 유형적으로 구현되어 소비자에게 인식된 것 예 상품의 포장, 상표, 품질, 특징 및 스타일 등
- 확장제품(Augmented Product) : 핵심제품과 유형제품 이외에 추가적으로 소비자에게 제공되는 서비스나 혜택 예 제품의 설치, 배달, 보증, 애프터서비스 등

44 상품실연의 특징과 효과에 대한 설명으로 가장 옳지 않은 것은?

① 고객에게 상품의 사용가치를 인식시키고 수요를 일으킨다.
② 의심이 많은 고객에 대해 납득시키기 쉽고 신뢰를 가지게 한다.
③ 관심 없이 지나가던 고객의 주의를 이끌어 흥미를 갖게 한다.
④ 새로운 식품이나 음료 판매에서의 시음도 실연의 한 가지 방법이다.
⑤ 팜플렛이나 설명서 배부 또는 강연회도 실연의 한 가지 방법이다.

해설 실연법은 고객의 심리적 만족을 극대화하기 위해 최적의 상태로 상품가치를 창출하고, 이를 효과적으로 전달하기 위해 상품의 중요한 혜택을 실제로 보여주고 만져보고 사용해 보도록 한다는 것이다. 팜플렛 배부나 설명서 배부 또는 강연회는 '소비자교육'에 해당한다.

45 서비스에 대한 설명으로 옳지 않은 것은?

① 서비스는 생산과 소비가 동시에 일어나지 않는다는 특징이 있다.
② 서비스는 무형성의 특징이 있다.
③ 서비스는 소멸성의 특징이 있다.
④ 서비스는 균일하지 않다는 특징이 있다.
⑤ 서비스는 저장되거나 재판매될 수 없다.

해설 서비스는 생산과 소비가 동시에 일어난다(비분리성).

얼마나 많은 사람들이 책 한 권을 읽음으로써
인생에 새로운 전기를 맞이했던가.

－헨리 데이비드 소로－

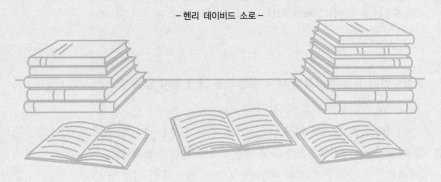

유통관리사 3급 10개년 기출문제해설

2016년

기출문제

제1회 기출문제(2016년 4월 10일 시행)

제2회 기출문제(2016년 7월 3일 시행)

제3회 기출문제(2016년 11월 13일 시행)

지식에 대한 투자가 가장 이윤이 많이 남는 법이다.

– 벤자민 프랭클린 –

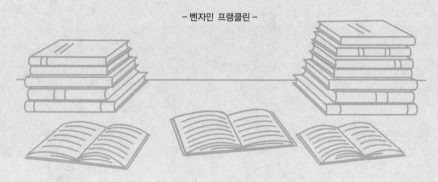

제1회 기출문제해설

제1과목	유통상식(01~20)

01 직장이 가지는 의미를 설명한 것으로 가장 옳지 않은 것은?

① 직장은 일하는 곳이며, 가정과 구분되지 않는다.
② 집단생활을 하는 사회적인 장소이다.
③ 직장은 사회에 기여하는 장소이다.
④ 직장은 배움의 터전이다.
⑤ 직장은 삶을 창조해 나아가는 터전이다.

해설 직장은 일하는 곳이며, 가정(주거지)과 구분해야 한다.

02 「청소년 보호법」 제2조에서 정의하고 있는 "청소년유해약물"에 포함되지 않는 것은?

① '주세법'에 따른 주류
② '담배사업법'에 따른 담배
③ '마약류관리에 관한 법률'에 따른 마약류
④ '화학물질관리법'에 따른 환각물질
⑤ '식품관리법'에 따른 심신발달장애물질

해설 청소년유해약물(청소년 보호법 제2조 제4호 가목)
• 「주세법」에 따른 주류
• 「담배사업법」에 따른 담배
• 「마약류관리에 관한 법률」에 따른 마약류
• 「화학물질관리법」에 따른 환각물질
• 그 밖에 중추신경에 작용하여 습관성, 중독성, 내성 등을 유발하여 인체에 유해하게 작용할 수 있는 약물 등 청소년의 사용을 제한하지 아니하면 청소년의 심신을 심각하게 손상시킬 우려가 있는 약물로서 대통령령으로 정하는 기준에 따라 관계 기관의 의견을 들어 청소년보호위원회가 결정하고 여성가족부장관이 고시한 것

정답 01 ① 02 ⑤

03 소매업의 사회적 책임에 대한 내용으로 가장 옳지 않은 것은?

① 취급상품과 관련된 소매업의 사회적 책임에는 '팔아서는 안 되는 상품'을 배제하고 '팔아야 할 상품'만을 판매하는 것이 있다.

② 팔아서는 안 되는 상품이란 자원낭비가 심한 상품, 잔류농약의 안전성 면에서 안전에 위해를 끼칠 우려가 있는 상품, 위조브랜드 상품, 허위표시 상품 등을 말한다.

③ 판매촉진과 관련된 소매업의 사회적 책임에는 제조사에게 정확한 상품정보를 제공하여 제조사의 경제적인 편익향상과 연계시키는 것이 포함된다.

④ 부적절한 촉진으로는 사기성 광고를 예로 들 수 있다.

⑤ 소매업도 환경문제에 대한 사회적 책임은 마땅히 부담하여야 한다.

해설 소매업의 사회적 책임에는 '제조사의 경제적인 편익향상'이 아니라 '소비자의 경제적인 편익향상'을 연계시켜야 한다.

04 (ㄱ), (ㄴ)에 들어갈 알맞은 단어를 순서대로 나열한 것은?

> • 유통기능이란 생산과 소비의 간격을 메우는 것을 말한다. (ㄱ) 간격은 생산장소와 소비장소의 간격을 말하는 것으로서 유통업자는 수송에 의해 이 간격을 해결할 수 있다.
> • (ㄴ) 간격은 생산시기와 소비시기의 간격을 말하는 것으로서 유통업자는 보관기능을 담당하는 물류센터를 통해 이를 해결할 수 있다.

① 장소적, 시간적　　　　　　　　② 장소적, 수량적

③ 시간적, 장소적　　　　　　　　④ 장소적, 품질적

⑤ 품질적, 시간적

해설 유통기능

• 장소적 불일치 극복 : 생산과 소비 사이에는 상품이 생산되는 생산장소와 소비되는 소비장소가 서로 다르다는 장소적 분리가 있으나, 수송을 통해 생산지와 소비지 사이의 장소적인 차이를 해소시킬 수 있다.

• 시간적 불일치 극복 : 생산과 소비의 사이에는 생산 시기와 소비 시기의 차이라는 시간적 분리가 있으나, 보관활동을 통해 이를 해소할 수 있다.

• 사회적 불일치 극복 : 생산과 소비 사이에는 생산자와 소비자가 별도로 존재한다는 사회적 분리가 있으나, 매매(소유권이전)를 통해 생산과 소비 사이에 발생하는 사회적인 간격을 해소시킬 수 있다.

05 「유통산업발전법」 제2조에서 정의하고 있는 "체인사업"에 해당하지 않는 것은?

① 직영점형 체인사업

② 전문점형 체인사업

③ 임의가맹점형 체인사업

④ 조합형 체인사업

⑤ 프랜차이즈형 체인사업

해설 "체인사업"이란 같은 업종의 여러 소매점포를 직영(자기가 소유하거나 임차한 매장에서 자기의 책임과 계산하에 직접 매장을 운영하는 것을 말한다)하거나 같은 업종의 여러 소매점포에 대하여 계속적으로 경영을 지도하고 상품·원재료 또는 용역을 공급하는 다음의 어느 하나에 해당하는 사업을 말한다(유통산업발전법 제2조 제6호).

• 직영점형 체인사업 : 체인본부가 주로 소매점포를 직영하되, 가맹계약을 체결한 일부 소매점포에 대하여 상품의 공급 및 경영지도를 계속하는 형태의 체인사업

• 프랜차이즈형 체인사업 : 독자적인 상품 또는 판매·경영 기법을 개발한 체인본부가 상호·판매방법·매장운영 및 광고방법 등을 결정하고, 가맹점으로 하여금 그 결정과 지도에 따라 운영하도록 하는 형태의 체인사업

• 임의가맹점형 체인사업 : 체인본부의 계속적인 경영지도 및 체인본부와 가맹점 간의 협업에 의하여 가맹점의 취급품목·영업방식 등의 표준화사업과 공동구매·공동판매·공동시설활용 등 공동사업을 수행하는 형태의 체인사업

• 조합형 체인사업 : 같은 업종의 소매점들이 「중소기업협동조합법」에 따른 중소기업협동조합, 「협동조합기본법」에 따른 협동조합, 협동조합연합회, 사회적 협동조합 또는 사회적 협동조합연합회를 설립하여 공동구매·공동판매·공동시설활용 등 사업을 수행하는 형태의 체인사업

06 판매사원이 인사할 때의 마음가짐으로 가장 옳지 않은 것은?

① 정성과 감사하는 마음으로

② 예절바르고 정중하게

③ 밝고 상냥하게

④ 진실된 마음으로

⑤ 나의 기분에 따라 유동적으로

해설 기분에 따라 유동적이어서는 안되고, 고객에 대한 일관된 마음으로 해야 한다.

07 소매업태가 '도입(entry)단계 – 상향이동(trading up)단계 – 무력화(vulnerability)단계' 등 일정한 주기를 두고 순환적으로 변화한다는 이론은?

① 소매상의 변증법적 과정 이론
② 소매상 수명주기 이론
③ 소매점 아코디언 이론
④ 소매상 수레바퀴 이론
⑤ 소매상의 자연도태설

해설 소매상 수레바퀴 이론
소매환경변화에 따라 소매업태가 일정한 주기를 두고 순환적으로 변화한다는 이론이다.
• 도입단계(entry phase) : 시장 진입 초기에 새로운 형태의 소매점은 주로 혁신자로 저가격, 저서비스, 제한적 제품 구색으로 시장에 진입한다.
• 상향이동단계(trading up phase) : 새로운 소매업태가 출현한 후 점차 다수의 모방적 경쟁업체가 진입하여 이들 사이에 경쟁이 격화되면 경쟁적 우위를 확보하기 위하여 최초의 혁신소매업체는 이들과 차별화하기 위해 업태의 성격을 고급화시키게 된다(고비용, 고가격, 고서비스 소매점).
• 무력화단계(vulnerability phase) : 이 결과 새로운 유형의 혁신적인 소매점이 저가격, 저마진, 저서비스로 시장에 진입할 수 있는 여지를 제공하게 되고, 이 새로운 유형의 소매점 역시 이와 같이 도입 – 상향이동(고급화) – 무력화의 순서로 주기적인 과정을 따르게 된다는 것이다.

08 유통경로의 필요성에 대한 내용으로 가장 옳지 않은 것은?

① 소비자와 생산자 간의 정보탐색비용을 줄일 수 있게 해 준다.
② 거래관계의 단순화로 거래 관련 비용을 줄일 수 있게 해 준다.
③ 상품의 구색차이가 존재하는 경우 시간효용을 통해 해결해 준다.
④ 중간상을 통해 필요한 거래의 수를 감소시켜 준다.
⑤ 다양한 제품을 준비하여 고객의 욕구를 충족시켜 준다.

해설 상품의 구색차이가 존재하는 경우 장소효용을 통해 해결해 준다.

09 한정서비스 도매상으로 옳지 않은 것은?

① 현금거래 도매상   ② 일반잡화 도매상
③ 트럭 도매상   ④ 직송 도매상
⑤ 진열 도매상

해설 한정기능 도매상은 도매상이 제공할 수 있는 기능 중에서, 몇 가지 기능에만 특화된 도매상이다. 직송 도매상, 현금거래 도매상, 트럭 도매상, 진열 도매상 등이 이에 속한다. 일반잡화 도매상은 완전기능 도매상에 속한다.

10 모바일 쇼핑의 특성에 대한 설명으로 가장 옳지 않은 것은?

① 간소하고 편리한 구매과정
② 시장 경계가 없는 치열한 경쟁
③ 다양한 상품
④ 저렴한 가격
⑤ 높은 보안성

해설 모바일 쇼핑의 가장 큰 단점은 보안문제일 것이다. 지속적인 모바일 쇼핑의 성장과 확대를 위해서는 소비자들이 신뢰할 수 있도록 보안문제가 해결되어야 한다.

11 「소비자기본법」 제6조에서 규정하는 국가 및 지방자치 단체가 소비자의 기본적 권리를 실현하기 위한 책무로서 옳지 않은 것은?

① 소비자에게 물품 등에 대한 정보를 성실하고 정확하게 제공해야 할 의무
② 관계 법령 및 조례의 제정 및 개정·폐지
③ 필요한 행정조직의 정비 및 운영 개선
④ 필요한 시책의 수립 및 실시
⑤ 소비자의 건전하고 자주적인 조직활동의 지원·육성

해설 ①은 사업자의 책무에 해당된다(소비자기본법 제19조 제3항).

12 소매상이 소비자에게 제공하는 기능으로 옳지 않은 것은?

① 제품구색 제공   ② 정보 제공
③ 재고유지 및 관리   ④ 금융 제공
⑤ 서비스 제공

해설 소매상의 기능

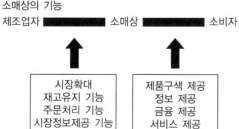

13 ( ) 안에 들어갈 중간상의 분류기능이 순서대로 올바르게 짝지어진 것은?

> • 산지유통인이 농가를 돌며 취급하는 특정농산물을 구매하는 것은 ( )기능이다.
> • 판매를 위해 분할된 상품들을 카테고리별로 매장에 진열하는 기능은 ( )(이)다.

① 구색 - 등급분류   ② 집적 - 구색
③ 분할 - 등급분류   ④ 구색 - 분할
⑤ 집적 - 분할

해설   **중간상의 분류기능**
• 분류(등급, Sorting out) : 다양한 공급원으로부터 제공된 이질적인 제품들을 상대적으로 동질적인 집단으로 구분하는 것
• 집적(수합, Accumulation) : 다양한 공급원으로부터 소규모로 제공되는 동질적인 제품을 한데 모아 대규모 공급이 가능하게 만드는 것
• 분배(Allocation) : 수합된 동질적 제품들을 구매자가 원하는 소규모단위로 나누는 것
• 구색맞춤(Assorting) : 상호연관성이 있는 제품들로 일정한 구색을 갖추어 함께 취급하는 것

14 소매업태 중 카테고리 킬러(category killer)에 대한 설명으로 옳지 않은 것은?

① 포괄적으로 할인전문점이라 불린다.
② 고객에게 제공하고자 하는 상품이나 서비스를 전문화한 소매업태이다.
③ 취급상품을 한정하여 특정상품에 대한 구색을 갖추고 있다.
④ 상표충성도가 높지 않은 일용품들 중 잘 알려지지 않은 품종으로 상품구색을 갖춘다.
⑤ 저렴한 상품가격을 제시한다.

해설   카테고리 킬러는 할인형 전문점으로서 특정상품계열에서 전문점과 같은 깊은 상품구색을 갖추고 저렴하게 판매하는 것을 원칙으로 한다. 취급하는 상품은 주로 완구, 스포츠용품, 가전용품, 자동차용품, 레코드, 사무용품 등이다.

15 (   ) 안에 가장 알맞은 소매업태의 유형은?

> (   )은/는 화장품을 중심으로 식품, 음료, 일용잡화 등의 다양한 상품을 취급하는 업태이다.
> 그러므로 주변의 화장품점, 약국, 중소슈퍼 등과 경쟁관계가 형성된다.

① 대형할인점
② 헬스 & 뷰티 스토어(Health & Beauty store)
③ 몰링(malling)
④ 편의점(CVS)
⑤ 기업형 슈퍼마켓(SSM)

[해설] **헬스 & 뷰티 스토어(Health & Beauty store)**
헬스 & 뷰티 스토어는 화장품 뿐 아니라 생활용품, 건강보조식품, 음료 등을 판매하는 매장으로 20~30대의 여성들에게 부담 없는 쇼핑공간으로 각광받고 있다.
[예] CJ의 올리브영(OLIVEYOUNG), 롯데의 롭스(LOHBS) 등

16 B2B 판매조직에서 자사의 매출에 대한 기여도가 매우 크거나 클 가능성이 높은 고객을 무엇이라고 하는가?

① 전략 고객
② 일차 전술 고객
③ 최우선 관리 고객
④ 최우수 관심 고객
⑤ 우수 잠재 고객

[해설] **전략 고객**
전략 고객은 "자사의 매출에 대한 기여도가 매우 크거나 클 가능성이 높은 고객"이라고 정의할 수 있다. 소수의 주요 고객의 구매 규모가 커지고 구매과정이 복잡해짐에 따라 전략 고객에 대한 집중적 관리의 필요성이 증가하고 있다.
전략 고객의 중요성이 증가하는 이유는 다음과 같다.
• 고객사들이 공급업체를 줄이려는 경향이 커지고 있다.
• 고객사들이 점차 중앙집권화된 구매의사결정을 하는 추세에 있다.
• 유통업체의 채널 파워가 커지면서 제조업체가 거대 유통업체를 본격적으로 관리해야 할 필요성이 커지고 있다.
• 거래적 영업을 지양하며, 관계적 영업관계 구축이 필요하다.
• 상호 신뢰적 관계형성을 위해 노력해야 하며, 동반 성장을 지향해야 한다.

17 판매원이 알아야 할 일반 고객의 구매과정 순서로 옳은 것은?

① 대안평가 → 문제인식 → 정보탐색 → 구매
② 정보탐색 → 문제인식 → 대안평가 → 구매
③ 문제인식 → 대안평가 → 정보탐색 → 구매
④ 문제인식 → 정보탐색 → 대안평가 → 구매
⑤ 대안평가 → 정보탐색 → 문제인식 → 구매

해설 구매과정 순서
문제인식 → 정보탐색 → 대안평가 → 구매의사결정 → 구매 후 행동

18 농수산물도매시장의 주요 구성원 중 아래 박스에서 설명하고 있는 구성원으로 옳은 것은?

농수산물 도매시장의 개설자로부터 지정을 받아 농수산물을 구입하여 판매하거나 위탁을 받아 매매를 중개하는 법인을 의미하며 이 경우에는 경매 과정이 존재하지 않는다.

① 중도매인   ② 도매시장법인
③ 경매사   ④ 시장도매인
⑤ 매참인

해설 ① 중도매인이란 농수산물도매시장·농수산물공판장 또는 민영농수산물도매시장의 개설자의 허가 또는 지정을 받아 다음의 영업을 하는 자를 말한다.
　　• 농수산물도매시장·농수산물공판장 또는 민영농수산물도매시장에 상장된 농수산물을 매수하여 도매하거나 매매를 중개하는 영업
　　• 농수산물도매시장·농수산물공판장 또는 민영농수산물도매시장의 개설자로부터 허가를 받은 비상장(非上場) 농수산물을 매수 또는 위탁받아 도매하거나 매매를 중개하는 영업
② 도매시장법인이란 농수산물도매시장의 개설자로부터 지정을 받고 농수산물을 위탁받아 상장(上場)하여 도매하거나 이를 매수(買受)하여 도매하는 법인(도매시장법인의 지정을 받은 것으로 보는 공공출자법인을 포함)을 말한다.
③ 경매사(競賣士)란 도매시장법인의 임명을 받거나 농수산물공판장·민영농수산물도매시장 개설자의 임명을 받아, 상장된 농수산물의 가격 평가 및 경락자 결정 등의 업무를 수행하는 자를 말한다.
⑤ 매참인(매매참가인)이란 농수산물도매시장·농수산물공판장 또는 민영농수산물도매시장의 개설자에게 신고를 하고, 농수산물도매시장·농수산물공판장 또는 민영농수산물도매시장에 상장된 농수산물을 직접 매수하는 자로서 중도매인이 아닌 가공업자·소매업자·수출업자 및 소비자단체 등 농수산물의 수요자를 말한다.

19 유통경로의 수직적 통합에 대한 장점으로 옳지 않은 것은?

① 통합된 경로 구성원들 간의 거래비용의 감소
② 통합된 경로 구성원들 간의 안정적 공급확보
③ 통합된 경로 구성원들 간의 합리적 비용 할당
④ 통합된 경로 구성원들 간의 기술능력 제고
⑤ 경쟁사에 대한 진입장벽 구축

해설 생산부문과 유통부문 간의 상이한 관리로 인한 비효율성과 규모의 증대에 따른 관리비용이 증가할 수 있다.

20 다음 중 마진보다는 회전율에 더 초점을 두어 영업하는 소매업태들로만 구성된 것은?

① 카테고리 킬러, 할인점, 전문점
② 창고형 클럽, 하이퍼마켓, 백화점
③ 할인점, 하이퍼마켓, 카테고리 킬러
④ 편의점, 백화점, 우편주문판매
⑤ 하이퍼마켓, 백화점, 할인점

해설 백화점과 전문점은 낮은 회전율, 높은 마진에 초점을 둔다.

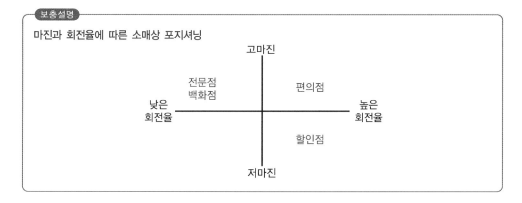

> **보충설명**
>
> 마진과 회전율에 따른 소매상 포지셔닝
>
> 고마진
>
> 전문점 / 백화점 · 편의점
>
> 낮은 회전율 ——————— 높은 회전율
>
> 할인점
>
> 저마진

21 서비스 마케팅의 7P 믹스에 해당하지 않는 것은?

① 서비스 사람관리
② 서비스 상품관리
③ 서비스 프로세스관리
④ 서비스 채널관리
⑤ 서비스 정보관리

해설 서비스 마케팅의 7P 믹스에는 사람(People), 가격(Price), 상품(Product), 경로채널(Place), 촉진(Promotion), 프로세스(Process), 물리적 증거(Physical Evidence) 등이 있다.

22 다음은 상품을 알고 나서 구입을 결정하기까지 소비자의 심리적인 과정(AIDMA모형)을 기술한 것이다. 이 과정에 대한 법칙의 내용과 용어를 잘못 짝지은 것은?

> 고객은 어떠한 상품을 ① 눈여겨 보고 그 상품에 ② 관심을 갖는다. 그리고 ③ 원한다고 느끼고 구매 전까지 그 상품을 ④ 생각하게 되다가 ⑤ 구매를 하게 된다.

① 주의(Attention)
② 관심(Interest)
③ 욕망(Desire)
④ 의미(Meaning)
⑤ 행동(Action)

해설 ④ 의미(Meaning) → 기억(Memory)

23 고객에 대한 판매원의 효과적인 경청 방법으로 옳지 않은 것은?

① 감정적 표현은 피하고 중립적인 자세를 취하며 논쟁하지 않도록 주의한다.
② '동감입니다', '알겠습니다' 등과 같은 말로 반응하여 대화에 주의를 기울이고 있다는 것을 나타낸다.
③ 고객이 말을 할 때, 사실적인 정보뿐만 아니라 그들이 어떻게 느끼는지도 구분하며 커뮤니케이션 하도록 한다.
④ 고객의 말투, 외모로 고객을 미리 판단하지 말고 고객이 말하고 있는 것에 집중하도록 한다.
⑤ 불확실한 사항이나 고객이 한 말을 이해하지 못할 때가 있더라도 이해하고 있는 척 한다.

해설 불확실한 사항이나 고객이 한 말을 이해하지 못할 때에는 적절한 질문으로 이해하고 넘어가야 한다.

24 구매의사결정에 영향을 미치는 외부 환경 요인에 해당하지 않는 것은?

① 소비자가 속한 문화(culture)

② 가입한 커뮤니티(community)

③ 자녀를 포함한 가족(family)

④ 준거집단(reference group)

⑤ 사회적 자아 이미지(self image)

해설 구매의사결정의 영향요인
• 환경적 요인 : 문화, 사회계층, 가족, 준거집단
• 개인적(심리적) 요인 : 학습, 동기, 태도, 개성(가치관), 라이프스타일, 인지능력

25 유럽상품코드에 대한 내용으로 옳지 않은 것은?

① 유럽상품코드는 EAN이라고 한다.

② 유럽상품코드의 표준 자리수는 13자리이다.

③ 유럽상품코드의 대한민국 국가코드는 978이다.

④ 유럽상품코드의 단축형은 8자리이다.

⑤ 유럽상품코드의 마지막 한자리는 체크숫자로 판독 오류방지를 위해 만들어진 것이다.

해설 대한민국 국가코드는 880이다.

26 비품과 통로를 비대칭적으로 배치하여 고객에게 넓고 쾌적한 환경을 제공한다는 장점은 있으나, 그로 인해 많은 비용이 발생하고 보관창고와 진열공간이 줄어든다는 단점을 가지는 점포배치 형태는 무엇인가?

① 특선품구역 배치 　　　　　　② 격자형 배치

③ 자유형 배치 　　　　　　　　④ 경주로형 배치

⑤ 진열걸이 배치

해설 자유형 배치는 고객이 자유로운 쇼핑과 충동적인 구매를 기대하는 매장에 적합한 점포배치로 사용하는 집기, 비품류의 대부분은 원형, U자형, 아치형, 삼각형과 같은 불규칙한 형으로 배치한다.

> **보충설명**
>
> **자유형 배치의 장단점**
>
> | 장 점 | • 고객에게 넓고 쾌적한 환경을 제공한다. | • 충동구매를 촉진한다. |
> |---|---|---|
> | | • 시각적으로 고객의 주의를 끈다. | • 융통성이 풍부하다. |
> | 단 점 | • 쇼핑시간이 길다. | • 안정감이 없다. |
> | | • 제품진열공간이 줄어든다. | • 비용이 든다. |
> | | • 청소가 곤란하다. | |

27 다음 글상자에서 설명하고 있는 이론은 무엇인가?

> 소비자들은 상품을 구매하기 전에 기대감을 형성한다. 이러한 기대감은 광고나 사전 경험에서 형성된다. 구매하기 전의 기대와 구매 후 결과를 비교하여 기대했던 것보다 상품의 성능이 좋으면 긍정적인 불일치(만족)가 발생하여 재구매 의도가 강화된다. 그러나 기대했던 것보다 상품의 성능이 나쁘면 부정적인 불일치인 불만족 감정이 형성된다.

① 전망이론 ② 기대불일치이론
③ 공정성이론 ④ 조절초점이론
⑤ 인지부조화이론

해설 ① 잠재적인 이익과 손실을 평가할 때 사람들의 판단기준이 달라짐을 설명하는 이론, 즉 이익을 선택하는 경우에는 기대수익이 적더라도 안전한 것을 선택하고, 손실 중에서 선택하는 경우에는 기대손실이 크더라도 모험적인 선택을 한다는 이론
③ 소비자 자신과 거래 상대방의 투입(가격) 대비 결과(제품 성과)의 비율이 같으면 공정한 상태로 인식하여 비교적 만족을 느끼지만 비율이 적다고 느낄 때는 불공정성을 인식하고 불만족을 가지게 된다는 이론
④ 사람들은 크게 두가지 사고, 즉 '향상(promotion)'과 '예방(prevention)'를 전제로 이 중 하나의 사고에 초점을 맞추어 자신의 행동을 조절한다는 이론
⑤ 구매결정이 내려진 후에 다양한 인지, 태도 혹은 신념 사이에 심리적인 내적 갈등(인지부조화)을 해소하지 못하면 구매한 제품이나 서비스를 반품하거나 부정적인 태도가 형성되어 재구매가 발생되지 않을 뿐만 아니라 타인들에게 부정적인 구전효과가 발생한다는 이론

28 POS 도입시 장점으로 옳지 않은 것은?

① 교차판매, 상향판매, 대량고객화가 가능해진다.
② 매상등록시간이 단축되어 고객대기시간이 감소할 수 있으며, 또한 계산대의 수를 줄일 수도 있다.
③ 판매원의 입력오류가 줄어든다.
④ 단품관리에 의해 잘 팔리는 상품과 잘 팔리지 않는 상품을 즉각 파악할 수 있다.
⑤ 재고의 적정화, 판촉전략의 과학화를 가져올 수 있다.

해설 교차판매, 상향판매, 대량고객화는 CRM(고객관계관리) 전략으로 가능하다.

29 다음 사례에서 A전자 대리점이 실행한 판촉활동은 무엇인가?

> A전자 대리점은 최근 A전자 또는 경쟁사의 구형 세탁기를 가져오거나 반납하는 고객들에게 A전자의 최신형 ▲▲세탁기를 정상가에서 20% 할인한 가격으로 판매하였다. 그 결과, ▲▲세탁기의 매출은 지난달에 비하여 30% 이상 신장되었다.

① 사은품   ② 리베이트
③ 보너스 팩   ④ 보상판매
⑤ 샘 플

해설 ① 특정제품의 구매를 촉진시키기 위해 저비용 혹은 무료로 제공되는 추가상품
② 일정기간동안 어떤 상품을 구입한 사람들에게 구입가격의 일부를 현금으로 되돌려 주는 것
③ 같은 상품 또는 관련 상품을 여러개 묶어 싸게 파는 것
⑤ 상품에 대한 대가를 지불하지 않고 제공되는 시제품

30 판매담당자가 상품에 대해 알아야 할 사항인 5W1H에 대한 설명으로 옳지 않은 것은?

① WHO – 사용자 : 누가 사용하는 것인가?
② WHEN – 사용 시기 : 언제 사용하는 것인가?
③ WHAT – 사용용도 : 무엇에 사용되는 것인가?
④ WHERE – 사용처 : 어디서 사용하는 것인가?
⑤ HOW – 사용목적 : 왜 사용하는 것인가?

해설 • HOW – 사용방법 : 어떻게 사용하는 것인가?
• WHY – 사용목적 : 왜 사용하는 것인가?

31 서비스품질을 측정하는 SERVQUAL의 하위 차원으로 옳지 않은 것은?

① 협력성(Cooperativeness)   ② 신뢰성(Reliability)
③ 확신성(Assurance)   ④ 유형성(Tangibles)
⑤ 공감성(Empathy)

해설 SERVQUAL의 하위 차원은 신뢰성(Reliability), 확신성(Assurance), 유형성(Tangibles), 대응성(Responsiveness), 공감성(Empathy) 등이다.

32 선매품에 대한 설명으로 옳은 것은?

① 빨리 소비되고 자주 구입되는 제품을 말한다.

② 고객이 최소한의 노력으로 즉각적으로 구매하는 제품을 말한다.

③ 특정 속성들을 비교하여 선택하고 구매하는 제품을 말한다.

④ 수요가 매우 전문적이며, 상대적으로 소수의 구매자가 존재한다.

⑤ 소비자가 구매 시에 브랜드간 차이에 대한 정보와 함께 제품 자체에 대한 정보와 지식이 많이 요구된다.

[해설] ① · ② 편의품, ④ · ⑤ 전문품

33 정장과 넥타이, 삼겹살과 쌈장 등 서로 연관된 상품을 함께 진열하거나 연관된 상품을 취급하는 점포들을 인접시켜 고객의 연관 구매를 유도하는 것은?

① VMD(Visual Merchandising)

② POP(Point-Of-Purchase)

③ Cross-Merchandising

④ Product Assortment

⑤ Category Management

[해설] ① 브랜드가 전달하고자 하는 이미지를 시각적으로 전달하는 목적으로 상품을 진열하는 것
② 점두나 계산대 등에 전시, 즉각적인 구매 욕구를 자극해 상품구매로 연결시키려는 판매촉진 수단
④ 상품의 폭과 깊이에 따라 상품을 구성하는 것(상품구색)
⑤ 소비자 욕구를 충족시키기 위해 상호 대체할 수 있다고 뚜렷이 확인되는 상품 및 서비스를 한 그룹으로 묶어 관리하는 기법(상품군관리)

34 포장에 대한 설명으로 가장 옳지 않은 것은?

① 모든 내용물을 한눈에 알아 볼 수 있어야 한다.

② 운반하기 쉬워야 한다.

③ 상품을 보호할 수 있어야 한다.

④ 고객의 운반과정에서 포장지나 쇼핑백으로 인해 홍보효과를 누릴 수도 있다.

⑤ 포장에 따라 상품의 가치가 달라지기에 고객의 우월감을 충족시킬 수도 있다.

[해설] 포장의 목적은 물품의 보호, 저장, 이동 등의 유통 과정에서 물품의 가치 및 상태를 유지하는 것이므로, '모든' 내용물을 한눈에 알아 볼 수 있어야 하는 것은 아니다.
※ 패키지 디자인의 경우 외관을 나타내는 디자인이므로 '어떤' 내용물인지 한눈에 알아 볼 수 있어야 한다.

35 기업과 고객 간의 관계발전 모형이다. (   ) 안에 들어갈 용어가 올바르게 나열된 것은?

예상고객(Prospector) → 고객(Customer) → (㉠   ) → 옹호자(Advocate) → (㉡   )

① ㉠ : 단골 고객, ㉡ : 동반자
② ㉠ : 희망 고객, ㉡ : 최우수 고객
③ ㉠ : 우수 고객, ㉡ : 최우수 고객
④ ㉠ : 희망 고객, ㉡ : 우량 고객
⑤ ㉠ : 우수 고객, ㉡ : 우량 고객

해설 **기업과 고객 간의 관계발전 모형**
불특정 다수(Suspect) → 잠재고객(Potential Customer) → 예상고객(Prospector) → 고객(Customer) → 단골 (Client) → 지지자(Supporter) → 옹호자(Advocate) → 동반자(Partner)

36 유통점포의 구성 중 매장공간을 뜻하는 것은?

① 상품이 진열되어 있는 공간과 이동 통로
② 상품이 진열되어 있는 공간과 재고품을 적재해 놓은 장소
③ 구매자가 상품을 선택하는 장소와 휴게실 및 화장실
④ 주차장을 포함한 고객이 상품 구매를 위해 이동하는 모든 공간
⑤ 고객을 위한 공간과 종업원을 위한 모든 공간

37 매장으로 들어온 고객에게 접근하여 대화를 시도해야 하는 효과적인 타이밍으로 보기 어려운 것은?

① 고객이 매장으로 들어와 특정 상품 코너로 직진할 때
② 고객이 같은 진열코너에서 오래 머물러 있을 때
③ 고객이 다른 진열대로 발을 옮긴 뒤 다시 원래 장소로 돌아올 때
④ 고객이 함께 온 다른 고객과 상품에 대해 이것저것 이야기할 때
⑤ 고객이 특정 상품을 주시하다가 상품을 들어 살펴볼 때

해설 고객이 상품에 대해 이것저것 물어볼 때가 접근 타이밍이다.

38 고객관계관리(customer relationship management)에 대한 설명으로 가장 옳지 않은 것은?

① 고객을 단순 구매자가 아닌 공동 참여자 또는 능동적 파트너로 인식한다.
② 개별 고객과의 쌍방향 의사소통을 통한 고객 관계의 강화를 목적으로 한다.
③ 영업이나 판매 위주의 서비스가 아닌 전사적 차원의 정교한 대응을 지향한다.
④ 시장점유율보다는 고객점유율을 높이는 것에 중점을 두고 있다.
⑤ 타깃에게 맞는 효익을 제공하여 제품의 단기적 판매를 높이는 데 주안점을 두고 있다.

해설 고객관계관리는 '단기적' 판매보다는 '장기적' 고객관계를 유지하는 데 초점을 두고 있다.

39 고객의 구매과정에서 발생하는 '진실의 순간(Moments Of Truth)'에 대한 설명으로 옳은 것은?

① 진실의 순간은 고객이 종업원과 접촉하는 결정적인 한 순간에만 발생한다.
② 서비스를 경험하는 고객은 진실의 순간에 서비스를 덧셈법칙에 입각하여 평가한다.
③ 진실의 순간은 짧기 때문에 기업 수익에 크게 영향을 미치지는 않는다.
④ 진실의 순간에 대응하기 위해서는 CALS모형이 일반적이다.
⑤ 진실의 순간을 관리하려면 고객 접점별로 발생할 수 있는 문제를 진단하는 것이 중요하다.

해설 ① 고객이 종업원과 접촉하는 데 여러번의 순간을 경험할 수 있다.
② 서비스를 경험하는 고객은 진실의 순간에 서비스를 덧셈법칙이 아니라 곱셈의 법칙에 입각하여 평가한다. 즉 서비스의 프로세스(과정)에서 한 가지 행동이나 서비스라도 '0'점이나 마이너스 점수를 받게 되면 다른 어떤 노력으로도 만회하기 어렵기 때문이다.
③ 진실의 순간은 15초로 짧지만 이 순간에 고객을 평생고객으로 만드느냐 아니면 불만고객으로 만드느냐에 따라 기업 수익에도 많은 영향을 미치게 된다.
④ 진실의 순간에 대응하기 위해서는 CRM모형이 일반적이다.

40 다음 사례의 A홈쇼핑이 고객만족 혹은 불만족을 조사하기 위해 사용한 조사기법은?

> 최근 A홈쇼핑은 고객들이 자사의 텔레마케터들과의 통화에서 느낀 불편함이나 불쾌한 느낌, 서비스에 대한 만족감, 서비스 실패나 회복과정에서의 경험 등을 이야기하도록 하는 심층 인터뷰를 실시하였다. 특히, 가장 기억에 남는 경험에 초점을 두어 그 상황에서의 만족과 불만족을 조사하였다.

① 사후거래조사   ② 불평조사
③ 결정적 사건기법   ④ 미스터리 쇼퍼
⑤ 고객 요구사항조사

해설   결정적 사건기법(CIT ; Critical Incident Technique)
결정적 사건기법은 소비자들의 언어를 통해, 소비자들이 기억하고 있는 인상적인 서비스의 속성을 분석하기 위한 연구에서 사용되는 기법이다.
결정적 사건기법은 특정한 자극이나 사건을 경험자의 시각에서 평가할 수 있다는 점에서 최근 들어 서비스 계통의 연구에서 많이 활용되고 있다. 다양한 서비스접점에서의 소비자경험을 통하여 만족과 불만족의 원인을 밝혀내거나 (Bitner, 1990), 외식업이나 관광업에서 소비자가 겪은 서비스실패의 원인과 서비스회복(service recovery)에 대한 연구(Smith & Bolton, 1998)들에서 주도적인 방법론으로 사용되고 있다.

41 셀링 포인트(selling point)에 대한 설명으로 가장 옳지 않은 것은?

① 제품이나 서비스가 지니고 있는 특질, 성격, 품격 등으로 제품의 가장 중요한 특성이나 컨셉을 뜻한다.
② 상품판매 계획을 세울 때 특히 강조하는 점으로 고객의 욕구에 맞추어 상품의 설명을 응축하여 전달하는 것이다.
③ 판매의 과정에서 셀링 포인트를 포착하는 시점은 구매심리과정의 7단계 중에서 '신뢰'의 단계 이다.
④ 상품의 특징이나 효용 중에서 구매결정에 가장 영향을 미치는 점을 짧고 효과적으로 전달하는 것이다.
⑤ 셀링 포인트를 문자화 하여 조그만 카드에 기입하여 고객의 눈에 호소하는 것이 POP라 할 수 있다.

해설   셀링 포인트는 제품이나 서비스가 지니고 있는 특질, 성격, 품격 가운데 사용자에게 편의나 만족감을 주는 부분을 말한다.

42 편의점이나 일부 슈퍼마켓 체인이 표준화된 진열형태를 활용할 때 본사가 얻을 수 있는 이점으로 가장 옳지 않은 것은?

① 점포의 건설과 중앙 구매 방식을 쉽게 할 수 있다.
② 공사비를 감소시켜 운영방식을 표준화시킬 수 있다.
③ 점포의 탄력성이 늘어나 매출과 이익을 최대화 할 수 있다.
④ 각 점포 간의 종업원 이동을 원활하게 한다.
⑤ 일관성 있는 점포 이미지를 유지할 수 있다.

해설 표준화된 진열형태는 점포의 탄력성을 제한할 수 있으므로 매출과 이익이 감소할 수 있다.

43 많은 대형마트에서 주말 오후의 붐비는 시간을 피하면 편안하게 쇼핑을 할 수 있다고 선전하는 것과 관련 있는 서비스의 특성은?

① 서비스 프로세스의 고객참여
② 시간소멸적인 서비스능력
③ 서비스의 무형성
④ 서비스의 이질성
⑤ 생산과 소비의 동시성

해설 시간소멸적인 서비스능력
서비스는 재고로서 저장될 수 없기 때문에 사용되지 않으면, 영원히 사용될 기회를 잃어버리게 된다. 이를 해결하기 위한 대안은 다음과 같다.

수요완화	• 예약이나 약속을 이용 • 가격 인센티브 이용(저녁과 주말에 할인혜택) • 피크 시간 수요억제를 위한 마케팅
서비스 능력 조정	• 피크 시간에 시간급 직원 이용 • 수요에 따라 작업자 수요가 변화하도록 근무교대조의 일정 조정 • 고객의 셀프서비스 확대
고객으로 하여금 기다리게 함	• 가장 최악의 방법

44 고객응대의 기본자세에 대한 설명으로 옳지 않은 것은?

① 예절바르고 상냥한 느낌을 주도록 적절한 어휘 및 제스처를 선택한다.
② 올바른 자세로 응대한다. 실제 바르지 못한 자세는 정신상태도 올바르지 못한 것 같아 신뢰감이 생기지 않기 때문이다.
③ 살아 있는 얼굴표정은 상대방의 진실성 및 응대성을 읽을 수 있게 하는 바, 적절한 표정으로 표현해야 한다.
④ 제스처에 신경을 써야 한다. 왜냐하면 제스처는 대화를 유효적절하게 이끌어 주며, 보다 만족스러운 인간관계를 만들어 주기 때문이다.
⑤ 반가운 인사는 필요하지만 소비자가 부담을 느끼지 않도록 고개를 숙여 인사할 필요는 없다.

해설 고객을 최대한 반갑게 맞이해야 하며, 고개를 숙여 인사한다. 숙이는 정도가 너무 깊어도, 얕아도 좋지 않다.

45 Parasuraman 등이 제시한 서비스품질 차이 모형(Gap Model)에 해당하지 않는 차이(Gap)는?

① 고객의 정확한 기대를 알지 못한 인식 차이(Knowledge Gap)
② 경쟁력 있는 가격을 알지 못한 가격 차이(Price Gap)
③ 고객이 기대하는 서비스표준을 알지 못한 표준 차이(Standards Gap)
④ 만들어진 서비스를 제대로 전달하지 못한 인도 차이(Delivery Gap)
⑤ 과잉약속이나 과장광고 등을 실행한 커뮤니케이션 차이(Communication Gap)

해설 서비스품질의 격차모형 요약

Gap 1	인식 차이 (Knowledge Gap)	서비스 제공자가 생각하는 고객 기대와 실제 고객기대 사이의 차이
Gap 2	표준 차이 (Standard Gap)	경영자의 고객기대 지각과 서비스 품질표준 사이의 차이
Gap 3	인도 차이 (Delivery Gap)	서비스 표준과 실제 제공된 서비스 사이의 차이
Gap 4	내부 커뮤니케이션 차이 (Internal Communication Gap)	판매원이 생각하는 서비스와 실제 배달 가능한 서비스의 차이
	지각 차이 (Perception Gap)	실제 배달된 서비스와 고객의 배달된 서비스에 대한 지각 사이의 차이
	해석차이 (Interpretation Gap)	회사가 약속한 서비스와 고객이 생각하는 약속된 서비스의 차이
Gap 5	서비스 차이 (Service Gap)	고객이 기대하는 서비스와 고객의 배달된 서비스에 대한 지각 사이의 차이

제**2**회 | 기출문제해설

| 제1과목 | 유통상식(01~20) |

01 '오프라인 매장에서 제품을 살펴본 뒤, 실제 구매는 온라인에서 하는 현상'을 뜻하는 용어는?

① 쇼루밍(showrooming)
② 웹루밍(webrooming)
③ 역쇼루밍(reverse-showrooming)
④ 프로슈머(prosumer)
⑤ 모디슈머(modisumer)

해설 쇼루밍(showrooming)
소비자들이 오프라인 매장에서 제품을 살펴본 후 실제 구입은 온라인사이트를 통하는 쇼핑 행태를 말한다. 쇼루밍 현상이 증가하는 이유는 스마트폰, 태블릿 PC 등 모바일기기가 확산되면서 소비자가 온라인상에서 쇼핑에 필요한 제품 정보 및 리뷰 탐색 등에 쓰는 시간이 많아지고 오프라인보다 온라인 구매가 가격 경쟁력에서 우위를 차지하기 때문이다.
② 상품에 대한 모든 정보를 온라인에서 습득한 후에 온라인보다 저렴한 오프라인 매장을 찾아 실제 구매를 하는 소비행태
③ 물건에 대한 정보를 인터넷 등 온라인에서 취합한 후 구매는 직접 오프라인 매장에서 하는 것
④ 소비는 물론 제품 생산과 판매에도 직접 관여하여 해당 제품의 생산 단계부터 유통에 이르기까지 소비자의 권리를 행사하는 소비자
⑤ 제품을 제조사에서 제시하는 표준방법대로 따르지 않고 자신만의 방식으로 재창조해 내는 소비자

02 이동 중에도 무선인터넷과 첨단 통신기술을 통해서 상거래가 이루어지는 소매형태는?

① 자동판매기
② 직접판매
③ 키오스크(Kiosk)
④ CATV홈쇼핑
⑤ 모바일 커머스(mobile commerce)

해설 모바일 커머스(mobile commerce)
전자상거래의 일종으로, 가정이나 사무실에서 유선으로 인터넷에 연결, 물건을 사고 파는 것과 달리 이동 중에 이동전화기나 무선 인터넷 정보단말기 등을 이용해 거래를 하는 것으로 M-커머스라고도 한다. 이동전화나 개인휴대정보단말기(PDA)를 이용한 무선인터넷 기능을 기반으로 하고, 기존 유선인터넷을 활용한 e-커머스에 비해 장소에 구애받지 않으며, 휴대용 무선 단말기를 사용하기 때문에 편리성과 휴대성이 뛰어나다는 장점이 있다.

03 소비자기본법에 명시되어 있는 소비자 안전조치에 관한 조항 중 (㉠), (㉡), (㉢) 안에 들어 갈 용어로 올바르게 짝지어진 것은? [수정]

> (㉠)는 제조·수입·판매 또는 제공한 물품 등에 (㉡)의 생명·신체 또는 재산에 위해를 끼치 거나 끼칠 우려가 있는 제조·설계 또는 표시 등의 중대한 결함이 있다는 사실을 알게 된 경우에는 제조·수입·판매 또는 제공한 물품 등의 결함을 소관 (㉢)에게 보고하여야 한다.

① ㉠ 사업자, ㉡ 소비자, ㉢ 대통령
② ㉠ 사업자, ㉡ 소비자, ㉢ 중앙행정기관의 장
③ ㉠ 제조자, ㉡ 구매자, ㉢ 소비자보호원의 장
④ ㉠ 소비자, ㉡ 중간상, ㉢ 소비자보호원의 장
⑤ ㉠ 중간상, ㉡ 소비자, ㉢ 해당 지역 기관장

해설 결함정보의 보고의무(소비자기본법 제47조 제1항 제1호)
(**사업자**)는 제조·수입·판매 또는 제공한 물품 등에 (**소비자**)의 생명·신체 또는 재산에 위해를 끼치거나 끼칠 우려가 있는 제조·설계 또는 표시 등의 중대한 결함이 있다는 사실을 알게 된 경우에는 제조·수입·판매 또는 제공한 물품 등의 결함을 소관 (**중앙행정기관의 장**)에게 보고하여야 한다.

04 유통산업발전법에 명시된 유통관리사의 직무로 옳지 않은 것은?

① 유통경영·관리와 관련한 계획·조사·연구
② 유통경영·관리와 관련한 상담·자문
③ 유통경영·관리와 관련한 교육
④ 유통경영·관리 기법의 향상
⑤ 유통경영·관리와 관련한 진단·평가

해설 유통관리사의 직무(유통산업발전법 제24조)
• 유통경영·관리 기법의 향상
• 유통경영·관리와 관련한 계획·조사·연구
• 유통경영·관리와 관련한 진단·평가
• 유통경영·관리와 관련한 상담·자문
• 그 밖에 유통경영·관리에 필요한 사항

05 간접유통이면서 동시에 점포유통인 유형으로만 올바르게 묶인 것은?

> 가. 가전업체 직영점 　　　　　 나. 대형마트
> 다. 화장품 방문판매 　　　　　 라. 오픈마켓
> 마. 의류업체 전속대리점 　　　　 바. 편의점

① 가, 나, 마, 바　　　　　　　② 가, 나, 바

③ 나, 바　　　　　　　　　　　④ 가, 마

⑤ 다, 라

해설 간접유통은 생산지에서 소비자에게 바로 전달되는 직접유통과 반대되는 개념으로, 여러 경로를 거쳐 소비자에게 전달되게 된다. 간접유통경로에서는 도매와 중간도매, 소매점이 나타나게 되는데 이러한 도매와 중간도매, 소매점 등이 간접유통경로에 해당된다. 따라서 간접유통인 동시에 점포유통인 유형은 점포형 소매상에 해당하는 대형마트와 편의점이다.
- 가·마 : 소유 및 운영형태에 따른 분류
- 다·라 : 무점포형 소매상

06 다음 글상자에서 설명하는 용어로 옳은 것은?

> • 판매원들 개개인에게 조직을 위해 중요한 일을 할 수 있는 능력이 있다는 확신을 심어 주고 담당 업무에 대한 권한을 부여하는 권한 강화과정
> • 일선 현장에서 직접 문제를 해결할 수 있게 하여 고객만족과 직원만족을 동시에 추구함
> • 판매원들 스스로 업무자율성을 중요시할 때 더 높은 성과가 나타날 수 있음

① 직무확대

② 공감적 경청

③ 셀프리더십(self leadership)

④ 권한 부여(empowerment)

⑤ 솔선수범

해설 권한 부여(empowerment)
- 권력의 공유와 하위 계층 구성원들에게 권한이나 권력을 위임하는 현상을 말한다.
- 조직 내의 하위 계층에게 권력과 권한을 위임함으로써 하위계층이 좀 더 자유롭게 직무를 수행할 수 있도록 하는 것을 의미하며, 이는 조직 구성원들의 동기부여에 긍정적으로 작용한다.
- 조직이 가지고 있는 파워를 신뢰하는 데서 출발하며, 신뢰를 바탕으로 구성원의 능력과 잠재력을 키워주는 방법이다.

07 판매예측방법 중 객관적이면서 정량적인 방법에 해당하는 것은?

① 지수평활법
② 델파이법
③ 영업사원 예측합계법
④ 소비자 구매의도 조사법
⑤ 경영진 의견법

해설 지수평활법(exponential smoothing)
지수적으로 감소하는 가중치를 이용하여 최근의 자료일수록 더 큰 비중을, 오래된 자료일수록 더 작은 비중을 두어 미래수요를 예측하는 방법

보충설명

수요예측기법

정성적 기법	• 델파이법 • 시장조사법 • 판매원이용법 • 패널조사법 • 역사적 유추법
정량적 기법	시계열 분석 : 이동평균법, 지수평활법
	인과형 분석 : 회귀분석모형, 계량경제모형, 투입/산출모형
	시뮬레이션

08 (㉠), (㉡) 안에 들어갈 용어로 옳은 것은?

(㉠)는 이미 판매한 제품이나 서비스와 관련이 있는 제품이나 서비스를 판매하는 것을 말하는 반면, (㉡)는 이미 판매한 제품이나 서비스에 비해 가격이나 품질 등의 측면에서 더 높은 수준에 있는 제품이나 서비스를 판매하는 것을 말한다.

① ㉠ 추가판매, ㉡ 상향판매
② ㉠ 상향판매, ㉡ 추가판매
③ ㉠ 교차판매, ㉡ 상향판매
④ ㉠ 상향판매, ㉡ 교차판매
⑤ ㉠ 관련판매, ㉡ 고급판매

해설 • 교차판매 : 메인 상품에 부가적인 상품을 교차하여 모두 구매하도록 유도하는 전략으로, 원래 구매하려던 제품과 더불어서 구매욕구가 없던 제품까지 추가적인 지출을 유도하는 판매 전략이다.
• 상향판매 : 어떤 상품을 구입한 고객에게 보다 고급의 상품을 판매하는 전략을 말한다.

09 (㉠), (㉡) 안에 들어갈 용어로 옳은 것은?

> 제조업자가 중간상을 대상으로 적극적인 촉진전략을 사용하여 도매상, 소매상들이 자사의 제품을
> 소비자에게 적극적으로 판매하도록 유도하는 방법을 (㉠)전략이라고 하며, 제조업자가 최종소비
> 자를 대상으로 적극적인 촉진을 사용하여 소비자가 자사의 제품을 적극적으로 찾게 함으로써 중간
> 상들이 자발적으로 자사 제품을 취급하게 만드는 것을 (㉡)전략이라고 한다.

① ㉠ 광고, ㉡ 판촉
② ㉠ 푸시(push), ㉡ 풀(pull)
③ ㉠ 풀(pull), ㉡ 푸쉬(push)
④ ㉠ 수비, ㉡ 공격
⑤ ㉠ 판촉, ㉡ 광고

해설
• 푸시전략 : 인적판매 및 중간상 촉진의 마케팅 활동을 사용하는 전략으로, 생산자가 중간상인에게 상품을 주문하여
  취급하도록 권유하고, 그들이 최종 소비자에게 촉진하도록 권유하는 것
• 풀전략 : 소비자 수요를 형성하기 위하여 광고와 소비자 촉진의 마케팅 활동을 통해 최종 소비자로 하여금 상품을
  중간상에게 요청하도록 하고, 다시 중간상인이 제조업자에게 상품을 주문하도록 하는 것

10 다음 그림에서 나타내는 소매업 발전이론은?

① 아코디언이론　　　　　　　　② 소매수레바퀴이론
③ 변증법적이론　　　　　　　　④ 소매수명주기이론
⑤ 진공지대이론

해설 **변증법적이론**
• 기존의 소매업태(정)와 혁신적인 소매업태(반)가 합쳐져 새로운 소매업태(합)가 탄생하게 된다는 이론이다.
• 고가격·고마진·고서비스·저회전율의 장점을 가지고 있는 백화점(정)이 출현하면, 이에 대응하여 저가격·저마
  진·저서비스·고회전율의 반대적 장점을 가진 할인점(반)이 나타나 백화점과 경쟁하게 되며, 그 결과 백화점과
  할인점의 장점이 적절한 수준으로 절충되어 새로운 형태의 소매점인 할인백화점(합)으로 진화해 간다는 이론으로,
  소매점의 진화과정을 정반합 과정으로 설명한다.

11 화주기업의 고객서비스 향상, 물류비 절감, 물류활동의 효율성 향상 등의 목표를 달성할 수 있도록 물류사업자가 공급체인상의 물류기능 전체 혹은 일부를 대행, 처리하는 물류서비스를 지칭하는 용어는?

① 제1자물류   ② 제2자물류

③ 제3자물류   ④ 제4자물류

⑤ 제5자물류

해설 제3자물류

물류 아웃소싱의 한 부분으로서 기업이 수행하는 다양한 활동 중 전략적으로 가장 잘 할 수 있는 분야나 핵심역량을 가진 분야에 기업의 모든 자원을 집중시키고 부가가치가 낮은 물류업무를 외부 전문 업체에게 업무의 설계·기획 및 운영까지 위탁시키는 것을 말한다.

12 제조업체를 위해 수행하는 도매상의 기능(㉠)과, 소매상을 위해 수행하는 도매상의 기능(㉡)이 올바르게 나열된 것은?

① ㉠ 구색맞춤기능, ㉡ 소단위 판매기능
② ㉠ 주문처리기능, ㉡ 구색맞춤기능
③ ㉠ 기술지원기능, ㉡ 시장정보제공기능
④ ㉠ 재고유지기능, ㉡ 시장확대기능
⑤ ㉠ 구색맞춤기능, ㉡ 소매상서비스기능

해설 도매상의 기능

제조업자를 위해 도매상이 수행하는 기능	소매상을 위해 도매상이 수행하는 기능
• 시장확대기능	• 구색갖춤기능
• 재고유지기능	• 소단위판매기능
• 주문처리기능	• 신용 및 금융기능
• 시장정보제공기능	• 소매상서비스기능
• 고객서비스대행기능	• 기술지원기능

13 대형 할인점(대형마트)에 대한 설명으로 옳지 않은 것은?

① 주로 중저가 브랜드 취급

② 다점포 방식으로 인한 제조업체에 대한 강력한 구매력 보유

③ 셀프서비스 판매 방식

④ 주로 High/Low 가격전략 구사

⑤ 구색측면의 편리성 추구

할인점은 모든 제품에 대하여 상시적으로 싼 가격(EDLP ; Every Day Low Price)으로 판매하는 가격전략을 구사한다.

14 유통의 기본개념에 대한 설명으로 가장 옳지 않은 것은?

① 유통의 기본활동은 상품이나 서비스의 소유권을 이전하는 활동이다.

② 유통은 생산자와 소비자 간의 간격을 메워주고 여러 가지 효용을 창조하는 활동이다.

③ 유통경로 내 중간상은 거래횟수 및 거래관계를 확대하고 다변화하여, 수요자에게 다양한 상품 및 서비스를 제공한다.

④ 유통경로는 상품 및 서비스를 생산자로부터 소비자에게 이전시키는 가치사슬 과정에 참여하는 모든 개인 및 기관을 말한다.

⑤ 유통기관들은 소비자와 생산자 양쪽의 정보를 통합 전달하여 정보탐색비용을 줄이는 역할을 한다.

유통경로 내 중간상은 총 거래 횟수를 최소화해야 한다. 또한 중간상과의 거래는 일반적으로 장기 계약에 의해 이루어지기 때문에 한번 결정되면 단시일에 바꾸기 어렵다. 따라서 거래를 다변화해서는 안 되며, 유통경로의 결정과 관리는 신중해야 한다.

15 서로 연관성 있는 소수의 상품계열만을 집중적으로 취급하는 도매상으로서 의약품도매상, 가구도매상, 철물도매상 등을 예로 들 수 있는 도매상의 유형으로 옳은 것은?

① 일반잡화도매상

② 한정상품도매상

③ 전문상품도매상

④ 현금거래도매상

⑤ 직송도매상

① 서로 관련되지 않은 다양한 상품을 취급한다.
③ 한 가지 제품계열 내에서 특정품목만을 깊이 있게 취급한다.
④ 재고회전이 빠른 한정된 계열의 제품만을 소규모 소매상에게 현금지불을 조건으로 판매하며, 배달을 하지 않는다.
⑤ 제조업자나 공급자로부터 제품을 구매한 뒤, 제조업자나 공급자가 제품을 물리적으로 보유한 상태에서 판매 시 고객들에게 제품을 직송한다.

16 의류, 가전, 장난감 등 한 가지(또는 한정된) 상품에 전문화된 할인업태로서, 비용 절감과 저마진 정책 등으로 할인점보다 훨씬 저렴한 가격으로 판매하는 소매업태는?

① 전문점 ② 백화점
③ 회원제도매클럽 ④ 카테고리킬러
⑤ 슈퍼슈퍼마켓

해설 카테고리킬러
- 할인형 전문점으로서 특정상품계열에서 전문점과 같은 깊은 상품구색을 갖추고 저렴하게 판매하는 소매업태를 말한다.
- 대량판매와 낮은 비용으로 저렴한 상품가격을 제시한다.
- 주로 완구, 스포츠용품, 가전용품, 자동차용품, 레코드, 사무용품 등을 취급한다.

17 판매담당자가 가져야 할 자세와 행동으로 가장 옳지 않은 것은?

① 상품지식이나 업무지식을 꾸준히 습득한다.
② 자신만의 독특한 개성을 살려 노하우를 정립한다.
③ 자신만의 접객 경험을 확대 해석하여 일반화한다.
④ 창의적이고 적극적인 사고와 행동을 습관화한다.
⑤ 더 나은 판매기술을 익히고 실행한다.

해설 자신의 접객 경험을 확대 해석해서는 안 된다.

18 고객 컴플레인 예방을 위한 판매담당자의 선행지침으로 가장 옳지 않은 것은?

① 식품은 정확히 계량하여 정확한 양과 가격으로 판매한다.
② 도자기나 전자제품처럼 쉽게 파손되는 물품은 배달시 안전하게 포장한다.
③ 의류는 사이즈를 확인하고 탈색 및 오염이 없는지 점검해야 한다.
④ 조용한 거래를 위해 얼마를 받았고 거스름돈은 얼마인지의 금전 확인은 말로 하지 않는다.
⑤ 선물상품인 경우는 가격표를 제거한 후 포장한다.

해설 컴플레인을 예방하기 위해서는 "얼마 받았습니다. 거스름돈이 얼마입니다"의 말로 금전상의 재확인을 해야 한다.

19 기업이 집약적 유통경로를 활용하는 경우, 중간상에 대한 통제가 어려워져서 궁극적으로 손실을 보게 되는 포화효과(effects of saturation)가 발생할 수 있다. 이와 관련된 내용으로 옳지 않은 것은?

① 중간상의 이익감소
② 중간상의 제조업체에 대한 확신 감소
③ 중간상의 제품 가격 인상
④ 소비자에 대한 중간상의 지원 감소
⑤ 소비자의 만족 감소

해설 포화효과가 발생하면 중간상의 제품 가격이 인하된다.

20 유통기능을 크게 3가지로 구분하면 소유권 이전 기능, 물적 유통 기능, 조성 기능으로 나눌 수 있다. 이 중 소유권 이전 기능에 해당하는 활동으로 올바르게 묶인 것은?

① 포장활동과 유통가공활동
② 구매활동과 판매활동
③ 표준화활동과 금융활동
④ 수송활동과 보관활동
⑤ 위험부담활동과 시장정보수집활동

해설 유통경로의 효용 및 기능

효 용	마케팅 기능		사회 · 경제적 기능
시간효용	물적 유통 기능	보관 기능	• 생산자와 소비자 연결
		운송 기능	
장소효용	소유권 이전 기능	구매 기능	• 거래의 촉진
		판매 기능	• 제품구색 불일치 완화
형태효용	조성 기능	표준화 기능	• 거래의 표준화
기타효용	조성 기능	금융 기능	• 고객 서비스 향상
		위험부담 기능	• 상품, 유행, 생활정보 제공
		시장정보 기능	• 쇼핑의 즐거움 제공

21 소매점 판매 및 경영에 대한 설명으로 가장 옳지 않은 것은?

① 제품 사용을 위한 기능이 복잡한 경우에는 전담 판매원을 배치하는 것이 효과적이다.
② 고객의 구매를 촉진하기 위해 종업원 동선은 될 수 있는 한 길게 잡는 것이 좋다.
③ 고객은 소매점의 정보를 수용하는 동시에 소매점에게 정보를 제공하는 원천이 되기도 한다.
④ 고객에게 상품을 권할 때에는 강요가 아닌 보다 나은 구매를 위해 도와드린다는 기분으로 하여야 한다.
⑤ 고객이 반품을 원하는 경우에는 신속하게 처리하여 고객 만족도를 높이고 추후 재구매율을 증가 시키도록 노력해야 한다.

해설 고객 동선은 되도록 길게 하고 판매원 동선은 짧게 하는 것이 좋다.

22 카테고리 수명주기의 변화상 여러 시즌에 걸쳐 특정 상품의 판매가 일어나며 특정 시즌에서 다음 시즌으로 바뀔 때 극적인 판매 변화가 일어나는 상품은?

① 일시성상품
② 유행성상품
③ 지속성상품
④ 계절성상품
⑤ 소비성상품

해설 특정한 계절이 상품 판매량에 영향을 주는 상품으로 대표적으로 아이스크림, 팥빙수 등 빙과류 상품과 에어컨, 히터 등 냉·난방 상품 등이 있다. 계절성상품은 날씨에 따라 판매성과가 영향을 받는 전형적인 상품이다.

23 고객을 대상으로 측정하는 서비스 품질이 측정하기 쉽지 않은 이유에 대한 설명으로 옳지 않은 것은?

① 서비스 품질의 개념이 객관적이기 때문에 주관화하여 측정하기가 어렵기 때문이다.
② 서비스 특성상 생산과 소비가 동시에 이루어지기 때문에 서비스 품질은 서비스의 전달이 완료되 기 이전에는 검증되기가 어렵기 때문이다.
③ 서비스 품질을 측정하려면 고객에게 물어봐야 하는데, 고객으로부터 데이터를 수집하는 일이 시 간과 비용이 많이 들며 회수율도 낮기 때문이다.
④ 고객은 서비스 프로세스의 일부이며 변화를 일으킬 수 있는 중요한 요인이기도 하므로 서비스 품질 측정에 본질적인 어려움이 있기 때문이다.
⑤ 모든 경우에 적용될 수 있는 서비스의 품질을 정의하는 것은 어렵기 때문이다.

해설 서비스 품질의 개념이 주관적이기 때문에 객관화하여 측정하기 어렵다.

24 POP(Point Of Purchase)에 대한 내용으로 옳지 않은 것은?

① 진열시점 후의 광고로서 소비자가 상품을 구매한 후 사용방법을 알려주기 위한 것이 주된 목적이다.

② 상품이 진열된 장소에서 쇼핑고객을 대상으로 하기 때문에 실질적인 상품을 소구한다.

③ POP는 연결판매를 통해 객단가를 상승시켜 매출을 증대시키는 효과가 있다.

④ 너무 많은 POP는 매장을 산만하게 만들 수 있다.

⑤ 가격정보제공, 행사정보제공 등의 내용을 포함하기도 한다.

해설 POP광고는 고객의 구매시점에 행하는 광고로 소비자들이 구매하는 입장에서의 광고를 말한다. POP광고의 경우 소비자들이 상품을 구매할 때 편리함을 도모하는 것이므로 이익액 또는 매출액 등을 좌우하는 힘을 지니고 있다.

25 마케팅 믹스(marketing mix)를 구성하는 요소로 옳지 않은 것은?

① 포지셔닝(Positioning)   ② 제품(Product)

③ 가격(Price)   ④ 유통(Place)

⑤ 촉진(Promotion)

해설 마케팅 믹스(7P) = 4P+3P

4P	Product	고객 니즈를 충족시키는 상품
	Price	고객의 지불의사를 고려한 가격책정
	Place	소비자의 편의를 고려한 유통, 시간, 장소, 수량 등
	Promotion	광고, 판매촉진, PR, 인적판매 등
3P	Process Management	고객관리 프로세스
	Physical Evidence	내 · 외부환경, 매장분위기
	People	경영자, 지식근로자, 종업원, 소비자 등

26 (㉠), (㉡) 안에 들어갈 용어로 옳은 것은?

> 경쟁 상품과 비교하여 자사 상품에 대해 고객이 가지고 있는 차별적 인식을 변경하는 것을 (㉠)라/이라 하는 반면, (㉡)은/는 정기적으로 상품 그 자체의 내용물을 바꾸거나 포장을 세련되게 변경하는 것을 말한다.

① ㉠ 포지셔닝, ㉡ 리뉴얼
② ㉠ 포지셔닝, ㉡ 스타일 변경
③ ㉠ 리포지셔닝, ㉡ 리뉴얼
④ ㉠ 재활성화, ㉡ 스타일 변경
⑤ ㉠ 리포지셔닝, ㉡ 상품 믹스

해설
- 리포지셔닝 : 소비자들이 기존 제품에 대해 가지고 있던 이미지를 새로운 타깃층에게 가장 가깝게 접근하기 위해 새롭게 조정하는 활동으로 소비자들이 가지고 있던 인식이 깊이 뿌리박혀 있기 때문에 다소 어렵기는 하지만 기존의 제품으로 시장을 확대할 수 있다는 장점이 있다.
- 리뉴얼 : 상품의 고유한 정체성은 유지하면서 새로운 이미지를 창출하는 가치혁신 전략으로 주로 제품 패키지나 브랜드 로고의 변화를 통해 이루어진다.

27 다음 사례의 M기업이 실행한 브랜드 전략과 관련된 내용으로 가장 부합하지 않는 것은?

> 호텔업을 하는 M사는 이미 인지도가 높은 자사의 'Noble-M호텔'이라는 이름을 활용하여 'Noble-M 호텔다모아'라는 스마트폰용 앱을 새롭게 출시하였다. 그리고 이 앱을 통해 호텔숙박정보 및 할인정보 등을 제공하고 있다.

① 기존의 높은 인지도를 확장하여 새로운 서비스의 성공가능성을 높인다.
② 새로운 서비스가 성공하면 기존 서비스에 대한 긍정적 반향효과가 발생한다.
③ 두 서비스 간 유사성이 낮으면 실패할 가능성이 높으므로 서비스 간 유사성을 고려한다.
④ 적은 비용으로 새로운 서비스의 매출 및 수익성 증대를 도모할 수 있다.
⑤ 신규 서비스가 실패하더라도 기존 브랜드의 이미지에 영향을 미치지는 않는다.

해설 제시된 사례는 브랜드 확장 전략과 관련된 내용이다. 브랜드 확장 전략은 신제품을 출시하는 경우에 고려할 수 있는 브랜드 네임의 선택 방법으로, 기존 브랜드 이름을 그 기업의 신제품에 적용한다. 브랜드 확장 전략이 성공하면 확장한 제품의 평가가 좋아질 뿐 아니라, 기존의 브랜드까지 좋아지는 효과가 있지만, 실패하면 확장 제품과 기존 제품의 이미지가 함께 나빠질 수 있다.

28 올림픽시즌을 맞이하여 특별한 매장진열 방식으로 판매를 촉진하고 쇼핑을 더욱 즐겁게 만드는 진열방식은?

① 구색진열   ② 테마별진열
③ 패키지진열   ④ 컷케이스진열
⑤ 통진열

해설 상품을 주제에 맞게 테마별로 한데 묶어 집중 진열하면 상품의 특색이 크게 두드러져 고객의 관심을 끌게 되고, 판매촉진에도 도움이 된다.

29 인적판매원의 역할로 가장 옳지 않은 것은?

① 일상적인 시장정보수집을 위한 역할
② 고객파악과 유지를 위한 역할
③ 고객문제 해결을 위한 역할
④ 직원할인 제공을 위한 역할
⑤ 지속적인 서비스 제공을 위한 역할

해설 마케팅 활동의 궁극적인 목적이 고객을 만족시키고 충성도 높은 지속고객으로 만드는 데 있듯이, 판매촉진 역시 이에 기반하여 이루어져야 한다. 직원할인을 제공하는 것이 법적·도덕적으로 문제가 있는 것은 아니지만, 충성도 높은 지속고객으로 만들어 기업의 판매촉진을 추구하는 인적판매원의 역할과는 거리가 멀다.

30 다음 사례에서 나타난 코센(Kossen)의 판매저항 처리방법은?

> 자동차 구매 결정을 내리지 못하고 망설이고 있는 고객에게 자동차 판매원이 품질에 대한 확신을 주기 위해 "이 자동차는 5만Km까지 엔진 이상시 무상수리가 가능합니다"라는 약속을 한다.

① 타이밍 지적법   ② 실례법
③ 보증법   ④ 자료전환법
⑤ 비교대조법

해설 ① 지금 사지 않으면 손해 본다는 사실을 알려 고객의 반론을 해소시키는 방법
② 추상적이고 구체적이지 못한 반론을 제기하는 고객에게 제3자의 실례를 들어 설득하는 방법
④ 고객의 반론에 적절한 자료로 고객의 시각이나 청각에 호소하면서 반론을 제기하는 방법
⑤ 반론을 솔직히 인정한 다음 경쟁상품에 대한 우리 제품의 특징이나 이점을 비교해 보이고 우리 제품이 고객에게 얼마나 중요한가를 인정시키는 방법

31 판매를 위한 정보 중 고객에 관한 정보에 해당하지 않는 것은?

① 고객의 특성에 관한 정보
② 고객의 소비, 사용의 관습에 관한 정보
③ 경쟁사의 고객유인에 관한 정보
④ 구매자, 구매결정자, 소비 및 이용자에 관한 정보
⑤ 고객의 구매동기에 관한 정보

해설 고객에 관한 정보
• 고객의 특성, 구매 관습, 구매동기 등에 관한 정보
• 고객의 소비, 사용의 관습에 관한 정보
• 구매자, 구매결정자, 소비 및 이용자에 관한 정보

32 이탈고객에 대한 설명으로 가장 옳지 않은 것은?

① 고객이탈율은 1년 동안 떠나는 고객의 수를 신규 고객의 수로 나눈 값이다.
② 이탈고객이 제공하는 정보를 활용하여 이탈고객이 발생하지 않도록 노력해야 한다.
③ 완전히 이탈한 고객만이 아닌 어느 정도 이용률이 떨어진 고객도 관리해야 한다.
④ 고객이탈율 제로문화를 형성하기 위해 노력해야 한다.
⑤ 휴면고객의 정보를 활용하여 고객으로 환원시키도록 노력해야 한다.

해설 고객이탈율(Defection Rate)은 기존 고객 중 1년 동안에 떠나 버린 고객의 비율이다.

33 상품 관여도에 대한 내용으로 옳은 것은?

① 상품 관여도는 주어진 상품에 대한 소비자의 중요성이나 관심정도를 말한다.
② 적극적인 정보 탐색을 필요로 하는 상품은 저관여상품이라고 한다.
③ 편의품은 고관여상품이다.
④ 전문품은 저관여상품이다.
⑤ 고가의 악기, 명품은 저관여상품에 속한다.

해설 ② 적극적인 정보 탐색을 필요로 하는 상품은 고관여상품이다.
③ 편의품은 저관여상품이다.
④ 전문품은 고관여상품이다.
⑤ 고가의 악기, 명품은 고관여상품에 속한다.

34 점포 레이아웃 유형 중 격자(grid)형에 대한 설명으로 옳은 것을 모두 고르면?

> 가. 슈퍼마켓, 편의점 등 소매점에 가장 기본적으로 적용되는 점포 레이아웃
> 나. 계산대나 고정물이 일렬로 나열되어 있는 구성방식
> 다. 주동선, 보조동선, 설비표준화로 비용 절감
> 라. 상품진열면적이 넓고 공간 활용이 효율적임

① 가, 라   ② 가, 나
③ 나, 다   ④ 나, 다, 라
⑤ 가, 나, 다, 라

해설   격자(grid)형 레이아웃
- 고객의 동일제품에 대한 반복구매 빈도가 높은 소매점, 즉 대형마트, 슈퍼마켓, 편의점에 적합하다.
- 비용이 적게 들며 표준화된 집기배치가 가능해 고객이 익숙해지기 쉽다.
- 상품은 직선형으로 병렬배치 하며, 고객들이 지나는 통로에 반복적으로 상품을 배치해야 효율적이다.

35 다음은 서비스 특성에 따른 마케팅 시사점을 짝지은 것이다. (㉠), (㉡)에 들어갈 내용으로 옳은 것은?

> 소멸성 - (㉠)
> (㉡) - 개별화 혹은 표준화 선택

① ㉠ 유형적 특성 강조, ㉡ 이질성
② ㉠ 다양한 정보제공, ㉡ 무형성
③ ㉠ 서비스 아웃소싱, ㉡ 생산과 소비의 동시성
④ ㉠ 예약시스템 활용, ㉡ 이질성
⑤ ㉠ 상호작용 중시, ㉡ 무형성

해설 - 서비스는 시간적인 소멸성을 가진 상품으로 관리에 어려움을 겪는다. 이 경우 수요완화(예약제도, 가격인센티브제
도, 수요억제를 위한 선전)나 서비스 능력 조정(파트타임 노동력, 근무교대조의 일정조정, 고객의 셀프서비스제도)
등을 대안으로 선택한다.
- 서비스는 변동적이어서 규격화, 표준화하기 어렵다. 따라서 서비스의 표준화 또는 개별화 전략을 시행해야 한다.

36 다음은 서비스 제공 실패로 인해 발생하는 고객 불평에 효과적으로 대응하는 공정성에 관한 내용이다. (㉠), (㉡)에 들어갈 용어로 올바르게 짝지어진 것은?

> (㉠) : 서비스 회복에 있어서 고객 불만족 수준에 적절한 보상(금전, 사과 등)을 제공함
> (㉡) : 불만족한 고객에게 접점 직원이 사려 깊고 성실하며 친절한 설명으로 문제를 해결함

① ㉠ 절차 공정성, ㉡ 상호작용 공정성
② ㉠ 절차 공정성, ㉡ 분배 공정성
③ ㉠ 결과 공정성, ㉡ 절차 공정성
④ ㉠ 분배 공정성, ㉡ 절차 공정성
⑤ ㉠ 결과 공정성, ㉡ 상호작용 공정성

해설
- 절차 공정성 : 어떠한 결정이었는가보다는 어떻게 결정되었는가를 다루는 개념이다. 즉, 배분결정이 적용되는 절차 및 규칙의 공정성 등의 평가에 초점을 맞추는 것을 말한다.
- 분배 공정성 : 조직에서 보상 및 평가 등 여러 요소들이 공정하게 배분되는지에 대한 문제를 말한다.

37 소비자를 대상으로한 판매 촉진방법에 대한 설명으로 옳지 않은 것은?

① 샘플은 제품을 한 번 사용하도록 유도하기 위한 촉진방법으로 효과적이지만 비용이 많이 드는 방법이다.
② 쿠폰은 쿠폰소지자에게 일정기간 동안 정상가격에서 일정한 금액을 할인해 주는 방법이다.
③ 프리미엄은 소비자가 제조회사에게 구매와 관련된 증빙서류를 보내면 회사는 구매한 금액의 일부를 반환해 주는 방법이다.
④ 현상경품은 일정한 기간 동안에 어떤 상품을 구입한 소비자 중에서 일부를 추첨하여 현금이나 물건을 주는 것을 말한다.
⑤ 광고판촉물은 광고주의 이름, 로고, 메시지 등을 표시하여 고객에게 주는 물건으로 티셔츠, 펜, 잔, 열쇠고리 등의 아이템을 활용한다.

해설 프리미엄은 소비자가 상품을 구매했을 때 서비스로 주는 경품을 말한다.

38 매슬로(Abraham Maslow)가 제시한 인간의 욕구에 대한 설명으로 가장 옳지 않은 것은?

① 의식주 해결에 관한 생리적 욕구가 있다.

② 생활 안정과 안전 등 안전성에 대한 욕구가 있다.

③ 집단 소속감 등의 사회적 욕구가 있다.

④ 자존심이나 명예, 지위 등 자아실현의 욕구가 있다.

⑤ 최상위 욕구로 자아실현의 욕구가 있다.

[해설] 자존심이나 명예, 지위 등은 자기존중(자긍심)의 욕구이다.

39 소매상과 고객 간에 발생할 수 있는 전환비용(switching cost)에 대한 설명으로 옳지 않은 것은?

① 전환비용은 실제로 있을 수도 있고, 지각된 비용일 수도 있다.

② 전환비용은 금전적, 비금전적 비용 모두를 포함한다.

③ 전환비용은 시작비용, 탐색비용, 학습비용, 계약비용 등으로 나누어진다.

④ 서비스가 경험재일 경우보다 탐색재일 경우 탐색비용이 더 높아진다.

⑤ 소매상은 고객이 이탈하는 것을 방지하기 위해 소비자의 전환비용을 증가시키려 한다.

[해설] 경험재는 직접 구입을 해서 체험을 해봐야만 품질을 알 수 있는 상품이고, 탐색재는 구매를 하지 않고도 정보 수집을 통해 제품의 품질을 미루어 짐작할 수 있는 상품이므로 탐색재일 경우보다 경험재일 경우 탐색비용이 더 높아진다.

40 제품 혹은 서비스의 성능이나 기능보다 사회적인 수용, 개인존중, 자아실현 측면의 불만을 의미하는 것은?

① 효용 불만   ② 상황적 불만

③ 균형 불만   ④ 심리적 불만

⑤ 관계적 불만

[해설] ① 고객이 제품이나 서비스를 사용한 후 고객의 욕구를 충족시키지 못한 경우의 불만

② 여러 가지 형태의 소비생활과 관련한 상황적 조건(시간, 장소, 사용상황)에 따른 불만

③ 고객의 기대 수준보다 고객이 느끼는 혜택이 적은 경우의 불만

41 POS 시스템으로부터 수집한 정보의 활용에 해당하지 않는 것은?

① 고객들의 구매빈도 분석

② 시간대별 매출 분석

③ 조달물류비 분석

④ 효과적인 진열기법 분석

⑤ 판촉효과 분석

해설 POS 시스템을 통해 얻는 정보
- 상품정보
  - 금액정보 : 관심을 가지는 기간 동안 또는 대상에 대해 금액으로 환산하여 얼마를 판매했는가 하는 정보
  - 단품정보 : 구체적으로 어떤 상품이 얼마나 팔렸는가를 나타내주는 정보
- 고객정보
  - 객층정보 : 유통기업을 이용하는 고객정보는 어떤 사람들인가를 나타내는 정보
  - 개인정보 : 고객개인의 구매실적, 구매성향 등에 관한 정보

42 상품진열에 관한 내용이다. (㉠), (㉡) 안에 들어갈 알맞은 용어는?

> (㉠) : 매출 증대를 위해 잘 팔리는 상품을 가격할인과 각종 광고와 함께 진열하는 것
> (㉡) : 점포 앞을 지나고 있는 소비자나 그 점포의 고객으로 하여금 주의를 끌게 하여 구매 목적을 가지도록 함은 물론 무계획 구매나 충동구매를 하도록 유인하는 진열

① ㉠ 판매촉진 진열, ㉡ 윈도우 진열

② ㉠ 점포내 진열, ㉡ 윈도우 진열

③ ㉠ 판매촉진 진열, ㉡ 고객중심 진열

④ ㉠ 고객중심 진열, ㉡ 구매시점 진열

⑤ ㉠ 점포내 진열, ㉡ 구매시점 진열

해설
- 판매촉진 진열 : 매출증대를 위하여 잘 팔리는 상품을 가격할인과 각종 할인광고와 함께 진열
- 윈도우 진열 : 점포 앞을 지나고 있는 소비자나 점포의 방문고객으로 하여금 주의를 끌게 하여 구매목적을 가지도록 하는 진열
- 점포 내 진열 : 고객으로 하여금 쉽게 보고 자유롭게 만져보고 비교할 수 있게 하며 연관 상품을 쉽게 찾을 수 있도록 하는 진열
- 구매시점 진열 : 고객으로 하여금 주의를 끌게 하고 유인하여 구매의욕을 촉진하는 데 목적을 두는 진열(POP활용 진열)

43 유통업체가 개별적으로 개발한 상표로서, 이 상표를 이용하여 유통업체가 독자적으로 상품을 기획하고 제조, 가공하게 되는 상표를 무엇이라고 하는가?

① DCB(Double Chop Brand) ② RB(Retail Brand)
③ PB(Private Brand) ④ UB(Union Brand)
⑤ NB(National Brand)

> **해설** ① 제조업체 브랜드와 유통업체 브랜드를 공동으로 표기한 상품
> ② 대형 소매업자들이 독자적으로 제작한 자체 브랜드로 하청업체에 생산을 위탁하거나 직접 생산하여 자체 개발한 상표를 부착하여 판매하는 상품
> ④ 여러 브랜드가 연합하여 상호보완적인 역할을 이루려는 전략상품
> ⑤ 전국적인 규모로 판매되고 있는 제조업체 브랜드

44 진실의 순간(MOT ; moments of truth)에 대한 설명으로 가장 옳지 않은 것은?

① 고객의 서비스 품질 인식에 결정적 역할을 하기 때문에 결정적 순간으로 불린다.
② 진실의 순간을 관리하기 위해서 조직의 상층부에 권한을 집중하고, 명령계통을 일원화한다.
③ 지극히 짧은 순간이지만, 고객의 서비스 인상을 좌우한다.
④ 기업의 여러 자원과 고객이 직접 혹은 간접적으로 만나는 순간이며, 고객이 기업의 서비스를 평가하는 순간이다.
⑤ 고객접점에 있는 직원의 동기부여와 고객응대력을 높이는 것이 중요하다.

> **해설** 고객접점서비스(MOT)는 고객접점에 있는 서비스 요원들에게 권한을 부여하고 강화된 교육이 필요하며, 고객과 상호작용에 의하여 서비스가 순발력 있게 제공될 수 있는 전달시스템을 갖추어야 한다.

45 상품 포장의 목적에 관한 설명으로 가장 옳지 않은 것은?

① 포장은 상품 운반을 용이하게 해준다.
② 포장은 상품을 보호한다.
③ 포장은 상품교환을 용이하게 해준다.
④ 포장은 제품정보를 효율적으로 전달하는 커뮤니케이션의 효과를 위하여 한다.
⑤ 포장은 디자인, 형태, 사이즈 등을 잘 조합하여 제품이미지를 소비자에게 전달하기 위하여 한다.

> **해설** 포장의 목적과 기능
> • 내용물 보호
> • 상품을 운송 · 보관 · 판매 · 소비하는 데 편리하도록 함
> • 상품의 판매촉진
> • 소비 · 사용에 관한 정보 제공

제3회 | 기출문제해설

제1과목 유통상식(01~20)

01 유통경로시스템의 경로파워를 형성하는 힘의 원천에 해당하지 않는 것은?

① 영업활동을 지원하는 보상적 힘
② 계약의 강제 조항에 의한 강압적 힘
③ 관행, 상식 및 계약에 따라 당연하게 인정되는 합법적 힘
④ 신뢰와 결속 또는 긍지와 보람에 의한 준거적 힘
⑤ 거래 당사자 간 호혜적 교환에 의한 교환적 힘

해설 경로파워를 형성하는 힘의 원천에는 보상적 힘, 강압적 힘, 합법적 힘, 준거적 힘 외에 전문적 힘, 정보적 힘 등이 있다.

02 도매상과 소매상을 비교한 것으로 가장 옳지 않은 것은?

① 도매상은 소매상에 비해 촉진, 점포분위기 등에 대해 상대적으로 주의를 기울이지 않는다.
② 도매상은 판매상품의 단위당 가격이 소매상보다 높다.
③ 도매상은 가급적 저렴한 입지를 선호하나, 소매상은 대체로 고객이 쇼핑하기 편리한 곳에 입점하려는 경향이 있다.
④ 도매상은 소매상보다 점포 내부의 인테리어 등 구성의 중요성이 상대적으로 낮다.
⑤ 도매상은 대량판매 위주인 반면, 소매상은 일반 소비자를 대상으로 하는 소량판매 위주이다.

해설 소매상은 판매가격이 대체로 일정하며, 판매상품의 단위당 가격이 도매상보다 높다.

03 다음에서 공통적으로 설명하는 도매상은?

> • 주로 제품의 단위당 판매가격이 고가인 경우 활용한다.
> • 취급이 어렵고 보증과 수리업무가 중요한 제품인 경우 활용한다.
> • 제조업자의 자금규모가 크고 창고의 여유가 있는 경우에 유리하다.
> • 주로 목재, 자동차 정비, 부품 산업에서 활용된다.
> • 인구 밀집지역이나 시장 집중지역에 판매지점이나 판매사무소가 위치한다.

① 제조업자 도매상   ② 판매대리인
③ 구매대리인   ④ 전문 도매상
⑤ 한정상품 도매상

해설 제조업자 도매상은 제조업자가 직접 도매기능을 수행하는 것으로, 제조업자의 판매지점과 판매사무소가 있다.
② 제조업자의 제품 전부 또는 일부를 대리하여 독립적으로 판매하는 대리 중간상
③ 구매자를 대신하여 구매활동을 하는 대리 중간상
④ 동일계열에 속하는 제품 중에서 특수한 것만을 전문적으로 취급하는 도매상
⑤ 도매기능 중에서 일부만을 수행하는 도매상

04 판매원 성과지표 중 과정지표가 아닌 것은?

① 제안서 제출건수   ② 1일 방문 고객수
③ 주문건수   ④ 방문당 소요시간
⑤ 판매활동 시간비중

해설 ③ 회사차원의 결과지표
①·②·④·⑤ 영업사원의 판매활동을 나타내는 과정지표

> **보충설명**
>
> 성과지표
> • 과정지표 : 과정지표는 크게 영업사원의 능력(기술, 지식, 자질)을 나타내는 지표와 영업사원의 활동(판매활동, 지원활동, 지출)을 나타내는 지표로 나누어진다.
> • 결과지표 : 결과지표는 크게 고객차원의 결과지표와 회사차원의 결과지표로 나누어진다. 고객차원의 성과지표에는 고객전환율, 고객유지율, 고객만족도, 순추천지수 등이 있으며, 회사차원의 결과지표는 수익, 수주(주문건수), 계정 등의 영역으로 세분화될 수 있다.

05 가격 및 서비스 수준에 따라 유통업태 유형을 구분할 때, 보기 중에서 가격 및 서비스 수준이 가장 낮은 업태는?

① 전문점 ② 백화점
③ 수퍼마켓 ④ 창고형 도소매업
⑤ 편의점

해설 ④ 회원제, 묶음판매, 가장 낮은 가격 및 서비스
①·② 고가격, 고서비스
③ 저가격, 셀프서비스
⑤ 수퍼마켓보다는 고가격, 셀프서비스, 편의성

06 고관여상품과 비교한 저관여상품에 대한 특징으로 옳지 않은 것은?

① 저관여상품은 고관여상품에 비해 물품 구매 빈도가 높은 편이다.
② 저관여상품은 고관여상품에 비해 물품 구매 단가가 높은 편이다.
③ 상표 간의 차이가 없는 대다수의 생활필수품은 저관여상품에 포함된다.
④ 저관여상품은 고관여상품에 비해 습관적 구매가 이루어지는 물품이 많은 편이다.
⑤ 저관여상품은 고관여상품에 비해 충동적 구매가 이루어지는 경향이 있다.

해설 저관여상품은 고관여상품에 비해 상표충성도가 낮고, 물품 구매 단가도 낮은 편이다.

07 인적판매자가 추구해야 하는 역할과 가장 거리가 먼 것은?

① 단순 제품전달자의 역할
② 판매 상담자의 역할
③ 서비스제공자의 역할
④ 정보전달자의 역할
⑤ 수요창출자의 역할

해설 인적(판매)판매자는 단순 제품전달자의 역할이 아닌 정보전달자의 역할, 수요창출자의 역할, 상담자의 역할, 서비스 제공자의 역할을 추구해야 한다.

08 소비자기본법상에 나타난 소비자분쟁의 해결에 관한 내용으로 옳지 않은 것은? [수정]

① 중앙행정기관의 장 또는 시·도지사는 사업자 또는 사업자단체에게 소비자상담기구의 설치·운영을 권장하거나 그 설치·운영에 필요한 지원을 할 수 있다.

② 한국소비자원은 소비자상담기구의 설치·운영에 관한 권장기준을 정하여 고시할 수 있다.

③ 소비자는 물품 등의 사용으로 인한 피해의 구제를 한국소비자원에 신청할 수 있다.

④ 국가·지방자치단체 또는 소비자 단체는 소비자로부터 피해구제의 신청을 받은 때에는 한국소비자원에 그 처리를 의뢰할 수 있다.

⑤ 사업자 및 사업자 단체는 소비자로부터 제기되는 의견이나 불만 등을 기업경영에 반영하고, 소비자의 피해를 신속하게 처리하기 위한 기구의 설치·운영에 적극 노력하여야 한다.

해설 공정거래위원회는 소비자상담기구의 설치·운영에 관한 권장기준을 정하여 고시할 수 있다(소비자기본법 제54조 제2항).
① 소비자기본법 제54조 제1항
③ 소비자기본법 제55조 제1항
④ 소비자기본법 제55조 제2항
⑤ 소비자기본법 제53조 제1항

09 업태에 상관없이 표적고객이 누구이며, 그들이 무엇을 선호하는지를 정확히 이해하고, 이를 토대로 잘 선정된 다양한 품목의 상품들을 공급하는 대형소매업자를 일컫는 말로 가장 적합한 것은?

① 무점포소매상   ② 파워리테일러
③ 백화점   ④ 대형마트
⑤ 편의점

해설 파워리테일러(Power Retailer)는 경쟁적인 전략 수립을 통해 고객들에게 차별화된 서비스와 만족을 제공함으로써 다른 경쟁자보다 우위를 점하고 있는 소매업체를 말한다. 종류로는 카테고리킬러, 할인점, 회원제 창고형 도소매업, 전문소매업 등이 있다.

10 판매담당자가 가져야 할 지식과 그 성격이 다른 하나는?

① 상품에 대한 지식   ② 에티켓에 대한 지식
③ 시장에 대한 지식   ④ 회사에 대한 지식
⑤ 업무에 대한 지식

해설 ①·③·④·⑤는 판매담당자가 기본적으로 갖추어야 할 요건 중 지식(Knowledge)과 관련이 있고, ②는 태도(Attitude)와 관련이 있다.

11 유통산업발전법 제3조 유통산업시책의 기본방향에 대한 내용으로 옳지 않은 것은?

① 유통구조의 선진화 및 유통기능의 효율화 촉진

② 유통산업에서의 소비자 편익의 증진

③ 유통산업의 지역별 균형발전의 도모

④ 유통산업의 종류별 균형발전의 도모

⑤ 산업별·기업별 유통기능의 효율화·고도화 방안 마련

해설 유통산업시책의 기본방향
- 유통구조의 선진화 및 유통기능의 효율화 촉진
- 유통산업에서의 소비자 편익의 증진
- 유통산업의 지역별 균형발전의 도모
- 유통산업의 종류별 균형발전의 도모
- 중소유통기업(유통산업을 경영하는 자로서 「중소기업기본법」 제2조에 따른 중소기업자에 해당하는 자를 말한다)의 구조개선 및 경쟁력 강화
- 유통산업의 국제경쟁력 제고
- 유통산업에서의 건전한 상거래질서의 확립 및 공정한 경쟁여건의 조성
- 그 밖에 유통산업의 발전을 촉진하기 위하여 필요한 사항

2016

12 판매원이 고객의 반론에 직면했을 때, 극복하는 과정으로 바람직한 순서는?

① 반론을 일단 경청 → 반론의 원인이나 근거에 대한 질문 → 반론 내용 확인 → 최대한 구체적 대안 제시 반응

② 반론의 원인이나 근거에 대한 질문 → 반론을 일단 경청 → 반론 내용 확인 → 최대한 구체적 대안 제시 반응

③ 최대한 구체적 대안 제시 반응 → 반론을 일단 경청 → 반론의 원인이나 근거에 대한 질문 → 반론 내용 확인

④ 최대한 구체적 대안 제시 반응 → 반론의 원인이나 근거에 대한 질문 → 반론을 일단 경청 → 반론 내용 확인

⑤ 반론 내용 확인 → 반론의 원인이나 근거에 대한 질문 → 최대한 구체적 대안 제시 반응 → 반론을 일단 경청

해설 고객의 반론에 직면했을 때 가장 먼저 고객의 불만이나 불평을 경청하고, 고객의 불평내용과 원인이 무엇인지 파악하는 것이 중요하다. 이때 고객의 반론을 정확하게 이해하기 위해서는 질문을 통해 고객의 반론 내용을 정확하게 확인해야 한다. 이에 따라 고객요구사항에 대한 정확한 파악과 구체적인 해결방안을 제시해야 한다.

13 유통의 기본 개념에 대한 설명으로 가장 옳지 않은 것은?

① 유통은 국민경제적인 측면에서 생산과 소비를 연결시켜주는 기능을 한다.

② 생산된 제품에 시간, 장소 및 소유의 효용을 더해줌으로써 부가가치를 창출하는 기능을 한다.

③ 유통의 발전 없이는 소비자의 욕구충족이라는 마케팅의 기본적인 목적을 달성하기 어렵다.

④ 분업의 확대로 인해서, 갈수록 생산과 소비 사이의 거리가 멀어지므로, 양자의 가교역할을 하는 유통이 점점 더 중요해지고 있다.

⑤ 최근 유형상품의 소비 활성화로 인해 생산과 동시에 소비가 이루어지므로, 도시화와 정보화로 인한 시간적 거리를 확대하는 역할이 가장 중요하다.

해설 유통의 시간적 기능이란 상품의 생산시점에서 소비시점까지 저장함으로써 상품의 효용가치를 창조하는 것으로, 생산·소비의 시간적 간격을 해소하는 기능이며 수급의 시간적 조절 기능이다. 즉 시간적 거리를 확대하는 것이 아니라 **시간적 거리를 축소**해야 한다는 것이다.

14 소매업태 변천과정 이론 중 제품구색이 늘었다 줄었다 하는 과정이 되풀이 되면서 변화해 간다는 이론과 가장 가까운 것은?

① 소매상 아코디언 이론

② 소매상 수레바퀴 이론

③ 소매상 자연도태설

④ 소매상 수명주기 이론

⑤ 소매상 변증법적 과정 이론

해설 소매점 아코디언 이론(Retail Accordion Theory)
소매점의 진화 과정을 소매점에서 취급하는 상품 믹스로 설명한다. 소매점은 다양한 상품 구색을 갖춘 점포로 시작하여 시간이 경과함에 따라 점차 전문화되고 한정적인 상품 계열을 취급하는 소매점 형태로 진화하며, 이는 다시 다양하고 전문적인 제품 계열을 취급하는 소매점으로 진화한다고 본다. 그 진화과정, 즉 상품 믹스의 확대 → 수축 → 확대 과정이 아코디언과 유사하여 이름 붙여진 이론이다.

15 유통구조를 기능별로 구분할 때 수집기구, 중계기구, 분산기구로 나눌 수 있다. 이 중 수집기구에 대한 설명으로 가장 옳지 않은 것은?

① 수집기구에 집하기관과 출하기관 그리고 양자를 병행하는 공동판매기관이 있다.

② 소규모, 소량생산이 분산적으로 이루어지는 경우에 특히 중요한 역할을 하게 되는 조직이다.

③ 가내공업상품 및 중소기업상품 등을 도매시장에 공급하는 기구를 말한다.

④ 농산품 및 수산품과 같은 산업에 일반적으로 수반되는 기구이다.

⑤ 수집기구의 대표적인 예로는 도매상과 소매상처럼 상품들이 대량화되어 모이는 유통기구를 들 수 있다.

해설 상품들이 대량화되어 모이는 유통기구는 중계기구를 말하며, 농수산물 도매시장이 대표적인 형태이다. 수집기구의 대표적인 예로는 수집상·반출상·농업협동조합 등을 들 수 있다.

16 납품업체가 자사의 제품판매를 위하여 유통업체 일부 판매원에게 특별 목표를 달성할 경우 제공하는 수당을 무엇이라고 하는가?

① 입점비

② 촉진지원금(push money)

③ 진열수당

④ 리베이트(rebate)

⑤ 특판수당

해설 촉진지원금(push money)
제조업체가 자사의 제품을 가장 먼저 소비자에게 추천하도록 판매사원에게 주는 인센티브를 말하며, '스피프(spiffs)'라고도 한다.

17 백화점의 특성으로 가장 옳지 않은 것은?

① 다양한 상품계열

② 상품구색과 머천다이징 중시

③ 저회전/고마진 전략

④ 재고 위험은 백화점이 모두 부담

⑤ 편리한 입지와 쾌적한 쇼핑공간

해설 백화점의 '직매입 판매방식'은 재고 위험을 백화점이 모두 부담하지만, '특정매입 판매방식'은 납품업자로부터 상품을 우선 매입해서 판매한 뒤 안 팔린 재고는 반품하는 형태로 재고에 대한 위험을 백화점이 아닌 납품업자가 부담하는 거래형태이다.

18 (   ) 안에 들어갈 용어가 순서대로 올바르게 나열된 것은?

> 유통흐름(distribution flow)이란 생산부문에서 소비부문으로의 거래요소의 흐름을 말한다. 상품 소유권 이동을 뜻하는 (   ), 상품의 이동을 의미하는 (   ), 상품에 대한 대가로서 자금의 이동인 (   ), 그리고 이 세 가지 유통을 제어하기 위한 생산부문과 소비부문과의 쌍방향적 (   )으로 구성된다.

① 상적유통 – 물적유통 – 자금유통 – 정보유통
② 물적유통 – 자금유통 – 정보유통 – 상적유통
③ 자금유통 – 정보유통 – 물적유통 – 상적유통
④ 자금유통 – 정보유통 – 상적유통 – 물적유통
⑤ 정보유통 – 물적유통 – 자금유통 – 상적유통

해설 유통흐름의 분류
• 상적유통 : 상품의 매매 자체를 의미하는 것으로 상거래 유통 혹은 상류(商流)라고도 한다.
• 물적유통 : 상적유통에 따르는 상품의 운반, 보관 등의 활동을 의미하며, 물류(物流)라고도 한다.
• 금융적(자금) 유통 : 유통 활동에서 발생하는 위험 부담이나 필요한 자금 융통, 거래 대금 등의 이전 활동을 말한다.
• 정보유통 : 거래 상품에 대한 정보를 제공하거나 물적유통의 각 기능 사이에 흐르는 정보를 원활하게 연결하여 고객에 대한 서비스를 향상시키는 활동을 말한다.

19 상인도매상 중 제공하는 서비스의 정도에 따라 구분할 경우, 유형이 다른 하나는?

① 전문품 도매상   ② 직송 도매상
③ 트럭 도매상   ④ 진열 도매상
⑤ 현금거래 도매상

해설 ① 완전기능도매상(한정된 전문계열의 제품을 판매하는 도매상)
② · ③ · ④ · ⑤ 한정기능도매상(도매기능의 일부만을 수행하는 도매상)

20 집중적 유통(intensive distribution)에 가장 적합한 경우는?

① 식료품, 담배 등을 판매하는 편의점
② 카메라 렌즈를 전문적으로 판매하는 상점
③ 고급의류 및 보석을 판매하는 상점
④ 특정 브랜드의 전자제품을 판매하는 단독매장
⑤ 독특한 디자인 가구를 판매하는 가구점

해설 집중적 유통은 자사의 제품을 누구나 취급할 수 있도록 개방하는 전략으로 식품, 일용품 등 편의품에 적용한다.
② · ③ · ④ · ⑤ 전속적 유통 경로(exclusive channel)에 적합하다.

21 소매상을 대상으로 하는 판촉수단 중 비가격수단에 해당하는 것은?

① 입점 공제
② 광고 공제
③ 진열 공제
④ 적시적(just-in-time) 상품공급
⑤ 대금 지급조건 완화

해설 소매상 판매촉진 수단

가격수단	• 입점 공제 • 구매 공제 • 광고 공제 • 진열 공제
비가격수단	• 판매원 훈련 및 판매보조자료 제공 • 판촉물 제공 및 판매원 파견 • 인센티브 및 콘테스트 • 반품 및 JIT 재고(Just-in-time inventory)

22 소매점의 상품구성에 대한 설명으로 가장 옳은 것은?

① 상품구성은 상품의 용도와 의미를 명확히 하려는 것이다.
② 표적시장에 대한 최적상품구성의 범위를 만들고자 하는 것이다.
③ 소비자 만족을 통해 지속적인 거래를 유도하고자 하는 것이다.
④ 점포가 추구하는 이미지에 맞게 디스플레이 하고자 하는 것이다.
⑤ 매출 증가를 위한 효과적인 판매촉진활동을 구성하고자 하는 것이다.

해설 상품믹스(구성)전략이란 소매점이 표적 고객의 욕구를 충족시킬 수 있는 상품을 선정하는 것과 관련된 마케팅관리자의 의사결정이다. 따라서 상품, 상품의 구색, 이미지, 상표, 포장, 디자인 등에 관한 의사결정이 이루어져야 한다. 최적의 상품믹스전략을 수립하기 위해서는 취급상품의 폭, 길이, 깊이 등에 대한 결정이 중요하다.

23 점포관리를 위한 업무 범주에 해당하지 않는 것은?

① 선도관리
② 진열관리
③ 재고관리
④ 발주관리
⑤ 고객정보관리

해설 점포관리는 소비자들에게 보다 더 쾌적한 상업공간을 제공하는 것으로, 점포의 기능을 효과적으로 달성하려고 하는 것을 말한다. 점포관리를 위한 업무 범주에는 선도관리, 진열관리, 재고관리, 발주관리 등을 들 수 있다.

24 점포 레이아웃 구성 시 고려해야 할 사항으로 옳지 않은 것은?

① 고객흐름의 정체와 밀집을 막아 이동을 원활하게 해야 한다.

② 상품 운반이 용이하도록 통로를 만들어야 한다.

③ 관련 상품 품목의 구매를 촉진하기 위해 연관성 있는 상품을 한 곳에 모아야 한다.

④ 고객으로 하여금 편리하게 상품을 관찰하고 선택할 수 있도록 하여야 한다.

⑤ 주통로에서의 돌출진열을 통해 고객과 상품의 접촉기회를 늘려야 한다.

해설   주통로는 직선이어야 한다. 즉 고객들이 앞으로 걸어나갈 때 가로막는 장애물이 있어서는 안 된다.

25 POP(Point-Of-Purchase) 광고와 매스미디어광고에 대한 내용으로 옳지 않은 것은?

① POP 광고의 메시지 핵심은 상품이 어디에 있다는 것을 보여주는 것이다.

② POP 광고는 구매시점이라는 상황만 있는 것으로 게시기간이 광고보다 자유롭다.

③ 매스미디어광고는 불특정 다수를 대상으로 하고, POP 광고는 특정인을 소구대상으로 한다.

④ 매스미디어광고에서는 커뮤니케이션이 제품과 소비자의 접점에서 이루어지는 반면, POP 광고는 정보처리와 전달의 접점에서 이뤄진다.

⑤ POP 광고는 구체적인 행위를 유발시키는 실행수단이라 볼 수 있다.

해설   POP 광고는 커뮤니케이션이 제품과 소비자의 접점에서 이루어지는 반면, 매스미디어광고는 정보처리와 전달의 접점에서 이뤄진다.

26 디스플레이의 기본 원칙으로 가장 옳지 않은 것은?

① 고객 동선에 위험성이 없어야 한다.

② 보기 쉽고, 고르기 쉬워야 한다.

③ 로스 방지를 위해 판매용 진열과 전시용 진열의 경계가 없어야 한다.

④ 정연한 진열 사이 불규칙 배열을 도입해 의외성을 노리기도 한다.

⑤ 실연판매, 시식판매를 도입한다.

해설   판매용 진열과 전시용 진열은 구분하여야 한다.

27 다음 보기 중 선매품과 관련된 사항만으로 묶인 것은?

가. 낮은 구매빈도	나. 습관적 구매
다. 비교적 높은 마진	라. 사전계획을 통해 구매
마. 전속적 유통방식	바. 맞춤형 주문생산 방식 적합

① 가, 다, 마   ② 가, 라, 바

③ 나, 바   ④ 나, 마

⑤ 가, 다, 라

해설   나 : 편의품
마 · 바 : 전문품

28 예상 고객의 판매 저항 중 가격저항의 처리 방법으로 가장 옳지 않은 것은?

① 판매원은 사전에 마음의 준비를 하여 적절한 증거를 준비해 둔다.
② 판매원은 고객에게 제품의 효용이나 가치보다 제품 가격의 저렴함을 강조한다.
③ 판매원은 고객에게 일반적으로 제품에 대한 이점을 충분히 납득시킨 후 가격을 제시한다.
④ 판매원은 제품의 경제성을 고객의 실정에 맞게 구체적으로 설명해준다.
⑤ 판매원은 고객에게 제품이 고객욕구를 충족시킨다는 사실을 알린다.

해설   판매원은 제품의 가격보다는 고객에게 제품의 효용이나 가치를 강조한다.

29 소비자의 구매심리 7단계상에서 판매자가 상품을 자세히 설명하는 응대에 가장 적당한 단계는?

① 주 의   ② 흥 미

③ 연 상   ④ 욕 망

⑤ 비 교

해설   구매심리 7단계
• 제1단계(주의) : 고객을 주목하여 대기한다.
• 제2단계(흥미) : 고객에게 관심을 갖고 상품에 대해 흥미를 갖도록 유도한다.
• 제3단계(연상) : 고객에게 상품을 제시하며 연상시킨다.
• 제4단계(욕망) : 고객에게 상품의 설명이나 효용성을 설명하면서 권유하며 구매욕망을 일으키게 한다.
• 제5단계(비교) : 고객에게 유사품과 차이점, 특징, 가격 등이 납득되게 설명하고 고객 스스로 비교하도록 한다.
• 제6단계(확신) : 고객에게 상품의 가치, 이익, 만족감을 인식시켜 구입하고자 하는 상품에 대해 확신을 갖게 한다.
• 제7단계(결정) : 고객이 상품 구매를 결정하면 신속하게 포장하고 계산 및 추가 판매를 유도하거나 다시 방문해 달라는 인사를 한다.

30 상품을 이해하는 차원은 좁은 것부터 넓은 것까지 크게 3단계로 나누어 이해할 수 있다. '판매후 서비스'는 다음 중에서 어디에 해당하는가?

① 물리적 상품   ② 확장상품
③ 유형상품   ④ 고유상품
⑤ 핵심상품

해설 확장상품은 실체상품의 효용가치를 증가시키는 부가서비스 차원의 상품을 말한다. 실체상품에 보증, 반품, 배달, 설치, 애프터서비스, 사용법 교육, 신용, 상담 등의 '판매후 서비스'를 추가하여 상품의 효용가치를 증대시킨 것이다.

31 유통업체의 판매촉진 유형 중 소비자를 대상으로 한 가격촉진으로만 올바르게 짝지어진 것은?

가. 사은품	나. 가격할인
다. 쿠 폰	라. 견본품
마. 리베이트	

① 라, 마   ② 나, 다, 라, 마
③ 나, 다, 마   ④ 나, 다, 라
⑤ 가, 나, 다, 라, 마

해설 소비자 판매촉진 수단

가격수단	• 가격할인 • 할인쿠폰(discount coupons) • 리베이트(rebates) • 보너스 팩 • 보상 판매
비가격수단	• 샘플과 무료사용 • 사은품(premium 또는 gift) • 현상경품(prizes), 콘테스트

32 수요재고화 방법으로만 짝지어진 것은?

① 예약제도, 대기시스템 활용
② 고객의 셀프서비스제도, 가격인센티브제도
③ 파트타이머 이용, 고객의 셀프서비스제도
④ 수요억제를 위한 선전, 파트타이머 이용
⑤ 예약제도, 파트타이머 이용

해설 **수요관리전략**
• 수요재고화 전략 : 수요의 수준을 예측하기 어려운 경우 수요를 일정시간 동안 붙잡아놓는 전략
  예 예약제도, 대기시스템
• 수요조절 전략 : 수요수준이 예측가능하고 고객이 기업의 전략에 따라 서비스수요 시간과 구매 장소를 바꿀 의향
  및 통제력이 있는 경우 고객의 수요를 적극적으로 분산시키는 전략
  예 상품 조절, 장소·시간 조절, 가격 조절

33 아래 설명에 가장 적합한 레이아웃 유형은?

> • 중앙의 큰 통로를 중심으로 여러 매장으로 들어갈 수 있도록 한 배치방법이다.
> • 고객들이 지나면서 다양한 각도의 시선을 가져 다양한 매장의 상품을 봄으로써 충동구매를 하게
>   한다.
> • 통로표면이나 색에 변화를 주는 방법을 취하기도 한다.
> • 백화점에서 최신 상품을 통로에 직접 전시하면 효과적이다.

① 자유형(free-form) 배치
② 경주로형(racetrack) 배치
③ 혼합형 배치
④ 격자형(grid) 배치
⑤ 바둑판 배치

해설 **경주로형(racetrack)**
자유형 점포배치 형태에서 나온 형태로 루프형이라고도 부르며, 주된 통로를 기준으로 각 매장 입구들이 서로 연결
되어 있다. 소매점포의 공간생산성을 높여주는 방식으로 선물점, 백화점 등에서 널리 이용된다.

34 편의품에 대한 설명으로 옳지 않은 것은?

① 광범위하고 많은 점포를 대상으로 유통된다.

② 비교적 쇼핑에 소비하는 시간과 노력이 적다.

③ 대체품을 받아들이지 않을 정도의 높은 브랜드 충성도를 보인다.

④ 촉진 면에서는 가격, 유용성, 인지도가 중시된다.

⑤ 치약, 비누, 세제 등 비교적 저렴한 생활용품들인 경우가 많다.

해설 대체품을 받아들이지 않을 정도의 높은 브랜드 충성도를 보이는 것은 '전문품'이다.

35 슈퍼마켓의 상품군에 따른 배치방식에 대한 설명으로 옳지 않은 것은?

① 소비빈도가 높고 매일 먹는 생식품은 보조동선에 진열하도록 한다.

② 계산대에서 가까운 곳에는 깨지기 쉽고 무거운 것을 배치하여 쇼핑 후 마지막으로 구매할 수 있도록 한다.

③ 냉동식품은 한 곳에 밀집시켜 원활한 쇼핑을 돕도록 한다.

④ 행사상품은 주동선에 인접하게 진열하고 고객의 통행을 방해하지 않도록 한다.

⑤ 치즈, 우유, 낙농제품, 냉장을 요하는 상품 등은 주동선 쇼케이스에 진열한다.

해설 일반적으로 소비빈도가 높고 매일 먹는 생식품은 가장 먼저 구입하므로 주동선에 진열하도록 한다.

36 고객관계관리 및 고객충성도에 관한 내용으로 옳지 않은 것은?

① RFM 분석법은 최근 구매일(Recency), 구매기능(Function), 구매금액(Monetary value)을 토대로 고객 가치를 평가한다.

② 고객생애가치는 고객이 자사에 전 생애에 걸쳐 제공하는 이익을 현재가치로 환산한 개념이다.

③ 충성도 프로그램은 이미 알고 있는 고객을 상대로 지속적인 마케팅 강화, 유대 형성 등을 통해 고객 가치를 증대시키는 관계마케팅활동이다.

④ 스탬프를 모아서 제시하면 경품이나 사은품을 받을 수 있게 하는 스탬프제도는 충성도 프로그램에 속한다.

⑤ 여러 혜택을 얻을 수 있는 회원제도에 가입하게 함으로써 고객을 고정화시키려는 회원제도는 충성도 프로그램에 속한다.

해설 RFM 분석법은 고객이 언제 제품을 구입했는가(Recency ; 구매시점), 얼마나 자주 제품을 구입하는가(Frequency ; 구매빈도), 제품 구입에 얼마나 사용했는가(Monetary ; 구매금액)라는 세 가지를 토대로 고객 가치를 평가한다.

37 고객관계관리의 특성으로 옳지 않은 것은?

① 고객관계 유지   ② 고객점유율 향상

③ 고객관계의 강화   ④ 고객만족의 실현

⑤ 고객자아의 실현

해설 고객관계관리는 '고객자아의 실현'이 아니라 '고객생애가치'를 추구한다.

38 POS(Point Of Sales, 판매시점 정보관리) 시스템에 대한 내용으로 가장 옳지 않은 것은?

① POS 시스템의 데이터를 통해 단품관리와 재고관리가 가능해진다.

② POS 시스템을 통해 품절을 방지하는 적정발주가 가능해진다.

③ POS 시스템을 이용하면 인력의 생산성, 성과관리도 가능해진다.

④ POS 데이터를 통한 고객정보(지역, 성별, 연령 등) 및 상품이력정보들이 판촉활동에 사용될 수 있다.

⑤ POS 리더를 통해 원거리 인식이 가능하고 여러 정보를 동시에 판독하거나 수정할 수 있기 때문에 유통, 물류, 교통, 보안 등의 분야도 적용할 수 있다.

해설 ⑤는 RFID(Radio Frequency Identification)에 대한 설명이다.

39 상품관리에서 사용되는 단품(SKU)에 관한 설명으로 옳지 않은 것은?

① 재고보관단위로 가장 말단의 상품분류단위이다.

② 색상, 사이즈, 스타일 등의 요소를 고려해서 정한다.

③ 단품(SKU)은 일반적으로 유통업체가 정한다.

④ 상품에 대한 관리가 용이하도록 사용하는 식별관리 코드이다.

⑤ 일반적으로 문자나 숫자 등의 기호로 표기한다.

해설 단품(SKU)은 점포 또는 카탈로그에서 구매 또는 판매할 수 있는 상품에 사용하는 것으로 판매자가 정한다.

40 신제품에 대한 상담을 성공적으로 이끌기 위한 제품 유익(FABE) 상담에 대한 내용으로 옳지 않은 것은?

① 제품의 특징(Feature)

② 제품의 장점(Advantage)

③ 제품의 사용상의 혜택(Benefit)

④ 제품이 주는 사용상의 혜택 증거자료(Evidence)

⑤ 제품의 효율적인 사용법(Efficiency)

해설　FABE 기법은 상품을 먼저 특징(Feature) 별로 분류해서 그 특징들이 어떠한 기능 내지 역할을 수행하고 있다는 장점(Advantage)을 열거하고, 그것이 고객의 이익(Benefit)에 어떻게 연결되느냐를 명확하게 설명하거나 증거(Evidence)를 가지고 증명해 보이는 방법으로 상품설명에 매우 효과적인 방법이다.

41 판매제시의 여러 가지 유형 중에서 대부분의 시간 동안 고객이 이야기하도록 유도하여 고객의 문제를 해결해 주는 방식으로 판매제시하는 방법은?

① 욕구충족형 방식(need satisfaction approach)

② 합성형 방식(formula approach)

③ 암송형 방식(canned approach)

④ 판매실연 방식(demonstration approach)

⑤ 제안판매 방식(presentation approach)

해설　**판매제시의 유형**
- 욕구충족형 방식 : 고객으로 하여금 얘기를 많이 하도록 유도하는 방식
- 합성형 방식 : 구매자와의 대화를 통해 고객욕구를 파악하는 형식
- 암송형 방식 : 간추린 핵심적 판매문안을 암기하듯 제시하는 방식
- 판매실연 방식 : 상품을 보여주고 실제로 직접 사용해 보도록 함으로써 고객의 이해를 증가시키는 방식

42 서비스 품질 평가가 어려운 이유로 옳지 않은 것은?

① 서비스 품질은 표준화의 어려움으로 인해 측정이 어려워진다.

② 서비스 품질의 평가는 고객이 기대했던 서비스와 실제 서비스의 제공과정에서 지각된 서비스와의 비교에 의해서 평가되기 때문에 객관적인 측정이 어렵다.

③ 서비스 고객의 욕구나 행동이 다양하기 때문에 고객이 필요로 하는 정확한 서비스의 제공은 어려워지고, 이로 인해 품질 평가는 어려워진다.

④ 기업에서 제공되는 서비스 품질의 평가는 제품과 관련되어 산출되는 경우가 많기 때문에 제품 구매 후 만족/불만족에 따라 평가가 이루어져 신속한 측정이 곤란하다.

⑤ 마케팅관리자는 소비자의 지각된 서비스 품질을 향상시키는 것은 불가능하다.

[해설] 고객의 서비스 품질 지각은 기대된 서비스와 지각된 서비스와의 비교를 통해 결정된다. 기대된 서비스는 기업의 외부적 영향요인과 과거경험 등이 주요 요인으로 작용하며, 지각된 서비스는 내부환경적 요인, 즉 고객접촉요인, 물리적·기술적 자원 및 기타 참여고객 등에 의해 영향을 받는다. 따라서 마케팅관리자는 기대된 서비스와 지각된 서비스와의 갭(gap)을 줄여 서비스 품질을 향상시켜야 한다.

43 선물용 광고물로서 자사의 로고가 새겨진 컵, 펜, 가방 등과 같은 상품형태로, 소비자나 판매자에게 무료로 배포하여 마케팅 효과를 높이려는 판촉수단은?

① 리펀드(refund)

② 프리미엄(premiums)

③ 샘플링(sampling)

④ 제품삽입(product placement)

⑤ 리베이트(rebate)

[해설] 프리미엄(premiums)은 제품구매자에게 추가적인 인센티브로 가치있는 상품을 염가 또는 무료로 제공하는 판촉수단을 말한다.
① 구매 시점에서 현금으로 바로 상환하는 판촉수단
③ 고객에게 무료로 상품을 제공하는 판촉수단
④ 영화나 TV 드라마에 의도적으로 특정제품을 끼워 넣거나 상표명을 사용하는 판촉수단
⑤ 구매액의 일부를 구매자에게 돌려주는 판촉수단

44 디스플레이의 계획인 4W1H에 대한 설명으로 옳지 않은 것은?

① 누가 디스플레이 할 것인가?
② 무엇을 디스플레이 할 것인가?
③ 언제 디스플레이 할 것인가?
④ 어디에 디스플레이 할 것인가?
⑤ 어떻게 디스플레이 할 것인가?

해설　4W1H 원칙
• WHO : 누구를 대상으로 디스플레이를 할 것인가?
• WHAT : 무엇을 디스플레이 할 것인가?
• WHEN : 언제 디스플레이 할 것인가?
• WHERE : 어디에 디스플레이 할 것인가?
• HOW : 어떻게 디스플레이 할 것인가?

45 진열 방법에 대한 설명으로 가장 옳지 않은 것은?

① 벌크진열은 상품의 가격이 저렴하다는 인식을 줄 수 있다.
② 측면진열은 적은 수량의 상품을 앞으로 내어 쌓아 풍부한 진열감을 연출한다.
③ 평대진열은 특매상품이나 중점판매 상품을 대량으로 진열할 수 있는 방법이다.
④ 행거진열은 양감 있는 느낌을 주며 상품을 고르기가 쉽다.
⑤ 곤돌라 진열은 판매동향 파악이 쉽고 페이스 관리가 용이하다.

해설　②는 전진입체진열에 대한 설명이다.
측면진열은 엔드 진열의 한쪽 측면 등을 활용하여 엔드 진열한 상품과 관련성을 강조하는 진열방법이다.

2017년

기출문제

행운이란 100%의 노력 뒤에 남는 것이다.

－랭스턴 콜먼－

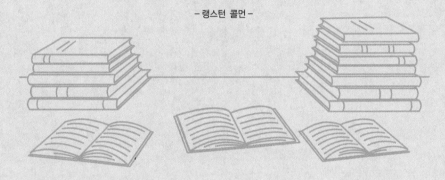

제1회 기출문제해설

제1과목 유통상식(01~20)

01 유통산업발전법에서 정의하는 다음의 내용에 해당되는 사업은?

> 독자적인 상품 또는 판매·경영기법을 개발한 체인본부가 상호·판매방법·매장운영 및 광고방법 등을 결정하고 가맹점으로 하여금 그 결정과 지도에 따라 운영하도록 하는 형태의 체인사업

① 조합형 체인사업

② 임의가맹점형 체인사업

③ 직영점형 체인사업

④ 프랜차이즈형 체인사업

⑤ 중소기업형 체인사업

해설 체인사업

직영점형 체인사업	체인본부가 주로 소매점포를 직영하되, 가맹계약을 체결한 일부 소매점포(가맹점)에 대하여 상품의 공급 및 경영지도를 계속하는 형태의 체인사업
프랜차이즈형 체인사업	독자적인 상품 또는 판매·경영 기법을 개발한 체인본부가 상호·판매방법·매장운영 및 광고방법 등을 결정하고, 가맹점으로 하여금 그 결정과 지도에 따라 운영하도록 하는 형태의 체인사업
임의가맹점형 체인사업	체인본부의 계속적인 경영지도 및 체인본부와 가맹점 간의 협업에 의하여 가맹점의 취급품목·영업방식 등의 표준화사업과 공동구매·공동판매·공동시설활용 등 공동사업을 수행하는 형태의 체인사업
조합형 체인사업	같은 업종의 소매점들이 「중소기업협동조합법」 제3조에 따른 중소기업협동조합, 「협동조합 기본법」에 따른 협동조합, 협동조합연합회, 사회적협동조합 또는 사회적협동조합연합회를 설립하여 공동구매·공동판매·공동시설활용 등 사업을 수행하는 형태의 체인사업

02 소비자기본법의 내용으로 옳지 않은 것은?

① 소비자기본법은 소비자의 권리와 책무, 국가지방자치단체 및 사업자의 책무, 소비자단체의 역할 및 자유 시장경제에서 소비자와 사업자 사이의 관계를 규정함과 아울러 소비자정책의 종합적 추진을 위한 기본적인 사항을 규정한다.
② 소비자는 사업자가 제공하는 물품 또는 용역(시설물 포함)을 소비생활을 위하여 사용하는 자이다.
③ 사업자는 물품을 제조(단, 가공 또는 포장은 제외), 수입, 판매하거나 용역을 제공하는 자이다.
④ 소비자단체는 소비자의 권익을 증진하기 위하여 소비자가 조직한 단체이다.
⑤ 사업자단체는 2인 이상의 사업자가 공동의 이익을 증진할 목적으로 조직한 단체이다.

해설 사업자는 물품을 제조(가공 또는 포장을 포함), 수입, 판매하거나 용역을 제공하는 자이다(소비자기본법 제2조 제2호).

03 청소년 보호법상 매체물의 범위에 속하지 않는 것은?

① 「방송법」에 따른 보도방송프로그램
② 「영화 및 비디오물의 진흥에 관한 법률」에 따른 영화 및 비디오물
③ 「음악산업진흥에 관한 법률」에 따른 음반, 음악파일
④ 「전기통신사업법」에 따른 전기통신을 통한 부호·문언·음향 또는 영상정보
⑤ 「게임산업진흥에 관한 법률」에 따른 게임물

해설 「방송법」의 규정에 의한 방송프로그램이며, 보도방송프로그램은 제외된다(청소년보호법 제2조 제2호 바목).

04 유통의 분류 및 기능에 대한 설명으로 옳지 않은 것은?

① 매매기능은 인적 불일치를 해결하는 기능이다.
② 상적 유통은 상거래 유통으로 제품의 매매를 말한다.
③ 물적 유통은 물류로써 운송, 보관, 하역, 포장, 유통가공 활동을 말한다.
④ 정보 유통은 생산자가 소비자에게 필요한 정보를 수집하여 제공하는 활동이다.
⑤ 금융적 유통은 유통활동에서 발생하는 결제측면의 위험부담 경감, 대금결제 등의 활동이다.

해설 정보 유통은 거래 상품에 대한 정보를 제공하거나 물적 유통의 각 기능 사이에 흐르는 정보를 원활하게 연결하여 고객에 대한 서비스를 향상시키는 활동이다.

02 ③ 03 ① 04 ④ **정답**

05 성불평등 현상에 대한 설명으로 옳지 않은 것은?

① 성차별이란 남녀 간의 차이를 이유로 사회 또는 가족 내에서 차별 대우를 받는 것을 의미한다.

② 유교적인 가치에서 비롯된 남아선호사상과 남성 중심적인 문화가 원인 중 하나이다.

③ 성불평등은 사회적 약자인 여성에게만 한정된 문제로 여성의 사회 진출 확대로 야기되었다.

④ 임신, 출산, 육아 등으로 여성이 차별받지 않도록 제도적으로 보장하고 실효성을 높인다면 성불평등이 개선될 수 있다.

⑤ 사회 구성원의 의식 개선이 필요하며 양성평등의식이 어릴 적부터 체득되도록 해야 한다.

해설 성불평등은 남성 또는 여성으로서의 성역할에 대하여 나타나는 차별적 대우를 말하는 것으로 인간의 자유로운 활동이 생물학적인 성 차이로 제한되고, 그로 인해 사회적 기회가 박탈되는 사회구조적인 불평등으로 해석할 수 있다. 따라서 성불평등 문제는 여성에게만 한정된 문제가 아닌 인간의 존엄성에 관한 문제이므로 우리 사회가 책임을 지고 해결해야 할 사회문제가 된다.

06 어떤 소매업의 특징에 대해 기술한 것이다. A, B에 해당하는 소매업을 올바르게 나열한 것은?

A. 처방전이 필요 없는 의약품이나 화장품, 식품 등을 셀프서비스로 구매 가능한 점포
B. 의류 및 생활용품을 중심으로 다품종 대량방식으로 판매하는 대형 소매점으로 백화점보다 가격 저렴

① A : 하이퍼마켓   B : 드럭스토어

② A : 카테고리 킬러   B : 하이퍼마켓

③ A : 드럭스토어   B : 양판점

④ A : 할인점   B : 슈퍼센터

⑤ A : 멤버쉽홀세일   B : 아울렛

해설 • 드럭스토어 : 약품(Drug)과 상점(Store)의 단어가 합쳐진 용어로 의약품이나 화장품, 생활용품, 식품 등을 판매하는 복합점포를 의미한다.
• 양판점 : 다품종 대량판매를 목적으로 다점포화를 추진함으로써 매출증대를 꾀하는 업태로 중저가의 일상생활용품을 주로 취급하여 초고가상품은 취급하지 않는다. 백화점보다 낮은 가격대로 자체상표(PB)를 가지며 체인에 의해 다점포화를 추구한다.

07 인적판매의 역할에 대한 설명으로 가장 옳지 않은 것은?

① 단순한 판매처리 업무뿐만 아니라 회사와 고객과의 관계에서 정보매개자로 활동한다.

② 수요창출을 위해 어떻게 고객이 요구하는 가치를 발견할 것인지 노력한다.

③ 상담자로서 고객이 인식하고 있는 문제를 고객의 입장에서 해결해주려는 마음가짐이 필요하다.

④ 단순히 제품 자체만이 아닌 고객의 총체적 욕구를 채워줄 수 있는 서비스까지 제공한다.

⑤ 회사를 대표하는 입장이기에 회사의 이익만을 최대화하기 위해 노력해야 한다.

해설 인적판매는 판매원이 고객과 직접 대면하여 쌍방향 대화에 의해 자사의 제품이나 서비스의 구매를 설득하는 커뮤니케이션 활동으로 융통성 있는 커뮤니케이션 방법을 의미한다. 따라서 회사의 이익 추구만이 아닌 장기적이고 지속적인 고객과의 관계를 구축하는 역할을 한다.

08 판매원에게 임파워먼트(empowerment)를 함으로써 얻게 되는 장점으로 옳지 않은 것은?

① 고객에게 즉각적인 대응이 가능해진다.

② 판매원의 직무만족감이 상승할 수 있다.

③ 판매원이 직무에 대해 책임감을 가질 수 있다.

④ 판매원에 따른 재량행위로 고객의 공정성에 대한 기대가 상승할 수 있다.

⑤ 판매원이 다양한 아이디어를 창출할 수 있다.

해설 임파워먼트(empowerment)의 장점
• 사명의식 : 구성원들에게 일종의 사명의식을 갖게 하여 개인이 하고 있는 일이 회사의 성패를 좌우한다고 믿게 하여 구성원들을 동기부여 한다.
• 자기계발 : 우수한 인력을 양성하거나 확보하는 데 초점이 맞추어진다. 또한 업무를 수행하는 개인의 기량을 향상하는 데도 초점이 맞추어져 있다.
• 의사결정의 통제 : 자신이 담당하는 일에 스스로 의사결정권을 갖게 하여 통제감을 높이게 된다. 이는 구성원들의 무기력감과 스트레스를 해소하고 더 강한 업무의욕을 가지게 한다.
• 신속한 대응 : 구성원들의 고객에 대한 서비스를 향상시키며, 환경변화에 신속하게 대처할 수 있게 한다.

09 다음 글 상자 안의 두 사례에서 공통적으로 나타난 유통경로 갈등은?

> - A편의점 본부가 편의점 브랜드를 B로 일방적으로 바꾸고, 새로운 점포 내/외부 인테리어를 도입한 것에 대해 다수의 가맹점주들이 계약위반이라고 반발하여 나타난 갈등
> - ○○백화점 입점업체와 ○○백화점 간의 판매수수료율에 대한 의견 불일치로 인한 갈등

① 수평적 갈등　　　　　　　　　　② 수직적 갈등
③ 직접경로 갈등　　　　　　　　　　④ 간접경로 갈등
⑤ 경로행동 갈등

해설 두 사례는 각각 본부와 가맹점 간의 갈등, 백화점 입점업체와 백화점 간의 갈등이므로 다른 단계에 있는 경로 구성원들 간의 갈등을 나타내는 수직적 갈등이다.

2017

10 직업윤리에 대한 설명으로 옳지 않은 것은?

① 직업윤리는 직업에 종사하는 사람들이 지켜야 할 행동 규범이나 마음가짐을 의미한다.
② 직업윤리는 시대가 바뀌어도 내용은 달라지지 않는 고정적인 가치관을 의미한다.
③ 직업을 생계유지와 부의 축적 수단으로만 여기는 것은 직업윤리에 해당하지 않는다.
④ 직업윤리는 자신의 직업을 통해서 자아실현을 도모하는 것을 포함한다.
⑤ 사회봉사의 기회로 여기며 자신의 적성과 능력에 맞는 직업을 탐색하는 자세가 필요하다.

해설 직업윤리는 어떠한 직업인이 직업을 수행하는 과정에서 가지고 있는 내·외적인 행위규준이 그 시대가 요구하는 일반적인 사회적 기대에 부합될 경우에 행위의 가치로서 인정될 수 있다.

11 유통산업의 직/간접 경제적 역할로 옳지 않은 것은?

① 유통산업은 생산자와 소비자 간의 매개 역할을 한다.
② 유통산업의 발전을 통해 고용창출 효과를 기대할 수 있다.
③ 유통구조가 효율화되면 제품의 최종 소비자가격은 높아지고 유통업자들의 수익이 높아져 공정한 이익의 분배가 이뤄진다.
④ 유통산업의 발전은 유통업체 간, 제조업과 유통업체 간 경쟁을 촉진함으로서 물가 조정역할을 한다.
⑤ 유통산업의 발전은 제조업의 경쟁을 촉진시켜 전체적 산업발전의 촉매역할을 한다.

해설 유통구조가 효율화되면 생산자와 소비자 가격의 차이가 줄어들어 최종 소비자가격은 낮아지고 유통구조가 개선되어 유통업자들의 수익이 높아진다.

12 바코드(Bar Code)의 종류 및 마킹법에 관한 설명으로 옳은 것은?

① 3차원 바코드에는 QR코드, UPC코드 등이 있다.

② 한국공통상품코드(KAN)에서 한국의 국가식별코드는 '880'이다.

③ 제조업체 및 수출업자는 인스토어 마킹(instore marking)을 사용한다.

④ 소매 점포에서는 청과, 생선 등에 소스마킹(source marking)을 사용한다.

⑤ 13자리 막대형 바코드는 높이 기준 50% 이상 훼손되면 판독이 불가능하다.

해설 ① QR코드는 2차원 바코드이고, UPC코드는 1차원 바코드이다.

③·④ 제조업체 및 수출업자는 소스 마킹을 사용하며, 소스 마킹을 실시할 수 없는 생선, 정육, 채소나 과일 등은 인스토어 마킹을 사용한다.

⑤ 막대형 바코드는 높이 기준 95%가 훼손되더라도 데이터 입력에 지장을 주지 않으므로 사용자가 손쉽게 자료를 이용할 수 있다.

13 다음 글 상자의 설명에 가장 적합한 운송방식은?

> – 고정 설비 투자비용이 적음
> – 문전(door to door) 운송
> – 안전성 낮음
> – 기후의 영향을 비교적 덜 받음

① 자동차 운송   ② 철도 운송

③ 선박 운송   ④ 파이프라인 운송

⑤ 항공 운송

해설 자동차 운송의 특징

• 대규모의 고정자본을 투입하지 않고 도심지, 공업 및 상업단지의 문전까지 신속·정확하게 운송할 수 있는 편리성이 있다.

• 도로 혼잡, 교통사고 등의 문제가 발생된다.

• 다른 운송방식에 비해 기후의 영향을 비교적 덜 받는다.

14 다음 글 상자 안의 사례와 가장 관련이 깊은 유통기능은?

> – ㈜상공유업에서 딸기우유가 생산된 시간 : 2017년 04월 07일 04:30
> – 00편의점에서 ㈜상공유업 딸기우유가 판매된 시간 : 2017년 04월 10일 10:30

① 생산기능   ② 보험기능
③ 보관기능   ④ 금융기능
⑤ 통신기능

해설 글 상자의 사례는 딸기우유가 생산된 시간과 판매된 시간을 제시하고 있으므로 생산과 소비의 시간적 분리를 극복하기 위해 상품을 생산시기에서부터 소비시기까지 안전하게 관리하는 기능인 보관기능과 관련이 깊다.

15 다음 글 상자에서 설명하고 있는 재고관리기법은?

> – 재고가 일정 수준의 주문점에 다다르면 정해진 주문량을 주문하는 시스템
> – 발주비용이 싸고, 계산이 편리함
> – 예비품 방식으로 출고가 불규칙하고 수요가 불안정하여 불출빈도가 적은 특수품, 보전용에 적용

① 발주점법 방식
② 정기발주 방식
③ 정량유지 방식
④ 2중 발주점 방식
⑤ 투빈(two-bin) 방식

해설 고정발주량형 재고관리시스템(정량유지 방식, Q시스템)
재고가 일정한 수준에 도달하면 사전에 정해진 일정량(경제적 주문량)을 주문하는 시스템으로 주문량은 고정되어 있지만 주문시기는 일정하지 않다. 관리가 쉽고, 주문비용이 저렴하며, 재고관리 비용이 최소화되는 장점이 있으나 재고수준에 유의해서 검토해야 한다.

16 다음 글 상자 안에서 설명하고 있는 소매업 발전(진화)과정 이론은?

> 새로운 소매점이 시장에 진입하는 초기에는 저가격, 저서비스, 제한적인 상품으로 시작하여 차츰 소매점이 증가하면 고가, 고비용, 고서비스로 대체하게 된다.

① 소매수명주기(retail life cycle) 이론
② 아코디언(retail accordion) 이론
③ 변증법적(dialectic process) 이론
④ 소매수레바퀴(wheel of retailing) 이론
⑤ 자연도태(natural selection) 이론

해설 소매업 수레바퀴 이론(Wheel of Retailing)
사회 경제적 환경이 변화함에 따른 소매상의 진화와 발전을 설명하는 대표적인 이론으로, 새로운 형태의 소매점은 주로 혁신자로 시장 진입 초기에는 저가격, 저서비스, 제한적 제품 구색으로 시장에 진입하였다가 점차 동일 유형의 새로운 소매점들이 진입하여 이들 사이에 경쟁이 격화되면 경쟁적 우위를 확보하기 위해 보다 세련된 점포 시설과 차별적 서비스가 증가된다. 따라서 성숙기에는 고비용, 고가격, 고서비스 소매점으로 위치가 확립된다.

17 서울, 부산, 광주에 있는 세 명의 생산자와 대전, 강릉, 제주에 있는 세 명의 소비자가 있다고 가정한다. 이때, 유통업체가 없는 경우 소비자와 생산자의 총 거래 횟수와 유통업체가 1개 업체만 존재할 경우 소비자와 생산자의 총 거래 횟수를 순서대로 나열한 것은?

① 18, 6   ② 9, 6
③ 36, 9   ④ 18, 9
⑤ 6, 9

해설 총 거래 횟수
• 유통업체가 없는 경우 : 세 명의 생산자와 세 명의 소비자가 각각 따로 거래해야 하므로
  총 거래 횟수 = 3×3 = 9
• 유통업체가 1개 존재할 경우 : 세 명의 생산자와 세 명의 소비자가 1개의 중간상만 거치면 되므로
  총 거래 횟수 = 3+3 = 6

18 중간상의 필요성에 대한 원칙 중 다음 글 상자 안의 내용에 해당하는 원칙으로 가장 옳은 것은?

> 제품의 재고가 도매상에 집중되는 현상을 소매상에게 분산하여 도매상의 대량보관기능을 소매상과
> 분담함으로써 사회 전체의 제품재고총량을 감소시킨다.

① 분업의 원칙
② 권한위임의 원칙
③ 집중준비의 원칙
④ 변동비 우위의 원칙
⑤ 총 거래 수 최소화의 원칙

해설 집중준비의 원칙
유통경로 상에 도매상이 개입하여 소매상의 대량 보관기능을 분담함으로써 사회 전체적으로 상품의 보관 총량을
감소시킬 수 있고, 소매상은 최소량만을 보관하게 된다.

19 산업재 유통경로의 특징으로 가장 옳지 않은 것은?

① 구매자의 1회 구매량이 적고 소액이다.
② 구매자와의 장기 공급 계약이나 밀접한 전략적 관계에 의하여 거래가 이루어지는 경우가 많다.
③ 제품이 기술적으로 복잡하여 상대적으로 고객 서비스가 중요하게 여겨진다.
④ 생산자가 고객에게 직접 판매하는 형태가 많다.
⑤ 완제품이라기보다 재가공을 통해 부가가치가 창출되는 경우가 많다.

해설 산업재는 소비자에게 직접 판매하는 것이 일반적이며, 구매자의 1회 구매량이 많고 고액이다.

20 유통업태 중 다음의 설명에 공통으로 해당하는 것으로 가장 적절한 것은?

> – 셀프서비스 형태의 상설할인 소매업태이다.
> – 오프 프라이스 점포(off price store)로서, 미국의 경우 쇼핑센터의 핵점포로 출범하였다.
> – 제조업체와 백화점의 비인기 제품, 이월제품, 재고품 등을 30%–70% 정도의 대폭 할인된 가격
>   으로 판매한다.

① 할인점
② 슈퍼마켓
③ 편의점
④ 아웃렛(outlet)
⑤ 카테고리 킬러(category killer)

해설 아웃렛
• 당초에 제조업자의 직영점으로 출발해 공장 근처에서 과잉 생산품을 염가에 판매하는 소매점이었으나 최근에는
  타 브랜드의 상품이나 타 소매점에서 팔고 남은 물건도 할인 판매하는 점포를 의미한다.
• 아웃렛의 취급상품은 팔고 남은 것이 대부분이므로 구색도 충분하지 않고 입지조건도 유리한 편은 아니나, 저가격
  의 장점으로 많은 고객이 몰리고 있다.
• 입주 점포의 제조업자가 자사의 기존 소매망과의 경합을 회피하려는 목적으로 불리한 입지를 택한다.

21 상품 매입에 대한 설명으로 옳지 않은 것은?

① 상품을 매입하기 전에 먼저 마케팅 조사를 실시한다.

② 매입 계획 수립 시 마케팅 조사 후 얻은 자료를 바탕으로 판매 경향 등을 조사 분석하여 계획을 세운다.

③ 매입 상품 선정 단계에서는 품질이 좋고 가격이 저렴하며 고객들이 좋아하는 상품을 골라 매입한다.

④ 매입처 선정 단계에서는 수익성이 보장되는 업자를 찾는 것이 최우선이므로 안정성은 무시하고 가장 저렴하게 판매하는 업자를 찾아 매입 계약을 한다.

⑤ 현금할인, 수량할인 등과 상품 재고관리를 고려하여 매입 방법을 결정한다.

해설 상품의 매입처는 신용이 있고 상품의 인도가 확실하며 가격조건이 알맞고 매입경비가 적게 드는 곳을 선정해야 한다. 따라서 좋은 거래처를 선정하려면 거래 전에 같은 업계에 종사하는 사람이나 상대방의 거래 은행, 신용정보업자 등을 통하여 상대방에 대한 신용조사를 하여 안정성도 고려해야 한다.

22 한때는 유아용 제품으로 간주되었던 아스피린이, 현재는 심장질환이나 뇌졸중 위험을 줄여주는 저강도 성인용 아스피린으로 개발되어 판매되고 있다. 이러한 사례처럼 소비자들이 기존 제품에 대해 가지고 있던 이미지를 새로운 타깃층에게 가장 가깝게 접근하기 위해 새롭게 조정하는 활동을 뜻하는 용어는?

① 시장확장   ② 기능개선

③ 제품리포지셔닝   ④ 저가치전환

⑤ 고가치전환

해설 제품리포지셔닝(Repositioning)

• 소비자들이 기존 제품에 대해 가지고 있던 이미지를 새로운 타깃층에게 가장 가깝게 접근하기 위해 새롭게 조정하는 활동이다.

• 리포지셔닝은 소비자들이 가지고 있던 인식이 깊이 뿌리박혀 있기 때문에 다소 어렵기는 하지만 기존의 제품으로 시장을 확대할 수 있다는 장점이 있다.

　예 유아계층을 목표로 포지셔닝 되었던 존슨앤존슨 베이비 로션의 경우 처음과는 달리 순한 화장품이라는 제품콘셉트로 연약한 피부를 가진 청소년과 여성을 목표고객으로 리포지셔닝

23 고객 전화 응대시 요령으로 가장 부적절한 것은?

① 메모지와 필기구를 미리 준비한다.

② 알기 쉬운 말을 사용하고 중요한 사항이나 틀리기 쉬운 내용은 재확인한다.

③ 내용은 간단명료하면서도 정중하게 전달한다.

④ 자신이 모르는 질문이 반복된다면 시간이 오래 걸리더라도 그때그때 고객을 대기시키고 확인한 후 알려준다.

⑤ 상대방이 오래 기다리게 될 것 같은 경우에는 다시 전화를 드리겠다고 양해를 구하고 요청내용을 확인 후 확실한 내용으로 전달한다.

해설 시간이 오래 걸려 통화가 길어질 경우 "손님, 죄송합니다. 지금 다른 손님이 계시니 제가 곧 다시 전화를 드리겠습니다. 번호를 남겨주시겠습니까?"와 같이 양해를 구한다.

2017

24 점포구성에 관한 내용으로 가장 옳지 않은 것은?

① 입구는 넓은 것이 좋고 고객을 유인할 수 있어야 한다.

② 문턱은 도로와의 높이가 차이가 많이 나는 것이 좋다.

③ 고객의 밀집과 혼잡을 피하기 위하여 문이 두 개 정도 있는 것이 바람직하다.

④ 고객의 주요 동선은 고객의 흐름을 원만하게 하고 전 매장이 보이도록 구성해야 한다.

⑤ 보조동선은 주 통로를 보조하여 원활한 고객흐름을 유도할 수 있게 한다.

해설 도로에 인접한 문턱이 낮아 차이가 많이 나지 않는 것이 좋다.

25 노인, 유아들과 같은 특정 연령층이나 당뇨, 비만환자처럼 특별한 음식을 먹어야 하는 사람들을 대상으로 각각의 체질이나 요구에 맞게 만들어진 음식을 일컫는 용어는?

① 뉴트리셔널 푸드   ② 슬로우 푸드

③ 디자이너 푸드   ④ 실버 푸드

⑤ 저칼로리 푸드

해설 디자이너 푸드(Designer Foods)란 신기능성 식품으로 목적에 맞게 여러 가지를 조제한 영양보강식품을 말한다.

① 비타민, 무기질, 식이섬유 등이 함유된 다이어트 및 웰빙 영양식을 말한다.

② 패스트 푸드(Fast Food)에 대립하는 개념으로, 지역의 전통적인 식생활 문화나 식재료를 다시 검토하는 운동 또는 그 식품 자체를 가리키는 말이다.

④ 기존의 노인식을 편리성, 질감, 맛, 영양, 포장, 분위기까지 노인들의 취향에 맞게 개발한 식품이다.

26 대면판매의 장점에 대한 설명으로 옳지 않은 것은?

① 전문적 상품지식이 필요한 상품의 판매에 적합하다.
② 구매자와의 쌍방향 커뮤니케이션이 가능하다.
③ 구매자를 이해시키고 설득시키는 데 좋은 수단이 된다.
④ 고객접점을 늘릴 수 있어 판매비를 감소시킨다.
⑤ 구매자의 반응을 즉시 파악할 수 있어 고객지향적으로 메시지를 조절할 수 있다.

해설 대면판매는 촉진믹스 요소들 중에서 가장 비용이 큰 촉진수단이다.

27 판매원의 행동으로 가장 옳지 않은 것은?

① 고객의 필요와 욕구를 파악하여 구매를 제안한다.
② 고객이 만족할 수 있는 선택에 이르도록 충분한 제품 정보를 제공한다.
③ 고객이 합리적이고 이성적으로 선택할 수 있게 보조해준다.
④ 상품 및 서비스를 보여주고 실연하며 설명하여, 고객이 혜택을 이해하도록 돕는다.
⑤ 전문가적인 태도를 갖고 소비자의 구매를 계획하고 설계하여 구매를 강요한다.

해설 판매원은 전달자로서 또는 쇼핑 상담 시 전문가로서의 역할을 담당해야 하는데 가장 기본이 되는 것은 상품지식이며, 무턱대고 상품을 팔려고 하거나 구매를 강요해서는 안 된다.

28 Parasuraman 등이 제시한 서비스 품질(SERVQUAL)의 몇 가지 특성에 대한 설명으로 옳지 않은 것은?

① 유형성(tangibles) : 서비스 장비 및 도구, 외형 물리적 시설 등 시각적으로 감지되는 부분
② 신뢰성(reliability) : 약속한 서비스를 믿게 하며 정확하게 제공하는 능력
③ 반응성(responsiveness) : 고객의 요구에 대하여 신속하게 서비스를 제공하려는 의지
④ 확신성(assurance) : 서비스 제공자의 지식과 예절과 신의, 신뢰와 자신감을 전달할 수 있는 능력
⑤ 배제성(excludability) : 서비스 제공자의 사사로운 감정은 배제하고 전문가다운 자세로 고객에게 최선의 서비스를 제공하는 능력

해설 서비스 품질(SERVQUAL)의 특성
• 유형성 : 물리적 시설, 장비, 직원, 커뮤니케이션 자료의 외양
• 신뢰성 : 약속한 서비스를 믿을 수 있고 정확하게 수행할 수 있는 능력
• 대응성 : 고객을 돕고 신속한 서비스를 제공하려는 능력
• 확신성 : 직원의 지식과 예절, 신뢰와 자신감을 전달하는 능력
• 공감성 : 회사가 고객에게 제공하는 개별적 배려와 관심

29 다음 글 상자에서 설명하고 있는 브랜드는?

> - 상표 소유자에 의한 분류로 유통업자 브랜드를 말한다.
> - 품질에 비해 비교적 합리적인 가격으로 유통된다.
> - 대형 소매점 등 유통업자의 기획 아래 만들어진다.

① 개별 브랜드(individual brand)

② 자체 브랜드(private brand)

③ 공동 브랜드(co-brand)

④ 내셔널 브랜드(national brand)

⑤ 전문 브랜드(professional brand)

해설 **자체 브랜드(private brand)**
유통업체가 제조업체 브랜드 대신 자사 브랜드를 붙여 판매하는 상품으로 유통 과정을 단순화하고 마진을 줄임으로써 소비자가격이 낮아지는 효과가 있다.

30 공급망 관리(SCM ; Supply Chain Management)의 기대효과로 옳지 않은 것은?

① 신규고객 획득을 위한 관리법으로 신규고객의 증가율을 데이터화함으로써 수익향상 및 전략적 경영에 도움을 준다.

② 재고 정보를 실시간으로 파악하여 물량을 조절할 수 있으므로 재고가 감소한다.

③ 전략적 제휴를 토대로 한 업무수행이 가능하다.

④ 신속대응능력의 향상을 가져온다.

⑤ 아웃소싱, 제휴 등으로 인한 협력으로 인해 최소한의 자산으로 운영이 가능하여 투자비용을 최소화할 수 있다.

해설 **SCM의 기대효과**
- 재고감소 : 재고관리 측면에서 생산, 유통, 판매를 위한 정보가 적시에 제공되기 때문에 공급사슬 내에서 원자재 및 제품의 흐름이 적정수준으로 원활하게 운영될 수 있다.
- 업무절차의 간소화로 인한 업무처리 시간 단축 : 공급사슬 내 모든 프로세스들 사이에서 유기적인 통합을 기반으로 수행되기 때문에 효과적인 SCM 운영을 할 경우의 업무절차 및 처리시간은 공급사슬 내 각각의 프로세스들이 개별적으로 업무절차를 수립하여 수행하는 것에 비해 간결하고 짧아진다.
- 안정된 공급 : SCM을 운영함으로써 상호신뢰 관계를 형성하고 장기적인 비즈니스 파트너로서 우호적인 제휴관계를 구축하여 안정적인 거래를 확보할 수 있다.
- 자금흐름개선 : 자사가 보유하는 재고수준이 현저하게 감소하여 그 재고를 유지하기 위한 공간, 관리 인력 등이 동시에 감소하게 됨으로써 재고 상품을 구매하기 위한 자금과 재고유지 비용이 대폭 줄어들게 되어 자금 여유가 생기게 된다.
- 이익증가 : SCM의 전략적 제휴에 의한 상품 및 서비스의 호혜적인 가격 적용은 직접적으로 원가에 반영되어 가격 경쟁력과 이익에 직접 기여하게 된다.

31 글 상자 안의 상품들이 가장 효과적인 성과(매출, 이익 등)를 얻을 수 있는 디스플레이는?

> – 바캉스용 수영복, 태닝오일
> – 크리스마스 시즌을 위한 트리와 장식물
> – 발렌타인데이를 위한 다양한 초콜렛이 든 상자

① 테마별 진열
② 옷걸이 진열
③ 패키지 진열
④ 컷 케이스 진열
⑤ 구색 진열

해설 테마별 진열
특정 시즌 중 특별한 매장 진열을 선택하여 쇼핑을 더욱 즐겁게 만드는 방식으로 상품을 주제에 맞게 테마별로 한데 묶어 집중 진열하면 상품의 특색이 크게 두드러져 고객의 관심을 끌게 되고, 판매촉진에도 도움이 된다.

32 고객만족에 대한 설명으로 가장 옳지 않은 것은?

① 고객만족은 장기간 지속되며 소멸하지 않는다.
② 고객의 기대에 부응하는 것을 의미하며 그 결과로서 상품이나 서비스의 재구입이 이루어진다.
③ 반복구매를 하며 그 관계가 강화되면 평생 고객이 될 수 있다.
④ 고객의 심리적 만족감을 계속 유지할 수 있도록 관리가 필요하다.
⑤ 고객의 기대가 충족되었을 때 일어나는 심리상태를 고객만족이라고 한다.

해설 고객만족은 기업의 여러 가지 내·외부 요인에 따라 장기간으로 지속되지 않을 수 있으며 소멸될 수도 있다.

33 다음 글 상자의 (   ) 안에 들어갈 적합한 용어는?

> (   )은/는 공간 생산성을 최대화하기 위해 만들어 졌으며 소비자로 하여금 충동구매를 하도록 유도하는 일종의 진열 공간 생산성 평가 지침서(계획서, 도표)이다. 따라서 상점의 선반마다, 통로마다 어떻게 제품을 진열해야 사람들이 원래 의도보다 더 많이 구매충동을 느낄 수 있을지 정의해 준다.

① 플래노그램(Planogram)
② 업-셀링(Up-Selling)
③ 쇼윈도(Show-window)
④ 조닝(Zoning)
⑤ 멀티숍(Multi-Shop)

해설 플래노그램(Planogram)
특정 제품이 속한 부서 내 제품의 진열위치를 결정하기 위해서 흔히 플래노그램을 활용하는데, 이는 제품이 각각 어디에 어떻게 놓여야 하는지를 알려주는 일종의 진열공간의 생산성을 평가하게 해주는 지침서를 말한다.

34 설비나 통로를 사각형으로 반복적으로 배치하고, 상품은 직선형으로 병렬 배치하여 비용 절감과 공간 효율성 극대화에 가장 적합한 점포 레이아웃은?

① 격자형   ② 팔각형
③ 타원형   ④ 루프형
⑤ 자유형

해설 격자형
- 쇼 케이스, 진열대, 계산대, 곤돌라 등 진열기구가 직각 상태로 되어 있다.
- 고객의 동일 제품에 대한 반복구매 빈도가 높은 소매점, 즉 슈퍼마켓이나 디스카운트 스토어의 경우에 주로 쓰인다.
- 비용이 적게 들며 표준화된 집기배치가 가능해 고객이 익숙해지기 쉽다.
- 어떤 형태의 배치보다도 판매 공간을 효율적으로 사용할 수 있다.

35 바코드(bar code)를 활용함으로써 얻어지는 효과로 옳지 않은 것은?

① 스캔 데이터 서비스의 제공
② 물류 관리의 높은 정확성과 신속성
③ 부호화된 정보를 통해 빠른 정보획득 가능
④ 방대한 양의 정보를 상당히 먼 거리에서도 판독 가능
⑤ POS시스템의 효율적인 운영

해설 바코드는 비접촉 판독이 가능하지만 방대한 양의 정보를 담지는 못한다.

36 POP에 대한 내용으로 옳지 않은 것은?

① Point of Purchase의 약자이다.
② 점포의 이곳저곳에 달려있는 제품관련 판매촉진도 POP에 속한다.
③ 구매시점에 소비자들의 관심을 끌 수 있다.
④ 지나치게 많으면 오히려 소비자의 관심을 끌지 못하는 경우도 있다.
⑤ 일반적으로 유통업체가 제작하고 제조사에 제공하는데 제조사는 이것을 제대로 설치해 줄 필요가 있다.

해설 POP 광고는 생산자, 기업 또는 유통기관 등이 각각의 제품, 서비스에 대한 구매를 촉진, 자극하기 위해 소매업체에 배포, 설치, 부착하는 상점 진열과 관련된 모든 수단을 포함한다. 따라서 POP는 일반적으로 기업이나 제조사가 제작할 뿐만 아니라 대형 유통점, 일반 소매점 등과 같이 유통업체가 제작하기도 한다.

37 회사에서 브랜드 명(brand name)을 선정할 때 지켜야 할 원칙으로 가장 옳지 않은 것은?

① 소비자들이 부르기 쉽고 기억하기 쉬울수록 좋다.

② 한글이 아닌 외국어로 표현했을 때에도 어감이 좋아야 한다.

③ 제품이 제공하는 편익이나 품질을 소비자가 알 수 있어야 한다.

④ 다른 브랜드와 구별되는 독특함이 있어 소비자에게 각인 되어야 한다.

⑤ 법적 문제 및 브랜드 등록 절차 준수보다는 시장에 빨리 진입하는 것이 유리하다.

해설 기업문화, 경영이념 등 기업과 관련된 브랜드 명은 기업의 이미지와 개별 브랜드의 자산구축에 엄청난 영향을 미치므로 법적 문제 및 브랜드 등록 절차를 준수하여 선정하여야 한다.

38 다음 사례는 서비스의 특징 중 어느 것과 가장 관련이 있는가?

> 여행사에서 제공하는 '패키지' 여행 상품을 보면 정원과 최소 출발 인원이 있으며, 최소 출발 인원이 신청하지 않으면 패키지 여행 상품은 취소된다. 예를 들어, 정원이 20명, 최소 출발 인원이 12명인 여행 상품에 5명이 신청을 하면 최소 출발 인원을 못 채웠으므로 이 패키지 여행은 취소되게 된다.

① 무형성   ② 소멸성

③ 가변성   ④ 비분리성

⑤ 비통합성

해설 **소멸성**

• 판매되지 않은 서비스는 사라지고 만다. 따라서 서비스의 생산에는 재고와 저장이 불가능하므로 재고 조절이 곤란하다.

• 구매된 서비스라 하더라도 1회로서 소멸하며 그 상품의 물리적 형태가 존재하는 한 몇 회라도 반복하여 사용할 수 있다.

• 서비스는 시간적인 소멸성을 가진 상품으로 관리에 어려움을 겪는다.

39 다음 글 상자의 (   ) 안에 들어갈 알맞은 용어는?

> 과거에는 광고, 판매촉진, 인적판매, PR 등 마케팅 수단들이 각자의 역할을 수행할 수 있었다. 하지만 정보기술의 발달, 소비자 욕구의 다양화, 데이터베이스의 등장, 시장의 세분화 등으로 인해 각각의 마케팅 의사소통 수단들은 그 효용이 점차 떨어졌다. 이에 광고, 판매촉진, 인적판매, PR 등의 마케팅 도구들을 통합적인 관점에서 적절하게 결합, 조정하는 새로운 개념인 (   )이(가) 등장하게 되었다.

① IMC(Integrated Marketing Communication)
② EDI(Electronic Data Interchange)
③ POS(Point Of Sales)
④ CRM(Customer Relationship Management)
⑤ SCM(Supply Chain Management)

해설 IMC(Integrated Marketing Communication)
통합 마케팅 커뮤니케이션으로, 1989년 미국 광고대행사협회는 IMC를 광고, DM, 판매촉진, PR 등 다양한 커뮤니케이션 수단들의 전략적인 역할을 비교·검토하고, 명료성과 정확성 측면에서 최대의 커뮤니케이션 효과를 거둘 수 있도록 이들을 통합하는 총괄적인 계획의 수립과정으로 정의하고 있다.

40 고객지향적 서비스를 제공함으로써 기대되는 효과로 옳지 않은 것은?

① 고객을 우선하는 태도로 고객들의 편익과 혜택을 먼저 고려하는 자세를 가질 수 있다.
② 고객만족보다는 판매 및 수익창출에 많은 관심을 가지고 이익을 극대화한다.
③ 고객의 욕구충족과 지속적인 만족을 통하여 장기적인 고객확보가 용이하다.
④ 고객의 가치를 충족시켜줌으로써 고객 충성도를 높일 수 있다.
⑤ 긍정적인 감정반응에 영향을 주어 고객의 기업 이미지 및 호감도가 상승한다.

해설 판매 및 수익창출을 통한 이익 극대화보다 고객만족에 많은 관심을 가져야 한다.

정답 39 ① 40 ②

41 불만 고객을 응대할 때 가장 적절한 방법은?

① 불만 고객이 왔을 시, 우선 현재 처리하고 있는 업무를 먼저 마무리 한 뒤에 응대한다.

② 고객의 불만을 듣고 있던 도중 고객의 잘못이 발견 되면 즉시 반론하여 얘기한다.

③ 본인이 최대한 해결하기보다는 상급자에게 보고하여 문제를 확대시킨다.

④ 말과 행동을 정중히 하여, 불만을 최대한 긍정적으로 수렴한 후 대안을 제시한다.

⑤ 해결책을 제시하면 일단 불만을 해결하였으므로 사후에 따로 관리할 필요는 없다.

해설 ① 불만 고객이 왔을 시, 불만 고객을 먼저 응대한 뒤에 현재 처리하고 있는 업무를 마무리한다.
② 고객의 불만을 끝까지 들은 후에 해결책 등을 얘기해야 한다.
③ 본인이 최대한 해결하기 위해 노력해야 하며, 그래도 본인 선에서 해결이 되지 않을 경우 상급자에게 보고한다.
⑤ 해결책을 제시하여 불만을 해결했다 하더라도 따로 사후 관리를 하는 것이 좋다.

42 TV 광고와 인적판매에 관한 설명으로 옳은 것을 모두 고르면?

> ㉠ TV광고는 동일한 메시지를 동일한 소비자에게 짧은 시간 안에 반복하여 제시할 수 있다.
> ㉡ TV광고는 쌍방향적인 반면 인적판매는 일방적이다.
> ㉢ TV광고는 시각, 청각을 활용하며 원하는 메시지를 제시한다.
> ㉣ TV광고는 소비자와의 상호작용을 통해 소비자들이 원하는 것을 알아낼 수 있다.
> ㉤ 인적판매는 잠재고객의 구매를 실현하는 데 효과적인 방법이다.

① ㉠, ㉢, ㉤   ② ㉡, ㉢, ㉤

③ ㉠, ㉢, ㉣, ㉤   ④ ㉠, ㉡, ㉢, ㉤

⑤ ㉡, ㉢, ㉣, ㉤

해설 ㉡ TV광고는 일방적인 반면 인적판매는 쌍방향적이다.
㉣ 인적판매는 소비자와의 상호작용을 통해 소비자들이 원하는 것을 알아낼 수 있다.

43 고객의 구매심리 7단계가 순서대로 올바르게 나열된 것은?

① 욕망 – 연상 – 흥미 – 주의 – 확신 – 비교선택 – 구매
② 연상 – 욕망 – 주의 – 확신 – 비교선택 – 흥미 – 구매
③ 흥미 – 주의 – 욕망 – 연상 – 확신 – 비교선택 – 구매
④ 욕망 – 흥미 – 주의 – 연상 – 비교선택 – 확신 – 구매
⑤ 주의 – 흥미 – 연상 – 욕망 – 비교선택 – 확신 – 구매

44 묶음가격전략에 대한 내용으로 옳지 않은 것은?

① 다수의 제품이나 서비스를 하나의 패키지로 묶어 특별가격으로 제시하는 가격전략이다.
② 생산자 또는 판매자는 수요를 확대할 수 있으며 거래비용을 감소시키고 고정자산에 대한 투자비용을 분산시켜 이익을 볼 수 있다.
③ 생산자 또는 판매자의 입장에서 판매량이 증가한다는 장점이 있지만, 개별 제품보다 높은 가격으로 소비자에게는 유용하지 않은 가격설정방법이다.
④ 영화관에서 1편에 10,000원씩 팔던 것을 서로 다른 영화 2편을 18,000원으로 판매하는 경우의 예가 포함된다.
⑤ 서비스 특성 상 묶음을 하지 않으면 안 되는 경우가 있는데 의료서비스에서 엑스레이 촬영과 진단 서비스가 패키지로 판매되는 예가 이에 포함된다.

해설 묶음가격전략은 제품의 재고를 소진하고 판매를 증대시키기 위한 방법으로 제품이나 서비스를 묶어 판매함으로써 소비자들은 제품을 개별적으로 구매하는 것보다 훨씬 저렴하게 구입할 수 있는 혜택을 볼 수 있으며, 기업의 입장에서는 제품의 재고를 빨리 정리할 수 있고 보다 높은 매출을 달성할 수 있다.

45 마케팅 믹스를 구성하는 변수로 옳지 않은 것은?

① 제품(Product) 　　　　　　　② 가격(Price)
③ 촉진(Promotion) 　　　　　　④ 포지셔닝(Positioning)
⑤ 유통(Place)

해설 **마케팅 믹스 구성요소**
• 제품(Product)
• 가격(Price)
• 유통(Place)
• 촉진(Promotion)

제2회 │ 기출문제해설

제1과목 │ 유통상식(01~20)

01 유통의 기본 개념과 용어에 대한 설명으로 가장 옳지 않은 것은?

① 상권(trade area)은 한 점포가 고객을 유인할 수 있는 지역범위를 말한다.

② 로지스틱스(logistics)란 원재료의 조달에서 제품판매, 재활용에 이르는 전과정을 총괄적으로 경영하는 것을 말한다.

③ 상품계획이란 고객의 수요를 예측하고, 고객에게 잘 팔릴 수 있는 상품을 선정하고, 그 상품을 확보, 관리하는 모든 활동을 말한다.

④ 판매촉진이란 소비자로 하여금 제품을 구매하도록 유도하기 위한 추가적인 인센티브를 제공하는 활동을 말한다.

⑤ 총마진수익율(GMROI)은 이익과 회전율을 동시에 감안하여 평균회전율을 총이익률로 나누어서 구한다.

해설 총마진수익율(GMROI)은 '총마진율×재고회전율'로 나타내며 일반적으로 소매업체의 수익성 지표로 사용된다.

02 POS시스템에 대한 설명으로 가장 옳지 않은 것은?

① 'Point Of Sales'의 머리글자를 딴 것으로 판매시점 정보관리를 뜻한다.

② POS 터미널, 스토어 콘트롤러 및 본부의 주 컴퓨터로 구성된다.

③ POS 시스템을 통해 특정 소매점에서 수집된 자료는 전체시장을 대표한다.

④ 점포 내에 진열되어 있는 상품의 판매 및 재고 현황을 파악하기가 용이하다.

⑤ 시간대별로 상품의 매출현황을 파악하여 분석목적에 따라 가공하여 출력할 수 있다.

해설 POS 시스템을 통해 특정 소매점에서 수집된 자료는 해당 점포의 기존 유통전략을 수정하는 데 활용된다. 데이터에 담겨진 소비자의 욕구에 맞게 점포의 이미지를 설정하고 그 이미지에 적합한 상품구색, ISM, 판촉계획 등이 만들어진다.

03 ( ) 안에 들어갈 용어를 순서대로 올바르게 나열한 것은?

> 바코드는 제조업자 또는 중간상에 의해 부착될 수 있다. 제조업자가 생산시점에 바코드를 인쇄하는
> 것을 ( )(이)라 하고 소매상이 제품에 점포 나름대로 코드를 부여해 인쇄 후 스티커 형식으로
> 부착하는 것을 ( )(이)라 한다.

① 소스마킹, 인스토어마킹
② 스토어마킹, 소스마킹
③ RFID, POS 시스템
④ POS 시스템, RFID
⑤ POS 시스템, 스캐너데이터

해설 소스마킹과 인스토어마킹

소스마킹	• 제조업체 및 수출업자가 상품의 생산 및 포장단계에서 바코드를 포장지나 용기에 일괄적으로 인쇄하는 것 • 주로 가공식품·잡화 등을 대상으로 실시 • 인스토어마킹과는 달리 전세계적으로 사용되기 때문에 인쇄되는 바코드의 체계 및 형태도 국제적인 규격에 근거한 13자리의 숫자(GS1)로 구성된 바코드로 인쇄
인스토어마킹	• 각각의 소매점포에서 청과·생선·야채·정육 등을 포장하면서 일정한 기준에 의해 라벨러를 이용하거나 컴퓨터를 이용하여 바코드 라벨을 출력하고, 이 라벨을 일일이 사람이 직접 상품에 붙이는 것 • 소스마킹된 상품은 하나의 상품에 고유식별번호가 붙어 전세계 어디서나 동일상품은 동일번호로 식별되지만, 소스마킹이 안 된 제품 즉, 인스토어마킹이 된 제품은 동일품목이라도 소매업체에 따라 각각 번호가 달라질 수 있음

2017

04 유통경로 갈등의 유형 중 수직적 갈등에 해당하는 것은?

① 생산자 ↔ 생산자
② 도매상 ↔ 도매상
③ 소매상 ↔ 소매상
④ 도매상 ↔ 소매상
⑤ 소매상 ↔ 소비자

해설 수직적 갈등은 유통경로 상에서 서로 다른 단계에 있는 구성원 사이에서 발생하는 갈등이고, 수평적 갈등은 유통경로의 동일한 단계에서 발생하는 갈등이다.

05 소매상과 비교한 도매상의 특징으로 가장 옳지 않은 것은?

① 도매상은 최종소비자가 아니라 사업고객과 주로 거래한다.

② 도매상은 입지, 촉진, 점포분위기 등이 소매상에 비해 상대적으로 덜 중요하다.

③ 도매상은 소매상과 달리 고객서비스를 대행하는 유통기능은 수행하지 않는다.

④ 도매상은 상대적으로 더 넓은 상권을 대상으로 대규모 거래를 한다.

⑤ 도매상은 소매상과 다른 법적 규제를 받는다.

해설 도매상은 제조업자를 위해 고객서비스를 대행하는 기능을 수행한다. 도매상에서 제품을 구입하는 소매상들은 제품의 교환, 반환, 설치, 보수, 기술적 조언 등 다양한 유형의 서비스를 필요로 하고 있는데 제조업자가 이 같은 서비스를 다수의 소매상에게 제공하는 것은 막대한 비용과 비효율을 초래하게 된다. 따라서 제조업자의 입장에서는 도매상들이 소매상들에게 이 같은 서비스 제공을 대행 또는 보조하도록 함으로써 생산성 향상을 도모할 수 있다.

06 최근 소매업계에서 일어나고 있는 주요한 추세라고 보기 어려운 것은?

① 컴퓨터 및 모바일 기술의 영향력 증가

② 소매업의 양극화 현상 심화

③ 중간상 촉진의 증가

④ 대형마트나 편의점 등에서 유통업체 브랜드 확대

⑤ 파워소매업자에 의한 소매시장 지배력 약화

해설 파워소매업자에 의한 소매시장 지배력이 강화되었다.

07 다음의 설명에 해당하는 도매상으로 가장 옳은 것은?

> • 석탄, 목재, 중장비 등과 같은 제품을 대량으로 구매 계약하고 생산자의 창고나 보관장소에 그대로 두지만 제품에 대한 소유권은 도매상이 갖는다.
> • 소매상과 접촉하여 계약을 체결하고 제품은 공급자나 생산자가 직접 소매점에 선적 및 운반하도록 하기 때문에 도매상은 물적흐름에는 관여하지 않는다.
> • 소매상이나 혹은 산업소비자로부터 주문이 오면 생산자가 구매자에게 배송하도록 하고 대금만 회수하기 때문에 도매상은 직접 재고를 보유하지 않는다.

① 대리 도매상(agent wholesaler)

② 직송 도매상(drop shipper)

③ 트럭 도매상(truck jobber)

④ 완전서비스 도매상(full service wholesaler)

⑤ 현금 무배달 도매상(cash and carry wholesaler)

해설 ① 대리 도매상(agent wholesaler) : 제품에 대한 소유권 없이 단지 제조업자나 공급자를 대신해서 제품을 판매하는 도매상이다.
③ 트럭 도매상(truck jobber) : 일반적으로 고정적인 판매루트를 가지고 있으며 트럭이나 기타 수송 수단으로 판매와 동시에 상품을 배달하게 된다.
④ 완전서비스 도매상(full service wholesaler) : 고객들을 위하여 수행하는 서비스 중에서 필요한 광범위한 서비스를 제공하는 도매상이다.
⑤ 현금 무배달 도매상(cash and carry wholesaler) : 주로 소규모의 소매기관에 상품을 공급하며 현금 무배달 도매상을 이용하는 소매상들은 직접 이들을 찾아와서 제품을 주문하고 인수해 간다.

08 '청소년 보호법'에서 금지하는 청소년 유해행위에 포함되지 않는 것은?

① 남녀 혼숙하게 하는 등 풍기를 문란하게 하는 영업행위, 이를 목적으로 장소를 제공하는 행위
② 영리를 목적으로 청소년으로 하여금 영업장으로 손님을 유인하는 행위
③ 주로 차 종류를 조리·판매하는 업소에서 영업장을 벗어나 차 종류를 배달하는 행위를 하게 하거나 이를 조장하거나 묵인하는 행위
④ 시간제 근무 형태로 고용된 청소년 근로자를 근무시간 외에 지속적으로 연장하여 근무시키는 행위
⑤ 영리나 흥행을 목적으로 청소년의 장애나 기형 등의 모습을 일반인들에게 관람시키는 행위

해설 **청소년유해행위의 금지(청소년 보호법 제30조)**
• 영리를 목적으로 청소년으로 하여금 신체적인 접촉 또는 은밀한 부분의 노출 등 성적 접대행위를 하게 하거나 이러한 행위를 알선·매개하는 행위
• 영리를 목적으로 청소년으로 하여금 손님과 함께 술을 마시거나 노래 또는 춤 등으로 손님의 유흥을 돋우는 접객행위를 하게 하거나 이러한 행위를 알선·매개하는 행위
• 영리나 흥행을 목적으로 청소년에게 음란한 행위를 하게 하는 행위
• 영리나 흥행을 목적으로 청소년의 장애나 기형 등의 모습을 일반인들에게 관람시키는 행위
• 청소년에게 구걸을 시키거나 청소년을 이용하여 구걸하는 행위
• 청소년을 학대하는 행위
• 영리를 목적으로 청소년으로 하여금 거리에서 손님을 유인하는 행위를 하게 하는 행위
• 청소년을 남녀 혼숙하게 하는 등 풍기를 문란하게 하는 영업행위를 하거나 이를 목적으로 장소를 제공하는 행위
• 주로 차 종류를 조리·판매하는 업소에서 청소년으로 하여금 영업장을 벗어나 차 종류를 배달하는 행위를 하게 하거나 이를 조장하거나 묵인하는 행위

09 유통경로의 기능으로 가장 옳지 않은 것은?

① 경로통제의 효율성 제고
② 소비자와 제조업자의 연결
③ 교환과정의 촉진
④ 고객서비스 제공
⑤ 제품구색 불일치의 완화

해설 유통경로의 효용 및 기능

효용	마케팅 기능		사회·경제적 기능
시간효용	물적 유통기능	보관기능	생산자와 소비자 연결
		운송기능	
장소효용	소유권 이전 기능	구매기능	거래의 촉진
		판매기능	제품구색 불일치 완화
형태효용	조성 기능	표준화기능	거래의 표준화
기타효용	조성 기능	금융기능	고객 서비스 향상
		위험부담기능	상품, 유행, 생활정보 제공
		시장정보기능	쇼핑의 즐거움 제공

10 소비자기본법에서 제시된 소비자의 8대 권리 중 다음의 사례에 해당하는 권리로서 가장 적절한 것은?

> 고객 : 여기에서 구매한지 1주일도 안된 TV제품이 정상적으로 작동을 안 해요.
> 종업원 : 믿고 구매해 주셨는데 이런 일이 생겨서 정말 죄송합니다. 제품을 교환하시거나 구입가를 환급해드리겠습니다.

① 물품 등을 선택함에 있어서 필요한 지식 및 정보를 제공받을 권리
② 물품 등을 선택함에 있어서 거래상대방, 구입, 장소, 가격 및 거래조건 등을 자유로이 선택할 권리
③ 소비자 스스로의 권익증진을 위해 단체를 조직하고 활동할 수 있는 권리
④ 소비생활에 영향을 주는 정책과 사업자활동 등에 대하여 의견을 반영시킬 권리
⑤ 피해에 대하여 신속·공정한 절차에 따라 적절한 보상을 받을 권리

해설 소비자의 기본적 권리(소비자기본법 제4조)
• 물품 또는 용역으로 인한 생명·신체 또는 재산에 대한 위해로부터 보호받을 권리
• 물품 등을 선택함에 있어서 필요한 지식 및 정보를 제공받을 권리
• 물품 등을 사용함에 있어서 거래상대방·구입장소·가격 및 거래조건 등을 자유로이 선택할 권리
• 소비생활에 영향을 주는 국가 및 지방자치단체의 정책과 사업자의 사업활동 등에 대하여 의견을 반영시킬 권리
• 물품 등의 사용으로 인하여 입은 피해에 대하여 신속·공정한 절차에 따라 적절한 보상을 받을 권리
• 합리적인 소비생활을 위하여 필요한 교육을 받을 권리
• 소비자 스스로의 권익을 증진하기 위하여 단체를 조직하고 이를 통하여 활동할 수 있는 권리
• 안전하고 쾌적한 소비생활 환경에서 소비할 권리

11 유통산업발전법에서 규정하는 유통관리사의 직무사항에 해당하지 않는 것은?

① 유통경영·관리 기법의 향상

② 유통경영·관리와 관련한 계획, 조사, 연구

③ 유통경영·관리와 관련한 진단 및 평가

④ 유통경영·관리와 관련한 상담 및 자문

⑤ 유통경영·관리와 관련된 인력양성

해설 유통관리사(유통산업발전법 제24조)
유통관리사는 다음의 직무를 수행한다.
- 유통경영·관리 기법의 향상
- 유통경영·관리와 관련한 계획·조사·연구
- 유통경영·관리와 관련한 진단·평가
- 유통경영·관리와 관련한 상담·자문
- 그 밖에 유통경영·관리에 필요한 사항

12 특정 지역 안에서 특약점이나 대리점을 두어 전매권을 부여하고 경쟁품의 취급을 금지하고자 할 때 사용하는 유통경로 형태로서, 고급자동차, 귀금속, 의류 등 고가품에 적용이 가능한 유통경로는?

① 전속적 유통경로

② 개방적 유통경로

③ 복수 유통경로

④ 주문제작 유통경로

⑤ 선택적 유통경로

해설 유통경로의 전략과 특징

전략 구분	의 미	특 징
개방적 유통경로	자사의 제품을 누구나 취급할 수 있도록 개방	• 소매상이 많음 • 소비자에게 제품 노출 최대화 • 유통비용의 증가 • 체인화의 어려움 • 식품, 일용품 등 편의품에 적용
전속적 유통경로	자사의 제품만을 취급하는 도매상 또는 소매상	• 소매상 또는 도매상에 대한 통제 기능 • 긴밀한 협조 체제 형성 • 유통비용의 감소 • 제품 이미지 제고 및 유지 • 귀금속, 자동차, 고급의류 등 고가품에 적용
선택적 유통경로	개방적 유통경로와 전속적 유통경로의 중간 형태로 일정 지역에서 일정 수준 이상의 자격 요건을 지닌 소매점에서만 자사 제품을 취급하도록 함	• 개방적 유통경로에 비해 소매상의 수가 적고 유통비용 절감 효과 • 전속적 유통경로에 비해 제품 노출 확대 • 의류, 가구, 가전제품 등에 적용

13 업태와 특징의 짝으로 가장 옳은 것은?

① 파워센터 – 중소기업의 우량상품을 적극 발굴하여 TV로 판매
② 슈퍼마켓 – 소비자의 개성화, 고급화된 취향 충족
③ 할인점 – 고회전, 저마진 상품을 주로 취급
④ 홈쇼핑 – 박스단위의 디스플레이
⑤ 드럭스토어 – 염가점들을 종합해 놓은 초대형 소매점

해설 ① 홈쇼핑, ② 백화점, ④ 회원제 도매클럽, ⑤ 파워센터

14 판매원으로서 고객을 방문할 때의 예절로 옳지 않은 것은?

① 약속시간보다 여유를 두고 미리 도착하여 용모와 복장을 점검한다.
② 첫 방문 또는 초면일 경우에 명함을 주는 것은 실례이므로 가져가지 않는 것이 좋다.
③ 사전에 알리지 않은 사람과 동행하는 것은 상대를 당황하게 할 수 있으므로 지양한다.
④ 사무실 방문 시, 사무실에 들어가기 전에 코트와 장갑은 미리 벗는다.
⑤ 상대방이 바쁜 시간을 피해 약속을 잡고 방문한다.

해설 판매원이 예상 고객에게 명함을 주며 접근하는 방법은 공식적 접근법으로 산업 구매자, 도매상 또는 소매상의 방문에 널리 사용되고 있다.

15 완구나 스포츠용품처럼 특정 품목군만을 집중적으로 취급하는 유통형태로 해당품목에 대한 상세한 정보와 함께 다양한 제품을 살펴보고 구매할 수 있는 장점을 갖고 있는 소매업태는?

① 대형할인점   ② 종합쇼핑몰
③ 홈쇼핑   ④ 카테고리 킬러
⑤ 백화점

해설 **카테고리 킬러(Category Killer)**
• 할인형 전문점으로서 특정 상품계열에서 전문점과 같은 깊은 상품구색을 갖추고 저렴하게 판매하는 것을 원칙으로 한다.
• 카테고리 킬러는 대량판매와 낮은 비용으로 저렴한 상품가격을 제시한다.
• 취급하는 상품은 주로 완구, 스포츠용품, 가전용품, 자동차용품, 레코드, 사무용품 등이다.

16 소매기업 업태분류에 대한 설명으로 가장 옳지 않은 것은?

① 공급자보다는 소비자를 중심으로 하여 분류된다.

② 상품을 만드는 방법에 따라 분류된다.

③ 어떤 판매방법을 사용하는가에 따라 분류된다.

④ 소비자의 구매편리성에 입각해 어떤 경영전략을 펴는가에 따라 분류된다.

⑤ 동일한 상품을 취급하더라도 업태는 다양화될 수 있다.

해설 업태는 상품을 판매하는 방법에 따라 분류된다.

17 프랜차이즈 시스템에서 가맹점 사업자(프랜차이지) 측면의 장점으로 옳지 않은 것은?

① 사업경험과 지식이 없더라도 창업이 용이하다.

② 가맹본부의 높은 인지도를 통해 소비자의 신뢰를 얻을 수 있다.

③ 직접적으로 경영에 참여하지 않으므로 제품개발에 전념할 수 있다.

④ 검증된 품질과 가격으로 원재료 및 부재료를 보다 안정적으로 공급받을 수 있다.

⑤ 효율성이 입증된 제품을 이용하여 영업하기 때문에 자영업자보다 상대적으로 실패위험이 낮은 편이다.

해설 ③은 프랜차이저(가맹본부) 측면의 장점이다.

보충설명

프랜차이저(가맹본부) 및 프랜차이지(가맹점)의 장 · 단점

구 분	프랜차이저	프랜차이지
장 점	• 사업확장을 위한 자본조달 용이 • 대량구매에 의한 규모의 경제 달성 • 높은 광고 효과 • 사업상품개발에 전념	• 사업실패의 위험성이 적음 • 소액의 자본으로 시작 가능 • 프랜차이저의 지도로 적응이 쉬움 • 처음부터 소비자에 대한 신뢰도 구축이 가능
단 점	• 비용 및 노력의 소모 • 프랜차이지 수의 증가 시 통제의 어려움 • 프랜차이저의 우월한 지위의식 때문에 시스템 활력의 저하 초래	• 쌍방간의 계약 불이행 시 갈등의 조정이 어려움 • 프랜차이지 스스로의 문제해결 및 경영개선의 노력을 등한시함 • 운영에 있어 보편적으로 각 점포의 실정에 맞지 않을 수 있음 • 하나의 프랜차이지 실패는 타 지점과 전체 시스템에 영향을 미침

18 소매상 진화발전 이론 중 소매점의 진화과정을 주로 소매점에서 취급하는 상품 구색의 폭으로 설명한 이론은?

① 소매상 수레바퀴 이론(Wheel of retailing)
② 소매점 아코디언이론(Retail accordion theory)
③ 변증법적 과정(Dialectic process)
④ 소매상 수명주기이론(Retail life cycle theory)
⑤ 소매기관 적응행동 이론(Adaptive theory)

해설 ① 소매상 수레바퀴 이론(Wheel of retailing) : 사회 경제적 환경이 변화됨에 따른 소매상의 진화와 발전을 설명하는 대표적인 이론으로 새로운 형태의 소매점은 주로 혁신자로 시장 진입 초기에는 저가격, 저서비스, 제한적 제품구색으로 시장에 진입하였다가 점차 동일한 유형의 새로운 소매점들이 진입하여 이들 사이에 경쟁이 격화되면 경쟁적 우위를 확보하기 위해서 보다 세련된 점포시설과 차별적 서비스가 증대된다. 따라서 성숙기에는 고비용, 고가격, 고서비스 소매점으로 위치가 확립된다.
③ 변증법적 과정(Dialectic process) : 소매점의 진화 과정을 변증법적 유물론에 입각하여 해석하고 있는 것으로, 백화점(정) → 할인점(반) → 할인 백화점(합)으로 진화해 간다는 이론이다.
④ 소매상 수명주기이론(Retail life cycle theory) : 제품 수명 주기 이론과 동일하게 소매점 유형이 도입기 → 성장기 → 성숙기 → 쇠퇴기의 단계를 거치게 된다는 것이다.
⑤ 소매기관 적응행동 이론(Adaptive theory) : 기존 이론이 환경적 영향을 무시하는 데 비해 소매변천이론을 환경적 변수에서 찾고 있는 이론이다. 소비자의 구매행동, 욕망, 기술발달, 법적 요인 등을 강조하고 있다.

> **보충설명**
>
> 소매점 아코디언이론(Retail accordion theory)
> • 소매점의 진화 과정을 소매점에서 취급하는 상품 믹스로 설명한다.
> • 소매점은 다양한 상품 구색을 갖춘 점포로 시작하여 시간이 경과함에 따라 점차 전문화되고 한정된 상품 계열을 취급하는 소매점 형태로 진화하고, 이는 다시 다양하고 전문적인 제품 계열을 취급하는 소매점으로 진화한다고 본다. 그 진화과정, 즉 상품 믹스의 확대 → 수축 → 확대 과정이 아코디언과 유사하여 이름 붙여진 이론이다.

19 직접유통에 대한 설명으로 옳지 않은 것은?

① 교통발달로 인해 유통경로가 단축되어 직접유통이 발달할 수 있게 되었다.
② 생산자가 직접 소비자에게 제품을 유통시키는 것을 말한다.
③ 유통경로길이가 가장 짧은 형태로 강력한 경로통제가 가능한 경로이다.
④ 생산자와 소비자 사이에 하나 이상의 유통기관을 거치는 형태를 말한다.
⑤ 도매상이 부당한 이윤을 취하고 있다는 생산자의 불만도 직접유통이 생겨난 이유가 될 수 있다.

해설 직접유통은 생산자와 소비자 사이에 유통기관을 거치지 않고 생산자가 직접 소비자에게 제품을 유통시키는 형태를 말한다.

20 유통업의 환경변화 중 사회, 경제적 요인에 해당하지 않는 것은?

① 싱글족의 증가
② 맞벌이 부부의 증가
③ 평균 수명의 증가
④ 소득수준의 증가
⑤ 소비구조의 변화

해설 평균 수명의 증가는 인구통계학적 요인에 해당한다.

제2과목 판매 및 고객관리(21~45)

21 (   ) 안에 들어갈 용어로 옳은 것은?

> (   )은/는 사람들이 정보를 얻기 위해서 해당 사이트를 직접 방문할 필요가 없게 한 것이다. 자동으로 수집된 정보를 손쉽게 받아볼 수 있도록 하여 새로운 소식이 업데이트 될 때마다 자동으로 확인이 가능하게 한다.

① SSR(Simple Syndication Reality)
② RSS(Really Simple Syndication)
③ QR(Quick Response)
④ SNS(Social Network System)
⑤ VR(Virtual Reality)

해설 RSS(Really Simple Syndication)
블로그, 뉴스, 기업정보, 웹사이트 공지사항, 취업정보, 쇼핑정보 등과 같이 콘텐츠가 자주 업데이트 되는 사이트들의 정보를 사용자들에게 손쉽게 제공하기 위해 만들어진 것으로 RSS를 사용하면 사용자들은 관심 있는 사이트를 방문하지 않고도 업데이트된 정보를 자동적으로 전달받을 수 있다.

22 판매원으로서 전화를 걸거나 받을 때 주의해야 할 점으로 가장 옳은 것은?

① 통화상대가 누구인지 확인할 필요는 없다.

② 메모를 하면 쓰는 시간이 소요되므로 최대한 전달 내용을 머릿속으로 기억하도록 한다.

③ 통화 도중에 다른 사람과 상의할 일이 생기면 양해를 구하고 전화기를 그대로 들고 있는 상태에서 상의한다.

④ 마무리 인사는 꼭 하고, 고객보다 나중에 끊는다.

⑤ 자신의 소속과 성명을 밝힐 필요는 없다.

해설 ① 통화상대의 전화번호, 소속, 이름 등을 확인한다.
② 상대의 전달 내용을 간단·명료하게 메모용지에 정리하여 담당자가 볼 때 쉽게 내용을 파악할 수 있도록 한다.
③ 통화 도중에 다른 사람과 상의할 일이 생기면 잠시 후에 다시 전화 드리겠다는 양해를 구한 후 전화기를 내려놓은 상태에서 상의한다.
⑤ 자신의 소속과 성명을 밝혀야 한다.

23 소비자의 구매행동에 영향을 미치는 요인 중 사회적 요인은?

① 동 기　　　　　　　② 학 습

③ 태 도　　　　　　　④ 가 족

⑤ 개 성

해설 ①·②·③·⑤ 개인적 요인

24 고객에 대한 내용으로 옳지 않은 것은?

① 고객충성도가 피상적이고 일시적인 태도라면 고객만족도는 오랜 기간의 구매 행동을 통해 축적된, 보다 강력하고 장기적인 개념이다.

② 기존 고객을 유지하는 것보다 신규 고객을 획득하는 것이 비용이 더 많이 들고 더 어렵다.

③ 고객을 유지한 기간이 길수록 기업에 대한 고객의 충성도가 높은 경향이 있다.

④ CRM에서는 신규고객 수를 늘리려는 노력보다는 기존고객을 유지하고 이탈고객을 최소화하고자 노력한다.

⑤ 고객을 창출하는 과정에서 가장 힘들고 비용이 많이 드는 고객은 초기 구매자이다.

해설 고객만족도가 피상적이고 일시적인 태도라면 고객충성도는 오랜 기간의 구매 행동을 통해 축적된, 보다 강력하고 장기적인 개념이다.

25 ( ) 안에 들어갈 용어를 순서대로 올바르게 나열한 것은?

- 기존에 거래한 상품, 서비스 이외에도 자사의 다른 상품, 서비스들을 다양하게 이용하도록 고객을 유도 하는 것을 (㉠)(이)라고 한다.
- 고객이 현재 찾고 있는 상품의 유사상위 상품으로 판매를 유도하는 것을 (㉡)(이)라고 한다.
- 예금과 대출 업무에 주력해오던 은행이 보험회사의 상품 등 다른 금융부분의 판매채널을 이용해 자사 상품을 판매하는 방카슈랑스는 (㉢)에 속한다.

	㉠	㉡	㉢
①	교차판매	상향판매	교차판매
②	상향판매	교차판매	상향판매
③	대량마케팅	맞춤마케팅	맞춤마케팅
④	맞춤마케팅	대량마케팅	대량마케팅
⑤	대량마케팅	맞춤마케팅	대량마케팅

해설
- 교차판매(Cross Selling) : 자체 개발한 상품에만 의존하지 않고 관련된 제품까지 판매하는 적극적인 판매방식으로, 고객이 선호할 수 있는 추가제안을 통해 다른 제품을 추가 구입하도록 유도하는 판매방법을 말한다. 따라서 대체재나 보완재가 있는 상품과 서비스에 더 효과적이다.
  예 카메라 구입 시 렌즈와 필름, 그리고 액세서리까지 구매유도
- 상향판매(Up Selling) : 동일한 분야로 분류될 수 있는 제품 중 소비자가 희망하는 제품보다 단가가 높은 제품의 구입을 유도하는 판매방법을 말한다. 따라서 교차판매와 같이 대체재나 보완재가 있는 상품과 서비스에 더 효과적이다.

26 슈퍼마켓 상품군별 배치의 방법으로 가장 옳지 않은 것은?

① 생식품은 소비빈도가 낮기 때문에 보조동선에 배치한다.
② 셀프매대는 구색을 강화하여 지속적인 판매에 중점을 두고 배치한다.
③ 계산대 가까운 곳에는 깨지기 쉽고 무거운 것을 배치하여 쇼핑 후 마지막으로 쇼핑하도록 하게 한다.
④ 냉동식품은 한 곳에 밀집하여 배치한다.
⑤ 행사상품은 주동선에 인접하여 고객의 통행을 방해하지 않는 크기로 운영한다.

해설 생식품은 소비빈도가 높기 때문에 주동선에 배치한다.

27 가격형 판촉 유형은?

① 샘플과 무료 체험
② 사은품이나 경품
③ 상 환
④ 고정 고객 우대 프로그램
⑤ 콘테스트

해설
• 가격형 판매촉진 : 쿠폰, 할인, 마일리지, 상환 등
• 프리미엄형 판매촉진 : 1+1, 추첨, 당첨, 퀴즈 등
• 제도형 판매촉진 : 회원제도, 환불제도 등

28 점포 레이아웃 유형 중 그리드(grid)형에 대해 기술한 것을 모두 고르면?

> ㉠ 계산대나 고정물이 일렬로 배열된다.
> ㉡ 주동선, 보조동선, 순환통로, 설비표준화로 점포운영 비용이 절감된다.
> ㉢ 상품진열공간이 적어 투자비용이 증가된다.
> ㉣ 공간 활용이 낮다.

① ㉠, ㉣   ② ㉠, ㉡
③ ㉠, ㉢   ④ ㉠, ㉡, ㉢
⑤ ㉠, ㉡, ㉣

해설 그리드기법 : 상품의 진열설비가 대체로 열을 지어 위치하므로 소비자들의 대다수가 전체 선반의 상품을 일정한
방식에 따라 소비자 자신이 필요로 하는 상품을 이리저리 둘러보기가 가능하다.

29 서비스 품질을 측정할 수 있는 방법 중 하나인 SERVQUAL의 핵심요소가 아닌 것은?

① 발전성(Advance)

② 신뢰성(Reliability)

③ 공감성(Empathy)

④ 반응성(Responsiveness)

⑤ 유형성(Tangibles)

해설 SERVQUAL 모형의 5가지 서비스 품질 평가유형

유 형	내 용
유형성(Tangibles)	물적 요소의 외형을 의미한다. 예 현대적인 시설, 종업원들의 깔끔함
신뢰성(Reliability)	믿을 수 있으며, 명확한 임무수행을 말한다. 예 서비스 제공에 대한 준수, 아주 작은 실수조차 없는 완벽함
대응성(Responsiveness)	즉각적이면서 도움이 되는 것을 말한다. 예 발 빠른 서비스 제공, 바쁜 상황에서도 소비자의 요구에 응하는 종업원
확신성(Assurance)	능력 및 공손함, 그리고 믿음직스러움과 안전성을 의미한다. 예 소비자들에게 확신을 주는 종업원들의 믿음직한 행동
공감성(Empathy)	접근이 용이하고, 의사소통이 잘 되면서 소비자를 잘 이해하는 것을 말한다. 예 소비자 개개인에 대한 관심, 소비자들의 욕구에 대한 종업원들의 이해

30 고객을 가장 적절하게 응대한 경우는?

① 고객의 요구를 들어줄 수 없을 경우 미련을 갖지 않도록 하기 위해 무조건 안 된다고 단칼에 얘기한다.

② 고객을 이해시키기 위해 장황하게 설명한다.

③ 고객의 요구를 파악하기 어려울 경우 똑같이 애매하게 대답한다.

④ 설명할 내용이 많으면 급하게 처리하기 위해서 빠르게 설명한다.

⑤ 자신의 업무와 관계가 없는 요구가 들어오더라도 확인 후 말씀드리겠다고 고객에게 응대하거나 업무담당자를 연결시켜 준다.

해설 ① 고객의 요구를 들어줄 수 없을 경우 양해를 구하고 들어 줄 수 없는 이유를 상세히 설명하여 고객을 이해시켜야 한다.
② 고객을 이해시키기 위해 간결하고 명확하게 설명한다.
③ 고객의 요구를 파악하기 어려울 경우 요구와 관련된 충분한 설명을 통해 고객과 커뮤니케이션을 유지한다.
④ 설명할 내용이 많으면 고객이 잘 이해할 수 있도록 천천히 차분하게 설명한다.

31 다음의 장·단점을 가지는 광고 매체로 옳은 것은?

장 점	단 점
- 광고의 전달 범위가 넓음 - 고객정보 수집이 용이 - 고객과의 쌍방향 커뮤니케이션 가능	- 정보의 수명이 짧고 깊이가 얕음 - 지나치게 광고할 경우 소비자에게 거부감을 줄 수 있음

① TV
② 잡 지
③ 라디오
④ 옥외 광고
⑤ 인터넷 광고

해설 광고의 종류와 특성

종 류	장 점	단 점
TV	• 시각·청각에 동시에 소구하기 때문에 자극이 강하다. • 대개 집안에서 시청에 전념하는 상태이기 때문에 수용성이 넓다. • 움직임, 흐름 등의 표현이 가능하다. • 반복소구에 따른 반복효과가 크다.	• 광고비의 부담이 크다. • 특정층만을 대상으로 하는 선택 소구에는 적절하지 않다. • 소구는 순간적이고, 기록성이 없다. • 광고의 노출기회가 시간적으로 제약되고, 받는 측의 자의에 의한 접촉이 불가능하다.
잡 지	• 기록성이 뛰어나다. • 매체의 신용을 이용할 수 있다. • 고도의 인쇄기술을 구사할 수 있다. • 선택소구에 적합하다. • 여러 페이지에 걸친 설득력 있는 광고가 가능하다. • 광고의 수명이 길다.	• 시간적 융통성이 결여된다. • 지역적인 조성이 불가능하다.
라디오	• 광고비가 비교적 저렴하다. • 내용의 변경이 비교적 쉽고 융통성이 있다. • 받는 측은 일을 하는 중에도 광고 내용의 수용이 가능하다. • 이동성이 있기 때문에 청취의 기회가 많다.	• 시각적 제한이 있기 때문에 받는 측의 자의에 의한 메시지의 접촉은 불가능하다. • 메시지의 생명은 순간적이며 기록성이 없다. • 청자의 주의가 산만해지기 쉽다.
옥외 광고	• 특정 지역에 대한 소구가 가능하다. • 광고의 설치장소가 고정되어 있으므로 장기에 걸친 소구가 가능하다. • 표현에 변화를 갖게 할 수 있다.	• 장기에 걸쳐 동일한 광고가 노출되는 경우가 많기 때문에 신선한 인상이 없다. • 장소적 제한이 있다.

32 고객이 상품의 쇼핑과 구매를 통해 충족시킬 수 있는 심리적 욕구와 가장 거리가 먼 것은?

① 사회적 경험
② 지위와 영향력
③ 모 험
④ 자기 보상
⑤ 의식주 해결

해설 ⑤는 기능적 욕구에 해당한다.

33 다음의 설명에 해당하는 포장의 기능은?

> 포장이 가지는 가장 기본적인 기능으로, 외부 충격이나 눈, 비 등으로부터 제품이 훼손되지 않게 하고 생산부터 소비자에게 전달되기까지 안전하게 제품을 지키는 기능

① 상품성
② 보호성
③ 편리성
④ 심리성
⑤ 배송성

해설 포장의 기능
- 보호성 : 상품 품질 보존·보호
- 정량성(하역성) : 물품을 일정한 단위로 정리하는 기능
- 표시성 : 포장에 인쇄·라벨 등으로 표시
- 작업성(효율성) : 포장공정에서도 일관작업 및 자동화 작업이 이루어짐
- 편리성 : 물품의 이용·진열, 수송·하역·보관 작업이 용이
- 수송성 : 하역작업이 원활하고 능률적으로 이루어질 수 있도록 포장
- 사회성 : 포장재료·용기의 내용물에 대한 안전성 점검
- 판매촉진성 : 광고성
- 경제성 : 필요한 최소한도의 적정포장을 통하여 비용 최소화
- 의사결정 : 상품의 차별화

34 다음의 설명에 해당하는 상품 디스플레이의 기본 진열 방법은?

> 상품 진열대에서 잘 팔리는 상품 옆에 이익은 높으나 잘 팔리지 않는 상품을 같이 진열해서 판매를 촉진하는 진열 방법이다.

① 수직 진열
② 수평 진열
③ 샌드위치 진열
④ 라이트업 진열
⑤ 전진 입체 진열

해설 ① 수직 진열 : 곤돌라 내 동일 품종의 상품을 세로로 진열하는 방법으로 움직이는 소비자들의 시선흐름을 수직적으로 만들어서 각 상품의 부문을 효율적으로 보게 만든다. 갖가지 상품을 혼합해서 진열하기보다는 동일한 성격의 상품을 모아서 진열하므로 소비자들의 눈에 쉽게 띄고 시선이 상하로만 움직여도 상품을 용이하게 찾을 수 있는 진열방식이다.
② 수평 진열 : 동종의 상품을 좌우로 진열하는 방법으로 고객은 그 상품뿐만 아니라 상·하단에 있는 다른 종류의 상품도 함께 선택할 수 있는 장점이 있으나 고객이 상품을 선택하기 위해 많이 움직여야 하는 단점이 있다.
④ 라이트업 진열 : 진열의 좌우 효과를 비교해 보면 우측이 우위가 되는 것을 알 수 있는데, 상품명은 좌측에서 우측으로 표기되어 있기 때문에 이것을 읽기 위해 사람의 시선도 좌에서 우로 움직이게 되며, 우측에 진열되어 있는 상품에 시선이 머물기 쉽다. 이러한 특성을 고려하여 같은 상품 그룹 가운데 우측에 좀 더 고가격, 고이익, 대용량의 상품을 진열하는 방식을 라이트업 진열이라 한다.
⑤ 전진 입체 진열 : 상품을 곤돌라에 진열할 때 앞에서부터 입체적으로 진열하는 방식으로 후퇴평면 진열에 비해 양감이 강조되고, 판매촉진으로 연결된다. 상품이 팔림에 따라 형태가 무너지지 않도록 주의해야 한다.

35 아래에서 설명하고 있는 STP 전략의 단계는?

> – 고객의 욕구를 충족하고 기업에 최대의 이익을 가져다 줄 수 있는 시장을 고르는 것이다.
> – 비차별화 마케팅 전략, 차별화 마케팅 전략, 집중화 마케팅 전략 등이 있다.

① 시장 세분화 ② 포지셔닝
③ 표적 시장의 선정 ④ 경쟁 시장 분석
⑤ 제품 특화 개발 단계

해설 STP 전략의 단계
- 첫 번째 단계(시장 세분화) : 시장을 세분화하는 작업으로서 상이한 제품 또는 마케팅 믹스를 요구하는 독특한 구매자 집단으로 분할하는 활동이다.
- 두 번째 단계(표적 시장 선택) : 목표시장을 선정하는 작업으로서 여러 세분시장의 매력성을 각각 평가하고 진출할 하나 또는 그 이상의 세분시장을 선정하는 것이다.
- 세 번째 단계(제품 포지셔닝) : 시장에서의 위치를 선정하는 작업으로서 소매점의 경쟁적 포지셔닝과 구체적인 마케팅 믹스를 설정하는 것이다.

36 다음은 고객의 구매 심리 단계를 나타낸 것이다. (㉠), (㉡) 안에 들어갈 단계를 순서대로 올바르게 나열한 것은?

> 관심 → 흥미 → (㉠) → 욕망 → (㉡) → 신뢰와 확신 → 구매 → 만족

① ㉠ 연상, ㉡ 비교와 검토
② ㉠ 흥미의 구체화, ㉡ 집착
③ ㉠ 비교와 검토, ㉡ 연상
④ ㉠ 연상, ㉡ 집착
⑤ ㉠ 비교와 검토, ㉡ 조사

해설 구매 심리 단계와 대응 방법

단 계	디스플레이 서비스의 대응방법
1. 주 의	가격표, 색채, 조명, 음향 효과
2. 흥 미	판매에 대한 어프로치, POP광고
3. 연 상	사용상의 편리, 희소가치의 소구
4. 욕 망	세일링 포인트의 반복, 특매
5. 비 교	분류 디스플레이, 가격 면에서의 설득, 대량 디스플레이, 세일링 포인트의 강조
6. 신 뢰	메이커명, 브랜드, 품질의 보증, 서비스
7. 결 정	관련 디스플레이, 추가 판매, 고정객화(customer retention)의 유인

37 고객과 대화를 하는 기본예절로 가장 옳지 않은 것은?

① 표준어를 사용한다.

② 발음에 유의하며 전문용어, 외국어를 남발하지 않는다.

③ 명령형보다 의뢰형을 사용한다.

④ 유행어, 비속어를 사용하여 부드러운 상황을 연출 하도록 한다.

⑤ 부정형, 단정형의 말로 끝내기보다 문제 상황에 대한 대안을 제시한다.

해설 유행어나 비속어 사용을 자제해야 한다.

38 다음 글상자에서 설명하는 마케팅관리 철학(혹은 개념)은?

> – '만들면 팔린다'는 사고
> – 영업 사원은 단순히 제품을 전달하는 역할을 수행
> – 고객은 합리적인 가격과 제품 취득 가능성에만 관심을 둠

① 고객 지향적 개념   ② 매매 지향적 개념

③ 판매 지향적 개념   ④ 서비스 지향적 개념

⑤ 생산 지향적 개념

해설 마케팅관리 철학의 5가지 발전 과정
- 생산 개념 : 수용과잉시장이 전제되며 생산이 곧 구매로 이어진다. 따라서 생산성이 기업의 성과에 지대한 영향을 미친다. 생산 개념의 마케팅 관리 철학은 어떻게 생산하며 생산된 제품을 어떻게 어떤 유통망을 통해 소비자들에게 전달할 것인가에 초점이 맞춰져 있기 때문에 오늘날 소비자의 욕구가 다양화된 상황에서는 적합하지 않은 관리 철학이다.
- 제품 개념 : 소비자는 우수한 제품을 선호하기 때문에 제품의 개발 및 향상에 목표를 두는 개념이다.
- 판매 개념 : 시장 경쟁이 치열해지고 수요가 공급을 초과하는 판매자 시장에서 공급이 수요를 초과하는 구매자 시장으로 변화하면서 생겨난 개념이다. 소비자들이 경쟁 회사의 제품보다는 자사 제품을, 그리고 더 많은 양을 구매하도록 설득해야 한다. 즉 판매 지향적 촉진 노력이 없으면 소비자는 제품을 구매하지 않는다고 본다.
- 마케팅 개념 : 기업은 고객 지향적으로 마케팅 활동을 하는 개념으로 기업의 목표 달성 여부는 시장의 니즈를 파악하고 이들에게 적절한 가치를 주는 활동을 경쟁자들보다 얼마나 효과적으로 수행할 수 있는가에 달려있는 개념이다.
- 사회적 마케팅 개념 : 마케팅 개념에서 사회 전체의 복지를 증대시키는 방향으로 마케팅 활동을 수행해야 한다는 개념이 추가되었다. 예 그린 마케팅(Green Marketing)

39 편의품과 관련 있는 설명으로 옳은 것을 모두 나열한 것은?

> ⊙ 높은 구매빈도   ⓛ 낮은 구매빈도
> ⓒ 높은 회전율   ⓔ 낮은 회전율
> ⓜ 대량생산이 가능함   ⓗ 집약적 유통방식
> ⓢ 전속적 유통방식

① ⊙, ⓒ, ⓗ   ② ⓛ, ⓔ, ⓜ, ⓗ

③ ⊙, ⓒ, ⓢ   ④ ⓛ, ⓔ, ⓗ

⑤ ⊙, ⓒ, ⓜ, ⓗ

해설 구매관습에 따른 분류

편의품	선매품	전문품
• 높은 구매빈도 • 낮은 단가 • 높은 회전율 • 낮은 마진 • 대량생산 가능 • 상표에 대한 높은 관심 • 습관적 구입 • 주거지 근처에서 구매 • 집약적(개방적) 유통방식	• 낮은 구매빈도 • 비교적 높은 단가 • 높지 않은 회전율 • 상당히 높은 마진 • 대량생산에 부적합 • 스타일·디자인 등 정보적 가치가 중요 • 사전계획을 세워서 구매 • 구매에 시간·노력을 아끼지 않음 • 몇몇 점포를 둘러본 후 비교 구매 • 선택적 유통방식	• 매우 낮은 구매빈도 • 매우 높은 단가 • 매우 낮은 회전율 • 높은 마진 • 상표에 매우 관심 • 상당한 노력을 들여 예산 및 계획을 세우고 정보 수집 • 구입할 때 전문적인 판매원의 지도·정보가 큰 역할을 함 • 전속적 유통방식

40 각종 식품을 다루는 방법으로 가장 옳지 않은 것은?

① 냉동식품은 식품공전에 따르면 보존온도를 −10도 이하로 유지해야 한다.
② 가공식품의 경우 유효기간을 항상 확인해야 한다.
③ 냉동식품이라고 하더라도 식품별로 구역을 나누어서 정리한다.
④ 유제품과 같이 유통기간이 짧은 제품은 남은 유통기간 정도에 따라 가격할인을 실시하기도 한다.
⑤ 신선식품의 경우 자체 행사를 통해서 당일 판매를 유도하기도 한다.

해설 냉동식품은 보존 온도가 −15도 이하인 식품이다. 저장, 수송, 배송, 판매 등 전과정에 걸쳐 최종 판매 시까지 −15도 이하로 상품의 온도를 유지해야 한다.

41 고객이 최근에, 얼마나 자주, 얼마나 많은 금액을 구매했는지를 검토해서 고객의 생애가치를 분석하는 기법은?

① SCM 기법　　　　　　　　　　　② 다빈도 구매자 프로그램
③ 이중부호화기법　　　　　　　　　④ RFM 분석
⑤ 장바구니분석

> **해설**　RFM(Recency Frequency Monetary)
> RFM은 Recency, Frequency, Monetary의 약자로 고객이 얼마나 최근에 구입했는가(Recency), 고객이 얼마나 빈번하게 우리 상품을 구입했는가(Frequency), 고객이 구입했던 총금액은 어느 정도인가(Monetary Amount) 등에 관한 정보를 축약하여 구입가능성이 높은 고객들을 추려내는 간단하고 편리한 모델링 기법이다.

42 체계적인 고객 관리에 대한 설명으로 가장 옳은 것은?

① 고객의 불만들은 접수될 때만 즉시 해결하면 된다.
② 고객과의 의사소통보다는 제품 개발에 더 투자를 해도 된다.
③ 한 명의 고객을 잃어도 다른 고객들이 더 많으므로 기업 경영에는 아무 문제가 없다.
④ 고객의 불평을 통해 소중한 정보나 아이디어를 얻는 것은 불가능하다.
⑤ 적극적인 고객관리를 통해 부정적인 구전효과를 방지한다.

> **해설**　① 접수된 불만뿐만 아니라 거래 후에 나타나는 불만사항 개선에 세심한 관심을 기울여야 한다.
> ② 점차 신제품 개발이 한층 어려워지고 매력적인 신제품을 많이 개발하는 기업들이 진입하게 됨으로써 경쟁이 치열해 질수록 제품 개발뿐만 아니라 고객과의 의사소통 가치를 더욱 높게 평가해야 한다.
> ③ 신규 고객을 지속적으로 설득하는 것보다 기존 고객의 재거래율을 높이는 것이 보다 효과적이다.
> ④ 고객의 불평을 통해서도 소중한 정보나 아이디어를 얻는 것이 가능하다.

43 (　　) 안에 들어갈 알맞은 단어는 무엇인가?

> (　　　　)은(는) 가장 판매가 잘되는 장소를 말하는 것으로서, 진열범위 내에서 상품이 가장 잘 보이고 손이 쉽게 닿을 수 있는 높이의 범위를 말한다. 구체적으로는 눈높이로부터 20° 내려간 선을 중심으로 위로 10°, 아래로 20°~30° 자리를 말한다.

① POP(Point Of Purchase)　　　　② POS(Point Of Sales)
③ 골든 라인(Golden line)　　　　　④ 판매제시
⑤ 디스플레이(Display)

> **해설**　골든 라인(Golden line)
> • 유효 디스플레이의 범위 내에서 보다 보기 쉽고 손에 닿기 쉬운 범위의 높이를 말하며, 가장 많은 매출을 올릴 수 있는 가능성을 가진 장소이다.
> • 골든 라인의 범위
> 　– 눈높이보다 20° 아래를 중심으로 하여 그 위의 10° 그 아래 20° 사이를 말한다.
> 　– 일반적으로 가장 보기 쉬운 위치는 눈높이보다 20° 아래 부분으로 손으로 잡아보기 쉬운 부분이다.
> 　– 한국 사람의 눈높이는 일반적으로 남성은 160cm, 여성은 150cm를 기준으로 한다.

정답　41 ④　42 ⑤　43 ③

44 고객관계관리(CRM ; Customer-Relationship Management)의 특성 및 설명으로 옳지 않은 것은?

① CRM은 시장 점유율보다 고객 점유율을 더 중요시 한다.

② CRM은 고객의 획득보다는 고객의 유지에 중점을 둔다.

③ CRM은 단순한 제품 판매보다는 고객 관계에 중점을 두고 있다.

④ CRM은 고객과의 관계를 통해 고객의 욕구를 파악하여 상품을 만들고, 적시에 공급하여 기업의 높은 경영 성과를 거두려는 전략이다.

⑤ CRM은 데이터를 심층적으로 분석하고 가치화하는 작업을 대부분 외부 전문가 집단에 위임하고 있어 기업은 고객에 관한 데이터베이스를 구축할 필요가 없다.

해설 CRM은 데이터를 심층적으로 분석하고 가치화하는 작업을 위해 고객 통합 데이터베이스를 구축한다.

> **보충설명**
>
> CRM의 구축을 위한 전제조건
> • 고객 통합 데이터베이스의 구축 : 기업이 보유하고 있는 고객, 상품, 거래 등에 관련된 데이터를 데이터웨어하우스 관점에 기초하여 통합한다. 즉, CRM을 위해서는 고객과 관련된 전사적인 정보의 공유체제가 확립되어야 한다.
> • 고객 특성을 분석하기 위한 마이닝 도구 : 구축된 고객 통합 데이터베이스를 대상으로 마이닝 작업을 통해 고객의 특성을 분석한다.
> • 마케팅 활동을 대비하기 위한 캠페인 관리용 도구 : 분류된 고객 개개인에 대한 특성을 바탕으로 해당 고객에 대한 적절한 캠페인 전략을 지원, 관리하는 도구가 애플리케이션, OLAP, Web 등의 다양한 형식으로 관련 부서 및 사용자의 목적에 따라 이용될 수 있다.

45 시각적 머천다이징(VMD)에 대한 내용으로 옳지 않은 것은?

① Visual Merchandising의 약자로, 시각적으로 소비자의 구매를 유도해 판매에 이르게 하는 전략을 뜻한다.

② VMD의 기대효과는 들어가고 싶은 매장, 고르기 쉬운 매장, 사고 싶은 상품이 많은 매장, 판매와 관리가 편한 매장을 형성할 수 있다는 것이다.

③ VMD를 활용하여 쇼윈도와 스테이지 등에 전시된 상품을 일정기간 단위로 교체하면, 고객이 혼란을 느낄 수 있으므로 가급적 변화를 지양하여야 한다.

④ 마네킹, 바디 등 다양한 종류의 보조물을 목적에 따라 적절하게 사용해야 한다.

⑤ 매장에 진열되어 있는 상품을 돋보이게 하기 위해 조명을 이용하여 매장의 분위기를 연출한다.

해설 신제품이 출시되거나 주력 상품 판매에 집중해야 하는 시기 등을 판단하여 시기별 브랜드 콘셉트에 맞춰 일정기간 단위로 교체해 주어야 한다.

제**3**회 | 기출문제해설

제1과목 유통상식(01~20)

01 유통에 대한 설명으로 옳지 않은 것은?

① 유통은 유통대상이 생산자로부터 최종 소비자에게 전달되는 과정이다.
② 유통은 생산과 소비 활동에 직접적인 영향을 준다.
③ 유통은 분업이 발달하면서부터 그 적용 범위가 더욱 넓어졌다.
④ 유통은 상품의 효용가치를 높이기 위한 방법이므로 서비스는 유통의 대상에 해당되지 않는다.
⑤ 유통은 생산자와 소비자 사이에 존재하는 불일치를 해소하는 데 목적을 두고 있다.

해설　유통의 대상에는 서비스도 해당된다. 유통은 상품과 서비스가 여러 사람을 거쳐 소비자로 전달되는 과정을 의미한다.

02 도매상에 대한 설명으로 옳지 않은 것은?

① 도매상의 역할 중에는 판매대행기능이 있다.
② 도매상은 최종판매상이므로 입지, 점포분위기 등에 관련된 마케팅 활동에 심혈을 기울여야 한다.
③ 국내에서는 생산자와 소매상의 직접 거래가 크게 증가하면서 도매상의 입지가 점점 좁아지고 있다.
④ 도매상은 유통경로상에서 주로 생산자와 소매상 간의 유통 흐름을 원활하게 해주는 역할을 한다.
⑤ 도매상은 소매상에게 제품이나 서비스를 판매하고 이와 관련된 활동을 수행하는 상인이다.

해설　②는 소매상에 대한 설명이다.

03 소매상 발전에 관한 이론 중 '진공지대이론'에 해당하는 것으로 가장 옳은 것은?

① 백화점 – 할인점 – 할인형 백화점 형태로 진화해 간다.

② 소매업 환경 변화에 효율적으로 적응하는 소매상만이 시장에서 살아남는다.

③ 기존의 소매업태가 다른 유형의 소매업태로 변화하면 그 빈자리를 새로운 형태의 소매업태가 자리를 채운다.

④ 종합상품계열을 가진 유통기관은 한정된 상품계열을 가지는 기관으로 대체되고 이는 다시 종합상품계열을 가진 기관에 대체되는 과정이 되풀이 되면서 변화해간다.

⑤ 도입기에는 저가격·저서비스, 성장기에는 고가격·차별적 서비스, 쇠퇴기에는 저가격·저서비스의 변화과정을 거친다.

해설 ① 변증법적 과정
② 소매업 수레바퀴 이론
④ 소매점 아코디언 이론
⑤ 소매 수명 주기 이론

04 상인 도매상에 대한 설명으로 옳은 것은?

① 거래하는 제품의 소유권을 가지지 않는 독립적인 기업이다.

② 크게 완전 기능 도매상과 한정 기능 도매상으로 나누어진다.

③ 고객을 대리하여 활동하는 동안 판매와 구매의 협상 기능을 수행한다.

④ 일반적으로 판매 또는 구매를 통한 수수료를 받는다.

⑤ 제조업자가 재고를 보관하는 창고시설을 갖추고 자신의 상품을 유통하는 도매상이다.

해설 **상인 도매상**
자신이 취급하는 상품에 대한 소유권을 보유하며 제조업자나 소매상과는 별도로 독립하여 운영하는 사업체로 완전 기능 도매상과 한정 기능 도매상으로 세분된다.

완전 기능 도매상	도매상인, 산업 분배업자
한정 기능 도매상	현금 무배달 도매상, 직송 도매상, 통신 판매 도매상, 트럭 도매상, 선반 진열 도매상

05 다음 글상자의 가구기업 유통집약도(distribution intensity) 대안 결정에 관한 사례를 읽고, (㉠), (㉡), (㉢) 안에 들어갈 용어를 올바르게 나열한 것은?

> 김사장 : 이번에 우리회사가 개발한 침대를 국내 중저가 시장에 진입하기 위해서 어떻게 하면 좋겠습니까?
>
> 최부장 : 우리회사 침대는 직접유통보다는 간접유통이 효과적이라고 봅니다. 그 다음 문제는 유통집약도를 고려해야 하는데요, 부피가 큰 침대, 쇼파의 경우는 특정 지역에 자격을 구비한 소수의 제한된 판매망을 활용하는 (㉠)이 가장 합리적이라고 생각합니다. (㉠)은 (㉡)에 비하면 제품의 노출이 확대되고, (㉢)에 비하면 유통비용이 절감될 수 있습니다.
>
> 김사장 : 그렇다면 (㉠)이 유력한 대안이군요.

① ㉠ 전속적 유통, ㉡ 개방적 유통, ㉢ 선택적 유통
② ㉠ 개방적 유통, ㉡ 전속적 유통, ㉢ 선택적 유통
③ ㉠ 선택적 유통, ㉡ 전속적 유통, ㉢ 개방적 유통
④ ㉠ 집약적 유통, ㉡ 전속적 유통, ㉢ 복수 유통
⑤ ㉠ 복수 유통, ㉡ 선택적 유통, ㉢ 전속적 유통

해설 유통집약도(distribution intensity)의 결정

전략 구분	의 미	특 징
개방적 유통경로	자사의 제품을 누구나 취급할 수 있도록 개방	• 소매상이 많음 • 소비자에게 제품 노출 최대화 • 유통 비용의 증가 • 체인화의 어려움 • 식품, 일용품 등 편의품에 적용
전속적 유통경로	자사의 제품만을 취급하는 도매상 또는 소매상	• 소매상 또는 도매상에 대한 통제 가능 • 긴밀한 협조 체제 형성 • 유통 비용의 감소 • 제품 이미지 제고 및 유지 가능 • 귀금속, 자동차, 고급 의류 등 고가품에 적용
선택적 유통경로	개방적 유통경로와 전속적 유통경로의 중간 형태로, 일정 지역에서 일정 수준 이상의 자격 요건을 지닌 소매점에만 자사 제품을 취급하도록 함	• 개방적 유통경로에 비해 소매상 수가 적고 유통비용 절감 효과 • 전속적 유통경로에 비해 제품 노출 확대 • 의류, 가구, 가전제품 등에 적용

06 방문판매 등에 관한 법률에 의거, 방문판매자가 재화 등의 판매에 관한 계약을 체결하기 전에 소비자가 계약의 내용을 이해할 수 있도록 설명해야 하는 사항에 포함되지 않는 것은?

① 방문판매업자 등의 성명, 상호, 주소, 전화번호 및 전자우편주소
② 재화 등의 가격과 그 지급의 방법 및 시기
③ 전자매체로 공급할 수 있는 재화 등의 설치 및 전송 등과 관련하여 요구되는 기술적 사항
④ 재화 등의 원산지 정보 및 안전전달을 위한 포장방법
⑤ 재화 등을 공급하는 방법 및 시기

해설 방문판매자 등은 재화 등의 판매에 관한 계약을 체결하기 전에 소비자가 계약의 내용을 이해할 수 있도록 다음의 사항을 설명하여야 한다(방문판매 등에 관한 법률 제7조 제1항).
• 방문판매업자 등의 성명(법인인 경우에는 대표자의 성명을 말한다), 상호, 주소, 전화번호 및 전자우편주소
• 방문판매원 등의 성명, 주소, 전화번호 및 전자우편주소. 다만, 방문판매업자 등이 소비자와 직접 계약을 체결하는 경우는 제외한다.
• 재화 등의 명칭, 종류 및 내용
• 재화 등의 가격과 그 지급의 방법 및 시기
• 재화 등을 공급하는 방법 및 시기
• 청약의 철회 및 계약의 해제의 기한 · 행사방법 · 효과에 관한 사항 및 청약 철회 등의 권리 행사에 필요한 서식으로서 총리령으로 정하는 것
• 재화 등의 교환 · 반품 · 수리보증 및 그 대금 환불의 조건과 절차
• 전자매체로 공급할 수 있는 재화 등의 설치 · 전송 등과 관련하여 요구되는 기술적 사항
• 소비자피해 보상, 재화 등에 대한 불만 및 소비자와 사업자 사이의 분쟁 처리에 관한 사항
• 거래에 관한 약관
• 그 밖에 소비자의 구매 여부 판단에 영향을 주는 거래조건 또는 소비자 피해 구제에 필요한 사항으로서 대통령령으로 정하는 사항

07 다음 글상자의 내용에 해당하는 도매상은?

> – 제품에 대한 직접적인 소유권이 없다.
> – 공급자나 생산자를 대신해서 제품을 판매하는 도매상이다.
> – 상품 판매 후 수수료를 받는 것이 특징이다.

① 생산자 도매상　　　　　　　　② 대리 도매상
③ 상인 도매상　　　　　　　　　④ 직송 도매상
⑤ 완전 서비스 도매상

해설 대리 도매상
• 제품에 대한 소유권은 없이 단지 제조업자나 공급자를 대신해서 제품을 판매해 주는 도매 기관이다.
• 도매 기관들의 많은 기능들, 예컨대, 판매지원이나 조사기능 등을 수행하지만 제품에 대한 직접적인 소유권이 없다는 것이 큰 특징이다.
• 대체로 제품을 대신 판매하고 난 뒤 제조업자나 공급자로부터 수수료(Commission)를 받는다.

08 계약형 수직적 유통경로에 속하는 프랜차이즈 시스템(Franchise System)에 대한 설명으로 옳은 것은?

① 가맹점은 본사의 제품개발을 도와야 한다.
② 한번 계약을 맺으면 영속적으로 상호를 사용할 수 있다.
③ 본사와 가맹점 간의 갈등조정이 비교적 쉽고 빠르다.
④ 중앙의 통제력이 낮은 형태이다.
⑤ 프랜차이저(Franchisor)는 가맹본부를 부르는 명칭이다.

해설 ① 본사가 상품개발에 전념해야 한다.
② 한번 계약을 맺었다고 해서 영속적으로 상호를 사용할 수 있는 것은 아니다.
③ 본사와 가맹점 간의 계약 불이행 시 갈등조정이 어렵다.
④ 중앙의 통제력이 높은 형태이다.

09 다음 글상자의 내용에 해당하는 소매업태는?

- 자사의 재고품이나 하자품을 메이커가 직영으로 판매하는 점포로 보통은 여러 개의 점포가 모여서 운영함
- 제조업자의 과잉 생산품을 염가로 판매하는 소매점에서 시작됨
- 팔고 남은 상품이 대부분이므로 구색이 충분하지 않고 입지조건도 유리하지는 않으나 저가격이라는 장점이 있음
- 재고상품이 집하되는 물류센터 주변에 위치하는 경우가 많음

① 수퍼센터   ② 복합쇼핑몰
③ 파워센터   ④ 하이퍼마켓
⑤ 아웃렛

해설 아웃렛
• 당초에 제조업자의 직영점으로 출발해 공장 근처에서 과잉생산품을 염가에 판매하는 소매점이었으나, 최근에는 타 메이커의 상품이나 타 소매점에서 팔고 남은 물건도 할인 판매하는 점포를 의미한다.
• 아웃렛의 취급상품은 팔고 남은 것이 대부분이므로 구색도 충분치 않고 입지조건도 유리한 편은 아니나, 저가격의 장점으로 많은 고객이 몰리고 있다.
• 불리한 입지를 택한 것은 입주 점포의 제조업자가 자사의 기존 소매망과의 경합을 회피하려는 목적 때문이다.

10 (㉠), (㉡) 안에 들어갈 용어로 옳은 것은?

> 제조업자가 중간상을 대상으로 적극적인 촉진전략을 사용하여 도매상, 소매상들이 자사의 제품을 소비자에게 적극적으로 판매하도록 유도하는 방법을 (㉠)전략이라고 하며, 제조업자가 최종소비자를 대상으로 적극적인 촉진을 사용하여 소비자가 자사의 제품을 적극적으로 찾게 함으로써 중간상들이 자발적으로 자사 제품을 취급하게 만드는 것을 (㉡)전략이라고 한다.

① ㉠ 광고, ㉡ 판촉
② ㉠ 푸쉬(push), ㉡ 풀(pull)
③ ㉠ 풀(pull), ㉡ 푸쉬(push)
④ ㉠ 수비, ㉡ 공격
⑤ ㉠ 판촉, ㉡ 광고

해설 풀 전략(Pull Strategy)과 푸시 전략(Push Strategy)
- 풀 전략(Pull Strategy) : 기업(제조업자)이 소비자(최종구매자)를 대상으로 광고나 홍보를 하고, 소비자가 그 광고나 홍보에 반응해 소매점에 상품이나 서비스를 주문·구매하는 마케팅 전략이다.
- 푸시 전략(Push Strategy) : 제조업자가 유통업자들을 대상으로 하여 촉진예산을 인적 판매와 거래점 촉진에 집중 투입하여 유통경로상 다음 단계의 구성원들에게 영향을 주고자 하는 전략으로, 일종의 인적 판매 중심의 마케팅전략이다.

11 간접유통이면서 동시에 점포유통인 유형으로만 올바르게 나열한 것은?

> 가. 가전업체 직영점   나. 대형마트
> 다. 화장품 방문판매   라. 오픈마켓
> 마. 편의점

① 가, 나, 다   ② 가, 나, 마
③ 나, 마   ④ 다, 라
⑤ 다, 마

해설 가·다 : 직접유통
나·라·마 : 간접유통
간접유통 중 대형마트와 편의점은 점포유통, 오픈마켓은 온라인유통에 속한다.

12 업종과 업태에 대한 설명으로 옳지 않은 것은?

① 업종이란 상품군에 따른 전통적 분류이다.

② 업태란 '어떤 방법으로 판매하고 있는가?'에 따른 분류이다.

③ 업종이란 소매기업이 취급하는 주력상품의 총칭이다.

④ 백화점, 편의점, 할인점, 카테고리 킬러 등은 업태의 분류이다.

⑤ 업종이란 가격대와 집하형식으로 소매업을 분류하는 것이다.

해설 ⑤는 업태에 대한 설명이다. 업종의 분류는 통계청장이 작성·고시하는 한국표준산업분류의 소분류, 세분류 또는 세세분류에 따른다(중소기업협동조합법 시행령 제3조 제1항).

보충설명

업종 및 업태의 구별 기준

구 분	업 종	업 태
구별 기준	판매 재화 및 서비스 • 무엇을 판매하는가 • 주력상품과 보조상품의 결합 방법 • 상품군	재화 및 서비스의 판매 방식 • 어떤 방법으로 판매하는가 • 영업 형태 • 가격과 집하형식

13 우리나라 소매상의 추세에 대한 설명으로 가장 옳지 않은 것은?

① 소매업의 양극화 추세가 심화되고 있다.

② 대형마트 출현 이후 저마진-고회전을 추구하는 소매업태가 성장해 왔다.

③ 대형 소매상(power retailer)에 의한 시장지배력이 심화되고 있다.

④ 규모의 경제를 추구하는 대형 점포가 증가하고 있다.

⑤ 무점포에 비해 점포소매상이 성장함에 따라, 판매사원에 대한 의존도가 증가하고 있다.

해설 쇼핑의 편의성, 즉 구매에 소요되는 '시간(점포에 가고 오는 시간, 구입상품의 배달시간 등)'에 대한 중요성이 증가하여 판매사원에 대한 의존도는 감소하고 있다.

14 직장 내 성희롱 예방요령으로 옳지 않은 것은?

① 부하직원을 칭찬할 때 쓰다듬거나 하는 행위를 하지 않는다.

② 가급적 신체접촉을 안 한다.

③ 당사자 간의 일이므로 관리자가 나설 필요는 없다.

④ 일단 성희롱이 발생하면 즉시 조치를 취한다.

⑤ 조치 이후에 가해자가 보복하지 않도록 주의해야 한다.

해설 관리자는 자신이 관리하는 영역에서 성희롱이 일어나지 않도록 예방에 힘쓰며, 일단 성희롱이 발생하면 나서서 그 행동을 중지시켜야 한다.

15 우리나라 케이블 TV홈쇼핑에 대한 설명으로 가장 옳지 않은 것은?

① 케이블 TV홈쇼핑은 제품판매와 동시에 시장조사가 가능하므로 신제품의 경우 마케팅 리서치 기능을 한다.

② 케이블 TV홈쇼핑은 채널 및 프로그램의 다양성을 통해서 시장의 세분화가 가능하다.

③ 케이블 TV홈쇼핑은 통신판매의 문제점인 다양한 정보와 현장감 부족을 극복할 수 있다.

④ 케이블 TV홈쇼핑은 제품을 입체적으로 제시하며 설명을 충분히 할 수 있어서, 소비자에 대한 침투력이 강하다.

⑤ 케이블 TV홈쇼핑은 우수 중소기업 제품의 판매비중이 높으나, 자체 브랜드의 개발과 판매는 소홀하다.

해설 케이블 TV홈쇼핑은 자체 브랜드를 개발하여 독점 판매 등의 방식으로 상품력을 키우면서 고객을 유치하고 있다.

16 화주기업의 고객서비스 향상, 물류비 절감, 물류활동의 효율성 향상 등의 목표를 달성할 수 있도록 외부의 전문물류사업자가 공급체인상의 물류기능 전체 혹은 일부를 대행, 처리하는 물류서비스를 지칭하는 용어는?

① 제1자물류　　　　　　　　　　② 제2자물류
③ 제3자물류　　　　　　　　　　④ 제4자물류
⑤ 제5자물류

해설 제3자물류
화주기업이 고객서비스의 향상, 물류 관련 비용의 절감 그리고 물류활동에 대한 운영효율의 향상 등을 목적으로 공급 사슬(supply chain)의 전체 또는 일부를 특정 물류 전문업자에게 위탁(outsourcing)하는 것을 말한다. 즉, 포장, 운송, 보관, 하역, 물류가공, 물류 정보 처리 등 일련의 공급 사슬에서 요구되는 활동을 외부의 전문 업체에게 위탁함으로써 자사의 물류를 효율화하는 방식이다. 여기서 말하는 공급 사슬이란 공급자로부터 생산자와 유통업자를 거쳐 최종소비자로 이르는 재화의 흐름을 포함한다.

17 판매원이 알아야 할 일반 고객의 구매과정 순서로 옳은 것은?

① 대안평가 → 문제인식 → 정보탐색 → 구매

② 정보탐색 → 문제인식 → 대안평가 → 구매

③ 문제인식 → 대안평가 → 정보탐색 → 구매

④ 문제인식 → 정보탐색 → 대안평가 → 구매

⑤ 대안평가 → 정보탐색 → 문제인식 → 구매

> 해설 소비자의 합리적인 의사결정과정
> **문제인식**(실제 상태와 희구 상태 또는 이상 상태의 불일치 인식) → **정보탐색**(과거의 경험 등을 통해서 정보를 끌어내는 내부탐색과 광고 등과 같은 외부 환경으로부터 정보를 수집하는 외부탐색) → **대안평가**(정보탐색과정에서 얻어낸 몇 가지 대안을 특정 기준에 의해 비교, 평가) → **구매**(특정 대안을 결정하여 구매) → **구매 후 평가**(구매 후 평가과정에서 반복구매 의사 여부가 결정됨)

18 가격 파괴형 유통 업태에 해당하지 않는 것은?

① 할인점

② 카테고리 킬러

③ 회원제 도매클럽(MWC)

④ 아웃렛

⑤ 수퍼마켓

> 해설 수퍼마켓의 기본 원리는 고객이 직접 진열된 상품을 스스로 선택하고, 외상이 아니라 현금으로 구입하며, 고객 스스로 운반해 가는 대신에 상품가격을 타점포보다 낮게 함으로써 더 많은 고객을 확보하려는 데 있다. 저가격 소구의 특성을 가지고 있지만 가격 파괴형 유통 업태에는 해당하지 않는다.
> ① · ② · ③ · ④ 가격 파괴형 신유통업태
> ① 표준적인 상품을 저가격으로 대량판매 하는 상점으로, 특정의 상품을 일시적인 가격인하로 판매하는 것이 아니라 모든 제품에 대하여 상시적으로 싼 가격에 파는 소매점을 말한다.
> ② 할인형 전문점으로서 특정 상품계열에서 전문점과 같은 깊은 구색을 갖추고 저렴하게 판매하는 것을 원칙으로 한다.
> ③ 창고형 도소매클럽이라고도 하며 회원으로 가입한 고객만을 대상으로 판매하는 업태로 매장은 거대한 창고형으로 꾸며지고 실내장식은 보잘것없으며, 진열대에 상자째로 진열되어 박스단위로 판매함으로써 할인점보다도 20~30% 정도 더 싸게 구매할 수 있는 업태이다.
> ④ 취급상품은 팔고 남은 것이 대부분이므로 구색도 충분치 않고 입지조건도 유리한 편은 아니나 저가격의 장점으로 많은 고객이 몰리고 있다.

19 유통산업발전법상 준대규모점포에 해당하는 점포가 아닌 것은?

① 대규모점포를 경영하는 회사가 직영하는 점포로써 대통령령으로 정한 준대규모점포

② 대규모점포를 경영하는 회사의 계열사가 직영하는 점포로써 시장, 군수, 구청장이 인정하는 곳

③ 대규모점포를 경영하는 회사가 직영점형 체인사업의 형태로 운영하는 점포

④ 대규모점포를 경영하는 회사의 계열사가 프랜차이즈형 체인사업의 형태로 운영하는 점포

⑤ 「독점규제 및 공정거래에 관한 법률」에 따른 상호출자제한 기업집단의 계열회사가 직영하는 점포

해설 준대규모점포(유통산업발전법 제2조 제4호)
"준대규모점포"란 다음 각 목의 어느 하나에 해당하는 점포로서 대통령령으로 정하는 것을 말한다.
가. 대규모점포를 경영하는 회사 또는 그 계열회사(「독점규제 및 공정거래에 관한 법률」에 따른 계열회사)가 직영하는 점포
나. 「독점규제 및 공정거래에 관한 법률」에 따른 상호출자제한 기업집단의 계열회사가 직영하는 점포
다. 가목 및 나목의 회사 또는 계열회사가 직영점형 체인사업 및 프랜차이즈형 체인사업의 형태로 운영하는 점포

20 상적 및 물적 성격에 따라 유통을 분류할 때, 물적 유통에 해당하는 것은?

① 하역업   ② 대리업
③ 도매업   ④ 무역업
⑤ 소매업

해설 물적 유통
통상적인 상거래 이후 해당 제품의 인도기간 중 공급자로부터 소비자에게 제품을 넘겨줌으로써 시간 및 공간적인 효용을 창출하는 경제활동으로 상적 유통에 따르는 상품의 운송, 보관, 포장, 하역 등의 활동을 말한다.

21 A와 B의 대화에서 ㉠~㉤ 중 옳지 않은 것은?

> A : 요즘 소매상들의 PB 판매가 지속적으로 증가하고 있다는데, PB가 무슨 약자니?
> B : ㉠ Private Brand의 약자야. 그건 ㉡ 유통업자가 개발한 자체 브랜드를 의미하는데, ㉢ 유통업체의 차별화된 상품개발 노하우를 활용할 수 있다는 장점이 있지. 또한 ㉣ 판매력이 부족한 중소제조기업을 발굴해서 상품을 개발할 수 있다는 장점도 있어.
> A : 또 다른 특징도 있니?
> B : 응. 주로 ㉤ 생산자 상표부착방식(OEM)으로 제조하기 때문에, 각 대형유통업체에서는 다른 유통사의 PB를 판매하지는 않아.

① ㉠　　　　　　　　　　　　　② ㉡
③ ㉢　　　　　　　　　　　　　④ ㉣
⑤ ㉤

해설 생산자 상표부착방식(OEM)은 물건을 주문한 회사가 생산자 회사에 주문자의 상표를 부착한 상품을 제작할 것을 의뢰하여 상품을 생산하는 방식으로 전기, 기계 부품이나 자동차 부품에서 많이 시행되고 있다.

> **보충설명**
>
> PB 상품
> 유통업체가 제조업체로부터 상품을 저렴하게 공급받아 유통업체가 자체 개발한 상표를 붙여 판매하는 상품으로 유통구조가 상대적으로 단순하여 중간 유통 마진이 줄어들고 마케팅 비용이 들지 않기 때문에 소비자는 저렴하게 상품을 구입할 수 있다는 장점이 있다. 또한 유통업체에서는 상품에 대한 소비자의 평가를 빠르게 파악할 수 있고 제조업체에서는 유통업체의 광대한 유통망을 통해 국내 또는 해외에 판매할 상품을 개발해 판매할 기회를 얻을 수 있다.

22 판매공간의 효율적 사용과 일상적이면서도 계획된 구매행동을 촉진하기 위한 점포 배치로 동일 제품에 대한 반복구매가 높은 소매점에 적당한 점포배치는?

① 특선품구역
② 격자형배치
③ 자유형배치
④ 경주로형배치
⑤ 진열걸이배치

해설 레이아웃의 유형

격자형	• 쇼 케이스, 진열대, 계산대, 곤돌라 등 진열기구가 직각 상태로 되어 있다. • 고객의 동일 제품에 대한 반복구매 빈도가 높은 소매점, 즉 슈퍼마켓이나 디스카운트 스토어의 경우에 주로 쓰인다. • 비용이 적게 들며 표준화된 집기배치가 가능해 고객이 익숙해지기 쉽다.
자유형	• 쇼 케이스, 진열대, 계산대, 운반카, 집기, 비품이 자유롭게 배치된 것을 말한다. • 고객이 자유로운 쇼핑과 충동적인 구매를 기대하는 매장에 적격인 점포배치이다. • 소비자들이 원하는 상품을 찾기 위해 소비하는 시간이 오래 걸려서 전체적인 쇼핑시간은 길어진다. • 제품진열공간이 적어 제품당 판매비용이 많이 소요되는 형태의 방식이다.
변형형	표준형 : 입구·계산대·출구로 구성되며, 이런 유형의 점포배치는 외식체인, 여행사에서 널리 이용된다.
	부티크형 : 자유형 점포배치 형태에서 나온 것으로 선물점, 백화점 등에서 널리 이용된다.

23 서비스에 대한 고객의 기대에 영향을 미치는 요인에 대한 내용으로 옳지 않은 것은?

① 서비스 직원의 말씨, 태도, 상품지식, 상품설명능력 등이 고객의 서비스 기대수준을 변화시킬 수 있다.
② 고객의 경험이 풍부할수록 고객의 기대가 올라가는 경향이 있다.
③ 구전으로부터 얻어진 정보는 고객의 예측된 기대를 형성하거나 강화한다.
④ 높은 가격은 고객의 서비스 기대수준을 높이고 허용영역을 넓히는 역할을 한다.
⑤ 소비자의 기분상태가 기대에 영향을 미칠 수 있는데, 소비자의 기분이 좋을 때에는 허용영역이 넓어지고 적정서비스 기대수준이 낮아진다.

해설 높은 가격은 고객의 서비스 기대수준을 높이고 허용영역을 좁히는 역할을 한다.

24 소비자 행동 이론에 의하면, 소비자의 의사결정 형태와 관여도를 기준으로 소비자 행동을 4가지로 나눌 수 있다. 빗금친 부분에 해당하는 내용으로 가장 옳은 것은?

	구매 의사 결정과정을 거침	습관적 구매 과정을 거침
고관여	/////////////////////	
저관여		

① 제품 간 차이가 적어 과거 경험에 비추어 만족했던 상품을 다시 재구매 한다.
② 제품 간 뚜렷한 차이점이 있어 제품에 대한 정보를 많이 알아야 한다.
③ 상표 전환이 쉽게 일어나며 중요도나 관심도가 떨어진 상태에서 구매한다.
④ 신제품이 출시되었을 경우 적극적인 정보탐색보다는 단순히 새로움에 구매한다.
⑤ 상표에 대한 확신보다는 시험구매나 가격할인 등에 의해 구매한다.

해설 고관여 구매행동과 저관여 구매행동

고관여 구매행동	• 복잡한 구매행동 : 소비자들은 제품의 가격이 비교적 높고 상표 간의 차이가 크며, 일상적으로 빈번히 구매하는 제품이 아닌 소비자 자신에게 매우 중요한 제품을 구매할 때 높은 관여를 보인다. 복잡한 구매행동을 요구하는 구매 시 소비자들은 제품구매를 위하여 많은 것을 알아야 한다. • 부조화 감소 구매행동 : 소비자들이 제품에 대하여 비교적 관여도가 높고 제품의 가격이 비싸며 평소에 자주 구매하는 제품이 아니면서 구매결과에 대하여 위험부담이 있는 제품의 경우로, 각 상표 간 차이가 미미할 때 일어난다. • 상표준거 구매행동 : 제품의 중요성이 커서 일반적으로는 관여도가 높으나 과거 구매경험이 충분히 누적되어 있는 사람에게는 실제 구매에 쏟는 노력이 현저히 적게 들어가는 경우로, 상표에 대한 선호도, 즉 태도만을 가지고 구매행동에 이르게 되고 사후 평가를 해서 긍정적 강화 혹은 부정적 강화를 하게 된다.
저관여 구매행동	• 습관적 구매행동 : 제품의 가격이 비교적 낮으며 일상적으로 빈번히 구매하는 저관여 제품에 대하여 소비자들은 일반적으로 습관적 구매행동을 보인다. 이 경우 소비자들은 상표들에 대하여 그다지 많은 정보를 얻으려 노력하지 않으며 어떤 상표를 구매할 것인가에 대하여 그다지 신중하게 고려하지 않는다. • 다양성 추구 구매행동 : 구매하는 제품에 대하여 비교적 저관여 상태이며 제품의 각 상표 간 차이가 뚜렷한 경우에 소비자들은 다양성 추구 구매를 하게 된다. 이 경우에 소비자들은 잦은 상표 전환을 하게 된다.

25 서비스 품질을 평가하는 SERVQUAL 모형에서 신뢰성에 해당하는 부분으로 옳은 것은?

① 고객의 개인적 요구에 대한 감정적인 이해와 배려

② 건물, 인테리어, 비품 등의 물리적인 시설

③ 약속한 서비스 수행의 철저함이나 청구서의 정확도

④ 고객의 문의나 요구에 대하여 즉시 응답

⑤ 서비스 종업원들의 지식과 기술

해설 신뢰성은 약속한 서비스를 믿을 수 있고 정확하게 수행할 수 있는 능력을 말한다.
① 공감성, ② 유형성, ④ 대응성, ⑤ 확신성

26 상품 진열의 기본 원칙으로 옳지 않은 것은?

① 고객이 구매하기 쉽도록 진열해야 한다.

② 고객이 상품을 보기 쉽고 찾기 쉽게 진열해야 한다.

③ 고객의 동선에 맞춰 상품을 진열해야 한다.

④ 상품의 가짓수를 고려하여 균형 있게 진열해야 한다.

⑤ 구매비율이 높은 상품은 한쪽으로 몰아서 진열해야 한다.

해설 **상품진열의 기본 원칙**
• 상품진열은 고객들이 보기 쉽고, 사기 쉽게 이루어져야 한다.
• 잘 팔리는 상품(주력상품)은 잘 보이는 곳에 진열한다.
• 너무 높거나 너무 낮은 곳에 상품을 진열하지 않는다.
• 관련 상품은 함께 진열한다.
• 이동공간을 넓혀 상품이 잘 보이도록 진열한다.
• 상품의 브랜드와 가격이 잘 보이도록 진열한다.
• 상품의 수량과 색상을 다양하게 진열한다.
• 회전율이 낮은 상품과 고가품은 최소한의 양만 진열한다.
• 매장의 입구 쪽에는 비교적 가격단가가 낮은 제품들을, 매장 안쪽으로 들어갈수록 가격단가가 높은 제품을 배치하는 것이 통상적이다.
• 통상적으로 매장의 입구 쪽에는 소비자들의 구매빈도가 높은 제품 및 구매시간을 단축하는 제품을 배치하며, 안쪽 부분에는 상대적으로 구매빈도가 낮은 제품을 배치한다.
• 제품배치의 다양한 기준 및 관점 중에서, 특히 고객의 관점에서 본 제품 간 관련성을 고려하여 제품을 배치하는 것이 중요하다.

27 다음 글상자의 내용에 해당하는 소비재 상품은?

> • 가격대는 대체로 고가임
> • 사전 조사와 구매에 많은 노력을 기울임
> • 특정 상표에 대해 충성도는 높음

① 편의품   ② 선매품
③ 전문품   ④ 설비품
⑤ 소모품

해설 구매관습에 따른 상품의 분류

편의품	선매품	전문품
• 높은 구매빈도 • 낮은 단가 • 높은 회전율 • 낮은 마진 • 대량생산 가능 • 상표에 대한 높은 관심 • 습관적 구입 • 주거지 근처에서 구매 • 집약적(개방적) 유통방식	• 낮은 구매빈도 • 비교적 높은 단가 • 높지 않은 회전율 • 상당히 높은 마진 • 대량생산에 부적합 • 스타일·디자인 등 정보적 가치가 중요 • 사전계획을 세워 구매 • 구매에 시간·노력을 아끼지 않음 • 몇몇 점포를 둘러본 후 비교 구매 • 선택적 유통방식	• 매우 낮은 구매빈도 • 매우 높은 단가 • 매우 낮은 회전율 • 높은 마진 • 상표에 매우 관심 • 상당한 노력을 들여 예산 및 계획을 세우고 정보 수집 • 구입할 때 전문적인 판매원의 지도·정보가 큰 역할을 함 • 전속적 유통방식

28 불만 고객 응대의 6단계를 가장 올바른 순서대로 나열한 것은?

> ㉠ 고객의 불만을 끝까지 경청하고 메모한다.
> ㉡ 정중하게 검토하고 해결책을 제시한다.
> ㉢ 신속하게 접수한다.
> ㉣ 문제를 정확하게 파악한다.
> ㉤ 성의껏 마무리한다.
> ㉥ 우선 사과한다.

① ㉢ → ㉥ → ㉠ → ㉣ → ㉡ → ㉤   ② ㉢ → ㉥ → ㉠ → ㉡ → ㉣ → ㉤
③ ㉢ → ㉥ → ㉤ → ㉠ → ㉣ → ㉡   ④ ㉥ → ㉣ → ㉡ → ㉢ → ㉠ → ㉤
⑤ ㉥ → ㉢ → ㉡ → ㉤ → ㉣ → ㉠

해설 불만 고객 응대 6단계
불만 접수 → 사과 → 자세한 전후 상황 파악 → 고객에게 조치 사항에 대한 동의 구하기 → 신속하게 처리 → 사후 처리

불만 고객 응대 9단계
경청 → 공감 → 사과 → 원인분석 → 해결방안 제시 → 고객동조 → 대안제시 → 거듭 사과 → 감사표현

29 고객관계관리(CRM ; Customer Relationship Management)에 대한 설명으로 가장 옳지 않은 것은?

① CRM은 다수의 고객을 대상으로 다수 대 다수 마케팅방식을 일반적으로 사용하여 지속적인 구매를 유도한다.

② CRM은 고객 평생 가치(Life Time Value)를 극대화하여 수익성을 높일 수 있는 통합된 프로세스이다.

③ 고객이 원하는 제품과 서비스를 지속적으로 제공함으로써 고객을 오래 유지시키는 것이 CRM의 주된 목적이다.

④ CRM은 고객의 수익기여도에 따라 차별화된 전략을 실행한다.

⑤ CRM은 교차판매, 상향판매 등을 통해 수익성을 증대할 수 있다.

해설 CRM의 중요성
- **시장점유율보다는 고객점유율에 비중** : 기존고객 및 잠재고객을 대상으로 고객유지 및 이탈방지, 타 상품과의 연계 판매(Cross-Sell) 및 수익성이 높은 상품을 판매하기 위한 상승판매(Up-Sell) 등 1 : 1 마케팅 전략을 통해 고객 점유율을 높이는 전략이 필요하다.
- **고객획득보다는 고객유지에 중점** : 한 사람의 우수한 고객을 통해 기업의 수익성을 높이며, 이러한 우수한 고객을 유지하는 것에 중점을 두고 있다.
- **제품판매보다는 고객관계(Customer Relationship)에 중점** : 기존의 마케팅 방향은 기업의 입장에서 제품을 생산한 것이었다면, CRM은 고객과의 관계를 기반으로 고객의 입장에서 상품을 만들고, 고객의 니즈를 파악하여 그 고객이 원하는 제품을 공급하는 것이다.

30 촉진의 수단 중 광고(Advertising)의 특징에 대한 설명으로 옳지 않은 것은?

① 광고료를 지불해야 하는 유료성을 가진다.

② 비인적 촉진 활동으로 대중매체를 통해 정보를 제시하는 것이 일반적이다.

③ 상품만이 아닌 기업의 이미지, 이념 등의 아이디어를 함께 제공할 수 있다.

④ 상품에 관계없이 메시지 전달수단을 최대로 확보하여 고객에게 최대한 많이 노출시키는 것이 효과적이다.

⑤ 고객의 관심을 끌고 기억에 남는 전달 메시지를 만들어야 한다.

해설 광고할 상품의 종류를 고려하여 광고 수단을 선정해야 한다.

31 판매시점 정보관리(POS ; Point of Sales)시스템의 효과로 옳지 않은 것은?

① 전자 주문 시스템과 연계되므로 소매상은 신속하고 적절한 구매가 가능해진다.

② 소매상은 재고의 적정화, 판촉전략의 과학화 등을 가져올 수 있다.

③ 계산원의 부정을 방지할 수 있다.

④ 입력오류가 빈번히 발생하기 때문에 판매원의 교육 시간이 다소 길어지지만 교육을 통하여 오류의 빈도수를 줄일 수 있다.

⑤ 고객 대기 시간과 계산대의 수를 줄일 수 있으므로 시간과 비용을 절감할 수 있다.

해설 상품에 인쇄되어 있는 바코드를 신속하고 정확하게 자동 판독함으로써 판매 시점에서 정보를 곧바로 입력할 수 있기 때문에 금전등록기에서 일일이 자료를 입력하는 것에 비하면 시간과 노력을 절약할 수 있다.

32 고객의 컴플레인을 처리하는 방법 중에 MTP기법이 있다. 이에 대한 설명으로 옳은 것은?

① 컴플레인은 반드시 접수 받은 사람이 해결해야 한다.

② M(Method) – 불만고객을 대응하는 방법의 전환을 의미한다.

③ T(Time) – 고객이 흥분했을 때는 즉각적 해결안 제시보다 흥분을 가라앉힐 시간이 필요하다.

④ P(People) – 판매원보다 관리자가 나서서 직접 처리하는 것이 더 효과적이다.

⑤ 불만 고객은 많은 사람들이 지켜볼 수 있는 공적공간에서 서서 대응하는 것이 효과적이다.

해설 MTP기법
고객의 컴플레인에 대한 처리방법은 더 높은 고객만족향상이라는 차원에서 고려되어야 한다. 고객불평이나 불만의 처리방법으로 MTP법이 자주 사용되고 있는데 사람(Man), 시간(Time), 장소(Place)를 바꾸어 컴플레인을 처리하는 방법이다.

• 사람을 바꾼다 : 불만고객의 최초 응대자를 교체하여 불만의 경중에 따라 되도록 상사가 응대하도록 한다(판매사원 → 판매담당).

• 장소를 바꾼다 : 불만고객을 오래 서 있거나 기다리게 하면 더욱 화가 날 수 있고, 다른 고객들까지 불만이 터져 나올 수 있으므로 이러한 상황을 미연에 방지하기 위하여 장소를 바꾸어 조용한 곳에서 응대한다(매장 → 사무실, 소비자상담실).

• 시간을 바꾼다 : 고객이 잠시 진정할 시간을 주고, 응대하는 직원 역시 진정할 시간을 줌으로써 차분하게 원인을 파악하고 해결할 수 있도록 시간을 주는 것이다.

33 판촉수단에 대한 설명으로 옳지 않은 것은?

① 샘플링 : 구입이 예상되는 고객에게 특정 제품을 무료로 제공함으로써 상품을 접촉하게 하여 최초 구매를 유도하거나 상표전환을 유도

② 쿠폰 : 특정 제품을 구입할 때 할인혜택이나 기타 특별한 가치를 주고받을 수 있는 가치증서

③ 리베이트 : 제품구매에 따라 일정금액을 되돌려 주는 방법

④ 경품 : 고객이 자신의 이름, 연락처 등 몇 가지 사항을 기재해서 담당자에게 전달한 후, 추첨형식으로 진행

⑤ 즉석 당첨 프리미엄 : 정가에서 할인된 가격을 표찰이나 포장에 표시하여 판매하는 것으로 소비자들에게 즉각적인 현금보상과 절약 제공

해설 프리미엄은 추첨권과 같이 손님이 상품을 샀을 때 서비스로 주는 경품이다.

34 상품을 알고 나서 구입을 결정하기까지 소비자의 심리적인 과정(AIDMA모형)을 기술한 것이다. 이 과정에 대한 법칙의 내용과 용어를 짝지은 것으로 옳지 않은 것은?

> 고객은 어떠한 상품을 ① 눈여겨 보고, 그 상품에 ② 관심을 갖는다. 그리고 ③ 원한다고 느끼고, 구매 전까지 그 상품을 ④ 생각하게 되다가 ⑤ 구매를 하게 된다.

① 주의(Attention)　　　　　　　　② 관심(Interest)

③ 욕망(Desire)　　　　　　　　　　④ 의미(Meaning)

⑤ 행동(Action)

해설 광고의 AIDMA 모형
- A(Attention) : 「저게 뭐지?」라는 주목을 끌게 한다.
- I(Interesting) : 「어떤 것일까?」하고 흥미를 일으키게 한다.
- D(Desire) : 「갖고 싶다」고 욕망을 느끼게 한다.
- M(Memory) : 오래 기억하도록 한다.
- A(Action) : 「좋다. 사도록 하자」라고 행동을 일으킨다.

35 서비스 유통 경로의 특성으로 옳지 않은 것은?

① 소비자가 제공받을 서비스 질에 대한 불확실성을 느끼지 않게 유형적인 단서를 제공하는 것이 좋다.

② 물리적으로 보관하거나 운송할 수 없다.

③ 서비스는 직접 마케팅 경로가 일반적이나, 프랜차이즈 등을 활용하여 간접 유통할 수 있다.

④ 서비스는 형체가 없고 생산과 소비가 분리될 수 있다.

⑤ 생산되는 장소와 판매되는 장소가 일치한다.

해설 서비스는 형체가 없고 생산과 소비가 동시에 일어난다. 제품의 경우에는 생산과 소비가 분리되어 일단 생산한 후 나중에 소비되지만 서비스의 경우에는 구입 전 시험할 수가 없어 서비스 제공자에 의해 제공되는 것과 동시에 고객에 의해 소비되는 성격을 가진다.

36 점포설계 시 고려할 점으로 가장 옳지 않은 것은?

① 표적시장의 욕구를 충족시키고 경쟁우위를 획득한다.

② 상품 구색이 바뀔 경우를 대비해 유연성을 높인다.

③ 전문점의 경우 경비 절감을 위해 비용최소화를 최우선 목적으로 한다.

④ 고객의 구매 행동을 촉진하기 위해 노력한다.

⑤ 법적 규제사항을 고려하여 합법적으로 설계한다.

해설 전문점의 경우 비용최소화보다는 화려하고 고급스러우며 고객들에게 우월감을 심어줄 수 있는 점포 설계를 목적으로 한다.

37 다음과 같은 상황에서 판매원이 취해야 할 언행으로 가장 바람직한 것은?

> (화장품 가게에 20대 여성 고객이 들어온다.)
> 판매원 : 어서오세요. 피부가 정말 좋으시네요?
> 여성 고객 : 어머! 그렇게 보이나요?
> 판매원 : 네! 진짜에요. 고객님의 건강한 피부를 유지할 수 있는 화장품이 새로 나왔는데, 한 번 테스
> 트 해보시겠어요? 가격도 매우 저렴하답니다.
> 여성 고객 : 가격이 정말 저렴하네요? 저가 화장품은 품질이 어떨지...?
> 판매원 : _____

① 품질은 약간 떨어지지만 필요한 성분들만 넣었기 때문에 괜찮은 제품이랍니다.
② 비싼 화장품보다는 품질이 낮지만 그래도 괜찮은 편입니다.
③ 이 제품은 50대 이상 고객님들이 현재 피부를 유지하기 위한 제품이기 때문입니다.
④ 시중에 나와 있는 비싼 화장품들은 용기만 더 좋을 뿐이지 품질은 다 똑같답니다.
⑤ 저가로 팔 수 있는 이유는 품질은 그대로 유지한 채 포장비용과 유통마진을 최소화했기 때문입니다.

[해설] 판매원은 상품의 유익성과 효용을 알리고 고객의 상황에 적합한 구매를 유도하는 역할이 요구된다.

38 고객과의 전화 응대 중 유의사항으로 가장 옳은 것은?

① 대화 종료 후 고객보다 먼저 끊는다.
② 고객과의 대화 중 메모를 하기보다는 기억력에 의존하여 응대한다.
③ 본인의 사적인 통화 중 고객이 방문하여도 계속 통화한다.
④ 수화기를 어깨와 턱에 걸치고 통화한다.
⑤ '뭐라고요?', '네?' 등의 표현은 삼가고 정확하게 발음한다.

[해설]
① 대화 종료 후 고객이 먼저 끊은 후 끊어야 한다.
② 고객과의 대화 내용을 쉽게 파악하기 위해서 기억력에 의존하기보다는 간단·명료하게 메모하여 증거를 남기는 것이 좋다.
③ 고객이 방문하면 사적인 통화는 중단해야 한다.
④ 고객이 바로 앞에 계신다는 마음가짐으로 수화기는 바른 자세로 잡고 응대하는 것이 좋다.

39 점포시설 구성과 관련된 점내시설 중의 하나인 통로설계 시 고려 사항으로 옳지 않은 것은?

① 고객의 동선(動線)은 가능한 한 입구에서 점내 깊숙한 곳까지 길게 하는 것이 좋다.

② 종업원의 동선은 매장의 모든 고객을 응대할 수 있도록 가능한 길게 하는 것이 좋다.

③ 고객이 걸어 다니기에 편한 폭과 바닥 소재, 상품진열과의 관련 그리고 조명과의 관련성을 고려해야 한다.

④ 점포의 규모가 클 경우에는 고객이 쉴 수 있는 의자를 설치할 수 있는 공간도 필요하다.

⑤ 점포 내의 통로는 점두 부분과 점내 전체를 연결하기 위한 중요한 시설로서 고객으로 하여금 점포 내를 두루 다닐 수 있도록 고려하여 설계하여야 한다.

해설 종업원의 동선은 가능한 짧게, 고객의 동선은 가능한 길게 하는 것이 이상적인 통로설계이다.

40 판매 포인트(selling point)에 대한 설명으로 옳지 않은 것은?

① 판매 포인트는 상품의 특성이 고객의 구매동기와 일치하여 기대하는 욕구를 충족시킬 수 있다는 사실을 판매화법으로 제시해 놓은 상품 설명 문구이다.

② 판매 포인트가 제품설명문의 역할을 하여 잠재고객의 이해를 도울 수 있도록 가능한 다양한 포인트를 충분히 길게 설명해 놓은 문구여야 한다.

③ 상품의 특징이나 장점, 기능 등에 대해 말한다.

④ 경쟁상품이 가지고 있는 단점을 말하긴 하나 비난해서는 안 된다.

⑤ 경쟁상품의 회사이름과 상품이름은 실제이름을 사용하지 말고 암시적인 이름이나 대명사를 사용한다.

해설 판매 포인트는 잠재고객에게 가장 효과적으로 어필할 수 있는 상품의 특성을 끄집어내어, 그것이 고객의 구매동기와 일치하여 기대하는 욕구를 충족시켜 줄 수 있다는 사실을 인상 깊은 판매화법으로 간단명료하게 제시해 놓은 상품 설명 문구이다. 판매 포인트는 고객주의와 구매욕망을 환기시킬 수 있도록 작성되어야 하고, 확실한 판매 포인트가 제시될 수 있도록 정리해야 한다.

41 올림픽시즌을 맞이하여 판매를 촉진하고 쇼핑을 더욱 즐겁게 만드는 데 가장 잘 활용될 수 있는 진열방식은?

① 구색진열
② 테마별 진열
③ 패키지진열
④ 컷케이스진열
⑤ 통진열

해설 테마별 진열

특정한 시즌 중 특별한 매장 진열을 선택하여 쇼핑을 더욱 즐겁게 만드는 방식으로 상품을 주제에 맞게 테마별로 한데 묶어 집중 진열하면 상품의 특색이 두드러져 고객의 관심을 끌게 되고, 판매촉진에도 도움이 된다.

42 브랜드(brand) 및 브랜드 범주들(brand categories)과 관련된 설명으로 옳지 않은 것은?

① 무상표 상품(generic goods) : 생산자나 판매자 브랜드에 비해 상당히 할인되어 판매되는 상표가 없는 제품
② 짝퉁 브랜드(knock-off brand) : 생산자 브랜드명 상품에 대한 불법 복제품
③ 브랜드 자산(brand equity) : 제품이나 서비스가 브랜드를 가졌기 때문에 누리는 마케팅효과로, 인식, 충성도, 지각된 품질, 이미지와 감정의 조합
④ 브랜드 충성도(brand loyalty) : 소비자의 브랜드 선호도와 추가구매를 하려는 정도
⑤ 브랜드 인식(brand awareness) : 생산자의 이름을 쓰지 않는 대신 유통업자나 소매상의 이름을 쓰는 제품

해설 브랜드 인식(brand awareness)은 소비자가 한 제품범주에 속한 특정 브랜드를 인식하거나 회상할 수 있는 정도를 말한다.

43 마케팅 믹스(4P)에 해당하지 않는 것은?

① 포지셔닝(Positioning)
② 제품(Product)
③ 가격(Price)
④ 유통(Place)
⑤ 촉진(Promotion)

해설 마케팅 믹스(4P)의 구성요소
• 제품(Product)
• 가격(Price)
• 유통(Place)
• 촉진(Promotion)

41 ② 42 ⑤ 43 ① **정답**

44 브랜드(Brand)의 기능으로 가장 옳지 않은 것은?

① 상품 선택 촉진

② 출처와 책임을 명확히 하는 무형의 자산

③ 상품을 보증해 주는 기능

④ 브랜드 선호도에 따른 고유 시장 확보

⑤ 기업의 단기적인 이익향상에 가장 크게 기여하는 중요한 요소

해설 브랜드의 성공적인 개발은 상품의 장기적이고 확고한 시장포지셔닝과 경쟁사들을 이겨내도록 해주는 기반을 마련해 준다.

45 앨빈 토플러(Alvin Toffler)가 '제3의 물결'에서 처음 사용한 용어로 생산 활동에 직접 참여하는 소비자를 뜻하는 것은?

① 큐레이슈머(curasumer)

② 트랜슈머(transumer)

③ 프로슈머(prosumer)

④ 온라인 마케터(online marketer)

⑤ 파워 블로거(power blogger)

해설 ① 전시회의 큐레이터처럼 스스로 삶을 꾸미고 연출하는 데 능수능란한 편집형 소비자
② '넘어서, 가로질러서, 초월하는'이라는 뜻의 'Trans'와 '소비자'를 의미하는 'Consumer'의 합성어로 이동 중에 쇼핑을 하거나 정보를 얻거나 서비스를 구매하는 소비자

또 실패했는가? 괜찮다. 다시 실행하라.

그리고 더 나은 실패를 하라!

- 사뮈엘 베케트 -

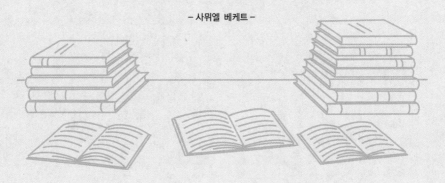

2018년

기출문제

이성으로 비관해도 의지로써 낙관하라!

– 안토니오 그람시 –

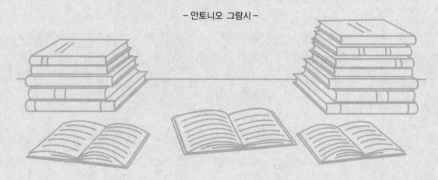

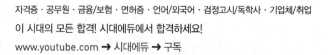

제 **1** 회 | 기출문제해설

제1과목 유통상식(01~20)

01 청소년 보호법상 청소년유해약물과 가장 거리가 먼 것은?

① 착색 식품첨가물　　　　　② 주 류

③ 담 배　　　　　　　　　　④ 마약류

⑤ 환각물질

해설 청소년유해약물(청소년 보호법 제2조 제4호)
- 「주세법」에 따른 주류
- 「담배사업법」에 따른 담배
- 「마약류 관리에 관한 법률」에 따른 마약류
- 「유해화학물질 관리법」에 따른 환각물질
- 기타 중추신경에 작용하여 습관성, 중독성, 내성 등을 유발하여 인체에 유해 작용을 미칠 수 있는 약물 등 청소년의 사용을 제한하지 아니하며, 청소년의 심신을 심각하게 훼손할 우려가 있는 약물로서 관계 기관의 의견을 들어 청소년보호위원회가 결정하고 여성가족부장관이 고시한 것

02 소매 수레바퀴이론에 대한 내용으로 옳지 않은 것은?

① 새로운 형태의 소매점은 시장진입 초기에 저비용, 저서비스, 저가격으로 시장에 진입한다.

② 경쟁이 격화되면 경쟁적 우위를 확보하기 위해 고비용, 고서비스, 고가격 형태의 운영전략으로 변경한다.

③ 편의점의 등장은 소매 수레바퀴이론에 잘 부합되는 특징을 가지고 있다.

④ 소매 수레바퀴이론의 쇠퇴기에는 투자수익률이 감소한다.

⑤ 소매 수레바퀴이론의 도입기에는 점포시설이 미비한 편이다.

해설 비용개념을 중심으로 설명하기 때문에 고가격, 고마진으로 시장에 진입하는 소매상에 대해서는 설명이 어렵다는 한계가 있다.

03 다음 글 상자에서 공통으로 설명하는 소매업태는?

> – 업종별 유통채널에 의해 각각 제공되던 약품, 식음료, 화장품 등의 상품을 한 번에 구매하고자
>   하는 소비자 니즈에 맞춘 형태임
> – 의약품, 생활용품, 식품 등을 취급하는 복합점포임
> – 건강, 미용과 관련된 제품들을 주로 판매하므로 Health & Beauty care shop이라고도 함

① 편의점   ② 하이퍼마켓
③ 카테고리 킬러   ④ 전문할인점
⑤ 드럭스토어

해설 드럭스토어는 약품(Drug)과 상점(Store)이란 단어가 합쳐진 용어로 의약품이나 화장품, 생활용품, 식품 등을 판매하는 복합점포를 의미한다.

04 프랜차이즈 체인방식에 대한 설명으로 옳지 않은 것은?

① 체인본부가 가맹점에게 판매권을 부여하고 경영 노하우를 제공하는 방식이다.
② 일반적으로 가맹점은 체인본부에게 가맹가입비와 매출액의 일부를 납부한다.
③ 점포수가 많을수록 본사의 고정비가 분산되어 점포당 운영비를 줄일 수 있고 안정적인 수입원을
   확보할 수 있다.
④ 체인본부가 경영에 관련된 노하우를 제공해주기 때문에 가맹점은 판매에 전념할 수 있다.
⑤ 체인본부가 만들어놓은 사업에 가맹점이 사후적으로 참여하는 것이기 때문에 가맹점이 자율적으
   로 결정할 수 있는 사항이 너무 많아 체인본부가 약자의 입장에 있다.

해설 체인본부가 만들어놓은 사업에 가맹점이 사후적으로 참여하는 것이기 때문에 가맹점이 자율적으로 결정할 수 있는 사항이 많지 않고, 체인본부가 강자의 입장에 있다.

05 전통적 유통경로(conventional channel)의 특징으로 옳지 않은 것은?

① 구성원들 간의 법적 구속력이 없다.

② 수직적 유통경로보다 경로 성과성이 높지만 유연성은 매우 낮다.

③ 구성원들 간의 연결이 느슨하고 결속이 약하다.

④ 구성원들 간의 업무 조정이 어려워 이해관계가 충돌하였을 때 조정이 어렵다.

⑤ 공통 목표보다는 구성원 각자 자신의 이익을 추구하는 경향이 강하다.

해설 수적적 유통경로보다 경로 성과성은 낮지만 유연성은 높다.

> **보충설명**
>
> 수직적 유통경로의 특징
> • 중앙본부에서 계획된 프로그램에 의해 수직적 유통경로상 구성원들을 전문적으로 관리·통제하는 경로조직이다.
> • 생산부터 소비까지 유통과정이 체계적이고 통합적으로 이루어져 대량생산과 유통이 가능하다.
> • 유통비용을 절감할 수 있어 가격이 안정적이며 유통경로 내의 지배력이 강력하다.
> • 중앙에서 통제하기 때문에 각 유통단계 개별 주체들의 전문성이 떨어진다.
> • 중앙 통제 방식에서는 시장에 유연하게 대처하기 어렵다.

06 (㉠), (㉡) 안에 들어갈 용어로 옳은 것은?

> 유통경로 내 물리적 보유, 소유, 촉진처럼 생산자로부터 중간상을 거쳐 소비자에게로 이동되는 경로흐름을 (㉠)(이)라고 한다. 주문, 지불처럼 소비자로부터 중간상을 거쳐 생산자로 이동되는 경로흐름을 (㉡)(이)라고 한다.

	㉠	㉡
①	선택적 유통전략	집중적 유통전략
②	전방흐름	후방흐름
③	후방흐름	전방흐름
④	집중적 유통전략	선택적 유통전략
⑤	물적흐름	상적흐름

해설 • 전방흐름 : 생산자 → 소비자
• 후방흐름 : 소비자 → 생산자

07 다음 글 상자에서 제시한 소매상 중 무점포 소매상으로만 묶인 것은?

ⓘ 자동판매기   ⓛ 통신판매
ⓒ 양판점   ⓔ 방문판매
ⓜ 홈쇼핑   ⓗ 하이퍼마켓
---

① ㉠, ㉡, ㉢   ② ㉠, ㉣, ㉥

③ ㉡, ㉣, ㉤, ㉥   ④ ㉠, ㉡, ㉣, ㉤

⑤ ㉠, ㉢, ㉣, ㉥

해설 소매상의 유형

소매상의 유형은 다양한 관점으로 분류할 수 있으나 일반적으로 소유권 유무, 점포 전략 믹스, 점포 유무 등 세 가지 기준으로 대변할 수 있다.
- 소유권 : 독립적 소매상, 체인 소매상, 프랜차이즈, 소비자 조합
- 점포 전략 믹스 : 편의점, 슈퍼마켓, 양판점, 재래시장, 전문점, 연금 매장, 백화점, 슈퍼스토어, 할인점, 하이퍼마켓
- 무점포 소매상 : 자동판매기, 통신판매, 방문판매, 홈쇼핑

08 방문판매의 장점에 대한 설명으로 가장 옳지 않은 것은?

① 적극적으로 제품의 우수성을 설명하여 능동적으로 판매할 수 있다.

② 판매원이 직접 판매하는 대면판매로, 고객관계 형성과 강화에 유리하다.

③ 상품뿐만 아니라 사용상황에 대한 개인 컨설턴트 역할이 가능하다.

④ 점포유지비가 거의 들지 않으므로 고정비 관련 원가를 줄일 수 있다.

⑤ 고객은 판매원을 통해 경쟁사 제품에 대한 세세한 정보를 제공받을 수 있다.

해설 방문판매의 경우 소비자에게 원하는 상품을 실제로 보여주고 자세히 설명할 수 있는 장점이 있으나, 소비자가 다른 경쟁사 상품과 비교하여 구매하기는 어려우므로 피해가 발생할 수 있다.

09 올바른 직업관으로 옳지 않은 것은?

① 많은 보수를 주는 직업이라고 무조건적으로 선호하지 않는 태도

② 자신의 일을 통하여 사회 기능의 일부를 수행하며 사회에 환원하는 봉사정신을 가지는 태도

③ 자신의 일을 통하여 진정한 행복과 만족된 삶을 지향하는 태도

④ 직업에 있어서 정규직과 비정규직을 차별하고, 자신이 속한 직업군에 자부심을 가지는 태도

⑤ 평생학습의 의지를 바탕으로 해당 분야의 전문가로 성장하고자 하는 태도

해설 정규직과 비정규직의 차별 없이 자신이 속한 직업군에 대한 자부심을 가져야 한다.

10 소매점에서 상품회전율(stock turnover)이 높아질 경우 나타나는 사실과 가장 관련이 없는 것은?

① 회전율이 높아지면 유행에 맞는 적합성이 증가할 수 있다.
② 회전율이 높아지면 시장 확대 기회는 증가할 수 있다.
③ 회전율이 높아지면 판매원의 사기는 높아질 수 있다.
④ 회전율이 높아지면 영업 경비는 증가할 수 있다.
⑤ 회전율이 높아지면 매출액이 증가할 수 있다.

해설 회전율이 높아지면 영업 경비는 감소할 수 있다. 상품회전율이 낮으면 재고관리비용이 증가하여 전체 판매경비가 늘어난다.

> **보충설명**
>
> $$상품회전율 = \frac{연간\ 매출액(매출원가)}{평균\ 상품재고액(재고원가)}$$

11 소매업태별 핵심 특성을 연결한 것으로 가장 옳지 않은 것은?

① 백화점 – 다양성과 구색을 모두 추구
② 전문점 – 매우 깊은 상품구색과 완전서비스
③ 양판점 – 중저가 상품구색의 다품종 판매
④ 하이퍼마켓 – 대형화된 슈퍼마켓에 할인점을 접목
⑤ 슈퍼마켓 – 염가점들을 종합해 놓은 초대형 소매점

해설 파워센터
종래의 백화점이나 양판점과는 달리 할인점이나 카테고리 킬러 등 저가를 무기로 하여 강한 집객력을 가진 염가점들을 한 곳에 종합해놓은 초대형 소매센터를 의미한다.

12 도매상이 수행하는 마케팅믹스 전략에 대한 설명으로 옳지 않은 것은?

① ABC분류에 기초하여 수익성이 높은 제품을 우선 소매상에게 제공한다.
② 일반적으로 가격은 원가중심 가격결정을 사용한다.
③ 소매상 판촉보다 대중매체를 통한 광고가 더 효과적이다.
④ 점포입지는 소매상에 비해 비교적 저렴한 곳에 하는 것이 좋다.
⑤ 소매상에 비해 사무실이나 물리적 시설에 대한 투자는 최소화해도 좋다.

해설 도매상은 대중매체를 통한 광고보다는 소매상 판촉이 더 효과적이다. 대중매체를 통한 광고는 소매상이 수행하는 마케팅믹스 전략으로 특정 상품에 대한 정보를 제공하기 위해 TV, 라디오, 신문, 잡지 등과 같은 매스미디어를 통하여 전달되기 때문에 조기에 많은 소비자들에게 신제품을 알리는 데 매우 적합하다.

13 대형 할인점(대형마트)에 대한 설명으로 옳지 않은 것은?

① 주로 중저가 브랜드 취급

② 다점포 방식으로 인한 제조업체에 대한 강력한 구매력 보유

③ 셀프서비스 판매 방식

④ 주로 High/Low 가격전략 구사

⑤ 깊이(depth)보다는 폭(width)위주의 구색전략 추구

해설 대형 할인점은 모든 제품에 대하여 상시적으로 싼 가격으로 파는 EDLP(Every Day Low Price) 가격전략을 구사한다.

14 소비자 기본법에서 정하고 있는 소비자의 책무로 옳지 않은 것은?

① 소비자는 자유 시장 경제를 구성하는 주체임을 인식하여 물품 등을 올바르게 선택해야 한다.

② 소비자의 기본적 권리를 정당하게 행사하여야 한다.

③ 소비자는 스스로의 권익을 증진하기 위하여 필요한 지식과 정보를 습득하도록 노력하여야 한다.

④ 소비자는 자주적이고 합리적인 행동과 더불어 자원을 아끼고 환경 친화적인 소비 생활을 하여야 한다.

⑤ 소비보다는 근검절약하는 생활을 최우선으로 여기고 국민 경제수준 발전에 적극적으로 임하여야 한다.

해설 소비자의 책무(소비자기본법 제5조)
- 소비자는 사업자 등과 더불어 자유시장경제를 구성하는 주체임을 인식하여 물품 등을 올바르게 선택하고, 소비자의 기본적 권리를 정당하게 행사하여야 한다.
- 소비자는 스스로의 권익을 증진하기 위하여 필요한 지식과 정보를 습득하도록 노력하여야 한다.
- 소비자는 자주적이고 합리적인 행동과 자원 절약적이고 환경 친화적인 소비생활을 함으로써 소비생활의 향상과 국민경제의 발전에 적극적인 역할을 다하여야 한다.

15 소비재 유통경로의 흐름으로 가장 옳은 것은?

① 소매상 → 중간도매상 → 도매상 → 제조업자 → 소비자

② 제조업자 → 중간도매상 → 도매상 → 소매상 → 소비자

③ 중간도매상 → 소매상 → 도매상 → 소비자 → 제조업자

④ 제조업자 → 도매상 → 중간도매상 → 소매상 → 소비자

⑤ 도매상 → 중간도매상 → 소매상 → 제조업자 → 소비자

해설
- 소비재 유통경로 : 제조업자 → 도매상 → 중간도매상 → 소매상 → 소비자
- 산업재 유통경로 : 제조업자 → 제조업자 도매상 → 도매상 → 산업재 고객

16 수익률과 회전율에 의한 소매점의 위치를 올바르게 나열한 것은?

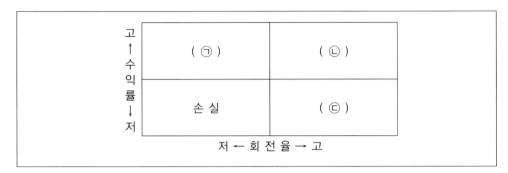

	㉠	㉡	㉢
①	전문점	편의점	할인점
②	할인점	편의점	백화점
③	전문점	할인점	편의점
④	할인점	양판점	전문점
⑤	전문점	양판점	백화점

해설 회전율과 수익률을 고려한 소매업태 구분

고 ↑ 수 익 률 ↓ 저	전문점, 백화점	편의점
	손 실	할인점, 슈퍼마켓

저 ← 회 전 율 → 고

17 고관여상품과 비교한 저관여상품에 대한 특징으로 옳지 않은 것은?

① 저관여상품은 고관여상품에 비해 물품 구매 빈도가 높은 편이다.

② 저관여상품은 고관여상품에 비해 물품 구매 단가가 높은 편이다.

③ 상표 간의 차이가 없는 대다수의 생활필수품은 저관여상품에 포함된다.

④ 저관여상품은 고관여상품에 비해 습관적 구매가 이루어지는 물품이 많은 편이다.

⑤ 저관여상품은 고관여상품에 비해 충동적 구매가 이루어지는 경향이 있다.

해설 고관여상품은 저관여상품에 비해 물품 구매 단가가 높은 편이다.

> **보충설명**
>
> 고관여상품과 저관여상품 비교
>
> | 고관여상품 | 저관여상품 |
> | --- | --- |
> | • 고객의 입장에서 구매리스크가 크기 때문에 구매 후 상당한 리스크가 발생할 것을 우려하여 많은 정보를 수집하고 세심한 검토와 신중을 기하여 구매하게 되는 상품
• 저관여상품에 비해 구매 빈도가 낮은 편
• 저관여상품에 비해 구매 단가가 높은 편 | • 고객의 입장에서 구매리스크가 크지 않아 쉽게 결정하고 습관적·충동적으로 구매가 이루어지는 상품
• 고관여상품에 비해 구매 빈도가 높은 편
• 고관여상품에 비해 구매 단가가 낮은 편 |

18 (㉠), (㉡) 안에 들어갈 단어로 옳은 것은?

> 유통기능이란 생산과 소비의 간격을 메우는 것을 말한다. (㉠) 간격은 생산장소와 소비장소의 간격을 말하는 것으로서 유통업자는 수송에 의해 이 간격을 해결할 수 있다.
> (㉡) 간격은 생산시기와 소비시기의 간격을 말하는 것으로서 유통업자는 보관기능을 담당하는 물류센터를 통해 이를 해결할 수 있다.

	㉠	㉡
①	장소적	시간적
②	장소적	수량적
③	시간적	장소적
④	장소적	품질적
⑤	품질적	시간적

해설 유통기능

• 장소적 불일치 극복 : 생산과 소비 사이에는 상품이 생산되는 생산 장소와 소비되는 소비 장소가 서로 다르다는 장소적 분리가 있으나, 수송을 통해 생산지와 소비지 사이의 장소적인 차이를 해소시킬 수 있다.

• 시간적 불일치 극복 : 생산과 소비 사이에는 생산 시기와 소비 시기의 차이라는 시간적 분리가 있으나, 보관활동을 통해 이를 해소할 수 있다.

• 사회적 불일치 극복 : 생산과 소비 사이에는 생산자와 소비자가 별도로 존재한다는 사회적 분리가 있으나, 매매(소유권이전)를 통해 생산과 소비 사이에 발생하는 사회적인 간격을 해소시킬 수 있다.

19 (㉠), (㉡) 안에 들어갈 용어로 옳은 것은?

> (㉠)는 이미 판매한 제품이나 서비스와 관련이 있는 제품이나 서비스를 판매하는 것을 말하는 반면, (㉡)는 이미 판매한 제품이나 서비스에 비해 가격이나 품질 등의 측면에서 더 높은 수준에 있는 제품이나 서비스를 판매하는 것을 말한다.

	㉠	㉡
①	추가판매	상향판매
②	상향판매	추가판매
③	교차판매	상향판매
④	상향판매	교차판매
⑤	관련판매	고급판매

해설 교차판매(Cross Selling)와 상향판매(Up Selling)
- 교차판매(Cross Selling) : 자체 개발한 상품에만 의존하지 않고 관련된 제품까지 판매하는 적극적인 판매방식으로, 고객이 선호할 수 있는 추가제안을 통해 다른 제품을 추가 구입하도록 유도하는 판매방법을 말한다. 따라서 대체재나 보완재가 있는 상품과 서비스에 더 효과적이다. 예 카메라 구입 시 렌즈와 필름, 그리고 액세서리까지 구매유도
- 상승판매(Up Selling) : 동일한 분야로 분류될 수 있는 제품 중 소비자가 희망하는 제품보다 단가가 높은 제품의 구입을 유도하는 판매방법을 말한다. 따라서 교차판매와 같이 대체재나 보완재가 있는 상품과 서비스에 더 효과적이다.

20 인적판매자가 추구해야 하는 역할과 가장 거리가 먼 것은?

① 단순 제품전달자의 역할
② 판매 상담자의 역할
③ 서비스제공자의 역할
④ 정보전달자의 역할
⑤ 수요창출자의 역할

해설 인적(판매)판매자는 단순 제품전달자의 역할이 아닌 정보전달자의 역할, 수요창출자의 역할, 상담자의 역할, 서비스 제공자의 역할을 추구해야 한다.

21 POP(Point Of Purchase)에 대한 내용으로 옳지 않은 것은?

① 진열시점 후의 광고로서 소비자가 상품을 구매한 후 사용방법을 알려주기 위한 것이 주된 목적이다.

② 상품이 진열된 장소에서 쇼핑고객을 대상으로 하기 때문에 실질적인 상품을 소구한다.

③ POP는 연결판매를 통해 객단가를 상승시켜 매출을 증대시키는 효과가 있다.

④ 너무 많은 POP는 매장을 산만하게 만들 수 있다.

⑤ 가격정보제공, 행사정보제공 등의 내용을 포함하기도 한다.

해설   POP는 고객의 구매시점에 행하는 광고로 소비자들이 상품을 구매할 때 편리함을 도모하여 점포에 방문한 소비자들이 부담 없이 상품을 자유로이 선택 가능하도록 해준다.

22 진열에 대해 설명한 내용으로 옳은 것은?

① 슈퍼마켓의 계산대 앞에는 로스율이 낮은 카테고리 상품을 진열한다.

② 소비자가 더 오랜 시간을 매장에서 보낼 수 있도록 동시구매가 많이 이루어지는 상품군을 분리하여 진열한다.

③ 제품에 대한 다양한 정보제공 및 충동구매 빈도를 높이기 위해 POP를 사용하여 상품을 진열한다.

④ 고객의 손이 쉽게 닿을 수 없게 하여 더 오래 매장에 있을 수 있도록 상품을 깊이 진열하는 것이 좋다.

⑤ 10대 인구 구성비가 높은 상권의 슈퍼마켓에서는 주류, 커피, 차류를 위주로 유연성 있게 적용하여 진열한다.

해설   ① 슈퍼마켓의 계산대 앞에는 로스율이 높은 카테고리 상품을 진열한다.
② 동시구매가 많이 이루어지는 상품군은 같은 공간에 모아 진열한다.
④ 고객의 손이 쉽게 닿을 수 있는 위치에 상품을 진열하는 것이 좋다.
⑤ 10대 인구 구성비가 높은 상권의 슈퍼마켓에서는 10대에게는 판매금지상품인 주류를 위주로 진열해서는 안 된다.

23 이탈고객관리에 대한 설명으로 가장 옳지 않은 것은?

① 고객이탈율은 1년 동안 떠나는 고객의 수를 신규고객의 수로 나눈 값이다.

② 이탈고객이 제공하는 정보를 활용하여 이탈고객이 발생하지 않도록 노력해야 한다.

③ 완전히 이탈한 고객만이 아닌 어느 정도 이용률이 떨어진 고객도 관리해야 한다.

④ 고객이탈율 제로문화를 형성하기 위해 노력해야 한다.

⑤ 휴면고객의 정보를 활용하여 고객으로 환원시키도록 노력해야 한다.

해설 고객이탈율은 기존 고객 중 1년 동안에 떠나버린 고객의 비율이다.

24 (㉠), (㉡) 안에 들어갈 용어로 옳은 것은?

> 경쟁 상품과 비교하여 자사 상품에 대해 고객이 가지고 있는 차별적 인식을 변경하는 것을 (㉠)
> 라/이라 하는 반면, (㉡)은/는 정기적으로 상품 그 자체의 내용물을 바꾸거나 포장을 세련되게
> 변경하는 것을 말한다.

	㉠	㉡
①	포지셔닝	리뉴얼
②	포지셔닝	스타일 변경
③	리포지셔닝	리뉴얼
④	재활성화	스타일 변경
⑤	리포지셔닝	상품 믹스

해설 • 리포지셔닝 : 소비자들이 기존 제품에 대해 가지고 있던 이미지를 새로운 타깃층에게 가장 가깝게 접근하기 위해
  새롭게 조정하는 활동으로 소비자들이 가지고 있던 인식이 깊이 뿌리박혀 있기 때문에 다소 어렵기는 하지만 기존
  의 제품으로 시장을 확대할 수 있다는 장점이 있다.
  • 리뉴얼 : 상품의 고유한 정체성은 유지하면서 새로운 이미지를 창출하는 가치혁신 전략으로 주로 제품 패키지나
  브랜드 로고의 변화를 통해 이루어진다.

25 촉진 전략에는 푸시(push) 전략과 풀(pull) 전략이 있다. 이에 대한 설명으로 옳지 않은 것은?

① 푸시 전략이란 제조업자가 유통업자에게 촉진 활동을 하고 유통업자는 최종소비자에게 마케팅 활동을 하는 전략이다.

② 풀 전략이란 제조업자가 직접 최종소비자에게 광고와 판촉을 통해 촉진 활동을 펼치는 전략이다.

③ 푸시 전략은 소비자들이 상품에 대한 관여도가 낮고 충동적인 구매를 하는 경우 적합하다.

④ 풀 전략은 소비자들이 상품에 대한 관여도가 높을 때 적합하다.

⑤ 풀 전략은 소비자가 브랜드 선택 없이 방문했을 때 적합하다.

해설 소비자가 브랜드 선택 없이 방문했을 때 적합한 전략은 푸시 전략이다. 풀 전략은 브랜드 로열티가 높은 제품에 주로 사용하는 것으로 매장에 오기 전에 이미 해당 브랜드에 대한 구매결정을 하기 때문에 고객에게 직접 판매촉진 활동을 한다.

26 진실의 순간(MOT ; Moments Of Truth)에 대한 설명으로 가장 옳지 않은 것은?

① 고객의 서비스 품질 인식에 결정적 역할을 하기 때문에 결정적 순간으로 불린다.

② 진실의 순간을 관리하기 위해서 조직의 상층부에 권한을 집중하고, 명령계통을 일원화한다.

③ 지극히 짧은 순간이지만, 고객의 서비스 인상을 좌우한다.

④ 기업의 여러 자원과 고객이 직접 혹은 간접적으로 만나는 순간이며, 고객이 기업의 서비스를 평가하는 순간이다.

⑤ 고객접점에 있는 직원의 동기부여와 고객응대력을 높이는 것이 중요하다.

해설 조직의 상층부가 아닌 고객접점에 있는 최일선 서비스요원이 책임과 권한을 가지고 우리 기업을 선택한 것이 가장 좋은 선택이었다는 사실을 고객에게 입증시켜야 한다.

27 고객관계관리의 등장배경 및 필요성에 대한 내용으로 가장 옳지 않은 것은?

① 생산자 위주 시장인 소품종 대량생산에서 구매자 중심의 다품종 소량생산으로 변화되었다.

② 컴퓨터, 정보기술(IT)의 급격한 발전으로 고객데이터를 과학적으로 분석하여 활용할 수 있게 되었다.

③ 치열한 시장경쟁으로 고객이 언제든지 경쟁사로 이동이 가능한 환경이 되었다.

④ 고객들이 갖고 있는 기대와 욕구가 다양화되었다.

⑤ 차별화되지 않는 메시지를 불특정 다수 고객에게 전달하는 광고는 매우 효과적인 것으로 인식되었다.

해설 고객관계관리는 불특정 다수를 대상으로 하는 전통적 마케팅에서 일대일을 지향하는 고객 중심의 새로운 마케팅으로 인식이 변화하면서 등장하였다. 따라서 각 고객마다 차별화된 메시지를 전달하는 고객지향적인 광고가 효과적인 것으로 인식된다.

28 브랜드 및 브랜드 자산의 의미와 중요성에 대한 설명으로 옳지 않은 것은?

① 브랜드란 판매자가 자신이 판매하는 제품이나 서비스를 다른 판매자와 구별하기 위하여 사용하는 이름·문자·기호·도형·디자인 또는 이들의 결합 등을 말한다.

② 구매자들에게 강력하고 독특한 브랜드 이미지를 전달하게 되면, 충성 고객 확보와 안정적인 매출 등 기업경영에 좋은 결과를 얻을 수 있다.

③ 브랜드가 창출하는 부가가치의 총합을 브랜드 자산 또는 브랜드 파워라고 한다.

④ 강력한 브랜드를 보유한 제조업체가 그 브랜드를 활용한 브랜드 확장을 시도하게 되면, 브랜드 확장 시 마케팅 비용은 신규 브랜드 출시보다 훨씬 많이 요구된다.

⑤ 브랜드 충성도가 높은 구매자는 다른 제품들을 구입하지 않기 때문에 브랜드 자산은 경쟁우위의 원천이 된다.

해설 브랜드 확장 시 마케팅 비용은 신규 브랜드 출시보다 적게 요구된다.

보충설명

브랜드 확장 전략
- 신제품 출시를 하는 경우에 고려할 수 있는 브랜드 네임의 선택 방법이다.
- 기존 브랜드 이름을 그 기업의 신제품에 적용하는 것으로 대부분의 브랜드 확장은 라인확장을 통해 이루어진다.

---

29 서비스품질을 측정하는 SERVQUAL의 하위 차원으로 옳지 않은 것은?

① 협력성(Cooperativeness)
② 신뢰성(Reliability)
③ 확신성(Assurance)
④ 유형성(Tangibles)
⑤ 공감성(Empathy)

해설 SERVQUAL의 하위 차원
- 유형성
- 신뢰성
- 대응성
- 확신성
- 공감성

---

30 마케팅 믹스를 기존 제조업자 관점의 4P에서 소비자 관점의 4C로 전환해야 한다는 견해가 있다. 다음 중 4C에 해당하지 않는 것은?

① Cost to customer

② Consumer value

③ Customization

④ Convenience

⑤ Communication

해설 4C

고객생애가치(Life Time Value)를 극대화시키는 데 필요한 요소들로 Consumer value, Consumer cost, Convenience, Communication 으로 구성되어 있다.

보충설명

기업관점 7P와 고객관점 7C

기업관점 7P		고객관점 7C
Product(제품)	⇔	Customer Benefit(고객편익)
Price(가격)	⇔	Customer Cost(고객비용)
Place(유통)	⇔	Convenience(편의성)
Promotion(판매촉진)	⇔	Communication(커뮤니케이션)
+		+
Process(과정)	⇔	Customer oriented Process(고객중심 프로세스)
Physical Evidence(물리적 근거)	⇔	Contextual Evidence(물리적 증거의 내용)
People(사람)	⇔	Creator of Value(고객가치 창출자)

31 선물용 광고물로서 자사의 로고가 새겨진 컵, 펜, 가방 등과 같은 상품형태로, 소비자나 판매자에게 무료로 배포하여 마케팅 효과를 높이려는 판촉 수단은?

① 리펀드(refund)

② 프리미엄(premiums)

③ 샘플링(sampling)

④ 제품삽입(product placement)

⑤ 리베이트(rebate)

해설 프리미엄(premiums)

추첨권과 같이 손님이 상품을 샀을 때 서비스로 주는 경품을 의미하며 프리미엄형 판매촉진에는 1 + 1, 추첨, 당첨, 퀴즈 등이 있다.

32 다음 글상자는 상품을 알고 나서 구입을 결정하기까지 소비자의 심리적인 과정(AIDMA모형)을 기술한 것이다. 이 과정에 대한 법칙의 내용과 용어를 짝지은 것으로 옳지 않은 것은?

> 고객은 어떠한 상품을 ㉠ 눈여겨 보고, 그 상품에 ㉡ 관심을 갖는다. 그리고 ㉢ 원한다고 느끼고, 구매 전까지 그 상품을 ㉣ 생각하게 되다가 ㉤ 구매를 하게 된다.

① ㉠ – 주의(Attention)

② ㉡ – 관심(Interest)

③ ㉢ – 욕망(Desire)

④ ㉣ – 의미(Meaning)

⑤ ㉤ – 행동(Action)

해설 광고의 AIDMA원칙

- A(Attention) : 「저게 뭐지?」라는 주목을 끌게 한다.
- I(Interesting) : 「어떤 것일까?」하고 흥미를 일으키게 한다.
- D(Desire) : 「갖고 싶다」고 욕망을 느끼게 한다.
- M(Memory) : 오래 기억하도록 한다.
- A(Action) : 「좋다. 사도록 하자」라고 행동을 일으킨다.

33 다음의 설명에 해당하는 포장의 기능은?

> 포장이 가지는 가장 기본적인 기능으로, 외부 충격이나 눈, 비 등으로부터 제품이 훼손되지 않게 하고 생산부터 소비자에게 전달되기까지 안전하게 제품을 지키는 기능

① 상품성   ② 보호성

③ 편리성   ④ 심리성

⑤ 배송성

해설 포장의 기능

- 1차적 기능(보호성) : 외부의 충격이나 환경으로부터 내용물을 보호해 주는 기능
- 2차적 기능(편리성) : 내용물의 운송, 보관, 사용 및 폐기에 이르기까지 취급을 편리하게 하는 기능
- 3차적 기능(판매촉진성) : 상품의 외형을 미화하여 소비자로 하여금 구매의욕을 불러일으키도록 하는 기능

34 판매시점 정보관리시스템(POS system)의 장점으로만 묶인 것은?

> ㉠ 단품관리 가능
> ㉡ 초소형반도체에 식별정보를 입력하여 무선주파수 이용 가능
> ㉢ 신속, 정확한 판매계산과 정산시간 단축 가능
> ㉣ 적정 재고로 상품손실 최소화 가능
> ㉤ 여러 개의 정보를 동시에 판독하거나 수정할 수 있음

① ㉠, ㉡, ㉤　　　　　　　　　② ㉡, ㉢, ㉣
③ ㉡, ㉣　　　　　　　　　　　④ ㉠, ㉣, ㉤
⑤ ㉠, ㉢, ㉣

해설　POS 시스템의 장점
- 단품관리 : 상품을 제조 회사별, 상표별, 규격별로 구분하여 상품마다의 정보를 수집, 가공, 처리하는 과정에서 단품관리가 가능하다.
- 판매시점에서의 정보입력 : 상품에 인쇄되어 있는 바코드를 신속하고 정확하게 자동 판독함으로써 판매시점에서 정보를 곧바로 입력이 가능하여 금전등록기에서 일일이 자료를 입력하는 것에 비해 시간과 노력을 절약할 수 있다.
- 품절방지 및 상품의 신속한 회전 : POS 정보를 통해 인기상품과 비인기상품을 쉽게 파악할 수 있어 잘 팔리는 상품에 대해서는 신속하게 발주하거나 진열량을 늘려 품절을 최대한 방지할 수 있다.

35 유럽상품코드에 대한 내용으로 옳지 않은 것은?

① 유럽상품코드는 EAN이라고 한다.
② 유럽상품코드의 표준 자리수는 13자리이다.
③ 유럽상품코드의 대한민국 국가코드는 978이다.
④ 유럽상품코드의 단축형은 8자리이다.
⑤ 유럽상품코드의 마지막 한자리는 체크숫자로 판독 오류방지를 위해 만들어진 것이다.

해설　대한민국 국가코드는 880이다.

36 서비스의 특성으로 옳지 않은 것은?

① 서비스의 무형성을 극복하기 위해 고객 참여는 필수적이다.

② 서비스는 저장되거나 재판매될 수 없고 돌려받을 수도 없다.

③ 서비스는 비분리성을 가지고 있어 생산과 동시에 소비된다.

④ 서비스의 이질성으로 인해 표준화 또는 개별화 전략을 시행한다.

⑤ 서비스는 실체를 보거나 만질 수 없다.

해설 서비스의 무형성을 극복하기 위한 대응전략
- 실체적 단서를 강조해야 한다.
- 구전활동을 적극 활용한다.
- 기업 이미지를 세심히 관리해야 한다.
- 가격설정 시 구체적인 원가분석을 실행해야 한다.
- 구매 후 커뮤니케이션을 강화해야 한다.

37 점포를 개점할 때에 고려해야 할 사항으로 옳은 것은?

① 시장잠재력이 낮은 곳에서 출점하여야 경합의 영향도 작아지기 때문에 시장잠재력이 낮은 곳에서 개점하도록 한다.

② 시장이 갖는 잠재력을 충분히 흡수하기 위해 시장잠재력에 맞는 규모와 형태로 개점하도록 한다.

③ 점포 개점 시 인지도를 확대하는 전략은 자원을 낭비하는 일이므로 배제한다.

④ 미래의 경제상황 같이 예측이 불가능한 요인들은 미래사업에 대한 영향이 불확실하므로 사업계획 시 고려할 잠재요인에 포함되지 않는다.

⑤ 경쟁력, 자본력 등이 부족한 프랜차이즈의 경우, 시장의 중심부에 점포를 출점한 후 점차 외곽지역으로 영역을 확대하도록 한다.

해설 ① 시장잠재력의 크기에 따라 경합의 영향도가 다르기 때문에 시장잠재력이 높은 곳부터 출점해야 한다. 시장잠재력이 크다면 경합의 영향도는 작고, 반대로 시장잠재력이 작으면 경합의 영향도는 크다.
③ 점포 개점 시 신규 고객을 유치하기 위한 인지도를 확대하는 전략이 중요하기 때문에 상품이나 점포를 인지시키는 광고뿐만 아니라 점포 그 자체를 인지시킬 수 있도록 고객과 접촉 횟수를 늘리려는 노력이 필요하다.
④ 미래의 경제상황과 같은 환경 요인에 대한 평가는 부정적이든 긍정적이든, 현재 혹은 미래 사업에 영향을 미칠 잠재적인 발전 요인으로 매우 중요하다.
⑤ 경쟁력, 자본력 등이 부족한 프랜차이즈의 경우, 외곽지역에 점포를 출점한 후 점차 시장의 중심부로 영역을 확대하도록 한다.

38 판매원으로서 적절한 몸가짐 및 용모관리에 대한 내용으로 가장 옳지 않은 것은?

① 청결하며 단정한 옷차림을 유지한다.

② 뒷주머니에 손을 넣는 행위는 바람직하지 않다.

③ 길게 자라있는 코털이나 덥수룩한 수염은 지양한다.

④ 짙은 색조화장이나 레이스 스타킹은 적절하지 않다.

⑤ 개인정보 보호를 위해서 판매원 이름이 적힌 명찰은 부착하지 않아야 한다.

해설 판매원 이름이 적힌 명찰을 왼쪽 가슴에 부착해야 한다.

39 카테고리 수명주기의 변화상 여러 시즌에 걸쳐 특정 상품의 판매가 일어나며, 특정 시즌에서 다음 시즌으로 바뀔 때 극적인 판매 변화가 일어나는 상품은?

① 일시성상품   ② 유행성상품

③ 지속성상품   ④ 계절성상품

⑤ 소비성상품

해설 계절성상품

특정한 계절이 상품 판매량에 영향을 주는 상품으로 대표적으로 아이스크림, 팥빙수 등 빙과류 상품과 에어컨, 히터 등 냉·난방 상품 등이 있다. 계절성상품은 날씨에 따라 판매성과가 영향을 받는 전형적인 상품이다.

40 고객과의 전화 응대에 대한 설명으로 옳지 않은 것은?

① 고객의 질문에 성심성의껏 답변한다.

② 설명은 생략하고 결론만 제시하여 빨리 통화를 마무리하는 것이 바람직하다.

③ 전화응대는 청각적인 요소만을 이용하기 때문에 더욱 언어표현에 주의하여야 한다.

④ 전화응대의 수준으로 회사 전체의 이미지와 서비스의 수준이 좌우될 수 있다는 인식을 해야 한다.

⑤ 자신의 소속과 성명을 먼저 밝히고 회사를 대표한다는 마음으로 응대한다.

해설 순서와 요점을 정리한 설명을 통해 결론을 제시하여 간결하게 통화해야 한다. 결론만 제시하여 빨리 통화를 마무리하려는 응대는 바람직하지 않다.

41 다음 글 상자의 내용에 알맞은 상품연출 구도는?

> – 여성적인 부드러운 선이나 실루엣을 표현할 수 있으므로 여성의류나 아동복의 연출에 효과적이다.
> – 부드러운 리듬감과 변화감 연출이 가능하다.

① 부채꼴구성　　　　　　　　　② 곡선구성
③ 원형구성　　　　　　　　　　④ 삼각구성
⑤ 반원형구성

해설 **상품연출 구도의 종류**
- 부채꼴구성 : 고가상품의 진열로서 쇼케이스 내부에 이용하면 좋고, 벽면연출에 많이 사용된다.
- 곡선구성 : 움직임, 변화, 리듬을 표현하며 전반적으로 우아한 흐름과 부드러운 연출에 적합한 구성이다.
- 원형구성 : 상하가 대칭이 되어 종합감을 연출하는 것으로 반복 배열함으로써 중앙에 시각적인 초점을 강조한다.
- 삼각구성 : 주로 판매 포인트 부분에 적용되며 삼각형의 중복으로 다소 큰 규모의 쇼윈도 연출과 입체적으로 보여주기 위한 구성으로, 받침대 등의 진열소도구를 이용하면 보다 다양한 연출이 가능하고, 상품이 통합되어 보이기 쉬운 형태로 조화와 안정감을 주며 상품은 홀수로 하는 것이 요령이다.
- 방사상구성 : 상품을 입체감 있게 보여줄 수 있으며 다양한 디자인, 패턴, 색상 등의 구성에 활용되어 강한 이미지를 만들고 대개 벽면에 핀 없이, 또는 테이블에 평면으로 구성된다.

42 디스플레이를 할 때 일반적으로 따르는 4W1H 원칙에 대한 내용으로 옳지 않은 것은?

① WHEN : 언제 디스플레이를 할 것인가?
② WHO : 누가 디스플레이를 할 것인가?
③ WHERE : 어디에 디스플레이를 할 것인가?
④ WHAT : 무엇을 디스플레이 할 것인가?
⑤ HOW : 어떠한 방법으로 디스플레이를 할 것인가?

해설 WHO : 누구를 대상으로 디스플레이를 할 것인가?

43 다음 글 상자에서 설명하는 점포의 배치유형은?

> - 상품이 진열되어 있는 곤돌라와 고객들이 지나는 통로를 반복해서 배치하는 방법이다.
> - 다른 배치에 비해 공간 낭비를 줄일 수 있어 비용면에서 효과적이다.
> - 평행한 통로 양쪽으로 선반이 있고 그 위에 상품을 진열해 놓아 미적으로는 그다지 매력적이지 않다.

① 격자형 배치　　　　　　　　② 자유형 배치
③ 부띠끄형 배치　　　　　　　④ 경주로형 배치
⑤ 루프배치

해설 ② 쇼케이스, 진열대, 계산대, 운반카, 집기, 비품이 자유롭게 배치된 것으로 대부분은 원형, U자형, 아치형, 삼각형과 같은 불규칙한 형으로 배치하며, 고객이 자유로운 쇼핑과 충동적인 구매를 기대하는 매장에 효과적인 점포배치이다.
③·④ 고객들이 매장을 통과하면서 자연스럽게 부띠끄형으로 꾸며진 매장을 둘러볼 수 있게 설계된 형태로 선물점, 백화점 등에서 널리 이용된다.

44 판매원이 갖추어야 할 상품지식에 대한 구체적인 내용으로 옳은 것은?

① 상품의 사용 : 제조회사 역사　　　② 상품의 재질 : 크기
③ 상품의 모양 : 유지비　　　　　　④ 상품의 특성 : 포장
⑤ 상품의 배경 : 아름다움

해설 ① 상품의 사용 : 내구성
② 상품의 재질 : 이용상의 난이
③ 상품의 모양 : 아름다움
⑤ 상품의 배경 : 제조회사 역사

45 점포 레이아웃 설계의 기본 원칙으로 옳지 않은 것은?

① 고객의 편안한 쇼핑을 위해 여유 있는 동선을 확보한다.
② 점포의 생산성을 높일 수 있도록 공간을 설계한다.
③ 고객이 점포에 머무르는 시간이 길어질 수 있도록 동선을 설계하는 것이 좋다.
④ 고객의 동선과 직원의 동선이 교차하는 지점이 많을수록 좋다.
⑤ 고객 동선과 상품 이동 동선은 서로 교차하지 않도록 구성한다.

해설 고객의 동선과 직원의 동선이 교차하는 지점이 적을수록 좋다.

제2회 기출문제해설

제1과목 유통상식(01~20)

01 편의품에 대한 설명으로 가장 옳지 않은 것은?

① 구매빈도가 높아 상품회전율이 높은 상품이다.
② 상품의 단가가 낮으며 판매마진율 또한 낮은 상품이다.
③ 소비자가 습관적으로 구매하는 상품이다.
④ 점포를 선택하는 데 신중히 검토하지만, 상표에 대한 관심은 낮은 상품이다.
⑤ 우유, 비누, 치약과 같은 생활필수품이 편의품에 해당된다.

해설 편의품은 점포를 선택하는 데 신중히 검토하기보다는 소비자에게 인접해 있는 점포, 즉 주거지 근처에서 쉽게 구매하는 상품이지만 상표에 대한 관심은 높다.

02 오프라인에서 긴 유통경로구조를 갖게 되는 경우에 해당하는 것은?

① 지리적으로 가깝게 위치하는 경우
② 제품이 부패하기 쉬운 경우
③ 제품 표준화가 높은 경우
④ 제품의 기술적 복잡성이 높은 경우
⑤ 평균 주문단위가 대량인 경우

해설 유통경로의 길이 결정 요인

영향요인	긴 경로	짧은 경로
제품 특성	• 표준화된 경량품, 비부패성 상품 • 기술적 단순성, 편의품	• 비표준화된 중량품, 부패성 상품 • 기술적 복잡성, 전문품
수요 특성	• 구매단위가 작음 • 구매빈도가 높고 규칙적 • 편의품	• 구매단위가 큼 • 구매빈도가 낮고 비규칙적 • 전문품
공급 특성	• 생산자 수 많음 • 자유로운 진입과 탈퇴 • 지역적 분산 생산	• 생산자 수 적음 • 제한적 진입과 탈퇴 • 지역적 집중 생산
유통비용 구조	• 장기적으로 안정적	• 장기적으로 불안정 - 최적화 추구

03 회원제 도매 클럽의 특성으로 옳지 않은 것은?

① 연회비 운영
② 가격할인
③ 창고형매장
④ 셀프서비스
⑤ 비식품류전용 판매

해설 회원제 도매 클럽의 상품구색은 제품의 보존성과 소모성이 높고 비교적 단가가 낮은 일용품이 중심이 되는데, 상대적으로 의류의 비중이 낮은 대신에 식품의 비중이 30~40% 정도로 높다.

04 구매시점(POP ; Point Of Purchase)광고에 대한 설명으로 가장 옳지 않은 것은?

① 매장을 찾아온 손님에게 즉석에서 호소하는 광고 종류를 말한다.
② POP는 소매점 점포 내부에 설치하는 광고를 말하며, 점두나 매장주위의 광고는 포함하지 않는다.
③ 매장 안에 설치한 디스플레이는 POP에 해당된다.
④ 매장 안에 걸어 놓은 포스터는 POP에 해당된다.
⑤ 상품 옆에 걸어놓은 상품설명 안내판은 POP에 해당된다.

해설 POP는 점두나 매장주위의 광고도 포함한다.

> **보충설명**
>
> POP광고의 종류
> • 점포 밖 POP : 고객의 시선을 집중하고 호기심을 유발하여 판매점의 이미지 향상과 고객을 점포 내로 유도하는 역할을 한다. 예 윈도우 디스플레이, 연출용 POP, 행사포스터, 현수막, 간판 등
> • 점포 내 POP : 고객에게 매장 및 상품코너를 안내해주고, 이벤트 분위기를 연출하여 충동구매를 자극하는 역할도 한다. 예 사인보드, 일러스트 모빌류, 행거 안내 사인, 상품코너 포스터 등
> • 진열 POP : 가격, 제품 비교, 제품 정보 등을 안내하고, 타 상품과의 차별화를 주는 이익 및 장점을 안내하여 고객의 구매결정을 유도하는 역할을 한다. 예 제품안내카드, 가격표 등

05 아래 글상자 지문 설명에 공통으로 해당되는 용어로 가장 옳은 것은?

> • 비슷한 품목의 여러 브랜드 제품을 한 장소에 모아놓고 판매하는 점포이다.
> • 한 점포에서 여러 브랜드 제품의 품질 및 가격 등을 비교해서 구매할 수 있는 장점이 있다.

① 오픈숍(open shop)

② 멀티숍(multi shop)

③ 클로즈드숍(closed shop)

④ 브랜드숍(one brand shop)

⑤ 노브랜드숍(no brand shop)

해설 **멀티숍(multi shop)**
여러 브랜드의 제품을 한 곳에 모아놓고 판매하는 점포를 말하는데, 이는 특정 브랜드의 제품만 판매하는 '브랜드숍'과는 다르게 여러 상표를 비교하여 구입할 수 있는 장점이 있다.

06 유통산업발전법[시행 2018.1.18] [법률 제14532호, 2017.1.17, 타법개정]에서 정의하고 있는 체인사업의 종류로 가장 옳지 않은 것은?

① 임의가맹점형 체인사업   ② 프랜차이즈형 체인사업

③ 직영점형 체인사업   ④ 산학협동 체인사업

⑤ 조합형 체인사업

해설 **체인사업**
같은 업종의 여러 소매점포를 직영(자기가 소유하거나 임차한 매장에서 자기의 책임과 계산아래 직접 매장을 운영하는 것)하거나 같은 업종의 여러 소매점포에 대하여 계속적으로 경영을 지도하고 상품·원재료 또는 용역을 공급하는 사업

직영점형 체인사업	체인본부가 주로 소매점포를 직영하되, 가맹계약을 체결한 일부 소매점포(가맹점)에 대하여 상품의 공급 및 경영지도를 계속하는 형태의 체인사업
프랜차이즈형 체인사업	독자적인 상품 또는 판매·경영 기법을 개발한 체인본부가 상호·판매방법·매장운영 및 광고방법 등을 결정하고, 가맹점으로 하여금 그 결정과 지도에 따라 운영하도록 하는 형태의 체인사업
임의가맹점형 체인사업	체인본부의 계속적인 경영지도 및 체인본부와 가맹점 간의 협업에 의하여 가맹점의 취급품목·영업방식 등의 표준화사업과 공동구매·공동판매·공동시설활용 등 공동사업을 수행하는 형태의 체인사업
조합형 체인사업	같은 업종의 소매점들이 「중소기업협동조합법」 제3조에 따른 중소기업협동조합, 「협동조합 기본법」에 따른 협동조합, 협동조합연합회, 사회적 협동조합 또는 사회적 협동조합연합회를 설립하여 공동구매·공동판매·공동시설활용 등 사업을 수행하는 형태의 체인사업

07 인스토어 마킹(instore marking)을 적용할 수 있는 상품으로 가장 옳지 않은 것은?

① 생 선
② 소고기
③ 양배추
④ 통조림
⑤ 고구마

해설 인스토어 마킹(instore marking)
각각의 소매점포에서 청과·생선·야채·정육 등을 포장하면서 일정한 기준에 의해 라벨러를 이용하거나 컴퓨터를 이용하여 바코드 라벨을 출력하고, 이 라벨을 일일이 사람이 직접 상품에 붙이는 것을 말한다.

08 완구, 사무용품, 전자제품처럼 어떠한 특정제품을 전문적으로 그리고 대규모로 취급하여 저렴하게 판매하는 점포의 유형을 일컫는 단어로 옳은 것은?

① 양판점
② 편의점
③ 아웃렛
④ 카테고리 킬러
⑤ 회원제 도매클럽

해설 카테고리 킬러(Category Killer)
• 할인형 전문점으로서 특정상품계열에서 전문점과 같은 깊은 상품구색을 갖추고 저렴하게 판매하는 것을 원칙으로 한다.
• 대량판매와 낮은 비용으로 저렴한 상품가격을 제시한다.
• 취급하는 상품은 주로 완구, 스포츠용품, 가전용품, 자동차용품, 레코드, 사무용품 등이다.

09 유통경로의 기능을 조성기능, 물적 유통기능, 소유권 이전기능 등으로 구분한다고 할 때, 보기 중 잘못 짝지어진 것은?

① 시장금융 기능 → 조성기능
② 판매기능 → 소유권 이전기능
③ 하역 → 물적 유통기능
④ 구매기능 → 소유권 이전기능
⑤ 포장기능 → 조성기능

해설 유통경로의 기능 분류
• 소유권 이전기능 : 구매기능, 판매기능
• 물적 유통기능 : 운송기능, 보관기능, 하역기능
• 조성기능 : 표준화 및 등급화, 금융기능, 위험부담기능, 시장보고

10 창고나 물류센터에서 수령한 제품을 재고로 보관하지 않고 즉시 소매점으로 배송하는 시스템을 지칭하는 용어로 옳은 것은?

① JIT(Just In Time) 시스템
② 크로스 도킹(Cross Docking) 시스템
③ 자동발주시스템
④ 전사적 물류관리 시스템
⑤ 창고관리 시스템

해설 ① JIT시스템의 근본적인 목적은 필요한 부품을 필요한 때, 필요한 곳에, 필요한 양만큼 생산 또는 구매하여 공급함으로써 생산 활동에서 있을 수 있는 재공품의 재고를 아주 낮게 유지하는 것이다.
③ 주문서의 발행과 주문 요구를 자동적으로 해주는 정량 발주 시스템 방식의 하나로 재고량이 발주점에 도달하면 자동으로 주문서를 출력시키는 재고 관리 시스템을 말한다.
⑤ 물류센터 내에서 물류를 관리하면서 발생하는 모든 활동, 즉 주문 및 입·출고 최적화, 실시간 재고 관리, 공간과 장비 최적화 등 물류 흐름상 정보를 실시간으로 제공하고 조절하는 시스템을 말한다.

11 고객관계관리(CRM ; Customer Relationship Management)에 관한 설명으로 가장 옳지 않은 것은?

① 고객의 평생 가치를 극대화 한다.
② 기존고객을 유지하고 우량고객 이탈을 방지한다.
③ 일대 다수(一對 多數) 마케팅에 매우 효율적인 기법이다.
④ 상향판매(up selling)를 통해 수익성이 높은 상품을 판매할 수 있게 한다.
⑤ 기업 중심적보다는 고객 중심적인 상품을 개발할 수 있게 한다.

해설 개별적인 고객에 대한 1:1 마케팅에 효율적인 기법이다.

12 아래 글상자가 설명하고 있는 도매상으로 옳은 것은?

제품에 대한 소유권 없이 단지 생산자나 공급자를 대신해서 제품을 판매하는 도매상이다. 제품에 대한 직접적인 소유권 없이 판매한 후 수수료를 받는 것이 특징이다.

① 완전 서비스 도매상
② 대리 도매상
③ 생산자 도매상
④ 상인 도매상
⑤ 한정 서비스 도매상

해설 ① 고객들을 위하여 수행하는 서비스 가운데에서 필요한 광범위한 서비스를 제공하는 도매상으로, 취급하는 제품의 종류에 따라 종합상인(완전기능) 도매상과 전문상인(완전기능) 도매상으로 분류할 수 있다.
③ 생산자가 직접 도매기능을 수행하는 것으로 일종의 생산자 내부에 있는 도매상이며, 대개의 경우 고객이 있는 시장에 가까이 위치하는 것이 특징이다.
④ 취급하는 제품에 대해 소유권을 가지는 독립된 사업체의 도매기관으로, 제조업자들로부터 제품을 구매하고 이 제품이 소매상이나 그 이외의 사람들에게 다시 판매될 때까지 소유권을 가진다.
⑤ 완전 서비스 도매상과는 달리 도매상의 기능 중에서 일부만을 수행하는 도매상이다.

13 직접 유통과 관련된 설명으로 옳지 않은 것은?

① 도매상과 중간상들이 부당하게 높은 이윤을 취하고 있다는 생산자의 불만은 직접 유통이 생겨나게 한 하나의 요인이다.
② 교통의 발달로 직접 유통이 더욱 원활해졌다.
③ 유통경로 상에서 하나 이상의 유통기관을 거치는 것을 직접 유통이라 한다.
④ 생산자가 소비자에게 직접 제품을 유통시키는 것을 의미한다.
⑤ IT의 발전은 유통 경로를 단축시키는 요인이 되었다.

해설 직접 유통은 유통기관을 거치지 않고 생산지에서 소비자에게 바로 전달되는 것을 말한다.

14 아래 글상자가 설명하는 유통경로는 무엇인가?

> 주어진 지역 안에서 특약점이나 대리점을 두어 전매권을 부여하고 경쟁품의 취급을 금지하고자 할 때 사용하는 유통경로이다. 주로 고급 자동차, 귀금속, 의류 등 고가품이나 제품의 이미지가 좋은 경우 적용이 가능하다.

① 개방적 유통경로　　　　　　　② 주문제작 유통경로
③ 선택적 유통경로　　　　　　　④ 복수 유통경로
⑤ 전속적 유통경로

해설 유통경로 전략 – 유통 범위의 결정

구 분	의 미	특 징
개방적 유통경로	자사의 제품을 누구나 취급할 수 있도록 개방	• 소매상이 많음 • 소비자에게 제품 노출 최대화 • 유통 비용의 증가 • 체인화의 어려움 • 식품, 일용품 등 편의품에 적용
전속적 유통경로	자사의 제품만을 취급하는 도매상 또는 소매상	• 소매상 또는 도매상에 대한 통제 가능 • 긴밀한 협조 체제 형성 • 유통 비용의 감소 • 제품 이미지 제고 및 유지 가능
선택적 유통경로	• 개방적 유통경로와 전속적 유통경로의 중간형태 • 일정 지역에서 일정 수준 이상의 자격요건을 지닌 소매점에만 자사 제품을 취급하도록 함	• 개방적 유통경로에 비해 소매상 수가 적음 • 유통 비용 절감 효과 • 전속적 유통경로에 비해 제품 노출 확대 • 의류, 가구, 가전제품 등에 적용

15 잠재고객이 인정하는 제품이나 서비스의 혜택을 판매원이 정리하여 언급하면서 고객의 구매결심을 유도하는 판매종결기법으로 옳은 것은?

① 시험종결기법   ② 요약종결기법
③ 대안종결기법   ④ 핵심종결기법
⑤ 추정종결기법

해설   판매종결기법의 종류
- 대안종결기법 : 영업사원이 잠재고객에게 다양한 대안을 연속적으로 제시함으로써 고객 스스로가 선택 대안을 줄이면서 의사결정에 이를 수 있도록 하는 방법
- 요약종결기법 : 영업사원이 잠재고객이 인정하는 제품이나 서비스의 혜택을 요약해서 언급하면서 고객의 구매 결심을 유도하는 방법
- 추정종결기법 : 잠재고객이 이미 구입을 결정하는 것으로 추정하고, 주문의 구체적인 내용에 대해 질문을 하는 방법
- 시험종결기법 : 잠재고객이 구매의사결정에 얼마나 가까이 왔는가를 파악하기 위해 질문하는 방법

16 상품의 기본 진열 원칙인 AIDCA의 순서별 요소로 가장 옳지 않은 것은?

① A : Attention(주의)
② I : Interest(관심)
③ D : Desire(욕망)
④ C : Conviction(확신)
⑤ A : Attraction(매력)

해설   AIDCA
- A(Attention) : 상점의 중점 상품을 효과적으로 디스플레이해서 사람의 눈을 끌고, 가격은 고객이 잘 알아볼 수 있도록 명기하며, 잘 보이도록 전시하여야 한다. 특가품은 큰 가격표를 붙이고, 고급품은 작은 가격표를 붙이고, 또 다 팔린 매진품에 대해서는 붉은 색으로 둘레줄을 치도록 하면 효과적이다.
- I(Interest) : 눈에 띄기 쉬운 장소를 골라, 그 상품의 세일즈 포인트를 강조해서 관심을 갖게 하고, 디스플레이 상품을 설명한 표찰을 붙인다.
- D(Desire) : '어떻게 해서든지 사고 싶다'는 욕망을 일으키게 해서 구매 의사를 일으키도록 한다.
- C(Conviction) : 사는 것이 유익하다는 확신을 갖게 하고, 고객에게 그 상품 구입에 대한 안심과 만족감을 주는 동시에 우월감을 줄 수 있는 디스플레이가 되도록 연구한다.
- A(Action) : 충동적인 구매 행동을 일으키게 한다.

17 다음 중 마진보다는 회전율에 더 초점을 두어 영업하는 소매업태들로만 구성된 것은?

① 카테고리킬러, 할인점, 전문점
② 창고형클럽, 하이퍼마켓, 백화점
③ 할인점, 하이퍼마켓, 카테고리킬러
④ 편의점, 백화점, 우편주문판매
⑤ 하이퍼마켓, 백화점, 할인점

해설 회전율과 마진율을 고려한 소매업태 구분

고마진

낮은 회전율	전문점, 백화점	편의점	높은 회전율
	문제형점포	할인점, 슈퍼마켓	

저마진

18 제조업체 브랜드와 유통업체 브랜드를 비교한 내용으로 가장 옳지 않은 것은?

구 분	제조업체 브랜드	유통업체 브랜드
㉠ 상표주	제조업자	중간상
㉡ 지칭용어	NB	PB
㉢ 생산방식	주로 자체 생산	주로 OEM 방식
㉣ 장 점	높은 인지도	저가격, 높은 마진
㉤ 단 점	낮은 품질 관리, 높은 마진	광고 및 유통비용 과다 발생

① ㉠   ② ㉡
③ ㉢   ④ ㉣
⑤ ㉤

해설 제조업체 브랜드는 대규모 제조업체가 전국의 소비자를 대상으로 개발한 브랜드로 많은 소비자에게 판매되는 것을 목적으로 하기 때문에 대규모 생산과 대중매체를 통한 광범위한 광고 진행이 일반적이며, 유통업체 브랜드는 유통업자가 자체적으로 제품을 기획하고 제조하여 브랜드를 결정하는 것으로 중간마진폭을 제거하여 추가 이윤을 남길 수 있다.

19 무점포 소매상의 형태로 옳지 않은 것은?

① 통신 판매   ② 텔레마케팅

③ TV홈쇼핑   ④ 자동판매기

⑤ 파워센터(power center)

해설 ① · ② · ③ · ④ 무점포 소매상

> **보충설명**
>
> 파워센터
> • 정의 : 종래의 백화점이나 양판점과는 달리 할인점이나 카테고리 킬러 등 저가를 무기로 하여 강한 집객력을
> 가진 염가점들을 한 곳에 종합해놓은 초대형 소매센터를 의미한다.
> • 특징 : 광대한 부지, 대형 주차장, 각 매장의 독립적인 점포 운영

2018

20 POS 시스템의 활용분야로 가장 옳지 않은 것은?

① 고객관리   ② 품질관리

③ 진열관리   ④ 종업원 관리

⑤ 상품구매 및 계획관리

해설 POS 시스템의 활용분야

분 야	목 적
매출관리	부문별 매출관리, 매출 총이익 관리, 시간대별 매출관리
상품계획	상품관리, 인기상품, 비인기상품 관리, 신상품 도입 평가
진열관리	판매장 배치 계획
판촉계획	적절한 판촉계획, 적절한 판매가격 결정
발주 · 재고관리	발주권고, 자동보충발주, 판매량 예측
종업원 관리	계산원 관리, 자금 계획의 자동화
고객관리	지역 마케팅

정답 19 ⑤   20 ②   2018년 제2회 기출문제 **213**

21 고객이 구매를 많이 하도록 자극하기 위해, 각 재고유지단위(SKU ; Stock Keeping Unit)를 매장 선반이나 진열대에 어떠한 방식으로, 즉 어떻게, 어디에 진열해야 하는지 보여주는 다이어그램이자 관련시스템은 무엇인가?

① Gondola　　　　　　　　　② CRM

③ RFID　　　　　　　　　　④ POS

⑤ Planogram

해설　**플래노그램(Planogram)**
제품이 각각 어디에 어떻게 놓여야 하는지를 알려주는, 일종의 진열공간의 생산성을 평가하게 해주는 지침서를 말한다. 예를 들어 편의점과 할인점의 계산대 옆에는 계산하면서 쉽게 집어 들 수 있는 소액 상품들을 진열해서 고객이 애초에는 의도하지 않았던 구매를 유도하여 매출을 올린다. 또한 백화점에서는 1층에서 귀금속 같은 고가품을 취급해 일단 가격 충격을 줌으로써 고객이 층을 올라가면서 여타 상품의 높은 가격에도 둔감해지도록 하거나, 매장에 창문과 시계를 두지 않아 고객들이 시간 가는 줄 모르고 쇼핑에만 열중하도록 한다.

22 다음은 어떤 진열방식을 선호하는 슈퍼마켓 사장의 인터뷰 내용이다. 이 진열 종류는 무엇인가?

> 저는 상품을 높이 쌓아 놓고, 날개 돋친 듯이 팔려 나가게 하고 싶습니다. 산더미처럼 쌓아놓은 상품의 가격이 저렴할 것이라고 손님들이 생각하기 때문입니다. 그래서 공휴일 전날에는 가게 한쪽에 과자를 잔뜩 쌓아서 진열해 놓는답니다.

① 색상별 진열　　　　　　　　② 가격대별 진열

③ 수직적 진열　　　　　　　　④ 적재 진열

⑤ 전면 진열

해설　**적재 진열**
대량의 상품을 한꺼번에 쌓아 진열하는 방법으로 계절상품을 진열해서 고객의 이목을 집중시켜 구매 충동을 유발시킨다.

> **보충설명**
> **수직적 진열**
> 동일 상품군이나 관련 상품을 최상단부터 최하단까지 종으로 배열하는 것으로 고객의 시선을 멈춰 상품이 눈에 띄도록 하는 효과가 있으며, 주로 벽이나 곤돌라를 이용하여 상품을 진열하는 방법이다.

23 매장 내에서 활용하는 사인물(signage)을 효과적으로 이용하는 방법으로 옳은 것은?

① 사인물과 그래픽은 매장 이미지와는 관련이 없으므로 색깔, 분위기 등을 조화시킬 필요는 없다.

② 진열된 상품과 반드시 연관성이 있어야 하고, 상품이 바뀌면 사인물도 새롭게 바꾸어야 한다.

③ 소비자들에게 많은 정보를 제공하기 위해 최대한 많은 내용과 정보를 기재한다.

④ 기재하는 글자체나 글자 크기는 전혀 중요하지 않다.

⑤ 소리나 영상이 나오는 디지털 사인물은 기존 프린트 사인물보다 고객을 혼란스럽게 하므로 절대 사용하면 안 된다.

해설 **사인물(Signage ; 사이니지)**
사이니지는 포스터, 안내 표시, 간판 등 기존의 아날로그 광고판을 지칭했으나, 최근에는 '디지털 사이니지'로 보편적으로 사용되고 있다. 디지털 사이니지는 공공장소에서 문자나 영상 등 다양한 정보를 LCD나 LED, PDP화면을 통해 보여주는 디스플레이 광고게시판을 의미한다. 점포공간에 디지털 사이니지를 적용할 때 유의사항은 다음과 같다.
• 사인과 그래픽을 매장 이미지와 조화시켜야 한다.
• 정보를 전달하는 사인과 그래픽은 고객욕구를 자극시켜야 한다.
• 생생한 그래픽과 사인으로 점포이미지와 어울리는 테마를 연출해야 한다.
• 상품이 바뀌면 사인과 그래픽을 상품과 조화되도록 갱신해야 한다.

24 화가 난 고객이 생겼을 때, 고객에 대한 판매자의 서비스 커뮤니케이션으로 옳지 않은 것은?

① 문제가 해결될 때까지 고객관리부서에서 해결할 것이므로 판매자는 더 이상 신경 쓸 필요가 없다.

② 고객 의견에 찬성을 하고, 그런 내용을 자신에게 알려준 것에 대해 감사를 표시한다.

③ 고객의 편에 있다는 것을 이해시킨다.

④ 먼저 사과한 후에, 일어난 일에 대해 나중에 전후사정을 이야기하도록 한다.

⑤ 고객의 문제가 해결되었다면 고객에게 감사함을 표현한다.

해설 판매 담당자 선에서 해결할 수 있는 책임을 다 한 후 불만의 경중에 따라 고객관리부서나 상사에 보고해야 한다.

25 촉진믹스에 대한 내용으로 옳지 않은 것은?

① 마케팅 시 활용할 수 있는 촉진믹스는 다양하므로 마케팅 목표를 효과적으로 달성하기 위해 하나만 독립적으로 사용하는 것보다는 여러 가지를 상호보완적으로 사용하는 것이 좋다.

② 광고를 통해 불특정 다수에게 제품, 서비스에 대해 알릴 수 있다.

③ 광고는 고객에게 전달할 수 있는 정보의 양이 무궁무진하고 시간도 제한되어 있지 않다는 장점이 있다.

④ 인적판매는 고객 1인당 촉진비용이 높은 편이다.

⑤ PR의 대표적인 수단으로 홍보, 스폰서십, 사보 등이 있는데 홍보는 독립적인 3자인 언론을 통해 정보를 전달하므로 신뢰성이 높다.

해설 광고는 정보전달의 양이 제한적이고, 고객별 전달정보의 차별화가 곤란하다는 단점이 있다.

26 여러 가지 변수에 의해 구매고객을 세분화할 수 있다. 다음은 어떤 기준으로 세분화하였는가?

> • 사람들이 살아가는 방식
> • 개인의 행동(activity), 관심(interest), 의견(opinion)을 통해 나타나게 되는 것

① 지역에 의한 기준

② 사회계층에 의한 기준

③ 구매계기에 의한 기준

④ 라이프스타일에 의한 기준

⑤ 인구통계에 의한 기준

해설 구매고객 세분화 변수
• 지리적 변수 : 인구밀도, 도시의 규모, 국가, 기후, 지역
• 인구통계학적 변수(고객특성 변수) : 성별, 소득, 직업, 종교, 나이, 가족 규모
• 라이프스타일에 의한 변수 : 관심, 개성, 활동
• 행동분석적 변수(고객행동 변수) : 추구 편익, 사용량, 사용경험, 상표애호도

27 마케팅 믹스인 4P의 구성요소가 아닌 것은?

① 흐름(Process) ② 가격(Price)

③ 유통(Place) ④ 촉진(Promotion)

⑤ 제품(Product)

해설 마케팅 믹스의 구성요소

제품(Product)	가격(Price)	유통(Place)	촉진(Promotion)
• 상품의 종류 • 품질/품질보증 • 디자인 • 특 징 • 브랜드 네임 • 포 장 • 크기/규격 • 서비스, A/S	• 코스트 • 할 인 • 가격 유연성 • 수요(가격 민감도) • 타제품 가격 • 지급기간/지급방법 • 중개수수료	• 지역/범위 • 재 고 • 유통/배송 • 물 류	• PR/홍보/광고 • 판매촉진 • Direct Marketing • 웹 프로모션

28 고객이 특정 기업과 평생 거래를 할 경우, 그 기업이 고객으로부터 실현할 수 있는 총 이익의 현재 가치를 무엇이라 하는가?

① 고객관계관리(CRM) ② 고객평생가치

③ 고객충성도 ④ 고객수익성

⑤ 가치전달 네트워크

해설 고객평생가치
소비자가 평생에 걸쳐 구매할 것으로 예상되는 이익 흐름에 대한 현재가치를 말하며, 장기적인 관점에서 판매자가 수익성을 극대화하기 위해 사용하는 개념이다.

29 자기가 받은 전화를 다른 담당자에게 돌려주는 경우가 있다. 이 경우 응대 방법으로 가장 옳지 않은 것은?

① 전화를 돌려받을 사람의 이름을 파악한다.

② 전화를 돌려줄 때 송화구를 막고 바꿔주는 것이 좋다.

③ 전화 받을 사람이 즉시 받을 수 없는 경우 받을 때까지 기다린다.

④ 만약 전화를 돌려줬는데 통화가 되지 않을 경우를 대비해 담당자의 직통번호를 알려준다.

⑤ 전화를 돌려받았을 때 돌려받은 담당자는 자신을 상대방에게 소개하는 것이 좋다.

해설 전화 받을 사람이 즉시 받을 수 없는 경우에는 곧 다시 전화 드리겠다는 양해를 구한 후, 번호를 받아 담당자에게 메모를 남기는 것이 좋다.

30 다음 글에서 볼 수 있는 포장 합리화의 원칙은?

> 팔레트(Pallet), 컨테이너 등은 물적 유통의 많은 발전을 가져왔다. 제각각 포장되어 있는 물건들은 규격이 다르므로 유통에 큰 어려움이 있었다. 하지만 팔레트나 컨테이너 등을 이용하여 일정한 틀에 맞추어 모든 상품들을 포장하여 운송한 결과 더 편리하고 빠르게 배송이 가능하게 되었다.

① 대형화, 대량화의 원칙   ② 집중화, 집약화의 원칙
③ 분산화, 다양화의 원칙   ④ 규격화, 표준화의 원칙
⑤ 개별화, 신속화의 원칙

해설   **포장부문 합리화 원칙**
포장 표준화, 모듈화, 기계화 및 자동화, 포장 재료의 개발, 포장을 고려한 제품설계, 포장의 단순화 및 적정포장, 포장화물의 단위화, ULS 추진

31 기업의 마케팅 전략을 구축하기 위한 환경분석도구 중 3C 분석의 구성요소로 옳은 것은?

① Customer, Competitor, Company

② Consumer, Competitor, Convenience

③ Convenience, Competitor, Company

④ Customer, Communication, Company

⑤ Consumer, Competitor, Communication

해설   유통기업이 사업방향을 결정하고자 할 때는 환경 및 기업분석을 통한 경영전략을 수립하는 것이 필요하다. 즉, 자사(Company), 경쟁사(Competitor), 고객(Customer)인 3C와 유통(Channel)을 분석한 후, SWOT 분석을 수행하게 된다.

32 구매 의사결정에 영향을 미치는 심리적 요인에 해당되는 것은?

① 소비자가 속한 문화(culture)
② 가입한 커뮤니티(community)
③ 자녀를 포함한 가족(family)
④ 준거집단(reference group)
⑤ 사회적 자아 이미지(self image)

해설   ①·②·③·④ 사회적 요인

33 다음 글상자의 괄호 안에 들어갈 점포 레이아웃 형태의 명칭으로 가장 옳은 것은?

> (   )은 원형을 중심으로 고리형으로 연결하여 배치하는 유형으로 경주로형이라고도 부른다.
> 굴곡 통로로 고리처럼 연결되어 매장 내부가 경주로 같은 형태를 띤다. 고객의 이동을 용이하게 하
> 고 제품을 최대한 노출시켜 쇼핑을 용이하게 하고 점포의 생산성을 극대화시키기 위한 레이아웃 기
> 법이다. 주로 백화점에서 사용된다.

① 혼합형   ② 격자형
③ 유동형   ④ 타원형
⑤ 루프형

해설 • 격자형 : 쇼케이스, 진열대, 계산대, 곤돌라 등 진열기구가 직각 상태로 되어 있으며, 고객의 동일 제품에 대한
　　　　반복구매 빈도가 높은 소매점, 즉 슈퍼마켓이나 디스카운트 스토어의 경우에 주로 쓰인다.
　　　• 혼합형 : 경주로형 · 그리드기법 · 자유로형 방식의 이점을 살린 배치의 형태로서 각 부문 사이에 상품 및 설치물들
　　　　의 종류에 따라 그리드형 또는 자유로형 배치가 사용된다.

34 판매원과 고객 간 의사소통의 기술 중 말하기에 대한 설명으로 옳지 않은 것은?

① 전문용어, 외국어를 남발하지 않는다.
② 부정형은 권유하는 말로 바꾸어 표현한다.
③ 명령형은 의뢰형으로 바꾸어 말한다.
④ 의사소통 중 좋은 분위기 유지를 위해 유행어, 속어 등을 적절하게 사용한다.
⑤ 발음을 또박또박 정확하게 한다.

해설 유행어나 속어보다는 품위 있는 유머를 적절하게 사용하여 고객의 닫힌 마음과 긴장을 풀고 대화를 진행시키는 것이
좋다.

35 상품 진열은 고객의 마음속에 있는 구매에 대한 욕구를 자극할 수 있다. 다음 설명하는 상품 진열법은 무엇인가?

> 유통매장에서 특정제품이 주목을 받도록 하고 동시에 판촉 효과도 극대화하기 위해서 만들어진 진열 방법이다. 매장 진열에서 매출기여도가 가장 높을 것으로 예상되는 유효진열범위 내에서 가장 고객의 눈에 띄기 쉽고 또한 손이 닿기 쉬운 높이의 곳에 진열하는 것을 말한다.

① 엔드 매대(end cap) 진열
② 황금구역(golden zone) 진열
③ 윈도우(window) 진열
④ 아이디어(idea) 진열
⑤ 행거(hanger) 진열

해설 황금구역(golden zone) 진열
• 유효 디스플레이의 범위 내에서 보다 보기 쉽고 손에 닿기 쉬운 범위의 높이를 말하며, 가장 많은 매출을 올릴 수 있는 가능성을 가진 장소이다.
• 범위 : 눈높이보다 20° 아래를 중심으로 하여 그 위의 10° 그 아래 20° 사이

36 브랜드는 하나의 기업이 제품이나 서비스를 식별하기 위해 사용하는 이름, 기호, 디자인 등을 이르는 명칭이다. 현대사회에서 브랜드가 가지는 중요성에 대한 설명으로 옳지 않은 것은?

① 브랜드 이미지 제고는 제품의 이미지를 좋게 만드는 수단이 된다.
② 성공적인 브랜드는 타사와 가격 경쟁을 회피하는 데 중요한 수단이 된다.
③ 브랜드 자체만으로 상품을 보증해주는 이미지를 제공하기도 한다.
④ 브랜드는 상품의 차별화 및 상품 선택 촉진을 유도한다.
⑤ 브랜드는 기업에 있어서 장기적 이익 향상보다 단기적 이익 향상에 큰 영향을 끼친다.

해설 브랜드는 기업에 있어서 단기적 이익 향상보다 장기적 이익 향상에 큰 영향을 끼친다.

35 ② 36 ⑤ **정답**

37 일반적으로 사람은 자신의 의견을 누군가가 정면으로 부정하거나 반박하면 불쾌해한다. 따라서 고객의 말을 일단은 듣고 나서 반박을 제시하는 "Yes, but" 혹은 "Yes, and" 기법은 무엇에 속하는가?

① 이유전환법
② 간접부정법
③ 부메랑화법
④ 증거제시법
⑤ 고객응대법

해설 • 부메랑화법 : 상대방이 트집 잡는 내용이 장점이라고 주장하여 설득하는 화법
• 고객응대법 : 고객에게 전달하려는 뜻을 명확하게 이해시키고 그 과정을 통해서 친절함과 정중함을 동시에 전달하는 화법

38 소매점 판매 및 경영에 대한 설명으로 가장 옳지 않은 것은?

① 상품의 기능이 복잡한 경우에는 사용 설명을 위한 전담 판매원을 배치하는 것이 효과적이다.
② 고객의 구매를 촉진하기 위해 종업원 동선은 될 수 있는 한 길게 잡는 것이 좋다.
③ 고객은 소매점의 정보를 수용하는 동시에 소매점에게 정보를 제공하는 원천이 되기도 한다.
④ 고객에게 상품을 권할 때에는 강요가 아닌 보다 나은 구매를 위해 도와드린다는 기분으로 하여야 한다.
⑤ 고객이 반품을 원하는 경우에는 신속하게 처리하여 고객 만족도를 높이고 추후 재구매율을 증가시키도록 노력해야 한다.

해설 고객의 구매를 촉진하기 위해 고객의 동선은 될 수 있는 한 길게 잡고, 종업원 동선은 될 수 있는 한 짧게 잡는 것이 좋다.

39 고객이 구입한 제품을 포장하는 과정과 관련된 내용으로 옳은 것은?

① 포장은 최대한 크고 멋있게 해야 한다.
② 고객의 의사를 일일이 묻는 것보다 알아서 잘 포장한다.
③ 선물용의 경우 가격표를 부착한 채 포장하는 것이 원칙이다.
④ 고객은 상품을 결정한 후에는 자기 소유로 생각하므로 성의껏 포장한다.
⑤ 상품의 더럽혀진 부분이 있더라도 티나지 않게 포장한다.

해설 ① 선물의 용도와 목적에 부합하는 적정한 포장을 해야 한다.
② 고객의 의사를 물어 기호에 맞는 포장을 해야 한다.
③ 가격표는 반드시 떼야 한다.
⑤ 상품에 오손·파손은 없는지 충분히 확인한 후 포장을 해야 한다.

40 진열과 관련된 일반적인 원칙을 적용시킨 사례로 옳지 않은 것은?

① 보기 좋게 진열하기 위해 크기가 큰 것을 뒤쪽, 작은 것을 앞쪽에 진열하였다.
② 고객이 함부로 손대지 못하게 될 수 있는 한 높은 곳에 진열하였다.
③ 비슷한 상품끼리 함께 진열하였다.
④ 제품을 풍족하게 배치하여 생동감 있게 진열하였다.
⑤ 진열대의 먼지나 얼룩이 없게 청결하게 진열하였다.

해설 될 수 있는 한 고객이 집기 쉬운 곳에 진열해야 한다.

41 상품로스(loss)란 쓸모가 없어지거나 손해가 된다는 말인데, 상품로스가 발생하는 원인과 가장 거리가 먼 것은?

① 재고상의 착오
② 상품의 도난과 분실
③ 상품과 거래명세서 계산 착오
④ 상품 폐기의 기표 누락 및 착오
⑤ 매출의 급속한 신장

해설 **상품로스의 종류**
• 상품정책상의 로스 : 과잉재고나 유행이 지난 상품, 상품 구색상 실책으로 인해 남게 된 상품 때문에 장부평가 가치를 정확하게 파악할 수 없는 경우
• 상품보존상의 로스 : 상품 취급상 소홀로 인하여 상품이 훼손되는 등의 상품가치를 잃어버리는 경우
• 업무처리상 실수로 인한 로스 : 카운터의 착오나 전표의 오류기입, 부정확한 재고정리, 가격표의 입력 오류 등으로 발생한 경우
• 부정에 의한 로스 : 고객의 도벽이나 종업원의 부정으로 발생한 경우

> **보충설명**
> **상품로스(Loss)율**
>
> $$\frac{\text{상품로스}}{\text{상품매출액}} \times 100$$

42 다음 중 불만을 제기하는 고객을 응대하는 방법으로 가장 옳은 것은?

① 될 수 있는 한 시간을 끌어 고객이 스스로 포기하도록 유도한다.
② 고객상담센터로 인계하여 문제를 축소시킨다.
③ 최대한 감정적으로 표현해서 고객의 감성을 움직이려 노력한다.
④ 사실을 바탕으로 고객이 기분이 상하지 않도록 설명한다.
⑤ 논쟁은 피해야 하지만 변명을 통해 판매원 자신의 입장을 이해시킨다.

43 피자 배달과 판매를 하는 매장에서 MOT(Moment Of Truth)에 관련하여 가장 적절한 의견을 제시한 사람은 누구인가?

> 재석 : 손님들에겐 가격이 저렴한 것이 제일 좋으므로 15% 쿠폰을 발행해야지!
> 명수 : 기부를 많이 하면 기업 이미지가 좋아지니까 기부를 많이 해야지!
> 준하 : 단순히 판매만 하지 말고 포인트를 적립해주면 더 좋아할 거야!
> 하하 : 고객들의 입맛은 정말 다양하니까 새로운 메뉴를 개발할거야!
> 세호 : 음식은 청결이 제일이니까 항상 테이블과 식기를 청결하게 해야지!

① 재석   ② 명수
③ 준하   ④ 하하
⑤ 세호

해설 쿠폰발행이나 포인트 적립은 판매촉진에 해당하며, 기부는 기업의 이미지 제고를 위한 사회적 책임, 새로운 메뉴 개발은 매출 향상을 위한 기업의 전략과 관련한 내용이다.

보충설명

고객접점서비스(MOT ; Moment Of Truth)
• 고객과 서비스요원 사이의 15초 동안의 짧은 순간에서 이루어지는 서비스로서 이 순간을 '진실의 순간(MOT ; Moment Of Truth)' 또는 '결정적 순간'이라 한다.
• '결정적 순간'이란 고객이 기업조직의 어떤 한 측면과 접촉하는 순간이며, 그 서비스의 품질에 관하여 무언가 인상을 얻을 수 있는 순간이다. 따라서 고객이 서비스상품을 구매하기 위해서는 들어올 때부터 나갈 때까지 여러 서비스요원과 몇 번의 짧은 순간을 경험하게 되는데, 그때마다 서비스요원은 모든 역량을 동원하여 고객을 만족시켜주어야 하는 것이다.

44 판매 촉진의 종류 및 내용에 대해서 옳지 않은 것은?

① 쿠폰은 구매되는 상품, 서비스에 적용될 할인금액과 할인조건 및 유효기간 등을 명시한 증서이다.

② 마일리지는 무료로 제공되는 일종의 선물로 충동구매를 유발할 만큼의 가치를 제공할 수 있어야 효과적이다.

③ 경연은 소비자의 노력과 지식이 요구되는 데 비해 추첨은 순전히 운에 의해 결정된다는 데 경연과 추첨의 차이가 있다.

④ 샘플은 추후에 구매하여 사용을 유도할 목적으로 활용되는 도구이다.

⑤ 가격할인은 가격을 인하시켜 소비자를 유인하는 도구로 가장 명백하게 가치가 전달되기 때문에 가장 흔하게 쓰이고 있다.

해설 마일리지는 고정 고객 확보를 위한 기업의 가격형 판매촉진 수단으로 고객은 이용실적에 따라 점수를 획득하는데, 누적된 점수는 화폐의 기능을 한다.

45 인적판매에서 판매원이 상품 판매 외에 수행하는 다양한 역할로 옳지 않은 것은?

① 단순히 고객의 구매요구에 응하는 것이 아니라 상품을 공급하는 역할을 한다.

② 기업과 고객과의 관계에서 기업에게 고객의 소리를 전달하는 역할을 한다.

③ 제품 판매뿐만 아니라 고객을 감동시킬 수 있는 서비스 제공자의 역할을 한다.

④ 고객에게 높은 만족을 줄 수 있도록 각종 정보를 전달한다.

⑤ 고객의 문제를 고객의 입장에서 해결해주려는 상담자의 역할을 한다.

해설 인적판매에서 판매원은 상품을 공급하는 역할이 아닌 상품을 판매하기 위해 상품 소개에 필요한 추가적인 정보를 수집하고, 구매를 권유하여 고객에게 제품의 전달과 설치에서부터 대금 지불, 제품사용 전 교육 및 제품사용 중 발생할 수 있는 문제점 해결 등의 철저한 사후관리의 역할을 수행한다.

제3회 | 기출문제해설

제1과목	유통상식(01~20)

01 다음 중 도매상의 소매상에 대한 기능으로 옳지 않은 것은?

① 소비자가 요구하는 물품을 수집하여 소매상에게 분산하는 수집분산 기능
② 생산자가 판매한 대량의 화물을 소매상이 원하는 만큼 소량으로 분할하는 기능
③ 도매상의 신용거래로 소매상의 재정을 원활하게 하는 재정안정 기능
④ 소매상의 상품보관을 위한 비용 절감 및 보관기관 단축으로 인한 상품회전율 증대 기능
⑤ 소매상을 대신해서 생산물을 보관하고 운반해주는 수송 보관의 기능

해설 생산물을 보관하고 운반해주는 수송 보관의 기능은 물적 유통 기능에 해당하는 것으로 생산 및 공급업자를 위해 소매상이 수행해 주는 기능에 해당한다.

02 유통의 기본 기능 중 상적 유통기능에 해당하는 것은?

① 운송 및 보관 기능
② 장소적·시간적 통일 기능
③ 소유권 이전 기능
④ 금융 기능
⑤ 위험부담 기능

해설 상적 유통은 상품의 매매 자체를 의미하는 것으로 매매는 생산과 소비 사이의 사회적 분리를 극복하기 위하여 생산자로부터 상품을 구입하고 소비자에게 판매함으로써 상품의 소유권을 이전시키는 기본적인 기능이다. 소유권 이전에는 단순한 상품의 물리적 이전뿐만 아니라 상품의 지배권 이전도 포함한다.

03 아래 글상자 설명에 해당하는 소매상 발전이론은?

> – 홀랜더(Hollander)가 주장한 이론으로서 소매상의 진화과정을 제품믹스에 초점을 두고 설명하고
> 있다.
> – 소매상의 변천은 제품구색의 확대 → 축소 → 확대에 따라서 종합점 → 전문점 → 종합점의 순서
> 로 진화해 간다.

① 변증법적 이론
② 자연도태 이론
③ 소매상 아코디언 이론
④ 소매상 수명주기 이론
⑤ 소매상 수레바퀴 이론

해설　① 소매점이 백화점(정) → 할인점(반) → 할인 백화점(합)으로 진화해 간다는 이론으로 소매점의 진화 과정을 정반
합 과정으로 설명한다.
④ 제품 수명주기 이론과 동일하게 소매점 유형이 도입기 → 성장기 → 성숙기→ 쇠퇴기의 단계를 거치게 된다는
것을 말한다.
⑤ 새로운 형태의 소매점이 시장 진입 초기에는 저가격, 저서비스, 제한적 제품 구색으로 시장에 진입하였다가 경쟁
이 격화되면 경쟁적 우위를 확보하기 위해 보다 세련된 점포 시설과 차별적 서비스가 증가하게 되어 성숙기에는
고비용, 고가격, 고서비스 소매점으로 위치가 확립된다. 그 결과 새로운 유형의 혁신적인 소매점이 저가격, 저서
비스, 저마진으로 시장에 진입할 수 있는 여지를 제공하여 이 새로운 유형의 소매점 역시 위와 동일한 과정을
따르게 된다는 이론이다.

04 소비자기본법(법률 제15696호, 2018.6.12., 일부개정) 상의 소비자의 기본적 권리로 옳지 않은
것은?

① 합리적인 소비 생활을 위하여 필요한 교육을 받을 권리가 있다.
② 물품 등의 사용으로 인하여 입은 피해에 대하여 신속하고 공정한 절차에 따라 적절한 보상을
받을 권리가 있다.
③ 안전하고 쾌적한 소비생활 환경에서 소비할 권리가 있다.
④ 소비자 스스로의 권익을 증진하기 위해서 단체를 조직하고 이를 통하여 활동할 수 있는 권리가
있다.
⑤ 소비자는 상품 및 서비스를 선택함에 있어서 필요한 정보를 제공받을 권리가 있으나, 기업의 노하
우에 해당하는 원산지, 원재료 등에 대한 정보는 제공이 제한되기도 한다.

소비자의 기본적 권리(소비자기본법 제4조)
- 물품 또는 용역으로 인한 생명·신체 또는 재산에 대한 위해로부터 보호받을 권리
- 물품 등을 선택함에 있어서 필요한 지식 및 정보를 제공받을 권리
- 물품 등을 사용함에 있어서 거래상대방·구입장소·가격 및 거래조건 등을 자유로이 선택할 권리
- 소비생활에 영향을 주는 국가 및 지방자치단체의 정책과 사업자의 사업활동 등에 대하여 의견을 반영시킬 권리
- 물품 등의 사용으로 인하여 입은 피해에 대하여 신속·공정한 절차에 따라 적절한 보상을 받을 권리
- 합리적인 소비생활을 위하여 필요한 교육을 받을 권리
- 소비자 스스로의 권익을 증진하기 위하여 단체를 조직하고 이를 통하여 활동할 수 있는 권리
- 안전하고 쾌적한 소비생활 환경에서 소비할 권리

05 판매원이 고객에게 서비스를 제공할 때에 지켜야하는 기본 규칙으로 옳은 것은?

① 필요할 경우에는 고객과의 언쟁도 가능하다는 점을 인지한다.
② 고객의 이야기는 상품을 판매하는 중에만 경청하면 된다.
③ 자신이 속한 조직에 자부심을 가지고 응대한다.
④ 외모는 최대한 최신 유행에 맞추어 치장한다.
⑤ 언어적인 의사표현에만 신중을 기한다.

① 고객과의 언쟁은 가급적 피해야 한다.
② 고객의 이야기는 항상 경청해야 한다.
④ 외모는 단정하게 갖추어야 한다.
⑤ 언어적인 의사표현뿐만 아니라 비언어적인 의사표현에도 신중을 기해야 한다.

06 근로자라 함은 직업의 종류를 불문하고 사업 또는 사업장에서 임금을 목적으로 근로를 제공하는 자를 말한다. 청소년 근로자에 대한 설명으로 옳지 않은 것은?

① 청소년보호법에 따르면 청소년이란 만 19세 미만인 사람을 뜻한다.
② 청소년은 미성숙한 사회인이기 때문에 성인과 동일한 최저임금을 받지 않는다.
③ 청소년은 근로시간 제한이나, 야간근무 금지 등 특별한 보호를 받는다.
④ 청소년 근로자도 유급 휴일과 휴가를 받을 수 있다.
⑤ 일하다가 다쳤다면 산업재해보상보험법이나 근로기준법에 따라 치료와 보상을 받을 수 있다.

청소년 근로자도 성인과 동일한 최저임금을 받는다.

07 아래 글상자 신문기사의 판매원이 수행한 고객활성화 활동의 짝으로 옳은 것은?

> 정수기, 공기청정기, 연수기 등을 생산하여 판매하는 (주)○○은 최근 영업왕 선발대회를 통해 최영
> 광씨를 영업왕으로 선발하였다. 그는 (㉠) 정수기를 렌탈하여 사용하던 기업고객을 대상으로 공
> 기청정기를 추가적으로 렌탈하게 하였고, (㉡) 기존 월 2만원의 보급형 모델의 공기청정기를 사용
> 하는 일반 고객들에게 최신식의 고급형 월 3만원의 모델을 렌탈하게 하여 높은 실적으로 보였다.
> 　　　　　　　　　　　　　　　　　　　　　　　　 – ■■일보, 2018년 10월 10일자 –

① ㉠ – 교차판매, ㉡ – 관계판매
② ㉠ – 상승판매, ㉡ – 교차판매
③ ㉠ – 관계판매, ㉡ – 교차판매
④ ㉠ – 교차판매, ㉡ – 상승판매
⑤ ㉠ – 상승판매, ㉡ – 관계판매

해설 ・교차판매(Cross Selling) : 자체 개발한 상품에만 의존하지 않고 관련된 제품까지 판매하는 적극적인 판매방식
・상승판매(Up Selling) : 동일한 분야로 분류될 수 있는 제품 중 소비자가 희망하는 제품보다 단가가 높은 제품의
　구입을 유도하는 판매방법

08 직업선택의 기준에 대한 내용으로 가장 옳지 않은 것은?

① 적성 : 자신의 적성과 소질에 맞는 일을 할 때 일에 대한 즐거움을 느끼고 능률이 오를 수 있으므로
　그 직업이 자기 적성에 맞는지를 고려한다.
② 장래성 : 직업은 일시적인 것이 아니라 평생직업이 될 수 있으므로 전망과 발전가능성을 고려
　한다.
③ 경제적 소득 : 직업의 보람은 반드시 경제적 소득에 의해서만 얻을 수 있으므로 경제적 소득이
　유일한 직업선택 기준이 되어야 한다.
④ 자아실현 : 직업을 통해서 스스로의 인생목표를 실현할 수 있도록 고려한다.
⑤ 직업환경 등 : 직업병 발생유무, 정신적・신체적 적응 가능성, 전문성도 고려대상이 될 수 있다.

해설 직업의 보람은 경제적 소득뿐만 아니라 자아실현, 목표달성, 가치관, 성취감 등 여러 가지로 인해 얻을 수 있으므로
직업선택 기준은 여러 방면으로 고려해야 한다.

09 직업윤리에 관련된 내용으로 가장 옳지 않은 것은?

① 직업윤리란 일반윤리의 한 특수한 형태이다.

② 직업윤리는 모든 직업인에게 일반적으로 요구되는 '직업일반의 윤리'와 각 직종에 따라 특수하게 요구되는 '특정직업의 윤리'로 구분된다.

③ 직업윤리는 국민윤리나 일반윤리보다 더 넓은 의미의 직업에 대한 가치 체계이다.

④ 일반윤리와 직업윤리는 서로 상호보완적 관계에 있어야 한다.

⑤ 직업인들이 직업윤리를 통해 자발적으로 상호간의 신뢰를 구축할 수 있어야 공정하고 합리적인 사회가 운영될 수 있다.

해설 직업윤리는 사회 안에서 인간이 삶의 유지를 위해 지속적인 행위과정에서 지켜야 할 상호적 관계의 도리나 사회적으로 기대되는 내・외적인 행위규준을 의미하는 것으로 국민윤리나 일반윤리보다 더 좁은 의미의 직업에 대한 가치 체계이다.

10 아래 글상자는 윤리경영 측면에서 본 이해관계자에 따른 핵심가치와 주요 관심 이슈들에 대해 기술한 것이다. 각 주요 관심 이슈들에 따른 이해관계자가 가장 옳지 않은 것은?

구 분	이해관계자	핵심가치	주요 관심 이슈들
㉠	경쟁자	공정성	불공정 경쟁, 가격덤핑, 지적재산권 침해, 산업스파이 활용 등
㉡	해외정부	인간존중	고용차별, 성차별, 성희롱, 부당한 노사관계, 근로기준법 위반 등
㉢	투자자	투명성	시장조작, 경영정보 허위공시, 분식회계, 기업지배행위 등
㉣	정 부	책임, 의무	탈세, 돈세탁, 뇌물, 정치개입, 부당정치자금 조성 등
㉤	고 객	신뢰성	고객불만무시, 허위・과대광고, 고객정보 유출, 효능・성분 허위표시 등

① ㉠

② ㉡

③ ㉢

④ ㉣

⑤ ㉤

해설 ㉡의 이해관계자는 종업원이다.

11 고객을 응대하는 판매원의 인사예절에 대한 설명 중 가장 옳지 않은 것은?

① 인사말의 끝은 한음 정도 내려서 정중한 분위기를 연출한다.

② 일상생활에서의 보통 인사는 30도 정도의 각도를 유지한다.

③ 항상 자연스러운 미소를 머금는다.

④ 고객을 기다리게 할 때는 간단한 목례를 한다.

⑤ "어서 오십시오" 등의 응대는 숙인 상태에서 실시한다.

해설 인사말의 끝은 한음 정도 올려서 밝고 환한 분위기를 연출한다.

12 성희롱의 대처방법으로 가장 옳지 않은 것은?

① 직접적으로 거부의사를 전달하는 것은 피하는 것이 좋다.

② 정식으로 항의하는 것이 중요하다.

③ 가해자와 직접 부딪치기 어려울 때에는 문서로 발송한다.

④ 혼자 대처하기 어려울 때는 제3자에 의한 신고도 가능하다.

⑤ 회사 외부의 신고기관에 도움을 요청할 수 있다.

해설 직접적으로 거부의사를 전달해야 한다.

13 소매점이 구사하는 전략들에 대한 내용으로 가장 옳지 않은 것은?

① 병행수입이란 소매업자가 스스로 해외의 도매업자 등에게 직접 구입하는 것을 의미한다.

② 병행수입은 수입총판을 통하여 구매하는 것보다 저렴하게 매입할 수 있다.

③ 병행수입은 해외 생산자의 직접적인 애프터서비스가 확실히 보장된다는 장점이 있다.

④ 도미넌트 전략이란 특정한 어느 지역에 집중적으로 복수의 체인점을 개설하는 전략을 의미한다.

⑤ 도미넌트 전략을 통해 해당지역에서는 체인점 지명도가 올라갈 수 있으나 인구성장이 지체되는 지역에서는 체인점이 도산할 가능성이 있다.

해설 병행수입은 쇼핑몰 판매자의 규정에 따라 일반 업체에서 A/S를 받거나, A/S를 받지 못할 수도 있기 때문에 직접적인 애프터서비스가 확실히 보장되지 않는다.

> **보충설명**
>
> **병행수입**
> 같은 상표의 상품을 여러 수입업자가 수입하여 국내에서 판매할 수 있는 제도이다. 원칙적으로 상표의 고유 기능인 출처표시와 품질보증 기능을 해치지 않는 범위 내에서 모든 수입품에 대한 병행수입이 허용된다. 병행수 입은 정식 수입제품보다 가격이 15~50%까지 저렴하다는 장점이 있지만, 사후관리가 잘 되지 않는다는 단점이 있다.

14 편의점(CVS)의 특성에 대한 설명으로 가장 옳은 것은?

① 마진율과 상품회전율이 낮다.

② 입점은 주로 교외지역에 위치한다.

③ 다수의 노동력으로 유지 및 관리한다.

④ 상품 구매 시 시간의 구애를 많이 받는다.

⑤ 소비자 가격은 비할인 정찰제를 원칙으로 한다.

해설 ① 마진율과 상품회전율이 높다.
② 주로 주택 근처에 입점하여 고객이 일상적 구매를 손쉽게 할 수 있다.
③ 소수의 가족노동을 중심으로 하여 인건비 절감을 도모한다.
④ 영업시간이 길어서 언제든지 필요에 따라 구매할 수 있다.

15 아래 글상자 괄호 안에 들어갈 올바른 용어로만 나열된 것은?

(㉠) : 상품회전율은 높으나, 판매마진율은 낮다.
(㉡) : 구매빈도는 매우 낮으나, 상표에 대한 관심은 매우 높다.
(㉢) : 상품의 단가는 비교적 높은 편이지만, 상품의 대량판매는 쉽지 않다.

① ㉠ : 선매품, ㉡ : 전문품, ㉢ : 편의품
② ㉠ : 전문품, ㉡ : 선매품, ㉢ : 편의품
③ ㉠ : 편의품, ㉡ : 전문품, ㉢ : 선매품
④ ㉠ : 전문품, ㉡ : 편의품, ㉢ : 선매품
⑤ ㉠ : 선매품, ㉡ : 편의품, ㉢ : 전문품

해설 구매관습에 따른 분류

편의품	선매품	전문품
• 높은 구매빈도 • 낮은 단가 • 높은 회전율 • 낮은 마진 • 대량생산 가능 • 상표에 대한 높은 관심 • 습관적 구입 • 주거지 근처에서 구매 • 집약적(개방적) 유통방식	• 낮은 구매빈도 • 비교적 높은 단가 • 높지 않은 회전율 • 상당히 높은 마진 • 대량생산에 부적합 • 스타일 · 디자인 등 정보적 가치가 중요 • 사전계획을 세워서 구매 • 구매에 시간 · 노력을 아끼지 않음 • 몇몇 점포를 둘러본 후 비교 구매 • 선택적 유통방식	• 매우 낮은 구매빈도 • 매우 높은 단가 • 매우 낮은 회전율 • 높은 마진 • 상표에 매우 관심 • 상당한 노력을 들여 예산 및 계획을 세우고 정보 수집 • 구입할 때 전문적인 판매원의 지도 · 정보가 큰 역할을 함 • 전속적 유통방식

16 매장 내 상품구성에 대한 설명으로 옳지 않은 것은?

① 상품구성을 결정할 때 주고객이 어느 계층인지를 고려해야 한다.

② 상품구성을 결정할 때 고객의 라이프 스타일을 고려해야 한다.

③ 고객의 구매결정요소에 맞는 상품으로 구성해야 한다.

④ 편의품, 선매품, 전문품이 골고루 분포될 수 있도록 구성해야 한다.

⑤ 판매방법 및 서비스에 맞게 상품구성이 결정되어야 한다.

해설 편의품, 선매품, 전문품은 상품 구성의 폭이나 깊이, 소비자의 구매관습에 따른 차이가 상이하기 때문에 매장 특성이나 주 고객층을 고려하여 적합한 상품으로 구성해야 한다.

17 백화점의 유통 특성으로 가장 옳지 않은 것은?

① 다양한 상품계열 확보

② 머천다이징 중시

③ 고객관계관리 중시

④ 재고 위험은 백화점이 모두 부담

⑤ 편리한 입지와 쾌적한 쇼핑공간 제공

해설 백화점의 '직매입 판매방식'은 재고 위험을 백화점이 모두 부담하지만, '특정매입 판매방식'은 납품업자로부터 상품을 우선 매입해서 판매한 뒤 안 팔린 재고는 반품하는 형태로 재고에 대한 위험을 백화점이 아닌 납품업자가 부담하는 거래형태이다.

18 인터넷 유통경로에 대한 설명으로 가장 옳지 않은 것은?

① 풍부한 정보 제공과 편리하며 경제적이라는 이유로 빠른 성장을 구가하고 있다.

② 인터넷 채널은 재화의 판매뿐만 아니라 서비스의 판매에도 많은 영향을 미친다.

③ 초창기 인터넷을 통해 생산자가 소비자에게 직접 판매하는 탈중간상화가 유통의 주요 현상으로 나타났고 이후 중간상의 기능은 약화되었다.

④ 기존 점포형 소매업과 인터넷 소매업을 동시에 이용하는 다채널전략에 이어 옴니채널전략으로 진화하고 있다.

⑤ 다른 채널에 비해 반품률이 높으며 환불에 대한 소비자 불만이 많은 편이다.

해설 인터넷의 확산으로 기업과 기업 소비자, 민간 부문과 공공 부문간의 직접 거래 가능성을 높여 가치 사슬에서 소비자와 공급자의 연결을 담당하는 단순중개기능을 배제하고 온라인을 이용한 새로운 유통, 판매방식이 등장하고 있어, 중간상의 단순중개기능은 약화되었지만 그 밖의 새로운 유통, 판매방식과 관련된 기능은 강화되고 있다.

19 유통의 기본 개념과 용어에 대한 설명으로 가장 옳지 않은 것은?

① 상권(trade area)은 한 점포가 고객을 유인할 수 있는 지역범위를 말한다.

② 로지스틱스(logistics)란 원재료의 조달에서 제품판매, 재활용에 이르는 전과정을 총괄적으로 관리하는 것을 말한다.

③ 상품계획이란 고객의 수요를 예측하고, 고객에게 잘 팔릴 수 있는 상품을 선정하고, 그 상품을 확보, 관리하는 모든 활동을 말한다.

④ 판매촉진이란 소비자로 하여금 제품을 구매하도록 유도하기 위해 추가적인 인센티브를 제공하는 활동을 말한다.

⑤ 총마진수익률(GMROI)은 이익과 회전율을 동시에 감안하여 평균회전율을 총이익률로 나누어서 구한다.

해설 총마진수익률(GMROI)은 일반적으로 소매업체의 수익성 지표로 사용되며 '총마진율 × 재고회전율'로 나타낸다.

20 서비스 제공 실패 후, 종업원들의 회복노력을 통해 고객신뢰가 재창출될 수 있다. 이를 위해 종업원 행동을 자극할 수 있는 방안으로 옳지 않은 것은?

① 비정형적인 일이 발생했을 때 주도권을 행사하고 임기응변에 능할 수 있도록 종업원들을 훈련시킨다.

② 종업원들이 문제를 발생시킨 것이므로 종업원들에게 고객을 만족시킬 권한과 재량을 최소한으로 제한한다.

③ 문제해결을 잘한 직원들에게는 더욱 훌륭하게 되도록 격려하기 위해 동기부여하고 보상을 제공한다.

④ 종업원들이 문제를 효과적으로 해결할 수 있도록 기술과 정보를 제공해 준다.

⑤ 고객서비스 담당자들은 감정적으로 스트레스를 받기 때문에 즐겁고 안정적인 작업환경을 제공하도록 한다.

해설 종업원들에게 최대한의 권한과 재량을 부여한 후 문제를 해결할 수 있도록 한다.

21 마케팅 믹스(4P)에 해당하지 않는 것은?

① 포지셔닝(Positioning)
② 제품(Product)
③ 가격(Price)
④ 유통(Place)
⑤ 촉진(Promotion)

해설 마케팅 믹스(4P)
• 제품(Product)
• 유통(Place)
• 가격(Price)
• 촉진(Promotion)

22 기업이 판매향상을 위해서 구사하는 푸시(push) / 풀(pull)전략에 대해 옳지 않은 것은?

① push 전략은 중간상으로 하여금 그 제품을 취급하고 촉진하여 최종소비자에게 판매하도록 한다.
② push 전략은 제조업자가 중간상 촉진을 사용하는 것과 관련된다.
③ push 전략은 상표충성도가 낮고 상표선택이 점포에서 이뤄지는 경우에 적절하다.
④ pull 전략은 관여수준이 높은 경우, 사람들이 상표들 간의 차이를 지각한 경우에 적절하다.
⑤ 기업은 push 아니면 pull 전략 중 하나의 전략에만 집중하여 마케팅 효과를 극대화해야 한다.

해설 기업은 push와 pull 전략을 모두 조합하여 마케팅 효과를 극대화해야 한다.

> 보충설명
> 푸시(push)전략과 풀(pull)전략
> • 푸시(push)전략 : 주로 제조업체가 유통업체를 대상으로 판촉활동을 하며, 인적판매수단을 동원하여 마케팅 활동을 집중하는 것을 말한다.
> • 풀(pull)전략 : 최종 구매자를 대상으로 직접 프로모션을 전개하는 것으로 광고나 PR이 대표적이다.

23 서브퀄(SERVQUAL)의 5개 품질차원에 따른 행위로 옳지 않은 것은?

① 신뢰성 : 항공사의 경우, 정시 출발·도착 서비스 제공

② 응답성 : 온라인 증권회사의 경우, 대기시간이 없도록 빠른 웹사이트 서비스 제공

③ 확신성 : 자동차 수리의 경우, 지식과 경험이 많은 수리공이 서비스 제공

④ 공감성 : 병원의 경우, 대기실, 검사실, 의료장비, 문서자료를 구비하여 전문적인 서비스 제공

⑤ 유형성 : 미용실의 경우, 미용시설과 장비를 구비하고 대기장소의 환경을 개선하는 서비스 제공

해설 SERVQUAL의 5개 품질차원
- 유형성 : 물리적 시설, 장비, 직원, 커뮤니케이션 자료의 외양
- 신뢰성 : 약속한 서비스를 믿을 수 있고 정확하게 수행할 수 있는 능력
- 대응성 : 고객을 돕고 신속한 서비스를 제공하려는 태세
- 확신성 : 직원의 지식과 예절, 신뢰와 자신감을 전달하는 능력
- 공감성 : 회사가 고객에게 제공하는 개별적 배려와 관심

24 기업의 고객관리에 관련된 내용으로 가장 옳지 않은 것은?

① 과거에는 고객과의 장기적인 관계구축보다는 단기적 거래의 판매 전 행동과 판매행동 중심으로 논의되었다.

② 기업의 철학이 생산개념에서 관계마케팅개념으로 바뀌면서 고객만족의 중요성이 대두되기 시작하였다.

③ 만족도가 높은 고객들은 오랫동안 충성심을 가지게 된다.

④ 일상적인 거래의 경우, 기존 고객을 유지·관리하는 것보다 새로운 고객을 확보하는 데 더 적은 비용이 소요된다.

⑤ 새로운 고객을 확보하는 것 못지않게 기존 고객을 유지하는 것도 중요하다.

해설 기존 고객을 유지·관리하는 것보다 새로운 고객을 확보하는 데 더 많은 비용이 소요된다.

25 매장에 들어와 원하는 상품을 찾는 손님에게 종업원이 응대하고 상품을 제시하는 방법으로 가장 적절하지 않은 것은?

① 고객에게 판매를 하겠다는 자세보다는 상품을 사도록 도와준다는 마음으로 접근한다.

② 상품 제시는 낮은 가격에서부터 높은 가격순으로 제시하는 것이 거부감이 적다.

③ 고객이 상품을 보고 느끼는 등 오감으로 상품을 실감할 수 있도록 설명한다.

④ 고객이 원하는 상품을 파악하고 요구에 맞는 2, 3가지 상품을 추천한다.

⑤ 고객이 상품을 보고난 후 고민을 덜하도록 구매 얘기를 먼저 꺼내는 것이 일반적이다.

해설 구매 얘기를 먼저 꺼내는 것은 고객에게 부담감을 줄 수 있기 때문에 적절하지 않다. 고객이 상품을 보고난 후에는 고민을 덜하도록 고객의 필요에 가장 밀접하게 관련된 이점 혹은 혜택을 강조하여 고객으로 하여금 욕구를 환기시키고 이를 특징으로 연결해서 확신을 심어주는 것이 좋다.

26 종업원이 고객 응대 시 갖춰야할 화법과 언어에 대한 설명이다. 아래 글상자 괄호 안에 들어갈 용어가 옳게 나열된 것은?

> (㉠) : 기본적인 말에 덧붙여서 말함으로써 친근함을 표현하는 화법이다. 예를 들어, 고객의 욕구를 충족시켜주지 못할 때 "죄송합니다만", "실례합니다만" 등의 표현을 먼저 덧붙여 표현하는 화법이다.
>
> (㉡) : 고객의 요구를 거절하거나 직선적으로 말을 해야 할 경우 감정을 자극하지 않고 부드럽게 거절하거나 양해를 구하기 위해 말을 돌려 표현하는 언어를 의미한다.

① ㉠ : 간접 화법, ㉡ : 쿠션 언어
② ㉠ : 플러스 화법, ㉡ : 쿠션 언어
③ ㉠ : 제로 화법, ㉡ : 쿠션 언어
④ ㉠ : 간접 화법, ㉡ : 스펀지 언어
⑤ ㉠ : 플러스 화법, ㉡ : 스펀지 언어

해설 • 플러스 화법 : 상대방에게 친근함을 느끼게 하는 말이나 도움이 될 수 있는 내용을 덧붙여서 말하는 화법이다.
• 쿠션언어 : 공감, 요청, 부탁, 의뢰, 반론, 거절 등의 꺼내기 어려운 말을 할 때 상대방에게 불쾌감을 주지 않고 용건을 부드럽게 전하는 표현이다.

27 최근 데이터베이스를 구축하고 이를 활용한 데이터베이스 마케팅이 보편화되었다. 매스마케팅과 비교한 데이터베이스 마케팅의 특징으로 옳지 않은 것은?

① 데이터베이스 마케팅은 대중매체뿐만 아니라 디지털 매체도 적극 활용한다.
② 데이터베이스 마케팅은 불특정 대다수가 아닌 개별 고객을 대상으로 마케팅 활동을 하도록 지원한다.
③ 데이터베이스 마케팅은 고객의 공통 욕구가 아닌 개인화된 욕구를 반영해 마케팅 서비스를 제공하는 데 도움을 제공한다.
④ 데이터베이스 마케팅은 잠재고객이 아닌 기존고객 유지에만 초점을 맞추어 고객 데이터베이스를 구축한다.
⑤ 데이터베이스 마케팅은 일방향 커뮤니케이션이 아닌 쌍방향 커뮤니케이션을 통해 소비자의 요구를 적극 수용한다.

해설 데이터베이스 마케팅은 기업의 기존 고객 또는 잠재 고객에 대한 데이터를 전산 시스템에 축적해둔 데이터베이스에 기반한 마케팅 유형으로, 기존 고객과 잠재 고객을 이해하고 이를 통해 기존 고객을 유지함과 동시에 잠재 고객을 끌어들임으로써 고객의 평생가치를 최대화하는 데 있다.

28 은행의 금융서비스나 병원의 의료서비스는 먼저 온 손님부터 서비스를 제공하므로 뒤에 온 손님은 대기하게 된다. 대기 손님을 관리하기 위해 기업이 알아야 할 내용으로 가장 옳지 않은 것은?

① 서비스를 제공받는 시간보다 이를 받기 전 대기가 더 길게 느껴진다.

② 언제 서비스를 받을 수 있을지 모를 경우 대기가 더 길게 느껴진다.

③ 제공받을 서비스가 가치가 있을수록 더 짧게 기다린다.

④ 대기의 원인이 설명되었을 경우 대기시간은 더 짧게 느껴진다.

⑤ 아무 일도 하는 것 없이 기다릴 경우 대기시간은 더 길게 느껴진다.

해설 제공받을 서비스가 가치가 있을수록 더 길게 기다린다.

29 소매점 판매과정이 순서대로 옳게 나열된 것은?

ㄱ. 판매제시	ㄴ. 고객욕구 파악 결정
ㄷ. 고객에게 접근	ㄹ. 판매결정
ㅁ. 고객유지를 위한 사후관리	ㅂ. 판매마무리

① ㄷ - ㄴ - ㄱ - ㄹ - ㅂ - ㅁ   ② ㄷ - ㄱ - ㄴ - ㄹ - ㅁ - ㅂ

③ ㄴ - ㄱ - ㄷ - ㄹ - ㅂ - ㅁ   ④ ㄴ - ㄱ - ㄷ - ㄹ - ㅁ - ㅂ

⑤ ㄷ - ㄴ - ㄱ - ㅂ - ㄹ - ㅁ

해설 소매점의 판매과정
고객에게 접근 → 고객욕구 파악 결정 → 판매제시 → 판매결정 → 판매마무리 → 고객유지를 위한 사후관리

30 아래 글상자에서 설명하는 점포 레이아웃의 기본 개념으로 옳은 것은?

레이아웃 완성 후 코너별로 상품 구성을 계획하고 진열 면적을 배분하여 레이아웃 도면상에 상품 배치 구역을 구분하여 표시한 것

① 페이싱(Facing)   ② 스코핑(Scoping)

③ 조닝(Zoning)   ④ 라이닝(Lining)

⑤ 블랙룸(Black room)

해설 조닝과 페이싱
• 조닝 : 레이아웃이 완성되면 각 코너별 상품 구성을 계획하고 진열면적을 배분하여 레이아웃 도면상에 상품배치 구역을 구분하여 표시하는 것을 말한다.
• 페이싱 : 페이스의 수량을 뜻하는 것으로 앞에서 볼 때 하나의 단품을 옆으로 늘어놓은 개수를 말하며 진열량과는 다르다.

31 기업이 신제품 론칭(Launching)시 쓰는 가격전략 설명이다. 괄호 안에 들어갈 용어가 바르게 나열된 것은?

> (㉠)전략은 제품이 시장에서 초기에 고가격으로 시작하여 점차 계속적으로 가격을 하락시키는 방법을 말한다. 보통, 자금의 조기 회수를 목적으로, 가격탄력성이 비교적 낮은 상층 시장을 대상으로 수행한다.
>
> (㉡)전략은 제품의 도입기에는 저가격 전략을 지향하다가 시장의 점유율이 증가됨으로써 가격을 점차 올리는 방법을 말한다. 이 전략은 여러 경쟁 제품이 치열하게 포진되어 있는 상태에서 신제품을 론칭할 때 사용하는 가격전략이다.

① ㉠ : 스키밍(Skimming), ㉡ : 페니트래이션(Penetration)
② ㉠ : 페니트래이션(Penetration), ㉡ : 스키밍(Skimming)
③ ㉠ : 스키밍(Skimming), ㉡ : 인베이딩(Invading)
④ ㉠ : 인베이딩(Invading), ㉡ : 스키밍(Skimming)
⑤ ㉠ : 페니트래이션(Penetration), ㉡ : 인베이딩(Invading)

해설
- 스키밍(Skimming)전략 : 시장에 신제품을 선보일 때 고가로 출시한 후 점차적으로 가격을 낮추는 전략으로 브랜드 충성도가 높거나 제품의 차별점이 확실할 때 사용한다.
- 페니트래이션(Penetration)전략 : 신제품의 출시 초기에 판매량을 늘리기 위해 상대적으로 제품의 가격을 낮게 설정하는 전략이다.

32 고객이 매장에 들어가서 상품을 구경하고 구매하는 모든 과정에서 고객동선을 막힘없이 원활히 하기 위해 가장 먼저 고려해야 할 사항은?

① 점포 레이아웃(Lay-out) 설계
② 점포 컨셉(Concept)
③ 점포 임대 상황
④ 판매원의 서비스 태도
⑤ 점포 운영비용

해설
레이아웃이란 보다 효율적인 매장 구성이나 상품진열, 고객동선, 작업동작 등을 위한 일련의 배치작업이므로 고객동선을 막힘없이 원활히 하기 위해서는 점포 레이아웃 설계를 가장 먼저 고려해야 한다.

33 아래 글상자 내용은 어떤 고객 유형의 응대 기법인가?

> – 결론부터 제시하고 설명을 진행한다.
> – 신속한 응대가 가장 중요하다.

① 성격이 급한 유형
② 말이 많은 유형
③ 결정을 미루는 유형
④ 의심이 많은 유형
⑤ 잘난 척하는 유형

해설 성격이 급한 유형의 고객은 장황하게 과정을 설명하기보다는 결론부터 제시한 후 설명을 진행하는 것이 좋고, 최대한 신속하게 응대해야 고객 불만을 방지할 수 있다.

34 아래 글상자 내용은 고객 응대의 6단계이다. 괄호에 들어갈 가장 적절한 답을 고르면?

> 1단계 – 신속하게 접수한다.
> 2단계 – 우선 사과를 한다.
> 3단계 – 끝까지 경청하고 메모한다.
> 4단계 – 문제를 정확하게 파악한다.
> 5단계 – (   )
> 6단계 – 성의 있게 마무리한다.

① 문제를 파악한 후 잘잘못을 분별한다.
② 정중하게 검토하고 해결책을 제시한다.
③ 불만 사항을 검토하고 고객에게 무조건 사죄한다.
④ 언제나 고객의 입장에서 고객이 원하는 것을 모두 수용한다.
⑤ 해결책을 제시할 때 회사의 입장에서 손해를 보지 않도록 진행해야 한다.

해설 문제를 파악한 후에는 그 문제가 발생한 원인에 대해 정중하게 검토하고 그에 대한 해결책을 제시한다.

35 고객관계관리를 통해 기업이 얻을 수 있는 효과로 옳지 않은 것은?

① 고객 점유율보다 시장 점유율에 비중을 두고 있어 잠재시장을 장악하는 데 효과적이다.

② 20%의 고객이 80%의 매출액을 올린다는 파레토 법칙에 따라 신규 고객보다는 기존 고객의 유지와 감동을 통해 지속적인 매출을 향상시킬 수 있다.

③ 고객이 원하는 상품을 만들고 고객의 욕구를 파악하여 고객이 원하는 상품을 공급하므로 고객관계를 확립할 수 있다.

④ 잠재고객을 활성화시키고, 재구매, 구매 수준 증대를 유도하여 매출을 증가시킨다.

⑤ 고객 데이터를 분석하여 얻은 정보를 활용해 틈새시장 공략에 활용할 수 있다.

해설 고객관계관리는 시장 점유율보다 고객 점유율에 더 비중을 두고 있어 기존 고객 및 잠재 고객을 대상으로 고객유지 및 이탈방지, 타 상품과의 연계판매 및 수익성이 높은 상품을 판매하기 위한 상승판매 등 1:1 마케팅 전략을 통해 고객 점유율을 높이는 전략이 필요하다.

36 제조기업이 상품을 단 하나만 출시하는 것보다 여러 상품들로 상품라인을 구성하여 출시하는 것이 바람직한 이유로 옳지 않은 것은?

① 고객의 다양한 욕구를 충족시키기 위해

② 고객의 만족도를 제고시키기 위해

③ 경쟁자의 시장 진입을 저지하기 위해

④ 자기잠식을 방지하지 위해

⑤ 판매량을 증대시키기 위해

해설 자기잠식은 새로 내놓는 제품이 기존의 자사 주력상품의 고객을 빼앗아 가는 현상을 뜻하는 것으로 수익성이 낮은 신제품이 수익성이 높은 기존 제품을 대체해 판매를 잠식할 경우 수익성에 악영향을 미친다. 그러나 자기잠식이 일어난다는 것은 그 영역이 아직 성장 가능성이 남아있다는 신호로 해석되기 때문에 기업들은 경쟁사업자의 시장침투를 막기 위해 해당 영역에 계속 신제품을 출시한다.

37 디스플레이의 기본 원칙에 대한 설명으로 가장 옳지 않은 것은?

① 대형상품은 위험성이 없는 위치와 높이에 전시한다.

② 상품의 이름이 전면으로 보이게 진열한다.

③ POP(Point-Of-Purchase)는 제품보다 최대한 크고 눈에 띄게 설치한다.

④ 유효진열 범위를 잘 지켜야 한다.

⑤ 계절감에 맞게 진열한다.

해설 POP보다는 제품이 더 눈에 띄어야 하기 때문에 제품이 돋보이는 수준에서 설치해야 한다.

38 판매원이 수행해야 하는 역할로 가장 옳지 않은 것은?

① 판매원은 고객의 잠재적 욕구를 발견하고 설득행위를 통해 잠재고객에게 판매를 성사시킨다.

② 판매원은 고객과의 관계를 통해 고객의 욕구 및 불만 등을 파악하고, 이에 대한 정보를 회사에 전달한다.

③ 판매원은 고객의 욕구에 맞는 A/S 등의 부수적인 서비스를 제공한다.

④ 판매원은 POP(Point-Of-Purchase)와 같은 비대면 판매수단과는 차별되는 배려와 정성이 수반되는 인간적인 서비스를 제공한다.

⑤ 판매원은 고객을 대신하여 구매대안 상품 및 경쟁상품을 비교하여 추천해 주는 구매대행 서비스를 제공한다.

해설 판매원은 자사 상품의 효용을 고객에게 알리고 고객이 구매활동을 하도록 설득하는 역할을 수행하지만, 경쟁상품을 비교하여 추천해주는 구매대행서비스를 제공하지는 않는다. 구매대행은 보통 우리나라에서 다른 나라의 제품을 쉽고 편리하게 구매할 수 있도록 도와주는 서비스로 이러한 서비스를 제공하는 업체가 따로 있다.

39 사후관리의 주요 활동에 대한 내용 중 가장 옳지 않은 것은?

① 성공적으로 판매를 종료한 후, 상품, 서비스, 고객과의 관계 등 고객만족도를 주기적으로 점검하는 것이 필요하다.

② 고객에게 제시된 가치가 고객 니즈에 적합하지 않을 수도 있기 때문에 고객에게 제공된 가치가 유효한지 사후관리를 통해 파악하고 조정해야 한다.

③ 고객의 사전기대는 고객만족과 불만족에 지대한 영향을 미치기 때문에, 영업사원은 고객에게 초기에 많은 약속을 하여 높은 기대를 하게 함으로써 일시적인 판매를 유도한다.

④ 고객과 접촉한 데이터는 CRM(Customer Relationship Management) 시스템의 데이터베이스에 저장되어야 하며, 영업사원과 회사는 저장된 데이터를 주기적으로 활용하여 유용한 정보를 도출해야 한다.

⑤ 성공적인 판매가 이루어진 후 기업뿐만 아니라 영업사원도 고객유지율 및 고객충성도를 제고하는 노력이 필요하다.

해설 고객에게 초기에 많은 약속을 하여 높은 기대감을 심어주게 되면 판매 후에 그 기대치만큼 만족감을 느끼지 못하게 된다면 더욱 실망하게 되거나 불만족 하게 되는 상황이 발생할 수 있기 때문에 고객의 사전기대는 만족과 충성도 사이에서 적절하게 조절하는 것이 좋다.

40 아래 글상자에서 설명하는 POP(Point-Of-Purchase) 진열방식의 명칭으로 가장 옳은 것은?

> 제품을 포장된 상자 속에 그대로 넣어 둔 채로 판매하는 방식으로 대형 슈퍼마켓이나 할인점에서
> 주로 사용하는 방식이다. 고객들에게 매장 분위기를 해칠 수 있지만 진열 비용이 매우 적게 들고
> 많은 양의 동일한 상품을 저렴한 가격에 팔 수 있다.

① 테마별 진열   ② 구색 진열
③ 컷 케이스 진열   ④ 패키지 진열
⑤ 샌드위치 진열

해설 ① 상품을 주제에 맞게 테마별로 한데 묶어 집중 진열하면 상품의 특색이 크게 두드러져 고객의 관심을 끌게 되고,
　　판매촉진에도 도움이 된다.
② 소비자의 입장에서 볼 때 눈에 띄고, 선택이 폭이 많아 보이며 다양함을 느끼게 만들어 고객을 유인하는 진열이다.
⑤ 상품 진열대에서 잘 팔리는 상품 옆에 이익은 높으나 잘 팔리지 않는 상품을 같이 진열해서 판매를 촉진하는
　　진열 방법이다.

41 상품연출의 절대적인 원칙은 없으나 기본적인 요소들과 원칙은 존재한다고 할 수 있다. 상품연출의
원칙으로 가장 옳은 것은?

① 전방에는 작고 짙은 색의 상품을 낮게 배치한다.
② 상품과 상품 간의 간격을 최대한 좁게 하여 공간을 절약한다.
③ POP(Point-Of-Purchase)카드는 최대한 큰 것이 효과적이다.
④ 한 종류의 상품은 다양한 주제로 연출하고 다채로운 비주얼로 분위기를 표현한다.
⑤ 상품자체의 디자인을 살리고 상품의 앞쪽을 정면으로 보여준다.

해설 **페이스 디스플레이(정면 디스플레이)**
• 해당 상품의 보다 효과적인 면을 고객에게 향해서 그 상품의 정면을 보이도록 하는 디스플레이이다.
• 상품을 선택하기 쉽고, 적은 상품으로 양감을 강조할 수 있으므로 판매 권유나 대응 없이 고객 스스로가 상품을
　자유롭게 선택하여 계산대에 가서 계산하는 Self-selection의 형태를 취하는 업체에 알맞은 디스플레이이다.

42 상표 기능을 통해 기업이 얻게 되는 효과로 가장 옳지 않은 것은?

① 상품 선택 가능성을 촉진시킨다.
② 상표 기능을 통해 무형의 자산을 얻을 수 있다.
③ 자사의 상품을 차별화시킨다.
④ 상품의 정보를 얻을 수 있다.
⑤ 고유한 시장을 얻을 수 있다.

해설 상표의 기능
• 자타상품의 식별 기능
• 출처표시 기능
• 품질보증 기능
• 광고선전 기능
• 재산적 기능

43 포장의 원칙에 대한 설명으로 옳지 않은 것은?

① 포장의 크기가 적당하고 깔끔하게 해야 한다.
② 포장을 신속하게 함으로써 고객이 오래 기다리지 않도록 한다.
③ 선물인 경우, 리본을 달지 말지에 대해 구매자의 의사를 타진한다.
④ 고가의 선물용 상품인 경우, 받는 사람에게 보여주기 위하여 가격표를 떼지 않는 것이 원칙이다.
⑤ 상품의 더럽혀진 부분이나 파손된 부분이 없는지를 확인한 후 포장한다.

해설 고가의 선물용 상품이라 할지라도 포장 시에는 반드시 가격표를 떼는 것이 원칙이다.

44 아래 글상자는 무엇에 대한 내용인가?

> TV, 신문 등을 활용한 기존 매스마케팅과 프로모션, 전시, 이벤트 등 커뮤니케이션 활동은 각자 다른 영역에서 다뤄지는 것이 아닌 하나의 목표를 위한 통합된 마케팅 전략으로 인식되어야 한다.

① ATL(Above the Line)
② BTL(Below the Line)
③ IMC(Integrated Marketing Communication)
④ PPL(Product Placement Advertisement)
⑤ CRM(Customer Relationship Management)

해설 IMC(Integrated Marketing Communication)
통합 마케팅 커뮤니케이션으로, 1989년 미국 광고대행사협회는 IMC를 광고, DM, 판매촉진, PR 등 다양한 커뮤니케이션 수단들의 전략적인 역할을 비교·검토하고, 명료성과 정확성 측면에서 최대의 커뮤니케이션 효과를 거둘 수 있도록 이들을 통합하는 총괄적인 계획의 수립과정으로 정의하고 있다.

45 아래 글상자에서 설명하는 표적마케팅(targeting)의 종류로 옳은 것은?

> 각 세분시장별로 서로 다른 마케팅믹스를 투입하는 마케팅이다. 세분화된 시장별로 마케팅 믹스전략을 사용하므로 소비자들의 전체적인 만족도는 증가하지만 비용이 많이 드는 단점이 있다.

① 비차별화 마케팅   ② 차별화 마케팅
③ 비집중화 마케팅   ④ 집중화 마케팅
⑤ 전사적 마케팅

해설 차별화 마케팅
• 소매점은 여러 목표시장을 표적으로 하여 각각에 대해 상이한 제품과 서비스를 설계한다.
• 제품과 마케팅을 다양화함으로써 매출액을 늘리고 각 세분시장에서의 지위를 강화하려는 것이다.
• 여러 세분시장에서의 보다 강한 위치가 제품 범주에 대한 소비자의 전반적인 인식을 제고해줄 수 있다.
• 각 세분시장의 요구조건에 맞춰 제품을 수정하기 때문에 추가적으로 연구개발비, 마케팅 비용 등 사업운영비용이 상대적으로 높아 주로 자원이 풍부한 대기업에서 많이 사용한다.

2019년

기출문제

할 수 있다고 믿는 사람은 그렇게 되고,
할 수 없다고 믿는 사람도 역시 그렇게 된다.

-샤를 드골-

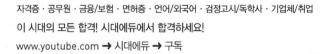

제1회 | 기출문제해설

제 **1** 회

제1과목 유통상식(01~20)

01 소비자기본법(법률 제15696호, 2018.6.12., 일부개정)에서 소비자의 기본적 권리와 책무에 관한 조항으로 옳지 않은 것은?

① 물품 등을 선택함에 있어서 필요한 지식 및 정보를 제공받을 권리

② 합리적인 소비생활을 위하여 필요한 교육을 받을 책무

③ 소비자 스스로의 권익을 증진하기 위하여 단체를 조직하고 이를 통하여 활동할 수 있는 권리

④ 물품 등의 사용으로 인하여 입은 피해에 대하여 신속·공정한 절차에 따라 적절한 보상을 받을 권리

⑤ 안전하고 쾌적한 소비생활 환경에서 소비할 권리

해설 소비자의 기본적 권리(소비자기본법 제4조)
- 물품 또는 용역으로 인한 생명·신체 또는 재산에 대한 위해로부터 보호받을 권리
- 물품 등을 선택함에 있어서 필요한 지식 및 정보를 제공받을 권리
- 물품 등을 사용함에 있어서 거래상대방·구입장소·가격 및 거래조건 등을 자유로이 선택할 권리
- 소비생활에 영향을 주는 국가 및 지방자치단체의 정책과 사업자의 사업활동 등에 대하여 의견을 반영시킬 권리
- 물품 등의 사용으로 인하여 입은 피해에 대하여 신속·공정한 절차에 따라 적절한 보상을 받을 권리
- 합리적인 소비생활을 위하여 필요한 교육을 받을 **권리**
- 소비자 스스로의 권익을 증진하기 위하여 단체를 조직하고 이를 통하여 활동할 수 있는 권리
- 안전하고 쾌적한 소비생활 환경에서 소비할 권리

02 유통산업발전법(법률 제14997호, 2017.10.31., 일부개정)에서 정의한 용어 및 설명으로 옳지 않은 것은?

① "매장"이란 상품의 판매와 이를 지원하는 용역의 제공에 직접 사용되는 장소를 말한다.

② "대규모점포"란 하나 또는 둘 이상의 연접되어 있는 건물 안에 하나 또는 여러 개로 나누어 설치되는 매장으로 상시 운영되며, 매장면적의 합계가 2천제곱미터 이상이어야 한다.

③ "전문상가단지"란 같은 업종을 경영하는 여러 도매업자 또는 소매업자가 일정지역에 점포 및 부대시설 등을 집단으로 설치하여 만든 상가단지를 말한다.

④ "유통표준코드"란 상품·상품포장·포장용기 또는 운반용기의 표면에 표준화된 체계에 따라 표기된 숫자와 바코드 등으로서 산업통상자원부령으로 정하는 것을 말한다.

⑤ "무점포판매"란 상시 운영되는 매장을 가진 점포를 두지 아니하고 상품을 판매하는 것으로서 산업통상자원부령으로 정하는 것을 말한다.

해설 대규모점포
- 하나 또는 대통령령이 정하는 둘 이상의 연접되어 있는 건물 안에 하나 또는 여러 개로 나누어 설치되는 매장일 것
- 상시 운영되는 매장일 것
- 매장면적의 합계가 **3천제곱미터 이상**일 것

03 아래 글상자에 해당하는 제품들을 주로 취급하는 소매업태로 옳은 것은?

> 일용잡화, 상비 의약품, 남성용 크림, 여성용품, 건강식품, 화장품, 비타민, 치약, 샴푸 등

① 드럭스토어(drug store)
② 파머스 마켓(farmer's market)
③ 테마파크(theme park)
④ 전문점(specialty store)
⑤ 아웃렛 스토어(outlet store)

해설 드럭스토어(drug store)
약품(Drug)과 상점(Store)이란 단어가 합쳐진 용어로 의약품이나 화장품, 생활용품, 식품 등을 판매하는 복합점포를 의미한다.

04 도매상의 제조업자를 위한 유통기능으로 가장 옳지 않은 것은?

① 시장확보기능　　　　　　　② 시장정보기능
③ 재고유지기능　　　　　　　④ 주문처리기능
⑤ 판매촉진기능

해설 판매촉진기능은 소매상의 제조업자를 위한 유통기능이다.

> **보충설명**
>
> 도매상의 제조업자를 위한 유통기능
> • 시장확대기능
> • 재고유지기능
> • 주문처리기능
> • 시장정보제공기능
> • 고객서비스대행기능

05 수직적 유통경로 시스템 중 계약형에 대한 설명으로 옳은 것은?

① 제조업자가 유통경로를 소유하고 경영하는 경우 전방통합이라 한다.
② 도매상이나 소매상이 제조시설을 보유한 경우 후방통합이라 한다.
③ 치킨, 피자 등 간이음식의 프랜차이즈 본부와 가맹점으로 구성된다.
④ 시스템의 핵심은 머천다이징 계획협정을 기본으로 한다는 것이다.
⑤ 가맹점의 점주는 상품기획 및 판촉자료 제작에 최선을 다해야 한다.

해설 ①·② 전방통합과 후방통합은 회사형 시스템에 해당한다.
④ 계약형 시스템의 핵심은 유통경로상의 상이한 단계에 있는 독립적인 유통기관들이 상호 경제적인 이익을 달성하기 위하여 계약을 기초로 통합하는 데 있다.
⑤ 상품기획 및 판촉자료 제작에 최선을 다해야 하는 것은 본부의 역할이다.

06 선매품에 대한 설명으로 가장 옳지 않은 것은?

① 많은 검색을 통해 구매를 결정하는 재화
② 보통은 편의품에 비하여 매출이익률이 높음
③ 보통은 편의품에 비하여 상품회전율이 낮음
④ 구매횟수가 매우 적고 고가품에 해당하는 소비재
⑤ 구두, 양복 등은 선매품에 해당함

해설 ④는 전문품에 대한 설명이다.

07 아래 글상자 (㉠)과 (㉡)에 들어갈 용어가 순서대로 옳게 나열된 것은?

> 유통경로구성원의 기능에서 (㉠)은 제조업체에서 소비자의 방향으로 이루어지는 기능을 의미하고, (㉡)은 소비자에서 제조업체의 방향으로 이루어지는 기능을 의미한다.

① ㉠ 쌍방흐름기능, ㉡ 전방흐름기능
② ㉠ 전방흐름기능, ㉡ 후방흐름기능
③ ㉠ 후방흐름기능, ㉡ 전방흐름기능
④ ㉠ 전방흐름기능, ㉡ 쌍방흐름기능
⑤ ㉠ 쌍방흐름기능, ㉡ 쌍방흐름기능

해설 유통경로시스템의 기능
- 전방흐름기능 : 수송·보관과 같은 물적 소유권이나 촉진 등의 기능들이 생산자로부터 최종 소비자의 방향으로 흐르는 것을 말한다.
- 후방흐름기능 : 주문이나 대금결제와 같이 최종 소비자로부터 소매상·도매상·생산자의 방향으로 흐르게 된다.
- 양방흐름기능 : 거래를 협상하거나 금융·위험부담과 같은 기능들을 말한다.

08 유통부문의 환경변화에 대한 설명으로 가장 옳지 않은 것은?

① 정보기술의 발달로 소비자의 구매성향 파악이 용이해졌다.
② 의류, 가공제품, 생활용품 등을 판매하는 대형 유통업체가 제조업체에 비해 우월한 지위를 가지기 시작했다.
③ 기존에 비해 소비자들이 탈개성화 되어 대량유통이 가능해졌다.
④ 제품의 품질이 상향 평준화 되어 제품 자체만으로는 경쟁이 어려운 경우가 발생했다.
⑤ 가격경쟁의 심화로 인해 업체 간 유통비용에 대한 관심이 높아졌다.

해설 소비의 형태가 획일화·대량화에서 개성화·다양화·고급화로 변화하면서 **다품종 소량유통**이 가능해졌다.

09 정 – 반 – 합의 논리에 따라 '전통적인 식품점 – 슈퍼마켓 – 셀프서비스형 식품점'이나 '백화점 – 할인점 – 할인백화점'의 등장을 설명할 수 있는 이론은?

① 소매수레바퀴의 가설(Wheel of Retailing)

② 아코디언 이론(Retail Accordion)

③ 자연도태설(Natural Selection)

④ 변증법적 과정(Dialectic Process)

⑤ 소매수명주기의 가설(Retail Life Cycle)

해설 변증법적 과정(Dialectic Process)
• 소매점의 진화 과정을 변증법적 유물론에 입각하여 해석
• 소매점의 진화 과정을 **정반합 과정**으로 설명
  – 고가격·고마진·고서비스·저회전율의 장점을 가지고 있는 **백화점(정)**이 출현
  – 저가격·저마진·저서비스·고회전율의 반대적 장점을 가진 **할인점(반)**이 나타나 백화점과 경쟁
  – 백화점과 할인점의 장점이 적절한 수준으로 절충되어 새로운 형태의 소매점인 **할인 백화점(합)**으로 진화

10 프랜차이즈 시스템의 구성과 역할에 대한 설명으로 옳지 않은 것은?

① 프랜차이저란 프랜차이즈의 체인본부를 의미한다.

② 슈퍼바이저란 매장 내에서 제품을 책임지고 판매하는 사람을 의미한다.

③ 체인본부는 매스컴 등을 활용해 브랜드 인지도를 높이려 노력한다.

④ 가맹점주는 인지도가 높은 체인에 가입하여 비교적 안정적인 수입을 얻고자 기대한다.

⑤ 프랜차이지란 프랜차이즈의 체인가맹점을 의미한다.

해설 프랜차이즈 시스템에서 슈퍼바이저란 프랜차이지(가맹점)에의 **경영매뉴얼 제공**과 그에 따르는 **현장에서의 지도를 행하는 사람**을 의미한다.

11 유통흐름상 경로구성원이 가지는 역할 중 도매업자의 주요 역할로 옳지 않은 것은?

① 제품의 집하, 분산기능   ② 가격인하기능

③ 물류기능   ④ 위험분산기능

⑤ 정보전달기능

해설 도매업자는 크게 **집하·분산, 물류, 위험부담, 정보전달** 등의 네 가지 주요 역할을 담당한다.

12 직업윤리의 5대 원칙 중 객관성의 원칙에 대한 내용으로 옳은 것은?

① 업무관련하여 정직하게 수행하고, 신뢰를 유지한다.

② 전문가로서의 능력과 의식을 가지고 책임을 다한다.

③ 법규를 준수하고 경쟁원리에 따라 공정하게 행동한다.

④ 업무의 공공성, 공사를 명확히 구분하고 투명하게 처리한다.

⑤ 고객에 대한 봉사를 최우선으로 하며, 고객만족을 추구한다.

해설 직업윤리의 5대 원칙
- **객관성의 원칙** : 업무의 공공성을 바탕으로 공사구분을 명확히 하고 모든 것을 숨김없이 투명하게 처리하는 것
- 고객중심의 원칙 : 고객에 대한 봉사를 최우선으로 생각하고 현장중심으로 일하는 것
- 전문성의 원칙 : 자기업무에 전문가로서의 능력과 의식을 가지고 책임을 다하여 능력을 연마하는 것
- 정직과 신용의 원칙 : 업무와 관련된 모든 것을 숨김없이 정직하게 수행하고 약속을 지켜 신뢰를 유지하는 것
- 공정경쟁의 원칙 : 법규를 준수하고 경쟁원리에 따라 공정하게 행동하는 것

13 조직의 기본원칙에 해당하지 않는 것은?

① 직무책임, 권한, 의무가 대등한 삼면등가의 원칙

② 지시를 전달받는 경로가 단일한 명령통일의 원칙

③ 한 사람의 관리자가 감독하는 범위를 정하는 통제범위의 원칙

④ 분업을 할 경우 관련된 업무끼리 묶어서 전문적으로 수행하게 한다는 전문화 원칙

⑤ 직무 일부를 부하에게 위임할 경우 반드시 관리감독을 해야 한다는 권한위양의 원칙

해설 권한위양의 원칙은 경영방침과 표준절차의 설정에 의하여 그 **실시권한을 부하에게 위양**함으로써 관리의 능률이 촉진되는 것을 말한다.

14 직장 내 성희롱에 대한 각각의 역할과 대응에 대한 설명 중 옳지 않은 것은?

① 사업주는 성희롱예방교육을 매년 1회 이상 전 직원을 대상으로 실시해야 한다.

② 고충상담원은 성희롱 고충상담 신청을 받은 경우에는 지체 없이 상담에 응해야 한다.

③ 동료가 성희롱 피해를 입은 사실을 인지하게 된 경우, 지체 없이 관계 기관에 신고해야 한다.

④ 관리자는 조직 내 성희롱예방규정에 대하여 잘 알고 있어야 하며, 피해자 보호 원칙 또한 구체적으로 알고 있어야 한다.

⑤ 피해자가 행위자의 언행을 사내 게시판에 글로 올리는 경우 법적으로 명예훼손으로 인한 고소 등의 문제가 발생할 수 있으므로 유의해야 한다.

해설 동료가 성희롱 피해를 입은 사실을 인지하게 된 경우, 명확한 사실여부 확인이나 피해자와의 상의도 없이 바로 관계 기관에 신고하는 것은 옳지 않다.

15 매일 매장을 오픈하기 전 준비해야 하는 사항에 관한 설명 중 가장 옳지 않은 것은?

① 구매시점(POP)의 위치와 이상 여부를 확인한다.
② 담당 구역의 청결여부를 확인한다.
③ 가격표가 정해진 위치에 잘 부착되어있는지 확인한다.
④ 흐트러진 상품을 정리정돈한다.
⑤ 천정과 조명기구 등을 포함한 시설 대청소를 실시한다.

해설 시설 대청소는 매일 매장 오픈 전에 준비하기보다는 일정 기간을 두고 정기적으로 실시하는 것이 좋다.

16 판매원이 갖춰야 할 태도와 관련된 설명 중 가장 옳지 않은 것은?

① 시장지식, 상품지식 등과 같은 각종 지식을 갖춘다.
② 자신의 기술을 확실히 익혀 실천한다.
③ 적극적인 사고를 통해 행동하는 것을 습관화한다.
④ 습득한 지식을 고객을 위해 바르게 실천하려는 의지를 갖는다.
⑤ 모든 문제해결에 있어 회사의 이익을 최우선으로 고려하여 문제를 축소시킨다.

해설 모든 문제해결에 있어 회사의 이익을 최우선으로 고려하여 문제를 축소시키는 태도는 옳지 않다. 문제가 다시 재발되지 않도록 각 주체의 이익을 다방면으로 고려하여 해결하려는 자세가 필요하다.

17 경청을 통한 효용에 해당되지 않는 것은?

① 들어준다는 사실이 고객의 기분을 좋게 한다.
② 들어줌으로써 자연스럽고 효과적으로 대화를 리드할 수 있다.
③ 고객은 판매원이 경청하는 것을 실감하면 본래 원했던 속마음을 표현할 수 있게 된다.
④ 들어줌으로써 미안함을 느끼게 하여 구매를 유도할 수 있다.
⑤ 고객과 호흡을 맞추면서 경청하는 태도는 고객과의 공감대를 형성한다.

해설 들어줌으로써 미안함을 느끼게 하는 것이 아니라 **고객이 무엇을 원하는지 파악**하여 구매를 유도할 수 있다.

18 판매원의 고객불만 해결 방법으로 가장 옳지 않은 것은?

① 고객에게 정중하게 사과한다.
② 고객의 분노에 깊이 공감한다.
③ 고객의 불만을 끝까지 경청한다.
④ 일단은 시간을 끌면서 화가 풀릴 때까지 기다린다.
⑤ 고객이 납득할 수 있는 해결방안을 제시한다.

해설 고객불만은 문제점을 조기에 파악하여 그 **문제가 확산되기 전에 신속히 해결**해야 한다.

19 다음의 설명에 해당하는 도매상으로 가장 옳은 것은?

> • 석탄, 목재, 중장비 등과 같은 제품을 대량으로 구매 계약하고 생산자의 창고나 보관장소에 그대로 두지만 제품에 대한 소유권은 도매상이 갖는다.
> • 소매상과 접촉하여 계약을 체결하고 제품은 공급자나 생산자가 직접 소매점에 선적 및 운반하도록 하기 때문에 도매상은 물적흐름에는 관여하지 않는다.
> • 소매상이나 혹은 산업소비자로부터 주문이 오면 생산자가 구매자에게 배송하도록 하고 대금만 회수하기 때문에 소매상은 직접 재고를 보유하지 않는다.

① 대리 도매상(agent wholesaler)
② 직송 도매상(drop shipper)
③ 트럭 도매상(truck jobber)
④ 완전서비스 도매상(full service wholesaler)
⑤ 현금 무배달 도매상(cash and carry wholesaler)

해설 ① 제품에 대한 소유권 없이 단지 제조업자나 공급자를 대신해서 제품을 판매하는 도매상으로 판매지원이나 조사기능 등을 수행하지만 제품에 대한 직접적인 소유권이 없다는 것이 큰 특징이다.
③ 일반적으로 고정적인 판매루트를 가지고 있으며, 트럭이나 기타 수송 수단으로 판매와 동시에 상품을 배달하는 도매상으로 사용판매를 하지 않고, 고객을 위한 조사기능이 상대적으로 취약하다.
④ 도매상으로부터 기대되는 모든 기능을 수행하는 도매상이다.
⑤ 주로 소매규모의 소매상에 상품을 공급하는 도매상으로 배달을 하지 않는 대신 싼 가격으로 소매상에 상품을 공급하며, 신용판매를 하지 않고 현금만으로 거래를 한다.

18 ④ 19 ② **정답**

20 소매상의 분류에 대한 설명으로 가장 옳지 않은 것은?

① 점포의 유무에 따라 점포 소매상과 무점포 소매상으로 분류된다.

② 소유 및 운영주체에 따라 크게 독립소매기관과 체인으로 분류된다.

③ 상품의 다양성 및 구색에 따라 구분하면 백화점과 전문점은 동일한 유형에 해당된다.

④ 마진과 회전율로 소매상을 구분하는 것은 상품구성전략에 의한 분류이다.

⑤ 고객이 필요로 하는 모든 서비스를 판매원들이 제공하는 전문점이나 백화점은 완전서비스 소매상에 속한다.

해설 백화점은 선매품을 중심으로 생활필수품, 전문품에 이르기까지 다양한 상품계열을 취급하는 유형이고, 전문점은 특정 범위 내의 상품군을 전문으로 취급하는 소매점으로 제한된 상품·업종에 대해 다양한 품목을 골고루 깊이 있게 취급하는 유형이다.

제2과목 판매 및 고객관리(21~45)

21 판매자가 제품이나 서비스에 대해 알아야 할 5W2H에 대한 설명으로 옳지 않은 것은?

① where – 사용장소 : 어디에서 사용되는가

② who – 사용자 : 누가 사용하는가

③ why – 사용목적 : 왜 사용하는가

④ when – 사용시기 : 언제 사용하는가

⑤ how much – 사용방법 : 어떻게 사용하는가

해설
• how – 사용방법 : 어떻게 사용하는가
• how much – 사용비용 : 얼마나 사용하는가

22 고객이 매장 직원에게 불평 사항을 전달하고자 할 때, 매장 직원이 취해야 할 불평처리 방법으로 가장 옳지 않은 것은?

① 고객 말을 막지 않고 끝까지 정중한 예의로 경청한다.

② 판매사원 개인을 향한 클레임이 아님을 알고 감정적으로 대처하지 않는다.

③ 도가 지나친 요구는 서투르게 결론을 내리지 않고 신중히 대처한다.

④ 고객의 불평이 감지되면 불평을 듣지 않고 바로 상급자에게 인계한다.

⑤ 선입관에 사로잡히지 말고 쓸데없는 말을 최대한 삼간다.

해설 고객의 불평이 감지되면 먼저 불평을 경청한 후 자기의 권한 내에서 처리할 수 있는지 검토한 다음 상급자에게 인계할지의 여부를 결정해야 한다.

23 아래 글상자에서 설명하는 용어로 옳은 것은?

> – 제품 카테고리에 구애받지 않고 관련 상품을 병행하여 진열함으로써 판매를 증가시키는 판매방법
> – 예를 들어, 슈퍼마켓의 면 제품 코너 부문 옆에 스파게티 소스를 진열하는 사례

① 크로스 머천다이징(Cross merchandising)
② 글로벌 머천다이징(Global merchandising)
③ 팀 머천다이징(Team merchandising)
④ 비쥬얼 머천다이징(Visual merchandising)
⑤ 매입정책

해설 크로스 머천다이징(Cross merchandising)
• 보완적 상품의 전시를 구사하는 것으로 보통 슈퍼마켓에서 이용하며, 상품들을 상대적으로 진열하는 관련 품목 접근법
• 고객은 한 제품에서 다른 제품으로 관심을 돌리도록 유인됨
예 한 제조업자의 샴푸 진열 옆에 동일 기업에 의하여 만들어진 헤어 컨디셔너를 진열하여 샴푸 구매자가 헤어 컨디셔너에도 관심을 갖도록 유인

24 상품구색에 대한 내용으로 옳지 않은 것은?

① 상품구색의 깊이를 깊게 하기 위해 품목수를 늘리면 특정상품 계열은 충실한 품목구성을 유지할 수 있으나, 다양한 상품 계열을 취급하기 어려워 상품구색의 넓이가 좁아질 수 있다.
② 상품구색의 일관성이란 점포에서 취급하는 각 상품계열 사이에 상호 관련성이 어느 정도 있는가를 나타내는 기준이다.
③ 상품 구색의 깊이가 깊고 상품계열 수가 많아 구색의 넓이가 넓은 경우 소비자를 점포로 흡입할 수 있는 능력이 좋아 상권을 크게 할 수 있다.
④ 얇고 넓은 상품구색을 채택하는 유통기업은 매출액 회전율이 높지 않은 품목은 제거하고 회전율이 높은 품목만을 취급하는 경향이 있다.
⑤ 깊고 좁은 상품구색을 채택하는 유통기업은 다양한 상품선택의 기회를 제공함으로써 고객의 욕구를 충족시키려 한다.

해설 <u>넓은 상품구색</u>을 채택하는 유통기업이 다양한 상품선택의 기회를 제공한다. 깊고 좁은 상품구색을 채택하는 유통기업의 예로는 전자제품만을 취급하는 전문점을 들 수 있는데, 이러한 전문점은 전자제품만을 취급하기 때문에 상품구색의 폭이 좁은 반면 전자제품 내에서의 종류는 많기 때문에 상품구색의 깊이는 깊다.

25 아래 글상자의 보기 중 생활필수품에 대한 설명으로 옳은 것은?

> ㉠ 소비자는 정기적, 반복적으로 구매한다.
> ㉡ 가격변화에 대하여 총수요가 탄력적이다.
> ㉢ 대량생산방식에 의해 생산되고 제품 수명주기가 매우 짧다.
> ㉣ 상표 차이에 따라 가격차가 매우 크다.
> ㉤ 상품의 소재, 디자인, 색상, 품질 등의 미묘한 차이에 의해 품목이 분류되고 차별화가 시도된다.
> ㉥ 일반적으로 상품의 가격이 낮다.

① ㉠, ㉢   ② ㉢, ㉥
③ ㉠, ㉥   ④ ㉡, ㉢, ㉣
⑤ ㉡, ㉤, ㉥

해설   생활필수품은 편의품에 해당한다. 편의품은 구매를 하기 위하여 사전에 계획을 세우거나 점포 안에서 여러 상표를 비교하기 위한 노력을 하지 않으므로 구매자는 대체로 정기적 · 반복적 · 습관적인 행동 양식을 나타내며, 일반적으로 상품의 가격이 낮다.

보충설명

편의품, 선매품, 전문품의 특징 비교

구 분	편의품	선매품	전문품
구매빈도	높 음	낮 음	매우 낮음
구매단가	낮 음	비교적 낮음	높 음
사전구매 계획여부	무계획 · 습관적 구매	사전 준비 계획	철저한 준비와 계획
유통경로	집약적	선택적	전속적

26 아래 글상자가 설명하는 상품 진열 범위로 옳은 것은?

> – 컬러 코디네이션(Color Coordination)에 의한 효과 또는 계절감 연출로 활용한다.
> – 상품을 진열할 때에는 화려하게 분위기 연출을 위한 진열을 한다.
> – 샘플 진열이나 색채 조절에 용이하다.

① Golden Line   ② Stock Space
③ Semi Stock Space   ④ Mood Space
⑤ Bottom Line

해설   Mood Space(감각적 디스플레이) 범위의 활용
• 조명은 효과적인가?(전반, 부분 등)
• 벽면 컬러(색채)는 적당한가?
• 계절감의 연출을 고려하고 있는가?

27 아래 글상자의 내용에 부합되는 매장효율성의 중요한 측정 지표(KPI)로 가장 옳은 것은?

> 이것은 통로 한 쪽 끝에서 다른 쪽 끝까지 완전히 통과하지 못한 고객들의 비율을 의미한다. 즉, 통로입구에서 출발한 고객이 무언가를 선택한 다음 앞으로 나아가는 대신 중도에 걸음을 돌리는 비율을 측정하여 계산한 것을 말한다.

① 회전율(Turnover rate)

② 레버리지 비율(Leverage rate)

③ 회귀율(Homing rate)

④ 반품률(Return rate)

⑤ 부메랑 비율(Boomerang rate)

해설 부메랑 비율(Boomerang rate)
- 통로 한 쪽 끝에서 다른 쪽 끝까지 완전히 통과하지 못한 고객들의 비율을 측정한 것
- 통로 입구에서 출발한 고객이 무언가를 선택한 다음 중도에 걸음을 돌리는 비율

28 점포의 외관에 대한 내용으로 옳지 않은 것은?

① 점포의 외관은 통행인이나 자동차 승객들의 눈에 뚜렷하게 구별될 수 있는 시각성이 좋아야 한다.

② 점포의 외관이 목표소비자를 선별하는 기능을 수행하길 원한다면 목표소비자가 아닌 사람은 자사 점포를 출입하지 않도록 해야 할 필요가 있다.

③ 대중을 상대로 하는 소비자 흡인형 점포는 입구와 내부를 밝게 한다.

④ 소비자 흡인형 점포는 통로를 명확하고 넓게 설정해야 한다.

⑤ 점포의 바닥과 점포 밖 보도의 높이를 가능한 다르게 해야 한다.

해설 점포의 바닥과 점포 밖 보도의 높이를 다르게 하면 고객이 이동 시 다칠 우려가 있기 때문에 가능한 같게 하는 것이 좋다.

29 아래 글상자의 (   ) 안에 들어갈 용어로 옳은 것은?

> (   )은(는) 마케팅의 목적을 효율적으로 달성할 수 있도록 특정의 타깃(Target)에 적합한 특정상품이나 서비스를 조합하여 진열·판매하는 활동을 말한다. 즉 고객이 흥미를 느끼도록 제품의 시각적인 매력을 복합적으로 표현하여 상품을 진열함으로써 타깃 고객의 구매욕구를 자극하기 위한 것이다.

① IP(Item Presentation)
② PP(Point of Sale Presentation)
③ VP(Visual Presentation)
④ POP(Point of Purchase) advertising
⑤ VMD(Visual Merchandising)

해설 시각적 머천다이징(VMD)
• 시각적으로 소비자의 구매를 유도해 판매에 이르게 하는 전략
• VMD의 기대효과는 들어가고 싶은 매장, 고르기 쉬운 매장, 사고 싶은 상품이 많은 매장, 판매와 관리가 편한 매장을 형성할 수 있다는 것
• 신제품이 출시되거나 주력 상품 판매에 집중해야 하는 시기 등을 판단하여 시기별 브랜드 콘셉트에 맞춰 일정기간 단위로 교체해주어야 함
• 마네킹, 바디 등 다양한 종류의 보조물을 목적에 따라 적절하게 사용
• 매장에 진열되어 있는 상품을 돋보이게 하기 위해 조명을 이용하여 매장의 분위기를 연출

30 아래 글상자가 설명하는 레이아웃의 종류로 옳은 것은?

> – 진열 쇼케이스, 진열대, 계산대 등이 직각상태로 배치된 것으로 소비자가 원하는 상품을 찾기가 용이한 레이아웃이다.
> – 슈퍼마켓, 카테고리 킬러, 대형마트 및 창고형 클럽 등의 업태에서 주로 이용된다.

① 자유형 레이아웃   ② 경주로형 레이아웃
③ 수평형 레이아웃   ④ 격자형 레이아웃
⑤ 수직형 레이아웃

해설 격자형과 자유형 레이아웃

격자형	• 쇼 케이스, 진열대, 계산대, 곤돌라 등 진열기구가 직각 상태로 배치 • 고객의 동일 제품에 대한 반복구매 빈도가 높은 소매점에서 주로 이용 예 슈퍼마켓, 디스카운트 스토어 • 비용이 적게 들며 표준화된 집기배치가 가능해 고객이 익숙해지기 쉬워 원하는 상품을 찾기가 용이함
자유형	• 쇼 케이스, 진열대, 계산대, 운반카, 집기, 비품이 자유롭게 배치된 것 • 고객이 자유로운 쇼핑과 충동적인 구매를 기대하는 매장에 적격인 점포배치 • 소비자들이 원하는 상품을 찾기 위해 소비하는 시간이 오래 걸려서 전체적인 쇼핑시간은 길어짐

31 자사 제품 라인에 비대칭적인 열등한 속성을 보유한 새로운 브랜드를 추가하면 추가된 브랜드에 비해 기존 브랜드가 훨씬 좋아 보인다는 개념을 설명하는 용어로 옳은 것은?

① 부분적 리스트 제시효과
② 유인효과
③ 교환대조효과
④ 타협효과
⑤ 구성효과

해설 유인효과
• 극단적인 제품들이 맥락으로 제시되었을 때 상대적으로 중간 지점에 있는 제품을 선택하게 되는 것
• 기존에 두 개의 경쟁하는 제품이 있을 때, 새로운 제품의 추가로 인해 기존 제품 가운데 하나는 시장점유율이 높아지고 다른 하나는 시장점유율이 떨어지는 현상

32 포장에 대한 설명으로 옳지 않은 것은?

① 포장은 용기를 포함하여 제품을 감싸는 물체를 총칭하는 것이다.
② 포장은 제품에 대해 고객이 호의적인 인상을 가지고 구매의사 결정을 내리는 것과는 무관하다.
③ 포장의 본원적 기능은 제품의 보호이다.
④ 포장은 유통업체와 소비자에게 운반용이성을 제공한다.
⑤ 포장은 제품의 이미지를 향상시켜 주는 기능을 갖는다.

해설 포장은 제품에 대해 고객이 호의적인 인상을 가지고 구매의사 결정을 내리는 것과도 연관이 있다.

> **보충설명**
>
> 포장의 기능
> • 1차적 기능(보호성) : 외부의 충격이나 환경으로부터 내용물을 보호해 주는 기능
> • 2차적 기능(편리성) : 내용물의 운송, 보관, 사용 및 폐기에 이르기까지 취급을 편리하게 하는 기능
> • 3차적 기능(판매촉진성) : 상품의 외형을 미화하여 소비자로 하여금 구매의욕을 불러일으키도록 하는 기능

33 대형마트나 슈퍼마켓 등에서 식품시식판매를 쉽게 볼 수 있다. 다음 중 식품시식매장의 매출 증대를 위한 판매기법으로 옳지 않은 것은?

① 시식 식품, 시식 용기부터 시식 담당자 차림새까지 최대한 청결을 유지한다.

② 거리낌 없이 시식할 수 있는 분위기를 만들어 자연스러운 구매가 이뤄지도록 한다.

③ 주력 상품의 경우 한 번의 시식이 아닌 지속적이고 반복적인 시식 계획을 통해 인지도를 높인다.

④ 시식 기간이 끝난 후에도 매출을 유지해야 하므로 평상시 진열위치를 알려준다.

⑤ 가능한 한 다양한 손님들을 만나야 하므로 매장 내 위치를 바꿔가며 시식을 진행한다.

해설 매장 내 위치를 바꿔가며 시식을 진행할 경우, 소비자들에게 제품을 식별하는 데 혼란을 줄 수 있으므로 가능한 고정된 장소에서 진행하는 것이 좋다.

34 MOT(Moment Of Truth)에 대한 설명으로 옳지 않은 것은?

① MOT는 고객이 기업의 종업원 또는 특정 자원과 접촉하는 순간을 의미한다.

② 여러 번의 결정적 순간 중 한 가지만 나쁜 경우에도 한순간에 고객을 잃어버릴 수 있다.

③ MOT는 지극히 짧은 순간에 이루어지기 때문에 서비스품질에 대한 인상을 좌우하지는 않는다.

④ 호텔 같은 경우 소비자가 로비에 들어섰을 때에도 MOT가 발생할 수 있다.

⑤ MOT는 서비스 품질에 대한 인식에 결정적인 역할을 하기 때문에 흔히 결정적 순간으로도 부른다.

해설 MOT는 고객과 서비스요원 사이의 15초 동안의 짧은 순간에서 이루어지는 서비스로서 고객이 기업조직의 어떤 한 측면과 접촉하는 순간이며, 그 서비스의 품질에 관하여 무언가 인상을 얻을 수 있는 순간이기 때문에 <u>서비스품질에 대한 인상을 좌우할 수 있다</u>.

35 올바른 판매화법으로 가장 옳지 않은 것은?

① 부정형으로 이야기하지 말고 긍정형으로 이야기한다.

② 명령형으로 이야기하지 말고 부탁형으로 이야기한다.

③ 칭찬과 감사의 말을 자주 사용한다.

④ 거절할 경우에는 말끝을 단호하게 끝낸다.

⑤ 공감과 동의를 표현하며 따뜻하게 이야기한다.

해설 거절할 경우에는 고객의 기분이 상하지 않도록 정중하게 이야기 한다.

36 아래 글상자의 설명과 관련이 깊은 서비스의 특성으로 옳은 것은?

> – 조용한 레스토랑에서 크게 떠드는 사람들로 인해 다른 고객들에게 부정적인 경험이 만들어짐
> – 극장에서 영화 상영 중 관람객들의 웃음으로 인해 다른 관람객들이 더 즐거워지는 관람 경험이 만들어짐

① 무형성   ② 비분리성
③ 소멸성   ④ 이질성
⑤ 저장성

해설 서비스의 특성

구 분	내 용
무형성	형태가 없어 객관적으로 누구에게나 보이는 형태로 제시할 수 없으며 물체처럼 만지거나 볼 수 없기 때문에 그 가치를 파악하거나 평가하기 어려움
비분리성	생산과 소비가 동시에 일어나는 것으로 서비스 제공자에 의해 제공됨과 동시에 고객에 의해 소비되는 성격을 가짐
이질성	서비스의 생산 및 인도 과정에는 여러 가변적 요소가 많기 때문에 동일한 고객에 대한 서비스도 종업원에 따라 제공되는 서비스의 내용이나 질이 달라짐
소멸성	판매되지 않은 서비스는 재고로 보관하거나 저장할 수 없으며, 소비되지 않으면 바로 소멸됨

37 상품과 서비스의 관계를 분류한 자료이다. ㉠~㉤에 속하는 상품이나 서비스의 설명과 그 예로 옳지 않은 것은?

㉠	순수유형상품	→	〈 유형성 – 제품 〉
㉡	서비스가 포함된 유형상품	→	
㉢	혼합상품	→	↕
㉣	유형상품이 포함된 무형상품	→	
㉤	순수무형상품	→	〈 무형성 – 서비스 〉

① ㉠ – 서비스 요소가 전혀 없는 제품으로 설탕, 소금, 치약
② ㉡ – 무형성이 우세하나 유형이 부가된 유형상품으로 TV, 에어컨 판매와 판매 후 서비스
③ ㉢ – 제품과 서비스가 동등한 상품으로 레스토랑의 좋은 서비스와 좋은 음식
④ ㉣ – 항공사가 판매하는 비행기의 탑승권과 제공되는 제반 서비스
⑤ ㉤ – 무형적 서비스가 우세하고 유형서비스는 고객들이 관심이 없는 것으로 법률, 세무상담

해설 ㉡ – 유형성이 우세하나 무형이 부가된 유형상품으로 유형상품에 보증, 배달, A/S, 설치, 신용 등이 포함

38 아래 글상자의 상황에서 가장 적절한 서비스품질 측정방법(도구)은 무엇인가?

> 훈련된 사회자의 주도하에 보통 8~12명의 고객들이 자신이 받은 서비스 체험에 대해 토론을 한다. 기업의 서비스품질 향상을 위해 참여자들이 자신의 견해를 자유롭게 표현하고 다른 제안에 대해서도 의견을 제공한다.

① 고객 불평 호소에 대한 보고서

② 판매 후의 설문 조사

③ 고객 포커스 그룹 인터뷰

④ 종업원 설문조사

⑤ 전체 시장에 대한 서비스품질 설문 조사

해설 고객 포커스 그룹 인터뷰
- 8~12명으로 구성된 집단과 깊이 있는 상호작용적인 인터뷰를 수반하는 평가기법
- 해당 조직에 관련되어 있는 사람들이나 논의되는 주제에 관심이 있는 사람들, 또는 그 조직의 제품이나 서비스를 사용하는 사람들이 포커스 그룹으로 구성됨
- 참여자들은 자신의 생각과 아이디어, 그리고 대안들을 평가·공유함

39 파생서비스(Derived service)는 유형상품으로부터 파생되는 가치라 정의된다. 즉 상품자체가 아니라 상품에 의해서 제공되는 서비스를 의미한다. 다음 중 파생서비스로 보기에 가장 옳지 않은 것은?

① 택시에 의한 이동서비스

② 의약품에 의한 의료서비스

③ 미용 가위에 의한 미용서비스

④ 컴퓨터에 의한 정보와 자료정리서비스

⑤ 법률법인의 법률자문서비스

해설 법률자문서비스는 상품에 의해서 제공되는 서비스가 아닌 **사람에 의해서 제공되는 서비스**이기 때문에 파생서비스로 보기에 옳지 않다.

40 판매촉진 수단 중 경품에 대한 설명으로 옳지 않은 것은?

① 점포에 비치된 유효한 양식을 채움으로써 특정한 부상을 받을 수 있는 선택권을 부여하는 촉진 방법이다.

② 참여가 쉽고 시간이 덜 소요되기 때문에 강한 소구력을 가진다.

③ 장기적인 매출증대 효과를 얻기 위한 촉진 방법이다.

④ 직접적인 매출증대 효과를 얻기 위한 판촉수단으로 이용된다.

⑤ 소비자와의 호의적 거래관계를 형성하는 데 도움이 된다.

해설 경품은 **단기적**인 매출증대 효과를 얻기 위한 촉진 방법이다.

41 아래 글상자의 (   ) 안에 들어갈 용어로 옳은 것은?

> 과거에는 광고, 판매촉진, 인적판매, PR 등 마케팅수단들이 각자의 역할을 수행할 수 있었다. 하지만 정보기술의 발달, 소비자 욕구의 다양화, 데이터베이스의 등장, 시장의 세분화 등으로 인해 각각의 마케팅 의사소통 수단들은 그 효용이 점차 떨어졌다. 이에 광고, 판매촉진, 인적판매, PR 등의 마케팅 도구들을 통합적인 관점에서 적절하게 결합, 조정하는 새로운 개념인 (   )이(가) 등장하게 되었다.

① IMC(Integrated Marketing Communication)

② EDI(Electronic Data Interchange)

③ POS(Point Of Sales)

④ CRM(Customer Relationship Management)

⑤ SCM(Supply Chain Management)

해설 IMC(Integrated Marketing Communication)
통합 마케팅 커뮤니케이션으로, 1989년 미국 광고대행사협회는 IMC를 광고, DM, 판매촉진, PR 등 다양한 커뮤니케이션 수단들의 전략적인 역할을 비교·검토하고, 명료성과 정확성 측면에서 최대의 커뮤니케이션 효과를 거둘 수 있도록 이들을 통합하는 총괄적인 계획의 수립과정으로 정의하고 있다.

42 상용고객 프로그램에 대한 설명으로 옳은 것을 모두 고르면?

> ㉠ 고객의 충성도에 대해 보상함으로써 일시적 구매를 구축하고자 설계된 촉진이다.
> ㉡ 미래 잠재고객을 대상으로 하는 촉진이다.
> ㉢ 일정기간 동안 단수의 구매를 필요로 한다.
> ㉣ 구매자의 거래실적을 추적할 수 있는 공식적인 방법이다.

① ㉠　　　　　　　　　　　　　　② ㉢
③ ㉣　　　　　　　　　　　　　　④ ㉡, ㉣
⑤ ㉠, ㉢

해설　상용고객 프로그램
주로 항공사에서 운영하는 관리 프로그램으로, 마일리지 등을 자사 소속 고객들이 일정하게 계속 적립할 수 있도록 계열사끼리 협약을 맺고 협력하는 시스템이다.

43 판매원이 고객 응대 시 주의해야하는 것으로 옳지 않은 것은?

① 고객의 의견에 즉시 반대하는 "안됩니다" 등의 말은 삼가한다.
② "사기 싫으면…" 등의 격렬한 말투로 이야기하지 않는다.
③ "바빠 죽겠는데…" 등의 혼자말로 푸념하지 않는다.
④ "이곳에 처음 와보시는가 보네요" 등의 비꼬는 식으로 이야기하지 않는다.
⑤ 고객의 의견을 듣던 중에 의문이 생기더라도 질문을 하는 것은 예의에 어긋나는 것이므로 질문하지 않는다.

해설　고객의 의견을 듣던 중에 의문이 생긴다면 더욱 정확한 응대를 위해 양해를 구한 후 질문을 하는 것이 좋다.

44 아래 글상자의 (　　) 안에 들어갈 용어로 옳은 것은?

> (　　)은 소비자가 그 제품을 구매하기 위해서 특별한 노력을 기울이는 제품으로서, 높은 제품차별성, 높은 소비자 관여도, 특정브랜드에 대한 강한 충성도(brand royalty)로 특정지어진다. 예를 들어, 스포츠카, 고급향수 등이 이에 해당한다.

① 편의품　　　　　　　　　　② 전문품
③ 선매품　　　　　　　　　　④ 충동품
⑤ 긴급품

해설 전문품
- 상표나 제품의 특징이 뚜렷하여 구매자가 상표 또는 점포의 신용과 명성에 따라 구매하는 제품
- 비교적 가격이 비싸고 특정한 상표만을 수용하려는 상표집착(Brand Insistence)의 구매행동 특성을 나타내는 제품
- 구매자가 기술적으로 상품의 질을 판단하기 어려우며, 적은 수의 판매점을 통해 유통되어 제품의 경로는 다소 제한적일 수도 있으나 빈번하게 구매되는 제품이 아니므로 마진이 높음
- 자동차, 피아노, 카메라, 전자제품 등과 독점성이 강한 디자이너가 만든 고가품의 의류 등

45 마케팅 믹스 7P전략에는 물리적환경(Physical evidence), 프로세스(Process), 사람(People)이 포함되어 있다. 다음 중 그 예시가 올바르게 짝지어진 것은?

① 물리적 환경(Physical evidence) – 고정고객관리제도
② 물리적 환경(Physical evidence) – 오피니언리더
③ 프로세스(Process) – 동기부여제도
④ 프로세스(Process) – 마일리지제도
⑤ 사람(People) – 직원의 유니폼

해설 확장된 서비스 마케팅 믹스(7P)
서비스 마케팅에서는 기존의 마케팅믹스를 그대로 적용하는 데 한계가 있어 기본 마케팅 믹스(4P)에 확장적 마케팅 믹스 요소 3P를 추가하였다.
- 사람(People) : 구매자의 지각에 영향을 주는 모든 행위자(직원, 고객, 서비스 환경 내의 다른 고객들)
- 물리적 증거(Physical evidence) : 서비스가 전달되고 기업과 고객이 접촉하는 환경, 즉 서비스 성과나 커뮤니케이션을 용이하게 해주는 유형적 요소
- 프로세스(Process) : 서비스가 실제로 수행되는 절차와 활동의 메커니즘과 흐름

제2회 | 기출문제해설

제1과목 유통상식(01~20)

01 유통의 전방흐름기능으로만 옳게 나열된 것은?

① 소유권 이전, 금융, 촉진

② 협상, 대금지급, 위험부담

③ 주문, 대금지급, 촉진

④ 소유권 이전, 협상, 주문

⑤ 소유권 이전, 물리적 보유 이전, 촉진

해설 유통의 흐름에 따른 기능 구분

전방기능흐름	• 물리적 소유 : 시간효용 창출(보관활동), 공간효용 창출(운송활동) • 소유권 이전 : 각종 거래비용 발생 • 촉진 : 자사제품의 판매를 위한 촉진활동
후방기능흐름	• 주문 : 유통기능의 효율화를 위해 주문 및 고정고객 확보와 관리 • 대금결제 : 대금회수의 신속화, 대금회수방법 및 기간, 대손처리문제
양방기능흐름	• 협상 : 수요와 공급의 연결 상담, 거래 상대방에 대한 조사 필요 • 금융 : 생산자금, 외상판매 등 • 위험부담 : 수요변화, 원자재수급 및 가격변화, 재고수준, 반품처리 등

02 다음 중 개방적 유통경로(intensive distribution)에 대한 설명으로 옳은 것은?

① 일반적으로 관여도가 낮은 제품에 적합한 유통경로

② 소비자가 상품에 대한 정보를 미리 탐색하고 쇼핑을 시작하는 제품에 적합한 유통경로

③ 브랜드 충성도가 매우 높은 제품에 적합한 유통경로

④ 소매점 판매원을 대상으로 하는 교육훈련이 필요한 경우 적합한 유통경로

⑤ 극히 소수의 소매 점포에서만 자사의 제품을 취급하도록 하는 유통경로

해설 개방적 유통경로는 **일반적으로 관여도가 낮은 식품, 일용품 등의 편의품에 적합한 유통경로**로, 소매상이 많아 소비자에게 제품 노출을 최대화시킬 수 있지만, 유통비용이 증가하고, 체인화에 어려움이 있다.

정답 01 ⑤ 02 ①

03 상품 계열에 따른 소매상의 분류 중 ㉠ 소매상이 취급하는 품목으로 옳은 것은?

고
↑
계열 내
상품의
깊이
↓
저

㉠   ㉡

㉢   ㉣

저 ← 상품계열의 폭 → 고

① 자동차, 귀금속, 고급의류
② 화장지, 칫솔 치약, 비누
③ 음료수, 과일, 쌀
④ 공장직영 의류
⑤ 가구, 가공식품, 커피숍

해설   ㉠은 계열 내 상품의 깊이는 깊고, 계열의 폭은 좁은 구역이므로 제한된 상품·업종에 대하여 다양한 품목을 깊이 있게 취급하는 전문점에 해당한다. 따라서 전문점에서 취급하는 품목은 구매에 신중을 기하고, 구매빈도가 낮지만 이윤은 높은 자동차, 귀금속, 고급의류 등이다.

04 아래 글상자의 설명과 관련된 유통업체가 제공하는 효용으로 옳은 것은?

> 커피전문점은 여러 종류의 원두를 포대단위로 구매하여 소비자가 원하는 종류의 커피를 원하는 양 만큼만 소비자에게 판매한다.

① 구조효용
② 시간효용
③ 장소효용
④ 소유효용
⑤ 형태효용

해설   **유통경로의 효용**
• 시간효용(Time Utility) : 재화나 서비스의 생산과 소비간의 시차를 극복하여 소비자가 재화나 서비스를 필요로 할 때 이를 소비자 이용 가능하도록 해주는 효용
• 장소효용(Place Utility) : 지역적으로 분산되어 생산되는 재화나 서비스가 소비자가 구매하기 용이한 장소로 전달 될 때 창출되는 효용
• 소유효용(Possession Utility) : 생산자로부터 소비자에게 재화나 서비스가 거래되어 그 소유권이 이전되는 과정에 서 발생되는 효용
• 형태효용(Form Utility) : 대량으로 생산되는 상품의 수량을 소비지에서 요구되는 적절한 수량으로 분할, 분배함으로써 창출되는 효용

05 1인 가구가 증가하면서 대용량의 제품을 구매하는 것보다 소포장을 구매하는 소비자가 증가하였다. 이와 관련된 중간상의 분류기능으로 옳은 것은?

① 집적(accumulation)

② 표준화(standardization)

③ 등급분류(sorting out)

④ 구색(assorting)

⑤ 분할(allocation)

해설 중간상의 분류기능
- 집적(accumulation) : 다양한 공급원으로부터 소규모로 제공되는 동질적인 제품들을 한데 모아 대규모 공급이 가능하게 만드는 것
- 등급분류(sorting out) : 다양한 공급원으로부터 제공된 이질적인 제품들을 상대적으로 동질적인 집단으로 구분하는 것
- 구색(assorting) : 상호연관성이 있는 제품들을 일정한 구색을 갖춰 함께 취급하는 것
- 분할(allocation) : 수합된 동질적인 제품들을 구매자가 원하는 소규모 단위로 나누는 것

06 소비자기본법(법률 제15696호, 2018. 6. 12, 일부 개정)에 대한 설명으로 옳은 것은?

① 한국소비자원은 '소비자종합지원시스템'을 구축 및 운영한다.

② 사업자가 '소비자중심경영 인증'을 받으려면 한국소비자원에 신청한다.

③ 한국소비자원은 '소비자정책'에 관한 기본계획을 3년마다 수립해야 한다.

④ 소비자의 권익증진을 위하여 한국소비자원장 소속으로 '소비자정책위원회'를 둔다.

⑤ 한국소비자원이 아닌 자가 유사명칭을 사용하면 3천만원 이하의 과태료에 처한다.

해설 ① **공정거래위원회**는 소비자에게 물품 등의 선택, 피해의 예방 또는 구제에 필요한 정보의 제공 및 이 법 또는 다른 법률에 따른 소비자 피해구제를 신청하는 창구의 통합 제공 등을 위하여 소비자종합지원시스템을 구축·운영한다(소비자기본법 제16조의2 제1항).
② 소비자중심경영 인증을 받으려는 사업자는 대통령령으로 정하는 바에 따라 **공정거래위원회**에 신청하여야 한다(소비자기본법 제20조의2 제2항).
③ **공정거래위원회**는 소비자정책위원회의 심의·의결을 거쳐 소비자정책에 관한 기본계획을 3년마다 수립하여야 한다(소비자기본법 제21조 제1항).
④ 소비자의 권익증진 및 소비생활의 향상에 관한 기본적인 정책을 종합·조정하고 심의·의결하기 위하여 **국무총리** 소속으로 소비자정책위원회를 둔다(소비자기본법 제23조).

07 건강과 미용컨셉의 다양한 상품을 저렴한 가격대로 판매하는 곳으로, 대량매입을 통해 비용을 낮추고 셀프서비스방식을 활용하는 형태의 소매점은?

① 양판점(GMS)　　　　　　　　　② 편의점
③ 할인점　　　　　　　　　　　　④ 백화점
⑤ 드럭스토어

해설　드럭스토어는 약품(Drug)과 상점(Store)이란 단어가 합쳐진 용어로 의약품이나 화장품, 생활용품, 식품 등을 판매하는 복합점포를 의미한다.

08 경로파워 중 준거력에 해당하는 설명으로 옳은 것은?

① 우수한 지식이나 경험 또는 정보의 제공 능력
② 물리적, 심리적, 보호적 보상을 제공할 수 있는 능력
③ 영향력 행사에 따르지 않을 경우 제재를 가할 수 있는 능력
④ 공식적 계약에 근거해 규정된 행동을 준수하도록 정당하게 주장할 수 있는 능력
⑤ 판매업자가 공급업자에게 일체감을 갖거나 일체감을 갖게 되기를 바라는 정도 및 능력

해설　준거적 권력(Referent Power)은 한 경로구성원이 여러 측면에서 장점을 갖고 있어 다른 경로구성원이 그와 일체성을 갖고 한 구성원이 되고 싶어 하여 거래관계를 계속 유지하고자 할 때 미치는 영향력이다.

09 소매상 수명주기 이론에 대한 설명으로 옳은 것은?

① 제품 라이프 사이클과 같이 도입 – 성장 – 성숙 – 쇠퇴의 단계로 본다.
② 소매상의 진화와 발전을 도입 – 성장 – 쇠퇴로 설명한다.
③ 시장진입 초기에 저이윤, 저서비스 전략을 구사한다.
④ 다양한 상품계열에서 점차 전문적이고 한정적인 형태로 변화한다.
⑤ 경쟁적인 소매업태가 하나의 새로운 소매업태로 합쳐지는 것을 말한다.

해설　①·② 소매상 수명주기 이론은 제품 라이프 사이클과 동일하게 소매상의 진화와 발전을 도입 – 성장 – 성숙 – 쇠퇴로 설명한다.
③ 소매상 수명주기 이론에서 새로운 소매점 유형은 진입 초기에 높은 성장률과 성장 가능성을 보유하게 된다.
④ 다양한 상품계열에서 점차 전문적이고 한정적인 형태로 변화한 후, 다시 다양하고 전문적인 계열을 취급하는 소매점으로 진화해 가는 이론은 소매점 아코디언 이론이다.

10 명백히 옳거나 그른 결정이 있는 것이 아니라 둘 다 옳을 수도 있는 윤리적 딜레마의 상황에서 고려해야 할 사항으로 옳지 않은 것은?

① 최대한 사실을 알아내기 위해 힘쓴다.

② 다른 것들을 제쳐 놓고 하나를 선택했을 때의 결과를 합리적으로 추측해본다.

③ 주변 상황과 분리해서 바라보고 나만의 직감을 믿고 따른다.

④ 관련된 사람들의 눈으로 볼 때 어떻게 보이는지 판단해 본다.

⑤ 다른 사람들에게 설명하거나 정당화할 수 있는지 살펴본다.

해설 주변 상황을 고려하여 바라보고, 관련된 사람들의 의견과 조언을 구한 후 결정하는 것이 좋다.

11 유통산업발전법(법률 제14997호, 2017. 10. 31, 일부개정)에서 '대규모점포 등에 대한 영업시간의 제한' 조항에 대한 설명으로 옳지 않은 것은?

① 매월 1일 이상 의무휴업일로 지정해야 한다.

② 지방자치단체장은 영업시간 제한, 의무휴업일을 명할 수 있다.

③ 영업시간의 제한은 오전 0시부터 오전 10시까지의 범위에서 제한할 수 있다.

④ 의무휴업일은 공휴일로 하되, 합의를 거쳐 공휴일이 아닌 날도 지정할 수 있다.

⑤ 연간 총매출액 중 농수산물 비중이 55% 이상인 점포는 의무휴업일 지정을 면제할 수 있다.

해설 특별자치시장·시장·군수·구청장은 **매월 이틀을 의무휴업일로 지정**하여야 한다. 이 경우 의무휴업일은 공휴일 중에서 지정하되, 이해당사자와 합의를 거쳐 공휴일이 아닌 날을 의무휴업일로 지정할 수 있다(유통산업발전법 제12조의2 제3항).

12 아래 글상자의 설명과 관련이 깊은 용어로 옳은 것은?

> 판매원들은 양질의 서비스를 제공하기 위해 자신의 기분과는 상관없이 조직을 대신해서 고객에게 친근감, 공손함, 공감 등을 표현해야 한다. 이 경우 이러한 책임 때문에 많은 부담과 스트레스를 느끼게 된다.

① 고객 간 갈등   ② 품질/생산성 상쇄요구

③ 감정노동   ④ 응답성

⑤ 판매원의 사회화

해설 감정노동(Emotional Labor)은 직장인이 사람을 대하는 일을 수행할 때에 조직에서 바람직하다고 여기는 감정을 자신의 감정과는 무관하게 행하는 노동을 의미한다. 즉, 실제 기분과 상관없이 조직과 상급자가 요구하거나 기대하는 정서적 반응을 표현하기 위해 노력하는 것으로, 업무를 하는 과정에서 노동자가 자신의 감정 상태를 통제하고 고객에게 맞추는 것이 요구되는 형태의 노동을 의미한다.

13 유통업태 중 다음의 설명에 공통으로 해당하는 것으로 가장 적절한 것은?

> - 셀프서비스 형태의 상설할인 소매업태이다.
> - 오프 프라이스 점포(off price store)로서, 미국의 경우 쇼핑센터의 핵점포로 출범하였다.
> - 제조업체와 백화점의 비인기 제품, 이월제품, 재고품 등을 30% – 70% 정도의 대폭 할인된 가격으로 판매한다.

① 할인점   ② 슈퍼마켓

③ 편의점   ④ 아웃렛(outlet)

⑤ 수퍼스토아

해설 ① 할인점 : 철저한 셀프서비스에 의한 대량판매방식을 활용해서 시중가격보다 20~30% 저렴하게 판매하는 가장 일반적인 유통업체이다.
② 슈퍼마켓 : 식품・세제 및 가정 일용품 등에 대한 소비자의 전체적인 요구를 충족시켜 주는 규모가 크고, 저비용・저마진・대량 판매 및 셀프서비스제에 의해 운영되는 상점을 말한다.
③ 편의점 : 보통 편리한 위치에 입지하여 장시간 영업을 하며, 한정된 수의 품목만을 취급하는 식품점이다.
⑤ 수퍼스토아 : 정통 슈퍼마켓보다 매장 규모가 크고 비식품을 다루는 비중이 높은 형태의 점포로서, 한자리에서 장보기라는 소비자 요구에 부응하기 위하여 대면 서비스 기능을 더욱 강화한다.

14 직장 내에서 발생할 수 있는 성희롱에 대한 설명 중 옳지 않은 것은?

① 공식적인 회식 직후에 귀가하는 과정에서의 성희롱은 해당되지 않는다.
② 여직원이 남직원을 대상으로 성희롱을 한 경우 성희롱에 해당된다.
③ 상대방의 특정 부위를 유심히 쳐다보는 행위도 성희롱에 포함된다.
④ 고객이 전화로 콜센터 근로자에게 성희롱한 경우 직장 내 성희롱 행위자에 포함되지 않는다.
⑤ 사업장 밖에서 근무시간 외에 성희롱을 해도 처벌받을 수 있다.

해설 공식적인 회식 직후에 귀가하는 과정에서의 성희롱도 해당된다.

15 매장에서 고객을 안내할 경우 판매원의 자세에 대한 설명으로 옳은 것은?

① 안내는 고객의 뒤에서 하고 수행은 고객의 앞에서 하는 것이 원칙이다.

② 고객이든 판매원이든 여성의 경우 계단을 내려올 때는 여성이 앞서도록 한다.

③ 방향을 가리킬 때 손과 눈의 방향이 서로 다르게 하여 어색하지 않도록 한다.

④ 계단을 올라갈 때는 판매원이 고객의 앞에서, 내려갈 때는 고객의 뒤에서 걷는다.

⑤ 안내 시에는 고객보다 1~2걸음 앞에서 걸어가되 돌아보면 안 된다.

해설 ① 안내는 고객의 앞에서 하고, 수행은 고객의 뒤에서 하는 것이 원칙이다.
③ 방향을 가리킬 때 고객이 혼동하지 않도록 손과 눈의 방향을 서로 같게 해야 한다.
④ 계단을 올라갈 때는 판매원이 고객의 뒤에서, 내려갈 때는 고객의 앞에서 걷는다.
⑤ 안내 시에는 고객보다 1~2걸음 앞에서 걸어가되 고객이 잘 따라오고 있는지 돌아보면서 확인하는 것이 좋다.

16 고객불만의 처리방법 중 MTP법을 적용할 경우 옳지 않은 것은?

① 사람이 많은 장소에서 조용한 장소로 자리를 옮긴다.

② 매장에서 소비자 상담실로 자리를 바꾼다.

③ 판매사원에서 판매책임자로 담당을 바꿔서 처리한다.

④ 화가 난 고객과는 약간의 냉각시간을 갖는다.

⑤ 판매원이 단독으로 해결방안을 제시하여 즉시 해결한다.

해설 불만고객의 최초 응대자를 교체하여 불만의 경중에 따라 되도록 판매원보다는 상사가 응대하도록 한다.

17 어떤 대상에 대한 일반적인 견해가 그 대상의 구체적인 특성을 평가하는 데 영향을 미치는 현상은 무엇인가?

① 빈발효과(frequency effect)

② 후광효과(halo effect)

③ 최신효과(recency effect)

④ 맥락효과(context effect)

⑤ 방사효과(radiation effect)

해설 ① 첫인상이 좋지 않게 형성되었다고 할지라도, 반복해서 제시되는 행동이나 태도가 첫인상과는 달리 진지하고 솔직하게 되면 점차 좋은 인상으로 바뀌는 현상을 말한다.
③ 가장 나중에 혹은 최근에 제시된 정보를 더 잘 기억하는 현상이다.
④ 새로운 자극이 주어지는 상황에서 소비자들의 인식변화로 인해 정규성이나 유사성 가정들이 위배되는 현상을 말한다.
⑤ 매력적인 짝과 함께 있는 사람의 사회적인 지위나 가치를 높게 평가하는 현상이다.

18 판매원의 매장에서 수행하는 역할로 옳지 않은 것은?

① 판매할 제품을 점검하고 제품판매와 관련된 업무를 준비한다.

② 점포의 창고에 제품을 수납한다.

③ 점포 내부의 진열대에 제품을 진열한다.

④ 고객을 응대하고 필요한 정보전달을 한다.

⑤ 상품화 계획 및 구입에 대한 결정을 한다.

> **해설** 상품화 계획 및 구입에 대한 결정은 판매 관리자가 수행하는 역할이다.

19 상인 도매상에 대한 설명으로 옳은 것은?

① 거래하는 제품의 소유권을 가지지 않는 독립적인 기업이다.

② 크게 완전기능도매상과 한정기능도매상으로 나누어진다.

③ 고객을 대리하여 활동하는 동안 판매와 구매의 협상기능을 수행한다.

④ 일반적으로 판매 또는 구매를 통한 수수료를 받는다.

⑤ 제조업자가 재고를 보관하는 창고시설을 갖추고 자신의 상품을 유통하는 도매상이다.

> **해설** ① 상인 도매상은 취급하는 제품에 대해 소유권을 가지는 독립된 사업체이다.
> ③ 고객을 대리하여 활동하는 동안 판매와 구매의 협상기능을 수행하는 것은 대리 도매상이다.
> ④ 대리 도매상은 대체로 제품을 대신 판매하고 난 뒤 제조업자나 공급자로부터 수수료를 받는다.
> ⑤ 제조업자가 재고를 보관하는 창고시설을 갖추고 자신의 상품을 유통하는 도매상은 제조업자 도매상이다.

20 도매상에 대한 설명으로 옳지 않은 것은?

① 판매 대행 기능 또한 도매상의 역할이라고 할 수 있다.

② 유통 경로 상에서 생산자와 소매상 간의 유통 흐름을 원활하게 해주는 역할을 한다.

③ 재판매 또는 사업을 목적으로 구입하는 소매상에게 제품이나 서비스를 판매한다.

④ 도매상은 최종 판매상이므로 마케팅에 주의를 기울여야 한다.

⑤ 생산자와 소매상의 직접 거래가 크게 증가하여 점차 도매상의 입지가 좁아지고 있다.

> **해설** <u>소매상</u>은 최종 판매상이므로 마케팅에 주의를 기울여야 한다.

21 다음 중 고객 안내 시 판매원의 응대 태도로 옳지 않은 것은?

① "이쪽으로 오십시오"라고 말하고 비스듬히 비켜선다.

② 고객을 안내할 때는 반걸음 앞서서 걸어가는 것이 바람직하다.

③ 다른 고객과 대화 시에는 "잠깐만 기다려 주십시오"라고 양해를 구한다.

④ 부득이하게 직접 안내를 하지 못하는 경우는 상세하게 위치를 안내한다.

⑤ 다른 사람에게 손님을 인계할 때에는 "○○씨를 따라 가세요"라고 지칭해준다.

해설 다른 사람에게 손님을 인계할 때에는 지칭만 해주는 것이 아니라 인계 직원에게 직접 안내해주는 것이 좋다.

22 다음은 제품계열의 길이확장전략에 대한 설명이다. 아래 글 상자 ㉠, ㉡, ㉢에 들어갈 알맞은 용어를 순서대로 올바르게 나열한 것은?

> (㉠)은 초기에는 고품질, 고가격의 제품을 출시시켰다가 저가의 신제품을 추가하는 전략이다.
> (㉡)은 초기에는 중저가의 제품을 출시시켰다가 고가의 신제품을 추가시키는 전략이다. (㉢)은
> 중간수준의 제품에다 고가와 저가의 신제품을 출시하는 전략이다.

① ㉠ 하향확장전략 ㉡ 상향확장전략 ㉢ 쌍방향확장전략

② ㉠ 하향확장전략 ㉡ 쌍방향확장전략 ㉢ 상향확장전략

③ ㉠ 상향확장전략 ㉡ 하향확장전략 ㉢ 쌍방향확장전략

④ ㉠ 상향확장전략 ㉡ 쌍방향확장전략 ㉢ 하향확장전략

⑤ ㉠ 쌍방향확장전략 ㉡ 상향확장전략 ㉢ 하향확장전략

해설 **제품계열의 길이확장전략**
- 하향확장전략 : 더 넓은 시장을 유인하기 위해 제품계열 내에 저가의 제품을 추가하는 것으로, 초기에 고품질과 고가격제품을 출시하여 고급 이미지를 소비자에게 각인시키고 나서 저가의 신제품을 출시하는 전략이다.
- 상향확장전략 : 더 넓은 시장을 유인하기 위해 계열 내에 기존제품보다 더 높은 가격의 제품을 추가하는 것으로, 초기에 저가의 제품을 출시하여 시장에서 성과를 쌓은 후 고품질과 고가격의 제품으로 확장하는 전략이다.
- 쌍방향확장전략 : 동일한 시기에 저가와 고가로 신제품을 기존제품 계열에 출시하는 과정으로, 신제품을 기존제품 가격의 양 끝의 소비자들에게 소개함으로써 고가소비자와 저가소비자들 모두에게 제품을 판매하여 판매증가와 수익을 실현하는 전략이다.

23 매장을 활성화하기 위한 방안으로 옳지 않은 것은?

① 따뜻한 마음이 전달되고 친근감이 가는 매장 분위기를 연출한다.
② 주력 상품은 쇼카드나 POP보다는 가격 정책에만 의존하여 접근하는 것이 낫다.
③ 시각적 진열, 양감 있는 엔드진열 등으로 점포에 신경 쓴다.
④ 단순한 진열 대신 테마, 계절 등의 매력적인 연출방법을 이용한 진열을 한다.
⑤ 점포의 종업원들이 모두 참여하는 프로그램을 계획하여 판매동기를 불러일으킨다.

해설 주력 상품은 구매 빈도가 높고 회전이 빠른 상품이므로, 가격 정책에만 의존하여 접근하기보다는 쇼카드나 POP 등을 활용하여 접근하는 것이 낫다.

24 다음 중 고객과 대화할 때의 유의사항으로 옳지 않은 것은?

① 말끝을 흐리지 않도록 주의하고 명확하게 발음한다.
② 간결하게 요점만을 강조하여 지루하지 않도록 한다.
③ 이야기 도중 말을 가로막지 않도록 한다.
④ 지나치게 큰소리 또는 속삭이는 듯한 작은 소리로 말하지 않는다.
⑤ 친근함을 표현하기 위해 호칭은 '언니' 또는 '이모' 등의 호칭을 활용한다.

해설 고객과 대화할 때는 예의를 갖추어 평소에 쓰는 말투가 아닌 존댓말과 상대에 따른 공손한 호칭 및 경어를 사용해야 한다.

25 제품수명주기별 경로 관리 전략에 대한 설명 중 옳지 않은 것은?

① 도입기에는 제품 출시 홍보를 위한 강력한 광고 활동이 필요하다.
② 도입기에는 충분한 제품 공급을 위한 시장 범위 역량을 지닌 경로구성원을 확보해야 한다.
③ 성장기에는 기존의 경로 구성원들만으로 수익을 유지해야 한다.
④ 성숙기에는 경로 구성원들이 해당 제품에 대해 계속 호감을 가질 수 있도록 추가적인 혜택 등을 제공해야 한다.
⑤ 쇠퇴기에는 이윤 잠식을 피하기 위해 매출이 적은 경로 구성원들의 매장을 단계적으로 철수해야 한다.

해설 성장기에는 시장점유율 확대가 목표이므로 집중적 유통경로를 선택하여, 자사제품을 취급하는 점포(중간상)를 확대하는 전략을 취한다.

23 ② 24 ⑤ 25 ③ **정답**

26 아래 글상자의 설명을 보고 ㉠에 들어갈 알맞은 상품진열 방식은 무엇인가?

(㉠) 진열방식은 하사관의 줄무늬 계급장처럼 비스듬히 진열대를 배열함으로써 걸어 다니는 손님들이 상품들을 더 잘 볼 수 있게 하는 방식이다. 즉, 통로에서 진열대를 90도 각도가 아니라 45도 각도로 비스듬히 놓는 것이다. 일반 진열대보다 5분의 1쯤 공간을 더 많이 차지하지만 매출을 올리는 데에는 톡톡히 효과를 볼 수 있다.

① 엔드캡(endcap)
② 조닝(zoning)
③ 라이팅(righting)
④ 세브론닝(chevroning)
⑤ 쉘핑(shelfing)

해설 ① 사람이 걸어가면서 앞을 보는 습관이 있는데, 이에 착안하여 만든 기법으로 매장의 통로 끝에 상품을 전시하여 고객들의 시선을 끄는 기법이다.
② 레이아웃이 완성되면 각 코너별 상품 구성을 계획하고 진열면적을 배분하여 레이아웃 도면상에 상품배치 존 구분을 표시하는 것을 말한다.

27 다음 중 관여도에 대한 설명으로 옳지 않은 것은?

① 관여도는 소비자가 어떤 대상에 대해서 느끼는 개인적 관련성이나 결정의 중요성을 말한다.
② 관여도가 낮은 상황에서는 관심도가 낮으므로 소비자는 좀 더 많은 상품정보를 필요로 한다.
③ 제품의 특정 구매상황에 대한 관여도를 상황적 관여도라 한다.
④ 상표차이가 거의 없는 저관여 제품의 마케팅 관리자는 제품시용을 자극하기 위해 가격촉진과 판매촉진을 사용하는 것이 효과적이다.
⑤ 상황적, 지속적 관여도의 상호작용을 반응적 관여도라 한다.

해설 관여도가 낮은 상황에서는 소비자는 많은 상품정보를 필요로 하지 않는다. 저관여상품은 제품을 구매할 때 소비자의 의사결정 과정이나 정보처리 과정이 간단하고 신속하게 이루어지며, 제품에 관한 구체적인 정보에 의한 평가를 하지 않고 즉석에서 충동적 구매를 하는 경향이 있으므로 구매빈도가 높다.

28 다음 중 불평처리를 위한 태도로 옳지 않은 것은?

① 고객의 불평불만을 말하기 쉽도록 한다.
② 고객의 말을 막지 않고 끝까지 정중한 예의로 경청한다.
③ 판에 박힌 듯한 행동을 삼가고 공감표시를 적절히 한다.
④ 판매사원 개인을 향한 비난이 아님을 이해하고 감정적 불평에 관대해야 한다.
⑤ 고객과의 논쟁에서 고객을 만족시켜주고 도가 지나친 요구에 대해서는 서둘러 결론짓도록 한다.

해설 고객과의 논쟁에서는 고객을 만족시켜주고, 도가 지나친 요구에 대해서는 서둘러 결론지으려 하다보면 더 큰 불평을 초래할 수 있으므로 상급자와 논의하여 공정한 불평처리기준에서 처리될 수 있도록 해야 한다.

29 상품을 다양한 기준에 의해 구분할 수 있는데, 구분된 상품에 대한 설명으로 옳지 않은 것은?

① 선매품은 소비자가 여러 점포를 다니면서 다양한 상품들의 기능, 특징, 가격, 디자인 등을 비교하여 선택하고 구매하는 품목이다.

② 전문품은 소비자 자신이 구매하고자 하는 상품에 대한 정보가 부족하고 특정상표에 대한 선호도가 없다는 특징이 있다.

③ 충동상품은 소비자의 눈에 가장 잘 띄는 곳에 진열하는 것이 좋다.

④ 계절상품은 소비자의 수요수준을 평준화하는 것이 중요하다.

⑤ 내구재 상품에는 자동차, 가정용 기계류가 속하는데 가격이 비싼 편이고 구매빈도도 낮은 편이다.

해설 전문품은 상표에 매우 관심이 많고, 상당한 노력을 들여 예산 및 계획을 세워 정보를 수집하려는 구매 관습을 보인다.

30 다음 각각의 진열 기법과 각 사례가 올바르게 짝지어진 것은?

① 수직진열 – 소형가전, 침구류처럼 동일 선상에서 다양한 종류를 비교하는 아이템

② 수평진열 – 붉거나 노란 과일과 초록색 채소 등의 색깔을 강조하는 아이템

③ 용도별 진열 – 건강을 테마로 한 건강보조식품, 기능성 음료 아이템

④ 컬러별 진열 – 일반 가격 상품, 고가 상품, 기능성 상품 등 가격이 다른 아이템

⑤ 가격별 진열 – 금색, 은색, 붉은색, 검은색 냄비처럼 동일한 아이템

해설 ① 수직진열 : 동일 상품군이나 관련 상품을 최상단부터 최하단까지 종으로 배열하는 것으로 고객의 시선을 멈춰 상품이 눈에 띄도록 하는 효과가 있으며, 주로 벽이나 곤돌라를 이용하여 상품을 진열하는 방법이다.
② 수평진열 : 동종의 상품을 좌우로 진열하는 방법으로 고객은 그 상품뿐만 아니라 상·하단에 있는 다른 종류의 상품도 함께 선택할 수 있는 장점이 있으나 고객이 상품을 선택하기 위해 많이 움직여야 하는 단점이 있다.

31 소비자는 서비스의 구매 후 다양한 방법으로 평가를 한다. 아래 글상자에서 설명하고 있는 서비스 구매 후 평가 모델로 가장 옳은 것은?

이 관점의 기본 전제는 서비스 경험 동안 소비자가 지각한 상황에 대한 통제 수준이 높을수록 서비스에 대한 만족도가 높아진다는 것이다. 서비스 제공자의 업무에 대한 통제 경험과 직무 만족 사이에서도 비슷한 정(+)의 관계가 전제된다.

① 기대 불일치 이론
② 기대 청사진 이론
③ 스크립트 이론
④ 서비스 전환 이론
⑤ 지각된 행동통제 이론

해설 ① 고객의 기대와 성과간의 불일치에 의해 만족 또한 불만족이 발생한다고 보는 것이다.
③ 특정한 상황에서 주로 고정적이고 일정한 순서에 따라 그것이 전개되는 것과 관련한 지식을 교육에 적용시키려는 이론이다.
④ 서비스가 실용적인 특성을 가지고 있으면 목표 지향적 모드에서 구매하며, 즐거움을 제공하는 특성을 가지고 있으면 쾌락 지향적 모드에서 구매한다는 이론이다.

32 점포 레이아웃의 기본원칙으로 옳지 않은 것은?

① 레이아웃(lay-out)이란 보다 효율적인 매장구성이나 상품진열, 고객동선, 작업동작 등을 위한 일련의 배치작업을 말한다.

② 점포의 입구 쪽에는 가격단가가 낮은 상품을, 안쪽에는 가격단가가 높은 상품을 배치한다.

③ 판매자 관점에서 본 상품 간 관리상 관련성을 고려하여 상품을 배치하는 것이 최우선적이다.

④ 점포 입구 쪽에는 구매빈도가 높은 상품을, 점포 안쪽에는 구매빈도가 낮은 상품을 배치한다.

⑤ 점포에서 강조하고자 하는 것을 고객의 눈에 잘 보이는 곳에 배치한다.

해설 상품배치는 **구매자(고객)의 입장**에서 상품 간 관련성을 고려하여 배치하는 것이 효과적이다.

33 점포 내 상품 배치를 하는 원리로 옳은 것은?

① 점두에 가까운 장소는 후방보다 상품의 노출 빈도가 더 높다.

② 1층은 지하실보다 상품의 노출 빈도가 더 낮다.

③ 층수가 높아질수록 노출 빈도는 높아진다.

④ 통로 주변장소가 코너보다 노출 빈도가 더 낮다.

⑤ 소비자의 눈높이에 진열되어 있는 상품이 그보다 높거나 낮은 곳에 진열되어 있는 상품보다 노출 빈도가 더 낮다.

해설 ② 1층은 지하실보다 상품의 노출 빈도가 더 높다.
③ 층수가 높아질수록 노출 빈도는 낮아진다.
④ 통로 주변장소가 코너보다 노출 빈도가 더 높다.
⑤ 소비자의 눈높이에 진열되어 있는 상품이 그보다 높거나 낮은 곳에 진열되어 있는 상품보다 노출빈도가 더 높다.

34 아래 글상자의 ( ) 안에 들어갈 단어로 옳은 것은?

> ( )은(는) 소비자가 제품을 선택하는 시점에 맞추어 수행하는 판촉방법으로서 세일이나 판촉과 같은 행사 분위기를 연출함으로써 충동구매를 유도하는 것이다. 예를 들어, 포스터, 가격카드, 스탠드, 풍선 등의 진열이 있다.

① POP(point of purchase)
② PR(public relations)
③ 디스플레이(display)
④ POS(point of sales)
⑤ 티저광고

해설 POP 광고는 고객의 구매시점에 행하는 광고로, 소비자들이 상품을 구매할 때 편리함을 도모하고, 충동구매를 유도함으로써 이익액 또는 매출액 등을 좌우하는 힘을 지니고 있다.

35 촉진믹스(promotion mix) 중 판매촉진 활동에 해당되지 않는 것은?

① 광 고   ② 샘플 제공

③ 할인권 제공   ④ 가격 할인

⑤ 경 품

해설   촉진믹스는 광고, 홍보, 판매촉진, 인적판매로 구성되어 있으며, 이 중 판매촉진은 단기적으로 직접적 효과를 거두고 충동구매를 유발하는 활동으로 샘플 및 할인권 제공, 가격할인, 경품, 보상판매, 프리미엄 등이 해당된다.

36 파라슈만(A. Parasuman)이 제시한 서비스 품질의 격차 모형에서는 총 5가지의 격차(gap)를 얘기하고 있다. 이중 세 번째는 전달 격차(delivery gap)로서 서비스 전달을 위한 품질 기준과 실제 전달된 서비스의 품질 간의 격차를 의미한다. 다음 중 전달 격차에 영향을 미치는 요소로 옳지 않은 것은?

① 상향적 의사소통

② 종업원의 서비스 수행의지

③ 종업원의 직무 적합

④ 회사의 부적절한 지원

⑤ 역할 갈등

해설   상향적 의사소통은 경영자의 인지 격차(격차 1)에 영향을 미치는 요소이다.

37 고객동선 계획에 대한 설명으로 가장 옳은 것은?

① 매장 레이아웃을 계획할 때 고객동선은 상품진열 이후에 고려한다.

② 직원들이 물건을 매장 곳곳에 진열해야 하므로 직원동선이 길수록 매출이 올라간다.

③ 판매율을 높이기 위한 상품진열은 고객동선을 끊어 놓는다고 하여도 상관없다.

④ 고객동선과 직원동선은 가급적 분리되어야 하지만 짧게 중첩되는 것은 어쩔 수 없다.

⑤ 잘 팔리는 상품들을 주통로에 내놓아 고객동선을 단조롭고 짧게 만들어야 한다.

해설   ① 매장 레이아웃을 계획할 때 고객동선은 상품진열 이전에 고려한다.
② 직원동선은 짧게 하고, 고객동선은 되도록 길게 하는 것이 합리적이고 이상적인 레이아웃이다.
③ 판매율을 높이기 위해서는 고객동선을 끊어 놓는 상품진열은 바람직하지 않다.
⑤ 잘 팔리는 상품들을 주통로에 내놓고, 고객동선을 길게 만들어야 한다.

38 다음 중 고객유형별 응대기법으로 옳지 않은 것은?

① 유창하게 말하는 고객에게는 직접적인 반론을 제시하지 말고 질문식 설득법으로 대응한다.

② 무엇이든 반대하는 고객에게는 질문으로 대응하되 자존심을 건드리지 않는다.

③ 수다스러운 고객에게는 가능한 모든 이야기를 들으며 동조와 공감을 보인다.

④ 판매원의 말을 끊는 고객에게는 대화시간을 충분히 갖고 판매원의 생각을 납득시킨다.

⑤ 격렬한 어조로 말하는 고객에게는 판매원의 능력을 보여주며 빠르게 설득시킨다.

해설 격렬한 어조로 말하는 고객에게는 빠르게 설득하려 하기보다는 무조건 들어주는 것이 좋다.

39 아래 글상자에서 설명하는 욕구는 매슬로우의 5단계 욕구 위계 이론 중 어느 욕구에 해당되는가?

> – 성공한 CEO를 내세운 자동차 광고
> – 많은 사람들이 부러워하는 연예인을 내세운 화장품 광고

① 생리적 욕구　　　　　　　　② 안전의 욕구

③ 애정/소속감 욕구　　　　　　④ 존경의 욕구

⑤ 자아실현 욕구

해설 **매슬로우의 5단계 욕구 위계 이론**
• 1단계 : 생리적 욕구(주로 의·식·주에 해당하는 욕구)
• 2단계 : 안전에 대한 욕구(인간의 감정적·신체적인 안전을 추구하는 욕구)
• 3단계 : 애정과 소속에 대한 욕구(어떠한 집단에 소속되어 인정을 받고 싶어하는 욕구)
• 4단계 : 자기존중의 욕구(자신의 만족 및 타인으로부터의 인정과 존경 등을 받고 싶어 하는 욕구)
• 5단계 : 자아실현의 욕구(자기계발을 통한 발전 및 자아완성을 실현하기 위한 욕구)

40 아래 글 상자에서 말하는 문제는 서비스의 어떤 특성에 대한 해결방법인가?

> • 극장, 미용실의 시간대에 따른 가격 차등제
> • 대기시간 최소화를 위한 예약시스템
> • 시간제 종업원을 활용한 서비스 추가 공급

① 정형성　　　　　　　　　　② 소멸성

③ 비분리성　　　　　　　　　④ 무형성

⑤ 이질성

해설 서비스는 시간적인 소멸성을 가진 상품으로 관리에 어려움을 겪는다. 이 경우 수요완화나 서비스 능력 조정 등을 대안으로 택한다.
• 수요완화 : 예약제도, 가격인센티브제도, 수요억제를 위한 선전
• 서비스 능력 조정 : 파트타임노동력, 근무교대조의 일정조정, 고객의 셀프서비스제도
• 고객으로 하여금 기다리게 하는 것 : 가장 소극적인 방법

41 기업은 고객의 대기시간을 효과적으로 관리하여 고객에게 만족을 주어야 한다. 대기관리의 기본원칙에 대한 내용 중 적절하지 않은 것은?

① 아무 일도 하지 않고 있는 시간이 뭔가를 하고 있을 때보다 더 길게 느껴진다.

② 원인이 설명된 대기시간이 더 길게 느껴진다.

③ 불공정한 대기시간이 더 길게 느껴진다.

④ 서비스가 더 가치 있을수록 사람들은 더 오랫동안 기다릴 것이다.

⑤ 혼자 기다리는 것이 더 길게 느껴진다.

해설 원인이 설명되지 않은 대기시간이 더 길게 느껴진다.

42 서비스를 제공하는 종업원이 고객에게 신뢰감을 줄 수 있는 커뮤니케이션 전략으로 옳지 않은 것은?

① 서비스 접점의 초기 단계인 첫인상이 중요하므로 특별한 주의를 기울인다.

② 회사의 로고, 명함 등은 단순 인쇄물이므로 이것보다는 실제 서비스 제공에 많은 노력을 기울인다.

③ 회사의 소식지 및 편지 등을 이용해 고객과의 정기적인 커뮤니케이션을 구축한다.

④ 기업의 브로셔는 회사의 대표적인 인쇄물이므로 전문성 및 희소성을 보여주기 위해 적극 활용할 수 있다.

⑤ 회사에 대해 많이 아는 종업원은 그만큼 기업에 대한 자부심을 갖고 적극적인 홍보를 할 수 있다.

해설 실제 서비스 제공에 앞서 회사 로고나 명함 등의 인쇄물을 주며 신뢰받는 기업이라는 것을 알리는 노력을 기울인다.

43 아래 글상자의 (   )에 들어갈 가격결정 전략으로 옳은 것은?

> (   )은/는 심리적 가격결정의 유형 중 하나이다. 낮은 화폐단위를 이용하여 제품가격을 책정함으로써 실제보다 제품가격이 저렴한 것으로 지각되게 하는 방법이다. 예를 들어, 100,000원과 99,999원은 제품가격에서 크게 차이가 나지 않지만, 소비자들은 99,999원이 싸다고 느껴 판매량이 늘어날 수 있다.

① 단수 가격   ② 권위 가격
③ 관습 가격   ④ 준거 가격
⑤ 유인 가격

③ 오랫동안 같은 가격으로 시장을 지배할 때 발생하는 가격으로 소비자들에게 그 상품은 얼마라는 등식이 고정화된 가격을 의미한다.
④ 소비자가 제품의 구매를 결정할 때 기준이 되는 가격으로 고객의 과거 경험이나 기억, 외부에서 들어온 정보로 형성된다.
⑤ 주로 생필품을 취급하는 점포, 즉 슈퍼마켓이나 백화점에서 소비자들의 매장방문량을 늘릴 목적으로 취급품목의 일부가격을 인하시키는 가격전략이다.

44 서비스의 품질을 측정하는 서브퀄(SERVQUAL)은 총 5가지로 유형성, 신뢰성, 대응성, 확신성, 공감성 차원으로 구분된다. 다음 보기 중 유형성에 대한 기대감으로 옳지 않은 것은?

① 우수한 회사는 현대화된 장비를 가지고 있을 것이다.
② 우수한 회사의 물리적인 시설은 시각적으로 매력적일 것이다.
③ 우수한 회사의 종업원은 단정한 용모를 갖추고 있을 것이다.
④ 우수한 회사는 서비스 약속 시간을 잘 지킬 것이다.
⑤ 우수한 회사에서 제공하는 팜플렛, 문구 등의 자료들은 시각적으로 매력적일 것이다.

약속한 서비스를 믿을 수 있고 정확하게 수행할 수 있는 능력은 **신뢰성**에 대한 기대감에 해당한다.

45 다음 중 POP에 대한 설명으로 옳지 않은 것은?

① 구매시점 광고를 말하며 소비자와 상품을 연결시키는 커뮤니케이션 역할을 한다.
② 매장에서 소비자의 구매심리를 자극하여 상품구매를 유도한다.
③ 제품의 이미지를 좋게 하는 역할을 하므로 매장의 빈공간이라면 어디든지 부착한다.
④ 윈도우 디스플레이는 매장 밖의 POP로 고객의 내점을 유도한다.
⑤ 진열 POP는 매장의 판매원을 대신하여 상품 정보 등을 제공한다.

매장의 빈공간이라면 어디든지 부착하는 것이 아니라, 제품의 목적과 매장의 개성에 매치되는 적절한 공간에 부착해야 한다.

제 3 회 | 기출문제해설

제1과목   유통상식(01~20)

01 생산자와 최종소비자 사이의 간극을 채워주는 유통의 효용으로 가장 옳지 않은 것은?

① 인지효용
② 형태효용
③ 소유효용
④ 시간효용
⑤ 장소효용

해설 **유통의 효용**
- 시간 효용(Time Utility) : 재화나 서비스의 생산과 소비간의 시차를 극복하여 소비자가 재화나 서비스를 필요로 할 때 이를 소비자가 이용 가능하도록 해주는 효용
- 장소 효용(Place Utility) : 지역적으로 분산되어 생산되는 재화나 서비스가 소비자가 구매하기 용이한 장소로 전달될 때 창출되는 효용
- 소유 효용(Possession Utility) : 생산자로부터 소비자에게 재화나 서비스가 거래되어 그 소유권이 이전되는 과정에서 발생되는 효용
- 형태 효용(Form Utility) : 대량으로 생산되는 상품의 수량을 소비지에서 요구되는 적절한 수량으로 분할·분배함으로써 창출되는 효용

02 아래 글상자에서 설명하는 개념은 무엇에 관한 것인가?

> 유통경로 내 다른 경로 구성원과의 거래에 불만족을 느끼는 경로 구성원이 상호 간 거래관계를 단절하거나 축소하는 행위를 말한다.

① 경로파워
② 경로갈등
③ 경로이탈
④ 경로역설
⑤ 경로리더

해설 ① 한 경로구성원이 유통경로 내의 다른 경로구성원의 마케팅 의사결정에 영향력을 행사할 수 있는 능력을 말한다.
② 유통경로상 같은 단계의 구성원끼리 또는 다른 단계의 구성원 사이에서 각자가 이익 극대화를 위해 활동하는 과정에서 벌이는 갈등으로, 특정 구성원이 자기의 목표를 달성하는 데 다른 구성원이 방해하거나 해롭게 하고 있다고 여기는 상태를 말한다.

03 하이퍼마켓(hypermarket)에 대한 설명으로 가장 옳지 않은 것은?

① 주요 고객은 중간소득계층이며 가격반응형 구매자이다.

② 점포 내 광고는 점두 디스플레이를 통한 단순한 POP 광고에 중점을 둔다.

③ 여러 가지 유형의 전문 할인점들이 임대형식으로 들어와 있는 소매상이다.

④ 대표적인 업체로는 영국의 테스코(Tesco), 프랑스의 까르푸(Carrefour)가 있다.

⑤ 진열방식은 주로 상품더미식이나 적하식 진열방식(Bulk Display)을 채택하고 있다.

해설 하이퍼마켓은 대형화된 슈퍼마켓에 할인점을 접목시켜 저가로 판매하는 초대형 소매업태로, 취급품목은 슈퍼에서 주로 취급하는 식품과 생활필수품 등이며, 셀프서비스 방식으로 운영된다.

04 소매상의 유형으로 옳지 않은 것은?

① 백화점(department store)

② 카테고리 킬러(category killer)

③ 편의점(convenience store)

④ 판매대리점(selling agent)

⑤ 자동판매기(vending machine)

해설 판매대리점은 도매상의 유형에 해당한다.

05 직업인으로서 가져야 할 직업의식에 대한 설명 중 옳지 않은 것은?

① 자신이 맡은 일은 하늘의 부름을 받아 맡겨진 일이라 생각하는 소명의식

② 자신의 일이 사회나 타인을 위해 중요한 역할을 하고 있다고 믿는 직분의식

③ 자신의 일만 가장 위대하고 중요하다고 여기는 선민의식

④ 자신의 일을 충실히 수행하고 완수하는 책임의식

⑤ 자신의 일이 능력과 적성에 맞는다고 여기며 열성적으로 일하는 천직의식

해설 자신의 일뿐만 아니라 타인의 일도 중요하다고 여기는 의식이 필요하다.

06 직접판매에 대한 설명으로 가장 옳지 않은 것은?

① 대면방식으로 소비자에게 제품을 판매하는 무점포형 소매업에 해당한다.
② 장소의 구애 없이 독립 판매원의 설명이나 시연을 통해 판매한다.
③ 크게 방문판매와 다단계판매 그리고 전자상거래판매 세 분야로 나누어진다.
④ 판매원이 기업으로부터 직접 제품을 공급받아 중간 소매과정 없이 소비자에게 판매한다.
⑤ 판매원은 종업원이라기보다는 독립된 계약자로서의 지위를 가지며 활동한다.

해설 직접판매는 제조업자가 중간 유통망을 거치지 않고 소매업자나 소비자에게 직접 판매하는 방식으로, 전자상거래 판매는 인터넷의 홈페이지나 가상 상점을 개설해 판매활동을 하는 것이기 때문에 직접판매에 해당하지 않는다.

07 경로파워 중 준거력(準據力)에 해당하는 설명으로 옳은 것은?

① 우수한 지식이나 경험 또는 정보의 제공 능력
② 물리적 · 심리적 · 보호적 보상을 제공할 수 있는 능력
③ 영향력 행사에 따르지 않을 경우 제재를 가할 수 있는 능력
④ 공식적 계약에 근거해 규정된 행동을 준수하도록 정당하게 주장할 수 있는 능력
⑤ 판매업자가 공급업자에게 일체감을 갖거나 일체감을 갖게 되기를 바라는 정도 및 능력

해설 준거력은 한 경로구성원이 여러 측면에서 장점을 갖고 있어 다른 경로구성원이 그와 일체성을 갖고 한 구성원이 되고 싶어 하여 거래관계를 계속 유지하고자 할 때 미치는 영향력을 의미한다.

08 "소비자기본법"(법률 제16178호, 2018. 12. 31., 일부개정)에서 정의하는 용어 중 옳지 않은 것은?

① 사업자라 함은 물품을 제조 · 수입 · 판매하거나 용역을 제공하는 자를 말한다.
② 소비자는 사업자가 제공하는 물품 또는 용역을 생산활동을 위해 사용하는 자를 말한다.
③ 사업자단체는 2 이상의 사업자가 공동의 이익을 증진할 목적으로 조직한 단체를 말한다.
④ 소비자는 사업자가 제공하는 물품 또는 용역을 소비생활을 위해 사용하는 자로 공정거래위원회에서 정한다.
⑤ 소비자단체는 소비자의 권익을 증진하기 위하여 소비자가 조직한 단체를 말한다.

해설 소비자는 사업자가 제공하는 물품 또는 용역을 소비생활을 위하여 사용하는 자 또는 생산활동을 위하여 사용하는 자로서 대통령령이 정하는 자를 말한다(소비자기본법 제2조).

06 ③ 07 ⑤ 08 ④ **정답**

09 아래 글상자에서 설명하는 개념은 무엇에 관한 것인가?

> 쌀은 농부에 의해 가을에 주로 수확되는 것이지만, 소비자에 의해 가을에만 소비되지 않고 1년 내내 소비된다. 이와 같은 생산자의 생산시점과 소비자의 소비시점 간 불일치를 해소시키는 유통의 기능을 말한다.

① 보관 기능　　　　　　　　　　　② 금융 기능
③ 매매 기능　　　　　　　　　　　④ 구매 기능
⑤ 운송 기능

해설　② 생산된 상품이 소비자에게 전달되어 생산자나 매매업자에게 대금이 회수되기까지는 시간적 공백이 생기게 되는데, 이때 금융은 자금이 필요한 사람에게 융통해줌으로써 생산과 매매의 성립을 용이하게 하고, 거래의 확대를 도모하는 기능을 한다.
　③ 생산과 소비 사이의 사회적 분리를 극복하기 위하여 생산자로부터 상품을 구입하고 소비자에게 판매함으로써 상품의 소유권을 이전시키는 기본적인 기능이다.
　⑤ 생산과 소비 사이의 장소적 분리를 극복하기 위하여 생산지에서 소비지까지 상품을 운반하는 기능이다.

2019

10 아래 글상자는 전형적인 유통경로의 변화(진화)과정의 단계들이다. 전형적인 유통경로의 변화 순서대로 옳게 나열한 것은?

> ㉠ 전통시장단계
> ㉡ 소매업체 국제화
> ㉢ 소매업체 성장과 제조업체 국제화
> ㉣ 제조업체 우위단계

① ㉠ - ㉡ - ㉢ - ㉣　　　　　　　② ㉠ - ㉣ - ㉢ - ㉡
③ ㉣ - ㉢ - ㉠ - ㉡　　　　　　　④ ㉢ - ㉣ - ㉡ - ㉠
⑤ ㉡ - ㉢ - ㉠ - ㉣

해설　전형적인 유통경로의 변화
　　전통시장단계 → 제조업체 우위단계 → 소매업체 성장과 제조업체 국제화 단계 → 소매업체 국제화 단계

정답　09 ①　10 ②

11 매장 내 판매원의 자세로 가장 옳지 않은 것은?

① 개점 전 담당구역을 청소하고 부족한 제품을 보충진열 한다.
② 매장 대기 시 상품과 매대를 확인하며 정리정돈 한다.
③ 대면판매 시 먼저 온 고객 순으로 응대한다.
④ 고객이 질문하면 고객 앞에서 동료 판매원과 의견을 주고받으며 응대한다.
⑤ 고객의 고충사항 발생 시 즉시 해결하려는 자세를 보인다.

해설 고객이 질문하면 고객의 말에만 집중하여 경청한 후 응대해야 한다.

12 고객을 맞이하는 마음가짐에 대한 설명 중 가장 옳지 않은 것은?

① 항상 감사하는 마음으로 성의를 가지고 대한다.
② 실수를 하지 않도록 업무지식에 능통해야 한다.
③ 약속은 반드시 지킨다.
④ 고객의도를 파악하여 개인화된 서비스를 제공하기보다 동일한 응대를 하는 것이 효과적이다.
⑤ 자세는 바르고 태도는 자연스럽게 응대한다.

해설 고객 모두에게 동일한 응대를 하기보다는 고객의도를 파악하여 개인화된 서비스를 제공하는 것이 더 효과적이다.

13 아래 글상자에 해당하는 경험법칙으로 옳은 것은?

> A회사는 판매현황을 분석하던 중 다음과 같은 결과를 도출하였다. 첫째, 판매원의 20%가 전체 매출액의 80%를 일으키는 것을 발견하였다. 둘째, 20%의 고객이 전체 매출액의 80%를 차지함을 발견하였다.

① 소매인력법칙　　　　　　　　② 소매중력법칙
③ 수정소매인력법칙　　　　　　④ 파레토(Pareto)법칙
⑤ 롱테일(Long Tail)법칙

해설 ①·② 두 도시의 사이에 위치하는 지역에 대하여 두 도시의 상권이 미치는 범위는 두 도시의 인구에 비례하고, 두 도시의 분기점으로부터 거리의 제곱에 반비례한다는 이론으로 소매중력법칙이라고도 하며, 레일리(Reily, W. J.)가 주장하였다.
③ 컨버스가 주장한 법칙으로, 레일리의 소매인력법칙을 이용하여 두 도시간 상권의 경계를 동일하게 하는 분기점을 산정하고, 두 도시 사이의 거래가 동일하게 나눠지는 중간지점의 정확한 위치를 결정하는 방법이다.
⑤ 롱테일법칙은 파레토법칙과는 거꾸로 80%의 '사소한 다수'가 20%의 '핵심 소수'보다 뛰어난 가치를 창출한다는 이론으로서, 이 때문에 '역(逆) 파레토법칙'이라고도 한다.

14 판매원의 불평고객에 대한 응대 및 서비스 실패에 대한 회복방법으로 옳지 않은 것은?

① 고객의 감정을 이해하기
② 고객에게 조치과정에 대해 모르게 하기
③ 고객과 논쟁하지 않기
④ 고객에게 적절한 보상하기
⑤ 고객입장에서 문제를 이해한다는 것을 보여주기

해설 판매원은 불평고객 응대 시 가급적 현장에서 즉각 해소하도록 하는 것이 좋고, 불평을 적극적으로 경청한 후 조치과정에 대해서도 상세히 설명해야 한다.

15 고객에게 상품을 판매하는 단계 중 아래의 글상자가 설명하고 있는 단계로 옳은 것은?

> 고객에게 쉽게 접근할 수 있는 위치를 정해두고 가능하면 그 위치를 벗어나지 않는다. 진열 상태를 수시로 정리하면서 자신의 역할을 한다.

① 상품 설명　　　　　　　　　② 상품 제시
③ 기다리는 자세(대기)　　　　 ④ 고객 응대
⑤ 부담 없는 접근

해설 ① 상품의 특징이 가져다주는 혜택(가치, 이점)을 강조하여 요점을 남기지 않고 성의 있게 설명하는 단계이다.
② 고객접근과 욕구결정 단계에서 파악된 고객의 욕구를 충족시켜주기 위해 상품을 고객에게 실제로 보여 주고 사용해 보도록 하여 상품의 특징과 혜택을 이해시키기 위한 활동이다.

16 "유통산업발전법"(법률 제14997호, 2017. 10. 31., 일부개정)에 제시된 유통관리사의 직무로 옳지 않은 것은?

① 유통경영·관리 기법의 향상
② 유통경영·관리와 관련한 계획·조사·연구
③ 유통경영·관리와 관련한 상담·자문
④ 유통경영·관리와 관련한 운영·교육
⑤ 유통경영·관리와 관련한 진단·평가

해설 유통관리사의 직무(유통산업발전법 제24조 제1항)
유통관리사는 다음의 직무를 수행한다.
• 유통경영·관리 기법의 향상
• 유통경영·관리와 관련한 계획·조사·연구
• 유통경영·관리와 관련한 진단·평가
• 유통경영·관리와 관련한 상담·자문
• 그 밖에 유통경영·관리에 필요한 사항

정답 14 ② 15 ③ 16 ④

17 아래 글상자의 밑줄 친 불일치에 해당하지 않는 것은?

> 유통의 목적은 <u>생산자와 소비자 사이에 존재하는 불일치</u>를 해소하는 데 있다.

① 소유권의 불일치

② 특권층과 서민층 사이에 발생하는 경제적 불일치

③ 생산 장소와 소비 장소의 불일치

④ 상품의 양과 질적 조합에 대한 인식의 불일치

⑤ 생산시기와 소비시기의 불일치

해설 유통경로가 존재하는 근본적인 이유는 생산자와 소비자 사이에 시간, 장소, 형태상의 불일치를 해소하기 위해서이다.
- 시간상의 불일치 : 생산시점과 소비시점의 불일치
- 장소상의 불일치 : 생산장소와 소비장소의 불일치
- 형태상의 불일치 : 생산되는 형태와 소비되는 형태의 불일치

18 브로커(Broker)에 해당하는 것으로 옳은 것은?

① 전문품 도매상   ② 제조업체 대리점

③ 보험 중계인   ④ 구매 대리점

⑤ 판매 대리점

해설 브로커의 기본적인 임무는 구매자와 판매자를 만나게 하는 일이다. 일반적으로 상품을 물리적으로 취급하지 않으며, 판매의뢰자와 지속적인 기반 위에서 거래를 하는 것은 아니기 때문에 브로커에게는 가격설정권이 없다. 따라서 보기 중 브로커에 해당하는 것은 보험 중계인이다.

19 유통업체의 유형 중 카테고리 킬러(Category Killer)의 주요 특징에 대한 설명으로 옳은 것은?

① 제조업체가 자사제품 또는 재고품을 초염가로 판매하는 소매형태로 직영점 형식으로 운영된다.

② 많은 수의 제품계열과 다양한 제품구색, 편리한 입지, 쾌적한 쇼핑공간을 구매자에게 제공한다.

③ 소비자에게 일정한 회원비를 받고 회원인 고객에게만 30~50% 할인된 가격으로 정상품을 판매한다.

④ 할인형 대규모 전문점으로서 한가지 상품군을 깊게 취급하고 저렴한 가격으로 제공한다.

⑤ 상대적으로 소규모 매장으로 재고회전이 빠른 식료품과 편의품, 문방구 등의 한정된 제품계열을 취급한다.

> **해설** 카테고리 킬러는 할인형 전문점으로서 특정상품계열에서 전문점과 같은 깊은 상품구색을 갖추고, 저렴하게 판매하는 것을 원칙으로 한다. 따라서 대량판매와 낮은 비용으로 저렴한 상품가격을 제시하며, 취급하는 상품은 주로 완구, 스포츠용품, 가전용품, 자동차용품, 레코드, 사무용품 등이다.

20 다음에서 공통적으로 설명하는 도매상으로 옳은 것은?

> – 주로 제품의 단위당 판매가격이 고가인 경우 활용
> – 취급이 어렵고 보증과 수리업무가 중요한 제품인 경우 활용
> – 제조업자의 자금규모가 크고 창고의 여유가 있는 경우에 유리
> – 주로 목재, 자동차 정비, 부품 산업에서 활용
> – 인구 밀집지역이나 시장 집중지역에 판매지점이나 판매사무소가 위치

① 제조업자 도매상   ② 판매대리인

③ 구매대리인   ④ 전문 도매상

⑤ 한정상품 도매상

> **해설** 제조업자 도매상은 제조업자가 직접 도매기능을 수행하는 것으로, 제조업자의 판매지점과 판매사무소가 있다.
> ② 제조업자의 제품 전부 또는 일부를 대리하여 독립적으로 판매하는 대리 중간상
> ③ 구매자를 대신하여 구매활동을 하는 대리 중간상
> ④ 동일계열에 속하는 제품 중에서 특수한 것만을 전문적으로 취급하는 도매상
> ⑤ 도매기능 중에서 일부만을 수행하는 도매상

21 아래 글상자에서 설명하고 있는 진열방식으로 옳은 것은?

> '좌측보다 우측이 잘 팔린다'는 개념에서 출발한 진열방식이다. 우측에 고가격, 고이익, 대용량 상품
> 을 진열하고, 새로 보충하는 상품은 좌측에 진열하는 방식이다.

① 라이트 업 진열   ② 전진입체 진열
③ 샌드위치 진열   ④ 곡면전고 진열
⑤ 사이드 진열

해설 ② 상품을 곤돌라에 진열할 때 앞에서부터 입체적으로 진열하는 방식으로 후퇴평면 진열에 비해 양감이 강조되고,
판매촉진으로 연결된다.
③ 상품 진열대에서 잘 팔리는 상품 옆에 이익은 높으나 잘 팔리지 않는 상품을 같이 진열해서 판매를 촉진하는
진열 방법이다.
④ 벌크 매대의 효과적인 진열 방법으로 완만한 곡면의 산 모양으로 진열하여 양감 있는 진열방식이다.
⑤ 매대의 옆에 따로 밀착시켜 돌출하는 기법으로 주력상품과 관련된 상품을 추가로 '갖다 붙이는 진열'이며, 통로가
넓어야 하고 병목 현상을 피해야 한다.

22 물건을 훔친 고객을 발견한 경우 직원들이 대처해야 할 방법으로 가장 옳지 않은 것은?

① 상품을 훔쳤다는 확증이 있다면 일단 정중하게 사무실로 안내한다.
② 고객이 자신의 잘못을 인정하면 2~10배에 해당하는 변상조치를 요구한다.
③ 미성년자의 경우 부모한테 연락하여 조심스럽게 사실을 알리고 관심을 가져줄 것을 부탁한다.
④ 고객이 잘못을 인정한 후 집이나 가족에게 연락을 하지 말아달라고 부탁한다면 그 요구를 들어준다.
⑤ 고객이 훔친 상품에 해당하는 금액을 지불하게 하고 지속적인 고객이 될 수 있도록 편안하게
응대한다.

해설 고객이 자신의 잘못을 인정하면 높은 금액의 변상조치를 요구하기보다는 훔친 상품에 해당하는 적절한 금액을 지불
하게 하는 것이 좋다.

23 점포방문동기의 성격이 다른 하나는?

① 사회적 경험   ② 동호인과의 의사소통
③ 동료집단과의 일체   ④ 자신의 지위와 권위의 추구
⑤ 기분전환의 추구

해설 기분전환의 추구는 개인적 동기에 해당한다.
①·②·③·④ 사회적 동기

24 컴플레인(complain) 발생 원인의 성격이 다른 하나는?

① 상품관리 소홀
② 무리한 구매 권유
③ 교환, 환불 지연
④ 정보제공 미흡
⑤ 고객의 고압적 태도와 감정적 반발

해설 ⑤는 고객 측의 컴플레인 발생 원인이며, ①·②·③·④는 판매자 측의 잘못으로 인한 컴플레인 발생 원인이다.

25 아래 글상자에서 NB(National Brand)에 대한 내용으로 옳은 것을 모두 고르면?

> ㉠ 유통업자 상표
> ㉡ 생산자가 붙인 브랜드
> ㉢ 대량생산한 전 제품을 소매점이 매입하므로 매입비용을 낮출 수 있음
> ㉣ 전국상표
> ㉤ 소매점이 판매정보를 토대로 상품을 기획하고 생산업체에게 제조를 의뢰하여 생산한 브랜드

① ㉠, ㉤
② ㉡, ㉢
③ ㉢, ㉤
④ ㉠, ㉣
⑤ ㉡, ㉣

해설 ㉠·㉢·㉤ 유통업체 브랜드(Private Brand)
㉡·㉣ 제조업체 브랜드(National Brand)

26 아래 글상자 안에 제시된 상품들이 충족시켜주는 욕구를 올바르게 나열한 것은?

> ㉠ 정확한 시간을 알려주는 시계에 대한 소유 욕구
> ㉡ 최고급 오디오를 장착한 스포츠카에 대한 소유 욕구
> ㉢ 위상을 강화시켜주는 명품 가방에 대한 소유 욕구

① ㉠ 쾌락적 욕구, ㉡ 기능적 욕구, ㉢ 상징적 욕구
② ㉠ 기능적 욕구, ㉡ 쾌락적 욕구, ㉢ 상징적 욕구
③ ㉠ 상징적 욕구, ㉡ 기능적 욕구, ㉢ 쾌락적 욕구
④ ㉠ 상징적 욕구, ㉡ 쾌락적 욕구, ㉢ 기능적 욕구
⑤ ㉠ 쾌락적 욕구, ㉡ 상징적 욕구, ㉢ 기능적 욕구

해설 ㉠ 기능적 욕구 : 보다 기능이 높은 제품에 대한 욕구
㉡ 쾌락적 욕구 : 감정적 자극을 즐기고자 하는 욕구
㉢ 상징적 욕구 : 제품을 통하여 자신의 성취, 사회적 지위, 부 등을 나타내고자 하는 욕구

27 제품구성을 크게 핵심제품, 유형제품, 확장제품으로 구분할 때, 다음 중 유형제품에 해당하는 것을 모두 고른 것은?

㉠ 상 표	㉡ 배 달
㉢ 품 질	㉣ 포 장
㉤ 핵심혜택	㉥ 애프터서비스

① ㉠, ㉡, ㉢   ② ㉠, ㉢, ㉣

③ ㉠, ㉢, ㉥   ④ ㉢, ㉣, ㉤

⑤ ㉢, ㉤, ㉥

해설 제품의 3가지 차원
- 핵심제품 : 제품이 주는 혜택 그 자체(㉤)
- 유형제품 : 핵심제품의 구체적인 형태(㉠, ㉢, ㉣)
- 확장제품 : 제품 외 부가적 서비스(㉡, ㉥)

28 상품을 진열하기 위한 쇼케이스, 행거, 진열장 등을 포함한 진열대는 제품, 상점 형태, 규모 등을 고려하여 배치한다. 아래 글상자가 설명하는 상품 진열대 배치유형으로 가장 옳은 것은?

> 매장 평면 중앙에 쇼케이스, 진열 스테이지 등이 직선 또는 곡선에 고리 모양 부분으로 설치되는 형식이다. 계산대나 포장대는 점두나 상점 내 깊숙한 곳에 위치한다. 고리모양 부분을 2개 이상으로 한다. 중앙 고리모양 부분에는 소형 고액상품을 대면 판매하며, 벽면에는 대형 상품을 진열한다. 고객에게 설명이 필요한 수예품, 민예품과 같은 업종에 많이 적용된다.

① 굴절 배열형   ② 직렬 배열형

③ 환상 배열형   ④ 복합 배열형

⑤ 곡선 배열형

해설 ① 진열장 배치와 고객동선이 굴절 또는 곡선인 것으로, 대면판매와 측면판매의 조합으로 이루어진다.
② 통로가 직선인 것으로, 고객흐름이 빠르며 부분별로 상품진열이 용이하고 대량판매가 가능하다.
④ 굴절 배열형, 환상 배열형, 직렬 배열형을 적절히 조화시킨 형태로, 후반부는 대면판매 또는 카운트 접객부분이 된다.

29 서로 관련되어 있는 복수의 상품을 같이 진열하거나 조합시켜 개개 상품의 소구력(訴求力)을 높이는 방법을 연관진열이라고 한다. 다음 중 연관진열의 예시로 가장 옳지 않은 것은?

① 생활코너 – 바디워시와 샤워타올
② 잡화코너 – 구두와 신발깔창
③ 수산코너 – 생선회와 초고추장
④ 축산코너 – 삼겹살과 쌈장
⑤ 식품코너 – 콜라와 사이다

해설 연관진열이란 서로 관련이 있는 상품을 함께 진열하여 판매를 높이는 방법으로, 일반적으로 상품회전율이 높고, 매출이익률이 좋은 상품은 주된 상품이다.

> **보충설명**
> 연관상품을 선정하는 방법
> • 상품 용도나 사용 방법이 서로 관련이 있어야 한다.
> • 구입에 부담이 없도록 주된 상품보다 더 싼 상품이어야 한다.
> • 주된 상품보다 더 작아서 쉽게 구매할 수 있어야 한다.
> • 가격대가 단순해야 한다.

30 아래 글상자의 내용을 스토어 레이아웃 프로세스 순서에 맞게 나열한 것은?

> ㉠ 매장(브랜드) 컨셉 인식
> ㉡ 매장 아이덴티티 설정
> ㉢ 매장 도면 설계
> ㉣ 매장 시공 및 디스플레이
> ㉤ 상품 조닝(zoning) 계획
> ㉥ 판매 실전 파악 및 피드백

① ㉠ – ㉡ – ㉢ – ㉣ – ㉤ – ㉥
② ㉠ – ㉡ – ㉢ – ㉤ – ㉣ – ㉥
③ ㉠ – ㉡ – ㉤ – ㉢ – ㉣ – ㉥
④ ㉡ – ㉠ – ㉤ – ㉢ – ㉣ – ㉥
⑤ ㉡ – ㉠ – ㉢ – ㉤ – ㉣ – ㉥

해설 스토어 레이아웃 프로세스
매장(브랜드) 컨셉 인식 → 매장 아이덴티티 설정 → 상품 조닝(zoning) 계획 → 매장 도면 설계 → 매장 시공 및 디스플레이 → 판매 실전 파악 및 피드백

31 접점에서 고객을 응대하는 직원의 자세로 옳지 않은 것은?

① 고객 응대 시 다른 업무나 일을 함께 하지 않는다.

② 고객 응대 시 고객의 눈을 끊임없이 응시한다.

③ 항상 단정한 자세로 웃으며 고객을 맞이한다.

④ 부정형이 아닌 긍정형으로 이야기한다.

⑤ 거절하는 의사를 표현할 때에는 '양해 부탁드립니다'와 같은 표현을 사용하는 것이 바람직하다.

해설 고객의 눈을 끊임없이 응시하는 것은 고객에게 부담을 줄 수 있기 때문에 고객의 눈에 시선을 맞추되 가끔 입 언저리를 바라보는 것이 좋다.

32 상품진열에 관한 내용 중 옳지 않은 것은?

① 상품과 가격을 알기 쉽게 표시하여 소비자들이 쉽게 알아볼 수 있도록 한다.

② 고객 입장에서 보기 좋고 편리한 곳에 진열하여야 한다.

③ 디스플레이의 범위 내에서 보다 보기 쉽고 손에 닿기 쉬운 범위의 높이를 골든라인(Golden Line)이라고 한다.

④ 디스플레이에 사용되는 상품수는 될 수 있는 대로 많이 하는 것이 효과적이다.

⑤ 같은 종류의 상품을 그룹별로 디스플레이하고 그 상품과 관계가 있는 상품을 같은 공간에 전시하는 것이 효과적이다.

해설 상품판매량에 정비례하는 진열방식은 상품 회전율을 높이고 많이 팔리는 상품의 품절방지와 비인기 상품의 재고 감소 효과를 주게 되며, 또한 고객이 즐겁게 가격수준을 비교하여 구매할 수 있게 **동일 상품당 가격 라인의 수는 3~5개로 제한하여 진열**하는 것이 좋다.

33 기업의 고객유지를 위한 활동으로 옳지 않은 것은?

① 고객의 정보를 확보하고 관리해야 한다.

② 신규고객 등에 대한 2차 구매 유도를 해야 한다.

③ 가치가 높은 고객 가운데 이탈가능성이 높은 고객의 이탈 방지를 위한 전략을 강구해야 한다.

④ 기존 고객을 대상으로 한 로열티 프로그램을 통해 고객의 전환비용을 증가시켜야 한다.

⑤ 지속적인 신규고객 창출을 위해 할인행사와 같은 판매촉진 활동을 활발히 진행해야 한다.

해설 고객유지를 위해서는 단순한 할인행사와 같은 판매촉진 활동보다는 차별화된 서비스 제공 및 커뮤니케이션을 고객과 진행하는 것이 좋다. 즉, 고객의 요구를 인지하고 적절한 마케팅, 영업, 서비스 활동으로 커뮤니케이션을 최적화하는 것이다.

34 고객들의 충성도를 유지하고 확실한 판매를 제시하기 위해 사용되는 서비스 보증이라는 개념이 있다. 그 중에서 보건의료, 법률 서비스 및 엔지니어링 서비스 같은 보증을 전문적 서비스 보증이라 한다. 전문적 서비스 보증이 효과적일 수 있는 상황으로 가장 옳은 것은?

① 가격이 낮을 경우
② 부정적 결과의 비용이 높을 경우
③ 서비스가 표준화 되어 있을 경우
④ 브랜드 인지의 차별화가 쉬운 경우
⑤ 구매자의 구매에 대한 저항이 낮을 경우

[해설] 부정적 결과의 비용이 높은 경우에는 전문적 기술지원과 관련하여 믿을 수 있는 제품 보증 정책을 제공하는 것이 효과적이다.

35 고객들이 매장을 방문하여 비이성적, 무의식적인 충동구매를 일으킬 수 있도록 하는 방법으로 가장 옳지 않은 것은?

① 같은 상품을 한군데 집중시켜 양감(量感)을 풍성하게 진열토록 한다.
② 충동구매를 촉진하고 싶은 상품에 스포트라이트를 비추도록 한다.
③ 상품의 뒷면, 즉 배경의 색깔을 조정하여 팔고 싶은 상품을 돋보이게 한다.
④ 천이나 POP 등의 판촉물을 매장 천정 위에 늘어놓는다.
⑤ '이 표시가 있으면 언제나 싼 것이다'라는 염가표시마크를 적극 활용한다.

[해설] POP 등의 판촉물을 매장 천정 위에 늘어놓는 것은 고객의 시선을 집중시킬 수 없기 때문에 옳지 않다. POP 광고는 내방한 소비자들의 시선을 순간적으로 집중시킬 수 있어야 하며, 더불어 소비자들에게 제품에 대한 충동구매의 의욕을 불어 넣어주고 실질적인 구매가 이루어질 수 있도록 유인하여야 하기 때문에 매장 입구 등 눈에 잘 띄는 곳에 설치해야 한다.

36 POS(Point Of Sales)시스템이 제공하는 데이터를 모두 고른 것은?

> ㉠ 시간대별 매출수량 데이터
> ㉡ 부문별 고객단가 데이터
> ㉢ 불량품 비율 데이터
> ㉣ 단품별 재고 데이터

① ㉠, ㉡   ② ㉠, ㉡, ㉢
③ ㉠, ㉡, ㉣   ④ ㉡, ㉢, ㉣
⑤ ㉠, ㉡, ㉢, ㉣

해설 POS 데이터의 분류
• 매출분석 : 부문별, 단품별, 시간대별, 계산원별 등
• 고객정보분석 : 객수, 객단가, 부문별 객수, 부문별 객단가 등
• 시계열분석 : 전년 동기 대비, 전월 대비, 목표 대비 등
• 상관관계분석 : 상품요인분석, 관리요인분석, 영업요인분석 등

37 서비스에 대한 일반적인 설명으로 옳지 않은 것은?

① 서비스는 소비자가 요구하는 주관적 효용인 만족이나 편익을 제공하는 것을 말한다.
② 소비자는 구매 전까지 서비스를 보거나 만져볼 수 없다.
③ 서비스는 생산과 소비를 분리시킬 수 있다.
④ 서비스는 사람에 주로 의존하므로, 일관되고 표준화된 서비스가 제공되기 어렵다.
⑤ 서비스는 판매될 때까지 저장될 수 없다.

해설 서비스는 생산과 소비가 동시에 일어난다(비분리성).

38 고객이 서비스를 경험한 후의 반응은 정서적 반응과 행동적 반응으로 나타난다. 반응에 따라 나타나는 결과를 옳지 않게 짝지은 것은?

① 정서적 반응 – 구매의도
② 정서적 반응 – 브랜드 충성도
③ 정서적 반응 – 구전
④ 행동적 반응 – 불평 행동
⑤ 행동적 반응 – 반복구매

해설 구전은 행동적 반응이다. 정서적 반응은 서비스를 경험한 후 긍정적 혹은 부정적인 느낌을 가짐으로써 나타나는 결과이다.

39   판매촉진 수단 중 프리미엄에 대한 설명으로 옳지 않은 것은?

① 무상 또는 할인된 가격으로 부가 상품을 제공하는 사은형식의 보상제도이다.

② 상품 이미지를 향상하고 호감을 심어주기 위한 판촉수단이다.

③ 상품속성에 대한 객관적 평가가 어려운 경우 소량을 사용해보도록 하는 데 효과적이다.

④ 맥도날드에서 햄버거를 구입하면 캐릭터 상품을 매우 싸게 구입할 수 있는 경우이다.

⑤ 맥주를 구입하면 그 브랜드만의 맥주 컵을 무료로 제공하는 경우이다.

해설   상품속성에 대한 객관적 평가가 어려운 경우 소량을 사용해보도록 하는 것은 샘플이다. 프리미엄은 추천권과 같이 손님이 상품을 샀을 때 서비스로 주는 경품을 의미한다.

40   전단광고의 특성에 대한 설명으로 옳지 않은 것은?

① 소매점이 단독 또는 제조업체와 공동으로 제작하여 배포하는 광고매체이다.

② 소매점의 상품광고, 쇼핑정보, 소비자의 관심 상품으로 구성된다.

③ 상대적으로 백화점에서 가장 많이 활용하는 광고이다.

④ 소매상 주변 주택이나 아파트에 무료로 배포되는 광고이다.

⑤ 일상용품, 가정용품, 식료품 등의 판매를 자극하는 데 매우 효과적이다.

해설   전단광고는 주택가나 사무실이 밀집되어 있는 곳에 위치해 있는 **소규모 점포나 할인마트** 등에서 가장 많이 활용하는 광고이다.

41   마케팅 전략의 수립 과정으로 해당하지 않는 것은?

① 기업 환경 분석

② 업셀링(Up-Selling)

③ 시장 조사 및 분석

④ 마케팅 포지셔닝(Positioning)

⑤ 시장 세분화

해설   업셀링은 같은 고객이 이전에 구매한 상품보다 더 비싼 상품을 사도록 유도하는 판매방법이다.

2019

42 아래 글상자에서 설명하고 있는 판매촉진 수단으로 옳은 것은?

> 상품을 구입할 때 구매자에게 일정 금액을 할인해 주는 것인데, 이것은 우편, 상품포장, 전단, 인터넷 등을 통해 전달된다. 이것은 성숙기 상품의 판매를 촉진하거나 신 상표에 대한 시험구매를 촉진하는 데 주로 사용된다.

① 무료샘플   ② 가격할인
③ 쿠 폰   ④ 리베이트
⑤ 프리미엄

해설 쿠폰은 소매상이 백화점 등의 대규모 판매점에 대항하기 위한 수단으로 발전시킨 신용판매 방법 또는 여기에 사용되는 표를 의미한다.
① 전체 물건의 품질이나 상태를 알아볼 수 있도록 그 일부를 뽑아 놓거나 미리 선보이는 물건을 말한다.
④ 판매가격의 일정비율을 반환해 주는 것을 말한다.
⑤ 추첨권과 같이 손님이 상품을 샀을 때 서비스로 주는 경품을 말한다.

43 아래 글상자의 기사를 보고 유추할 수 있는 가격 할인전략으로 가장 옳은 것은?

> '여름 패딩 세일', 올해 규모 더 키우나
> [올해 패딩 재고부담 '사상 최대'…여름 역시즌 할인 말고 뚜렷한 대책 없어]
> 아웃도어 업계의 재고 부담이 올해 한층 가중될 전망이다. 올해 처리해야 할 재고물량이 기존 사상 최고 수준이던 지난해보다도 대폭 늘어났기 때문이다. 일각에서는 재고처리를 위한 올해 여름철 역시즌 패딩(다운재킷) 할인 행사규모 역시 사상 최대가 될 것이라는 전망이 나온다.
> – 이하 생략 –
>
> [OO투데이] 20XX.04.14.

① 현금 할인   ② 수량 할인
③ 계절 할인   ④ 회원 할인
⑤ 오픈 할인

해설 계절 할인은 비수기에 제품을 구입하는 소비자에게 할인해주는 전략을 의미한다.
① 물건 값을 미리 지불하는 것에 대한 할인
② 일시에 대량 구매 시 제공되는 할인

44 판매 사원과 고객이 만난 접점에서의 판매 기술 중 가장 옳지 않은 것은?

① 고객에게 적극적으로 얘기하여 구매할 마음을 갖게 한다.
② 고객으로 하여금 자기 자신의 마음을 정리할 수 있도록 한다.
③ 고객이 만족감을 느낄 수 있게 심리를 자극하는 기법을 사용한다.
④ 고객에게 설득조나 명령조의 말투로 강압적인 판매를 시도한다.
⑤ 고객에게 지금이 기회라는 타이밍을 느끼게 한다.

해설 고객과의 접점에서 강압적인 태도로 고객에게 나쁜 인상을 준다면, 그것으로 고객은 기업의 이미지를 결정하기 때문에 고객을 설득하되, 강압적이지 않고 고객을 배려하는 태도로 판매를 시도해야 한다.

45 마케팅 믹스 4P(상품, 가격, 촉진, 유통)와 그 요소로 잘못 짝지어진 것은?

① 상품(Product) - 품질
② 가격(Price) - 합리성
③ 촉진(Promotion) - 광고
④ 상품(Product) - 진열
⑤ 유통(Place) - 점포입지

해설 상품(Product)의 요소에는 상품의 종류, 품질, 디자인, 특징, 브랜드 네임, 포장, 크기/규격, 서비스 등이 포함된다.

비관론자는 어떤 기회가 찾아와도 어려움만을 보고,
낙관론자는 어떤 난관이 찾아와도 기회를 바라본다.

– 윈스턴 처칠 –

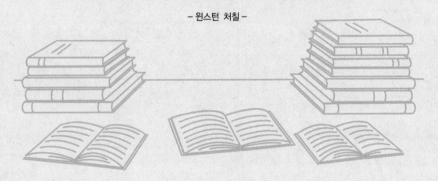

2020년

기출문제

당신이 저지를 수 있는 가장 큰 실수는 실수를 할까 두려워하는 것이다.

– 앨버트 하버드 –

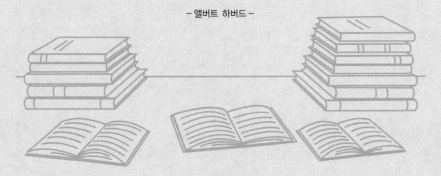

제 **2** 회 | # 기출문제해설

제1과목 | **유통상식(01~20)**

---

01 리차드 드 조지(Richard De Geouge)가 주장한 과거에 다른 사람에게 손해를 끼친 사람들을 처벌하는 정의로 옳은 것은?

① 보상의 정의
② 교정적 정의
③ 분배의 정의
④ 절차의 정의
⑤ 공리의 정의

해설 교정적 정의는 잘못이 있을 때는 공정하게 처벌하고 피해가 발생했을 때는 합당하게 배상하여 정의(正義)를 실현하는 것으로, 어떤 사람이 손해를 끼치거나 잘못을 했을 때 그에 상응하는 것만큼을 교정함으로써 부정의(不正義)한 상태에서 정의로운 상태로 되돌리는 것이라고 할 수 있다.

02 고객을 응대하기 전에 확인해야 할 판매원의 외형적 요소에 대한 설명 중 가장 옳은 것은?

① 앞머리가 한쪽 눈을 가리는 것이 유행인 경우 상관없다.
② 양말은 정장 바지보다 밝은 색으로 포인트를 준다.
③ 립스틱의 경우 화려한 색상으로 개성을 강조한다.
④ 구두의 경우 겉옷의 색과 조화를 이루게 하고 깨끗하게 닦아 착용한다.
⑤ 액세서리의 경우 최신 유행을 강조하여 눈에 띄게 크게 착용한다.

해설 ① 앞머리가 눈을 가리지 않도록 단정하게 손질하는 것이 좋다.
② 양말은 정장 바지보다 눈에 띄는 밝은 색은 피한다.
③ 화려하고 짙은 색상의 립스틱은 피한다.
⑤ 시계 이외의 액세서리는 착용하지 않는 것이 좋다.

정답 01 ② 02 ④

03 유통의 기능에 대한 설명으로 가장 옳은 것은?

① "매매 기능"이란 상품의 소유권을 이전시키는 기능을 말한다.

② "운송 기능"이란 생산과 소비의 시간적 분리를 극복하는 기능을 말한다.

③ "보관 기능"이란 생산과 소비 사이의 장소적 분리를 극복하는 기능을 말한다.

④ "금융 기능"이란 생산자와 소비자 간의 의사소통을 원활하게 해주는 기능을 말한다.

⑤ "정보 기능"이란 생산이나 매매 업무가 안전하게 이루어질 수 있도록 하는 기능을 말한다.

> 해설
> ② "**보관** 기능"이란 생산과 소비의 시간적 분리를 극복하는 기능을 말한다.
> ③ "**운송** 기능"이란 생산과 소비 사이의 장소적 분리를 극복하는 기능을 말한다.
> ④ "**정보** 기능"이란 생산자와 소비자 간의 의사소통을 원활하게 해주는 기능을 말한다.
> ⑤ "**보험** 기능"이란 생산이나 매매 업무가 안전하게 이루어질 수 있도록 하는 기능을 말한다.

04 아래 글상자에서 제조업자를 위해 도매상이 수행하는 기능으로 옳은 것을 모두 고르면?

> ㉠ 시장확대 기능
> ㉡ 재고유지 기능
> ㉢ 주문처리 기능
> ㉣ 시장정보제공 기능
> ㉤ 고객서비스대행 기능

① ㉠

② ㉠, ㉡

③ ㉠, ㉡, ㉢

④ ㉠, ㉡, ㉢, ㉣

⑤ ㉠, ㉡, ㉢, ㉣, ㉤

> 해설
> 도매상의 기능
>
> | 제조업자를 위해 도매상이 수행하는 기능 | 소매상을 위해 도매상이 수행하는 기능 |
> |---|---|
> | • 시장확대 기능 | • 구색갖춤 기능 |
> | • 재고유지 기능 | • 소단위판매 기능 |
> | • 주문처리 기능 | • 신용 및 금융 기능 |
> | • 시장정보제공 기능 | • 소매상서비스 기능 |
> | • 고객서비스대행 기능 | • 기술지원 기능 |

05 아래 글상자에서 전자상거래와 전통적인 상거래의 비교 설명으로 옳지 않은 것은?

구 분	분 류	전자상거래	전통적인 상거래
㉠	거래시간	24시간	제한된 영업시간
㉡	고객수요 파악	온라인으로 수시 획득/재입력이 필요 없는 디지털 데이터	영업사원이 획득/정보 재입력이 필요
㉢	마케팅활동	구매자의 의사에 상관없는 일방적인 마케팅	쌍방향 커뮤니케이션을 통한 1대1 마케팅
㉣	고객대응	고객수요를 신속히 포착하여 즉각적으로 대응	고객수요의 포착이 어렵고 이에 대한 대응의 지연
㉤	판매거점	사이버 공간	판매공간의 필요

① ㉠　　　　　　　　　　　　② ㉡
③ ㉢　　　　　　　　　　　　④ ㉣
⑤ ㉤

해설 전자상거래와 전통적인 전자상거래의 비교

분 류	전자상거래	전통적인 상거래
거래시간	24시간	제한된 영업시간
고객수요 파악	온라인으로 수시 획득/재입력이 필요 없는 디지털 데이터	영업사원이 획득/정보 재입력이 필요
마케팅활동	**쌍방향 커뮤니케이션을 통한 1대1 마케팅**	**구매자의 의사에 상관없는 일방적인 마케팅**
고객대응	고객수요를 신속히 포착하여 즉각적으로 대응	고객수요의 포착이 어렵고 이에 대한 대응의 지연
판매거점	사이버 공간	판매공간의 필요

06 텔레마케팅(telemarketing)의 활용 효과로 옳지 않은 것은?

① 고객의 니즈나 욕구를 파악하는 시장조사도구로 활용할 수 있다.
② 광고, 판매촉진, 직접 우편과 같은 다른 마케팅 매체를 보완하여 고객 반응을 유도한다.
③ 일반광고와는 다르게 24시간 내내 실시간으로 제품과 서비스에 관한 정보를 제공할 수 있다.
④ 인적판매보다는 전화를 통한 마케팅 활동이 비용이 적게 소요되기 때문에 판매비용을 절감할 수 있다.
⑤ 직접 방문에 비해 시간과 비용을 절감할 수 있지만 상품 판매와 서비스 제공 등과 같은 대고객활동의 생산성은 제고할 수 없다.

해설 텔레마케팅은 전화로 소비자에게 상품정보를 제공하여 구매를 유도하거나 다른 매체를 통해 광고를 접한 소비자가 수신자부담 전화번호를 이용하여 주문을 하는 소매유형으로, 적극적으로 고객반응을 창출하고 입수된 고객자료를 통해 계속적으로 잠재고객을 공략할 수 있다.

07 아래 설명은 소매점의 어떤 매입방식에 대한 설명인가?

> - 상품은 소매점에서 관리하고 판매대금은 판매분에 한하여 지급
> - 소매점에서 일정 기간 동안에 상품을 판매한 후 사전에 결정된 일정비율의 수수료를 공제하고 지급하는 방식
> - 재고는 협력업체에 반품하는 조건으로 소매점 입장에서 수요예측이 어려운 상품에 대한 위험을 감수할 수 있는 매입방식

① 직매입 ② 판매분 매입
③ 특약(특정)매입 ④ 하도급거래
⑤ 아웃소싱 상품조달

해설 '특정매입 판매방식'은 납품업자로부터 상품을 우선 매입해서 판매한 뒤 안 팔린 재고는 반품하는 형태이다.

08 도매업을 분류하는 기준에 따른 연결이 옳지 않은 것은?

① 기능 – 유통, 상거래전문
② 지역 – 광역도매, 지역도매 등
③ 금액 – 주류, 식품 등
④ 취급상품 종류 – 산업재, 소비재
⑤ 유통경로상의 위치 – 1차도매, 2차도매 등

해설 주류, 식품 등은 업종에 따른 분류기준이다.

09 상품 계열에 따른 소매상의 분류 중 ㉠ 소매상이 취급하는 품목으로 옳은 것은?

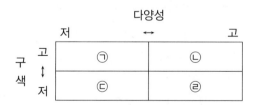

① 자동차, 귀금속, 고급의류 ② 화장지, 칫솔·치약, 비누
③ 화장지, 이월상품 ④ 공장직영 의류
⑤ 소파세트, 침대

해설 ㉠은 제한된 상품·업종에 대하여 깊은 상품구색을 갖춘 전문점에 해당하는 것으로, 품종을 한정시킨 임부복 전문점, 아동복 전문점, 전자제품 전문점, 또는 고급품만을 취급하는 전문점 등이 있다. 따라서 전문점에서 취급하는 품목으로 가장 옳은 것은 자동차, 귀금속, 고급의류이다.

10 소매유통업의 변화에 대한 설명으로 가장 옳지 않은 것은?

① 대기업을 중심으로 하는 대형 유통업체가 시장의 주류를 이루고 있다.

② 제조업체가 유통시장에 적극 진출하면서 도매상 및 소규모 소매유통점은 급속히 쇠퇴하고 있다.

③ 모바일 기기를 기반으로 하는 모바일쇼핑의 급속한 성장과 더불어 소셜커머스 또한 빠르게 성장하고 있다.

④ 근거리 소량구매를 선호하는 트렌드는 대형마트와 백화점에 불리하게 작용하고 있다.

⑤ 온라인과 오프라인 채널을 독특한 컨셉으로 전문적으로 독립시켜 운영하는 개별채널전략이 강화되고 있다.

해설 온라인과 오프라인 채널을 통합시켜 경계를 허물고, 각 채널의 장점을 살린 옴니채널이 등장하고 있다.

> **보충설명**
>
> **옴니채널(omni-channel)**
> 소비자가 온라인·오프라인·모바일 등 다양한 경로를 넘나들며 상품을 검색하고 구매할 수 있도록 한 서비스로, 각 유통 채널의 특성을 결합해 어떤 채널에서든 같은 매장을 이용하는 것처럼 느낄 수 있도록 한 쇼핑 환경을 말한다.

11 제조업체로부터 최종소비자에게 제품과 서비스를 전달하는 유통기관의 가치창출에 대한 설명으로 옳지 않은 것은?

① 제품이나 서비스를 구매하여 최종소비자에게 전달함으로써 지리적 불일치 문제를 해결할 수 있다.

② 다량의 제품을 구매하여 소량 단위로 나누어 최종소비자에게 전달함으로써 제품 구색의 불일치를 해결할 수 있다.

③ 제품이나 서비스를 쉽게 비교하여 구매할 수 있도록 하여 최종소비자에게 탐색의 비용을 줄일 수 있다.

④ 유통경로 상의 거래횟수를 줄여 제조업체의 거래비용을 줄일 수 있다.

⑤ 편의점은 형태의 편의성을 제공하므로 다른 업태에 비해 고객에게 비교적 낮은 가격을 치르게 한다.

해설 편의점은 주거 지역에 입지하고, 새벽부터 밤늦게까지 영업을 하므로 소비자들은 가격이 다소 비싸다고 생각하지만 편리하기 때문에 이를 이용하게 된다.

12 소비자기본법(시행 2019.7.1.)(법률 제16178호, 2018.12.31., 일부개정) 제1조 목적에 대한 규정 내용으로 옳지 않은 것은?

① 소비자단체의 역할

② 지방자치단체 및 사업자의 권리와 책무

③ 소비자의 권익을 증진하기 위한 소비자의 권리와 책무

④ 자유시장경제에서 소비자와 사업자 사이의 관계 규정

⑤ 소비자 정책의 종합적 추진을 위한 기본적인 사항 규정

해설 이 법은 <u>소비자의 권익을 증진하기 위하여 소비자의 권리와 책무</u>, 국가·지방자치단체 및 사업자의 책무, <u>소비자단체의 역할</u> 및 <u>자유시장경제에서 소비자와 사업자 사이의 관계를 규정</u>함과 아울러 <u>소비자 정책의 종합적 추진을 위한 기본적인 사항을 규정</u>함으로써 소비생활의 향상과 국민경제의 발전에 이바지함을 목적으로 한다(소비자기본법 제1조).

13 제조업체가 중간상을 통한 간접유통을 할 때와 비교해, 소비자를 대상으로 직접유통을 할 때의 특성에 대한 설명으로 가장 옳지 않은 것은?

① 유통비용 절감을 통해 가격경쟁력을 강화할 수 있다.

② 제조업체의 업무가 대폭 감소하게 된다.

③ 대형 제조업체의 경우 직접유통은 경로파워를 강화하는 데 도움을 준다.

④ 소비자와의 직접적인 거래를 통해 소비자에 대한 구매정보를 원활하게 확보할 수 있다.

⑤ 도매상과 소매상을 거치치 않고 소비자를 대상으로 직접 판매를 함으로써 보다 밀접한 고객관계를 추구할 수 있다.

해설 제조업체가 소비자를 대상으로 직접유통을 할 경우에는 제조업체의 업무가 대폭 증가하게 된다.

14 아래 글상자 내용은 양성평등기본법[시행 2019.12.19.][법률 제15985호, 2018.12.18., 일부개정] 내용이다. ㉠~㉢에 들어갈 용어가 옳게 나열되어져 있는 것은?

- (㉠)이란 성별에 따른 차별, 편견, 비하 및 폭력 없이 인권을 동등하게 보장받고 모든 영역에 동등하게 참여하고 대우받는 것을 말한다.
- (㉡)이란 업무, 고용, 그 밖의 관계에서 국가기관·지방자치단체 또는 대통령령으로 정하는 공공단체(이하 "국가기관등"이라 한다)의 종사자, 사용자 또는 근로자가 다음 각 목의 어느 하나에 해당하는 행위를 하는 경우를 말한다.
  - 가. 지위를 이용하거나 업무 등과 관련하여 성적 언동 또는 성적 요구 등으로 상대방에게 성적 굴욕감이나 혐오감을 느끼게 하는 행위
  - 나. 상대방이 성적 언동 또는 요구에 대한 불응을 이유로 불이익을 주거나 그에 따르는 것을 조건으로 이익 공여의 의사표시를 하는 행위
- (㉢)란 사업주 또는 사업경영담당자, 그 밖에 사업주를 위하여 근로자에 관한 사항에 대한 업무를 수행하는 자를 말한다.

---

① ㉠ 양성평등 – ㉡ 성희롱 – ㉢ 사용주
② ㉠ 양성평등 – ㉡ 성희롱 – ㉢ 사용자
③ ㉠ 양성평등 – ㉡ 성고문 – ㉢ 사용주
④ ㉠ 성평등 – ㉡ 성고문 – ㉢ 사용자
⑤ ㉠ 성평등 – ㉡ 성고문 – ㉢ 사용주

해설 정의(양성평등기본법 제3조)
이 법에서 사용하는 용어의 뜻은 다음과 같다.
1. "**양성평등**"이란 성별에 따른 차별, 편견, 비하 및 폭력 없이 인권을 동등하게 보장받고 모든 영역에 동등하게 참여하고 대우받는 것을 말한다.
2. "**성희롱**"이란 업무, 고용, 그 밖의 관계에서 국가기관·지방자치단체 또는 대통령령으로 정하는 공공단체(이하 "국가기관등"이라 한다)의 종사자, 사용자 또는 근로자가 다음 각 목의 어느 하나에 해당하는 행위를 하는 경우를 말한다.
   가. 지위를 이용하거나 업무 등과 관련하여 성적 언동 또는 성적 요구 등으로 상대방에게 성적 굴욕감이나 혐오감을 느끼게 하는 행위
   나. 상대방이 성적 언동 또는 요구에 대한 불응을 이유로 불이익을 주거나 그에 따르는 것을 조건으로 이익 공여의 의사표시를 하는 행위
3. "**사용자**"란 사업주 또는 사업경영담당자, 그 밖에 사업주를 위하여 근로자에 관한 사항에 대한 업무를 수행하는 자를 말한다.

15 판매원의 고객에 대한 일반적인 인사예절로 가장 옳은 것은?

① 5도 정도 가볍게 머리만 숙이고 시선은 3m 앞쪽을 본다.

② 15도 정도 상체를 굽히면서 시선은 2m 앞쪽을 본다.

③ 30도 정도 상체를 굽히면서 시선은 1m 앞쪽을 본다.

④ 45도 정도 상체를 숙이면서 시선은 1m 앞쪽을 본다.

⑤ 90도 정도 상체를 숙이면서 시선은 지면을 향한다.

16 유통산업발전법(시행 2018.5.1.)(법률 제14997호, 2017.10.31., 일부개정) 제3조 유통산업시책의 기본방향에 포함된 내용을 모두 나열한 것으로 옳은 것은?

> ㉠ 유통산업의 국내외 여건변화 전망
> ㉡ 유통산업에서의 소비자 편익의 증진
> ㉢ 유통구조의 선진화 및 유통기능의 효율화 촉진

① ㉠   ② ㉡

③ ㉢   ④ ㉠, ㉡

⑤ ㉡, ㉢

해설 유통산업시책의 기본방향(유통산업발전법 제3조)
- **유통구조의 선진화 및 유통기능의 효율화 촉진**
- **유통산업에서의 소비자 편익의 증진**
- 유통산업의 지역별 균형발전의 도모
- 유통산업의 종류별 균형발전의 도모
- 중소유통기업(유통산업을 경영하는 자로서 「중소기업기본법」 제2조에 따른 중소기업자에 해당하는 자를 말한다. 이하 같다)의 구조개선 및 경쟁력 강화
- 유통산업의 국제경쟁력 제고
- 유통산업에서의 건전한 상거래질서의 확립 및 공정한 경쟁여건의 조성
- 그 밖에 유통산업의 발전을 촉진하기 위하여 필요한 사항

17 근로계약서에 포함되어야 할 필수적인 사항에 해당하지 않는 것은?

① 채용 계약기간

② 임금액 및 지급방법

③ 근로시간 및 휴게시간

④ 근무장소 및 업무내용

⑤ 인사고과 평가방법

해설 근로계약서에는 근로계약기간, 근무장소, 업무내용, 근로시간 및 휴게시간, 임금에 대한 내용이 포함된다.

18 고객의 판매결정을 돕는 판매원의 기본자세로 가장 옳지 않은 것은?

① 성공할 것이라는 자신감과 태도가 필요하다.
② 신중하지만 신속하게 판매종결을 위한 방법을 탐색한다.
③ 고객이 원하는 방법으로 판매결정을 시도하기 위해 질문하고 경청한다.
④ 고객과 게임을 하고 있다 생각하고 판매의 승리자가 되기 위해 노력한다.
⑤ 판매원이 제시하는 상품이나 응대에 대한 고객의 신뢰를 획득하기 위해 노력한다.

해설 고객과의 게임에서 판매의 승리자가 되기 위해 노력하기보다는 고객이 원하는 방법으로 판매결정을 시도해야 한다.

19 전화상담으로 판매 시 전화상담의 듣기 기법으로 옳지 않은 것은?

① 고객의 모든 말에 집중하는 습관을 들인다.
② 전화로 받은 용건은 복창하여 확인할 필요가 없다.
③ 수화기를 바르게 잡고 정확하게 메모를 한다.
④ 기꺼이 듣고 있음을 알리기 위해 적당한 응대의 말을 진행한다.
⑤ 중요한 숫자를 전할 때는 읽는 방법을 바꾸어 두 번 말하는 것이 좋다.

해설 전화는 증거를 남기기 어렵기 때문에 주요 용건은 복창하여 반드시 확인해야 한다.

20 아래 글상자에 해당하는 경험법칙으로 옳은 것은?

> A회사는 판매현황을 분석하던 중 다음과 같은 결과를 도출하였다. 첫째, 판매원의 20%가 전체 매출액의 80%를 일으키는 것을 발견하였다. 둘째, 20%의 고객이 전체 매출액의 80%를 차지함을 발견하였다.

① 소매인력법칙   ② 소매중력법칙
③ 수정소매인력법칙   ④ 파레토(Pareto)법칙
⑤ 롱테일(Long Tail)법칙

해설 ① · ② 소매인력법칙 또는 소매중력법칙은 두 도시간의 고객흡인력은 두 도시의 인구규모에 비례하고 두 도시의 분기점으로부터의 거리의 제곱에 반비례한다는 법칙으로 레일리(W. J. Reily)가 주장했다.
③ 컨버스는 흡인되는 구매력 정도가 동일하여 두 도시 사이의 거래가 분기되는 중간지점의 정확한 위치를 결정하기 위해서 레일리의 인력모델을 수정하여 거리-감소함수를 도출하였다.
⑤ 롱테일법칙은 파레토법칙과는 반대로 80%의 사소한 다수가 20%의 핵심 소수보다 뛰어난 가치를 창출한다는 이론으로, 역(逆) 파레토법칙이라고도 한다.

21 고객응대 설득화법의 내용으로 가장 옳지 않은 것은?

① 고객의 수준에 적합한 표현을 한다.

② 고객의 특성이나 의도를 정확하고 신속하게 파악한다.

③ 정치적인 사상이나 종교에 대한 이야기로 공감대를 형성한다.

④ 고객의 말에 귀를 기울이고 고객의 반응을 보면서 이야기한다.

⑤ 고객의 장점을 인정하여 칭찬을 아끼지 않는다.

해설 정치적인 사상이나 종교는 개인적인 신념과 관련되어 있으므로 충돌이나 논란의 근거가 될 수 있다.

22 아래 글상자에서 설명하는 개념에 관련된 것으로 옳지 않은 것은?

> - 원래 자신의 감정은 숨긴 채 직업상 다른 얼굴 표정과 행동을 해야 하는 직업적 상황을 의미함
> - 고객의 기분을 맞춰주려고 특정한 감정 상태를 연출하는 것이 업무상 요구되는 서비스 관련 직업과 연관

① 한국은 서비스 종사자들의 고충을 이해하는 문화가 충분히 정착된 사회이므로 위 내용은 서비스 종사자의 의지박약으로 인한 문제이다.

② 유통매장 판매직, 미용업, 콜센터직원, 스튜어디스 등이 이에 해당된다.

③ 서비스종사자에게 무조건 인내하고 무작정 친절하라고 희생을 강요하는 것은 옳지 않다.

④ 감정노동에 대한 설명으로 고객의 기대가 높아져서 발생하기도 한다.

⑤ 서비스 산업이 확대됨에 따라 관련종사자들이 스트레스와 심리상담이 필요한 후유증을 보이는 경우가 있다.

해설 블랙 컨슈머 등 근로자에 대한 부당한 대우 및 감정노동 관련 문제는 단순한 서비스종사자의 의지박약으로 인한 문제가 아니라, 꾸준한 사회 이슈가 되고 있으며 이를 개선하기 위해 기업 및 조직의 노력과 사회적 인식 변화가 함께 이뤄져야 한다.

23 아래 글상자 보기에서 고객 컴플레인 처리 제1단계에서 해야 할 내용으로 옳은 것은?

> ㉠ 해결방안을 모색한다.
> ㉡ 중요사항은 메모한다.
> ㉢ 불평의 원인을 분석한다.
> ㉣ 먼저 사과하고 고객의 흥분을 진정시킨다.

① ㉠, ㉡   ② ㉠, ㉢
③ ㉡, ㉢   ④ ㉡, ㉣
⑤ ㉢, ㉣

해설 ㉠은 제3단계, ㉢은 제2단계에서 해야 할 내용이다.

24 고객 구매욕구 파악방법 중 질문에 대한 설명으로 옳지 않은 것은?

① 고객의 개성이나 사회적 지위 등의 파악이 가능해진다.
② 긍정적이고 적극적으로 응답할 수 있도록 질문을 유도한다.
③ 대화의 실마리를 제시해 주어 좋은 분위기를 조성할 수 있다.
④ 고객의 주요 관심사와 구매문제를 인식하게 된 동기를 파악할 수 있다.
⑤ 선택형 질문은 고객과의 심리적 거리를 완화시키고자 할 때 사용하는 매우 일상적인 질문형태
  이다.

해설 고객과의 심리적 거리를 완화시키고자 할 때 사용하는 매우 일상적인 질문형태는 **개방형 질문**이다. 선택형 질문은
고객으로부터 특정부분의 확인(선물용 구매인지 아니면 자신이 사용하기 위해서 인지 등)이 필요할 때, 보다 구체적
인 정보를 필요로 할 때(구매동기, 기대하는 혜택, 사용용도 등) 사용하는 질문형태이다.

25 브랜드는 소유주에 따라 제조업체 브랜드와 유통업체 브랜드로 구분하는데, 이에 대한 일반적인
설명으로 가장 옳지 않은 것은?

① 제조업체 브랜드는 브랜드 촉진비용을 제조업체가 부담한다.
② 제조업체 브랜드는 유통업체 브랜드보다 유통업체의 마진이 적다.
③ 라이센스 브랜드는 유통업체 브랜드의 한 종류이다.
④ 소매업체들 사이의 경쟁은 유통업체 브랜드의 경우가 더 낮다.
⑤ 유통업체 브랜드의 경우에는 진열, 촉진, 가격결정에 대한 제조업체의 제한이 없다.

해설 라이센스 브랜드는 **제조업체 브랜드**의 한 종류이다.

2020

26 상품구성, 상품관리에 대한 내용으로 옳지 않은 것은?

① 제조업은 상품구성에 중점을 두는 반면, 소매업은 상품개발에 중점을 둔다.
② 효과적인 상품관리를 위해서 상품의 사이즈, 색, 용량 등으로 분류하여 그 단위품목을 정하고 단위품목별로 관리하는 개별상품관리를 해야 한다.
③ 상품이 판매되는 경우 단품으로 주로 판매되므로 단품관리가 중요하다.
④ 가격파괴 소매업태는 품절로 인한 기회비용의 발생을 억제하고 사양상품관리를 통해 재고비용을 감소시켜 EDLP(Every Day Low Price)를 실현한다.
⑤ POS 데이터를 활용하여 인기상품과 사양상품을 찾아낸다.

해설 제조업은 **상품개발**에 중점을 두는 반면, 소매업은 **상품구성**에 중점을 둔다.

27 상품진열 높이에 따라 zone을 구성한 그림이다. zone에 따른 내용으로 옳지 않은 것은?

㉠
㉡
golden zone
㉢
㉣
㉤
매장 바닥 위치

① ㉠ : stock zone으로서, 저빈도상품, 계절외상품을 진열한다.
② ㉡ : see zone으로서, 고객의 눈을 머물게 하는 신상품, 육성상품, 구색상품을 진열한다.
③ ㉢ : silver zone으로서, 골든존보다 더 핵심적인 유효진열장소이므로 주력상품, 중점상품을 진열한다.
④ ㉣ : discount zone으로서, 할인판매를 하는 상품이나 어린이용상품, 캐릭터상품을 진열한다.
⑤ ㉤ : 매장 바닥과의 접촉부분인 cleanness zone으로서, 청결을 유지해야 한다.

해설 **silver zone보다 골든존이** 더 **핵심적인 유효진열장소**이므로 주력상품, 중점상품을 진열한다.

28 재고회전율의 증가 효과로 옳지 않은 것은?

① 상품 진부화 도모
② 판매원의 사기 진작
③ 매출량의 증대
④ 운영비용의 감소
⑤ 새로운 매입을 위한 현금 확보 증대

해설 상품 진부화 도모는 재고회전율의 감소 효과에 해당한다.

29 아래 글상자에서 설명하는 내용과 관련된 상품관리활동으로 가장 옳은 것은?

> 납품된 상품을 전표와 비교해서 주문한 상품과 실제 납품된 상품의 품질, 사이즈, 치수, 수량 등이
> 일치하는지 확인하고 배송 중 손상은 없었는지 점검하는 일

① 재고조사 　　　　　　　　　 ② 검 수
③ 발 주 　　　　　　　　　　　 ④ 보 관
⑤ 출 고

해설 상품관리란 매입에서 판매완료에 이르기까지 상품의 흐름을 합리화하고 효율화하기 위한 관리활동으로 글상자에서
설명하고 있는 것은 '검수'에 대한 내용이다.

30 매출 향상을 위한 매장 내 효과적인 상품배치 방법으로 가장 옳지 않은 것은?

① 마진이 높은 상품을 통로 오른쪽 편에 배치한다.
② 충동구매 성향이 강한 상품은 대부분 매장의 안쪽에 배치한다.
③ 혼잡해서 고객들끼리 부딪힘이 많은 곳에는 상품을 배치하지 않는다.
④ 거의 모든 사람이 구매하는 우유, 계란은 슈퍼마켓 매장 뒤편 왼쪽에 배치한다.
⑤ 신선한 과일과 야채는 슈퍼마켓 매장에서 고객이 처음 방문하는 위치에 배치한다.

2020

해설 충동구매 성향이 강한 상품은 대부분 매장의 **입구 쪽**에 배치한다.

31 고객이 매장을 떠날 때 배웅하는 판매원의 자세로 옳지 않은 것은?

① 상품을 인계하고 난 후 판매사원은 고객에게 진심으로 감사의 뜻을 표현하며 배웅한다.
② 고객이 매장을 떠나는 마지막 순간까지 정성을 다하는 자세를 유지한다.
③ 가급적 통로까지 따라 나와서 배웅 인사를 전하도록 한다.
④ 비록 상품을 사지 않는 손님이라고 할지라도 친절히 배웅한다.
⑤ 반품, 교환, 컴플레인 등으로 찾아온 고객은 당장 구매하는 고객이 아니므로 특별히 배웅해 줄
　 필요가 없다.

해설 반품, 교환, 컴플레인 등으로 찾아온 고객은 당장 구매하는 고객이 아니더라도 평상시의 접객과 마찬가지로 고객
본위의 응대가 필요하다.

32 격자형 레이아웃(grid layout)의 장점에 대한 설명으로 옳지 않은 것은?

① 소비자의 쇼핑을 단순하게 해 준다.
② 깔끔하고 효율적인 쇼핑 분위기를 자아낸다.
③ 고객의 셀프 서비스 및 계획적인 쇼핑을 촉진시켜 준다.
④ 기본적인 레이아웃 형태 중 가장 판매 공간의 효율성이 높다.
⑤ 고객들을 매장 안으로 자연스럽게 불러들일 수 있다.

해설 시각적으로 주의를 끌어 고객들을 매장 안으로 자연스럽게 불러들일 수 있는 것은 자유형 레이아웃의 장점이다. 격자형 레이아웃은 점내 장식이 단조롭고 한정되어 있으며, 고객들이 자유로운 기분으로 쇼핑할 수 없다는 단점이 있다.

33 유통매장 디스플레이에 관한 내용으로 옳지 않은 것은?

① 패션경향이나 생활양식에 관한 최신정보를 수집하여 디스플레이에 활용한다.
② 매장의 주된 고객층이 어떤 부류에 해당되는지 조사·파악한 뒤 디스플레이 할 관련 상품을 정한다.
③ 언제 보아도 똑같은 이미지를 주기 위해 디스플레이에 변화를 주지 않도록 한다.
④ 디스플레이에 변화를 주고자 할 때는 디스플레이하는 stage를 청결히 하여 디스플레이 가치를 반감시키지 않도록 한다.
⑤ 고객의 구매욕망을 자극할 수 있는지 검토하여 디스플레이에 적용한다.

해설 상품의 특성이나 최신 트렌드에 적합한 디스플레이로 변화를 주는 것이 좋다.

34 유통매장 내에서 판매사원들이 하면 좋은 행동으로 옳은 것은?

① 고객문의에 대답도 하지 않고 주문을 받는 행동
② 서비스 종사자로서 교양을 갖추고 고객들에게 차별 없이 겸손하게 대하는 행동
③ 근무 중에 뒷짐을 지거나 고객 앞에서 팔짱을 끼는 행동
④ 매장 내에서 지루한 듯이 하품하는 행동
⑤ 고객이 상품을 보고 있을 때 쇼케이스와 고객 사이를 통로 삼아 지나가는 행동

해설 ① 고객문의에 성실히 대답하고 주문을 받아야 한다.
③·④·⑤ 매장 내에서 하지 말아야 할 행동에 해당된다.

35 유통매장을 방문하는 고객의 심리에 대한 내용으로 옳지 않은 것은?

① 고객은 신속한 서비스를 제공받기 원하고 환영받고 싶어 한다.

② 고객은 판매사원이나 근무자들로부터 칭찬을 듣는 것과 자신이 돋보이는 것을 원한다.

③ 고객은 매장을 대표하는 판매사원의 친절한 응대를 원한다.

④ 고객은 남보다 우월감을 느끼고 싶어 하고, 판매사원들이 자신을 기억하고 알아주길 바란다.

⑤ 고객은 남보다 돋보이기 위해 상품을 비싸게 구입하길 희망한다.

해설 고객은 같은 상품을 남보다 저렴하게 구입하길 희망한다.

36 아래 글상자에서 POP 광고의 기능과 특징에 대한 내용으로 옳은 것은?

> ㉠ 상품의 구매조건(한정판매, 특가판매)을 제안한다.
> ㉡ 매장 공간을 많이 차지할수록 효과적이다.
> ㉢ 상품명, 가격, 사용방법 등을 알려주어 상품의 특징을 알기 쉽게 전달한다.
> ㉣ 레이아웃은 최대한 좁게하고 다양한 색상을 사용하여 소비자의 시선을 끌 수 있도록 한다.

① ㉠, ㉡　　　　　　　　　　② ㉠, ㉢

③ ㉡, ㉢　　　　　　　　　　④ ㉡, ㉣

⑤ ㉢, ㉣

해설 ㉡ POP 광고는 매장 공간에 맞게 적절하게 이루어져야 한다.
㉣ 레이아웃은 시선을 끌 수 있는 크기 및 색상을 선택하되, 3가지 색상 이내로 사용하는 것이 효과적이다.

37 촉진전략 중 매장시식에 대한 설명으로 옳지 않은 것은?

① 상품에 대한 직접적인 매출증대가 가능한 판촉수단이다.

② 시식하는 상품은 판매하는 상품과 동일한 상품으로 하여야 한다.

③ 시식행사 인원은 시식업무만 진행하는 것을 원칙으로 해야 한다.

④ 상품정보를 직접적으로 제공함에 따라 제품에 대한 신뢰도가 향상될 수 있다.

⑤ 시식행사에 참여하는 대중들과의 관계구축을 통해 호의를 얻어낼 수 있다.

해설 매장시식은 시식행사에 참여하는 대중들의 제품에 대한 호의를 얻어내 구매로 이어질 수 있도록 하는 것이다.

38 판매원이 고객을 맞을 때의 접객방법으로 가장 옳지 않은 것은?

① 고객의 외모나 연령에 따라 차별해서는 안 된다.

② 고객에게 미소 띤 얼굴로 밝고 명랑하게 인사를 한다.

③ 고객이 부르면 상냥하게 대답하고 고객에게 가도록 한다.

④ 고객이 물건의 위치에 대해서 물어보면 가급적 그 코너까지 직접 안내한다.

⑤ 고객이 구입한 상품에 불만이 있어 반품을 요구하면 반드시 상급자와 상의하여 해결한다.

해설 반품은 가급적 판매원선에서 신속하게 처리해야 차후에 재구매율을 높일 수 있다.

39 아래 글상자 내용은 서비스의 특성을 제대로 이해하지 못한 경우이다. 그 특성으로 옳은 것은?

> – 미용실에서 머리를 깎을 경우 서비스 제공자의 이발행위가 눈에 보이기 때문에 이 서비스는 실체를 가진 것이다.
> – 고객이 음악 CD를 구매하면 고객에게 소유권이 인정이 되는 것이므로 CD에 들어있는 곡도 물리적이다.

① 서비스의 유형성   ② 서비스의 무형성

③ 서비스의 비분리성   ④ 서비스의 소멸성

⑤ 서비스의 비소멸성

해설 무형성이란 객관적으로 누구에게나 보이는 형태로 제시할 수 없으며 물체처럼 만지거나 볼 수 없기 때문에 그 가치를 파악하거나 평가하는 것이 어렵다는 의미를 갖는 서비스의 기본 특성이다.

40 유통의 대상인 제품, 서비스 등에 대한 내용으로 옳지 않은 것은?

① 내구재(durable goods) : 제품수명이 비교적 긴 유형제품으로 가구류, 가전제품 등이 포함됨

② 비내구재(undurable goods) : 단기간에 소멸되는 유형제품으로 비누, 치약 등이 포함되며, 전속적 유통경로전략을 사용하여 소비자가 어디서든 쉽게 구입할 수 있도록 함

③ 서비스 : 무형제품으로 품질평가가 어렵고 수요와 공급의 균형을 맞추기가 어려우며, 컨설팅, 미용서비스 등이 포함됨

④ 편의품 : 최소한의 노력으로 빈번하고 즉각적으로 구매하는 제품

⑤ 충동품 : 사전계획이나 정보탐색의 노력 없이 구입하는 제품

해설 비내구재는 주로 1년 미만의 단기간에 사용되는 제품이므로 **집약적 유통경로전략**을 사용하여 소비자가 어디서든 쉽게 구입할 수 있도록 해야 한다.

41 디스플레이는 고객의 욕구를 자극시킬 만한 의도를 가지고 조성하는 것을 말한다. 아래 글상자 내용이 설명하는 디스플레이로 옳은 것은?

> 개별상품 진열보다 전체적인 효과를 노리고 세팅되어 번들의 형태로 진열하는 것을 말한다. 마네킹이 신발을 비롯해서 모자, 가방, 가디건, 치마 등 모든 의류 제품을 보여주는 형태 등이 대표적이라 할 수 있다.

① 테마별 진열
② 옷걸이 진열
③ 패키지 진열
④ 컷 케이스 진열(Cut case display)
⑤ 구색진열

해설 ① 상품을 주제에 맞게 테마별로 한데 묶어 집중 진열하는 방식으로, 상품의 특색을 크게 부각시켜 고객의 관심을 끌게 되고, 판매촉진에 도움이 된다.
④ 제품을 포장된 상자 속에 그대로 넣어 둔 채로 판매하는 방식을 말한다.
⑤ 카테고리 내 제품군별로 적정한 선정기준을 결정한 후, 적정 구색을 위한 상품 삭제·유지·추가 과정을 거쳐 진열하는 방식이다.

42 아래 글상자에서 설명하는 브랜드로 옳은 것은?

> 유통업자가 제조업체에 제품생산을 위탁하면 제품이 생산된 후 유통업자의 브랜드를 붙여 판매하는 것을 말한다. 대형 소매업체나 대형 슈퍼마켓 등에서 매장과 고객의 특성을 고려하여 만든 브랜드가 이에 속한다.

① 개별 브랜드(individual brand)
② 유통업체 브랜드(private brand)
③ 제조업체 브랜드(national brand)
④ 제너릭 브랜드(generic brand)
⑤ 공동 브랜드(co-brand)

해설 ① 제품이나 서비스 하나 하나에 독자적인 포지셔닝과 브랜드 명을 부여하고, 개별적으로 독립시킨 프로모션을 실시하는 것이다.
③ 대규모 제조업체가 전국의 소비자를 대상으로 개발한 브랜드로, 많은 소비자에게 판매되는 것을 목적으로 하기 때문에 대규모 생산과 대중매체를 통한 광범위한 광고 진행이 일반적이다.
④ 노 브랜드 상품과 같은 뜻으로, 포장의 간소화나 메이커의 유휴설비 활용 등을 통해 철저한 저가격을 실현시킨 브랜드를 말한다.
⑤ 두 개 이상의 기업들이 연합하여 공동으로 사용하기 위해 개발된 브랜드이다.

43 인적판매에 대한 설명으로 가장 옳지 않은 것은?

① 판매원은 고객의 욕구와 상황을 관찰하고 대처할 수 있다.

② 즉각적인 고객의 반응을 얻을 수 있고 이를 바로 피드백할 수 있다.

③ 다른 촉진수단에 비해 제품에 대한 인지도가 부족한 상태에서 효과가 크다.

④ 고객의 최종 구매 욕구를 자극할 수 있는 장점이 있다.

⑤ 촉진활동의 범위가 크지 않고 비용이 많이 들며 관리가 어렵다는 단점이 있다.

해설 인적판매는 촉진의 속도가 느리기 때문에 제품에 대한 인지도가 부족한 상태에서는 다른 촉진수단에 비해 효과가 크지 않다.

44 아래 글상자 내용은 고객 관계 관리 프로세스에 대한 설명이다. ㉠에 들어갈 단계로 옳은 것은?

> 고객 선별 단계 → 고객 획득 단계 → 고객 강화 단계 → _____㉠_____ → 고객 성장 단계

① 고객 유지 단계 　　　　　　② 고객 확대 단계

③ 고객 축소 단계 　　　　　　④ 고객 심화 단계

⑤ 고객 중심 단계

해설 CRM 구현단계
- 고객 획득의 단계 : 고객에게 해당 기업의 제품을 판매하고 최초로 고객들과의 관계가 형성되는 단계이다.
- 고객 강화의 단계 : 고객들이 스스로 기업에 대해서 알고자 하는 것이며, 기업으로부터 고객 스스로의 정보에 대한 만족을 요청하게 되는 단계이다.
- **고객 유지의 단계** : 고객들이 해당 기업과 계속적으로 관계를 유지하게 되는 단계이다.
- 고객 성장의 단계 : 기업 조직이 고객으로 하여금 현 수준보다 더더욱 강화된 관계를 형성시키게 되는 단계이다.

45 유통 경로에 영향을 미치는 마케팅 믹스 4P의 항목으로 옳지 않은 것은?

① 제품(Product) 　　　　　　② 가격(Price)

③ 촉진(Promotion) 　　　　　④ 장소(Place)

⑤ 과제(Project)

해설 마케팅 믹스 4P
마케팅에서 경영자가 통제할 수 있는 네 가지 요소로 제품(Product), 장소(Place), 가격(Price), 판매촉진(Promotion) 등이 포함된다.

추가 | 기출문제해설

제1과목 유통상식(01~20)

01 최근 주요 유통환경의 변화와 소매업 발전의 추세로 가장 옳지 않은 것은?

① 파워소매업자(power retailer)에 의한 소매시장 지배

② 소매업(태)의 양극화 심화

③ 편의성에 대한 중요도 증가

④ 오프라인 매장의 강세로 인한 대형마트 출점확대

⑤ 유통과 물류에 있어서 정보 기술의 영향력 증가

해설 최근에는 온라인 쇼핑과 홈쇼핑이 새로운 소매업태의 한 분야로 강세를 보이고 있다.

02 유통경로가 존재해야 하는 이유로 옳지 않은 것은?

① 유통업체 브랜드 개발의 활성화

② 거래의 효율성 증가

③ 분류기능 수행

④ 거래 반복화에 의한 비용절감

⑤ 정보 탐색과정의 촉진

해설 유통경로의 필요성
- 정보탐색의 용이성
- 구색 맞춤(분류 기능)
- 총 거래 수 최소화로 거래의 효율성 증가
- 분업의 원칙에 의한 비용 절감

03 생산 및 공급업자에 대한 소매업의 역할로 가장 옳은 것은?

① 쇼핑 장소를 제공하는 역할
② 올바른 상품을 제공하는 역할
③ 쇼핑의 즐거움을 제공하는 역할
④ 적절한 상품의 구색을 갖추는 역할
⑤ 소비자의 상품 구매 정보를 전달해 주는 역할

해설 ①·②·③·④는 소비자에 대한 소매업의 역할에 해당한다.

04 유통산업의 환경 변화 중 시장 환경 요인에 대한 내용으로 가장 옳은 것은?

① 교육 수준의 향상
② 고령 인구비율의 증가
③ 소비자 보호 운동의 확산
④ 소매점 경쟁 구조의 변화
⑤ 소득 수준과 소비 구조의 변화

해설 ①·③·⑤ 사회·경제적 환경 요인
② 인구통계학적 요인

05 아래 글상자에서 소매상을 위해 도매상이 수행하는 기능을 모두 고른 것으로 가장 옳은 것은?

㉠ 구색맞춤 기능	㉡ 소단위판매 기능
㉢ 신용 및 금융 기능	㉣ 소매상서비스 기능
㉤ 기술지원 기능	

① ㉠   ② ㉠, ㉡
③ ㉠, ㉡, ㉢   ④ ㉠, ㉡, ㉢, ㉣
⑤ ㉠, ㉡, ㉢, ㉣, ㉤

해설 **도매상의 기능 구분**

제조업자를 위해 도매상이 수행하는 기능	소매상을 위해 도매상이 수행하는 기능
• 시장확대 기능	• 구색갖춤 기능
• 재고유지 기능	• 소단위판매 기능
• 주문처리 기능	• 신용 및 금융 기능
• 시장정보제공 기능	• 소매상서비스 기능
• 고객서비스대행 기능	• 기술지원 기능

06 협동조합에 대한 설명으로 가장 옳지 않은 것은?

① 조합원인 이용자가 소유하고 통제하는 기업이다.
② 조합원의 공동의 편익을 충족하는 것이 목적이다.
③ 주식회사와 같이 1주 1표의 투표를 통해 의사를 결정한다.
④ 협동조합은 조합원이 사업을 이용한 실적에 비례하여 잉여금을 배당한다.
⑤ 협동조합은 회원의 회비로 움직이는 일종의 비영리단체이다.

[해설] 조합원은 출자액의 다소에 관계없이 <u>1인 1표</u>의 평등한 의결권을 가진다.

07 아래 글상자의 내용과 같이 기업윤리를 정의할 때 기업윤리의 필요성으로 가장 옳지 않은 것은?

> 기업윤리란 "윤리에 관계되는 기업문제를 사회적 가치관과 법규의 기본 취지를 지키면서 기업에 가장 유리한 방향으로 처리되도록 하는 기업의 의사결정방법"을 말한다.

① 기업윤리는 기업 경쟁력 강화를 위해 필요하다.
② 기업 활동의 결과는 사회에 막대한 영향을 끼친다.
③ 비윤리적 행위는 장기적으로 볼 때 기업에 손해가 된다.
④ 기업의 목적은 이익창출이므로 과정보다는 결과가 중요하다.
⑤ 기업윤리문제를 간과하면 기업 활동에 좋지 않은 영향을 미친다.

[해설] 이익창출을 위해 의사결정을 집행하는 과정보다 결과에 중점을 두는 것은 기업적 측면에서 본 <u>기업윤리의 문제점</u>에 해당한다.

08 성희롱 예방을 위한 동료로서의 태도로 옳지 않은 것은?

① 상대방의 침묵을 동의로 받아들이지 않는다.
② 성희롱에 대한 예비지식과 대처방법을 알아두어야 한다.
③ 성희롱은 피해자에게도 책임이 있음을 간과하지 않는다.
④ 상대방의 거부의사(언어, 행동 등)를 왜곡해서 받아들이지 않는다.
⑤ 성에 대한 가치관, 행동의 한계에 대한 분명한 기준을 갖도록 한다.

[해설] 성희롱과 관련된 피해자에게 책임을 전가하여 불이익을 주는 조치는 금지해야 한다.

09 판매의 개념과 판매원의 역할에 대한 설명으로 옳지 않은 것은?

① 판매의 개념은 이익을 얻기 위해 고객욕구를 충족시키는 데 역점을 두는 반면, 마케팅 개념은 기존제품과 대량의 판매활동에 역점을 둔다.

② 판매원은 고객과 접촉하고, 제품에 대해 설명하고, 고객의 질문에 답해주고, 가격과 조건을 협상하고, 계약을 종결시키는 일련의 과정을 통해 제품판매를 종결시킨다.

③ 판매원은 상품, 서비스, 인테리어, 디스플레이, 편의시설 등에 관한 고객의 반응에 세심한 주의를 기울여 관련 부서의 활동에 반영시킨다.

④ 판매원은 고객에게 서비스를 제공하고 일상적인 마케팅 정보수집 업무를 수행한다.

⑤ 판매원은 거래고객의 대변인 역할을 수행하는데, 매장 내 고객의 관심사를 대변하고 구매자 – 판매자 관계를 관리한다.

해설 **마케팅 개념**은 이익을 얻기 위해 고객욕구를 충족시키는 데 역점을 두는 반면, **판매의 개념**은 기존제품과 대량의 판매활동에 역점을 둔다.

10 고객의 요구를 거절할 때의 기본자세에 대한 설명으로 가장 옳지 않은 것은?

① 고객의 입장에서 이해할 수 있게 양해를 구한다.

② 응해줄 수 없는 이유를 알기 쉽게 설명한다.

③ 무턱대고 "안 된다", "못한다"고 말하지 않는다.

④ 고객이 무례하다고 생각하지 않도록 정중하게 거절한다.

⑤ 애매한 태도를 취한다.

해설 고객의 요구를 거절할 때에는 거절의 이유를 납득할 수 있도록 정중하면서도 정확하게 설명하는 태도를 취해야 한다.

11 판매원의 바람직한 판매화술 및 마음가짐으로 옳지 않은 것은?

① 말은 인격의 총화라는 입장에서 열의를 가지고 해야 한다.

② 적극적인 경청태도로 고객의 이야기에 귀를 기울여야 한다.

③ 고객제일주의 지향의 원칙에서 고객이 자신의 마음을 빨리 결정하도록 자극한다.

④ 만족감을 판매한다는 입장에서 고객에게 구매 상품에 대한 만족감과 판매원의 대응에 대한 만족감을 증대시킨다.

⑤ 팔지 말고 사게 하자는 입장에서 판매원이 고객의 호의와 행위를 이끌어 내는 판매상담사가 되어야 한다.

해설 고객이 자신의 마음을 빨리 결정하도록 성급하게 자극하기보다는 신중하지만 신속하게 고객이 원하는 방법으로 판매를 결정할 수 있도록 시도해야 한다.

12 매장 근무계획 설정 시 고려해야 할 사항으로 가장 옳지 않은 것은?

① 근무계획 설정과 시행 확인이 필요하다.
② 모든 직원이 원하는 시간대에 근무할 수 있게 근무시간선택에 자율성을 부여한다.
③ 직원들 간 형평성 있는 근무계획이 되어야 한다.
④ 매출피크시간과 행사기간의 인원부족을 고려하여 수립하여야 한다.
⑤ 해결이 어려운 일일수록 점포책임자의 솔선수범이 필요하다.

해설 모든 직원이 원하는 시간대에 근무할 수 있도록 자율성을 부여하면 혼란을 초래할 수 있으므로 일정한 근무시간대를 정해놓되, 직원들의 개인 상황에 따라 근무시간을 조정할 수 있는 탄력성을 부여한다.

13 고객응대 시 판매원의 자세로 가장 옳지 않은 것은?

① 고객은 스스로 찾아온 우리 매장의 손님으로 정중하게 응대한다.
② 고객이 매장에 들어온 순서대로 응대하는 것이 좋다.
③ 고객의 복장이나 외모, 말씨 등으로 판단하여 차별 대우해서는 안 된다.
④ 직원의 가족이나 지인이 왔을 때는 내부직원이 만족할 수 있게 더 특별하게 대한다.
⑤ 한꺼번에 다수의 고객을 응대하지 말고 한 사람씩 응대한다.

해설 직원의 가족이나 지인도 다른 고객들과 동등하게 대하고 응대해야 한다.

14 물류조직의 전문성에 따른 물류관리의 구분에서 아래 글상자의 내용을 모두 충족하는 용어로 가장 옳은 것은?

> – 자사의 물류 업무를 외부 물류전문기업에 위탁하여 수행한다.
> – 물류기업이 타사의 경영자원, 능력 및 기술과 연계하여 보다 완전한 공급사슬 솔루션을 제공함으로써 공급사슬 통합자의 역할을 수행한다.
> – 고객관리, 물류기획, 전략적 컨설팅 등의 서비스 기능을 추가로 제공한다.

① 제1자 물류   ② 제2자 물류
③ 제3자 물류   ④ 제4자 물류
⑤ 제5자 물류

해설 제4자 물류
• 물류아웃소싱이 활성화되면서 3자 물류가 더욱 발전된 개념으로, 3자 물류에 솔루션 제공 능력을 더하면 4자 물류가 된다.
• 물류의 기본기능과 함께 전자상거래가 발전되면서 공급체인을 효율적으로 지원하며, 해결책을 제시하고 변화·관리능력 및 전략적 컨설팅을 포함하는 물류영역으로, 물류 컨설팅과 네트워크 개선 등에 관한 조언을 해줄 수 있다.

15 아래 글상자의 내용이 설명하는 물류의 기능으로 가장 옳은 것은?

> – 이 기능은 수송과 보관 사이에 이루어지고 싣고 내리기, 운반 및 적재, 피킹(Picking)과 분류 (Sorting) 등을 포함한다.
> – 이 기능은 물류비 절감에 직접적인 영향을 미친다.

① 하역기능
② 정보유통기능
③ 유통가공기능
④ 보관기능
⑤ 포장기능

해설 물류의 5대 기능
• 운송기능 : 제품의 공간적 효용을 창출, 즉 생산지역과 소비지역의 공간적 상이함을 해결해주는 기능이다.
• 보관기능 : 생산시점과 소비시점의 상이함을 해결해주는 시간적 효용을 창출해주는 기능이다.
• 하역기능 : 물류센터 내에서 일어나는 활동 중에서 보관, 포장, 유통가공을 제외한 나머지 인력에 의해서 피킹, 분배, 분류, 상하차 등의 제품을 취급하는 모든 활동을 말한다.
• 포장(유통가공)기능 : 주문오더에 의해 피킹이 발생한 뒤 배송하기 위해 포장하는 작업을 의미한다.
• 정보처리기능 : 물류센터와 거래처 간에 발생하는 수·발주활동이 주된 업무이며, 그 외에도 운송, 보관, 하역, 포장 등의 모든 활동을 진행하면서 발생되는 각종 데이터의 정보처리활동을 포함한다.

16 유통산업발전법(법률 제14997호, 2017.10.31., 일부개정)에서 유통산업시책의 기본방향에 해당하지 않는 것은?

① 유통구조의 선진화 및 유통기능의 효율화 촉진
② 유통산업의 지역별 균형발전의 도모
③ 유통산업의 종류별 균형발전의 도모
④ 유통산업에서의 기업 편익의 증진
⑤ 유통산업의 국가경쟁력 제고

해설 유통산업시책의 기본방향(제3조)
• 유통구조의 선진화 및 유통기능의 효율화 촉진
• 유통산업에서의 **소비자 편익의 증진**
• 유통산업의 지역별 균형발전의 도모
• 유통산업의 종류별 균형발전의 도모
• 중소유통기업(유통산업을 경영하는 자로서 「중소기업기본법」 제2조에 따른 중소기업자에 해당하는 자를 말함)의 구조개선 및 경쟁력 강화
• 유통산업의 국제경쟁력 제고
• 유통산업에서의 건전한 상거래질서의 확립 및 공정한 경쟁여건의 조성
• 그 밖에 유통산업의 발전을 촉진하기 위하여 필요한 사항

15 ① 16 ④ **정답**

17 프랜차이즈 시스템의 장점에 대한 설명으로 옳지 않은 것은?

① 가맹본부는 가입비와 로열티 등을 확보할 수 있기 때문에 안정된 사업을 수행할 수 있다.

② 가맹본부는 사업확장을 위한 자본조달이 용이하다.

③ 가맹본부가 가맹점에 대한 지속적인 지도 및 투자를 할 필요가 없다.

④ 가맹점은 비교적 소액의 자본으로 사업 시작이 가능하다.

⑤ 가맹점은 가맹본부의 인지도를 활용하여 사업 초기 소비자의 신뢰를 얻기가 용이하다.

해설 가맹본부가 가맹점에 대한 지속적인 지도 및 투자를 해야 한다.

18 다음에서 설명하는 ㉠, ㉡, ㉢에 들어갈 용어로 알맞게 짝지어진 것은?

> ㉠ 하나의 매장 내에 일괄 구매와 비교 구매가 가능하도록 상품부문 별로 구색을 갖추어 진열, 판매하는 대규모 소매업태
> ㉡ 통상적으로 좋은 위치에 입지하여 장시간 영업을 하며 한정된 수의 품목을 취급하는 소매상
> ㉢ 취급 상품은 한 가지 업종으로 한정하고 다종 다량으로 진열. 통상 시중가보다 20~30% 수준의 가격할인을 하며 대형 매장 규모의 소매업태

① ㉠ 대형마트, ㉡ 편의점, ㉢ 아웃렛점

② ㉠ 백화점, ㉡ 카테고리킬러, ㉢ 대형마트

③ ㉠ 백화점, ㉡ 편의점, ㉢ 카테고리킬러

④ ㉠ 하이퍼마켓, ㉡ 편의점, ㉢ 카테고리킬러

⑤ ㉠ 하이퍼마켓, ㉡ 카테고리킬러, ㉢ 대형마트

해설 • 대형마트 : 식료품, 의류, 생활용품, 가전제품 따위의 일상생활에 필요한 거의 모든 제품을 갖추어 놓고 저렴하게 판매하는 매우 큰 규모의 소매점이다.
• 아웃렛점 : 당초에 제조업자의 직영점으로 출발해 공장 근처에서 과잉생산품을 염가에 판매하는 소매점이었으나, 최근에는 타 메이커의 상품이나 타 소매점에서 팔고 남은 물건도 할인 판매하는 점포를 의미한다.
• 하이퍼마켓 : 대형화된 슈퍼마켓에 할인점을 접목시켜 저가로 판매하는 초대형 소매업태로, 일반적으로 대도시 근교에 설립되고, 취급품목은 슈퍼에서 주로 취급하는 식품과 생활필수품 등이며, 셀프서비스 방식으로 운영되는 업태이다.

19 아래 글상자의 내용 중 개방적 유통경로의 특징으로 옳은 것은?

> ⊙ 유통 비용의 증가
> ⓒ 긴밀한 협조 체제 형성
> ⓒ 소비자에게 제품 노출 최대화
> ② 의류, 가구 · 가전제품 등에 적용

① ⊙, ⓒ   ② ⊙, ⓒ
③ ⓒ, ⓒ   ④ ⓒ, ②
⑤ ⓒ, ②

해설 ⓒ은 전속적 유통경로의 특징이고, ②은 선택적 유통경로의 특징이다.

> **보충설명**
>
> 개방적 유통경로의 특징
> • 소매상이 많음
> • 소비자에게 제품 노출 최대화
> • 유통 비용의 증가
> • 체인화의 어려움
> • 식품, 일용품 등 편의품에 적용

20 유통경로의 기능으로 가장 옳지 않은 것은?

① 교환과정의 촉진
② 소비자와 제조업자의 연결
③ 경로통제의 효율성 제고
④ 고객서비스 제공
⑤ 제품구색 불일치의 완화

해설 유통경로의 사회 · 경제적 기능
• <u>교환과정의 촉진</u>
• <u>제품구색 불일치의 완화</u>
• 거래의 표준화
• <u>생산과 소비 연결</u>
• <u>고객서비스 제공</u>
• 정보 제공
• 쇼핑의 즐거움 제공

21 고객불만에 대한 대응으로 가장 옳지 않은 것은?

① 우선 사과하고 고객의 불만을 경청하면서 고객의 불만에 공감한다.

② 침착한 분위기를 만들어 고객의 마음을 누그러뜨려 진정하도록 돕는다.

③ 주변의 다른 고객들이 눈치 채지 못하게 즉각적인 반응 및 응대를 자제한다.

④ 상사에게 고객의 불만 내용을 객관적으로 전달해 문제해결을 돕도록 한다.

⑤ 문제 해결책을 검토하여 먼저 고객에게 대안을 제시할 수 있도록 한다.

해설 고객불만은 문제가 확산되기 전에 즉각적으로 신속하게 반응 및 응대해야 한다.

22 지속적인 재고통제가 가능한 최소의 단위를 일컫는 용어로서, 예를 들어 의류의 경우, 색상, 사이즈, 스타일 등이 고려된 수준을 의미하는 단어는?

① Category
② SKU
③ Merchandise
④ Classification
⑤ GMROI

해설 단품(SKU ; Stock Keeping Unit)
• 재고보관단위로 가장 말단의 상품분류단위이다.
• 색상, 사이즈, 스타일 등의 요소를 고려해서 정한다.
• 상품에 대한 관리가 용이하도록 사용하는 식별관리 코드이다.
• 일반적으로 문자나 숫자 등의 기호로 표기한다.

23 진열에 대한 내용으로 옳지 않은 것은?

① 라이트업(right up) 진열 : 좌측에 고가격, 고이익, 대용량상품을 진열하고 우측에는 판매가 잘 안 되는 상품을 진열

② 수직 진열 : 매대 내에서 동일품종상품을 세로로 진열

③ 샌드위치 진열 : 진열대 내에서 잘 팔리는 상품 옆에 이익은 높으나 잘 팔리지 않는 상품을 진열해서 고객 눈에 잘 띄게 하는 진열

④ 전진입체 진열 : 적은 양의 상품을 갖고도 풍부한 진열을 연출하기 위해 앞으로 내어 쌓는 진열

⑤ 컬러컨트롤 진열 : 상품의 색채 특성을 파악하여 진열

해설 라이트업(right up) 진열은 사람의 시선이 좌에서 우로 움직임에 따라 우측에 진열되어 있는 상품에 시선이 머물기 쉽다는 특성을 고려하여 **우측에 좀 더 고가격, 고이익, 대용량의 상품을 진열**하는 방식을 말한다.

2020

24 각종 고객응대 상황에서의 응대화법 중 가장 옳지 않은 것은?

① 맞이할 때 - 무엇을 도와드릴까요?

② 기다리게 할 때 - 5분 정도 더 걸리는데 시간 괜찮으시죠?

③ 서류 등의 작성 요구 시 - 죄송합니다만, 여기에 작성해주시겠습니까?

④ 고객을 안내할 때 - 오래 기다리셨습니다. 이쪽으로 오시겠습니까?

⑤ 고객을 배웅할 때 - 감사합니다. 안녕히 가십시오. 또 뵙겠습니다.

해설 기다리게 할 때 - 죄송합니다만, 잠시만 기다려주시겠습니까?

25 상품 진열에 대한 내용으로 옳지 않은 것은?

① 고객들이 상품을 보기 쉽고 사기 쉽게 상품 진열이 이루어져야 한다.

② 주력상품은 고객의 눈에 잘 띄는 곳에 진열한다.

③ 관련 상품들을 상하좌우로 함께 진열하여 고객들이 편리하게 쇼핑하도록 한다.

④ 회전율이 낮은 상품, 고가품은 최대한 많은 양을 진열한다.

⑤ 상품의 브랜드와 가격이 잘 보이도록 진열한다.

해설 **회전율이 높고** 습관적인 구매행동을 보이는 **저가품**은 많은 양을 진열한다.

26 상품관리에 관한 내용으로 옳지 않은 것은?

① 상품관리란 상품의 매입부터 판매까지의 실태를 분석하고 과정을 관리하는 것이다.

② 상품관리는 어떤 상품이 잘 팔리고 있는가를 파악하고 분석하여 상품의 판매, 재고량을 효율적으로 관리하기 위함이다.

③ 상품관리는 상품의 품절을 방지하고 불량재고를 줄이고자 한다.

④ 상품관리는 상품의 회전율을 높이고자 한다.

⑤ 상품회전이 빠른 상품은 소량으로 준비하고, 매출이 저조한 상품은 적정재고수준을 초과시키도록 한다.

해설 상품회전이 빠른 상품은 **대량**으로 준비하고, 매출이 저조한 상품은 적정재고수준을 **초과시키지 않도록** 한다.

24 ② 25 ④ 26 ⑤ 정답

27 판매사원들의 상품지식 수준을 높이기 위한 방법으로 옳지 않은 것은?

① 제조사 측에서 제작한 상품설명서를 충분히 숙지한다.

② 상품과 관련된 전문서적을 읽거나 제조사 측의 전문가를 통해 자세한 설명을 듣고 자신의 지식으로 체계화시킨다.

③ 제조사 측의 생산 공장이나 현장을 견학하거나, 전시회 등을 통해서 제조공정을 이해하고 상품에 관한 지식과 정보를 습득한다.

④ 판매하고자 하는 상품을 판매사원이 직접 사용해 보며 상품지식을 습득하려는 노력을 한다.

⑤ 고객들은 수많은 정보를 파악한 뒤 구매를 하러 왔으므로 인터넷에 있는 내용을 외워 고객질문에 자동판매기처럼 단순하게 답변한다.

해설 상품지식은 고객의 의견, 선배 및 동료 판매담당자, 판매담당자 자신의 경험, 제조업자 및 매입본부의 구매자 등을 통해 얻을 수 있으며, 판매사원은 습득한 상품지식을 충분히 활용하여 상품의 소재, 디자인, 색상, 기능 등과 생활정보도 부가시킨 판매포인트를 상세하고 정확하게 설명해야 한다.

28 매장 레이아웃 설계 시 고려해야 할 주요 요소로 가장 옳지 않은 것은?

① 각 매장별 상품 구성(주력상품, 조력상품, 부속상품, 자극상품)

② 각 매장별 동선(주동선, 부동선)

③ 각 매장별 업태 확인(대면판매, 측면판매, 셀프 서비스판매)

④ 각 매장별 자석상품(상품의 힘으로 고객을 끌어들일 수 있는 매력 있는 상품배치)

⑤ 각 매장별 품종구성

해설 레이아웃이란 보다 효율적인 **매장 구성**이나 **상품진열**, **고객동선**, **작업동작** 등을 위한 일련의 배치작업을 말한다.

29 점포 환경 관리에 대한 설명으로 가장 옳은 것은?

① 점포 환경은 판매원 중심으로 이루어져야 한다.

② 실내 인테리어는 예상 투자비를 초과하더라도 진행해야 매출 증대에 도움이 된다.

③ 매장 내 청소는 업종에 따라 다르게 하고 소비자의 눈에 띄지 않는 곳은 생략한다.

④ 점포의 바깥조명은 영업시간 내에만 점포의 존재를 기억시키는 역할을 하도록 한다.

⑤ 점포 안의 조명은 상품을 돋보이게 하는 색채 배합을 하여 고객의 구매심리를 적극적으로 유발시킨다.

해설 ① 점포 환경은 **소비자** 중심으로 이루어져야 한다.
② 실내 인테리어 및 내부 장식은 투자계획에 따라 **예상 투자비를 초과하지 않는 범위** 내에서 추진해야 한다.
③ 어떠한 업종에 관계없이 '청결'이 기초가 된다는 것을 인지해야 하고, 특히 **소비자들의 눈에 띄지 않는 곳도 신경을 써야 한다**.
④ 점포의 바깥조명은 고객을 흡인하고 인도하며 **영업시간 외에도 점포의 존재를 기억시키는 역할**을 할 수 있도록 한다.

30 아래 글상자는 점포의 공간관리에 대한 내용의 일부이다. ㉠과 ㉡에 들어갈 용어를 올바르게 나열한 것은?

> – (㉠)은/는 소비자를 점포에 유인하는 역할과 점포의 품격을 나타내며, 소비자의 시선을 점포내로 유도하는 역할을 한다.
> – (㉡)은/는 편집매장이라고도 하며, 여러 브랜드의 제품을 한 곳에 모아놓고 판매하는 점포를 말한다.

① ㉠ 버블(Bubble), ㉡ 멀티숍(Multi Shop)
② ㉠ 블록(Block), ㉡ 쇼윈도(Show Window)
③ ㉠ 점두(Storefront), ㉡ 버블(Bubble)
④ ㉠ 쇼윈도(Show Window), ㉡ 블록(Block)
⑤ ㉠ 쇼윈도(Show Window), ㉡ 멀티숍(Multi Shop)

해설 • 버블(Bubble)계획 : 점포의 주요 기능 공간의 규모 및 위치를 간략하게 보여 주는 것을 말한다.
• 블록(Block)계획 : 버블계획에서 간략하게 결정된 배치를 기반으로 점포의 각 구성부분의 실제규모와 형태까지 세부적으로 결정하는 것을 말한다.
• 점두(Storefront) : 점포의 앞쪽에 해당하는 곳으로, 상품을 진열대에 직접적으로 배열하여 전시하는 방법을 점두진열이라 한다.

31 고객에게 상품에 대해서 설명할 때의 응대 방법으로 가장 옳은 것은?

① 어려운 용어나 전문용어를 사용하여 해당상품의 전문가처럼 보이도록 하여 고객신뢰를 받도록 한다.
② 상품소재, 재질, 디자인, 색상, 사용방법, 손질법 등에 대해 연구하여 정보제공자의 역할을 수행한다.
③ 거짓된 상품정보를 주거나 오해를 가져올만한 설명을 한다.
④ 상품설명에 오랜 시간이 걸릴 때 싫은 표현이나 행동을 하여 고객이 눈치채도록 한다.
⑤ 값이 비싼 상품위주로 보여주고 장점에 대해서만 설명한다.

해설 상품설명의 금지사항
• <u>과장하거나 거짓말을 하는 경우</u>
• 지나치게 장황하게 설명을 하는 경우
• <u>자세하게 설명하지 않는 경우</u>
• 고객과 논쟁하는 경우
• 모르면서 적당하게 대답하는 경우
• 그냥 좋다고만 대답하는 경우
• 도중에 설명을 중단하는 경우
• <u>시간이 좀 오래 걸리면 싫어하는 표정을 보이는 경우</u>
• 더듬거리면서 설득하지 못하는 경우
• <u>어려운 말이나 전문용어를 사용하는 경우</u>

32 점포의 레이아웃에 대한 설명 중 옳은 것을 고른 것은?

> ㉠ 점포 콘셉트를 설정한 후에 상권조사를 실시한다.
> ㉡ 점포의 입구쪽에는 구매빈도가 높은 상품을 배치한다.
> ㉢ 점포의 안쪽으로 들어갈수록 단가가 낮은 상품을 배치한다.
> ㉣ 고객의 입장에서 상품 간 관련성을 고려하여 배치하는 것이 효과적이다.

① ㉠, ㉡　　　　　　　　　　　② ㉠, ㉢
③ ㉡, ㉢　　　　　　　　　　　④ ㉡, ㉣
⑤ ㉢, ㉣

해설　㉠ 레이아웃은 <u>사전 상권조사를 통한 점포 콘셉트를 설정</u>한 후에 작성해야 한다.
　　　㉢ 점포의 입구쪽에 단가가 낮은 상품을, <u>안쪽으로 들어갈수록 단가가 높은 상품을 배치</u>한다.

33 상품 포장 기능 중 의사전달 기능에 대한 내용으로 가장 옳은 것을 고른 것은?

> ㉠ 제품을 담는 기능
> ㉡ 제품 식별 기능
> ㉢ 제품 보호 기능
> ㉣ 제품의 인상을 심어주는 기능

① ㉠, ㉡　　　　　　　　　　　② ㉠, ㉢
③ ㉡, ㉢　　　　　　　　　　　④ ㉡, ㉣
⑤ ㉢, ㉣

해설　㉠ · ㉢ 상품 포장의 제품 기능에 대한 내용이다.

> (보충설명)
> 상품 포장의 의사전달 기능
> • **제품의 식별기능** : 포장의 형태나 색상을 독특하고 개성 있게 디자인한다.
> • **제품의 인상을 심어주는 기능** : 제품이 원하는 이미지를 형성한다.
> • 정보제시 기능 : 구매를 유도하기 위한 각종 정보를 포함한다.
> • 태도변화 기능 : 소비자의 제품에 대한 태도를 바꾸게 한다.

34 고객에게 상품을 제시하는 것에 대한 내용으로 옳지 않은 것은?

① 상품을 제시하거나 고객이 요구하는 상품을 꺼낼 때는 소중히 취급하여 고객에게 정중히 제시한다.

② 상품을 권하거나 보여줄 때는 손으로 직접 만져보거나 작동시켜 볼 수 있도록 고객의 정면에서 보기 쉽게 권한다.

③ 고객이 구매결정에 혼선을 빚지 않도록 너무 많은 수량의 상품을 보여주지는 않도록 한다.

④ 상품 가격에 따라 고객에게 다른 행동을 보인다.

⑤ 고객에게 적절한 질문을 해가면서 부담을 주지 않는 범위 내에서 상품을 제시하고 고객이 직접 선택할 수 있도록 도와준다.

해설　낮은 금액인 것은 무성의하게 보여주는 등의 상품 가격에 따라 고객을 차별하는 행동을 보여서는 안 된다.

35 유통매장 판매직원이 고객에게 호감을 주기 위한 방법으로 옳지 않은 것은?

① 매장을 찾아온 고객에게 성실한 자세로 관심을 보여준다.

② 자기 매장을 찾아온 고객에게는 상품구입여부에 상관없이 친절히 대해준다.

③ 고객의 말이 비록 불평과 불만이라고 할지라도 겸허한 자세로 경청한다.

④ 자신이 판매하고자 하는 상품의 장점만을 일방적으로 설명을 한 후에 고객의 구매욕구나 취향을 듣는다.

⑤ 고객의 주요관심사가 무엇인지 대화를 통해 파악하여 알아내고 고객의 관심사와 벗어나지 않도록 대화한다.

해설　고객의 구매욕구나 취향을 먼저 경청한 후에 고객의 필요에 가장 밀접하게 관련된 장점을 강조하여 설명해야 한다.

36 POS시스템 도입 시 장점에 대한 설명으로 옳지 않은 것은?

① 재고의 적정화와 물류관리의 합리화를 가져올 수 있다.

② 매상등록시간이 단축되어 고객대기시간이 줄며 계산대의 수를 줄일 수 있다.

③ 단품관리에 의해 잘 팔리는 상품과 잘 팔리지 않는 상품을 즉각 찾아낼 수 있다.

④ POS터미널의 도입에 의해 판매원 교육 및 훈련시간이 짧아지고 입력오류를 방지할 수 있다.

⑤ 전자주문시스템과 연계는 될 수 없기 때문에 신속하고 적절한 구매는 할 수 없다.

해설　POS시스템은 전자주문시스템과 연계하여 구매의 신속성과 편리성을 추구할 수 있다.

37 아래의 내용은 SERVQUAL 중 어떤 차원을 측정하는 것인가?

> • 직원의 필요한 기술 소유 여부와 서비스를 수행할 지식 소유 여부
> • 일선 근무자의 정중함, 존경, 배려, 친근함 정도
> • 직원의 설명이나 고객을 대하는 태도의 진실성 정도
> • 직원의 응대에 대한 의심의 가능성이 없는 믿음직함 정도

① 신뢰성(reliability) ② 대응성(responsiveness)
③ 보증성(assurances) ④ 공감성(empathy)
⑤ 유형성(tangibles)

해설 보증성(확신성)은 직원의 지식과 예절, 신뢰와 자신감을 전달하는 능력을 측정하는 차원이다.
① 약속한 서비스를 믿을 수 있고 정확하게 수행할 수 있는 능력
② 고객을 돕고 신속한 서비스를 제공하려는 태세
④ 회사가 고객에게 제공하는 개별적 배려와 관심
⑤ 물리적 시설, 장비, 직원, 커뮤니케이션 자료의 외양

38 판매촉진(sales promotion)에 대한 설명으로 옳지 않은 것은?

① 판매촉진은 제품이나 서비스의 구매 또는 판매를 장려하기 위해 제공되는 단기 인센티브이다.
② 샘플(sample)은 제품을 시험적으로 사용할 수 있는 정도의 양을 제공하는 것이다.
③ 광고가 제품이나 서비스를 사야 할 이유를 제시한다면, 판매촉진은 지금 사야 할 이유를 제안한다.
④ 쿠폰(coupon)은 명시된 제품을 구매할 때 구매자들에게 할인을 제공해 준다는 증빙서이다.
⑤ 판매촉진의 가장 큰 장점은 호의적인 기업이미지 구축과 우호적인 관계 형성이다.

해설 판매촉진의 가장 큰 장점은 고객에게 자사상품을 알려서 사고 싶은 욕구가 생기도록 만들어주는 것이다.

39 다음 글상자에서 설명하는 새로운 방식의 점포관리시스템으로 옳은 것은?

> 이 시스템은 본부의 메인 서버를 통해 전국 점포의 냉장, 냉동 장비의 온도 및 냉난방 기기, 간판
> 및 실내조명 조절 등의 원격 제어가 가능하게 하는 시스템을 의미한다.
> IoT(Internet of Things, 사물인터넷) 기술을 접목한 최첨단의 종합 점포관리시스템을 의미한다.

① SEMS(Smart store Energy Management System)
② WMS(Warehouse Management System)
③ MRP(Material Requirement Program)
④ SSM(Super SuperMarket)
⑤ ICS(Inventory Control System)

해설 ② 최소의 비용으로 창고의 면적, 작업자 및 하역설비 등 경영자원을 유효하게 활용하고 고객에 대한 서비스 수준을 제고시키는 것에 주목적이 있으나 이외에도 보관시설 및 품목별로 재고상황 기록을 적정하게 유지하는 기능을 가지고 있는 창고관리시스템을 말한다.
③ 최종품목의 구성품목들이 언제, 얼마나 필요하며, 언제 주문해야 하는지를 결정하는 기법이다
④ 대규모 유통 기업에서 체인 형식으로 운영하는 대형슈퍼마켓으로, 주로 식료품과 공산품 및 잡화류를 취급하며, 일반소매점보다 저렴한 가격을 유지하는 셀프서비스 방식의 소매점포를 말한다.
⑤ 재고관리를 뜻하는 것으로, 입고 대체 출고기능 시스템을 말한다.

40 판매촉진 유형 중 가격형 판매촉진에 대한 종류로 옳은 것을 모두 고른 것은?

> ㉠ 쿠폰, 할인
> ㉡ 추첨, 회원제도
> ㉢ 마일리지, 상환

① ㉠
② ㉠, ㉡
③ ㉡, ㉢
④ ㉠, ㉢
⑤ ㉠, ㉡, ㉢

해설 판매촉진 유형
• 가격형 판매촉진 : **쿠폰, 할인, 마일리지, 상환** 등
• 프리미엄형 판매촉진 : 1+1, **추첨**, 당첨, 퀴즈 등
• 제도형 판매촉진 : **회원제도**, 환불제도 등

41 점포관리의 의의 및 특징에 관한 설명 중 가장 옳지 않은 것은?

① 점포관리는 마케팅, 건축, 심리 등을 고려한 종합적 접근이 필요하다.
② 각 점포가 처한 개별성보다는 일반화된 관리를 따른다.
③ 하드웨어적인 측면과 소프트웨어적인 측면의 양면성이 존재한다.
④ 점포관리를 함으로써 소비자에게는 쾌적한 소비공간을 소매상에게는 깨끗한 판촉 공간을 제공할 수 있다.
⑤ 점포관리는 점포의 기능인 선전소구 기능, 판촉 기능, 쾌적한 환경 기능, 관리 기능을 효율적으로 달성하게 해준다.

해설 일반화된 관리보다는 각 점포가 처한 개별성을 따른다.

42 POP(Point of Purchase) 광고의 경우 판매 측면에서 얻을 수 있는 효용과 고객 관점에서 얻을 수 있는 효용이 있다. 고객 입장에서 느낄 수 있는 효용을 바르게 설명한 것은?

① 판매원의 접객 활동을 도와준다.
② 판매원에게 신경 쓰지 않고 자유롭게 상품을 선택하도록 도움을 준다.
③ 고객의 충동구매를 유발해서 판매증가를 가져 온다.
④ 많은 상품 가운데 주력 상품을 강조해서 판매를 증대시킨다.
⑤ 다른 판촉 수단과 연결해 판매 증대를 가져온다.

해설 ①·③·④·⑤ 판매 측면에서 얻을 수 있는 효용에 해당한다.

2020

43 구매 관여도 수준의 높고 낮음 및 구매대안들 사이의 중요한 차이의 많고 적음에 따라 소비자의 구매행동방식은 달라진다. 아래 그림의 ㉠에 해당하는 구매행동방식으로 가장 옳은 것은?

	고관여 수준	저관여 수준
대안 간 중요한 차이가 많음		㉠
대안 간 차이가 적음		

① 복합형 구매행동
② 습관형 구매행동
③ 준거집단형 구매행동
④ 다양성 추구형 구매행동
⑤ 인지부조화 감소형 구매행동

해설 소비자 구매행동의 유형

고관여 구매행동	복잡한 구매행동	새로운 제품을 구매하는 소비자의 구매행동으로 포괄적 문제해결을 의미
	부조화 감소 구매행동	제품의 상표 간 차이가 미미한 경우에 구매된 상표에 만족하면 그 상표에 대한 호의적 태도를 형성하여 동일 상표를 반복구매 하는 것
저관여 구매행동	습관적 구매행동	구매된 상표에 어느 정도 만족해 복잡한 의사결정을 피하기 위해 동일 상표를 반복구매 하는 것
	다양성 추구 구매행동	제품의 상표 간 차이가 뚜렷한 경우에 그동안 구매해 오던 상표에 싫증이 나거나, 단지 새로운 것을 추구하려는 의도에서 다른 상표로 전환하는 것

44 다음 중 광고와 인적판매에 관한 설명으로 옳은 것을 모두 고른 것은?

> ㉠ 광고는 동일한 메시지를 동일한 소비자에게 짧은 시간 안에 반복하여 제시할 수 있다.
> ㉡ 광고는 쌍방향적인 반면 인적판매는 일방적이다.
> ㉢ 광고는 시각, 청각을 활용하며 원하는 메시지를 제시한다.
> ㉣ TV광고는 소비자와의 상호작용을 통해 소비자들이 원하는 것을 알아낼 수 있다.
> ㉤ 인적판매는 자칫 소비자에게 구매압력을 주는 강압적인 분위기가 만들어 질 수도 있다.

① ㉡, ㉢, ㉤   ② ㉠, ㉢, ㉤
③ ㉠, ㉡, ㉢, ㉤   ④ ㉠, ㉢, ㉣, ㉤
⑤ ㉡, ㉢, ㉣, ㉤

해설 ㉡ **인적판매**는 쌍방향적인 반면 **광고**는 일방적이다.
　　 ㉣ **인적판매**는 소비자와의 상호작용을 통해 소비자들이 원하는 것을 알아낼 수 있다.

45 고객에 대한 마케팅 사고는 과거에서 현재까지 지속적으로 변화하고 있다. 아래 글상자의 설명으로 가장 옳은 것은?

> – 시장의 공급이 수요보다 큼
> – 고객의 욕구가 다양해지며, 업체 간의 경쟁이 심화되는 단계
> – '팔릴 수 있는 제품을 만든다'는 사고

① 생산 지향적 사고   ② 서비스 지향적 사고
③ 판매 지향적 사고   ④ 매매 지향적 사고
⑤ 고객 지향적 사고

해설 **고객 지향적 사고**
・ **수요 < 공급**
・ **'팔릴 수 있는 제품을 만든다'는 사고**
・ **경쟁심화, 고객의 니즈 다양화**
・ 판매는 마케팅의 한 분야이며 마케팅은 보다 포괄적 기능 수행
・ Total Marketing System(통합적 마케팅)

제 3 회 기출문제해설

제1과목 | **유통상식(01~20)**

01 소비자기본법[시행 2019.7.1.] [법률 제16178호, 2018.12.31., 일부개정] 내용 중 소비자단체의 업무로 옳지 않은 것은?

① 소비자문제에 관한 조사·연구
② 소비자정책의 종합적 추진 및 조정
③ 국가 및 지방자치단체의 소비자의 권익과 관련된 시책에 대한 건의
④ 소비자의 불만 및 피해를 처리하기 위한 상담·정보제공 및 당사자 사이의 합의의 권고
⑤ 물품 등의 규격·품질·안전성·환경성에 관한 시험·검사 및 가격 등을 포함한 거래조건이나 거래방법에 관한 조사·분석

해설 소비자단체의 업무 등(소비자기본법 제28조 제1항)
• 국가 및 지방자치단체의 소비자의 권익과 관련된 시책에 대한 건의
• 물품 등의 규격·품질·안전성·환경성에 관한 시험·검사 및 가격 등을 포함한 거래조건이나 거래방법에 관한 조사·분석
• 소비자문제에 관한 조사·연구
• 소비자의 교육
• 소비자의 불만 및 피해를 처리하기 위한 상담·정보제공 및 당사자 사이의 합의의 권고

2020

02 도매상에 대한 설명으로 옳은 것은?

① 독립형 상인도매상은 자신의 상호를 걸고 상품을 판매하는 매매차익을 수입원으로 하는 도매상이다.

② 계약형 상인도매상은 제조업체로부터 상품을 위탁받아 판매하는 도매상이다.

③ 대리판매도매상은 단발적인 계약에 의해 제조업체로부터 상품을 구매하여 판매하는 도매상이다.

④ 중개(仲介)판매도매상은 특정 제조업체와 계약을 맺고 제조업체의 상호를 걸고 상품을 판매하는 도매상이다.

⑤ 위탁수수료도매상은 제조업체와 소매상과의 거래를 연결시켜주고 판매실적에 따른 수수료를 수취하는 도매상이다.

해설 ② 제조업체로부터 상품을 위탁받아 판매하는 도매상은 제조업자 대리 도매상이다.
③ 대리판매도매상은 한 제조업체와 장기적인 판매계약을 맺어 제조업자의 판매부서와 같은 역할을 한다.
④ 중개(仲介)판매도매상의 기본 임무는 구매자와 판매자를 만나게 하는 것으로, 상품을 물리적으로 취급하지 않으며, 판매의뢰자와 지속적인 기반 위에서 거래를 하는 것은 아니다.
⑤ 위탁수수료도매상은 생산자로부터 위탁에 의해 상품을 받는 도매상으로, 공급자가 제시한 가격의 범위 내에서 구매자와 가격에 대한 협상을 할 수 있으며, 제품이 판매되고 나면 판매가에서 수수료, 운송비, 기타 경비를 제한다.

03 직업윤리에 대한 설명으로 옳지 않은 것은?

① 직업윤리는 직업적 활동에 있어서 요구되는 행동규범을 의미한다.

② 국가 경제적으로 기업의 역할이 커지면서 직업윤리는 기업윤리에 내포된 개념으로 이해되고 있다.

③ 직업윤리는 사회생활을 하면서 직면할 수밖에 없는 윤리문제를 직업생활이라는 특수한 사회적 상황에 적용한 것이다.

④ 직업윤리는 어떤 직업에도 보편적으로 요구되는 일반적 직업윤리와 특수한 직업영역과 직능에 따른 직무를 수행할 때 요구되는 특수직업 또는 전문직의 윤리로 나눌 수 있다.

⑤ 원만한 직장 생활을 하기 위해 요구되는 자세, 가치관 및 올바른 직업관을 직업윤리라 할 수 있다.

해설 기업윤리는 직업윤리에 내포된 개념으로 이해되고 있다.

04 기업윤리 담당부서의 업무로 옳지 않은 것은?

① 윤리감사를 실시한다.

② 종업원 윤리교육 프로그램을 작성하고 관리한다.

③ 회사의 기업윤리강령과 종업원 행동준칙을 제정한다.

④ 윤리문제에 관한 종업원의 의문사항에 대한 유권해석은 해주지 않는다.

⑤ 비윤리적인 행위가 포착될 경우에 재발 방지를 위해 적절한 조치를 취한다.

해설 윤리문제에 관한 종업원의 의문사항에 대한 유권해석도 기업윤리 담당부서의 업무에 해당한다.

05 아래 글상자 내용은 유통산업발전법 [시행 2020.7.30.] [법률 제16902호, 2020.1.29., 타법개정] 중 대규모점포에 대한 설명이다. ㉠과 ㉡에 들어갈 내용이 순서대로 나열된 것으로 옳은 것은?

> 가. 하나 또는 (㉠)으로 정하는 둘 이상의 연접되어 있는 건물 안에 하나 또는 여러 개로 나누어 설치되는 매장일 것
> 나. 상시 운영되는 매장일 것
> 다. 매장면적의 합계가 (㉡)제곱미터 이상일 것

① ㉠ 대통령령   ㉡ 1천

② ㉠ 대통령령   ㉡ 2천

③ ㉠ 대통령령   ㉡ 3천

④ ㉠ 국무총리령 ㉡ 1천

⑤ ㉠ 국무총리령 ㉡ 3천

해설 대규모점포의 정의(유통산업발전법 제2조 제3호)
- 하나 또는 **대통령령**이 정하는 둘 이상의 연접되어 있는 건물 안에 하나 또는 여러 개로 나누어 설치되는 매장일 것
- 상시 운영되는 매장일 것
- 매장면적의 합계가 **3천제곱미터** 이상일 것

06 아래 글상자의 사례가 나타내는 채널유형으로 옳은 것은?

> A 백화점은 고객 데이터 베이스를 이용하여 고객에게 맞춤 쇼핑정보를 제안하는 서비스를 진행하고
> 있다. 소비자가 온라인 쇼핑몰에서 재고와 사이즈 등 제품정보를 확인하여 선주문하고, 매장에 찾아
> 가 주문한 물건을 확인 후 승인하여 픽업하는 '서치 앤드 센드(search and send)' 방식을 활용하고
> 있다.

① 글로벌채널(Global Channel)
② 옴니채널(Omni Channel)
③ 멀티채널(Multi Channel)
④ 다이렉트채널(Direct Channel)
⑤ 소셜네트워크채널(Social networks Channel)

해설 **옴니채널(Omni Channel)**
• '모든 것, 모든 방식'을 의미하는 접두사 옴니(omni)와 유통경로를 의미하는 채널(channel)의 합성어로, 온·오프
라인 매장을 결합하여 소비자가 언제 어디서든 구매할 수 있도록 한 쇼핑체계이다.
• 소비자가 온·오프라인, 모바일 등 다양한 경로를 넘나들면서 상품을 검색·구매할 수 있는 서비스이다.
• 백화점 온라인몰에서 구입한 상품을 백화점 오프라인 매장에서 찾는 '스마트픽'이 옴니채널의 대표적인 방식이다.

07 중간상의 분류기능(sorting process)에 대한 설명으로 가장 옳지 않은 것은?

① 집적(accumulation) : 여러 생산자들로부터 상품을 구매하여 대량으로 축적하는 기능
② 분류(sorting out) : 이질적인 제품들을 크기, 품질, 색상 등을 기준으로 동질적인 집단으로 나누
는 기능
③ 분할(allocation) : 동질적인 제품들을 소규모 단위로 나누는 기능
④ 구색(assorting) : 판매를 위해 분할된 상품들을 카테고리별로 매장에 진열하는 기능
⑤ 표준화(standardization) : 제품들을 동일하게 매장에 진열하는 기능

해설 **중간상의 분류기능**
제조업자가 만든 제품 및 서비스의 선별과 소비자가 요구하는 구색간의 불일치를 해소하는 기능으로, 분류, 집적,
분할(배분), 구색형성의 4가지 기능을 포함한다.
• 분류(sorting out) : 이질적 상품을 비교적 동질적인 개별상품단위로 구분하는 것
• 집적(accumulation) : 다수의 공급업자로부터 제공받는 상품을 모아서 동질적인 대규모 상품들로 선별하는 것
• 분할(allocation) : 동질적 제품을 분배, 소규모 로트의 상품별로 모아서 분류하는 것
• 구색(assorting) : 사용목적이 서로 관련성이 있는 상품별로 일정한 구색을 갖추어 함께 취급하는 것

08 무리한 보상요구를 하는 고객과의 상담요령으로 옳지 않은 것은?

① 소비자를 존중하면서 응대한다.
② 문제해결에 관련된 전문지식을 준비한다.
③ 과거의 유사한 피해보상 사례를 수집하여 검토한다.
④ 쌍방 간에 일보씩 양보하는 선에서 합의를 도출한다.
⑤ 그 분야 전문가의 조언을 받아 대체안을 준비하는 것은 바람직하지 않다.

해설 그 분야 전문가의 조언을 받아 대체안을 준비하는 것도 바람직한 방법이다.

09 도매상의 제조업자를 위한 유통기능으로 옳지 않은 것은?

① 시장확보기능   ② 시장정보제공기능
③ 재고유지기능   ④ 주문처리기능
⑤ 조언 및 기술지원기능

해설 조언 및 기술지원기능은 도매상이 소매상을 위해 수행하는 유통기능이다.

10 여성의 사회적 진출이 늘어남에 따라 직장 내 여성의 역할과 여성에 대한 태도 변화가 요구된다. 이와 관련하여 보기 중 옳지 않은 것은?

① 남성 위주의 여성차별을 없애고 여성에 대한 성적 조롱이나 언행을 해서는 안 된다.
② 남성도 여성과 함께 일해야 할 동등한 동반자로서 인식해야 한다.
③ 여성 자신들도 사회의 한 구성원으로서 당당하게 업무에 임해야 한다.
④ 평상시는 남녀평등을 주장하지만 힘들거나 곤란한 일이 생기면 여자니까 봐달라는 기회주의적 태도는 지양해야 한다.
⑤ 약자 우선의 원칙에 의거 어느 정도 불공정한 경쟁은 수용할 수 있으나 진정한 선의경쟁이 이루어지도록 남녀 간의 상호 노력을 해야 한다.

해설 남녀 모두 자신이 타고난 성에 관계없이 **공정한 경쟁**을 통해 자신의 소질과 재능을 충분히 계발·활용해야 한다.

11 소매업의 변화 추세 및 사례에 대한 설명으로 가장 옳지 않은 것은?

① 소매업체 자체상표의 위력 증가 : 유통업체의 PB(Private Brand) 인기 상승

② 소매점의 양극화 현상 : 하이테크(할인점), 하이터치(전문점) 양극화

③ 경로지배력의 변화 : 경로지배력이 소매우위에서 제조우위로 변화

④ 강력한 소매기업의 등장 : 할인점, 카테고리킬러, 회원제창고형도소매업 출현

⑤ 편의제공의 중요성 증대 : 휴식공간, 현금인출기, 문화센터 등 운영

해설 경로지배력이 제조우위에서 소매우위로 변화하고 있다.

12 판매원과 고객과의 관계에 대한 설명으로 옳지 않은 것은?

① 판매원과 고객은 서비스를 창출하는 과정에서 상호작용이 이루어진다.

② 성공적인 소매점 서비스 성과를 얻기 위해서는 판매원은 부수적이고 고객의 욕구에만 집중하여야 한다.

③ 판매원과 고객의 상호작용이 서비스 경험에 대한 고객지각에 강력한 영향을 미친다.

④ 고객들은 서비스를 제공하는 판매원의 자세를 통해 서비스 경험의 품질을 판단한다.

⑤ 판매원의 만족과 고객의 만족은 연쇄적으로 서비스기업의 수익성으로 이어진다.

해설 판매원은 단순히 부수적이고 고객의 욕구에만 집중하는 것이 아니라, 회사와 고객과의 관계에서 정보매개자로 활동하며, 수요창출을 위해 어떻게 고객이 요구하는 가치를 발견할 것인지에 집중하여야 한다.

13 청소년 보호법(법률 제 17091호, 2020.3.24., 타법개정)에서 청소년유해매체물의 유통규제와 관련된 규정에 해당하지 않는 것은?

① 비포장 의무
② 표시 의무
③ 판매 금지
④ 방송시간 제한
⑤ 광고선전 제한

해설 청소년유해매체물의 결정 및 유통규제
제7조 청소년유해매체물의 심의·결정
제8조 등급 구분 등
제9조 청소년유해매체물의 심의 기준
제10조 심의 결과의 조정
제11조 청소년유해매체물의 자율 규제
제12조 청소년유해매체물의 재심의
제13조 **청소년유해표시 의무**
제14조 포장 의무
제15조 표시·포장의 훼손 금지
제16조 **판매 금지 등**
제17조 구분·격리 등
제18조 **방송시간 제한**
제19조 **광고선전 제한**
제20조 청소년유해매체물의 결정 취소
제21조 청소년유해매체물 결정 등의 통보·고시
제22조 외국 매체물에 대한 특례
제23조 정보통신망을 통한 청소년유해매체물 제공자 등의 공표

14 다음 중 소매업태 특성에 대한 설명으로 옳지 않은 것은?

① 편의점 : 편리성을 추구하는 긴 영업시간
② 슈퍼마켓 : 식료품을 중심으로 다양한 상품을 판매하는 셀프 서비스 방식
③ 회원제 도매클럽 : 일정액의 연회비를 받고 회원들에게 할인된 가격으로 판매
④ 하이퍼마켓 : 특정한 분야의 상품을 전문적으로 취급하는 전문 할인점
⑤ 아웃렛 : 일반적으로 정상 판매 후 남은 상품 등의 처분을 위해 제품을 저렴하게 판매

해설 하이퍼마켓
• 대형화된 슈퍼마켓에 할인점을 접목시켜 저가로 판매하는 초대형 소매업태이다.
• 일반적으로 대도시 근교에 설립되며, 취급품목은 슈퍼에서 주로 취급하는 식품과 생활필수품 등이며, 셀프서비스 방식으로 운영되는 업태이다.

15 유능한 영업관리자가 되기 위해 갖추어야 할 성격적 특성으로 옳지 않은 것은?

① 자신의 능력과 자질에 대한 자신감을 바탕으로 어떠한 어려움이나 문제도 해결해 나갈 수 있다는 마음가짐이 필요하다.

② 외부의 환경변화에 수동적으로 적응해 나가는 자세가 필요하다.

③ 많은 사람과 좋은 관계를 유지해야 하고, 자신의 이득보다는 주변 사람들의 발전을 먼저 생각하는 자세가 필요하다.

④ 여러 가지 업무를 무리 없이 수행하기 위한 열정이 필요하다.

⑤ 특수한 문제일 경우 창의적인 해결능력을 갖출 필요가 있다.

`해설` 외부의 환경변화에 **능동적**으로 적응해 나가는 자세가 필요하다.

16 옴니채널(omni-channel)에 대한 설명으로 옳지 않은 것은?

① 옴니채널(omni-channel)은 멀티채널(multi-channel)에서 한 단계 더 진화한 형태이다.

② 모든 쇼핑채널을 유기적으로 결합하여 온·오프라인의 다양한 채널에서 고객편의의 극대화가 이루어진다.

③ 독립적으로 운영되던 채널들을 유기적으로 통합하여 서로의 부족한 부분을 메워주는 보완적 관계를 갖는다.

④ 채널 간의 불필요한 경쟁은 온·오프라인의 판매실적을 통합함으로써 해결한다.

⑤ 각각의 매장에서 파는 물건은 동일한 회사에서 공급하지만 매장별로 다른 가격 혹은 독립적 프로모션을 제공한다.

`해설` 옴니채널은 각각의 유통 채널의 특성을 모아 어떤 채널에서든지 같은 매장을 이용한다는 느낌을 주도록 조성된 것으로, 인터넷 쇼핑몰, 모바일, 소셜 커머스, 백화점, 마트 등 고객이 그 어떤 채널을 통해 접근하더라도 **동일한 서비스를 제공**하는 것이 옴니채널의 전략이다.

17 아래 글상자 ⊙~②에 들어갈 유통형식을 나열한 것으로 옳은 것은?

구 분	직접유통	간접유통
점포유통	⊙	ⓒ
무점포유통	ⓒ	②

① ⊙ 가전업체 직영점, SSM(Super SuperMarket)
② ⓒ 대형마트, 홈쇼핑 채널 활용 의류업체
③ ⓒ 화장품 방문판매, 보험 상품 인터넷판매
④ ② 중소슈퍼, 오픈마켓을 통한 생활용품 판매업체
⑤ ⊙ 의류업체 전속대리점, 농축산물 인터넷 직거래

해설 **유통형식의 구분**

구 분	직접유통	간접유통
점포유통	• 가전업체 직영점	• SSM(Super SuperMarket) • 대형마트 • 중소슈퍼 • 의류업체 전속대리점
무점포유통	• **화장품 방문판매** • **보험 상품 인터넷판매** • 농축산물 인터넷 직거래	• 홈쇼핑 채널 활용 의류업체 • 오픈마켓을 통한 생활용품 판매업체

18 아래 글상자에서 할인점(discount store)의 원가 절감방안으로 옳은 것을 모두 고르면?

⊙ 체인화를 통한 대량 구매의 실현
ⓒ 셀프서비스 시스템 도입에 의한 인력 비용 절감
ⓒ 건물 및 내부장식에 대한 투자 최소화
② 소매업체 자체상표(private brand)의 도입

① ⊙
② ⊙, ⓒ
③ ⊙, ②
④ ⊙, ⓒ, ⓒ
⑤ ⊙, ⓒ, ⓒ, ②

해설 **할인점의 원가 절감방안**
• 다점포운영(체인화)을 통한 바잉파워(Buying Power)형성
• 매장장식비 절감
• 매장인력 절감
• 셀프서비스 판매
• 가격경쟁력을 갖추기 위한 다양한 제품군의 PB(Private Brand)상품 확대

19 매장 내에서의 판매원의 자세로 옳지 않은 것은?

① 부드럽고 밝은 표정을 담은 채 시선은 고객의 태도나 동작을 관찰한다.

② 고객에 신속히 응대할 수 있는 가장 편리한 장소에 위치한다.

③ 고객의 쇼핑을 보조하기 위해 적극적으로 고객의 공간으로 들어가 고객 시선의 정면에서 응대한다.

④ 오픈 전에 POP와 진열대 및 매장바닥을 깨끗하게 청소하여 쾌적하게 공간을 관리한다.

⑤ 매장에 손님이 없다면 상품이 제 자리에 잘 진열되어 있는지 진열량은 적절한지 상품을 점검한다.

해설 적극적으로 고객의 공간에 들어가 고객 시선의 정면에서 응대하는 것은 고객의 쇼핑에 방해가 되거나 부담을 줄 수 있다.

20 아래 글상자에서 유통채널의 진화과정 순서가 옳게 나열된 것은?

㉠ 전통시장 단계
㉡ 소매업체 성장 단계
㉢ 소매업체 국제화 단계
㉣ 제조업체 국제화 단계
㉤ 제조업체 우위 단계

---

① ㉠ - ㉡ - ㉣ - ㉢ - ㉤   ② ㉠ - ㉡ - ㉤ - ㉢ - ㉣

③ ㉠ - ㉤ - ㉣ - ㉡ - ㉢   ④ ㉠ - ㉤ - ㉡ - ㉣ - ㉢

⑤ ㉠ - ㉤ - ㉣ - ㉢ - ㉡

해설 유통채널의 진화과정
전통시장 단계 → 제조업체 우위 단계 → 소매업체 성장 단계 → 제조업체 국제화 단계 → 소매업체 국제화 단계

21 고객을 응대할 때 사용하는 화법으로 가장 옳은 것은?

① ○○씨, 반갑습니다.
② 오른쪽! 오른쪽 복도로 가세요.
③ 카드결제를 위해 여기에 서명이요.
④ 결제 됐는지 확인 부탁드립니다.
⑤ 찾으시는 제품은 왼쪽 선반에 있을 거 같은데요.

해설 고객응대 시에는 '~하세요' 형식의 명령문 사용은 금하고, 명확하고 예의를 갖춘 공손한 화법을 사용해야 한다.

22 가구를 가정에서 배치했을 때의 방의 모습을 미리 보여줄 수 있도록, 연관되는 품목들을 한 공간에 함께 진열하여 보여주는 방식의 진열로 가장 옳은 것은?

① 전면(frontage) 진열
② 색상별 진열
③ 용도별 진열
④ 스타일별 진열
⑤ 라이프스타일 진열

해설 라이프스타일 진열
• 고객의 생활의 한 장면을 연출하는 방법으로 그 장면의 상품 콘셉트에 맞는 파티, 가정생활, 레저, 스포츠 등 특정 스타일을 상품연출로 보여주어 소비자 집단의 기대와 욕구를 시각적으로 코디네이트한다.
• Party, Out Door, Sports, Business, Picnic 등의 일상생활에 있을 수 있는 생활의 한 장면을 상품연출에 연관시켜 진열한다.

23 아래 글상자에서 설명하는 용어로 옳은 것은?

> • 구입했던 상품의 하자를 주장하며 과한 보상 요구를 하거나 반품, 환불을 넘어 무리한 보상금을
>   요구하는 소비자
> • 비윤리적으로 불만을 표출하거나 불법적인 행동을 일삼는 소비자
> • 막무가내식 행동을 취하거나 매장에서 횡포를 부리는 소비자
> • 사회적인 파장을 기업에게 위협하며 관련 내용을 유포하겠다고 협박하는 소비자

① 화이트 컨슈머(white consumer)　　② 블랙 컨슈머(black consumer)
③ 그린슈머(greensumer)　　　　　　④ 프로슈머(prosumer)
⑤ 팬슈머(fansumer)

해설 ① 블랙 컨슈머와 대비되는 용어로, 선량한 소비자를 의미한다.
③ 환경보호에 도움이 되는 제품의 구매를 지향하는 소비자를 일컫는 말이다.
④ 소비는 물론 제품 생산과 판매에도 직접 관여하여 해당 제품의 생산 단계부터 유통에 이르기까지 소비자의 권리를 행사한다.
⑤ 상품이나 브랜드의 생산 과정에 참여하는 소비자를 일컫는 용어로, 이들은 자신이 키워낸 상품이나 브랜드를 적극적으로 소비하는 동시에 비판, 간섭 등도 서슴지 않는다는 특징을 가진다.

24 브랜드의 구성요소로서 가장 옳지 않은 것은?

① 이름(name)　　　　② 로고(logo)
③ 심볼(symbol)　　　④ 슬로건(slogan)
⑤ 표시(label)

해설 브랜드란 하나의 기업이 제품을 식별하여 타사의 제품과 차별화시키기 위해 사용하는 **이름, 용어, 상징, 로고, 슬로건 또는 디자인** 등의 다양한 구성요소들을 통해 소비자들에게 믿음을 주는 상징적 의미 체계이다.

25 소매점포 매장 내의 어디에 어떻게 상품을 배치해야 하는지를 알려주는 그림으로서 옳은 것은?

① 플래노그램(planogram)
② 다이어그램(diagram)
③ 플로어 플랜(floor plan)
④ 개방형 플로어 플랜(open floor plan)
⑤ 폐쇄형 플로어 플랜(closed floor plan)

해설 특정 제품이 속한 부서 내 제품의 진열위치를 결정하기 위해서 흔히 **플래노그램**을 활용하는데, 이는 제품이 각각 어디에 어떻게 놓여야 하는지를 알려주는, 일종의 진열공간의 생산성을 평가하게 해주는 지침서를 말한다.

26 아래 글상자의 특성을 지닌 유형의 소비재 상품에 대한 마케팅 방식으로 가장 적절한 것은?

> 소비자가 브랜드에 대해 강한 충성도를 가지고 있어서, 구매할 때 다른 브랜드를 대안으로 고려하지도 않고 그 브랜드를 구매하기 위해 특별한 노력을 기울이는 상품

① 집중적 유통   ② 고마진 책정
③ 대중매체 광고   ④ 수요 전환적 마케팅
⑤ 신규고객 대상 프로모션

해설 글상자는 전문품에 대한 설명이다. 전문품은 소비자가 상당한 노력을 들여 예산 및 계획을 세우고 정보를 수집하는 유형의 상품으로 브랜드에 대한 관심과 충성도가 높기 때문에 **매우 높은 단가**로 책정되는 마케팅 방식을 취한다.

27 상품진열과 관련하여 페이스(face)에 관한 설명으로 옳지 않은 것은?

① 페이스는 가로 진열대의 숫자를 가리킨다.
② 페이스는 어느 상품을 가로로 몇 개 진열하는가를 말하는 것이다.
③ 잘 팔리는 고회전 상품의 페이스를 확대진열하면 판매를 증가시키는 데 도움이 된다.
④ 페이스는 진열의 깊이이다.
⑤ 같은 선반 위에 몇 단을 쌓아 올리는 것은 페이스 수와 관계가 없다.

해설 페이스는 앞에서 볼 때 하나의 단품을 옆으로 늘어놓은 개수로, 진열의 **너비**이다.

28 다음 중 점포활성화를 위한 점포환경 관리로 옳지 않은 것은?

① 고객동선을 고려하여 상품을 배치하여 편리하고 쾌적한 쇼핑환경을 제공한다.
② POP나 상품안내 표지판이 낡았을 경우 신속히 교체한다.
③ 매장을 청결하게 유지하여 긍정적인 점포이미지를 제공한다.
④ 친근한 매장 분위기를 조성해야 한다.
⑤ 점포의 입구나 입구 주변보다는 제품진열에 집중하여야 한다.

해설 점포환경 관리는 제품진열보다는 점포의 입구나 입구 주변에 집중하여야 한다.

29 점포구성을 위해 상품을 부문, 카테고리, 품목 순서로 분류할 때 고려해야 할 요소들만을 모두 옳게 묶은 것은?

㉠ 점포의 주력 상품 여부	㉡ 한계(marginal) 공간 수익성
㉢ 위치에 따른 고객 흡인력	㉣ 계획된 상품진열 방식
㉤ 정상 재고의 수준	

① ㉠   ② ㉠, ㉡
③ ㉠, ㉡, ㉢   ④ ㉠, ㉡, ㉢, ㉣
⑤ ㉠, ㉡, ㉢, ㉣, ㉤

해설 점포의 구성에는 점포 레이아웃 계획 및 관리, 점포공간 계획 및 관리, 점포환경 관리 등이 포함되며 ㉠, ㉡, ㉢, ㉣, ㉤에 해당하는 요소들을 모두 고려해야 한다.

30 점포의 특선품구역(feature areas)은 고객의 관심을 끌어 원하는 반응을 이끌어내기 위해 설치된 구역이다. 아래 글상자의 내용들 가운데 모든 특선품구역을 옳게 묶은 것은?

㉠ 엔드 매대(end cap)	㉡ 판촉구역
㉢ 자유진열대	㉣ 쇼윈도

① ㉠   ② ㉠, ㉡
③ ㉡, ㉢   ④ ㉠, ㉡, ㉣
⑤ ㉠, ㉡, ㉢, ㉣

해설 특선품구역은 고객의 관심을 끌기 위해 설치하는 것으로 엔드 매대, 판촉구역, 자유진열대, 계산구역, 쇼윈도 등으로 나눌 수 있다.

31 판매담당자가 고객을 대면할 때의 요령으로 옳은 것은?

① 고객의 시선을 회피한다.
② 한 곳에 여러 명이 몰려 있다.
③ 매대나 기둥 등에 기대고 있다.
④ 주머니에 손을 넣거나 팔짱을 끼고 있다.
⑤ 부드럽고 밝은 표정으로 고객의 태도나 동작을 관찰한다.

해설 ① 고객의 시선을 회피하지 않는다.
② 한 곳에 여러 명이 몰려있지 않고, 여러 곳에 분산하여 위치해야 한다.
③ 매대나 기둥 등에 기대고 있는 행동은 금해야 한다.
④ 주머니에 손을 넣거나 팔짱을 끼는 행동은 금해야 한다.

32 다음은 판매를 위한 고객의 구매심리 5단계이다. 순서대로 바르게 나열한 것은?

① 주의 → 흥미 → 확신 → 욕망 → 구매
② 주의 → 욕망 → 흥미 → 확신 → 구매
③ 주의 → 확신 → 흥미 → 욕망 → 구매
④ 주의 → 흥미 → 욕망 → 확신 → 구매
⑤ 주의 → 확신 → 욕망 → 흥미 → 구매

해설 고객의 구매심리 단계
주의 → 흥미 → 연상 → 욕망 → 비교 → 확신 → 구매

---

33 고객을 맞이하는 태도에 대한 설명으로 옳은 것은?

① 문이 열리는 소리가 들리면 하던 업무를 계속하며 큰 소리로 인사를 한다.
② 고객과 눈이 마주치지 않으면 인사하지 않고 고객과 눈이 마주쳤을 때 인사한다.
③ 고객이 약속을 하고 방문했는데 찾는 사람이 부재중이라면 기다리게 한다.
④ 고객이 방문의 용건을 말하지 않는다면 일단 하던 일에 집중하며 내버려둔다.
⑤ 고객이 용건을 말한다면 정중한 태도로 묻고 확인한 후 잘 기억하여 처리한다.

해설 ① 문이 열리는 소리가 들리면 하던 업무를 잠시 멈추고 큰 소리로 인사를 한다.
② 고객과 눈이 마주치지 않더라도 인사한다.
③ 고객이 약속을 하고 방문했는데 찾는 사람이 부재중이라면 무조건 기다리게 하지 말고 양해를 구한 후 찾는 사람이 올 때까지 대신 응대하는 것이 좋다.
④ 고객이 방문의 용건을 말하지 않더라도 하던 일을 잠시 멈추고 응대한다.

---

34 고객의 판매결정을 촉구하기 위한 판매기법으로 가장 옳지 않은 것은?

① 고객이 생각을 정리하여 구매를 결정할 수 있도록 거리를 두고 떨어져서 지켜본다.
② 유사한 제품을 비교하도록 유도하여 어느 하나를 택하도록 하는 종결법을 활용한다.
③ 고객이 그 제품을 갖게 됨으로써 얻게 되는 여러 가지 이점을 안내한다.
④ 고객이 결정하기 좋게 제품의 이점과 단점을 정리해 주어 결정을 도와준다.
⑤ 고객에게 어필할 수 있다고 생각되는 가장 중요한 이익을 요약하여 설명한다.

해설 판매결정은 고객에게 맡기지 말고 고객의 구매결정이 확정되었다는 의사 표시나 행동을 유심히 관찰하여 적절한 타이밍에 판매결정을 촉구해야 한다.

35 판매시점정보관리(POS) 시스템의 중심적 역할을 하는 바코드는 슈퍼마켓의 관리 효율을 높이기 위해 고안되어 전 산업계에서 널리 이용되고 있다. 바코드에 대한 설명으로 옳은 것을 모두 고른 것은?

> ㉠ 데이터를 신속하고 정확하게 입력할 수 있다.
> ㉡ 관리비가 증대된다.
> ㉢ 인건비를 절감할 수 있다.
> ㉣ 숫자 정보만 입력할 수 있다.

① ㉠, ㉡

② ㉠, ㉢

③ ㉠, ㉣

④ ㉡, ㉢

⑤ ㉡, ㉣

해설 ㉡ 도입비용이 저렴하고 응용범위가 다양하여 관리비가 절감된다.
㉣ 숫자뿐만 아니라 문자, 기호 등도 입력할 수 있다.

36 다음 중 서비스의 특성인 무형성, 비분리성, 이질성, 공감성, 소멸성에 대한 설명으로 가장 옳은 것은?

① 이질성과 관련하여, 구매 전 품질을 파악하기 어렵기 때문에 유형적 단서를 제공하는 것이 중요하다.

② 무형성과 관련하여, 서비스 품질을 사전에 통제하기 어렵기 때문에 종업원 교육이 무엇보다 중요하다.

③ 소멸성과 관련하여, 서비스의 질을 동일하게 유지하기 위해 고객서비스에 대한 매뉴얼 제작이 필요하다.

④ 비분리성과 관련하여, 서비스는 제공하는 시점에 소비하지 않으면 사라지기 때문에 예약이나 할인 등 수요관리정책을 수립해야 한다.

⑤ 공감성과 관련하여, 서비스는 대인적으로 이루어지기 때문에 고객의 요구에 따라 서로 다른 수준의 서비스를 제공해야 한다.

해설 ① **무형성**과 관련하여, 구매 전 품질을 파악하기 어렵기 때문에 유형적 단서를 제공하는 것이 중요하다.
② **비분리성**과 관련하여, 서비스 품질을 사전에 통제하기 어렵기 때문에 종업원 교육이 무엇보다 중요하다.
③ **이질성**과 관련하여, 서비스의 질을 동일하게 유지하기 위해 고객서비스에 대한 매뉴얼 제작이 필요하다.
④ **소멸성**과 관련하여, 서비스는 제공하는 시점에 소비하지 않으면 사라지기 때문에 예약이나 할인 등 수요관리정책을 수립해야 한다.

37 마케팅믹스는 목표시장 내에 강력한 포지션을 구축하는 데 활용되는 전술적 도구들이다. 다음 중 마케팅믹스의 요소로 옳지 않은 것은?

① 제품(product)
② 가격(price)
③ 정책(policy)
④ 유통(place)
⑤ 촉진(promotion)

해설 마케팅믹스의 요소
- 가격(Price)
- 제품(Product)
- 촉진(Promotion)
- 유통(Place)

38 다음 중 커뮤니케이션 원칙에 대한 설명으로 가장 옳지 않은 것은?

① 이상적인 의사전달이 이루어지기 위해서는 그 의미가 명확해야 한다.
② 전달되는 과정에서 수신자에 맞게 내용을 수정·가감하여 더 이해하기 쉽게 전달해야 한다.
③ 좋은 커뮤니케이션의 내용이라 할지라도 적절한 시기와 시간을 맞추지 못하면 불필요하다.
④ 커뮤니케이션 횟수가 과한 것은 오히려 역효과를 나타낼 수 있다.
⑤ 커뮤니케이션은 내용에 대한 관심과 수용 가능성이 있을 때 가치와 능률이 있다.

해설 수신자에게 전달되는 과정에서 내용이 수정·가감되지 않도록 해야 한다.

39 아래의 내용은 어떤 진열방법에 대한 설명인가?

> – 이익은 높으나 잘 팔리지 않는 상품을 잘 팔리는 상품 곁에 진열해서 판매를 촉진하는 진열
> – 이익이 높은 제품을 고객 눈에 잘 띄게 하여 판매를 높이는 무형 광고효과가 있는 진열방법

① 수직 진열
② 수평 진열
③ 샌드위치 진열
④ 라이트업 진열
⑤ 전진입체 진열

해설
① 동일 상품군이나 관련 상품을 최상단부터 최하단까지 종으로 배열하는 것으로 고객의 시선을 멈춰 상품이 눈에 띄도록 하는 효과가 있으며, 주로 벽이나 곤돌라를 이용하여 상품을 진열하는 방법이다.
② 동종의 상품을 좌우로 진열하는 방법으로 고객은 그 상품뿐만 아니라 상·하단에 있는 다른 종류의 상품도 함께 선택할 수 있는 장점이 있으나 고객이 상품을 선택하기 위해 많이 움직여야 하는 단점이 있다.
④ 같은 상품 그룹 가운데 우측에 좀 더 고가격, 고이익, 대용량의 상품을 진열하는 방식이다.
⑤ 상품을 곤돌라에 진열할 때 앞에서부터 입체적으로 진열하는 방식으로 후퇴평면 진열에 비해 양감이 강조되고, 판매촉진으로 연결된다. 상품이 팔림에 따라 형태가 무너지지 않도록 주의해야 한다.

정답 37 ③ 38 ② 39 ③

2020년 제3회 기출문제 **357**

40 다음 중 상품 진열이 갖는 서비스적 기능으로 가장 옳지 않은 것은?

① 빠른 시간에 원하는 상품을 찾을 수 있도록 하는 시간절약 서비스의 의미를 갖는다.

② 상품 종류를 쉽게 식별할 수 있도록 하는 식별 서비스의 의미를 갖는다.

③ 다른 상품과의 비교를 쉽게 할 수 있도록 하는 비교 서비스의 의미를 갖는다.

④ 소비자에게 상품의 정보를 알려 주는 정보 서비스의 의미를 갖는다.

⑤ 판매되지 않은 물건을 적절한 환경에서 관리하는 보관 서비스의 의미를 갖는다.

해설 상품을 진열할 때는 상품판매량에 정비례하는 진열방식을 통해 상품 회전율을 높이고, 많이 팔리는 상품의 품절방지와 <u>비인기 상품의 재고 감소 효과</u>를 줄 수 있다.

41 서비스를 제공하는 종업원들의 태도로 옳은 것은?

① 고객 요구나 문제를 못 본척하며 고객을 피하는 태도

② 고객 사정은 고려하지 않고 무뚝뚝하게 대하는 태도

③ 고객입장보다는 내부규정을 내세우면서 예외를 전혀 인정하지 않고 상식이 통하지 않는 태도

④ 담당부서가 아니라고 타부서로 안내하거나 고객을 여기저기로 돌리는 태도

⑤ 고객이 다양한 상품을 살펴본 후 특정제품에서 발길을 멈추었을 때 다가가서 설명을 해주는 태도

해설 ① 고객 요구나 문제는 즉시 응대하여 처리해야 한다.
② 고객 사정을 고려하여 정중하고 친절하게 대해야 한다.
③ 내부규정보다는 고객입장을 우선시하여 예외사항도 인정하는 유연성을 지녀야 한다.
④ 담당부서가 아니더라도 적극적으로 응대해야 한다.

42 글상자에서 점포 레이아웃(Lay-out)의 유형 중 격자형배치에 대한 내용으로 옳은 것을 모두 고르면?

> ㉠ 셀프서비스(Self-service) 판매가 가능하다.
> ㉡ 패션지향적인 점포에서 많이 사용되는 유형이다.
> ㉢ 비용이 적게 들며 표준화된 집기 배치가 가능하다.
> ㉣ 고객의 자유로운 쇼핑과 충동적인 구매를 촉진한다.

① ㉠, ㉡   ② ㉠, ㉢

③ ㉡, ㉢   ④ ㉡, ㉣

⑤ ㉢, ㉣

해설 ㉡·㉣ 자유형배치에 대한 설명이다.

43 고객을 대할 때 경청의 자세로 가장 옳지 않은 것은?

① 말하는 상대방 쪽으로 상체를 기울이며 관심을 표현한다.
② 상대방의 눈을 쳐다보며 대화하고 관심어린 눈빛을 보인다.
③ 중요한 부분에서는 고개를 끄덕이는 등 반응을 보인다.
④ 모호한 부분이 있더라도 듣는 것에 집중한다.
⑤ 상대방의 입장과 상황을 고려하면서 듣는다.

해설 모호한 부분이 있다면 중간에 양해를 구하고 질문을 통해 명확히 파악해야 한다.

44 다음의 상황에서 불만을 갖고 있는 고객을 응대하는 기법으로 옳지 않은 것은?

> ○○은행의 어느 월말, 공과금, 세금 납부업무 등으로 유난히 많이 고객들이 몰렸다. 전 직원이 창구 업무에 투입되었음에도 많은 고객들로 인해 대기시간이 너무 지체되고 있었다. 어느 한 고객이 자기 차례가 되자 불만 가득한 얼굴로 한 창구에 들어섰고 대기시간이 2시간이 넘도록 기다리는 것은 너무한 것 아니냐며 창구 직원에게 큰 소리로 항의하기 시작했다.

① 고객님 너무 오래 기다리셨죠? 대단히 죄송합니다.
② 기다리느라 많이 힘드셨죠? 제가 더 친절히 모시겠습니다.
③ 길 건너편 다른 은행으로 가시면 이런 기다림은 없으실 겁니다.
④ 고객님의 불편 충분히 이해합니다. 최선을 다해 처리해드리겠습니다.
⑤ 죄송하지만, 월말이다 보니 대기고객이 많습니다. 제가 자세히 응대해 드리겠습니다.

해설 이미 대기시간이 많이 지체된 상황에서 본인 차례가 되었는데 다른 대안을 제시한다면 고객의 불만이 더욱 가중될 수 있다.

45 광고의 특징에 대한 설명으로 가장 옳지 않은 것은?

① 대중을 대상으로 의사소통이 이루어지기 때문에 전달하고자 하는 메시지가 합법적이어야 한다.
② 메시지를 반복적으로 전달하여 잠재적 소비자들을 자극해야한다.
③ 문자, 소리, 그림, 색깔 등을 이용해 메시지를 다양하게 표현할 수 있다.
④ 소비자들의 소득, 취미, 구매 동기 등이 서로 다름에도 불구하고 동일한 메시지를 일방적으로 제시할 수밖에 없다.
⑤ 광고 매체가 달라지더라도 대중에게 미치는 파급효과는 같다.

해설 광고 매체에 따라 대중에게 미치는 파급효과는 달라진다.

나는 내가 더 노력할수록 운이 더 좋아진다는 걸 발견했다.

- 토마스 제퍼슨 -

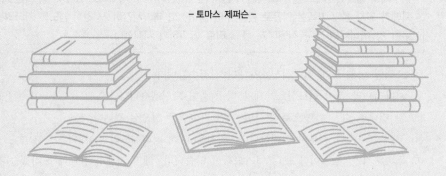

2021년

기출문제

무언가를 시작하는 방법은 말하는 것을 멈추고 행동을 하는 것이다.

– 월트 디즈니 –

제1회 기출문제해설

제1과목 유통상식(01~20)

01 유통산업발전법[시행 2021.1.1.][법률 제17761호, 2020.12.29., 타법개정]에서 규정한 유통산업시책의 기본방향으로 옳지 않은 것은?

① 유통산업에서의 소비자 편익의 증진

② 유통구조의 선진화 및 유통기능의 효율화 촉진

③ 유통산업의 국제경쟁력 제고

④ 무점포 판매의 경쟁력 제고

⑤ 유통산업의 지역별 균형발전의 도모

해설 유통산업시책의 기본방향(유통산업발전법 제3조)
- **유통구조의 선진화 및 유통기능의 효율화 촉진**
- **유통산업에서의 소비자 편익의 증진**
- **유통산업의 지역별 균형발전의 도모**
- 유통산업의 종류별 균형발전의 도모
- 중소유통기업(유통산업을 경영하는 자로서 「중소기업기본법」 제2조에 따른 중소기업자에 해당하는 자를 말함)의 구조개선 및 경쟁력 강화
- **유통산업의 국제경쟁력 제고**
- 유통산업에서의 건전한 상거래질서의 확립 및 공정한 경쟁여건의 조성
- 그 밖에 유통산업의 발전을 촉진하기 위하여 필요한 사항

02 유통경로에서 중간상이 필요한 이유로 가장 옳지 않은 것은?

① 거래의 복잡성을 줄이고 거래 과정을 활성화한다.

② 소유, 장소, 시간상의 효용을 창출한다.

③ 분류과정을 통한 구색상의 차이를 조정한다.

④ 생산자와 소비자 모두에게 탐색의 비용을 절감해준다.

⑤ 거래를 비정례화하여 교환거래를 역동적으로 구성한다.

해설 수요와 공급의 품질적 격리를 조절하여 거래 과정에서 거래 단위, 가격, 지불 조건 등을 **표준화**한다.

정답 01 ④ 02 ⑤

03 총 거래 수 최소의 원칙에 대한 설명으로 옳은 것은?

① 도매상을 개입시킴으로써 각 경로구성원에 의해 보관되는 제품의 총량을 감소시킬 수 있다.

② 소비자가 원하는 시간에 제품을 구매할 수 있게 한다.

③ 소비자가 편리한 장소에서 제품을 구매할 수 있게 한다.

④ 유통경로에서 다양하게 수행되는 기능들을 전문성을 가진 유통업체에게 맡김으로써 경제성을 강화한다.

⑤ 중간상의 참여는 거래빈도의 수를 줄이고 이로 인한 거래비용을 낮춘다.

해설 ① 집중 준비의 원칙   ② 시간 효용
③ 장소 효용   ④ 분업의 원칙

> **보충설명**
>
> 총 거래 수 최소화의 원칙
> 중간상의 개입으로 거래의 총량이 감소하게 되어 제조업자와 소비자 양자의 실질적인 비용이 감소한다. 즉 중간상의 개입으로 제조업자와 소비자 사이의 거래가 보다 효율적으로 이루어지므로 중간상의 개입이 정당화될 수 있다는 논리이다.

04 직장 내에서 준수해야 할 양성평등에 대한 설명으로 옳지 않은 것은?

① 단순히 남성과 여성을 고정관념으로 구분 짓기보다 상황에 맞춰 고려해야 한다.

② 지위를 이용한 성적 언동으로 상대에게 혐오감을 느끼게 하는 행위를 해서는 안 된다.

③ 진정한 양성평등을 위해서는 항상 절대적 평등을 적용해야 한다.

④ 성희롱 관련 상담 및 고충 처리를 위해 공식 창구를 운영해야 한다.

⑤ 성희롱 예방교육 등을 주기적으로 실시해야 한다.

해설 진정한 양성평등을 위해서는 절대적 평등과 상대적 평등을 모두 적용해야 한다.

> **보충설명**
>
> 양성평등의 의미
> • 절대적 양성평등 : 인격적 존중, 기회의 균등, 기본권의 보장
> • 상대적 양성평등 : 능력으로만 평가·대우받는 것

05 소매업의 유형 중 편의점의 특징으로 옳지 않은 것은?

① 고객이 원하는 시간에 언제라도 구매할 수 있기 때문에 시간적 편의성이 높다.
② 고객의 접근이 용이한 지역에 위치하여 공간적 편의성이 높다.
③ 구매빈도가 높고 재고회전이 빠른 생필품 위주의 제품계열을 주로 취급한다.
④ 제품판매 이외의 다양한 생활편의 서비스를 제공하고 있다.
⑤ 프랜차이즈형 편의점은 독립형 편의점에 비해 운영의 자율성이 높다.

해설 프랜차이즈형 체인사업은 독자적인 상품 또는 판매·경영 기법을 개발한 체인본부가 상호·판매방법·매장운영 및 광고방법 등을 결정하고, 가맹점으로 하여금 그 결정과 지도에 따라 운영하도록 하는 형태의 체인사업이므로 프랜차이즈형 편의점은 독립형 편의점에 비해 운영의 자율성이 **낮다**.

06 소매상과 생산자·도매상의 상대적 특성 비교로 옳지 않은 것은?

구 분	소매상	생산자·도매상
㉠	소량판매 위주	대량판매 위주
㉡	일반 소비자를 대상으로 판매	소매상을 대상으로 판매
㉢	판매상품의 단위당 가격이 낮음	판매상품의 단위당 가격이 높음
㉣	교통편의성이 높은 입지조건에 유리	교외지역이나 지대비용이 낮은 입지조건에 유리
㉤	소매점 내의 점포 구성을 중시	점포(창고) 내의 점포구성 중요성이 낮음

① ㉠   ② ㉡
③ ㉢   ④ ㉣
⑤ ㉤

해설 대량판매를 하는 생산자 및 도매상의 단위당 상품 가격이 소량판매를 하는 소매상보다 더 낮은 것이 일반적이다.

07 마케팅 경로 구성원이 수행하는 기능들에 대한 설명으로 옳지 않은 것은?

① 정보 : 소비자, 생산자 그리고 거래를 계획하고 촉진하는 데 필요한 마케팅환경 영향요인에 관한 정보를 수집하고 배포함
② 촉진 : 생산자들이 제품을 적시에 제공할 수 있도록 자극함
③ 접촉 : 예상되는 구매자를 탐색하고 커뮤니케이션 함
④ 조정 : 상품을 구매자의 요구조건에 맞춤, 제조, 등급화, 조립, 포장하는 활동이 포함됨
⑤ 협상 : 제품의 소유권 이전을 위해 상품의 가격과 기타 조건에 대한 합의를 이끌어냄

해설 마케팅 경로 구성원이 수행하는 촉진 기능은 제품에 관한 설득적 커뮤니케이션을 개발하고 배포하는 것을 말한다.

마케팅 경로 구성원이 수행하는 기능
- 시장조사(research) : 교환을 계획하고 촉진시키기에 필요한 정보를 수집한다.
- 촉진(promotion) : 제품에 관한 설득적 커뮤니케이션을 개발하고 배포한다.
- 접촉(contact) : 잠재고객을 탐색하고 적절한 커뮤니케이션을 수행한다.
- 조응(matching) : 생산자들의 제품을 고객을 위한 구색으로 갖춘다.
- 협상(negotiation) : 교환이 원활하게 일어나도록 거래조건을 합의시킨다.
- 물적 유통(physical distribution) : 수송과 보관을 담당한다.
- 금융(financing) : 생산자나 고객을 위하여 자금을 지원한다.
- 위험부담(risk taking) : 생산자나 고객의 위험을 부담한다.

08 일반적인 판매원의 역할에 대한 설명으로 옳지 않은 것은?

① 고객이 느끼는 제품 문제를 고객의 입장에서 이해하고 상담해주는 상담사의 역할
② 고객에게 필요한 제품과 더불어 서비스를 제공하는 서비스 제공자의 역할
③ 제품에 대한 다양한 지식과 서비스를 통해 고객의 문제를 해결해주는 상담사의 역할
④ 고객의 숨겨진 욕구를 발견하여 판매를 이끌어 내는 수요 창출자의 역할
⑤ 기업의 입장에서 기업이 원하는 바를 고객에게 잘 전달하는 정보전달자의 역할

해설 판매원은 단순한 판매처리 업무뿐만 아니라 회사와 고객과의 관계에서 정보매개자로 활동하므로 **고객**의 입장에서 **고객**이 원하는 바를 **회사**에 잘 전달하는 역할을 한다.

09 매장의 윤리강령 중 시장 및 소비자 지향적인 내용으로 가장 옳은 것은?

① 국가 및 지역사회의 일원으로서 법규 및 규정 준수
② 협력사와의 투명하고 공정한 거래를 통해 협력관계 구축
③ 직원을 독립된 인격체로 존중하고 공정한 기회 제공
④ 고객만족을 위해 최고의 제품과 서비스 제공을 위해 노력
⑤ 매장의 운영방침에 따라 각자의 맡은 직무를 충실히 수행

해설 ① 사회규범 지향적
②·③ 정당한 방법 지향적
⑤ 근면성실 지향적

10 수직적 유통경로를 도입하는 이유에 대한 설명으로 옳지 않은 것은?

① 유통비용을 절감하기 위해

② 혁신적인 기술을 보유하기 위해

③ 자본이나 생산설비의 시너지 효과를 얻기 위해

④ 경쟁자에게 효과적으로 대응하기 위해

⑤ 원재료를 안정적으로 확보하기 위해

해설 ③은 수평적 유통경로를 도입하는 이유에 해당한다.

> 보충설명
>
> 수직적 유통경로의 도입 이유
> • 대량 생산에 의한 대량 판매의 요청
> • 가격 안정(또는 유지)의 필요성
> • 유통 비용의 절감
> • 경쟁자에 대한 효과적인 대응
> • 기업의 상품이미지 제고
> • 목표 이익의 확보
> • 유통경로 내에서의 지배력 획득

11 소비자기본법[시행 2019.7.1.][법률 제16178호, 2018.12.31., 일부개정]에서 규정하고 있는 소비자안전센터에 대한 설명으로 옳지 않은 것은?

① 소비자안전시책을 지원하기 위한 한국소비자원 소속의 센터이다.

② 소비자 권익증진·안전과 관련된 방송사업을 할 수 있다.

③ 소비자안전과 관련된 교육 및 홍보를 담당한다.

④ 위해 물품 등에 대한 시정 건의를 할 수 있다.

⑤ 소비자안전에 관한 국제협력 업무를 담당한다.

해설 ②는 한국소비자원의 업무 중 소비자의 권익증진·안전 및 능력개발과 관련된 교육·홍보 및 방송사업에 해당한다 (소비자기본법 제35조 제1항 제4호 참고).
소비자안전센터의 설치(소비자기본법 제51조)
• <u>소비자안전시책을 지원하기 위하여 한국소비자원에 소비자안전센터를 둔다.</u>
• 소비자안전센터에 소장 1인을 두고, 그 조직에 관한 사항은 정관으로 정한다.
• 소비자안전센터의 업무는 다음과 같다.
 – 위해정보의 수집 및 처리
 – 소비자안전을 확보하기 위한 조사 및 연구
 – <u>소비자안전과 관련된 교육 및 홍보</u>
 – <u>위해 물품 등에 대한 시정 건의</u>
 – <u>소비자안전에 관한 국제협력</u>
 – 그 밖에 소비자안전에 관한 업무

12 윤리경영의 주요 내용으로 옳지 않은 것은?

① 사회적 책임·사회 공헌성
② 환경공헌성
③ 청렴성·윤리성
④ 신뢰성과 열린 경영
⑤ 위계적 노사관계

해설 위계적 노사관계(×) → 민주적·합리적 노사관계(○)
의사결정의 절차와 내용이 민주적·합리적이어야 하며, 이에 따라 구성원들이 신뢰를 바탕으로 상호 협력하여 청렴한 조직문화를 형성해야 한다.

13 직업윤리의 기본원칙으로 옳지 않은 것은?

① 업무의 공공성을 바탕으로 공사구분을 명확히 하는 객관성의 원칙
② 자신이 속한 기업이나 단체의 이익을 최우선으로 생각하는 성실의 원칙
③ 자기업무에 전문가로서의 능력과 의식을 갖고 책임을 다하는 전문성의 원칙
④ 업무를 정직하게 수행하고 본분과 약속을 지키는 정직과 신용의 원칙
⑤ 법규를 준수하고 경쟁원리에 따라 공정하게 행동하는 공정경쟁의 원칙

해설 ①·③·④·⑤ 외에 고객에 대한 봉사를 최우선으로 생각하고 현장중심·실천중심으로 일하는 원칙인 **고객중심의 원칙**이 직업윤리의 기본원칙에 해당된다. 성실의 원칙은 고객에게 유해상품, 결함상품, 허위·과대광고, 정보은폐, 가짜상표, 허위·과대 효능 및 성분 등을 표시하여 신의를 지키는 것이다.

14 아래 글상자가 설명하는 경로파워로 옳은 것은?

> 공급업자가 재판매업자에 대해 어떠한 행동을 요구할 수 있는 정당성을 지니고 있다고 인식하는 정도로 정당한 권리에 의해 발생되거나 문화적 가치기준으로부터 발생하기도 하는 경로파워

① 보상력
② 강제력
③ 합법력
④ 준거력
⑤ 전문력

해설 ① 보상적 권력(Reward Power) : 한 경로구성원이 다른 경로구성원에게 여러 가지 물질적 또는 심리적인 도움을 줄 수 있을 때 형성되는 영향력
② 강압적 권력(Coercive Power) : 한 경로구성원의 영향력 행사에 대해서 구성원들이 따르지 않을 때, 처벌이나 부정적 제재를 받을 것이라고 지각하는 경우에 미치는 영향력
④ 준거적 권력(Referent Power) : 한 경로구성원이 여러 측면에서 장점을 갖고 있어 다른 경로구성원이 그와 일체성을 갖고 한 구성원이 되고 싶어 하여 거래관계를 계속 유지하고자 할 때 미치는 영향력
⑤ 전문적 권력(Expert Power) : 한 경로구성원이 특별한 전문지식이나 경험을 가졌다고 상대방이 인지할 때 가지게 되는 영향력

15 판매원이 갖추어야 할 여러 가지 지식 중 시장지식으로 옳은 것은?

① 주문서 작성방법   ② 고객의 구매성향

③ 상품의 원산지   ④ 재고상황

⑤ 상품의 보증기간

해설 ①·④ 업무지식

       ③·⑤ 상품지식

16 도매상의 기능 중 소매상을 위한 기능으로 가장 옳지 않은 것은?

① 제품공급기능   ② 구색제공기능

③ 소량분할기능   ④ 신용·재무기능

⑤ 시장정보제공기능

해설 시장정보제공기능은 도매상의 기능 중 제조업자를 위한 기능에 해당된다.

17 아래 글상자가 설명하는 소매업 변천이론으로 옳은 것은?

> 소매점은 다양한 제품 구색을 갖춘 점포에서 전문화된 좁은 구색의 점포로 변화되었다가 다시 다양하고 전문적인 제품을 취급하는 형태로 진화해 가는 과정을 반복한다.

① 진공지대이론   ② 소매수명주기이론

③ 변증법적이론   ④ 수레바퀴이론

⑤ 소매아코디언이론

해설 ① 진공지대이론 : 소비자의 서비스와 가격에 대한 선호도를 중심으로 새로운 업태의 등장을 설명하는 이론이다.

② 소매수명주기이론 : 제품수명주기이론과 동일하게 소매점 유형이 도입기 → 성장기 → 성숙기 → 쇠퇴기의 단계를 거치게 된다는 것이다.

③ 변증법적이론 : 소매점의 진화과정을 변증법적 유물론에 입각하여 해석하는 이론으로, 정반합 과정으로 설명한다.

④ 수레바퀴이론 : 사회 경제적 환경이 변화됨에 따른 소매상의 진화와 발전을 설명하는 대표적인 이론이다.

18 판매원이 가져야 할 올바른 마음가짐에 대한 설명으로 옳지 않은 것은?

① 자신의 담당 업무에서 최고가 되기 위해 정성을 다해야 한다.
② 담당 업무의 질을 높이려고 노력해야 한다.
③ 판매 이외에도 서비스 관련 의사결정과정에 참여하는 적극성을 가져야 한다.
④ 현장 중심의 감각적인 마인드를 가져야 한다.
⑤ 자기만의 방식을 고집해야 한다.

해설 판매원은 <u>고객의 입장에서 생각하는 방식</u>을 지향해야 한다.

19 유통과 관련된 설명으로 가장 옳지 않은 것은?

① 유통은 생산과 소비를 이어주는 중간 기능으로 생산품의 사회적 이동에 관계되는 모든 경제활동을 말한다.
② 매매는 생산과 소비 사이의 사회적 분리를 극복하기 위해 생산자로부터 상품을 구입하고 소비자에게 판매함으로써 상품의 소유권을 이전시키는 기본적인 기능이다.
③ 운송은 생산과 소비 사이의 장소적 분리를 극복하기 위해 생산지에서 소비지까지 상품을 운송하는 것을 말한다.
④ 보관은 내용물에 대한 식별을 가능하게 하고 제품자체를 보호하며, 수송 중 환경오염으로부터 보호하는 기능을 포함한다.
⑤ 정보전달은 생산자와 소비자 간의 정보를 수집·전달하여 상호 의사소통을 원활하게 해준다.

해설 ④는 포장에 대한 설명이다. 보관은 생산과 소비의 시간적 분리를 극복하기 위해서 상품을 생산시기에서부터 소비시기까지 안전하게 관리하는 기능이다.

20 판매원의 매장 내에서의 역할로 옳지 않은 것은?

① 판매원은 일련의 판매과정을 통해 상품 판매를 성사시키기 위해 노력한다.
② 판매원은 고객에게 자사의 제품과 서비스에 대해 정보를 전달한다.
③ 판매원은 고객의 관심사보다는 판매자의 입장에서 구매를 설득한다.
④ 판매원은 고객의 관심사를 대변하고 소비자와 판매자 관계를 관리한다.
⑤ 판매원은 고객에게 서비스를 제공하고, 일상적인 마케팅정보 수집 업무를 수행한다.

해설 판매원은 판매자의 입장보다는 고객의 관심사를 고려하여 구매를 설득한다.

> **보충설명**
> **판매원의 역할**
> • 단순한 판매처리 업무뿐만 아니라 회사와 고객과의 관계에서 정보매개자로 활동한다.
> • 수요창출을 위해 어떻게 고객이 요구하는 가치를 발견할 것인지 노력한다.
> • 상담자로서 고객이 인식하고 있는 문제를 고객의 입장에서 해결해주려는 마음가짐이 필요하다.
> • 단순히 제품 자체만이 아닌 고객의 총체적 욕구를 채워줄 수 있는 서비스까지 제공한다.

21 고객의 구매과정 순서로 옳은 것은?

① 채널, 점포, 서비스에 대한 정보탐색 – 욕구인식 – 채널, 점포, 서비스 대안 평가 – 구매 – 구매
후 평가

② 채널, 점포, 서비스에 대한 정보탐색 – 채널, 점포, 서비스 대안 평가 – 욕구인식 – 구매 – 구매
후 평가

③ 욕구인식 – 채널, 점포, 서비스에 대한 정보탐색 – 채널, 점포, 서비스 대안 평가 – 구매 – 구매
후 평가

④ 욕구인식 – 채널, 점포, 서비스 대안 평가 – 채널, 점포, 서비스에 대한 정보탐색 – 구매 – 구매
후 평가

⑤ 채널, 점포, 서비스에 대한 정보탐색 – 구매 – 채널, 점포, 서비스 대안 평가 – 욕구인식 – 구매
후 평가

해설 소비자의 합리적인 구매과정
문제 및 **욕구인식**(실제 상태와 희구 상태 또는 이상 상태의 불일치 인식) → **정보탐색**(과거의 경험 등을 통해서
정보를 끌어내는 내부탐색과 광고 등과 같은 외부 환경으로부터 정보를 수집하는 외부탐색) → **대안평가**(정보탐색과
정에서 얻어낸 몇 가지 대안을 특정 기준에 의해 비교, 평가) → **구매**(특정 대안을 결정하여 구매) → **구매 후 평가**(구
매 후 평가과정에서 반복구매 의사 여부가 결정됨)

22 소비자의 점포 선택 행동에 대한 설명으로 가장 옳지 않은 것은?

① 소매기업의 인지도와 그 소매기업 점포수 등에 따라 점포선택이 달라진다.
② 점포 인테리어, 매장 청결성 등이 점포 선택에 영향을 미친다.
③ 점포까지의 거리 및 주차시설 등의 점포이용 편리성이 점포선택에 영향을 준다.
④ 점포가 제공하는 상품 다양성이나 품질에 따라 선택하는 점포가 달라진다.
⑤ 점포의 입점유형이 점포선택의 주요 기준이 된다.

해설 점포의 입점유형은 주변 상권 및 입지분석의 주요 기준이 된다.

> **보충설명**
>
> **소비자의 점포선택 결정요인**
> • 점포선택의 결정적인 속성은 대개 위치, 제품구색의 특성, 가격, 광고 및 촉진, 판매원, 서비스, 물리적 점포
> 특성(엘리베이터, 조명, 에어컨 등), 점포 고객의 특성, 점포 분위기, 거래 후 만족과 서비스와 같은 범주로
> 나뉘게 된다(Engel, Blackwell & Miniard 1990).
> • Spiggle and Murphy(1987)는 소비자들의 점포선택과 점포선호에 영향을 미치는 요인으로 소비자 특성변수
> 와 소비자 심리적 변수, 점포 특성변수의 세 가지로 구분하였으며, 점포특성 변수로는 점포의 입지조건, 판매
> 하는 상품의 구색과 가격, 촉진관리, 판매원, 점포분위기 등을 설정하였다.

23 고객응대 전화매너에 대한 설명으로 옳지 않은 것은?

① 전화를 받을 때는 인사말과 함께 받는 사람의 소속과 이름을 정확히 말한다.

② 답변이나 상담은 명확하고 상세하게 설명하되, 고객이 이해했는지 여부를 확인할 필요는 없다.

③ 고객문의 사항에 대해서는 전화를 처음 받은 직원이 끝까지 안내하는 것이 일반적인 원칙이다.

④ 받은 전화를 다른 직원에게 연결할 경우에는 사전 양해를 구한 후 해당 업무 담당자의 소속, 성명, 전화번호를 알려드린 다음 연결한다.

⑤ 문의사항 안내가 끝난 뒤 전화를 끊을 때에는 고객이 끊은 것을 확인하고 수화기를 내려놓는 것이 좋다.

해설 답변이나 상담은 명확하고 상세하게 설명하되, 고객이 이해했는지 여부도 확인해야 할 필요가 있다.

24 아래 글상자의 ( ) 안에 들어갈 용어로서 가장 옳은 것은?

> 고가의 전문용품 매장은 일반적으로 백화점 안에서 고객들의 통행이 많지 않은 구역에 배치한다. 그 이유는 고가의 전문용품 매장은 ( )에 해당하기 때문이다

① 특선품구역

② 판매촉진구역

③ 독립입지구역

④ 목적구매구역(행선지구역)

⑤ 고객서비스구역

해설 목적구매구역은 이미 소비자가 매장을 들어올 때부터 구입할 목적을 가지고 있는 상품이 있는 구역이므로 고객들의 통행이 많지 않은 구역에 배치한다.
① 특선품구역 : 고객의 관심을 끌어 원하는 반응을 이끌어내기 위해 설치된 구역이다.
② 판매촉진구역 : 기업의 제품이나 서비스를 고객들이 구매하도록 유도할 목적으로 해당 제품이나 서비스의 성능에 대해서 고객을 대상으로 정보를 제공하거나 설득하여 판매가 늘어나도록 유도하는 구역이다.
③ 독립입지구역 : 전혀 점포가 없는 곳에 독립하여 점포를 운영하는 구역이다.
⑤ 고객서비스구역 : 재화나 서비스 상품을 구입한 고객에게 사후 관리 서비스를 제공하는 구역이다.

25 고객의 주의를 끌기 위해 활용할 수 있는 특선품구역(feature areas)으로 가장 옳지 않은 것은?

① 곤돌라 진열대　　　　　　　② 쇼윈도
③ 자유진열대　　　　　　　　　④ 판매촉진구역
⑤ 계산대(POS)구역

해설 특선품구역은 고객의 관심을 끌기 위해 설치하는 것으로 판매촉진구역, 자유진열대, 쇼윈도, 계산구역, 엔드매대 등으로 나눌 수 있다.

> **보충설명**
>
> 곤돌라 진열
> 많은 양의 상품들이 소비자들에게 잘 보이게 하고 소비자로 하여금 풍요롭게 느끼도록 하면서 상품을 가장 편하게 집을 수 있도록 한 입체식 진열로, 대부분 가공식품이나 비식품 등을 곤돌라에 진열한다.

26 점포배치 중 격자형 레이아웃에 대한 설명으로 옳지 않은 것은?

① 주된 통로를 중심으로 여러 매장의 입구가 연결되어 있고, 고객들이 쉽게 여러 매장으로 들어갈 수 있도록 배려한 점포배치 방법이다.
② 매장 전체를 한눈에 둘러보고 자기가 원하는 물건을 쉽게 찾길 바라는 고객들에게 적합하다.
③ 통로를 따라 진열대, 곤돌라, 쇼케이스 등의 진열기구가 직각으로 놓여진 배치이다.
④ 다른 배치 형태에 비하여 공간 낭비도 줄일 수 있고, 내부시설이 일반적인 규격으로 표준화되어 있어 비용면에서도 효과적이다.
⑤ 제약 중 하나는 점포의 모든 상품이 고객들에게 노출되지 않는다는 점이다.

해설 ①은 경주로형 레이아웃에 대한 설명이다.

27 서점에서는 보통 판타지, 로맨스, 여행, 요리, 자기개발, 비즈니스 등 주제별로 부문(sections)을 나누고 관련 서적들을 진열하는데, 이 진열방법의 명칭으로 가장 옳은 것은?

① 적재 진열　　　　　　　　　② 전면 진열
③ 수평적 진열　　　　　　　　④ 스타일/품목별 진열
⑤ 아이디어지향형 진열

해설 ① 적재 진열 : 대량의 상품을 한꺼번에 쌓아 진열하는 방법으로 계절상품을 진열해서 고객의 이목을 집중시켜 충동구매를 유발시킨다.
② 전면 진열 : 고객의 시선을 끌기 위해 가능하면 상품 전체를 노출하고자 하는 방법이다.
③ 수평적 진열 : 동종의 상품을 좌우로 진열하는 방법이다.

28 효과적인 디스플레이 방법에 대한 설명으로 가장 옳지 않은 것은?

① 같은 품목 별로, 같은 스타일 별로 상품을 분류한다.

② 판매되어 빠진 상품은 바로 보충하도록 한다.

③ 샘플을 진열하여 구매 상품을 미리 만져 보기 쉽도록 한다.

④ 항상 큰 것을 맨 위에 배치한다.

⑤ 진열 유효 범위인 골든 스페이스를 활용하여 디스플레이 한다.

해설 ─ 디스플레이의 기본 원칙은 손으로 잡기 쉬워야 한다는 것인데 항상 큰 것을 맨 위에 배치하면 상품을 손으로 잡거나 고르기 어렵기 때문에 효과적인 디스플레이 방법이 될 수 없다. 따라서 크거나 무거운 상품은 하단에 배치하여 안정 감을 주어야 한다.

29 고객을 위한 대기시간 관리전략으로 옳지 않은 것은?

① 서비스 창구나 판매직원을 추가배치 하여 원활한 서비스를 제공하도록 한다.

② 대기고객이 순서에 따라 준비된 창구로 이동하게 하여 서비스를 제공하도록 한다.

③ 대기시간이 길어진 이유에 대해 안내하고 설명한다.

④ 대기 공간을 쾌적하게 유지한다.

⑤ 불만을 표출하는 고객들에게 우선적으로 서비스를 제공한다.

해설 ─ 불만을 표출하는 고객들에게 우선적으로 서비스를 제공하면, 다른 대기고객들의 불만이 더 커지게 되므로, 불만을 표출하는 고객들에게는 대기상황이 납득되도록 양해를 구하는 방식으로 응대하고, 대기 순서에 따라 서비스를 제공 해야 한다.

> **보충설명**
>
> 대기관리를 위한 고객의 인식관리 기법
> • 서비스가 시작되었다는 느낌을 주어라
> • 총 예상 대기시간을 알려 주라
> • 고객을 유형별로 대응하라
> • 이용되고 있지 않은 자원은 보이지 않도록 하라

30 판매촉진 중 소비자 촉진 유형을 모두 고른 것으로 가장 옳은 것은?

㉠ 쿠 폰	㉡ 할인 촉진, 환불보장
㉢ 경연과 경품	㉣ 광고보조금과 협력광고

① ㉠, ㉡   ② ㉠, ㉢

③ ㉠, ㉡, ㉢   ④ ㉠, ㉡, ㉣

⑤ ㉡, ㉢, ㉣

해설 광고보조금과 협력광고는 중간상 촉진 유형이다.

31 고객과 대화를 할 때 종업원의 기본예절로 가장 옳지 않은 것은?

① 알아듣기 쉬운 표준말을 사용한다.

② 발음을 명확하게 하고 말끝을 흐리지 않는다.

③ 고객에 대한 존중의 의미로 사물존칭을 사용한다.

④ 전문용어는 남발하지 않는다.

⑤ 지나치게 큰소리 또는 속삭이듯 작은 소리로 이야기하지 않는다.

해설 사람이 아닌 사물을 존대하는 사물존칭은 잘못된 언어 사용이다.

32 POS(point of sales) 데이터에 대한 설명으로 옳지 않은 것은?

① 소매점에서 계산대에 설치된 스캐너로 판매된 상품의 바코드를 읽음으로써 수집되는 데이터를 가리킨다.

② 이 데이터에는 판매된 상품의 고유번호, 수량, 시각, 가격 등이 포함된다.

③ 일부 업체에서는 판매원으로 하여금 구매자의 성별과 추정된 연령까지 입력하도록 하고 있다.

④ 이 데이터를 분석함으로써 소매점은 여러 가지 유용한 정보를 얻을 수 있다.

⑤ 바코드와 판매시점관리인 POS시스템은 동일한 것으로 간주해도 된다.

해설 POS시스템의 원활한 운영을 위해서 단품별 상품에 바코드를 부착하는 것이 기본이자 가장 중요한 조건이 된다. 따라서 바코드와 판매시점관리인 POS시스템은 동일한 것으로 간주하는 것이 아니라 바코드는 POS시스템 운영을 위해 필요한 필수적인 조건으로 간주한다.

33 바코드 구조 관련 아래 글상자 ㉠, ㉡, ㉢, ㉣에 기재될 사항으로 가장 옳은 것은?

〈GTIN-13코드〉

8 8 0 2 4 6 8 9 7 5 3 1 7

국가식별 코드	제조업체 코드	품목 코드	체크 디지트
㉠	㉡	㉢	㉣

(바코드 임의생성 : https://www.barcodesinc.com)

① ㉠ 880, ㉡ 246897, ㉢ 531, ㉣ 7
② ㉠ 88, ㉡ 02468, ㉢ 9753, ㉣ 17
③ ㉠ 880, ㉡ 24689, ㉢ 753, ㉣ 17
④ ㉠ 88, ㉡ 024689, ㉢ 7531, ㉣ 7
⑤ ㉠ 8802, ㉡ 4689, ㉢ 7531, ㉣ 7

해설 바코드의 구조
국가식별 코드 3자리(<u>880</u>) + 제조업체 코드 6자리(<u>246897</u>) + 상품품목 코드 3자리(<u>531</u>) + 체크 디지트 1자리(<u>7</u>)

34 매장계획 시 평면계획과 동선계획으로 옳지 않은 것은?

① 고객의 유동성과 체류시간을 고려하여 혼잡도를 최소화할 수 있게 동선의 폭을 설정해야 한다.
② 관련 품목의 구매를 촉진하기 위해서는 관련되는 상품을 군집화하여야 한다.
③ 매장의 깊이는 상품의 성격과 진열방법, 집기의 크기를 고려하여 설정해야 한다.
④ 매장의 벽면은 고객동선에서 고객시선과 직교하게 하여야 한다.
⑤ 고객의 동선은 구매결정을 신속하게 할 수 있도록 짧게 구성하는 것이 효과적이다.

해설 판매원의 동선은 짧게, <u>고객의 동선은 길게</u> 구성하는 것이 효과적이다.

35 제조업자가 소비자를 대상으로 구매 후 일정액을 환불해주는 판매촉진의 기법으로 옳은 것은?

① 협동광고   ② 교육훈련
③ 리베이트   ④ 판매경진대회
⑤ 보너스

해설 리베이트는 판매가격의 일정비율을 반환해 주는 것으로 소비자 촉진관리 수단이다.

> **보충설명**
> 협동광고
> 생산자가 소매점의 광고비를 분담해 주거나 광고 속에 자사의 제품을 취급하는 소매점을 소개하는 것이다.

36 아래 글상자 상품분류 중 편의품과 관련이 있는 상품군을 모두 고른 것은?

㉠ 생활필수품	㉡ 유행상품
㉢ 고이익상품	㉣ 고회전상품
㉤ 연중상품	

① ㉠, ㉢   ② ㉠, ㉡
③ ㉠, ㉣, ㉤   ④ ㉡, ㉢ ㉣
⑤ ㉢, ㉣, ㉤

해설 ㉡ 스타일·디자인 등 정보적 가치가 중요한 **선매품**
㉢ 매우 높은 단가와 높은 마진의 **전문품**

> **보충설명**
> 편의품의 특성
> • 높은 구매빈도   • 낮은 단가
> • 높은 회전율   • 낮은 마진
> • 대량생산 가능   • 상표에 대한 높은 관심
> • 습관적 구입   • 주거지 근처에서 구매
> • 집약적(개방적) 유통방식

37 상품은 핵심상품, 실체상품, 확장상품 등 세 가지 차원으로 구분된다. 다음 중 확장상품에 해당하는 것은?

① 상품기능
② 품질보증
③ 브랜드명
④ 상품속성
⑤ 상품디자인

해설 확장상품은 실체상품의 효용가치를 증가시키는 부가서비스차원의 상품으로, 실체상품에 **보증**, 반품, 배달, 설치, 애프터서비스, 사용법 교육, 신용, 상담 등의 서비스를 추가하여 상품의 효용가치를 증대시키는 것이다.

38 전자 플래노그램(electronic planograms)에 대한 설명으로 가장 옳은 것은?

① 유통경로의 길이를 줄여줄 수 있다.
② 판촉 방식 대비 매출의 효율성을 분석할 수 있다.
③ 상품들의 진열방식을 결정하는 데 도움을 줄 수 있다.
④ 표준규격으로 포장된 상품들에만 적용할 수 있다.
⑤ 다차원적 상품 진열도구들을 사용하는 경우에는 활용할 수 없다.

해설 플래노그램
특정 제품이 속한 부서 내 **제품의 진열위치를 결정하기 위해서** 흔히 플래노그램을 활용하는데, 이는 제품이 각각 어디에 어떻게 놓여야 하는지를 알려주는, 일종의 **진열공간의 생산성을 평가하게 해주는 지침서**를 말한다.

39 고객관계관리(CRM)의 중요성에 대한 설명 중 옳지 않은 것은?

① 고객 유지보다는 고객 획득에 중점을 둔다.
② 시장점유율보다는 고객점유율에 비중을 둔다.
③ 상품 판매보다는 고객과의 관계에 중점을 둔다.
④ 기업의 입장보다 고객의 입장에서 상품을 판매한다.
⑤ 20%의 우수 고객이 80%의 일반 고객보다 기업의 수익에 더 큰 도움을 줄 수 있다.

해설 **고객 획득**보다는 **고객 유지**에 중점을 둔다.

┌─ 보충설명 ─

고객관계관리(CRM)
CRM은 우리 회사의 고객이 누구인지, 고객이 무엇을 원하는지를 파악하여 고객이 원하는 제품과 서비스를 지속적으로 제공함으로써 고객을 오래 유지시키고 이를 통해 고객의 평생가치를 극대화하여 수익성을 높이는 통합된 고객관계관리 프로세스이다.

40 서비스 품질에 대한 설명으로 옳지 않은 것은?

① 고객은 제공받는 서비스에 대한 지각과 기대와의 비교를 통해 서비스를 평가한다.

② 서비스 수준을 평가할 때, 신뢰성, 반응성, 확신성, 공감성, 유형성을 포함한 서비스 품질 측정도 구를 활용하여 평가한다.

③ 서비스 품질 관리를 통해 고객만족을 이끌어낼 수 있다.

④ 유형성은 물리적인 시설 장비 등의 외형적인 부분을 의미한다.

⑤ 고객은 지각한 서비스 품질이 기대수준과 같거나 높을 때 불만족하게 된다.

해설 고객은 지각한 서비스 품질이 기대수준과 같거나 높을 때 **만족**하게 된다.

41 판매담당자가 판매결정(closing the sale) 단계에 취해야 하는 기본자세로 가장 옳지 않은 것은?

① 판매가 성공할 것이라는 자신감과 태도로서 고객을 응대해야 한다.

② 판매결정은 궁극적으로 판매자에 의해 이루어짐을 인지해야 한다.

③ 고객에게 지금이 구매의 최고 적기라는 강한 근거를 제시한다.

④ 고객이 원하는 방법으로 판매결정을 시도한다.

⑤ 신중하지만 신속한 판매종결이 이루어지도록 시도되어야 한다.

해설 '결정(Closing)'이라는 용어는 판매 계약에 대한 고객의 동의를 사실상 획득하는 행위를 나타내기 위하여 사용한다. 따라서 판매결정은 궁극적으로 **고객에 의해** 이루어지므로 고객이 원하는 방법으로 판매결정을 시도해야 한다.

42 고객을 대하는 종업원의 자세로 가장 옳지 않은 것은?

① 고객을 판매의 대상으로 볼 것이 아니라 상생의 파트너로 생각해야 한다.

② 고객이 원하는 것을 구매할 수 있게 도움을 주어야 한다.

③ 고객의 욕구파악보다 제품에 대한 세부정보 전달에 많은 시간을 할애한다.

④ 고객은 제품을 구매하는 것은 좋아하지만, 판매당하는 것은 싫어한다.

⑤ 고객은 제품 그 자체가 아닌 제품이 주는 가치를 구매함을 인지하여야 한다.

해설 판매를 성공시키기 위해서 판매담당자는 고객욕구에 대한 이해와 동시에 그 욕구를 충족시킬 수 있는 상품을 발견하는 것이 무엇보다도 중요하다.

43 아래 글상자에서 설명하는 판매촉진 방법으로 옳은 것은?

> – 즉각적인 상품구매를 유도하여 특정상품의 과다재고를 처리할 때 유용함
> – 경제적 측면에서 혜택을 제공함으로써 직접적인 구매동기를 부여함
> – 매출을 올리기 가장 쉬운 방법이지만 브랜드 이미지를 훼손할 수 있음

① 경품 제공
② 샘플 제공
③ 전단지 배포
④ 회원제도
⑤ 가격 할인

해설 ① 경품 제공 : 일정한 기간 동안에 어떤 상품을 구입한 소비자 중에서 일부를 추첨하여 현금이나 물건을 주는 것을 말한다.
② 샘플 제공 : 제품을 한 번 사용하도록 유도하기 위한 촉진방법으로 효과적이지만 비용이 많이 드는 방법이다.
③ 전단지 배포 : 종이 인쇄물을 배포하여 판매를 촉진하는 방법이다.
④ 회원제도 : 여러 혜택을 얻을 수 있는 회원제도에 가입하게 함으로써 고객을 고정화시키려는 방법이다.

44 고객이 소매점의 서비스를 평가하는 데 사용하는 유형적(tangible) 단서로서 가장 옳은 것은?

① 점포 외관
② 종업원의 친절함
③ 서비스의 신속성
④ 대금청구의 정확성
⑤ 영업시간의 편리성

해설 ②·③ 대응성
④ 신빙성
⑤ 가용성

45 SERVQUAL 모형에 기반한 판매직원의 서비스 품질 평가에 대한 내용으로 가장 옳지 않은 것은?

① 약속한 서비스를 제공하여 고객이 신뢰성을 가질 수 있게 했는가를 평가한다.

② 제품에 대한 지식과 예절 있는 행동으로 판매원에 대한 확신성을 갖게 했는가를 평가한다.

③ 고객에게 개별적인 배려와 관심을 표현하는 공감성을 갖추었는가를 평가한다.

④ 고객에게 언제든지 즉각 준비된 서비스를 제공하겠다는 대응성을 가졌는가를 평가한다.

⑤ 고객에 대한 외부 커뮤니케이션과 매장 내 체험이 동일하도록 일치성을 보였는가를 평가한다.

해설 SERVQUAL 모형

서비스품질 평가 10개 차원	SERVQUAL 차원	SERVQUAL 차원의 내용
유형성	유형성	물리적 시설, 장비, 직원, 커뮤니케이션 자료의 외양
신뢰성	**신뢰성**	약속한 서비스를 믿을 수 있고 정확하게 수행할 수 있는 능력
대응성	**대응성**	고객을 돕고 신속한 서비스를 제공하려는 태세
능 력	**확신성**	직원의 지식과 예절, 신뢰와 자신감을 전달하는 능력
예 절		
신빙성		
안전성		
가용성	**공감성**	회사가 고객에게 제공하는 개별적 배려와 관심
커뮤니케이션		
고객이해		

제2회 | 기출문제해설

제1과목 유통상식(01~20)

01 소비자기본법(법률 제17290호, 2020.5.19., 타법개정)에서 규정한 소비자단체의 업무에 해당하지 않는 것은?

① 국가 및 지방자치단체에 소비자의 권익과 관련된 시책 건의

② 물품의 거래조건이나 거래방법에 관한 조사·분석

③ 소비자문제에 관한 조사·연구

④ 소비자의 불만 및 피해를 처리하기 위한 상담

⑤ 금융기관과 금융소비자 사이에 발생하는 분쟁에 대한 자율적 분쟁조정

해설 소비자단체의 업무 등(소비자기본법 제28조 제1항)
소비자단체는 다음 각 호의 업무를 행한다.
1. **국가 및 지방자치단체의 소비자의 권익과 관련된 시책에 대한 건의**
2. **물품 등의** 규격·품질·안전성·환경성에 관한 시험·검사 및 가격 등을 포함한 **거래조건이나 거래방법에 관한 조사·분석**
3. **소비자문제에 관한 조사·연구**
4. 소비자의 교육
5. **소비자의 불만 및 피해를 처리하기 위한 상담**·정보제공 및 당사자 사이의 합의의 권고

02 유통경로상에서 수행되는 유통의 기능으로 옳지 않은 것은?

① 재판매를 위해 여러 공급업자들로부터 상품을 구입한다.

② 생산지역과 소비지역을 연결함으로써 장소효용을 일으킨다.

③ 상품을 규격화함으로써 거래 및 물류가 원활히 되도록 한다.

④ 예상판매량, 가격정보, 소비자정보 등을 생산자에게 제공한다.

⑤ 소비자 니즈를 반영한 혁신적인 신제품을 개발 및 생산한다.

해설 ⑤는 생산자가 수행하는 역할에 해당한다.

03 아래 글상자는 한정기능도매상 중 어느 도매상에 대한 설명인가?

> 주로 식료품과 잡화류를 취급하는 도매상을 말하며 재고수준에 대한 조언, 저장 방법에 대한 아이디어 제공, 선반진열 업무 등을 소매상을 대신하여 직접 수행하는 도매상을 말한다.

① 현금무배달도매상　　　　　　② 직송도매상
③ 트럭도매상　　　　　　　　　④ 진열도매상
⑤ 우편주문도매상

해설 ① 배달을 하지 않는 대신 싼 가격으로 소매 기관에 상품을 공급하며, 신용판매를 하지 않고 현금만으로 거래를 한다.
② 제조업자나 공급자로부터 제품을 구매한 뒤, 제조업자나 공급자가 제품을 물리적으로 보유한 상태에서 판매 시 고객들에게 제품을 직송한다.
③ 일반적으로 고정적인 판매루트를 가지고 있으며 트럭이나 기타 수송수단으로 판매와 동시에 상품을 배달하게 된다.
⑤ 소규모의 소매상이나 산업구매자에게 보석이나 스포츠용품 등을 제품목록을 통해 판매한다.

04 도매상의 기능 중 제조업자를 위한 기능으로 옳지 않은 것은?

① 시장담당기능　　　　　　　　② 판매접촉기능
③ 재고유지기능　　　　　　　　④ 주문처리기능
⑤ 구색제공기능

해설 구색제공기능은 도매상의 기능 중 소매상을 위한 기능에 해당한다.

05 과거 우리나라 전통적 유통산업의 문제점으로 가장 옳지 않은 것은?

① 구조적 취약성
② 중소유통업체의 상권위축 가속화
③ 유통환경의 전근대성
④ 물류체계의 낙후
⑤ 규제 최소 및 지원 풍부

해설 규제 최소 및 지원 풍부는 문제점이 아닌 장점에 대한 내용이다.

06 소비자의 구매의사결정과정으로 옳은 것은?

① 정보탐색 → 대안의 평가 → 구매 → 구매 후 행동 → 필요의 인식
② 대안의 평가 → 구매 → 구매 후 행동 → 필요의 인식 → 정보탐색
③ 구매 → 구매 후 행동 → 필요의 인식 → 정보탐색 → 대안의 평가
④ 구매 후 행동 → 필요의 인식 → 정보탐색 → 대안의 평가 → 구매
⑤ 필요의 인식 → 정보탐색 → 대안의 평가 → 구매 → 구매 후 행동

해설 소비자의 구매의사결정과정
문제의 인식 → 정보의 탐색 → 대체안의 평가 → 구매의사의 결정 → 구매 후 행동

07 소비자 행동의 영향요인 중 내적 요인으로 옳지 않은 것은?

① 태 도   ② 기 억
③ 개성과 라이프스타일   ④ 학 습
⑤ 문화적 요인

해설 문화적 요인은 외적 요인에 해당한다.

08 카테고리킬러에 대한 설명으로 가장 옳지 않은 것은?

① 전문할인점이라고도 불린다.
② 한 가지 제품군을 깊게 취급한다.
③ 한정된 제품군 내의 상품을 할인점보다 저렴하게 판매한다.
④ 카테고리킬러의 성공요인으로 대형화와 체인화를 들 수 있다.
⑤ 백화점과 주요 경쟁관계에 있으며 고급스러운 분위기 구성에 신경 쓴다.

해설 카테고리킬러는 할인형 전문점으로 대량판매와 낮은 비용으로 저렴한 상품가격을 제시하며, 취급하는 상품은 주로 완구, 스포츠용품, 가전용품, 자동차용품, 레코드, 사무용품 등이다.

09 소매믹스 변수들에 대한 설명으로 가장 옳지 않은 것은?

① 적절한 시장규모와 성장성은 주요 소매믹스 변수 중 하나다.
② 물적 시설은 입지, 점포계획 등을 포함한 변수이다.
③ 상품기획은 고객의 욕구에 맞는 상품믹스를 개발, 확보, 관리하는 것을 의미한다.
④ 가격을 결정할 때는 제품가격뿐만 아니라 제공되는 서비스가격도 고려한다.
⑤ 촉진방법으로는 주로 광고와 홍보, 인적판매와 판매촉진이 사용된다.

해설 소매믹스 변수
• 물적 시설 : 입지 및 점포계획
• 상품기획 : 소비자들의 니즈에 맞게 제품믹스를 개발, 확보, 관리
• 가격결정 : 제품가격뿐만 아니라 제공되는 서비스가격도 고려
• 촉진 : 장기적으로는 점포 이미지 포지셔닝의 개선, 공공 서비스 확대를 위한 광고 및 홍보의 활용

10 직장생활의 변화를 가져올 수 있는 양성평등 문화의 구축에 대한 설명으로 가장 옳지 않은 것은?

① 조직문화와 관행에서 남성위주의 여성차별의식을 없애야 한다.
② 직장 내에서 성희롱이 일어나지 않도록 강력한 조치가 필요하다.
③ 남성들도 여성을 함께 일해야 하는 동등한 동반자로서 인식해야 한다.
④ 여성에게 여성다움을 강조하며 예절을 더 강조하는 것은 바람직하다.
⑤ 직장 내에서 여성들도 남성들과 동등한 경쟁을 할 수 있는 여건을 마련해야 한다.

해설 여성에게 여성다움을 강조하며 예절을 더 강조하는 것은 성차별적인 고정관념에 해당되므로 바람직하지 않다.

11 고수익 – 저회전율 전략에 대한 설명으로 가장 옳은 것은?

① 선택적 유통경로를 통한 서비스수준 최소화
② 특별한 노력 없이 팔리는 제품을 취급
③ 얕은 제품 깊이로 다양한 제품을 취급
④ 시중보다 낮은 가격으로 판매
⑤ 상품 지향적, 이미지 지향적인 촉진

해설 고수익 – 저회전율 전략은 주로 전문품에 적용하는 전략이다.
① 전속적 유통경로를 통한 서비스수준 최대화
② 상당한 노력을 들여 팔리는 제품을 취급
③ 제한된 상품 및 업종에 대하여 깊이 있게 제품을 취급
④ 시중보다 높은 가격으로 판매

12 직업윤리의 개념과 성격에 대한 설명으로 가장 옳은 것은?

① 직업윤리는 직업생활에서의 윤리를 말하는 것으로, 사회에서 직업인에게 요구하는 사회적 규범이나 직업적 양심과는 관련이 없다.

② 직업윤리는 직업인뿐만 아니라 일반인에게도 요구되는 직업전반의 윤리를 말한다.

③ 직업윤리는 기본적으로 개인윤리와 무관하게 직업에 종사하는 과정에서 요구되는 특수한 윤리규범이다.

④ 직업윤리는 직업에 종사하는 현대인으로서 누구나 공통적으로 지켜야 할 윤리기준이다.

⑤ 공직자나 의사, 교육자 등 직업에서 강조되어야 할 윤리는 직업 일반의 윤리이다.

해설 ① 직업윤리는 사회에서 직업인에게 요구하는 사회적 규범이나 직업적 양심과도 관련이 있다.
② 직업윤리는 어떤 직업을 수행하는 사람들에게 요구되는 행동규범을 의미한다.
③ 직업윤리는 사회생활을 하는 인간이 근본적으로 직면할 수밖에 없는 윤리문제를 직업생활이라는 특수한 사회적 상황에 적용한 것이다.
⑤ 공직자나 의사, 교육자 등 직업에서 강조되어야 할 윤리는 특수 직업의 윤리이다.

13 판매원의 역할로 가장 옳지 않은 것은?

① 고객의 문제를 제대로 파악하기 위해 다양한 방법으로 고객을 탐색할 수 있어야 한다.

② 고객관리 정책을 수립하여야 한다.

③ 고객의 특성에 맞게 마케팅 제공물이나 설명방식을 변경시킬 수 있어야 한다.

④ 고객들을 대상으로 회사를 대변하여야 한다.

⑤ 회사를 대상으로 고객들의 관심사를 대변하여야 한다.

해설 고객관리 정책 수립은 관리자의 역할에 해당한다.

14 유통경로, 즉 중간상이 사라질 경우 생산과 소비 사이에서 발생할 수 있는 여러 가지 불일치 문제와 관련된 내용으로 옳지 않은 것은?

① 생산량과 수요량의 불일치

② 생산시점과 소비시점의 불일치

③ 생산지역과 소비지역의 불일치

④ 거래횟수 최소화를 통한 거래비용 불일치

⑤ 생산자와 소비자 상호 간의 정보 불일치

해설 중간상이 사라질 경우에는 거래의 총량이 증가하게 되어 거래비용도 증가하게 된다.

12 ④ 13 ② 14 ④ **정답**

15 판매원과 고객과의 관계에 있어서 판매원의 서비스 매너에 대한 설명으로 옳지 않은 것은?

① 고객과의 접점에서 고객에 대한 이해와 고객의 요구에 신속히 대응하는 능력이다.

② 서비스 매너는 신뢰성을 주는 이미지로 고객을 맞이하는 태도에서부터 시작된다.

③ 고객접점에서 바람직한 서비스를 제공하며 고객만족을 위해 노력하는 고객 응대 방식이다.

④ 고객 맞이에서부터 배웅에 이르기까지 고객만족을 위해 제공되는 서비스 일체와 매너 있는 서비스 제공자의 태도를 포함한다.

⑤ 판매원의 일상생활에서 갖추어야 할 모든 예의와 절차를 의미한다.

해설 판매원의 일상생활이 아닌 고객을 응대하는 과정에서 갖추어야 할 모든 예의와 절차를 의미한다.

16 소매형태는 점포소매상과 무점포소매상으로 구분할 수 있는데 아래 글상자에서 점포소매상에 해당되는 것을 모두 고르면?

> ㉠ 종합할인점
> ㉡ 카테고리 킬러
> ㉢ 홈쇼핑
> ㉣ 통신판매

① ㉠, ㉡   ② ㉠, ㉢

③ ㉡, ㉢   ④ ㉡, ㉣

⑤ ㉢, ㉣

해설 ㉠·㉡ 점포소매상
㉢·㉣ 무점포소매상

17 아래 글상자에서 고객 불만 · 불평처리 방법으로 옳은 것을 모두 고르면?

> ㉠ 신속하게 처리한다.
> ㉡ 정확한 원인을 파악한다.
> ㉢ 성의 있게 해결 방안을 모색한다.
> ㉣ 겸허하게 받아들이며, 한발 양보하는 자세로 임한다.
> ㉤ 불만 · 불평처리 결과를 반영해 다른 유사고객들의 불만방지를 위해 미리 대처한다.

① ㉠   ② ㉠, ㉡
③ ㉠, ㉡, ㉢   ④ ㉠, ㉡, ㉢, ㉣
⑤ ㉠, ㉡, ㉢, ㉣, ㉤

해설 고객 불만 · 불평처리 방법으로 모두 옳은 내용이다.

> **보충설명**
> 고객 컴플레인 처리 시 유의사항
> • 고객의 말에 동조해 가면서 끝까지 충분히 듣는다.
> • 논쟁이나 변명은 피한다.
> • 고객의 입장에서 성의 있는 자세로 임한다.
> • 감정적 표현이나 노출을 피하고 냉정하게 검토한다.
> • 솔직하게 사과한다.
> • 설명은 사실을 바탕으로 명확하게 한다.
> • 신속하게 처리한다.

18 우리나라 유통산업의 주요한 대내 · 외 환경 변화로 가장 옳은 것은?

① 시장개방의 둔화
② 유통업체의 소형화 및 단일 점포화
③ 소비자 요구의 다양화
④ 멀티채널에 기반한 업태 간 경쟁약화
⑤ 첨단기술의 중요성 감소

해설 ① 시장개방의 가속화
② 유통업체의 대형화 및 복수의 점포화
④ 멀티채널에 기반한 업태 간 경쟁심화
⑤ 첨단기술의 중요성 증가

19 텔레마케팅의 전화예절 원칙으로 옳지 않은 것은?

① 자신감을 가지고 텔레마케팅을 전개한다.

② 따뜻하고 친밀감을 느낄 수 있도록 한다.

③ 매너와 에티켓을 지킨다.

④ 목소리의 높낮이를 잘 조절하고, 억양에도 신경을 쓴다.

⑤ 친근함을 위해 최신 유행어나 줄임말을 사용한다.

해설 최신 유행어나 줄임말을 자제해야 한다.

20 판매원이 갖춰야할 바람직한 자세에 대한 설명으로 옳지 않은 것은?

① 고객의 질문에 성심성의껏 응대한다.

② 판매를 성사시키기 위해 다양한 방법을 사용하여 응대한다.

③ 잘 모르는 부분에 대해서는 확인하여 정확하게 응대한다.

④ 고객의 잠재된 욕구가 있는지 파악하여 응대한다.

⑤ 판매실적과 직접적인 연관이 있을 때만 응대한다.

해설 판매실적과 직접적인 연관이 없더라도 친절히 응대해야 한다.

21 고객유형별 고객응대법으로 가장 옳지 않은 것은?

① 화가 난 고객 – 지적받은 사항에 대해 일단 사과하고 고객의 불만을 귀 기울여 경청한다.

② 예민한 고객 – 불필요한 대화를 줄이고 신속히 고객의 요구에 조치한다.

③ 무리한 요구가 많거나 거만한 고객 – 고객의 요구에 초점을 맞추고 확고하고 공정한 태도를 유지한다.

④ 의심이 많은 고객 – 감정설득화법으로 응대하며 불필요한 대화를 최소화 한다.

⑤ 무엇이든 반대하는 고객 – 질문으로 대응하되 목소리를 높이거나 말대꾸하지 말고 고객을 존중하는 태도로 임한다.

해설   의심이 많은 고객은 분명한 증거나 근거를 제시하여 설명해야 한다.

22 일반적으로 고객생애주기는 고객확보 – 고객유지 – 고객확대의 3단계로 구분한다. 이 중 고객유지 단계의 활동에 대한 설명으로 가장 옳은 것은?

① 잠재고객을 발굴하여 고객관계를 형성한다.

② 평생고객으로 발전시켜 장기적 이익을 극대화한다.

③ 기업의 옹호자가 되어 긍정적 구전을 전파하도록 독려한다.

④ 크로스셀링(cross-selling)을 통해 거래제품 수를 증가시킨다.

⑤ 우량고객이 될 가능성이 높은 후보자를 선별하여 관계를 형성한다.

해설   충성고객을 유지시키기 위해서는 고객이 구매한 상품을 기반으로 크로스셀링을 시도해볼 수 있다.

> **보충설명**
>
> **크로스셀링(cross-selling)**
> 교차 판매라고도 하며, 자체 개발한 상품에만 의존하지 않고 관련된 제품까지 판매하는 적극적인 판매방식으로, 고객이 선호할 수 있는 추가제안을 통해 다른 제품을 추가 구입하도록 유도하는 판매방법을 말한다.

23 매장 디자인의 4대 요소 중 레이아웃(lay-out)에 해당하는 항목으로 옳은 것은?

① 판매원 공간　　　　　　　　　② 벽면의 재질
③ 포스터, 게시판　　　　　　　　④ 조명, 온도
⑤ 건물 높이, 진열창

해설 매장 디자인의 4대 요소
- 외장(Exterior) : 점두, 입구, 건물높이, 진열창, 고유성, 시각성, 주변지역, 교통의 혼잡성, 주변점포, 정차장
- 내장(Interior) : 조명, 온도 및 습도, 색채, 판매원, 탈의장, 냄새 및 소리, 바닥, 통로, 수직 동선, 집기·비품, 벽면 재질, 셀프서비스
- 진열 : 조화, 구색, 카트, POP, 주제 및 장치, 간판, VMD 진열보조구, 포스터, 게시판, 선반 및 케이스
- 레이아웃 : 고객동선, 상품 공간, 후방 공간, **판매원 공간**, 휴식 공간, 작업동선, 상품동선, 고객용 공간

24 엔드진열(end cap display)에 대한 설명으로 가장 옳은 것은?

① 진열대의 좌측보다는 우측의 끝부분에 배치된 상품이 잘 팔리기 때문에 고가격제품진열에 유리하다.
② 신상품 또는 판매주력상품을 주로 배치하여 매출을 극대화시키는 진열방식이다.
③ 선반을 이용하지 않고 갈고리 모양의 끝부분에 진열하여 많은 상품진열에 이용되는 방식이다.
④ 가격이 싸거나 마지막 할인상품을 다양한 취향에 맞추어 구비해 놓은 진열방식을 말한다.
⑤ 가능한 많은 양의 상품이 시야에 들어오도록 진열하는 방식을 말한다.

해설 엔드진열은 진열선 끝 엔드 곤돌라에 상품을 대량으로 쌓아 변화 진열을 하는 방식으로 엔드 곤돌라는 고객의 눈에 가장 잘 띄는 장소이기 때문에 중요한 자리이다. 엔드진열의 최대 목적은 출구 쪽으로 돌아서는 고객을 다시 멈추게 하여 매출을 극대화시키는 것이다.

25 대형마트 매장의 앞쪽에 진열되는 전형적 상품유형으로 가장 옳은 것은?

① 전문품　　　　　　　　　　　　② 내구재
③ 산업재　　　　　　　　　　　　④ 선매품
⑤ 충동구매상품

해설 매장의 이익을 높이기 위해서는 고객이 충동구매상품으로 쇼핑을 시작하도록 매장배치를 하는 것이 좋다.

26 아래 글상자에서 설명하는 점포 레이아웃 유형으로 가장 옳은 것은?

> 이것은 주된 통로를 중심으로 여러 매장 입구가 연결되어 있어 고객들이 여러 매장들을 손쉽게 둘러볼 수 있는 매장으로서 진열된 제품을 최대한 노출시킬 수 있는 장점이 있으며 고객들의 충동구매를 유발시킬 수 있는 배치 형태를 말한다.

① 격자형(grid type) 레이아웃
② 자유형(free-flow type) 레이아웃
③ 혼합형(hybrid type) 레이아웃
④ 경주로형(racetrack type) 레이아웃
⑤ 버블형(bubble type) 레이아웃

해설 ① 격자형은 쇼 케이스, 진열대, 계산대, 곤돌라 등 진열기구가 직각 상태로 되어 있는 형태로, 고객의 동일 제품에 대한 반복구매 빈도가 높은 소매점, 즉 슈퍼마켓이나 디스카운트 스토어의 경우에 주로 쓰인다.
② 자유형은 쇼 케이스, 진열대, 계산대, 운반카, 집기, 비품이 자유롭게 배치된 것으로, 고객이 자유로운 쇼핑과 충동적인 구매를 기대하는 매장에 적격인 점포배치이다.

27 아래 글상자에서 설명하는 매장관리를 위한 고려사항으로 옳은 것은?

> – 어떤 아이템들을 1층, 또는 2층에 배치해야 하는가?
> – 충동구매를 유발하거나 구매하기 편리한 제품들을 어디에 배치할 것인가?
> – 계절상품과 비계절상품을 어디에 배치할 것인가?

① 매장 외관   ② 내부 인테리어
③ 구매시점광고   ④ 고객 동선
⑤ 공간 계획

해설 ① 매장의 외관 디자인은 고객이 노력하지 않고도 쉽게 발견할 수 있도록 구성하고, 고객흡인형 점포는 고객이 외부에서 점포 내의 분위기를 느낄 수 있도록 설계하는 등 고객흡인기능을 중시해야 한다.
② 내부 인테리어는 고객의 구매 욕구를 높이기 위해 점포 내의 분위기를 즐겁게, 상품을 보다 매력적으로 느낄 수 있도록 설계해야 한다.
③ 구매시점(POP ; Point of Purchase)광고란 고객에게 판매하는 시점에서의 광고라는 뜻으로, 고객이 상품을 구입하려는 점포 내부의 접객분위기를 높이는 기능을 한다.

28 유통업체 브랜드(PB상품)에 관한 설명 중 아래 글상자에서 설명하는 브랜드 명칭으로 옳은 것은?

> – 상품에 독특한 브랜드나 로고를 붙이지 않는다.
> – 비용이 많이 들지 않아 저가격 판매가 가능하다.
> – 극히 간소한 포장으로 보통명사만을 사용하여 판매한다.
> – 상품의 품질에 유통업체의 의향이 반영되어 독창성이 있다.

① 더블 촙(double chop)
② 스토어 브랜드(store brand)
③ 제네릭 브랜드(generic brand)
④ 내셔널 브랜드(national brand)
⑤ 라이센스 브랜드(license brand)

해설 ① 상품의 생산자와 판매자 양쪽의 브랜드를 붙인 것으로, 판매자가 지명도 높은 메이커의 판매력·신용도·이미지 등의 장점을 이용할 수 있는 메리트가 있다.
② 소매업자가 독자적으로 사용하고 있는 브랜드로, 소매업자가 직접 기획하여 생산한 오리지널 브랜드와 하청을 주어 납품받은 브랜드를 말한다.
④ 전국적인 규모로 판매되고 있는 제조업체 브랜드를 말한다.
⑤ 패션상품의 제조, 판매를 상표주(licensor)로부터 허가를 받는 조건으로 기업(licensee)이 판매액의 일정액을 상표에 지불하는 계약에 의해 사용되는 브랜드를 말한다.

29 전문품의 소비와 관련된 설명으로 가장 옳지 않은 것은?

① 소비자의 구매는 비정기적이다.
② 가격의 변화에 따른 수요의 탄력성이 높다.
③ 소비자가 상품구매에 있어 특별한 구매노력을 기울인다.
④ 소비자들은 품질과 스타일 등이 아닌 가격에 근거하여 브랜드 대안을 비교한다.
⑤ 전속적 유통경로에 의한 판매지역별로 하나 또는 소수의 판매점을 활용한다.

해설 전문품 소비에 있어 소비자들은 가격보다 품질과 스타일 등에 중점을 둔다.

30 상품에 대한 일반적인 설명으로 가장 옳은 것은?

① 어떤 기업이 판매하는 모든 상품들의 집합을 상품라인이라고 한다.
② 모든 상품들은 각각 단 한 가지의 편익만을 제공한다.
③ 상품의 폭은 상품카테고리 내에서 서로 다른 품목을 의미한다.
④ 상품의 깊이는 다양한 상품카테고리를 의미한다.
⑤ 상품의 각 품목은 SKU 혹은 단품이라고 부른다.

해설 ① 디자인·가격·패션성 등 일정한 방침으로 갖춰진 상품들을 상품라인이라고 한다.
② 모든 상품들이 단 한 가지의 편익만을 제공하는 것은 아니며, 복수의 편익을 제공하기도 한다.
③ 상품의 폭은 다양한 상품카테고리를 의미한다.
④ 상품의 깊이는 상품카테고리 내에서 서로 다른 품목을 의미한다.

31 3단계의 상품 수준(핵심상품, 유형상품, 부가상품)에 대한 설명으로 가장 옳지 않은 것은?

① 화장품의 경우 성분, 원료 및 기능이 핵심상품에 해당된다.
② 자동차의 경우 디자인과 스타일은 유형상품에 해당된다.
③ 의류의 경우 상품의 질 및 브랜드가 유형상품에 해당된다.
④ 냉장고의 경우 배달서비스가 부가상품에 해당된다.
⑤ 노트북의 경우 A/S 보증은 부가상품에 해당된다.

해설 화장품의 경우 성분, 원료 및 기능이 **유형상품**에 해당된다.

32 고객유지를 위한 사후관리에 대한 내용으로 옳지 않은 것은?

① 판매원의 업무는 고객으로부터 주문받은 것으로 끝나는 것이 아니라, 계약상의 내용이 충실하게 수행될 수 있도록 사후관리를 철저히 해야 한다.
② 판매원의 사후관리활동은 장기적인 관점에서 고객 유지 및 활성화에도 큰 도움이 된다.
③ 비용적인 측면에서는 사후관리를 통해 기존고객을 유지하고 활성화하는 것보다 신규고객 확보를 위한 마케팅활동을 하는 것이 기업에게 훨씬 유리하다.
④ 고객의 유지 및 활성화는 기업의 매출 및 이익 증가에 결정적 역할을 할 수 있다.
⑤ 고객관리 소홀로 인한 고객 불만의 증가나 고객 이탈은 기업에 부정적인 영향을 가져올 수 있다.

해설 비용적인 측면에서는 사후관리를 통해 기존고객을 유지하고 활성화하는 것이 신규고객 확보를 위한 마케팅활동을 하는 것보다 기업에게 훨씬 유리하다.

33 서비스의 일반적인 특징에 대한 설명으로 옳은 것은?

① 무형성 – 판매되지 않는 서비스는 사라진다.
② 비분리성 – 생산과 소비가 발생하는 시기가 다르다.
③ 이질성 – 표준화가 어렵다.
④ 이전성 – 서비스 소유권은 이전이 가능하다.
⑤ 소멸성 – 생산물에 대한 저장이 가능하다.

해설 ① 판매되지 않는 서비스는 사라진다는 특징을 가진 것은 소멸성이다.
② 비분리성은 생산과 소비가 동시에 일어난다는 것이다.
④ 서비스는 소유권이 설정될 수 있는 독립된 실체가 아니다.
⑤ 서비스는 재고로 보관할 수 없어 저장이 불가능하다.

34 고객만족을 위한 판매화법으로 가장 옳지 않은 것은?

① 고객에게 친절하면서도 적극적으로 설명한다.
② 고객이 상품구매에 대해 자신의 생각을 정리할 수 있게 돕는다.
③ 지금이 구매의 최적 타이밍임을 느끼게 하여 구매가 완결되도록 노력한다.
④ 고객의 불만족과 불평행동을 자극하여 구매를 통해 대리만족을 느끼게 한다.
⑤ 구매한 상품뿐만 아니라 상품을 구매한 소비자 자신에 대한 만족감을 느끼게 한다.

해설 고객의 불만족과 불평행동을 자극하는 행동은 자제하고 고객의 이익이나 입장을 중심으로 이야기해야 한다.

35 판매원의 고객 접객 기술로 가장 옳지 않은 것은?

① 이해하기 쉬운 용어를 사용하여 설명한다.
② 고객의 니즈에 적합한 상품과 대안을 제시한다.
③ 접객 중에는 진열이나 정돈 등의 다른 업무를 보지 않는다.
④ 격의 없는 호칭을 사용하여 친근감을 형성한다.
⑤ 판매원의 권유가 주장이나 논쟁으로 비치지 않게 유의한다.

해설 고객과의 만남에서는 평소에 쓰는 말씨가 아닌 존댓말과 상대에 따른 호칭 및 경어를 사용해야 한다.

36 촉진유형 중 샘플링(sampling)의 장점으로 가장 옳지 않은 것은?

① 신제품 또는 개선된 제품의 최초 구매유도에 효과적이다.

② 광고에 비해 적은 비용으로 빠른 반응을 얻을 수 있다.

③ 유통망이 취약한 지역에서 사용할 수 있는 효과적인 방법이다.

④ 대중적이지 않은 고관여 제품의 판매촉진으로 유용한 방법이다.

⑤ 제품의 구매수명주기가 짧은 소량포장이 가능한 제품의 판매촉진으로 적합한 방법이다.

해설 샘플링은 전체 물건의 품질이나 상태를 알아볼 수 있도록 그 일부를 뽑아 놓거나 미리 선보이는 촉진유형으로, **대중적인 저관여 제품의 판매촉진**으로 유용한 방법이다.

37 유통판매촉진에 대한 설명으로 가장 옳지 않은 것은?

① 제조업체가 유통업체를 대상으로 하는 판촉활동을 의미한다.

② 제조업체가 유통업체에 대해 행하는 푸시전략(push strategy)의 일환이다.

③ 유통업체가 더 많은 물량을 매입하고 취급하도록 하기 위해 시행한다.

④ 제품의 원활한 판매를 위해 유통업체와의 유대를 강화하고 협력을 얻어내기 위해 시행한다.

⑤ 제조업체가 유통업체를 전방통합한 경우 유통판매촉진에 대한 필요성이 증가한다.

해설 전방통합은 제조업체가 유통업체를 소유·통제하는 것이므로 제조업체가 유통업체를 전방통합한 경우 유통판매촉진에 대한 필요성은 **감소**한다.

38 제공되는 혜택의 금전적 여부에 따라 가격판촉과 비가격판촉으로 구분할 때, 비가격판촉으로 옳은 것은?

① 진열수당(display allowance)

② 리베이트(rebate)

③ 프리미엄 제공

④ 시판대 및 특판대 수당

⑤ 촉진지원금

해설 프리미엄은 추첨권과 같이 손님이 상품을 샀을 때 서비스로 주는 경품으로, 비가격판촉에 해당한다.

39 디스플레이의 기본 원칙에 대한 설명으로 옳지 않은 것은?

① 보기 쉬울 것 : 고객에게 쉽게 눈에 띌 수 있도록 상품을 진열한다.

② 매장의 이윤을 극대화할 수 있게 진열할 것 : 마진이 높은 상품은 고객의 눈높이의 공간에 진열한다.

③ 상품 간의 관련성이 없도록 진열할 것 : 같은 종류의 상품은 개별 디스플레이하고 상품 간의 관계가 없도록 다른 공간에 전시한다.

④ 제품을 파악하기 쉬울 것 : 제품을 쉽게 파악할 수 있도록 페이스 진열한다.

⑤ 손으로 잡기 쉬울 것 : 상품을 손으로 잡는다는 것은 선택하기 쉽다는 의미이다.

해설 상품 간의 관련성을 가질 것 : 같은 종류의 상품을 그룹별로 디스플레이하고 그 상품과 관계가 있는 상품을 같은 공간에 집중 전시한다.

40 브랜드명(brand name)이 가져야 할 바람직한 특징으로 가장 옳지 않은 것은?

① 브랜드명은 발음하기 쉽고 재인과 기억이 용이해야 한다.

② 브랜드명 선정 작업은 제품특성, 제품편익, 목표시장, 마케팅전략 등을 세심하게 검토하는 것에서 시작된다.

③ 브랜드명을 짓는 과정에서 다른 제품범주로 사업확장이 가능한 브랜드명을 선택하는 것이 바람직하다.

④ 브랜드명은 제품의 편익과 품질을 전달하기보다는 추상적인 표현이 바람직하다.

⑤ 브랜드명은 등록과 법적 보호가 가능해야 한다.

해설 브랜드명은 추상적인 표현보다는 제품의 편익과 품질을 전달하는 것이 바람직하다.

41 아래 글상자의 (   ) 안에 들어갈 알맞은 단어는 무엇인가?

> (   )은(는) 구매시점 광고라고도 하며 특별판매, 할인판매 등의 프로모션을 할 때 주로 사용되는 광고 수단이다. 시각화된 요소로 인해 매장 내의 인테리어 효과를 낼 수 있고 소비자의 충동구매를 이끌어 낼 수 있다는 특징이 있다.

① 디스플레이(display)

② 골든 라인(golden line)

③ 협동광고(corporate advertising)

④ POP(point of purchase)

⑤ PPL(product placement)

해설 ① 판매대의 설비 및 배치, 조명의 위치에 따라 상품을 배열하여 고객의 구매의욕을 자극시키기 위한 것을 말한다.

② 유효 디스플레이 범위 내에서 보다 보기 쉽고 손에 닿기 쉬운 범위의 높이를 말하며, 가장 많은 매출을 올릴 수 있는 가능성을 가진 장소로, 골든 라인의 범위는 눈높이보다 20° 아래를 중심으로 하여 그 위의 10°에서 그 아래 20° 사이를 말한다.

③ 일반인들의 광범위한 수요를 창출하기 위하여 동일한 상품을 생산하는 기업들이 협동적으로 실시하는 광고를 말한다.

⑤ 특정 기업의 협찬을 대가로 영화나 드라마에서 해당 기업의 상품이나 브랜드 이미지를 소도구로 끼워 넣는 광고 기법을 말한다.

42 SERVQUAL의 5가지 품질 차원에 대한 설명 중 가장 옳지 않은 것은?

① 신뢰성 – 약속한 서비스를 믿을 수 있게 수행하는 정도

② 확신성 – 서비스제공자의 정중, 믿음, 지식이 서비스를 제공하는 데 적합한 정도

③ 공감성 – 고객 개인의 취향을 반영한 서비스가 아닌 일반적 서비스를 제공하는 정도

④ 대응성 – 고객을 기꺼이 돕고 신속한 서비스를 제공하는 정도

⑤ 유형성 – 시설, 복장 등과 같은 물리적 요소가 서비스를 제공하는 데 적합한 정도

해설 공감성은 회사가 고객에게 제공하는 개별적 배려와 관심이기 때문에 일반적 서비스가 아닌 고객 개인의 취향을 반영한 서비스를 제공하는 정도를 의미한다.

43 아래 글상자의 (   ) 안에 공통적으로 들어갈 개념으로 가장 옳은 것은?

> – (   )은/는 구매 제품에 대한 정보나 경험이 구매 전의 신념과 일치하지 않아 느끼는 소비자의 불안심리상태를 말한다.
> – 기업은 소비자의 (   )을/를 최소화하기 위해 제품 구매에 대한 감사메일이나 향후 서비스에 대한 안내 등을 실시한다.
> – (   )이/가 커지면 타인에게 부정적인 구전효과를 발생시킨다.

① 서비스불평   ② 인지부조화

③ 상호작용적 불공정   ④ 절차적 불공정

⑤ 결과적 불공정

해설 인지부조화는 소비자가 선택한 상표에 대해 만족을 하거나 또는 결점을 발견하고 자신의 선택에 갈등을 느낄 수도 있다는 것이다. 소비자들은 정도의 차이는 있지만 거의 모든 제품을 구매한 후에 부조화를 느끼게 된다.

44 고객불만의 처리 방법 중 MTP법에 대한 설명으로 옳지 않은 것은?

① 고객불만에 응대하는 사람을 판매사원에서 판매책임자로 바꾼다.

② 사람, 장소, 시간을 바꾸어 처리하는 방법이다.

③ 고객불만의 처리 장소를 매장에서 조용한 사무실로 바꾼다.

④ 불만이 발생하면 방안을 제시하여 즉시 해결한다.

⑤ 불만이 발생한 고객을 매장에서 고객만족팀 또는 소비자 상담실로 안내한다.

해설 MTP법은 불만이 발생하면 즉시 해결하는 것이 아니라 고객이 잠시 진정할 시간을 주고, 응대하는 직원 역시 진정할 시간을 줌으로써 차분하게 원인을 파악하여 해결할 수 있도록 시간을 주는 것이다.

45 서비스는 제공과정 중에 접점 직원과 고객 간의 끊임없는 상호작용이 이루어지기 때문에 기존의 마케팅 4P 이외의 확장된 7P로 고객 만족을 극대화할 필요가 있다. 여기서 확장된 3P에 해당하는 것은?

① 물리적 증거(Physical evidence), 프로세스(Process), 실행(Practice)

② 사람(People), 물리적 증거(Physical evidence), 프로세스(Process)

③ 풀마케팅(Pull marketing), 사람(People), 물리적 증거(Physical evidence)

④ 풀마케팅(Pull marketing), 푸시마케팅(Push marketing), 물리적 증거(Physical evidence)

⑤ 사람(People), 프로세스(Process), 생산성과 품질(Productivity and quality)

해설 **확장된 서비스 프로모션믹스(7P)**
서비스 마케팅에서는 기존의 프로모션믹스를 그대로 적용하는 데 한계가 있어 기본 프로모션믹스(4P)에 확장적 프로모션믹스 요소 3P를 추가하였다.
- 사람(People) : 구매자의 지각에 영향을 주는 모든 행위자(직원, 고객, 서비스 환경 내의 다른 고객들)
- 물리적 증거(Physical evidence) : 서비스가 전달되고 기업과 고객이 접촉하는 환경, 즉 서비스 성과나 커뮤니케이션을 용이하게 해주는 유형적 요소
- 프로세스(Process) : 서비스가 실제로 수행되는 절차와 활동의 메커니즘 및 흐름

제 **3** 회 | 기출문제해설

제1과목 | 유통상식(01~20)

01 유통산업발전법(법률 제17761호, 2020.12.29., 타법개정)에서 규정한 유통관리사의 직무로 옳지 않은 것은?

① 유통경영·관리 기법의 향상

② 유통경영·관리와 관련한 계획·조사·연구

③ 유통경영·관리와 관련한 지역유통 산업발전 계획수립

④ 유통경영·관리와 관련한 진단·평가

⑤ 유통경영·관리와 관련한 상담·자문

해설 유통관리사의 직무(유통산업발전법 제24조 제1항)

유통관리사는 다음 각 호의 직무를 수행한다.

1. 유통경영·관리 기법의 향상

2. 유통경영·관리와 관련한 계획·조사·연구

3. 유통경영·관리와 관련한 진단·평가

4. 유통경영·관리와 관련한 상담·자문

5. 그 밖에 유통경영·관리에 필요한 사항

02 온라인 유통과 관련된 용어 설명으로 가장 옳지 않은 것은?

① E-커머스 : 컴퓨터 통신이나 인터넷을 이용해서 온라인으로 이루어지는 전자상거래

② T-커머스 : 케이블 TV와 IPTV의 디지털 셋톱박스를 이용해 발생되는 모든 종류의 상거래 서비스

③ M-커머스 : 이동전화나 휴대 단말기를 이용하는 모바일온라인 유통

④ S-커머스 : 소셜미디어 및 소비자의 네트워크를 통해 이루어지는 온라인 유통

⑤ C-커머스 : 기업을 제외한 소비자들끼리의 교환거래를 통해 이루어지는 온라인 유통

해설 C-커머스는 온라인 공간에서 다른 기업과 기술 및 정보공유를 통해 수익을 창출하는 새로운 전자상거래 방식으로, 경영기획에서부터 디자인, 설계, 제조, 생산, 납품, 물류, 구매, 판매 등 기업활동 전반의 업무 흐름에 걸쳐 협업과 지식공유를 지원한다.

03 매슬로우(Maslow)의 욕구 5단계설 중 가장 최상위의 욕구로 옳은 것은?

① 생리적 욕구

② 안전의 욕구

③ 자아실현의 욕구

④ 사회적 욕구

⑤ 자기존중의 욕구

해설 매슬로우의 욕구단계이론
- 1단계 : 생리적 욕구(주로 의·식·주에 해당하는 욕구)
- 2단계 : 안전에 대한 욕구(인간의 감정적·신체적인 안전을 추구하는 욕구)
- 3단계 : 애정과 소속에 대한 욕구(어떠한 집단에 소속되어 인정을 받고 싶어 하는 욕구)
- 4단계 : 자기존중의 욕구(자신의 만족 및 타인으로부터의 인정과 존경 등을 받고 싶어 하는 욕구)
- **5단계 : 자아실현의 욕구**(자기계발을 통한 발전 및 자아완성을 실현하기 위한 욕구)

04 무점포 소매상의 유형에 속하는 것으로 옳은 것은?

① 할인점

② 카테고리킬러

③ 텔레마케팅

④ 팩토리 아웃렛

⑤ 하이퍼마켓

해설 무점포 소매상에는 자동판매기, 통신판매, **텔레마케팅**, TV홈쇼핑 등이 있다.
① 할인점이란 표준적인 상품을 저가격으로 대량 판매하는 상점으로 특정의 제품을 일시적인 가격 인하로 판매하는 것이 아니라 모든 제품에 대하여 상시적으로 싼 가격(EDLP ; Every Day Low Price)으로 파는 소매점을 말한다.
② 카테고리킬러는 할인형 전문점으로서 특정상품계열에서 전문점과 같은 깊은 상품구색을 갖추고 저렴하게 판매하는 것을 원칙으로 한다.
④ 팩토리 아웃렛이란 제조업체가 유통라인을 거치지 않고 직영체제로 운영하는 상설 할인매장을 말한다.
⑤ 하이퍼마켓은 대형화된 슈퍼마켓에 할인점을 접목시켜 저가로 판매하는 초대형 소매업태이다.

05 아래 글상자의 ( ) 안에 공통적으로 들어갈 도매상의 유형으로 옳은 것은?

> 구매자와 판매자 간의 거래를 중개하는 것이 ( )의 주된 역할이다. ( )와(과) 거래 당사자들 간의 관계는 단 한 번의 거래로 끝나는 단기적 관계로, 재고를 유지하거나 금융에 관여하지 않기 때문에 거래에 대한 위험부담을 갖지 않는다.

① 상인 도매상   ② 브로커
③ 제조업체 도매상   ④ 다단계 판매업자
⑤ 전문점

해설 ① 상인 도매상은 취급하는 제품에 대해 소유권을 가지는 독립된 사업체의 도매기관으로, 제조업자들로부터 제품을 구매하고 이 제품이 소매상이나 그 이외의 사람들에게 다시 판매될 때까지 소유권을 가진다.
③ 제조업체 도매상은 제조업자가 직접 도매기능을 수행하는 것으로, 일종의 제조업자 내부에 있는 도매기능이며 대개의 경우 제조업자의 생산자나 고객이 있는 시장에 가까이 위치하는 것이 특징이다.
④ 다단계 판매업자는 제품을 구매한 고객이 새로운 판매원이 되고, 이 판매원이 다시 소비자에게 제품을 판매하는 연쇄적인 형태로 유통망을 확대하는 무점포 판매업자를 말한다.
⑤ 전문점은 특정의 단일 품종 또는 관련된 상품을 전문적으로 판매하는 소매상의 한 형태이다.

06 아래 글상자에서 설명하는 소매상 발전이론으로 가장 옳은 것은?

> – 소매상의 진화과정을 소매점에서 취급하는 제품믹스에 초점을 두고 설명하고 있다.
> – 소매상은 제품구색의 확대 → 축소 → 확대 과정에 따라 종합점 → 전문점 → 종합점의 순서로 진화해 간다.
> – 저관여상품 소매업태와 고관여상품 소매업태의 발전과정을 구분하지 못하는 결정적인 한계를 지니고 있다.

① 소매상 수명주기 이론   ② 변증법적 이론
③ 소매상 수레바퀴 이론   ④ 자연도태 이론
⑤ 소매상 아코디언 이론

해설 ① 소매상 수명주기 이론은 제품수명주기이론과 동일하게 소매점 유형이 도입기 → 성장기 → 성숙기 → 쇠퇴기의 단계를 거치게 된다는 것이다.
② 변증법적 이론은 소매점의 진화 과정을 변증법적 유물론에 입각하여 해석하고 있는 것으로, 백화점(정) → 할인점 (반) → 할인 백화점(합)으로 진화해 간다는 이론이다.
③ 사회 경제적 환경이 변화됨에 따른 소매상의 진화와 발전을 설명하는 대표적인 이론으로, 역사적으로 볼 때 소매점은 전문점 → 백화점 → 할인점 순으로 등장하여 이 이론이 부분적으로 입증되었지만, 후진국의 경우는 이런 모든 유형의 소매점이 동시에 또는 순서가 뒤바뀌어 도입되기도 하였다.
④ 자연도태설은 환경에 적응하는 소매상만이 생존·발전하고, 적응하지 못하는 소매상은 자연적으로 도태된다는 이론이다.

07 도매상이 소매상에게 제공하는 서비스로 옳지 않은 것은?

① 구색 갖춤 기능
② 배달, 보증 등의 서비스
③ 신용판매를 통한 금융서비스
④ 숙련된 영업사원을 통한 경영지도
⑤ 기업이미지 및 브랜드관리 지원

해설 도매상이 소매상에게 제공하는 서비스
- 구색갖춤 기능 : 도매상은 다수의 제조업자로부터 제품을 제공받아 소매상의 주문업무를 단순화할 수 있는 제품구색을 갖출 수 있다.
- 소단위판매 기능 : 도매상은 제조업자로부터 대량 주문을 한 후에 제품을 소량으로 분할하여 소매상들의 소량 주문에 응하기 때문에 제조업자와 소매상 양자의 욕구를 모두 만족시켜줄 수 있다.
- 신용 및 금융 기능 : 외상판매를 확대함으로써 소매상들이 구매대금을 지불하기 전에 제품을 구매할 수 있는 기회를 제공한다.
- 소매상서비스 기능 : 소매상들은 제품의 구매처로부터 배달, 수리, 보증 등 다양한 유형의 서비스를 요구하게 되는데, 도매상은 이 같은 서비스를 제공함으로써 소매상들의 노력과 비용을 절감시켜 준다.
- 기술지원 기능 : 도매상은 숙련된 판매원을 통해 소매상에게 기술적·사업적 지원을 제공하고 있다.

08 아래 글상자에서 설명하는 소매상으로 가장 옳은 것은?

> 상대적으로 소규모 매장으로 인구밀집지역에 위치하고 대부분 24시간 영업을 하며, 재고회전이 빠른 식료품과 편의품, 문구류 등 제한된 상품계열과 상품구색을 제공한다.

① 편의점   ② 백화점
③ 대형마트   ④ 카테고리킬러
⑤ 전문점

해설
② 백화점이란 선매품을 중심으로 생활필수품, 전문품에 이르기까지 다양한 상품 계열을 취급하며 대면 판매, 현금 정찰 판매, 풍부한 인적·물적 서비스로써 판매 활동을 전개하는 상품 계열별로 부문 조직화된 대규모 소매상이다.
③ 대형마트는 상품라인 구성은 백화점과 유사하지만 저마진을 유지하기 위해 건물이나 인건비 및 일반관리비 등을 낮게 운영하고, 일반 소매점보다 저렴하게 상품을 판매하여 제조업자 및 도매업자와 경쟁관계.
④ 카테고리킬러는 대량판매와 낮은 비용으로 저렴한 상품가격을 제시하며, 취급하는 상품은 주로 완구, 스포츠용품, 가전용품, 자동차용품, 레코드, 사무용품 등이다.
⑤ 전문점이란 특정 범위 내의 상품군을 전문으로 취급하는 소매점으로, 제한된 상품·업종에 대해서 다양한 품목을 골고루 깊이 있게 취급한다.

09 상인의 윤리강령 중 상인들 간의 상도의에 대한 설명으로 옳지 않은 것은?

① 상인들 간에는 공정하게 경쟁해야 한다.
② 동료와의 거래에서 약속한 것은 철저히 준수해야 한다.
③ 거래 당사자에 대한 예의를 지켜야 한다.
④ 나와 오랫동안 거래해 온 생산자에게만 정당한 가격을 지불하면 된다.
⑤ 이익 때문에 동료를 비난해서는 안 된다.

해설 모든 생산자에게 차별 없이 정당한 가격을 지불해야 한다.

10 윤리 문제에 관한 의사결정을 할 때, 자신의 행동에 대한 윤리성 여부를 판단하기 위해 확인해 볼 수 있는 질문의 내용으로 가장 옳지 않은 것은?

① 이 행동의 결과로 인해 법을 위반할 가능성이 있는가?
② 이러한 행동에 대해 공개적인 토론을 해도 괜찮은가?
③ 이 행동이 믿음이나 가치에 부합하는가?
④ 이 행동이 나의 이익을 극대화해줄 수 있는가?
⑤ 이 행동과 관련된 구체적인 행동 강령이 있는가?

해설 무조건 나의 이익을 극대화해줄 수 있는 행동보다 정당한 방법으로 이익을 추구하였는지를 확인해야 한다.

11 텔레마케터가 되기 위한 자질 및 구비조건으로 가장 옳지 않은 것은?

① 정확한 발음과 구술능력
② 훌륭한 청취력과 이해력
③ 표준어와 경어 사용 능력
④ 제품에 대한 충분한 서비스 상식
⑤ 최신 유행을 따르는 패션감각

해설 텔레마케터는 전화를 통해 마케팅 목적을 간단·명확하게 전달하는 업무를 수행하므로 최신 유행을 따르는 패션감각은 텔레마케터가 되기 위한 자질 및 구비조건에 해당하지 않는다.

12 기업에서 활용하는 고객센터 전화상담에 대한 설명으로 가장 옳지 않은 것은?

① 고객이 기업과 접촉하기 편리한 수단이다.
② 통화량이 많은 경우 긴 대기시간으로 인해 고객불만이 발생하기도 한다.
③ 상담원 근무시간으로 인해 고객센터 이용시간에 제약이 발생하기도 한다.
④ 고객의 불만사항을 직접 청취함으로써 더 생생한 내용을 전달받을 수 있다.
⑤ 이메일이나 우편에 비해 실시간 상호작용이 불가능하다.

해설 전화상담은 이메일이나 우편에 비해 실시간 상호작용이 가능하다.

13 판매원의 고객불만 관리 기대효과로 옳지 않은 것은?

① 고객은 기업이 자신의 의견에 귀를 기울인다는 인식을 갖게 된다.
② 고객불만 관리를 통해 기업의 강점과 약점을 파악할 수 있다.
③ 고객의 불만에 대해 신속하고 정확하게 대응할 수 있다.
④ 고객불만 관리 과정에서 고객의 새로운 니즈를 파악할 수 있다.
⑤ 고객들은 고객이 왕이라는 인식을 갖게 된다.

해설 고객들은 고객의 기대수준을 뛰어넘는 서비스를 받았다는 인식을 갖게 된다.

14 직장 내 성희롱에 대한 설명으로 옳지 않은 것은?

① 지위를 이용하거나 업무와 관련하여 성적 굴욕감을 준 경우도 성희롱에 해당된다.
② 성적인 행동뿐만 아니라 언어에 의한 행동도 성희롱에 해당된다.
③ 성적 굴욕감을 유발하여 고용환경을 악화시키는 것도 성희롱에 해당된다.
④ 직장 내 구성원뿐만 아니라 고객 등 제3자에 의한 행동도 성희롱에 해당된다.
⑤ 사업주는 연 1회 이상 위탁의 방법으로만 성희롱예방 교육을 실시하여야 한다.

해설 직장 내 성희롱 예방 교육(남녀고용평등법 시행령 제3조)
① 사업주는 직장 내 성희롱 예방을 위한 교육을 연 1회 이상 하여야 한다.
② ①에 따른 예방 교육에는 다음 각 호의 내용이 포함되어야 한다.
　　1. 직장 내 성희롱에 관한 법령
　　2. 해당 사업장의 직장 내 성희롱 발생 시의 처리 절차와 조치 기준
　　3. 해당 사업장의 직장 내 성희롱 피해 근로자의 고충상담 및 구제 절차
　　4. 그 밖에 직장 내 성희롱 예방에 필요한 사항
③ ①에 따른 예방 교육은 사업의 규모나 특성 등을 고려하여 **직원연수·조회·회의, 인터넷 등 정보통신망을 이용한 사이버 교육 등을 통하여 실시할 수 있다.** 다만, 단순히 교육자료 등을 배포·게시하거나 전자우편을 보내거나 게시판에 공지하는 데 그치는 등 근로자에게 교육 내용이 제대로 전달되었는지 확인하기 곤란한 경우에는 예방 교육을 한 것으로 보지 아니한다.

15 바람직한 판매원의 자세로 옳지 않은 것은?

① 고객에게 웃으면서 친절한 태도로 접근한다.

② 상품의 특성, 가격 등 고객이 필요로 하는 정보를 제공한다.

③ 가능한 경우 부가적인 상품을 제안한다.

④ 고객이 현명한 선택을 한 것을 알게 하고 해당 선택에 감사한다.

⑤ 초라한 복장의 고객의 경우 제품 도난이 발생할 가능성을 고려해 감시해야 한다.

해설 고객의 복장에 따른 선입견을 가지고 고객을 대하는 자세는 옳지 않다.

16 도매업의 발전추세에 대한 설명으로 가장 옳지 않은 것은?

① 대형 소매상이 여러 도매기능을 수행하는 도매클럽이나 하이퍼마켓의 형태로 운영되기 때문에, 도매상은 자사소유의 제조업을 운영하기 시작했다.

② 도매상도 소매상과 함께하는 협동광고와 같은 마케팅을 향상시키기 위한 노력이 필요하다.

③ 원가상승과 소매상의 서비스 향상 요구는 도매상의 이익을 떨어뜨릴 것이다.

④ 거래 고객에게 효과적으로 가치를 창출, 전달하는 방법을 발견하지 못하는 도매상은 도태될 상황이 오게 될 것이다.

⑤ 정보기술의 사용이 증가함에 따라 도매상은 주문, 운송 및 재고처리에 소요되는 비용을 절감할 수 있게 되었다.

해설 도매상의 기능 중 **특정 기능에 특화**된 현금거래 도매상, 직송 도매상, 통신판매 도매상, 트럭판매 도매상, 선반 진열 도매상 등이 발달하였다.

17 모바일쇼핑에 대한 설명으로 가장 옳지 않은 것은?

① 오프라인과 온라인쇼핑의 경계가 파괴되고 있다.

② 오프라인 매장에서 제품을 살펴본 후 실제 구입은 온라인사이트를 통하는 역쇼루밍 현상이 강화되었다.

③ 스마트폰이 널리 보급되면서 모바일쇼핑 이용자의 연령대가 다양해지는 추세에 있다.

④ 모바일을 통해 이동 중에도 쇼핑이 가능하며, 오프라인 매장에서 쇼핑할 때에도 인터넷에 접속하여 해당상품의 가격비교가 가능하다.

⑤ 매장에서 상품으로 교환할 수 있는 모바일상품권으로 간편하게 선물을 주고받을 수 있다.

해설 역쇼루밍은 물건에 대한 정보를 인터넷 등 온라인에서 살펴본 후, 구매는 오프라인 매장에서 하는 현상을 말한다.

18 재고에 대한 설명으로 가장 옳지 않은 것은?

① 소비자에게 판매하기 위해 창고나 매장에 대기상태로 남아있는 상품을 뜻한다.

② 재고는 영업이익 및 자본활용의 효율성을 감소시키므로 과잉재고는 억제해야 한다.

③ 과소재고는 품절이라는 문제를 유발하여 판매기회가 상실되므로 과소재고가 되지 않도록 관리되어야 한다.

④ 유통기업이 적정수준의 재고를 유지할 수 있도록 관리하는 일을 재고관리라 한다.

⑤ 일반적으로 재고유지비용에 보험료는 포함되지 않는다.

해설 재고유지비용은 재고를 유지하는 데 소요되는 비용으로, 각 단위기간에 소요되는 비용을 나타내며 보관비, **보험료 등이 포함**된다.

19 제조업체 브랜드와 유통업체 브랜드를 비교 설명한 내용으로 가장 옳지 않은 것은?

구 분	제조업체 브랜드	유통업체 브랜드
㉠ 상표주	제조업자	중간상
㉡ 지칭용어	NB	PB
㉢ 주요 생산방식	자체 생산	OEM 방식
㉣ 장 점	높은 인지도	저가격, 높은 마진
㉤ 단 점	저품질 이미지	높은 광고비와 유통비용

① ㉠

② ㉡

③ ㉢

④ ㉣

⑤ ㉤

해설 제조업체 브랜드의 단점은 높은 광고비와 유통비용이며, 유통업체 브랜드의 단점은 저품질 이미지이다.

20 상품 소매업체와 구별되는 서비스 소매업체의 일반적 특성으로 옳지 않은 것은?

① 무형성

② 비분리성(생산과 소비의 동시성)

③ 소멸성

④ 구체성

⑤ 변동성(이질성)

해설 서비스의 특성
• 무형성 : 서비스의 기본 특성은 형태가 없다는 것이다.
• 비분리성 : 서비스는 생산과 소비가 동시에 일어난다. 즉 서비스 제공자에 의해 제공되는 것과 동시에 고객에 의해 소비되는 성격을 가진다.
• 이질성 : 서비스의 생산 및 인도 과정에는 여러 가변적 요소가 많기 때문에 동일한 고객에 대한 서비스도 종업원에 따라서 제공되는 서비스의 내용이나 질이 달라진다.
• 소멸성 : 판매되지 않은 서비스는 사라지고 만다. 즉 서비스는 재고로 보관할 수 없다.

21 VOC(Voice of Customer) 관리를 통한 기대효과로 가장 옳지 않은 것은?

① 영업능력 향상과 높은 업무 유연성 확보
② 고객 불만과 클레임에 대한 신속한 대응
③ 고객의 욕구 파악을 통한 향후 마케팅에 활용
④ 기업의 고객응대 프로세스의 개선
⑤ 서비스 마인드 재정립 및 브랜드 이미지 쇄신 기회

해설 고객의 소리(VOC) 관리는 고객이 상품을 구매하는 과정에서 발생할 수 있는 불만 등을 관리하여 고객과의 관계를 효과적으로 유지시켜주는 것을 의미하므로 판매자 관점에 해당하는 영업능력 향상과 높은 업무 유연성 확보는 고객의 소리 관리를 통한 기대효과와 거리가 멀다.

22 레이아웃 기법에 대한 설명으로 옳지 않은 것은?

① 드나드는 고객수를 예측하여 입구의 폭을 충분히 확보하여 점포분위기와 상품이 어느 정도 보일 수 있도록 만들어 준다.
② 주동선과 부동선의 적절한 폭을 유지하여 동선이 꺾이는 곳이나 일정한 간격마다 볼거리를 연출하여 체류시간을 길게 함으로써 판매기회를 가능한 한 많이 만든다.
③ 통로에서 볼 때 낮은 집기부터 높은 집기 순서로 배치하여 한 눈에 여러 상품을 보여 주도록 한다.
④ 레이아웃의 목적은 점내 고객회유(顧客回遊)에 있으며 고객은 상품을 보면서 매장을 돌게 되므로 명확한 상품분류에 의한 그루핑(grouping) 배치가 요구된다.
⑤ 고객이 매장에 들어왔을 때 철저한 정리정돈을 통해서 상품의 직접적인 체험을 제한한다.

해설 고객의 심리를 파악하여 고객이 매장에 들어왔을 때 무의식적으로 점포 안을 자유롭게 걸으면서 보다 많은 상품을 직접 보고 체험하도록 한다.

23 다음 글상자에서 설명하고 있는 기본적 진열방법 종류로 옳은 것은?

> '좌측보다 우측이 잘 팔린다'는 개념에서 출발한 이 진열방식은 우측에 고가격, 고이익, 대용량 상품을 진열한다. 상품의 보충진열 작업을 하는 경우 잔여상품을 우측으로 몰아 진열하고, 새로 보충하는 상품은 좌측에 진열하여 선입선출(FIFO) 작업으로도 활용한다.

① 윈도 진열(Window display)
② 라이트업 진열(Right-up display)
③ 엔드 진열(End display)
④ 수직 진열(Vertical display)
⑤ 점두 진열(Store-front display)

해설 ① 쇼윈도의 상품을 진열하는 방법으로, 짧은 시간 안에 많은 사람들의 주목을 끌고 매장으로 유입시키기 위한 방식이다.
③ 진열선 끝 엔드 곤돌라에 상품을 대량으로 쌓아 변화 진열을 하는 방식으로 엔드 진열의 최대 목적은 출구 쪽으로 돌아서는 고객을 다시 멈추게 하는 데 있다.
④ 동일 상품군이나 관련 상품을 최상단부터 최하단까지 종으로 배열하는 것으로 고객의 시선을 멈춰 상품이 눈에 띄도록 하는 효과가 있으며, 주로 벽이나 곤돌라를 이용하여 상품을 진열하는 방법이다.
⑤ 상품을 진열대 위에 직접적으로 배열하여 전시하는 방법으로 점내진열에서는 진열선반, 쇼케이스, 곤돌라 등이 사용된다.

24 시대가 변천함에 따라 고객 개념이 변화하여 고객 지향적 사고라는 마케팅 콘셉트가 탄생하게 되었다. 이와 관련된 내용으로 옳지 않은 것은?

① 수요보다 공급이 많아졌기 때문이다.
② 경쟁이 심화되고, 고객의 니즈가 다양해졌기 때문이다.
③ '팔릴 수 있는 제품을 만든다'는 사고가 생겨났다.
④ 강력한 판매조직의 구축에 기반해 마케팅활동을 진행하게 되었다.
⑤ 판매는 마케팅의 한 분야이며, 마케팅은 보다 포괄적 기능을 수행하고 있다.

해설 효과적인 촉진활동 및 강력한 판매조직을 구축하는 것은 **판매 지향적** 사고이다.

25 점포 내에 상품을 진열할 때, 상품이 어디에 어떻게 놓여야 하는지를 알려주고 진열공간의 생산성을 평가하게 해주는 지침서에 해당되는 용어로 옳은 것은?

① 블록(block) 계획

② 버블(bubble) 계획

③ 플래노그램(planogram)

④ 곤돌라진열

⑤ 점포배치도

해설 특정 제품이 속한 부서 내 제품의 진열위치를 결정하기 위해서 흔히 플래노그램을 활용하는데, 이는 **제품이 각각 어디에 어떻게 놓여야 하는지를 알려주는, 일종의 진열공간의 생산성을 평가하게 해주는 지침서**를 말한다.

> **보충설명**
>
> 버블(bubble) 계획과 블록(block) 계획
> • 버블(bubble) 계획 : 점포의 주요 기능 공간의 규모 및 위치를 간략하게 보여주는 것
> • 블록(block) 계획 : 버블계획에서 간략하게 결정된 배치를 기반으로 점포의 각 구성부분의 실제규모와 형태까지 세부적으로 결정하는 것

26 브랜드연상이란 브랜드와 관련하여 기억으로부터 떠오르는 것을 의미하는데, 다음의 브랜드연상 유형 중 성격이 가장 다른 것은?

① 제품범주에 대한 연상

② 제품속성에 대한 연상

③ 품질에 대한 연상

④ 가격에 대한 연상

⑤ 사용자에 대한 연상

해설 ① · ② · ③ · ④ 제품속성과 관련된 연상 유형
⑤ 제품속성과 관련이 없는 연상 유형

27 매장관리의 핵심요소 중 디스플레이 원칙(AIDCA)을 적용할 경우 옳지 않은 것은?

① 손으로 잡기 용이하게 진열한다.

② 상품의 가격 표시를 정확하게 한다.

③ 상품 간 관련성을 고려하여 진열한다.

④ 상품과 관련된 정보를 보기 쉽게 표시한다.

⑤ 체화재고 상품을 가장 잘 보이게 진열한다.

해설 체화재고는 상품이 시장에서 처리되지 못하고 생산자나 상인의 손에 정체되어 있는 재고로, 상점의 중점 상품을 효과적으로 디스플레이하여 사람의 눈을 끌어야하는 디스플레이 원칙과는 관련이 없다.

> **보충설명**
>
> 디스플레이 원칙(AIDCA)
> - A(Attention) : 상점의 중점 상품을 효과적으로 디스플레이해서 사람의 눈을 끌고, 가격은 고객이 잘 알아볼 수 있도록 명기하여, 잘 보이도록 전시하여야 한다.
> - I(Interest) : 눈에 띄기 쉬운 장소를 골라, 그 상품의 세일즈 포인트를 강조해서 관심을 갖게 하고, 디스플레이 상품을 설명한 표찰을 붙인다.
> - D(Desire) : '어떻게 해서든지 사고 싶다'는 욕망을 일으키게 해서 구매 의사를 일으키도록 한다.
> - C(Conviction) : 사는 것이 유익하다는 확신을 갖게 하고, 고객에게 그 상품 구입에 대한 안심과 만족감을 주는 동시에 우월감을 줄 수 있는 디스플레이가 되도록 연구한다.
> - A(Action) : 충동적인 구매 행동을 일으키게 한다.

28 브랜드 네임을 개발할 때 검토해야 하는 내용으로 옳은 것은?

① 브랜드 네임을 통해 소비자의 신뢰도나 선호도를 증가시킬 수 없다.

② 언어적 측면에서는 콘셉트, 차별성, 대표성, 확장성을 검토한다.

③ 법률적 측면에서는 발음의 용이성, 가독성, 국제성을 검토한다.

④ 이미지 측면에서는 부정적인 연상과 의미에 대해 검토한다.

⑤ 전략적 측면에서는 법적 보호성, 디자인 적용성을 검토한다.

해설 ① 브랜드 네임을 통해 소비자의 신뢰도나 선호도를 증가시킬 수 **있다**.
② **전략적** 측면에서는 콘셉트, 차별성, 대표성, 확장성을 검토한다.
③ **언어적** 측면에서는 발음의 용이성, 가독성, 국제성을 검토한다.
⑤ **법률적** 측면에서는 법적 보호성, 디자인 적용성을 검토한다.

29 고객배웅매너에 대한 설명으로 가장 옳지 않은 것은?

① 용건이 잘 처리되었는지 미흡한 점은 없는지 확인한다.

② 신속한 마무리를 위해 고객보다 먼저 일어나 서둘러 응대를 마무리한다.

③ 출구까지 안내할 경우 문을 열어 고객이 매장을 나가기 쉽도록 도와야 한다.

④ 주차 문제에 대해 잘 안내하고 조치해 드린다.

⑤ 고객과 헤어지자마자 급히 등을 돌리기보다는 가능하면 고객의 모습이 사라질 때까지 전송한다.

해설 마무리하기 전 고객이 더 필요한 것은 없는지 확인하고, 고객이 먼저 일어난 후에 일어나 고객을 문까지 배웅하면서 응대를 마무리한다.

30 협동광고(cooperative advertising)가 마케팅믹스의 중요한 역할을 수행하는 경우 소매점 의존적 마케팅의 대상으로 옳지 않은 것은?

① 관여도가 높은 상품

② 상표 애호도가 낮은 상품

③ 소비자가 지명구매하는 상품

④ 인적 서비스가 중요한 상품

⑤ 제한적 경로전략을 채택하는 상품

해설 **전문화된 제품을 취급하는 점포**에서는 소매점의 광고비를 분담해 주거나 광고 속에 자사의 제품을 취급하는 소매점을 소개하는 협동광고를 실시하기도 한다. 따라서 ③은 편의품의 특징에 해당하므로 옳지 않다.

31 제조업체가 광고비보다 판매촉진 활동에 많은 예산을 투입하는 이유로 가장 옳지 않은 것은?

① 소매업에서 제조업체로의 힘의 이동

② 브랜드 유사성과 가격 민감도의 증가

③ 브랜드 충성도의 감소

④ 대중시장의 분산과 미디어 효과성의 감소

⑤ 직접적인 소비자들의 반응

해설 판매촉진 활동에 비중을 둘 경우 제조업체에서 소매업으로 힘이 이동한다.

32 POS(point of sales)시스템의 효과에 대한 설명 중 가장 옳지 않은 것은?

① POS시스템은 상품의 바코드를 판독할 수 있기 때문에 상품의 가격이나 정보를 확인할 수 있다.

② POS시스템을 통해 고객 정보를 획득할 수 있기 때문에 고객서비스를 향상시킬 수 있다.

③ POS시스템을 통해 인기상품과 비인기상품을 파악할 수 있다.

④ POS시스템을 통해 종업원의 근무상황이나 영업실적을 파악할 수 있다.

⑤ POS시스템을 통해 상품의 진열된 위치를 파악할 수 있다.

해설 POS시스템을 통해 이미 진열된 상품의 위치를 파악하는 것이 아니라, 상품을 진열하기 전 인기상품과 비인기상품을 파악하여 그에 따른 진열량과 위치 등을 결정할 수 있다.

33 고객과의 커뮤니케이션 방식으로 가장 옳지 않은 것은?

① 집중력을 가지고 고객의 이야기를 경청한다.

② 고객의 말에 고개를 끄덕거리고 맞장구를 치며 대화한다.

③ 불명확한 사항에 대해서는 질문을 해가며 대화한다.

④ 고객이 말을 하는 동안 생각을 하고 미리 답변을 계획한다.

⑤ 고객을 배려하는 긍정적인 생각을 가지고 끈기 있게 듣는다.

해설 고객이 말을 하는 동안에는 집중하여 경청한 후 그에 적절한 답변을 해야 한다.

34 표준상품분류는 공통으로 상품코드를 관리하는 방법으로 상품코드는 POS 시스템과 연동되어 판매시 매출액과 재고관리를 가능하도록 구성되어 있다. 표준상품분류에 대해 잘못 설명하고 있는 것은?

① 표준상품분류는 일반적으로 13자리 수이고 단축형은 8자리로 구성되어 있다.

② 표준상품분류의 맨 앞 2~3자리는 국가코드를 의미한다.

③ 표준상품분류의 맨 뒷자리는 체크숫자로 판독오류를 방지하기 위해 만들어진 코드이다.

④ 표준상품분류는 국내에서만 사용가능하며 국제적으로 일반화되어 있지 않다.

⑤ 표준상품분류에서 제조업체 코드는 4자리 숫자가 부여된다.

해설 표준상품분류는 국내뿐만 아니라 국제적으로도 일반화되어 있다.

35 고객생애주기에서 충성고객단계에 대한 설명으로 옳은 것은?

① 매스마케팅(mass marketing)을 통해 보유고객 최대화를 달성한다.

② 고객은 기업의 가격에 익숙해져 가격인상에 둔감하게 된다.

③ 불특정 다수의 잠재고객을 상대로 신규고객을 획득한다.

④ 기업에 대한 낮은 로열티(loyalty)를 통해 긍정적 구전이 가능하다.

⑤ 고객과의 대면관계를 최소화함으로써 변동거래비용을 절감할 수 있다.

해설 ① **일대일 마케팅**을 통해 보유고객 최대화를 달성한다.
③ 불특정 다수를 상대로 신규고객을 획득하기보다는 **기존고객을 유지**하는 전략을 사용한다.
④ 기업에 대한 **높은 로열티(loyalty)**를 통해 긍정적 구전이 가능하다.
⑤ 고객과의 **대면관계를 최대화**함으로써 변동거래비용을 절감할 수 있다.

36 서비스의 특징 중 소멸성(perishability)을 극복하기 위한 방안으로 옳지 않은 것은?

① 회원권을 발행하여 이원가격제를 적용한다.

② 조조할인, 주말할증 등 차별가격제를 실시한다.

③ 서비스에 회사 고유의 상표명을 붙여 제공한다.

④ 수요를 미리 파악하고 통제하는 예약제도를 실시한다.

⑤ 대기 중인 손님에게 신문, 잡지, 커피, 녹차 등을 제공한다.

해설 서비스에 회사 고유의 상표명을 붙여 제공하는 것은 서비스의 특징 중 **무형성**을 극복하기 위한 방안이다.

37 고객 서비스 전략 중 표준화 접근법(standardization)에 대한 설명으로 가장 옳지 않은 것은?

① 전체 고객집단에 대하여 동일한 서비스를 제공하는 전략이다.

② 내부에서 정해진 규칙과 절차를 토대로 지속적으로 서비스를 이행하는 전략이다.

③ 명확한 서비스 매뉴얼에 기반해 모든 고객이 만족하는 맞춤형 서비스를 제공할 수 있다.

④ 서비스 품질을 결정하는 이질성을 최소화하여 일관된 품질 수준을 유지할 수 있다.

⑤ 전국 규모의 패스트푸드 체인점에서 주로 활용하는 고객서비스 전략이다.

해설 명확한 서비스 매뉴얼에 기반해 모든 고객에게 **서비스의 동일성과 일관성을 유지**할 수 있다.

38 유통서비스를 포함한 서비스의 제공 환경을 서비스 스케이프(service scapes)라고도 부른다. 서비스 스케이프의 구성요소로서 가장 옳지 않은 것은?

① 판매용 상품의 품질
② 판매지원용 설비와 기구의 배열
③ 판매지원용 시설 및 가구의 크기와 형태
④ 시설물의 위치를 알려주는 표지판
⑤ 음악, 향기, 색상 등의 점포 분위기

해설 서비스 스케이프의 구성요소
• 디자인 요소 : 내부 인테리어, 외부시설(건물 디자인, 주차장 등)
• 주변적 요소 : 음악, 조명, 온도, 색상 등 점포 분위기
• 사회적 요소 : 종업원들의 이미지, 고객과 종업원 간의 상호 교류

39 고객유형별 대응기법으로 옳지 않은 것은?

① 말이 느린 고객에게는 상대의 기분을 이해하면서 이야기를 보조하는 방식을 사용한다.
② 유창하게 말하는 고객에게는 반론보다는 질문식 설득화법으로 대응한다.
③ 같은 말을 되풀이하는 고객에게는 무조건 말을 끊고 서둘러 대화를 종료한다.
④ 수다스러운 고객은 동조를 얻고 싶어할 가능성이 높기에 가능한 한 따뜻하게 수용한다.
⑤ 무엇이든 반대하는 고객에게는 질문으로 대응하되 자존심을 건드리지 않는다.

해설 같은 말을 되풀이하는 고객에게는 고객의 말에 지나치게 동조하지 말고 고객의 문제를 충분히 이해하였다는 것을 알리는 것이 좋다.

40 마케팅 믹스인 4P에 대한 세부 활동 및 내용으로 잘못 짝지어진 것은?

① Product : 상품 특성, 품질수준, 브랜드
② Price : 가격수준, 거래조건, 할인
③ Place : 경로유형, 노출, 중간상, 경로관리
④ People : 종업원 선발, 종업원 교육
⑤ Promotion : 촉진믹스, 인적판매, 광고

해설 마케팅 믹스 4P
• 가격계획(Price Planning) : 상품가격의 수준 및 범위, 판매조건, 가격결정방법 등을 결정하는 것을 의미한다.
• 제품계획(Product Planning) : 제품, 제품의 이미지, 상표, 제품의 구색, 포장 등의 개발 및 그에 관련한 의사결정을 의미한다.
• 촉진계획(Promotion Planning) : 인적판매, 광고, 촉진관리, PR 등을 통해서 소비자들에게 제품에 대한 정보 등을 알리고 이를 구매할 수 있도록 설득하는 일에 대한 의사결정을 의미한다.
• 유통계획(Place Planning) : 유통경로를 설계하고 재고 및 물류관리, 소매상 및 도매상의 관리 등을 위한 계획을 세우는 것을 의미한다.

41 고객응대 시 매장 직원이 갖춰야 할 표정에 대한 설명으로 옳지 않은 것은?

① 턱을 너무 들거나 당기지 않는다.

② 고개를 한쪽으로 기울이지 않는다.

③ 감정이 드러나지 않는 무표정의 얼굴을 유지한다.

④ 상황과 대상에 맞는 표정과 미소를 짓는다.

⑤ 눈은 곁눈질을 하지 않고 정면을 바라본다.

해설 무표정한 얼굴을 유지하기보다는 부드럽고 밝은 표정으로 응대하는 것이 좋다.

42 아래 글상자의 격자형과 자유형 레이아웃의 장단점에 관한 설명 중에서 가장 옳은 것은?

구 분	장 점	단 점
격자형	㉠ 시각적으로 주의를 끌기에 유리하다.	㉡ 쇼핑 시간이 길어지고 청소가 곤란하다.
자유형	㉢ 충동구매를 촉진한다.	㉣ 단조롭고 흥미가 떨어진다. ㉤ 자유로운 기분으로 쇼핑할 수 없다.

① ㉠

② ㉡

③ ㉢

④ ㉣

⑤ ㉤

해설 ㉠ – 자유형 레이아웃의 장점
㉡ – 자유형 레이아웃의 단점
㉣ – 격자형 레이아웃의 단점
㉤ – 격자형 레이아웃의 단점

43 다음 소비자 판매촉진 중 비가격판촉에 해당하지 않는 것은?

① 프리미엄

② 견본품

③ 캐시백

④ 콘테스트

⑤ 멤버십 제도

해설 캐시백은 가격판촉에 해당한다.

44 다음 글상자의 사례에서 알 수 있는 S사의 포지셔닝(Positioning)의 종류로 가장 옳은 것은?

> A사의 휴대폰과는 달리 사진이 더 선명하다거나, 방수가 잘 된다거나, 새로운 편의기능을 제공한다
> 는 장면들을 자연스럽게 촬영하고 이를 광고로 내보냄으로서 S사 휴대폰의 장점을 집중적으로 부각
> 시키고 있다.

① 속성에 의한 포지셔닝
② 사용상황에 의한 포지셔닝
③ 제품사용자에 의한 포지셔닝
④ 법적 제도에 의한 포지셔닝
⑤ 경쟁제품에 의한 포지셔닝

해설 포지셔닝 전략유형
- 제품속성에 의한 포지셔닝 : 자사제품에 의한 포지셔닝은 자사제품의 속성이 경쟁제품에 비해 차별적 속성을 지니고 있어서 그에 대한 혜택을 제공한다는 것을 소비자에게 인식시키는 전략이다.
- 이미지 포지셔닝 : 제품이 지니고 있는 추상적인 편익을 소구하는 전략이다.
- **경쟁제품에 의한 포지셔닝** : 소비자가 인식하고 있는 기존의 경쟁제품과 비교함으로써 자사 제품의 편익을 강조하는 방법을 말한다.
- 사용상황에 의한 포지셔닝 : 자사 제품의 적절한 사용상황을 설정함으로써 타사 제품과 사용상황에 따라 차별적으로 다르다는 것을 소비자에게 인식시키는 전략이다.
- 제품사용자에 의한 포지셔닝 : 제품이 특정 사용자 계층에 적합하다고 소비자에게 강조하여 포지셔닝하는 전략이다.

45 상품관리에서 사용되는 단품(SKU)에 관한 설명으로 옳지 않은 것은?

① 재고보관단위로 가장 하위의 상품분류단위이다.
② 일반적으로 차별적 분류기준에 따라 유통업체에 의해 정해진다.
③ 상품에 대한 관리가 용이하도록 사용하는 식별관리코드이다.
④ 색상, 사이즈, 스타일 등의 요소를 고려해서 정한다.
⑤ 일반적으로 문자나 숫자 등의 기호로 표기한다.

해설 단품(SKU)은 점포 또는 카탈로그에서 구매 또는 판매할 수 있는 상품에 사용하는 것으로 **판매자가 정한다**.

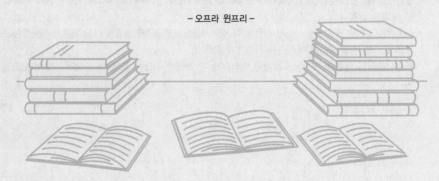

미래가 어떻게 전개될지는 모르지만,
누가 그 미래를 결정하는지는 안다.

- 오프라 윈프리 -

2022년

기출문제

당신이 할 수 있다고 생각하든, 할 수 없다고 생각하든 그렇게 될 것이다.

- 헨리 포드 -

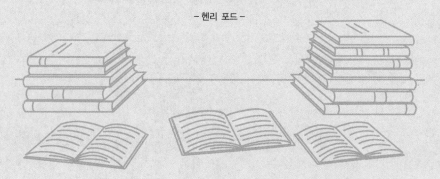

제1회 | 기출문제해설

제 **1** 회

제1과목 유통상식(01~20)

01 서비스 유통경로가 소비재나 산업재 유통경로에 비해 단순한 것은 서비스의 독특한 특성에 기인한다고 할 수 있는데 이러한 서비스의 독특한 특성으로 옳지 않은 것은?

① 무형성   ② 소멸성

③ 비분리성   ④ 이질성

⑤ 유형성

해설 서비스의 특성
- 무형성 : 서비스의 기본 특성은 형태가 없다는 것이다. 객관적으로 누구에게나 보이는 형태로 제시할 수 없으며 물체처럼 만지거나 볼 수 없기 때문에 그 가치를 파악하거나 평가하는 것이 어렵다.
- 비분리성 : 서비스는 생산과 소비가 동시에 일어난다. 즉 서비스 제공자에 의해 제공되는 것과 동시에 고객에 의해 소비되는 성격을 가진다.
- 이질성 : 서비스의 생산 및 인도 과정에는 여러 가변적 요소가 많기 때문에 동일한 고객에 대한 서비스도 종업원에 따라서 제공되는 서비스의 내용이나 질이 달라진다.
- 소멸성 : 판매되지 않은 제품은 재고로 보관할 수 있지만 판매되지 않은 서비스는 사라지고 만다. 즉 서비스의 생산에는 재고와 저장이 불가능하므로 재고조절이 곤란하다.

02 환경문제에 대한 사회적 욕구에 부응하기 위한 유통업체들의 활동으로 가장 옳지 않은 것은?

① 안전한 유통폐기물처리

② 환경친화형 상품조달

③ 소음 등 환경문제를 고려한 유통시스템 구축

④ 포장 간소화

⑤ 고령자를 배려한 개별점포의 시설 확충

해설 고령자를 배려한 개별점포의 시설 확충은 인구통계학적 요인에 따라 평균 수명이 연장되어 고령 인구비율이 증가한 현상과 연관된 활동이다.

03 유통경로의 필요성을 설명하는 원리로서 가장 옳지 않은 것은?

① 고정비 우위의 원리　　　　　　② 총 거래 수 최소의 원리
③ 집중저장의 원리　　　　　　　④ 분업의 원리
⑤ 변동비 우위의 원리

해설 유통경로의 필요성
- 총 거래 수 최소화의 원리 : 중간상의 개입으로 거래의 총량이 감소하게 되어 제조업자와 소비자 양자에게 실질적인 비용이 감소한다.
- 집중 준비의 원리 : 유통경로상에 도매상이 개입하여 소매상의 대량 보관기능을 분담함으로써 사회 전체적으로 상품의 보관 총량을 감소시킬 수 있고, 따라서 소매상은 최소량만을 보관하게 된다.
- 분업의 원리 : 다수의 중간상이 분업의 원리로써 유통경로에 참여하게 되면 유통경로상에서 다양하게 수행되는 기능들(수급조절기능, 보관기능, 위험부담기능, 정보수집기능 등)이 경제적·능률적으로 수행될 수 있다.
- 변동비 우위의 원리 : 무조건적으로 제조와 유통기관을 통합하여 대규모화하기보다는 각각의 유통기관이 적절한 규모로 역할분담을 하는 것이 비용 면에서 훨씬 유리하다는 논리로, 중간상의 필요성을 강조하는 이론이다.

04 판매원이 고객가치 증진을 위한 브레인스토밍(brainstorming)을 실시할 경우 고려해야 할 기본원칙으로 가장 옳지 않은 것은?

① 아이디어의 양을 중시한다.
② 자유 분방한 분위기를 조성한다.
③ 아이디어의 결합과 개선을 요구한다.
④ 의견에 대하여 일체 비판하지 않는다.
⑤ 개인 의견이나 창의가 전혀 수정·개량되지 않도록 한다.

해설 브레인스토밍은 일정한 주제에 대해 구성원들의 창의적이고 자유분방한 발상을 통해 아이디어를 도출하고 문제를 해결하기 위한 기법으로, 어떠한 아이디어도 환영하며 도출된 아이디어를 조합하고 이를 통해 더 나은 아이디어로 발전시키는 데 집중하는 원칙을 추구하므로 개인 의견이나 창의가 수정·개량되는 과정을 거친다.

05 중간상은 제조업체와 소비자 사이에 위치하면서 다양한 문제를 해소해 주는데 이에 대한 내용으로 가장 옳지 않은 것은?

① 상품구색상의 불일치 해소
② 생산단위와 구매단위 불일치 해소
③ 생산시점과 소비시점 불일치 해소
④ 장소적 불일치 해소
⑤ 경로 구성원 간의 수직적 갈등 해소

해설 수직적 갈등은 유통경로상에서 서로 다른 단계에 있는 구성원 사이에 발생하는 갈등으로, 중간상이 제조업체와 소비자 사이에 위치하면서 발생할 수 있는 갈등이다.

06 판매원이 갖추어야 할 지식 중 시장 지식에 관한 것만을 나열한 것으로 옳은 것은?

① 고객에 대한 이해, 상권에 대한 이해
② 업무관련 내용, 회사 관련 내용
③ 제품의 가격과 할인 조건
④ 회사의 창립시기와 조직 구성
⑤ 상표명의 의미

해설 ② · ④ 회사 및 업무지식
③ · ⑤ 상품지식

07 아래 글상자에서 설명하는 소매업태의 변천과정과 관련된 이론으로 가장 옳은 것은?

> 새로운 형태의 소매상은 저가격, 저마진, 저서비스의 점포 운영방식으로 소매시장에 진입해 기존의 고가격, 고마진, 고서비스의 소매업태와 경쟁하게 된다.

① 소매수명주기
② 소매업 수레바퀴가설
③ 소매아코디언 이론
④ 대리이론
⑤ 거래비용이론

해설 ① 소매수명주기 : 제품수명주기이론과 동일하게 소매점 유형이 도입기 → 성장기 → 성숙기 → 쇠퇴기의 단계를 거치게 된다는 것이다.
③ 소매아코디언 이론 : 소매점은 다양한 상품 구색을 갖춘 점포로 시작하여, 시간이 경과함에 따라 점차 전문화되고 한정된 상품 계열을 취급하는 소매점 형태로 진화하며, 이는 다시 다양하고 전문적인 제품 계열을 취급하는 소매점으로 진화한다고 본다. 즉 상품 믹스의 확대 → 수축 → 확대 과정이 아코디언과 유사하여 이름 붙여진 이론이다.
④ 대리이론 : 조직을 그 구성원인 근로자와 소유자가 계약에 의하여 하나로 묶어진 결합체로 보고 조직 현상을 연구하는 이론이다.
⑤ 거래비용이론 : 기업조직의 생성과 관리는 거래비용을 최소화하기 위해 이루어지고 있다는 이론으로, 기업과 시장 사이의 효율적인 경계를 나타낸다.

정답 06 ① 07 ②

2022년 제1회 기출문제 **423**

08 의약품이나 화장품 등을 취급하는 복합점포로서, 건강 및 미용과 관련된 제품들을 주로 판매하기 때문에 H&BC(Health & Beauty Care) shop이라고 부르기도 하는 소매업태로 가장 옳은 것은?

① 양판점(general merchandising store)
② 회원제 도매클럽(membership wholesale club)
③ 드럭 스토어(drug store)
④ 할인점(discount store)
⑤ 슈퍼마켓(supermarket)

해설 ① 양판점 : 다품종 대량판매를 목적으로 다점포화를 추진함으로써 매출증대를 꾀하는 업태로 중저가의 일상생활용품을 주로 취급하며 초고가상품은 취급하지 않는다. 백화점보다 낮은 가격대로 자체상표(PB)를 가지며 체인에 의해 다점포화를 추구한다.
② 회원제 도매클럽 : 창고형 도소매클럽이라고도 하며, 회원으로 가입한 고객만을 대상으로 판매하는 업태이다. 매장은 거대한 창고형으로 꾸며지고 실내장식은 보잘 것 없으며 진열대에 상자째로 진열되어 박스단위로 판매함으로써 할인점보다도 20~30% 정도 더 싸게 구매할 수 있는 업태이다.
④ 할인점 : 표준적인 상품을 저가격으로 대량 판매하는 상점으로 특정의 제품을 일시적인 가격인하로 판매하는 것이 아니라 모든 제품에 대하여 상시적으로 싼 가격(EDLP ; Every Day Low Price)으로 파는 소매점을 말한다.
⑤ 슈퍼마켓 : 식품・세제 및 가정 일용품 등에 대한 소비자의 전체적인 요구를 충족시켜 주는 소매업태로, 규모가 크고 저비용・저마진・대량 판매 및 셀프서비스제에 의해 운영되는 상점을 말한다.

09 우리나라 소매유통의 최신 트렌드로 옳지 않은 것은?

① 간편식 매출 증가
② 1인가구 증가로 인한 소량구매 확산
③ 명동, 종로 등 전통상권의 지위 강화
④ 구독경제 비즈니스의 확대
⑤ 메타버스 등 새로운 정보기술과의 결합

해설 소비자의 소비행태와 니즈의 변화에 따라 점차 차별화된 여러 가지의 유통형태가 출현함으로써 명동, 종로 등 전통상권의 지위가 약화되고 e-비즈니스와 오프라인 업체의 성장으로 인해 디지털 유통이 가속화되고 있다.

10 유통산업의 성장배경으로 가장 거리가 먼 것은?

① 가격경쟁의 심화   ② 정보기술의 발전
③ 제품의 표준화   ④ 유통업체의 대형화
⑤ 유통산업 양극화 정책

해설 유통산업의 양극화 현상은 유통산업의 성장배경이 아닌 환경변화의 내용에 해당한다.

11 양성평등과 관련된 설명 중 가장 옳지 않은 것은?

① 모든 인간은 고정된 성 역할이나 성별 고정관념에 구속됨 없이 자유롭게 자신의 능력을 개발하고 선택할 수 있는 권리를 가진다.

② 양성평등의 개념은 성인지 – 양성평등 – 남녀평등 순으로 변화해 왔다.

③ 기존의 성정체성 기반의 성역할 구분은 개인의 능력개발을 저해하는 요인이다.

④ 여성과 남성은 헌법이 보장하는 평등한 권리를 가지고 태어난 존엄한 존재이다.

⑤ 성별에 대한 차별 없이 사회, 문화적 발달에 기여하고 혜택을 공평하게 누려야 한다.

해설 양성평등의 개념은 남녀평등 – 양성평등 – 성인지 순으로 변화해 왔다.

12 서비스의 품질속성 중 판매원의 복장과 관련성이 높은 개념으로 가장 옳은 것은?

① 공감성　　　　　　　　　　　② 확신성

③ 유형성　　　　　　　　　　　④ 반응성

⑤ 신뢰성

해설 서비스의 품질속성 중 유형성은 물리적 시설, 장비, 직원, 커뮤니케이션 자료의 외양 등과 관련된 개념이므로 판매원의 복장과 관련성이 높은 개념에 해당한다.

① 공감성 : 회사가 고객에게 제공하는 개별적 배려와 관심

② 확신성 : 직원의 지식과 예절, 신뢰와 자신감을 전달하는 능력

④ 반응성 : 고객을 돕고 신속한 서비스를 제공하려는 태세

⑤ 신뢰성 : 약속한 서비스를 믿을 수 있고 정확하게 수행할 수 있는 능력

13 직업인이 갖추어야 할 바람직한 직업윤리에 대한 설명으로 가장 옳지 않은 것은?

① 직업을 통해 다른 사람에게 봉사하는 마음을 가지고 실천하는 봉사의식

② 자신의 직업이 타인을 위해 중요한 일을 하고 있다고 생각하는 직분의식

③ 자신의 직업에 충실하게 최선을 다하는 책임의식

④ 자신이 하고 있는 일이 다른 사람에 비해 우월한 지위에 있다고 여기는 선민의식

⑤ 직업에 필요한 지식과 교육을 바탕으로 수행해내는 전문가 의식

해설 선민의식은 자신들이 특별한 사람이라고 인식하고 우월감과 함께 사명감을 가지고 일하게 되어 높은 성과를 가져올 가능성도 있지만 조직 전체에 차별이 생길 수 있다. 따라서 이러한 차별은 갈등을 가져오고, 갈등은 조직력을 붕괴시킬 수 있으므로 선민의식은 바람직한 직업윤리와는 거리가 멀다.

14 소매업의 특징에 대한 설명으로 가장 옳지 않은 것은?

① 유통에 있어서 최종소비자와의 접점에 있다.

② 단순히 제품을 판매하는 것만을 의미하는 것이 아니고, 다양한 서비스 판매활동도 포함한다.

③ 상품과 서비스에 필요한 가치를 부가하여 최종소비자에게 판매하는 비즈니스 활동이다.

④ 사업고객과 주로 거래하기 때문에 입지, 촉진, 점포분위기는 상대적으로 덜 중요하다.

⑤ 최종소비자들의 다양한 욕구를 충족시키기 위해 여러 형태로 진화·발전하여 왔다.

해설 소매업은 생산자나 도매업자로부터 구입한 상품을 최종 소비자에게 판매하는 것을 주된 업무로 하기 때문에 소비자들을 끌어들이기 위한 입지, 촉진, 점포분위기가 상대적으로 더 중요하다.

15 아래 글상자에서 설명하는 개념으로 가장 옳은 것은?

> 이것은 모든 유통채널을 재고관리에서 고객관리까지 유기적으로 결합하여 소비자가 동일한 상품에 대해 온·오프라인에 관계없이 동일한 가격과 프로모션으로 구매할 수 있다는 특징이 있다. 예를 들어, 온라인에서 확인한 상품을 오프라인 매장에서 바로 구매하거나, 온라인에서 산 상품을 오프라인에서 반품할 수도 있다.

① 싱글채널(single channel)

② 듀얼채널(dual channel)

③ 크로스채널(cross channel)

④ 멀티채널(multi channel)

⑤ 옴니채널(omni channel)

해설 ① 싱글채널(single channel) : 하나의 오프라인 점포에서 구매
② 듀얼채널(dual channel) : 두 개 이상의 오프라인 점포에서 구매 가능
③ 크로스채널(cross channel) : 온·오프라인의 경계가 무너지면서 상호 보완됨
④ 멀티채널(multi channel) : 온·오프라인의 다양한 채널에서 구매 가능하나 각 채널은 경쟁관계임

14 ④ 15 ⑤ **정답**

16 소매업체를 대신해서 공급자가 소매업의 재고관리를 수행하는 공급망관리를 의미하는 용어로 가장 옳은 것은?

① SCM(Supply Chain Management)

② CR(Continuous Replenishment)

③ VMI(Vendor Managed Inventory)

④ ECR(Efficient Consumer Response)

⑤ EDI(Electronic Data Interchange)

해설 ① SCM : 공급사슬관리로서 제품과 이에 따른 정보가 공급자로부터 도매업자, 소매상인, 소비자에게로 이동되는 전체 과정을 실시간으로 관리할 수 있다.

② CR : 소비자로부터 얻은 재고 및 판매정보를 기초로 상품을 지속적으로 보충하는 SCM 응용기술이다.

④ ECR : 제조업체, 유통업체, 하청업체 등이 서로 협력하여 소비자의 요구에 효율적이고 빠르게 대응하기 위한 전략으로, 식료품 산업을 중심으로 시작했으나 최근 산업 전반으로 확산되고 있다.

⑤ EDI : 표준화된 상거래서식 또는 공공서식을 서로 합의된 통신 표준에 따라 컴퓨터 간에 교환하는 전자문서교환이다.

17 아래 글상자에서 설명하는 소매업태로 가장 옳은 것은?

> 최근 소매업태 중에서 이 업태의 성장률이 상대적으로 높은 편이다. 저출산 고령화, 대형유통체인에 대한 출점 및 영업규제, 일반의약품 판매허용, 소비자의 소량 다빈도 구매행태 증가 등의 트렌드를 통해 앞으로의 지속적인 성장세가 전망된다. 그러나 매장 공급초과로 인하여 점주의 수익률이 악화되는 등 다양한 논의가 필요하다.

① 백화점　　　　　　　　　　② 온라인 쇼핑몰

③ 대형마트　　　　　　　　　④ 편의점

⑤ TV홈쇼핑

해설 ① 백화점 : 선매품을 중심으로 생활필수품, 전문품에 이르기까지 다양한 상품계열을 취급하며 대면 판매, 현금 정찰 판매, 풍부한 인적·물적 서비스로써 판매 활동을 전개하는 상품 계열별로 부문 조직화된 대규모 소매기관이다.

② 온라인 쇼핑몰 : 인터넷 등을 이용하여 상품을 매매할 수 있도록 만든 가상 상점으로, 시간적·공간적 제약이 없고 국경이 없다는 특성을 지니고 있다.

③ 대형마트 : 식료품, 의류, 생활용품, 가전제품 따위의 일상생활에 필요한 거의 모든 제품을 갖추어 놓고 저렴하게 판매하는 매우 큰 규모의 소매점이다.

⑤ TV홈쇼핑 : TV 광고를 통해 제품구매를 유도하는 소매방식으로, 가정에서 편리하게 주문할 수 있어 시간을 절약할 수 있고 가격이 저렴한 특징을 가지고 있다.

18 매장 내에서 판매원이 지녀야 할 마음가짐으로 가장 옳지 않은 것은?

① 고객의 입장에서 배려하는 마음을 가진다.

② 고객을 감동시키기 위해 고객정보를 조사한다.

③ 효과적인 커뮤니케이터(communicator)가 되어야 한다.

④ 고객이 원할 때 상세하고 친절히 설명해주어야 한다.

⑤ 고객이 만족할 수 있도록 상품 및 서비스를 준비한다.

해설 이미 구축되어 있는 고객정보에 접근하여 수집하는 것은 괜찮지만 일부러 고객정보를 조사하는 것은 민감한 사안이므로 지양하는 것이 좋다.

19 "소비자기본법"(시행 2021.12.30., 법률 제17799호, 2020.12.29., 타법개정)에서 규정한 사업자의 책무에 해당하지 않는 것은?

① 사업자는 물품 등으로 인하여 소비자에게 생명·신체 또는 재산에 대한 위해가 발생하지 아니하도록 필요한 조치를 강구하여야 한다.

② 사업자는 물품 등을 공급함에 있어서 소비자의 합리적인 선택이나 이익을 침해할 우려가 있는 거래조건이나 거래방법을 사용하여서는 아니 된다.

③ 사업자는 안전하고 쾌적한 소비생활 환경을 조성하기 위하여 물품 등을 제공함에 있어서 환경친화적인 기술의 개발과 자원의 재활용 대책을 마련해야 한다.

④ 사업자는 소비자의 개인정보가 분실·도난·누출·변조 또는 훼손되지 아니하도록 그 개인정보를 성실하게 취급하여야 한다.

⑤ 사업자는 물품 등의 하자로 인한 소비자의 불만이나 피해를 해결하거나 보상하여야 하며, 채무불이행 등으로 인한 소비자의 손해를 배상하여야 한다.

해설 사업자는 안전하고 쾌적한 소비생활 환경을 조성하기 위하여 물품 등을 제공함에 있어서 환경친화적인 기술의 개발과 자원의 재활용을 위하여 노력하여야 한다(소비자기본법 제18조 제3항).

사업자의 책무(소비자기본법 제19조)
- 사업자는 물품 등으로 인하여 소비자에게 생명·신체 또는 재산에 대한 위해가 발생하지 아니하도록 필요한 조치를 강구하여야 한다.
- 사업자는 물품 등을 공급함에 있어서 소비자의 합리적인 선택이나 이익을 침해할 우려가 있는 거래조건이나 거래방법을 사용하여서는 아니 된다.
- 사업자는 소비자에게 물품 등에 대한 정보를 성실하고 정확하게 제공하여야 한다.
- 사업자는 소비자의 개인정보가 분실·도난·누출·변조 또는 훼손되지 아니하도록 그 개인정보를 성실하게 취급하여야 한다.
- 사업자는 물품 등의 하자로 인한 소비자의 불만이나 피해를 해결하거나 보상하여야 하며, 채무불이행 등으로 인한 소비자의 손해를 배상하여야 한다.

20 업태에 대한 설명으로 가장 옳지 않은 것은?

① 업태는 상품의 영업방법을 중심으로 한 분류이다.

② 업태는 소비자를 중심으로 한 발상이다.

③ 업태는 판매방법, 경영방법의 차이에 의한 분류이다.

④ 업태는 소비자 라이프스타일의 변화에 대응한 판매방법의 유형에 의한 분류이다.

⑤ 업태는 무엇을 파는가를 중심으로 한 상품특성에 의한 분류이다.

해설 업태는 어떤 방법으로 파는가에 따른 분류이다.

제2과목 판매 및 고객관리(21~45)

21 아래 글상자에 대한 설명으로 가장 알맞은 것은?

> – 디자인이 좋은 제품은 품질도 우수할 것이라는 견해
> – 동일한 가격과 성능을 지니고 있는 서로 다른 브랜드의 A와 B 제품이 있는데, 내가 좋아하는 유명인이 A브랜드를 사용하는 모습을 본 후에 A제품에 대해 더 선호도가 높아지는 경우
> – 성공한 스테디셀러 제품의 브랜드 이미지를 바탕으로 동일 브랜드의 자매제품을 출시하는 경우

① 후광 효과(Halo effect)

② 파노플리 효과(Panoplie effect)

③ 밴드왜건 효과(Band Wagon effect)

④ 언더독 효과(Underdog effect)

⑤ 스놉 효과(Snob effect)

해설 후광 효과는 한 대상의 두드러진 특성이 그 대상의 다른 세부 특성을 평가하는 데에도 영향을 미치는 현상으로, 심리학에서는 개인의 인상 형성 혹은 수행평가 측면에서, 마케팅에서는 특정 상품에 대한 소비자의 태도 혹은 브랜드 이미지 평가 맥락에서 주로 언급된다.

② 파노플리 효과 : 특정 제품을 사면 그 제품을 소비할 것이라고 예상하는 집단 또는 계층과 자신을 동일하게 생각하는 현상을 말한다.

③ 밴드왜건 효과 : 대중적으로 유행하는 정보를 따라 상품을 구매하는 현상으로, 유행에 동조함으로써 타인들과의 관계에서 소외되지 않으려는 심리에서 비롯된다.

④ 언더독 효과 : 경쟁에서 열세에 있는 약자를 더 응원하고 지지하는 심리 현상을 뜻하는 사회과학 용어로, 개싸움에서 아래에 깔린 개(언더독)를 응원한다는 뜻에서 비롯됐다.

⑤ 스놉 효과 : 특정상품에 많은 사람이 몰리면 희소성이 떨어져 차별화를 위해 다른 상품을 구매하려는 현상을 말한다.

22 제품믹스는 넓이(width), 길이(length), 깊이(depth)로 결정되는데 다음 중 넓이(width)를 결정하는 것으로 가장 옳은 것은?

① 유통경로의 길이
② 유통경로의 다양성
③ 제품믹스의 길이
④ 제품의 계열(라인) 수
⑤ 제품의 품목 수

해설 넓이(width)는 제품계열의 수, 길이(length)는 제품믹스 내 모든 제품의 품목 수, 깊이(depth)는 각 제품계열 안에 있는 품목 수를 의미한다.

23 상품의 안전한 취급과 배송을 위한 배송 라벨표시 방법에 대한 설명으로 가장 옳지 않은 것은?

① 읽기 쉽고 두드러지게 보이는 색상을 선택해야 한다.
② 눈에 잘 띄는 사이즈로 부착해야 한다.
③ 배송실패 최소화를 위해 수취인의 이름과 연락처, 주소 등의 개인정보가 노출되도록 해야 한다.
④ 날씨의 영향을 받지 않도록 견고히 부착되어야 한다.
⑤ 빠르게 읽고, 쉽게 이해할 수 있어야 한다.

해설 안심번호 사용 등을 활용하여 수취인의 개인정보 노출을 최소화해야 한다.

24 점포의 혼잡성이 소비자에게 미치는 영향에 대한 설명으로 가장 옳지 않은 것은?

① 혼잡성은 소비자가 인식하고 처리할 수 있는 정보의 양을 제한한다.
② 대부분의 소비자는 혼잡한 상황에서 바빠 보이는 직원에게 물어보고 상담하기를 꺼린다.
③ 혼잡한 상황에서 소비자는 구매를 연기하기보다 충동구매를 한다.
④ 혼잡한 상황에서의 구매경험에 대한 고객만족도는 대부분 낮다.
⑤ 혼잡성을 경험한 소비자는 그 점포에 대해 나쁜 이미지를 갖게 될 가능성이 크다.

해설 혼잡한 상황에서 소비자는 충동구매를 하기보다 구매를 연기하게 될 가능성이 높다.

25 고객을 칭찬할 경우 사용할 수 있는 화법으로 가장 옳지 않은 것은?

① 마음속에서 우러나오는 감동을 가지고 칭찬한다.
② 고객이 알아채지 못한 곳을 발견하여 칭찬하는 것이 효과적이다.
③ 지나친 칭찬은 아부처럼 들리기 쉬워 역효과를 가져올 수도 있으니 주의한다.
④ 구체적인 칭찬보다는 추상적인 칭찬이 효과적이다.
⑤ 고객의 선택에 대해 찬사와 지지를 보낸다.

해설 추상적인 칭찬보다는 구체적인 칭찬이 효과적이다.

26 조명(lighting)은 점포환경관리의 주요 수단의 하나이다. 조명의 용도로서 가장 옳지 않은 것은?

① 상품의 사용정보를 제공한다.
② 상품에 어울리는 공간 구성과 분위기를 연출한다.
③ 점포 내부공간의 단점을 보완하기도 한다.
④ 특정 상품에 고객 관심을 집중시킨다.
⑤ 무드 조성을 통해 점포이미지를 개선한다.

해설 조명은 고객으로 하여금 상품에 시선을 끌어 품질과 가격 검토에 도움을 주고 구매의욕을 일으키게 하는 수단이지 상품의 사용정보를 제공하는 것은 아니다.

27 고객이 결정하기 힘들어할 경우 효과적으로 판매를 종결하기 위해 사용하는 일반적인 방법으로 두 가지 대안 중에서 한 가지를 선택하도록 하는 결정기법으로 옳은 것은?

① 타이밍지적법
② 보증법
③ 실례법
④ 가정적 종결법
⑤ 요약 반복법

해설 ① 타이밍지적법 : 지금 사지 않으면 손해 본다는 사실을 알려 고객의 반론을 해소시키는 방법
② 보증법 : 결단을 못 내리고 망설이고 있는 고객에게 판매담당자가 품질에 대한 확신을 주어 효과일 수 있는 방법
③ 실례법 : 추상적이고 구체적이지 못한 반론을 제기하는 고객에게 제3자의 실례를 들어 설득하는 방법
⑤ 요약 반복법 : 고객에게 '어필'할 수 있다고 생각되는 가장 중요한 이익을 요약·반복하여 설명하는 방법

28 제품을 효과적으로 판매하기 위해 시연하는 방법을 사용할 경우 주의할 사항에 대한 설명으로 가장 옳지 않은 것은?

① 일반적으로 너무 긴 시간을 시연에 할애하는 것은 바람직하지 못하다.

② 상품을 사전에 점검하여 완벽한 제품을 고객에게 제시한다.

③ 시연은 고객이 직접 사용해보도록 하는 편이 효과적이다.

④ 고객이 요청하는 상품은 마지막에 제시하는 것이 효과적이다.

⑤ 너무 많은 상품을 제시하면 고객이 혼란스러울 수 있기에 2~3개 정도가 적당하다.

해설 고객이 요청하는 상품은 제일 먼저 제시하는 것이 효과적이다.

29 판매원이 매장에서 지녀야 할 기본적인 태도와 관련된 설명으로 가장 옳지 않은 것은?

① 명찰은 고객이 알아볼 수 있도록 왼쪽 가슴 위에 단정하게 착용한다.

② 지나치게 화려한 액세서리 착용을 지양한다.

③ 신발은 슬리퍼를 준비하여 편안하게 응대한다.

④ 지나친 색조화장은 피하는 것이 좋다.

⑤ 항상 용모를 단정하게 관리한다.

해설 신발은 회사에서 지정한 샌들을 유니폼과 동일하게 착용해야 하며, 지정된 신발 이외에는 착용할 수 없다.

30 아래 글상자에서 설명하는 상품의 분류로 가장 옳은 것은?

> – 소비자들이 여러 브랜드들의 품질, 가격, 스타일 등을 기준으로 비교하고 구매하는 상품으로, 구매 시 약간의 시간과 노력의 투자가 필요하다.
> – 판매업체는 다양한 구색을 구비해 고객의 개인별 취향을 충족시켜 주어야 한다.

① 편의품   ② 선매품

③ 전문품   ④ 비탐색품

⑤ 자본재

해설 ① 편의품 : 주로 일상생활에서 소비빈도가 가장 높으며 가장 인접해 있는 점포에서 구매하는 상품을 뜻한다. 식료품·약품·기호품·생활필수품 등이 여기에 속하며, 구매를 하기 위하여 사전에 계획을 세우거나 점포 안에서 여러 상표를 비교하기 위한 노력을 하지 않으므로 구매자는 대체로 습관적인 행동양식을 나타낸다.
③ 전문품 : 비교적 가격이 비싸고 특정한 상표만을 수용하려는 구매행동 특성을 나타내는 제품으로, 자동차·피아노·카메라·전자제품 등과 독점성이 강한 디자이너가 만든 고가품의 의류가 여기에 속한다. 구매자가 기술적으로 상품의 질을 판단하기 어려우며, 적은 수의 판매점을 통해 유통되어 제품의 경로는 다소 제한적일 수도 있으나, 빈번하게 구매되는 제품이 아니므로 마진이 높다.

28 ④ 29 ③ 30 ② 정답

31 소비자가 상품을 통해 다른 사람들에게 자신의 위치나 개성을 표현하면서 얻을 수 있는 편익을 의미하는 것으로 가장 옳은 것은?

① 기능적 편익
② 심리적 편익
③ 감성적 편익
④ 사회적 편익
⑤ 정서적 편익

해설 상품이 제공하는 편익
• 경험적 편익 : 다양성, 인지적 자극 및 감각적인 즐거움 등
• 기능적 편익 : 잠재적인 문제의 예방, 좌절 및 갈등의 해결, 현재의 문제해결 등
• 사회적 편익 : 지위 · 소속 · 역할의 암시, 자아고양 및 표현 등

32 브랜드의 계층구조 중 구형브랜드와 구분해주거나, 품질이 개선된 것을 나타내기 위해서 사용하는 것으로 옳은 것은?

① 서비스 마크(service mark)
② 기업 브랜드(corporate brand)
③ 패밀리 브랜드(family brand)
④ 개별 브랜드(individual brand)
⑤ 브랜드 수식어(brand modifier)

해설 ① 서비스 마크(service mark) : 서비스업자가 자기가 제공하는 서비스와 타인의 서비스를 식별하기 위하여 자기 서비스와 관련하여 사용하는 독자적 영업표지
② 기업 브랜드(corporate brand) : 기업 이미지를 통합하거나 개별제품의 품질을 보증 · 후원하기 위하여 자사의 제품명에 사용되는 기업의 상호
③ 패밀리 브랜드(family brand) : 한 기업에서 생산되는 유사제품군이나 전체 품목에 동일하게 부착하는 브랜드
④ 개별 브랜드(individual brand) : 한 기업에서 생산된 단일제품군에 사용하는 브랜드

33 서비스 품질 평가요소 중 판매원의 능력, 지식, 예의 등을 통해 고객이 느끼는 서비스 품질에 대한 믿음과 관련된 것은?

① 신뢰성(reliability)
② 확신성(assurance)
③ 유형성(tangibility)
④ 반응성(responsiveness)
⑤ 공감성(empathy)

해설 ① 신뢰성(reliability) : 약속한 서비스를 믿을 수 있고 정확하게 수행할 수 있는 능력
③ 유형성(tangibility) : 물리적 시설, 장비, 직원, 커뮤니케이션 자료의 외양
④ 반응성(responsiveness) : 고객을 돕고 신속한 서비스를 제공하려는 태세
⑤ 공감성(empathy) : 회사가 고객에게 제공하는 개별적 배려와 관심

34 구매시점(point-of-purchase)광고에 대한 설명으로 가장 옳지 않은 것은?

① 소비자들의 구매유도를 위해 눈에 잘 띄게 설치해야 한다.
② 소비자들에게 주로 경제적인 인센티브를 제공하는 판촉수단이다.
③ 소비자가 상품을 구입하는 최종지점에서의 광고이다.
④ 상품의 실물대, 포스터, 알림보드 등의 광고물들을 말한다.
⑤ 구매시점광고는 소비자의 관심과 구매 행동에 긍정적인 영향을 미칠 수 있다.

해설 구매시점광고는 소비자들에게 주로 한정판매, 특가판매 등 상품의 구매조건을 제공한다.

35 점포선택에 영향을 주는 점포속성변수에 대한 설명으로 가장 옳지 않은 것은?

① 의복을 구매할 때와 가전제품을 구매할 때 소비자들이 고려하는 점포속성변수는 달라진다.
② 고관여 제품을 구매하는 경우 점포선택에 대한 의사결정을 심사숙고할 가능성이 높다.
③ 점포이미지 같은 점포속성변수는 점포선택 뿐만 아니라 상품선택과 브랜드선택에도 영향을 미친다.
④ 소매점은 광고나 촉진활동 같은 소매믹스변수로 소비자의 점포 선택에 영향을 미칠 수 있다.
⑤ 소비자들의 점포선택에 영향을 주는 점포속성변수로는 인구규모 및 가구수 그리고 세대 비율이 대표적이다.

해설 점포속성은 매장이미지를 구성하는 요소이므로 소비자들의 점포선택에 영향을 주는 점포속성변수로는 상품, 광고, 점포분위기 등이 대표적이다.

36 소매업체가 고객의 입점유도와 궁극적인 매출증대를 위해 원가나 일반 판매가보다 훨씬 싸게 책정한 상품을 의미하는 것으로 가장 옳은 것은?

① 단수가격상품(odd pricing products)
② 묶음상품(bundling products)
③ 유통업체브랜드(private brands)
④ 미끼상품(loss leaders)
⑤ 제조업체브랜드(national brands)

해설 ① 단수가격상품 : 시장에서 경쟁이 치열할 때 소비자들에게 심리적으로 저렴하다는 느낌을 주어 판매량을 늘리려는 심리적 가격결정의 한 방법이다.
② 묶음상품 : 서로 다른 상품을 하나로 묶어 판매하는 패키지 상품을 말한다.
③ 유통업체브랜드 : 유통업자가 자체적으로 제품기획과 제조를 하여 브랜드를 결정하는 것으로 유통업자의 독자적인 브랜드명, 로고, 포장을 가지는 프라이빗 브랜드(PB)라고 부른다.
⑤ 제조업체브랜드 : 제조업자가 자사 제품에 대해 브랜드를 결정하는 것으로 통상적으로 내셔널 브랜드(NB ; National Brand)라고 한다.

37 서비스관리를 위한 7가지 요소(7P)로 가장 옳지 않은 것은?

① 장소(place)　　　　　　　　　　　② 예측(prediction)
③ 사람(people)　　　　　　　　　　　④ 물리적환경(physical evidence)
⑤ 과정(process)

해설 서비스관리를 위한 7가지 요소(7P)는 기본 프로모션믹스 4P에 확장적 프로모션믹스 요소 3P를 추가하였다.
- 4P : 가격(Price), 제품(Product), 촉진(Promotion), 유통(Place)
- 3P : 사람(People), 물리적 증거(Physical evidence), 프로세스(Process)

38 동일한 고객에게 연속적으로 수익성이 더 높은 제품 및 서비스를 판매하는 것을 의미하는 것으로 가장 옳은 것은?

① 버즈마케팅(buzz marketing)　　　　② 크로스셀링(cross-selling)
③ 업셀링(up-selling)　　　　　　　　④ 바이럴마케팅(viral marketing)
⑤ 보상판매(trade-in)

해설 ① 버즈마케팅 : 인적인 네트워크를 통하여 소비자에게 상품정보를 전달하는 마케팅기법으로, 소비자들이 자발적으로 메시지를 전달하게 하여 상품에 대한 긍정적인 입소문을 내게 하는 것을 말한다.
② 크로스셀링 : 기업이 여러 가지 상품을 취급하는 경우 특정상품의 고객에게 특정상품 구매 이외의 다른 상품도 구매하도록 유도하는 전략을 말한다.
④ 바이럴마케팅 : 네티즌들이 이메일이나 다른 전파 가능한 매체를 통해 자발적으로 어떤 기업이나 기업의 제품을 홍보할 수 있도록 널리 퍼뜨리는 마케팅 기법이다.
⑤ 보상판매 : 어떤 제품의 제조업자 또는 판매업자 등이 제품을 판매하면서 자사의 구제품을 가져오는 고객에 한하여 구제품에 대해 일정한 자산가격을 인정해주고 신제품 구입 시 일정률 또는 일정액을 할인해주는 판매방법을 말한다.

39 고객이 불만을 제기할 경우의 응대방법으로 가장 옳지 않은 것은?

① 고객이 제기하는 불만내용을 적극적으로 경청한다.
② 고객과의 논쟁이나 변명은 피하고 고객의 입장에서 성의 있는 자세로 응대한다.
③ 고객이 지나친 언어사용과 행동을 취할지라도 차분하고 이성적인 자세로 응대한다.
④ 신속하게 불만사항을 처리하고 재발 방지책을 강구한다.
⑤ 고객의 요구사항 속에 숨겨져 있는 욕구를 끄집어내기 위해 고객이 제기하는 불만에 대해 계속 질문한다.

해설 고객이 제기하는 불만에 대해 계속 질문하는 응대방법은 고객을 자극하여 불만을 더 키울 수 있으므로 고객의 입장에서 불만을 잘 들어주는 것이 좋다.

40 구매활동을 통해 구매액이 누적됨에 따라 포인트를 제공하여 재구매를 장려하고 보상하는 판매촉진도구를 의미하는 것으로 가장 옳은 것은?

① 사은품
② 할인판매
③ 경 품
④ 쿠 폰
⑤ 로열티 프로그램

해설 로열티 프로그램은 포인트나 마일리지 등과 같은 각종 보상 제도를 통하여 소비자가 해당 상품이나 브랜드를 지속적으로 사용하게 만드는 마케팅 전략을 의미한다.

41 매장 레이아웃 구성의 목적으로 가장 옳지 않은 것은?

① 구매편의 및 구매환경의 향상
② 고객의 쇼핑시간 단축효과 향상
③ 매출액 및 수익률의 향상
④ 매장 공간의 효율성 향상
⑤ 직원들의 작업능률 향상

해설 매장 레이아웃 구성의 목적은 고객들이 매장에 더 오래 머무르면서 쇼핑할 수 있게 하는 데 있다.

42 점포의 후방공간에 대한 설명으로 가장 옳지 않은 것은?

① 점포공간 중 매장 이외의 부분을 말한다.
② 작업장, 사무실, 휴게실 등의 공간을 말한다.
③ 점포의 생산성과 가장 관련이 높은 공간이다.
④ 영업형태, 취급상품 유형 등을 고려하여 후방공간의 비율을 결정한다.
⑤ 판매상품의 후방공간 체류시간을 최소화할 수 있도록 하는 레이아웃이 필요하다.

해설 후방공간은 점포의 기능성과 안전성을 중시하고 작업동선의 단순성과 단축성을 도모하는 시설이다.

43 푸시(push) 전략에 대한 설명으로 가장 옳지 않은 것은?

① 제조업자가 중간상들을 대상으로 하여 판매촉진활동을 수행하는 것을 말한다.
② 대체로 충분한 자원을 가지고 있지 못한 소규모 제조업체가 푸시전략에 의존한다.
③ 판매원의 적극적인 판매 시도가 중요한 상품의 경우 푸시전략을 활용한다.
④ 상품의 상표인지도와 애호도를 높이기 위해 광고를 푸시하는 방식을 활용한다.
⑤ 가격할인, 수량할인, 인적판매, 협동광고, 점포판매원 훈련프로그램 등을 제공한다.

해설 광고와 프로모션(홍보)을 주로 사용하며, 소비자들의 브랜드 애호가 높고, 점포에 오기 전에 미리 브랜드 선택에 대해서 관여도가 높은 상품에 적합한 전략은 풀(pull) 전략이다.

44 구매에 영향을 미치는 준거집단에 대한 설명으로 가장 옳지 않은 것은?

① 신념, 느낌 그리고 행동에 있어 비교의 기준이 되는 집단을 의미한다.
② 가족은 구매결정에 영향을 미치는 준거집단에서 제외된다.
③ 직접적인 대화뿐만 아니라 간접적인 관찰을 통해 의사결정에 대한 정보를 제공한다.
④ 특정 구매행동에 대한 인정 및 칭찬 등의 보상을 통해 구매 행동을 강화한다.
⑤ 개인의 취향이 아닌 준거집단에 동화되고 소속되기 위해 제품을 구매하기도 한다.

해설 준거집단은 소비자의 신념과 판단, 그리고 행동에 있어서 기준 또는 준거하는 집단으로, 가족은 개인의 행동에 대한 영향력이 지배적인 준거집단에 해당된다.

45 고객응대 시 발생할 수 있는 컴플레인의 원인으로 가장 옳지 않은 것은?

① 판매사원의 대고객 서비스 인식부족
② 무성의한 접객태도와 상품에 대한 관리 소홀
③ 매장상품에 대한 상품지식의 결핍
④ 판매를 완료하고자하는 적극적인 판매자세
⑤ 고객의 교환과 환불요구에 대한 미대응

해설 무리한 판매권유가 컴플레인의 원인이 될 수 있다. 무리한 강매나 강권은 고객이 쇼핑을 통해 얻는 즐거움의 감소는 물론 매장에 대한 신뢰감을 떨어뜨리고 컴플레인을 발생시킨다.

제2회 | 기출문제해설

제**2**회

제1과목 유통상식(01~20)

01 아래 글상자에서 공통으로 설명하는 소매업태로 가장 옳은 것은?

> – 업종별 유통채널에 의해 각각 제공되던 상품들을 한 번에 구매하고자 하는 소비자 니즈에 맞춘 형태임
> – 의약품, 생활용품, 식품 등을 취급하는 복합점포임
> – 건강, 미용과 관련된 제품들을 주로 판매하므로 Health & Beauty care shop이라고도 함

① 전문할인점　　　　　　　　　　② 하이퍼마켓
③ 백화점　　　　　　　　　　　　④ 편의점
⑤ 드럭스토어

해설　① 전문할인점 : 특정상품계열에 대하여 매우 깊이 있는 상품구색을 갖추어 고객에게 최대한 선택의 기회를 제공하는 소매업태로, 취급하는 특정상품계열에 대하여 다양한 상표, 크기, 스타일, 모델, 색상 등을 갖추고 고객의 취향에 맞는 상품을 선택하도록 하는 점포이다.
② 하이퍼마켓 : 대형화된 슈퍼마켓에 할인점을 접목시켜 저가로 판매하는 초대형 소매업태로, 일반적으로 대도시 근교에 설립되며, 취급품목은 슈퍼에서 주로 취급하는 식품과 생활필수품 등이고, 셀프서비스 방식으로 운영된다.
③ 백화점 : 선매품을 중심으로 생활필수품, 전문품에 이르기까지 다양한 상품 계열을 취급하며 대면 판매, 현금 정찰 판매, 풍부한 인적 · 물적 서비스로써 판매 활동을 전개하는 상품 계열별로 부문 조직화된 대규모 소매 기관이다.
④ 편의점 : 보통 편리한 위치에 입지하여 장시간 영업을 하며, 한정된 수의 품목만을 취급하는 식품점이다.

02 편의품에 대한 설명으로 가장 옳지 않은 것은?

① 상품회전율이 높은 상품이다.
② 단가가 낮으며 판매마진율 또한 낮은 상품이다.
③ 습관적으로 구매하는 상품이다.
④ 샴푸, 비누 등의 생활필수품이 해당된다.
⑤ 일반적으로 고관여 상품에 해당된다.

해설　편의품은 일반적으로 저관여 상품에 해당된다.

03 아래 글상자에서 설명하는 효과로 가장 옳은 것은?

> – 어떤 대상에 대해 일반적으로 좋거나 나쁘다고 생각하고 그 대상의 구체적인 행위들을 일반적인
>   생각에 근거하여 평가하는 경향이다.
> – 하나를 보면 열을 안다는 식으로 한 가지 좋은 점을 보고 나머지 다른 점까지 모두 좋을 것이라
>   예측하여 판단하는 것이다.

① 맥락효과(context effect)

② 방사효과(radiation effect)

③ 최신효과(recency effect)

④ 빈발효과(frequency effect)

⑤ 후광효과(halo effect)

해설 ① 맥락효과(context effect) : 처음 주어진 정보나 조건이 이후의 정보들을 받아들이고 해석하는 데 영향을 미치는
현상을 의미한다.
② 방사효과(radiation effect) : 매력적인 짝과 함께 있는 사람의 사회적인 지위나 가치를 높게 평가하는 현상을
의미한다.
③ 최신효과(recency effect) : 어떤 물건이나 사물에 대해 마지막에, 즉 가장 최근에 제시된 정보를 더 잘 기억하는
현상을 의미한다.
④ 빈발효과(frequency effect) : 첫인상이 좋지 않게 형성되었다고 할지라도, 반복해서 제시되는 행동이나 태도가
첫인상과는 달리 진지하고 솔직하게 되면 점차 좋은 인상으로 바뀌는 현상을 말한다.

04 기업이 지켜야 할 윤리규범과 관련한 내용으로 가장 옳지 않은 것은?

① 잘못을 범한 사람을 벌하거나 제재하여 불법적인 행위 예방을 강조하는 윤리규범

② 법이나 규제 등 외적 기준을 준수하는 윤리규범

③ 범죄 행위를 하지 않는 것에 목적을 두고 있는 윤리규범

④ 법적 준수를 넘어 정직, 상호 간 존중 등의 핵심 가치를 강조하는 윤리규범

⑤ 직접적인 실행여부보다 형식에 치우치는 윤리규범

해설 윤리규범은 형식에 치우치기보다 직접적인 실행여부를 중시해야 한다.

05 유통산업발전법(시행 2021.1.1. 법률 제17761호, 2020.12.29., 타법개정)상 용어의 정의로 옳지 않은 것은?

① 유통표준코드란 상품·상품포장·포장용기 또는 운반용기의 표면에 표준화된 체계에 따라 표기된 숫자와 바코드 등으로서 산업통상자원부령으로 정하는 것을 말한다.
② 판매시점 정보관리시스템이란 상품을 판매할 때 활용하는 시스템으로서 광학적 자동판독방식에 따라 상품의 판매·매입 또는 배송 등에 관한 정보가 수록된 것을 말한다.
③ 유통설비란 화물의 수송·포장·하역·운반과 이를 관리하는 물류정보처리활동에 사용되는 물품·기계·장치 등의 설비를 말한다.
④ 공동집배송센터란 여러 유통사업자 또는 제조업자가 공동으로 사용할 수 있도록 집배송시설 및 부대업무시설이 설치되어 있는 지역 및 시설물을 말한다.
⑤ 무점포판매란 상시 운영되는 매장을 가진 점포를 두지 아니하고 상품을 판매하는 것으로서 산업통상자원부령으로 정하는 것을 말한다.

해설 물류설비란 화물의 수송·포장·하역·운반과 이를 관리하는 물류정보처리활동에 사용되는 물품·기계·장치 등의 설비를 말한다.

06 도소매업의 유형과 특징에 대한 설명 중에서 가장 옳지 않은 것은?

① 도매상은 재판매 또는 사업을 목적으로 구매하는 고객에게 상품을 판매하고 이와 관련된 활동을 수행하는 상인이다.
② 소매상은 최종 소비자를 대상으로 활동하기 때문에, 최종 소비자의 요구사항에 관심을 가진다.
③ 도매상은 소매상에 비하여 더 넓은 상권을 대상으로 대규모의 거래를 한다는 점이 특징이다.
④ 도매상이 수행하는 기능은 기본적으로 조달과 분배이며, 다수의 제조업자들로부터 상품을 구매하여 이를 소매상에게 배분하는 기능을 수행한다.
⑤ 소매상의 유형은 크게 슈퍼마켓과 백화점 같은 무점포소매상과 방문판매나 자동판매기 같은 점포형 소매상으로 나눌 수 있다.

해설 소매상의 유형은 크게 슈퍼마켓과 백화점 같은 점포소매상과 방문판매나 자동판매기 같은 무점포형 소매상으로 나눌 수 있다.

07 아래 글상자의 내용 중에서 상대적으로 높은 고객접촉도를 가지는 업무의 특성을 모두 나열한 것으로 가장 옳은 것은?

> ㉠ 고객 응대 위치는 분산된다.
> ㉡ 종업원의 역량 중 대인관계 기술이 중요하다.
> ㉢ 업무처리는 자동화와 표준화가 중시된다.
> ㉣ 업무의 핵심가치는 효율성이다.

① ㉠, ㉡   ② ㉠, ㉢

③ ㉡, ㉢   ④ ㉡, ㉣

⑤ ㉢, ㉣

해설 ㉠·㉡ 상대적으로 높은 고객접촉도를 가지는 업무의 특성
㉢·㉣ 상대적으로 낮은 고객접촉도를 가지는 업무의 특성

08 판매원이 갖추어야 할 시장지식으로 가장 옳은 것은?

① 주문서 작성방법   ② 상품의 재고상황

③ 상품의 원산지   ④ 고객의 구매행동 특성

⑤ 상품의 보증기간

해설 ① 회사 및 업무지식
②·③·⑤ 상품지식

09 아래 글상자 내용 중 서비스품질을 측정할 수 있는 차원을 모두 나열한 것으로 가장 옳은 것은?

> ㉠ 신뢰성(reliability)   ㉡ 확신성(assurance)
> ㉢ 무형성(intangibility)   ㉣ 공감성(empathy)
> ㉤ 반응성(responsiveness)

① ㉠   ② ㉠, ㉡

③ ㉠, ㉡, ㉢   ④ ㉠, ㉡, ㉣, ㉤

⑤ ㉠, ㉡, ㉢, ㉣, ㉤

해설 무형성은 서비스의 특성에 해당한다. 서비스품질을 측정할 수 있는 5개의 차원에는 유형성, 신뢰성, 대응성(반응성), 확신성, 공감성 등이 있다.

10 텔레마케팅을 진행할 경우 지켜야 할 전화예절로 가장 옳지 않은 것은?

① 전화는 즉시 받는다.
② 신원을 확실하게 밝힌다.
③ 매너와 에티켓을 지킨다.
④ 간결하고 알아듣기 쉽게 말한다.
⑤ 강한 억양으로 목소리를 높여 빠르게 말한다.

해설 전화응대 시에는 부드러운 억양과 적정한 목소리 톤으로 천천히 정확히 말해야 한다.

11 아래 글상자의 괄호 안에 들어갈 용어를 순서대로 나열한 것으로 가장 옳은 것은?

> 프랜차이징은 (㉠)가 (㉡)에 대해 제품, 서비스 이외에도 상점관리의 노하우 등을 제공하는 대
> 가로 계약금, 로열티, 임대료 등의 수입을 얻는 프랜차이즈 계약에 의해 운영된다.

① ㉠ 가맹본부, ㉡ 가맹점사업자
② ㉠ 가맹점사업자, ㉡ 가맹본부
③ ㉠ 가맹본부, ㉡ 제조업체
④ ㉠ 제조업체, ㉡ 가맹본부
⑤ ㉠ 유통업체, ㉡ 제조업체

해설 프랜차이징은 모회사나 본부가 가맹점에게 특정 지역에서 일정 기간 동안 영업할 수 있는 권리와 특권을 부여하고 그 대가로 로열티를 받는 시스템을 말한다.

12 중간상의 존재로 나타나는 효과로 가장 옳지 않은 것은?

① 총 거래수의 감소
② 거래의 표준화
③ 상품 및 시장정보의 제공
④ 생산자의 재고 비용 증대
⑤ 시간, 장소, 형태상의 불일치 해소

해설 무조건적으로 제조와 유통기관을 통합하여 대규모화하기보다는 각각의 유통기관이 적절한 규모로 역할분담을 하는 것이 비용 면에서 훨씬 유리하므로 중간상의 존재로 인해 생산자의 재고 비용이 감소한다.

13 최근에 등장한 O2O에 대한 설명으로 가장 옳지 않은 것은?

① 음료 주문을 온라인에서 하고, 제품은 매장에서 수령하기도 한다.
② 개인 간의 거래에 활발하게 이용되고 있다.
③ 온라인 플랫폼을 통해 승객과 기사를 연결해 주기도 한다.
④ 온라인과 오프라인의 장점을 결합하고 있다.
⑤ 일반적으로 B2C 거래에서 활용된다.

[해설] O2O(Online to Offline) : 온라인과 오프라인을 유기적으로 결합해서 새로운 가치를 창출해내는 서비스다. O2O는 주로 소비자와 기업 간의 거래에 활발하게 이용되고 있다.

14 상품의 다양성과 구색처럼 취급하는 상품계열에 따른 소매상의 분류 유형으로 가장 옳지 않은 것은?

① 할인점   ② 백화점
③ 전문점   ④ 대형마트
⑤ 셀프서비스

[해설] 셀프서비스는 판매방식에 따른 유형에 해당한다.

15 소매업의 역할 중 소비자에 대한 기능으로 가장 옳지 않은 것은?

① 올바른 상품을 적시에 제공하는 역할
② 필요한 상품의 재고를 보유하는 역할
③ 쇼핑의 즐거움을 제공하는 역할
④ 위험을 부담하고 금융기능을 제공하는 역할
⑤ 소비자 가격을 결정하는 역할

[해설] 위험을 부담하고 금융기능을 제공하는 역할은 소매업의 역할 중 생산 및 공급업자에 대한 기능이다.

16 판매원이 매장 내에서 수행하는 업무로 가장 옳지 않은 것은?

① 제품판매   ② 소비자 불만처리
③ 제품수납   ④ 인건비 관리
⑤ 제품진열

[해설] 인건비 관리는 매장 책임자, 즉 관리자가 수행하는 업무이다.

17 기업의 사회적 책임 활동에 대한 내용으로 가장 옳지 않은 것은?

① 기업과 관련된 이해 당사자들이 기업에 어떠한 사회적 책임을 요구하고 있는지에 대한 분석과 이해가 필요한 활동이다.

② 기업 이윤추구와의 연관성을 고려해서 기업이 어떠한 사회적 책임 활동을 수행할 것인지 찾아 실행하는 것이다.

③ 법률에 의해 의무적으로 실행하도록 요구된 활동만을 충실히 실행하는 것이다.

④ 사회구성원들의 공동이익 창출에 유익한 활동을 계획하고 실행하는 것이다.

⑤ 기업이 처해있는 사회 환경 속에서 사회 전체 이익에 기여할 수 있는 방안을 찾아 실행하는 것이다.

해설 기업은 법률에 의한 의무적인 책임뿐만 아니라 도덕적 측면에서의 자발적인 책임에 의한 활동도 충실히 실행해야 한다.

18 아래 글상자에서 설명하는 소매상 발전이론으로 가장 옳은 것은?

> - 사회, 경제적인 소매환경이 변화함에 따른 소매상의 진화와 발전을 진입단계, 성장단계, 쇠퇴단계의 세 가지 단계로 나누어 설명한다.
> - 백화점과 같은 고급점포나 자동판매기 같은 고마진/고가격을 추구하는 소매상에 대해서는 설명할 수 없다.

① 자연도태설   ② 소매수레바퀴가설
③ 변증법 과정   ④ 소매상 수명주기이론
⑤ 소매아코디언이론

해설 ① 자연도태설 : 환경에 적응하는 소매상만이 생존·발전하고, 적응하지 못하는 소매상은 자연적으로 도태된다는 이론이다.
③ 변증법 과정 : 두 개의 서로 다른 경쟁적인 소매업태가 하나의 새로운 소매업태로 합쳐지는 소매업태 혁신의 합성이론을 의미한다.
④ 소매상 수명주기이론 : 새로운 소매형태가 시장에 도입된 이후에 시간이 흘러감에 따라 제품수명주기와 같은 도입기 → 성장기 → 성숙기 → 쇠퇴기를 거치는 현상을 설명하는 이론이다.
⑤ 소매아코디언이론 : 소매점은 다양한 상품 구색을 갖춘 점포로 시작하여 시간이 경과함에 따라 점차 전문화되고 한정된 상품 계열을 취급하는 소매점 형태로 진화하며, 이는 다시 다양하고 전문적인 상품 계열을 취급하는 소매점으로 진화해간다고 본다. 그 진화과정인 상품믹스의 확대 → 수축 → 확대 과정이 아코디언과 유사하여 이름 붙여진 이론이다.

19 아래 글상자에서 설명하는 유통경로가 창출하는 효용 중 형태효용을 모두 나열한 것으로 가장 옳은 것은?

> ㉠ 24시간 영업하는 편의점을 소비자가 원하는 시간에 이용
> ㉡ 정수기, 비데 등의 제품을 렌트를 통해 이용
> ㉢ 치약, 비누, 커피 같은 편의품을 편의점뿐만 아니라 대형 마트에서도 구매 가능
> ㉣ 1인 가구의 증가에 맞춰 소량 포장 식품을 판매
> ㉤ 신선식품의 신선도를 높게 보이도록 랩을 씌우거나 진열장의 온도가 보이도록 진열

① ㉠, ㉡　　　　　　　　　　　② ㉢, ㉣
③ ㉣, ㉤　　　　　　　　　　　④ ㉠, ㉡, ㉢
⑤ ㉡, ㉢, ㉤

해설 형태효용은 상품을 소비자가 원하는 수량과 형태로 바꾸어 제공함으로써 소비자가 가치를 인식할 수 있도록 하는 것이다. 대량생산되는 상품을 소비지에서 요구하는 적절한 수량으로 분할하는 것, 상품이 매력적으로 보이도록 포장·진열하는 것을 형태효용의 창출로 볼 수 있다.
㉠ 시간효용
㉡ 소유효용
㉢ 장소효용

20 아래 글상자에서 설명하는 내용과 관련이 깊은 용어로 가장 옳은 것은?

> 판매원은 양질의 서비스를 제공하기 위해 자신의 기분과는 상관없이 조직을 대신해 고객에게 친근감, 공손함, 공감 등을 표현한다. 이러한 경우 이로 인한 많은 부담과 스트레스를 느끼게 된다.

① 감정노동
② 품질과 생산성간의 상충관계
③ 고객 간 갈등
④ 응답성
⑤ 판매원의 사회화

해설 실제 자신이 느끼는 감정과는 무관하게 직무를 행해야 하는 감정적 노동을 감정노동이라 하며, 이러한 직종 종사자를 감정노동 종사자라 한다. 자신이 느끼는 감정을 억누른 채, 자신의 직무에 맞게 정형화된 행위를 해야 하는 감정노동은 감정적 부조화를 초래하며 심한 스트레스를 유발한다. 이를 적절하게 해소하지 못하는 경우 좌절, 분노, 적대감 등 정신적 스트레스와 우울증을 겪게 되며, 심한 경우 정신질환 또는 자살로 이어질 수 있으므로, 감정노동 종사자들은 이에 대한 대비가 필요하다.

21 상품의 구성요소로 가장 옳지 않은 것은?

① 기능과 품질
② 브랜드
③ 패키징(Packaging)
④ 레이블링(Labeling)
⑤ 판매자 정보

해설 상품의 구성요소에는 상품의 종류, 품질 및 품질보증, 디자인, 상품의 특징, 브랜드 네임, 상품의 포장·크기·규격, 서비스 및 A/S 등이 있다.

22 점포의 공간 관리 중 고객의 시선을 사로잡아 점포로 끌어들이는 역할을 수행하는 것으로 가장 옳은 것은?

① 후퇴평면 진열
② 멀티숍
③ 버블계획
④ 엔드 매대
⑤ 쇼윈도

해설 쇼윈도(show window)는 지나가는 사람들의 시선을 끌어 구매욕을 복돋움으로써 점포 내로 손님을 유도하는 것이 목적이기 때문에, 단순히 상품을 늘어놓는 것이 아니라 연구와 고안을 해야 한다. 어떤 경우에는 윈도를 하나의 무대로 보고 개개의 상품을 배치하며, 어떤 경우에는 조명효과나 움직이는 장치를 더하여 눈길을 끈다.
① 후퇴평면 진열 : 상품을 진열할 때 안쪽에서부터 평평하게 놓는 방식으로 전면과 윗부분에 공간이 생겨 양감이 없다.
② 멀티숍 : 여러 브랜드의 제품을 한 곳에 모아놓고 판매하는 점포를 말하는데, 이는 특정 브랜드의 제품만 판매하는 '브랜드 숍'과는 다르게 여러 상표를 비교해 구입할 수 있는 장점이 있다. 편집매장 또는 복합매장이라고 한다.
③ 버블계획 : 점포의 주요 기능 공간의 규모 및 위치를 간략하게 보여주는 것을 말한다.
④ 엔드 매대 : 엔드 진열은 진열선 끝 엔드 곤돌라에 상품을 대량으로 쌓아 변화 진열을 하는 방식으로 엔드 곤돌라는 고객의 눈에 가장 잘 띄는 장소이기 때문에 중요한 자리이다.

23 판매원이 갖추어야 할 의사소통의 기술에 대한 설명으로 가장 옳지 않은 것은?

① 지나친 전문용어, 외국어를 남발하지 않는다.

② 명령형보다 의뢰형으로 바꾸어 말한다.

③ 부정형은 긍정 혹은 권유하는 말로 바꾸어 사용한다.

④ 발음은 또박또박 명확하게 한다.

⑤ 친근감을 위해 유행어, 속어 등을 사용한다.

해설 유행어, 속어 등의 사용을 삼가야 한다.

24 진실의 순간(MOT ; Moments of Truth), 즉 고객접점관리에 대한 설명으로 가장 옳지 않은 것은?

① 고객에 대한 세심한 배려가 필요하다.

② 매장의 청결, 상품의 진열 상태도 영향을 준다.

③ 신속한 대응을 위해 종업원에게 권한 위임이 필요하다.

④ 고객이 종업원과 마주하는 첫 10분간만 적용된다.

⑤ 여러 접점 중 단 한 곳에서라도 부정적 인상을 준다면 기업의 이미지는 손상된다.

해설 진실의 순간(MOT), 즉 고객접점서비스란 고객과 서비스요원 사이의 15초 동안의 짧은 순간에서 이루어지는 서비스로서 이 15초 동안에 고객접점에 있는 최일선 서비스요원이 책임과 권한을 가지고 우리 기업을 선택한 것이 가장 좋은 선택이었다는 사실을 고객에게 입증시켜야 한다는 것이다.

25 식료품점이나 드럭스토어처럼 공간효율성을 강조하는 점포에 적합한 배치방법으로 가장 옳은 것은?

① 나선형 배치 　　　　　　② 루프형 배치

③ 자유형 배치 　　　　　　④ 경주로형 배치

⑤ 격자형 배치

해설 격자형 배치는 어떤 형태의 배치보다도 판매 공간을 효율적으로 사용할 수 있다.

③ 자유형 배치 : 고객이 자유로운 쇼핑과 충동적인 구매를 기대하는 매장에 적격인 점포배치로, 제품진열공간이 적어 제품당 판매비용이 많이 소요되는 형태의 방식이다.

④ 경주로형 배치 : 주된 통로를 중심으로 여러 매장 입구가 연결되어 있어 고객이 매장을 손쉽게 둘러 볼 수 있기에 진열된 제품을 최대한 노출시킬 수 있다는 장점이 있다.

26 점포 내에서 이루어지는 비가격 판매촉진수단에 대한 설명으로 가장 옳지 않은 것은?

① 보너스 팩(bonus pack)은 묶음포장, 번들 형태로 정상가격에 제품을 추가 제공하는 방식을 말한다.

② 샘플링(sampling)은 정상제품을 소량 견본품으로 제작하여 저렴한 가격에 판매하는 방식을 말한다.

③ 공개시연(demonstration)은 실제 제품의 시연을 통해 사용법과 기능의 특장점을 홍보하는 방법을 말한다.

④ 멤버십(membership)은 회원에 대하여 우대 특전을 제공하는 로열티 프로그램 방식을 말한다.

⑤ 콘테스트(contest)는 사은품 및 상금을 획득하기 위해 퀴즈, 공모 등을 통해 소비자가 참여하는 경진대회 형태의 촉진수단을 말한다.

해설 샘플링(sampling)은 주로 신제품의 경우 구매자들이 시험 삼아 사용할 수 있을 만큼의 양으로 포장하여 무료로 제공하는 것을 말한다.

27 고객 불만 처리 시 응대요령으로 가장 옳지 않은 것은?

① 고객을 존중하는 태도로 응대한다.

② 고객과 논쟁하지 않는다.

③ 고객에 대한 선입견을 가지고 자기 통제력을 유지한다.

④ 고객의 의견을 긍정적으로 경청한다.

⑤ 고객의 입장에 공감하며 성의 있는 자세로 임한다.

해설 고객에 대한 선입견을 버리고 자기 통제력을 유지한다.

28 매장에 상품을 진열할 때 유의할 사항으로 가장 옳지 않은 것은?

① 상품, 가격, 용량을 보기 쉽게 진열한다.

② 상품의 훼손을 피하기 위해 고객의 손이 닿지 않게 진열한다.

③ 상표가 잘 보이게 진열한다.

④ 상품이 무너지지 않게 안정적으로 진열한다.

⑤ 고객의 쇼핑 편의를 위해 품종경계를 구분하여 진열한다.

해설 상품진열은 고객이 손으로 집기 쉬워야 한다는 원칙이 있으므로 고객의 손이 잘 닿도록 진열해야 한다.

29 구매시점(POP ; Point of Purchase)광고에 대한 설명으로 가장 옳지 않은 것은?

① 주로 소매점의 점두나 진열대 및 점포 내에 전시한다.

② 소비자들의 구매를 유도할 목적으로 사용되는 판매촉진전략 중 하나이다.

③ 매장의 분위기나 이미지 연출과는 관련이 없다.

④ 판매원의 도움 없이 제품 정보를 제공하기도 한다.

⑤ 소비자의 충동구매를 유인하는 역할을 한다.

해설 POP 광고는 포스터, 현수막, 계절 POP 등으로 점포 내부의 이미지를 조성하므로 매장의 분위기나 이미지 연출과 관련이 있다.

30 고객불만 처리 방법 중 하나인 MTP법에 대한 내용으로 가장 옳지 않은 것은?

① M은 사람(Man)에 대한 부분으로 고객의 불만에 응대하는 사람을 바꾼다.

② T는 책임감(Take responsibility)에 대한 부분으로 친절, 신속하게 책임지고 해결한다.

③ 고객의 언성이 높아질 경우 상급자가 응대할 수 있도록 안내한다.

④ 고객이 서있을 경우 편안한 장소로 이동하여 앉도록 한다.

⑤ 매장에서 불만이 발생한 고객을 고객만족팀 또는 소비자 상담실로 안내한다.

해설 T는 시간(Time)에 대한 부분으로 고객이 잠시 진정할 시간을 주고, 응대하는 직원 역시 진정할 시간을 줌으로써 차분하게 원인을 파악하고 해결할 수 있도록 시간을 주는 것이다.

31 기업의 각 제품에 고유한 브랜드명을 붙여 브랜드별로 서로 다른 세분시장을 목표로 삼을 때 유용한 브랜딩전략으로 가장 옳은 것은?

① 다제품브랜딩(multiproduct branding)

② 다수브랜딩(multibranding)

③ 프라이빗브랜딩(private branding)

④ 재판매자브랜딩(reseller branding)

⑤ 제휴브랜딩(co-branding)

해설 ③ 프라이빗브랜딩(private branding) : 유통업자가 자체적으로 제품기획과 제조를 하여 브랜드를 결정하는 것으로 유통업자의 독자적인 브랜드명, 로고, 포장을 가지는 브랜드이다.
⑤ 제휴브랜딩(co-branding) : 두 개 이상의 기업들이 연합하여 공동으로 사용하기 위해 개발된 브랜드이다.

32 포장에 대한 설명으로 가장 옳지 않은 것은?

① 포장은 용기를 포함하여 제품을 감싸는 물체를 총칭한다.
② 포장은 제품의 이미지를 향상시켜 주는 기능을 갖는다.
③ 포장은 고객이 구매의사 결정을 내리는 것과는 무관하다.
④ 포장을 통해 유통업체와 소비자에게 운반용이성을 제공한다.
⑤ 제품의 보호는 포장의 기능 중 하나이다.

[해설] 포장은 판매촉진과 선물 가치를 보여주는 목적이 있으므로 고객이 구매의사 결정을 내리는 것과 연관이 있다.

33 고객응대 시 사용할 수 있는 설득화법에 대한 내용으로 가장 옳지 않은 것은?

① 고객의 특성이나 의도를 정확하고 신속하게 파악한다.
② 고객의 수준에 적합한 표현을 한다.
③ 고객의 장점을 인정하여 칭찬을 아끼지 않는다.
④ 고객의 말에 귀를 기울이고 고객의 반응을 살피면서 대화한다.
⑤ 정치문제나 종교에 대한 이야기를 통해 공감대를 형성한다.

[해설] 정치문제나 종교에 대한 이야기는 민감한 사안이므로 고객응대 시 사용하지 않는 것이 좋다.

34 교차판매에 적합한 상품유형으로 가장 옳은 것은?

① 대체재   ② 보완재
③ 정상재   ④ 사치재
⑤ 필수재

[해설] 교차판매는 자체 개발한 상품에만 의존하지 않고 관련된 제품까지 판매하는 적극적인 판매방식으로, 고객이 선호할 수 있는 추가제안을 통해 다른 제품을 추가 구입하도록 유도하는 판매방법이므로 보완재에 가장 적합하다.

35 아래 글상자의 괄호 안에 들어갈 용어로 가장 옳은 것은?

제품을 크게 (㉠)(과)와 (㉡)(으)로 분류할 경우 (㉠)(은)는 최종소비자가 소비를 목적으로 구매하는 제품이고, (㉡)(은)는 기업이 제품이나 서비스를 생산하는 데 투입하기 위해서 구매하는 제품이다.

① ㉠ 편의품, ㉡ 선매품
② ㉠ 편의품, ㉡ 전문품
③ ㉠ 선매품, ㉡ 전문품
④ ㉠ 소비재, ㉡ 산업재
⑤ ㉠ 산업재, ㉡ 소비재

해설 소비재와 산업재
• 소비재 : 사람들이 욕망을 채우기 위해 일상생활에서 직접 소비하는 재화로, 소비자가 구입·이용한다고 해서 소비자재라고도 한다.
• 산업재 : 기업이 판매를 목적으로 하는 제품을 생산하기 위해 직·간접적으로 필요한 재화. 원자재, 부품, 설비, 기구, 소모품 등을 의미한다.

36 매장에서 근무하는 판매원의 자세로 가장 옳지 않은 것은?

① 찾아온 고객을 관심 있게 응시하되 뚫어지게 쳐다보지는 않는다.
② 가급적 사적인 용건을 삼가며 판매사원간의 예의를 지킨다.
③ 근무 중에 다른 생각을 하며 무표정하게 서 있지 않는다.
④ 고객이 상품을 보고 있을 때 쇼케이스와 고객 사이를 통로 삼아 지나가지 않는다.
⑤ 고객응대 중에 다른 고객이 부르면 고개만 돌려서 확인했음을 알려준다.

해설 고객응대 중에 다른 고객이 부르면 정중하게 잠시만 기다려달라고 양해를 구하는 것이 좋다.

37 POS(Point of Sales)시스템을 통해 획득한 자료를 활용가능한 분야로 가장 옳지 않은 것은?

① 시간대별 매출분석
② 인기상품, 비인기상품에 대한 상품판매 동향 분석
③ 적정 발주 및 재고량 산출
④ 고객 연령대별 판매 분석
⑤ 적정 물류비 및 배송비 분석

해설 POS시스템을 통해 획득한 자료로 상품정보관리, 매출분석, ABC분석을 활용한 인기/비인기상품의 판매동향, 재고관리와 자동발주, 고객관리(고객속성정보, 상품이력정보)에 활용할 수 있다.

38 아래 글상자의 괄호 안에 들어갈 용어로 가장 옳은 것은?

> 브랜드 자산은 높은 (㉠)와 독특하고 강력한 (㉡)(으)로부터 형성된다.

① ㉠ 브랜드 아이덴티티, ㉡ 브랜드 인지도
② ㉠ 브랜드 인지도, ㉡ 브랜드 이미지
③ ㉠ 브랜드 인지도, ㉡ 브랜드 확장
④ ㉠ 브랜드 아이덴티티, ㉡ 브랜드 확장
⑤ ㉠ 브랜드 이미지, ㉡ 라인 확장

해설 브랜드 자산은 소비자들에게 그 브랜드의 의미를 지속적으로 전달해주는 마케팅 활동을 통해서 브랜드 인지도 및 이미지를 높임으로써 보다 강화할 수 있다.

39 서비스의 기본 특성으로 가장 옳지 않은 것은?

① 무형성   ② 비분리성
③ 이질성   ④ 소멸성
⑤ 유형성

해설 서비스의 특성에는 무형성, 비분리성, 이질성, 소멸성 등이 있다. 유형성은 SERVQUAL(서비스품질의 측정도구)의 5개 차원에 해당한다.

40 소비자를 대상으로 하는 판매촉진 방법으로 가장 옳지 않은 것은?

① 할인쿠폰   ② 세 일
③ 보너스 팩   ④ 사은품
⑤ 판매장려금

해설 소비자를 대상으로 하는 판매촉진 방법에는 쿠폰, 리베이트, 보너스 팩, 견본품, 프리미엄(사은품 제공), 할인판매(세일), 콘테스트, 추첨 등이 있다.

> **보충설명**
>
> **판매장려금**
> 다량 구매자나 고정거래처의 매출에 따른 반대급부로, 거래수량이나 거래금액에 따라 '장려의 뜻'으로 지급하는 금액 등을 처리하는 계정이다.

41 커뮤니케이션(communication) 과정에 대한 설명으로 가장 옳지 않은 것은?

① 발신자(sender)는 메시지를 보내는 주체이다.

② 부호화(encoding)는 발신자가 전달하고자 하는 메시지 내용을 시각적, 청각적 부호 등으로 전환시키는 과정이다.

③ 반응(response)은 메시지를 전달한 후의 발신자 행동을 의미한다.

④ 잡음(noise)은 커뮤니케이션 과정에서 끼어드는 방해요인으로, 계획되지 않은 현상이나 왜곡이 일어나는 것을 뜻한다.

⑤ 해독화(decoding)란 발신자가 부호화하여 전달한 의미를 수신자가 해석하는 과정을 말한다.

해설 반응(response)은 메시지를 전달한 후의 수신자 행동을 의미한다.

42 소매업체의 서비스 회복(service recovery)에 대한 설명으로 가장 옳지 않은 것은?

① 고객의 소리에 귀를 기울인다.

② 공정한 해결책을 제공한다.

③ 신속하게 문제를 처리한다.

④ 고객의 불만·불평에 공감하려는 자세가 필요하다.

⑤ 서비스 실패 시 서비스 회복은 불가능하다.

해설 서비스 실패 시에는 고객 불만족 수준에 적절한 보상(금전, 사과 등)을 제공하거나 불만족한 고객에게 접점 직원이 사려 깊고 친절한 설명으로 문제를 해결하여 고객 불평에 효과적으로 대응함으로써 서비스 회복이 가능하다.

43 구매 후 자신의 구매의사결정에 대한 고객의 심리적 불안감을 낮춰주기 위한 사후관리 활동으로 가장 옳은 것은?

① 구매 대안들에 대한 다양한 정보를 제공한다.

② 소비자에게 문제해결의 시급성과 당위성을 느끼게 해야 한다.

③ 소비자에게 문제를 인식하는 계기를 제공한다.

④ 판매 이후 해당 제품의 우수성 등에 대한 자료를 소비자에게 꾸준히 제공한다.

⑤ 구매 대안들에 대한 평가 기준을 제시해준다.

해설 ①·⑤는 구매 전 의사결정을 위한 사전관리 활동에 해당되고, ②·③은 오히려 고객의 심리적 불안감을 높이는 활동에 해당되므로 옳지 않다.

44 POS(Point of sales)시스템에 대한 설명으로 가장 옳지 않은 것은?

① POS시스템 도입으로 잘 팔리는 상품과 잘 팔리지 않는 상품을 선별할 수 있는 단품관리가 가능해 졌다.

② POS터미널은 통신기능과 금전등록기능을 갖춘 컴퓨터 본체와 스캐너로 구성되어 있다.

③ POS는 모든 정보원천으로부터 고객정보를 통합·분석하는 고객관계관리 시스템이다.

④ POS시스템 도입으로 매상등록시간이 단축되었다.

⑤ POS시스템 도입으로 인해 판매원의 입력오류를 방지할 수 있다.

해설 모든 정보원천으로부터 고객정보를 통합·분석하는 고객관계관리 시스템은 CRM(고객관계관리)에 대한 설명이다.

45 제품 및 서비스에 대해 개인이 가지고 있는 비교적 일관된 평가, 느낌, 행동성향을 의미하는 고객의 심리적 요인으로 가장 옳은 것은?

① 동 기   ② 지 각

③ 학 습   ④ 성 격

⑤ 태 도

해설 소비자의 구매행위는 동기, 지각, 학습, 태도의 네 가지 심리적 요소에 의해 영향을 받는다.
- 동기 : 어떤 목표를 달성하기 위하여 개인의 에너지가 동원된 상태
- 지각 : 내적·외적환경으로부터 오는 자극을 받아들이고, 그 자극의 의미를 도출하는 과정
- 학습 : 경험으로 인한 개인의 행동 변화
- 태도 : 소비자들이 일정 제품이나 상표 또는 점포를 지속적으로 싫어하거나 좋아하는 경향

제**3**회 | 기출문제해설

제

제1과목 유통상식(01~20)

01 소비자가 관심이 있거나 자기의 욕구와 관련되는 자극에는 주의를 더 기울이고, 그렇지 않은 자극에는 주의를 기울이지 않는 지각의 유형으로 가장 옳은 것은?

① 지각적 조직화(perceptual organization)
② 지각적 방어(perceptual defense)
③ 지각적 균형(perceptual equilibrium)
④ 지각적 경계(perceptual vigilance)
⑤ 지각적 유추(perceptual inference)

해설 지각적 경계는 소비자가 자신을 자극하는 동기와 관련성이 높을수록 그 자극에 대하여 주의를 기울이는 일을 의미한다.
① 지각적 조직화 : 소비자는 지각 대상을 개별적으로 분리해서 지각하지 않고, 그보다는 자극이 다른 대상, 사건, 이미지와 맺는 관계를 근거로 이를 파악하고 통합하는 경향이 있어 소비자는 이러한 자극을 의미 있는 덩어리로 파악한다. 또한 소비자는 새로운 자극이 주어지면 이를 우리의 기억 속에 있는 정보와 연결해 처리하는데 이러한 과정을 지각적 조직화라 한다.
② 지각적 방어 : 사람은 외부 정보를 자신의 기존 신념과 태도에 일치하도록 변형, 왜곡하는 경향이 있어 소비자는 자신이 원하는 대상은 잘 지각하지만 보고 싶지 않은 대상은 보려고 하지 않는 것을 의미한다.
③ 지각적 균형 : 소비자가 구매에 앞서 기존의 신념과 일치하는 정보를 선택하고 신념을 확고히 하도록 정보를 이해하는 상태를 말한다.

02 유통의 기능 중 유통조성활동으로 가장 옳지 않은 것은?

① 잠재고객의 발견, 구매유발을 위한 판매상담 및 판매촉진활동
② 거래 과정에서 거래단위, 가격, 지불조건 등을 표준화시키는 활동
③ 운전 자본 및 신용을 조달하고 관리하는 금융활동
④ 유통과정에서 발생되는 물리적, 경제적 위험을 유통기관이 부담하는 위험부담활동
⑤ 기업이 필요로 하는 합법적인 소비자 정보 및 상품정보를 수집·제공하는 활동

해설 유통 조성기능은 소유권 이전 기능과 물적 유통 기능이 원활히 수행될 수 있도록 지원해 주는 기능으로 표준화 기능, 시장 금융 기능, 위험 부담 기능, 시장 정보 기능 등 크게 네 가지로 구분할 수 있다.

03 청소년 보호법(법률 제18550호, 2021.12.7., 일부개정)에서 정한 인터넷게임 제공자가 16세 미만의 청소년 회원가입자의 친권자등에게 고지해야 하는 사항에 해당하지 않는 것은?

① 제공되는 게임의 특성
② 게임의 유료화정책 등에 관한 기본적인 사항
③ 제공되는 게임의 등급
④ 인터넷게임의 판매 · 대여 · 유통경로
⑤ 인터넷게임 이용 등에 따른 결제정보

해설 인터넷게임 제공자의 고지 의무(청소년 보호법 제25조 제1항)
인터넷게임의 제공자는 16세 미만의 청소년 회원가입자의 친권자등에게 해당 청소년과 관련된 다음의 사항을 알려야 한다.
• 제공되는 게임의 특성 · 등급 · 유료화정책 등에 관한 기본적인 사항
• 인터넷게임 이용 등에 따른 결제정보

04 전문점의 상품구색에 대한 설명으로 가장 옳지 않은 것은?

① 상품계열별로 거의 대부분의 품목들을 구비하고 있는 깊고 좁은 상품구색이다.
② 여러 종류의 상품계열을 취급하지 않기 때문에 비용이 적게 드는 이점이 있다.
③ 제한된 상품계열의 전문성 확보를 통해서 고객만족을 실현하고자 한다.
④ 상품에 대한 폭넓은 지식과 정보를 갖춘 전문판매원의 확보와 배치가 필요하다.
⑤ 특정 상품계열에 대해 다양한 상품비교가 가능하기 때문에 소비자를 점포로 흡인할 수 있는 능력이 높다.

해설 특정 상품계열에서 전문점과 같은 깊은 상품구색을 갖추고 저렴하게 판매하는 것을 원칙으로 하여 소비자를 점포로 흡인시키는 것은 카테고리 킬러이다.

05 서비스품질격차모형(Gap 모형)에서 고객이 기대했던 서비스와 실제 제공받은 서비스에 대한 격차에 해당하는 것은?

① Gap 1   ② Gap 2
③ Gap 3   ④ Gap 4
⑤ Gap 5

해설 서비스품질의 격차모형 요약
서비스품질은 Gap 5에 의해 결정되며, Gap 5는 Gap 1에서 4에 의해 결정된다.
Gap 1 : 고객이 기대한 서비스와 경영진의 고객의 기대에 대한 인식 차이(경영자의 인지 격차)
Gap 2 : 경영자의 인식과 실행 가능한 서비스 수준의 차이(경영자의 인지 격차)
Gap 3 : 실행 가능한 서비스와 실제 제공된 서비스의 차이(서비스 전달 격차)
Gap 4 : 제공된 서비스와 홍보된 서비스 간의 차이(시장 커뮤니케이션 격차)
Gap 5 : 고객이 기대한 서비스와 경험한 서비스(경험한 서비스 격차)

06 바코드 마킹 기법 중 소스마킹(source marking)에 대한 설명으로 가장 옳지 않은 것은?

① 제조 및 수출업자가 상품을 생산, 포장하면서 인쇄한다.
② POS시스템 도입으로 생선, 정육 등에 주로 사용한다.
③ 유통업체의 매출등록 간편화, 표시비용이 절감된다.
④ 광고 및 판매촉진의 효과를 측정할 수 있다.
⑤ 재고관리의 효율성을 도모할 수 있다.

해설 청과, 생선, 야채, 정육 등에 주로 사용하는 것은 인스토어마킹이다. 소스마킹은 주로 가공식품, 잡화 등을 대상으로 실시한다.

07 양성평등기본법(법률 제18099호, 2021.4.20., 일부개정)에서 규정하고 있는 내용으로 가장 옳지 않은 것은?

① 양성평등정책 기본계획 및 추진체계
② 양성평등정책의 기본시책
③ 여성발전기금
④ 자녀 양육에 관한 모성 및 부성의 권리 보장
⑤ 양성평등정책 관련 기관 및 시설과 단체 등의 지원

해설 ① 양성평등정책 기본계획 및 추진체계 : 양성평등기본법 제2장
② 양성평등정책의 기본시책 : 양성평등기본법 제3장
④ 자녀 양육에 관한 모성 및 부성의 권리 보장 : 양성평등기본법법 제25조
⑤ 양성평등정책 관련 기관 및 시설과 단체 등의 지원 : 양성평등기본법 제5장

08 도매상의 혁신전략과 주요 내용에 대한 설명으로 옳지 않은 것은?

구 분	전 략	주요 내용
㉠	자산의 재배치 전략	핵심사업 강화 목적의 조직 재설계
㉡	다각화 전략	다각화를 통한 유통라인 개선
㉢	수직적 통합전략	이윤과 시장에서의 지위강화를 위한 통합
㉣	자산가치가 높은 브랜드 보유전략	종합적인 구매 관리 프로그램
㉤	틈새전략	특정 범위에 특화함으로써 중요한 경쟁적 우위를 얻기 위함

① ㉠
② ㉡
③ ㉢
④ ㉣
⑤ ㉤

해설 자산가치가 높은 브랜드 보유전략에는 특화된 전문적인 구매 관리 프로그램이 필요하다.

09 의류나 장난감처럼 한 가지 또는 한정된 상품에 전문화된 할인업태로 비용 절감과 저마진 정책을 통해 할인점보다 훨씬 저렴한 가격으로 판매하는 소매업태로 가장 옳은 것은?

① 백화점

② 전문점

③ 카테고리킬러

④ 회원제도매클럽

⑤ 기업형 슈퍼마켓

① 백화점 : 선매품을 중심으로 생활필수품, 전문품에 이르기까지 다양한 상품 계열을 취급하며 대면 판매, 현금 정찰 판매, 풍부한 인적·물적 서비스로써 판매 활동을 전개하는 상품 계열별로 부문 조직화된 대규모 소매업태 이다.

② 전문점 : 특정 범위 내의 상품군을 전문으로 취급하는 소매점으로 상품에 대한 전문적 품종 갖춤과 전문적 서비스를 고객에게 제공하는 점포이다.

④ 회원제도매클럽 : 창고형 도소매클럽(Membership Warehouse Club)이라고도 하며, 회원으로 가입한 고객만을 대상으로 판매하는 업태이다. 매장은 거대한 창고형으로 꾸며지고 실내장식은 보잘 것 없으며 진열대에 상자째로 진열되어 박스단위로 판매함으로써 할인점보다도 20~30% 정도 더 싸게 구매할 수 있는 업태이다.

⑤ 기업형 슈퍼마켓 : 대형 유통업체들이 새로운 대형마트의 부지확보와 출점이 어렵게 되자 이를 극복하기 위하여 개인업자가 운영하던 슈퍼마켓 시장에 진출을 확대하면서 생긴 중·대형 슈퍼마켓을 의미한다.

10 고가격 고마진의 백화점에 대해 저가격 저마진의 할인점이 등장하여 경쟁한 결과로 백화점과 할인점의 절충형인 새로운 형태의 소매점으로 진화된다는 소매상 발전이론은?

① 소매수명주기이론

② 소매업 수레바퀴이론

③ 소매점 아코디언이론

④ 진공지대이론

⑤ 변증법적이론

① 소매수명주기이론 : 제품수명주기이론과 동일하게 소매점 유형이 도입기 → 성장기 → 성숙기 → 쇠퇴기의 단계를 거치게 된다는 것이다

② 소매업 수레바퀴이론 : 사회 경제적 환경이 변화됨에 따른 소매상의 진화와 발전을 설명하는 대표적인 이론이다.

③ 소매점 아코디언이론 : 소매점의 진화 과정을 소매점에서 취급하는 상품 믹스로 설명한다.

④ 진공지대이론 : 소비자의 서비스와 가격에 대한 선호도를 중심으로 새로운 업태의 등장을 설명하는 이론이다.

11 아래 글상자의 괄호 안에 들어갈 유통경쟁의 형태로 가장 옳은 것은?

> (   )은 경로상 같은 단계지만 다른 유형의 경로구성원과의 경쟁을 말하는 것으로 백화점과 할인점 간의 경쟁이 그 예가 될 수 있다. 제조업자가 판매를 극대화하기 위하여 다양한 유형의 소매상을 통하여 유통을 하게 되는 경우가 많은데, 예를 들어 ○○전자의 LCD TV를 백화점을 통해서 판매할 수도 있고, 할인점을 통해서 판매할 수도 있다.

① 수직적 마케팅 시스템 경쟁(vertical marketing system competition)
② 업태 간 경쟁(intertype competition)
③ 수직적 경쟁(vertical competition)
④ 경로시스템 간의 경쟁
⑤ 전방통합 경쟁(forward integration competition)

해설 업태 간 경쟁은 유사한 상품을 판매하는 서로 상이한 형태의 소매업체 간 경쟁을 말한다. 예 슈퍼마켓과 편의점 간의 경쟁 또는 가전전문점과 할인점 가전코너와의 경쟁

12 아래 글상자에서 설명하는 도매상으로 가장 옳은 것은?

> 유통경로상에서 물적 소유, 촉진, 협상, 위험부담, 주문, 지불 등 거의 모든 유통활동을 수행하며, 소매상 고객들을 위해 재고유지, 판매원 지원, 신용제공, 배달, 경영지도와 같은 종합적인 서비스를 제공하기도 한다.

① 진열 도매상
② 현금거래 도매상
③ 트럭 도매상
④ 직송 도매상
⑤ 완전 서비스 도매상

해설 ① 진열 도매상 : 소매점의 진열선반 위에 상품을 공급하는 도매상으로, 선반에 전시되는 상품에 대한 소유권은 도매상들이 가지고 있으며, 소매상이 상품을 판매한 뒤에 도매상에게 대금을 지불하는 일종의 위탁방식이다.
② 현금거래 도매상 : 주로 소매규모의 소매상에 상품을 공급하고, 현금판매 도매상을 이용하는 소매상들은 직접 이들을 찾아와서 제품을 주문하고 직접 제품을 인수해간다.
③ 트럭 도매상 : 일반적으로 고정적인 판매루트를 가지고 있으며 트럭이나 기타 수송수단으로 판매와 동시에 상품을 배달하게 된다.
④ 직송 도매상 : 제조업자나 공급자로부터 제품을 구매한 뒤 제품을 제조업자나 공급자가 물리적으로 보유한 상태에서 판매 시 고객들에게 제품을 직송한다.

13 생산자와 소비자가 중간상을 거치지 않고 직접 거래할 경우에 발생할 수 있는 불편함으로 가장 옳지 않은 것은?

① 생산자와 소비자 상호 간의 정보불일치

② 생산량과 수요량의 불일치

③ 생산지역과 소비지역의 불일치

④ 생산자와 소비자 간의 시간적 불일치

⑤ 생산지 가격과 소비자 가격 사이의 가격 불일치

해설 생산자와 소비자가 중간상을 거치지 않고 직접 거래할 경우에는 생산지 가격과 소비자 가격 사이의 가격이 일치한다.

14 매장 내에서 판매원이 수행하는 역할에 대한 설명으로 가장 옳은 것은?

① 고객의 요구사항을 회사에 제대로 전달하는 상담자의 역할을 한다.

② 고객의 잠재욕구를 파악하여 판매를 성사시키는 서비스제공자의 역할을 한다.

③ 고객에게 제품 정보나 각종 제품 활용기법을 제공하는 정보 전달자의 역할을 한다.

④ 고객이 느끼는 문제를 고객의 입장에서 해결해주는 수요창출자의 역할을 한다.

⑤ 경쟁력 높은 제품을 개발하는 서비스제공자의 역할을 한다.

해설 ① 고객의 요구사항을 회사에 제대로 전달하는 정보 전달자의 역할을 한다.
② 고객의 잠재욕구를 파악하여 판매를 성사시키는 수요창출자의 역할을 한다.
④ 고객이 느끼는 문제를 고객의 입장에서 해결해주는 상담자의 역할을 한다.
⑤ 경쟁력 높은 제품을 개발하는 정보 전달자의 역할을 한다.

15 판매예측을 위한 계량적 기법으로 가장 옳지 않은 것은?

① 상관관계법 ② 이동평균법

③ 지수평활법 ④ 회귀분석법

⑤ 델파이기법

해설 델파이기법은 주관적인 의견이나 판단을 중시하는 정성적 수요예측기법으로 수요예측뿐만 아니라 다양한 형태의 의견조사에 활용되며, 전문가그룹을 선정한 후 반복적인 설문조사를 통해 수요 예측치를 추정하도록 하는 기법이다.
① 상관관계법 : 일정한 수치로 계산되어 두 대상이 서로 관련성이 있다고 추측되는 관계를 말한다.
② 이동평균법 : 전체 데이터 집합의 여러 하위 집합에 대한 일련의 평균을 만들어 데이터 요소를 분석하는 계량적 기법이다.
③ 지수평활법 : 지수평활상수를 활용하여 수요를 예측하는 것으로 지수적으로 감소하는 가중치를 이용하여 최근의 자료일수록 더 큰 비중을, 오래된 자료일수록 더 작은 비중을 두어 미래수요를 예측하게 된다.
④ 회귀분석법 : 한 변수 혹은 여러 변수가 다른 변수에 미치는 영향력의 크기를 회귀방정식으로 추정하고 분석하는 통계적 분석방법이다.

16 점포 내 구매환경을 구성하는 요소로 가장 옳지 않은 것은?

① 매장면적
② 점포의 색채
③ 매대배치
④ 비품과 설비
⑤ 상품의 품질

해설 점포 내 구매환경은 쾌적한 환경을 소비자들에게 제공하여 촉진관리에 공헌하는 공간적인 요소이므로 상품의 품질은 이 요소에 해당하지 않는다.

17 판매원이 고객을 응대할 때 사용하는 용어에 대한 설명으로 가장 옳지 않은 것은?

① '~하지 마십시오'라는 부정형보다는 '~해주십시오'라는 긍정형으로 이야기한다.
② '잠시만 기다려주시겠습니까'의 경우 '잠깐만요'로 줄여서 간략하게 표현한다.
③ 대기 시간이 발생한 경우 기다려주신 것에 대해 감사한 마음으로 '기다려주셔서 감사합니다'라고 표현한다.
④ 감사의 인사는 의례적이지 않게 진심을 담아 표현한다.
⑤ '네, 잘 알겠습니다'의 경우 고객의 시선을 바라보며 하는 것이 효과적이다.

해설 '잠깐만요'로 줄여서 간략하게 표현하기보다는 '잠시만 기다려주시겠습니까'로 정중하게 표현해야 한다.

2022

18 자신이 하고 있는 일이 사회나 기업을 위해 중요한 역할을 하고 있다고 믿고 수행하는 태도와 관련된 직업윤리를 의미하는 것으로 가장 옳은 것은?

① 소명의식
② 천명의식
③ 직분의식
④ 책임의식
⑤ 봉사의식

해설 ① 소명의식 : 자신이 맡은 일은 하늘의 부름을 받아 맡겨진 일이라고 생각하는 태도
② 천명의식 : 자신의 일이 자신의 능력과 적성에 꼭 맞는다 여기고 그 일에 열성을 가지고 성실히 임하는 태도
④ 책임의식 : 직업에 대한 사회적 역할과 책무를 충실히 수행하고 책임을 다하는 태도
⑤ 봉사의식 : 직업활동을 통해 다른 사람과 공동체에 봉사하는 정신을 갖추고 실천하는 태도

19 유통의 필요성 중 변동비우위의 원리에 대한 설명으로 가장 옳은 것은?

① 중간상이 개입함으로써 전체 거래빈도의 수가 감소하여 거래를 위한 총비용을 낮출 수 있다.

② 제조업체가 수행할 보관, 위험부담, 정보수집 등에 대한 업무를 유통업체가 대신함으로써 변동비를 낮출 수 있다.

③ 고정비 비중이 큰 제조업체와 변동비 비중이 높은 유통기관이 적절한 역할분담을 통해 비용 면에서 경쟁우위를 차지할 수 있다.

④ 생산자와 소비자 사이에 중간상이 개입함으로써 사회 전체 보관의 총비용을 감소시킬 수 있다.

⑤ 도매상이 상품을 집중적으로 대량보관함으로써 제조업체가 지불해야하는 재고비용의 절감효과를 갖는다.

해설 변동비우위의 원리는 무조건적으로 제조와 유통기관을 통합하여 대규모화하기보다는 각각의 유통기관이 적절한 규모로 역할분담을 하는 것이 비용 면에서 훨씬 유리하다는 논리로, 중간상의 필요성을 강조하는 이론이다.

20 유통경로의 본질적인 기능으로 가장 옳지 않은 것은?

① 거래의 촉진 및 효율성 증대
② 제품구색의 불일치 완화 및 쇼핑편의성 제고
③ 거래의 단순화 및 거래비용 절감
④ 소비자 욕구 및 구매관련 정보탐색의 용이성
⑤ 경로 간 경쟁으로 혁신적 발전 촉진

해설 유통경로의 본질적인 기능에는 교환 과정의 촉진, 제품 구색 불일치의 완화, 거래의 표준화, 생산과 소비 연결, 고객서비스 제공, 정보 제공 기능, 쇼핑의 즐거움 제공 등이 있다.

21 소비자의 구매의사결정과정의 순서로 가장 옳은 것은?

① 정보 탐색 – 문제 인식 – 이해 – 대안 평가 – 구매 – 구매 후 평가
② 노출 – 주의 – 이해 – 기억 – 구매 – 구매 후 평가
③ 정보 탐색 – 기억 – 문제 인식 – 대안 평가 – 구매 – 구매 후 평가
④ 문제 인식 – 정보 탐색 – 대안 평가 – 구매 – 구매 후 평가
⑤ 문제 인식 – 정보 탐색 – 대안 평가 – 기억 – 구매 – 구매 후 평가

해설 소비자의 구매의사결정과정
문제의 인식 → 정보의 탐색 → 대체안의 평가 → 구매의사의 결정 → 구매 후 행동

22 아래 글상자의 소비자 판매촉진에 대한 설명과 그 종류의 연결이 가장 옳은 것은?

> ㉠ 고객의 눈앞에서 상품의 사용법과 차별화된 우위성을 납득시켜 구입과 직접적으로 연결시키기 위한 방법이다.
> ㉡ 상품을 효과적으로 전시하여 고객의 구매를 유발하고자 하는 방법이다.
> ㉢ 소비자가 상품을 타기 위해 자신의 능력을 활용하여 경쟁하도록 하는 방법이다.
> ㉣ 호의적인 관계구축 뿐만 아니라 소비자의 정보를 수집하여 데이터베이스를 구축할 수 있다는 장점이 있다.
> ㉤ 실제 제품에 대한 객관적인 평가가 어렵고 품질이 중요한 경우에 효과적이다.

① ㉠ 디스플레이(display)　　　　② ㉡ 프리미엄(premium)
③ ㉢ 추첨(sweepstakes)　　　　④ ㉣ 콘테스트(contest)
⑤ ㉤ 샘플(sample)

해설 ㉠ 실연(demonstrations)
㉡ 디스플레이(display)
㉢ 콘테스트(contest)
㉣ 추첨(sweepstakes)

2022

23 상품의 포장(packing)에 대한 설명으로 옳지 않은 것은?

① 포장은 물품을 수송, 보관함에 있어서 가치 또는 상태를 보존하기 위해서 적절한 재료, 용기 등을 물품에 가하는 기술 또는 상태를 의미한다.

② 포장은 종종 판매증진뿐만 아니라 다른 중요한 운영활동의 수행을 용이하게 한다.

③ 포장은 선적과 보관, 진열할 때의 용이성, 그리고 다른 환경적인 요구사항들을 충족시켜야 하며, 상품의 확인을 돕고, 그렇게 함으로써 지각상의 장애를 제거한다.

④ 공업포장은 구매자 또는 소비자와 직접 접촉한다는 것을 염두에 두어야 하는 반면, 상업포장은 상품보호가 가장 중요하므로 최우선으로 하여야 한다.

⑤ 소비자가 상품을 편리하게 운반하고 사용하게 하는 기능이 있으며, 상품포장의 기능은 크게 상품기능, 의사전달기능, 가격기능 등으로 분류된다.

해설 상업포장은 구매자 또는 소비자와 직접 접촉한다는 것을 염두에 두어야 하는 반면, 공업포장은 상품보호가 가장 중요하므로 최우선으로 하여야 한다.

24 고객에게 접근하기 위한 기회를 포착하는 판매원의 대기자세로 가장 옳지 않은 것은?

① 부드럽고 밝은 표정을 담은 채 고객의 태도나 동작을 관찰한다.

② 고객의 요구에 신속히 응대할 수 있는 가장 편리한 장소에 위치한다.

③ 고객이 부담을 느끼지 않도록 고객을 응시하지 말고 다른 업무를 이행하면서 조심스럽게 고객을 관찰한다.

④ 고객이 직원의 전문성을 파악할 수 있도록 직원 간의 업무에 대한 대화에 집중한다.

⑤ 친절한 인사로 고객에게 호의적인 감정을 전달하고 부드러운 분위기를 연출한다.

해설 직원 간의 업무에 대한 대화는 자제하고 고객에게 집중해야 한다.

25 고객에게 칭찬을 할 경우 바람직한 방법으로 가장 옳지 않은 것은?

① 비교하거나, 대조하여 확실하게 칭찬하는 것이 효과적이다.

② 구체적인 근거를 들어 칭찬을 한다.

③ 고객의 선택을 지지하여 칭찬을 한다.

④ 고객이 생각지도 못한 부분을 발견하여 칭찬하는 것은 고객에게 불쾌감을 줄 수 있다.

⑤ 마음속에서 우러나지 않는 무성의한 칭찬은 지양해야 한다.

해설 고객이 생각지도 못한 부분을 발견하여 칭찬하는 것은 고객의 기분을 더 좋게 할 수 있다.

> **보충설명**
>
> **칭찬접근법**
> 예상 고객의 주의와 관심을 끌기 위하여 사실에 근거한 진지한 칭찬을 줄 수 있는데 대부분의 사람들은 남으로부터 진지한 찬사를 받기를 좋아하며, 더욱이 계속 경청하려고 드는 경향이 있다.

26 불만 고객 응대 시 주의사항으로 가장 옳지 않은 것은?

① 감정적 표현을 피하고 객관적으로 불만사항을 검토한다.
② 고객의 화가 풀릴 때까지 불만을 느낀 이유에 대해 구체적으로 토론한다.
③ 고객의 불만 사항을 정확하게 파악하여 문제의 개선방안을 모색한다.
④ 정중한 언행으로 대하며 책임 의식을 가진다.
⑤ 고객의 불만을 해소하기 위한 적극적인 자세로 임한다.

해설 불만 고객 응대 시 자기의 의견을 개입시킨 토론은 바람직하지 않다. 고객이 불만을 느낀 이유에 대해 고객의 말에 동조해가면서 끝까지 경청하는 자세가 바람직하다.

27 상품에 대한 설명으로 가장 옳지 않은 것은?

① 소비자가 받게 될 혜택의 묶음이다.
② 소비자는 상품의 사용을 통해 효용을 얻는다.
③ 시장에서 경제적 교환의 대상이 된다.
④ 유형재는 물론 무형재도 포함한다.
⑤ 상표는 상품에 포함되지 않는다.

해설 상표도 상품에 포함된다.

> **보충설명**
>
> 상품의 구성요소
> • 상표(Brand) : 제조업자 또는 판매업자가 자사의 상품을 타사와 구별하기 위하여 붙인 문자·도형·기호들을 말한다. 이는 소비자가 구매할 때 특정 상품을 쉽게 식별할 수 있게 함과 동시에 메이커 및 판매업자의 촉진관리 수단으로서의 역할도 한다.
> • 디자인(Design) : 주로 정서성에 포인트를 두지만 상품에 따라서 기능성도 중요시한다.
> • 컬러(Color) : 컬러는 상품에 매력을 주고, 소비자의 주의와 관심을 환기시킬 뿐 아니라 시장성의 제고를 목적으로 고안되어 있다.
> • 포장 : 내용물 보호, 상품의 촉진관리, 상품을 운송·보관·판매·소비하는 데 편리하도록 하는 등의 기능이 있다.

28 고객충성도 관리과정은 기반 구축, 유대 강화, 이탈 방지 등으로 구성된다. 판매원을 활용한 유대 강화의 방법으로 가장 옳은 것은?

① 고객서비스의 등급화   ② 연관판매의 확대
③ 맞춤화 유대의 강화   ④ 사회적 유대의 강화
⑤ 구조적 유대의 강화

해설 사회적 유대란 사회를 이루고 있는 조건, 혈연, 지연, 이해 등을 의미하므로 판매원을 활용한 유대 강화의 방법에 해당한다.

29 식품의약품안전처는 안전과 품질 확보를 위한 공통사항을 정하고 제품에 대한 정보 제공을 용이하게 하기 위해 식품 유형을 분류하는 기준을 마련하고 있다. 식품의약품안전처에서 가공식품의 유형을 분류할 때 고려하는 사항으로 옳지 않은 것은?

① 식품의 섭취대상

② 식품의 원료 또는 성분

③ 식품의 물리·화학적 변화를 유발하는 가공방법

④ 식품의 소매판매용 혹은 산업중간재 여부

⑤ 식품의 형태

해설 식품유형분류 시 고려사항
- 섭취대상 : 특정섭취대상(연령, 신체·건강상태)을 목적으로 제조
- 사용원료 : 가공식품을 특정짓게 하는 원료 또는 성분
- 제조방법 : 식품을 가공하는 데 사용되어 물리·화학적 변화를 유발하는 가공방법
- 함량 : 가공식품 제조에 사용된 원료의 배합비율
- 제품의 용도 : 제품을 사용하는 목적
- 제품형태 : 가공식품의 성상(액체, 고체, 시럽, 분말 등)
- 섭취방법 : 가공식품을 섭취하는 방법

30 효과적인 판매를 위해 판매원이 관리해야 할 요소들에 대한 설명으로 가장 옳지 않은 것은?

① 고객이 원하는 상품이 매장에 준비되어 있도록 상품관리를 한다.

② 고객의 입장을 헤아리며 고객응대관리를 한다.

③ 고객이 부담 없이 즐기며 돌아볼 수 있게 매장관리를 한다.

④ 고객을 잘 파악하여 재구매가 일어날 수 있게 고객관리를 한다.

⑤ 고객이 확신을 가질 수 있게 재무관리를 한다.

해설 판매원은 매장 안에서 고객을 응대하는 것이 주된 업무이고, 재무관리는 해당 매장이나 본사 경영관리자의 업무에 해당한다.

31 아래 글상자에서 설명하고 있는 마케팅전략 요소로 가장 옳은 것은?

> 기업이 소비자의 마음속에 자사 제품을 경쟁 제품과 비교했을 때 분명한 개성을 느끼게 하고, 긍정
> 적인 위치를 차지할 수 있도록 하는 마케팅 전략 결정을 말한다.

① 포스팅(posting)

② 포지셔닝(positioning)

③ 표적시장(targeting)

④ 교차 판매(cross selling)

⑤ 촉진 판매(promotion)

해설 포지셔닝은 자사 제품이나 소매점의 큰 경쟁우위를 찾아내어 이를 선정된 표적시장의 소비자들의 마음속에 자리
잡게 하는 것, 즉 소비자들에게 경쟁제품이나 경쟁점과 비교하여 자사제품(혹은 소매점)에 대한 차별화된 이미지를
심어주기 위한 계획적인 전략접근법이다.

32 매장 내 구매시점(POP) 광고의 기능으로 가장 옳지 않은 것은?

① 분위기연출 기능   ② 상품설명 기능

③ 행사안내 기능   ④ 상품주문 기능

⑤ 인건비 절감 기능

해설 구매시점(POP) 광고의 기능
- 한정판매, 특가판매 등의 상품의 구매조건을 제안한다.
- 포스터, 현수막, 계절 POP 등으로 점포 내부의 이미지를 조성한다.
- 상품명, 가격, 사용방법 등을 알려주어 상품의 특징을 알기 쉽게 전달한다.
- 배달, 고객카드 등의 서비스 제고의 범위를 알려준다.

> **보충설명**
>
> 구매시점(POP) 광고
> 종업원 대신에 소비자들의 질문에 응답하는 것이므로 인건비 절감이 가능하고, 점포에 방문한 소비자들에게
> 부담 없이 상품들을 자유로이 선택 가능하도록 해주며, 타 점포와의 차별화 기능을 담당한다.

33 아래 글상자의 괄호 안에 들어갈 서비스의 특징으로 가장 옳은 것은?

> A 매장에서는 서비스의 (   )을 극복하기 위해 표준서비스 운영절차를 만들어 고객응대부터
> 사소한 것까지 정해진 순서로 일을 처리해 나감으로써 서비스를 표준화시켰다. 이를 통해, 고객에게
> 효율적인 시스템과 일관성 있는 서비스를 제공할 수 있게 되었다.

① 무형성   ② 비분리성
③ 이질성   ④ 소멸성
⑤ 통합성

해설 서비스는 변동적이어서 규격화·표준화하기 어렵다는 것이 이질성의 특성으로, 서비스의 생산 및 인도 과정에는
여러 가변적 요소가 많기 때문에 동일한 고객에 대한 서비스도 종업원에 따라서 제공되는 서비스의 내용이나 질이
달라진다.

34 깊고 넓은 상품구색을 갖춘 매장이 가지는 장점으로 가장 옳지 않은 것은?

① 다양한 상품을 접할 수 있어 일괄구매가 가능하다.
② 상품선택의 폭이 넓어 구매 만족수준이 높다.
③ 소비자를 점포로 흡인할 수 있는 능력이 높다.
④ 재고 유지·관리에 대한 비용 부담이 적다.
⑤ 매장면적을 크게 형성하는 데 유리하다.

해설 깊고 넓은 상품구색을 갖춘 매장은 재고 유지·관리에 대한 비용 부담이 많다.

35 아래 글상자에서 설명하는 레이아웃의 종류로 가장 옳은 것은?

> – 통로 낭비가 작아 면적을 유용하게 사용할 수 있고, 많은 상품 진열이 가능하다.
> – 곤돌라 등 각종 설비 표준화가 가능하여 비용이 경제적이다.
> – 동선계획으로 고객 흐름을 컨트롤 할 수 있다.
> – 매장 진열 구조파악이 용이하다.
> – 매장 구조가 커질수록 레이아웃이 단조로워지는 것이 단점이다.

① 상하수직형 레이아웃
② 자유통행형 레이아웃
③ 귀갑형 레이아웃
④ 그리드형 레이아웃
⑤ 수평형 레이아웃

해설 그리드형(격자형) 레이아웃의 장단점

장 점	단 점
• 비용이 싸다. • 고객은 자세히 볼 수 있으며, 쇼핑에 편하다. • 상품접촉이 용이하다. • 깨끗하고 안전하다. • 셀프서비스에 대한 판매가 가능하다.	• 단조롭고 재미없다. • 자유로운 기분으로 쇼핑할 수 없다. • 점내 장식이 한정된다.

36 판매를 위한 디스플레이 및 상품연출 기법에 대한 설명으로 가장 옳지 않은 것은?

① 상황에 적합한 이미지를 연출하기 위해 상품의 성격을 파악한다.
② 상품의 특징을 명확히 보여주도록 연출한다.
③ 상품연출은 판매를 위한 견본 전시이므로 무리한 연출로 상품에 손상이 가서는 안 된다.
④ 춘하추동 계절감을 비롯하여 설날, 추석 등 판매적기를 파악하여 연출방법을 세분화시킨다.
⑤ 상품주기를 기본으로 품목에 따라 쇠퇴기와 소멸기의 상품을 부각시킨다.

해설 중점상품을 효과적으로 부각시켜 사람의 눈을 끌어야 한다. 쇠퇴기와 소멸기의 상품은 중점상품과 거리가 멀다.

37 고객응대의 기본원칙에 대한 설명으로 가장 옳지 않은 것은?

① 균일성의 원칙 : 고객을 동일하게 응대하는 것이 바람직하다.

② 공평성의 원칙 : 모든 고객은 차별 없이 공평하게 응대해야 한다.

③ 신속성의 원칙 : 고객을 오래 기다리게 해서는 안 된다.

④ 마케팅믹스의 원칙 : 고객에게 제품에 대한 정보를 충분히 제공해야 한다.

⑤ 고객중심의 원칙 : 고객이 무엇을 원하는지 파악해야 한다.

해설 마케팅믹스는 기업 조직이 표적시장에서 자사의 마케팅 목표를 이루기 위해 기업이 통제 가능한 요소인 제품, 가격, 유통, 판매촉진을 효율적으로 구사해서 혼합하는 것을 의미한다.

38 아래 글상자의 거래지향적 판매와 관계지향적 판매에 관한 상대적인 비교 설명 중에서 옳지 않은 것만을 바르게 나열한 것은?

구 분	거래지향적 판매	관계지향적 판매
㉠	고객 욕구를 이해하기보다는 판매에 초점을 맞춤	고객의 욕구를 이해하여 관계를 형성하는 데 초점을 맞춤
㉡	듣기보다는 말하는 데 치중함	말하기보다는 듣는 데 치중함
㉢	설득, 화술, 가격조건 등을 앞세워서 신규고객을 확보하고 매출을 늘리고자 함	상호 신뢰와 신속한 반응을 통하여 고객과 장기적인 관계를 형성하고자 함
㉣	단기적인 매출은 낮을 수 있으나 장기적인 매출은 높아질 수 있음	단기적인 매출은 높아질 수 있으나 장기적인 매출은 낮아질 수 있음

① ㉠

② ㉠, ㉡

③ ㉡, ㉢

④ ㉢, ㉣

⑤ ㉣

해설 거래지향적 판매는 단기적인 매출은 높아질 수 있으나 장기적인 매출은 낮아질 수 있고, 관계지향적 판매는 단기적인 매출은 낮아질 수 있으나 장기적인 매출은 높아질 수 있다.

39 적용 대상이 기존 제품 카테고리인지 아니면 신규 제품 카테고리인지를 기준으로 브랜드전략을 분류하기도 한다. 기존 제품 카테고리의 자사 브랜드가 차지하는 소매점포 매대의 할당면적을 확대하고 싶은 제조업체의 상표전략으로 가장 옳은 것은?

① 브랜드확장전략

② 공동브랜드전략

③ 신규브랜드전략

④ 복수브랜드전략

⑤ 노(no)브랜드전략

해설 ① 브랜드확장전략 : 신제품에 기존 브랜드를 연결시켜 소비자가 쉽게 접근할 수 있도록 하는 브랜드 관리 전략이다.

② 공동브랜드전략 : 여러 기업들이 공동으로 개발하여 사용하는 단일 브랜드로, 전략적 제휴를 통해 신제품에 두 개의 브랜드를 공동으로 표기하거나, 시장지위가 확고하지 못한 중소업체들이 공동으로 개발하여 사용하는 브랜드를 말한다.

⑤ 노(no)브랜드전략 : 브랜드(상표)가 없는 상품으로, 광고비를 없애고 포장을 간소화함으로써 원가절감을 실현시키는 것이 목적이다.

40 아래 글상자에서 설명하는 가격할인의 유형으로 가장 옳은 것은?

> 제조업자가 일반적으로 수행해야 할 유통업무의 일부를 중간상인이 대신 수행할 경우, 이에 대한 보상으로 경비의 일부를 제조업자가 부담하는 것으로 기능할인(function discount)이라고도 한다.

① 수량할인

② 현금할인

③ 거래할인

④ 상품 지원금

⑤ 판매촉진 지원금

해설 ① 수량할인 : 제품을 대량으로 구입할 경우에 제품의 가격을 낮추어주는 것을 말한다.

② 현금할인 : 제품에 대한 대금결제를 신용이나 할부가 아닌 현금으로 할 경우에 일정액을 차감해주는 것을 말한다.

⑤ 판매촉진 지원금 : 중간상이 제조업자를 위해 지역광고를 하거나 판촉을 실시할 경우 이를 지원하기 위해서 제조업체가 지급하는 보조금을 말한다.

2022

41 점포 레이아웃의 단계를 바르게 나열한 것으로 가장 옳은 것은?

① 점포레이아웃 → 부문레이아웃 → 매장레이아웃 → 곤돌라레이아웃 → 페이스레이아웃
② 매장레이아웃 → 부문레이아웃 → 곤돌라레이아웃 → 페이스레이아웃 → 점포레이아웃
③ 부문레이아웃 → 매장레이아웃 → 점포레이아웃 → 페이스레이아웃 → 곤돌라레이아웃
④ 점포레이아웃 → 매장레이아웃 → 곤돌라레이아웃 → 부문레이아웃 → 페이스레이아웃
⑤ 점포레이아웃 → 매장레이아웃 → 부문레이아웃 → 곤돌라레이아웃 → 페이스레이아웃

해설 　점포 레이아웃의 단계
　　　점포레이아웃 → 매장레이아웃 → 부문레이아웃 → 곤돌라레이아웃 → 페이스레이아웃

> **보충설명**
>
> 페이스
> 상품의 어느 면을 보일 것인지에 따라 진열면적과 진열형태가 바뀌고 진열방식이 달라진다.

42 상품라인의 하향확장이 적합한 상황으로 가장 옳지 않은 것은?

① 저가격 시장에서 강력한 성장기회를 발견한 경우
② 기존시장으로 진출하려는 강력한 저가격 경쟁사를 방어하려는 경우
③ 고가격대 시장에서 판매가 부진하거나 쇠퇴하고 있다고 판단한 경우
④ 더 높은 마진과 함께 이미지를 제고하려는 경우
⑤ 기존상품보다 대중적인 상품을 출시하여 최대한 시장점유율을 높이려는 경우

해설 　더 높은 마진과 함께 이미지를 제고하려는 경우는 상향확장이 적합한 상황에 해당한다.

> **보충설명**
>
> 하향확장과 상향확장
> 하향확장은 기존 제품보다 품질이나 가격이 낮은 제품 계열을 추가하는 전략이고, 상향확장은 기존 제품보다
> 품질이나 가격이 높은 제품 계열을 추가하는 전략이다.

43 매장의 공간 구성에 대한 설명으로 가장 옳지 않은 것은?

① 매장이 어느 지역에 위치해야 하는가의 결정에서부터 매장의 공간 구성이 시작된다.
② 건물외관과 매장기능 및 편의시설의 기능이 적절하게 조합되도록 구성한다.
③ 동일기능을 집중하여 배치하고 고객출입구와 서비스기능을 분리하여 운영한다.
④ 통로는 고객이 원활히 목적지로 이동하는 동시에 상품운반이 용이하도록 설계한다.
⑤ 재해대책 및 비상대피계획을 사전에 수립하여 공간구성에 반영해야 한다.

해설 　매장이 어느 지역에 위치해야 하는가를 결정한 후에 위치가 확정되면 매장의 유형 및 특성에 따라 매장의 공간 구성
　　　이 시작된다.

44 소비자가 구매하는 제품이 주는 특정한 편익(benefit)에 대한 설명으로 가장 옳은 것은?

① 모든 편익은 계량적으로 손쉽게 측정할 수 있다.
② 상징적 편익은 소비자가 보관가능한 제품을 구매할 때 얻는 것을 말한다.
③ 기능적 편익은 소비자의 needs(필요)를 충족시켜줄 수 있는 제품의 속성에서 발생한다.
④ 경험적 편익은 기존에 구매한 제품보다 가격이나 품질이 우수하다고 생각할 때 발생한다.
⑤ 쾌락적 편익은 다른 사람보다 저렴한 가격으로 구매했을 때 발생한다.

해설 소비자 편익은 소비자들이 특정한 제품을 소비함으로써 얻는 주관적인 기대 또는 보상으로, 기능적, 경제적, 경험적, 상징적 편익의 네 가지 차원으로 분류된다.
- 기능적 편익 : 고객에게 기능인 유용성을 제공하는 제품이나 서비스 특성에 기반을 두며, 서비스의 본원적인 특성과 연결되어 있기 때문에 경쟁 우위의 원천이 되고, 제품별로 상이하기 때문에 다양한 고객 욕구를 분석하여 확인할 수 있다.
- 경제적 편익 : 소비자들이 제품을 구매할 때 경쟁사보다 낮은 가격으로 제품을 구입할 수 있거나, 많은 양을 구매하는 고객에게는 낮은 가격을 제시하는 것을 말한다.
- 경험적 편익 : 소비자가 서비스를 구매하고 소비하는 과정에서 경험하는 즐거움, 짜릿한 쾌감 등을 말한다.
- 상징적 편익 : 소비자들이 제품 구매를 통해 사회적으로 인정받고 싶어 하는 욕구를 채워 주는 것이다. 고급 의류나 화장품, 시계 등 고급 제품에 많이 사용되는 편익이다.

45 아래 글상자의 괄호 안에 들어갈 용어로 가장 옳은 것은?

> (   )은/는 자신이 생각하는 것과 행동하는 방식 사이에서 불일치가 나타날 때 생기는 심리적 상태로, 고객은 상품구매 후 본인의 판단에 실수나 오류가 있다고 생각하여 구매한 것을 후회하거나 제품을 교환하는 등의 행동을 취함으로써 이를 극복한다.

① 포괄적 문제해결행동
② 탐색적 문제해결행동
③ 귀인적 사고
④ 인지부조화
⑤ 소비자편익의 불일치

해설 인지부조화는 구매결정이 내려진 후에 다양한 인지, 태도 혹은 신념 사이에 심리적인 내적 갈등(인지부조화)을 해소하지 못하면 구매한 제품이나 서비스를 반품하거나 부정적인 태도가 형성되어 재구매가 발생되지 않을 뿐만 아니라 타인들에게 부정적인 구전효과가 발생한다는 이론이다.

실패하는 게 두려운 게 아니라, 노력하지 않는 게 두렵다.

– 마이클 조던 –

2023년

기출문제

가장 큰 영광은 한 번도 실패하지 않음이 아니라
실패할 때마다 다시 일어서는 데에 있다.

– 공자 –

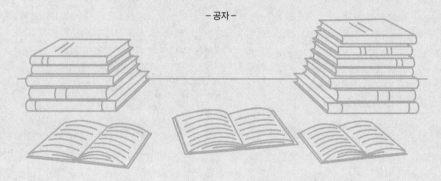

제1회 기출문제해설

제1과목 | 유통상식(01~20)

01 아래 글상자가 설명하는 중간상의 필요성에 대한 원칙으로 옳은 것은?

> 수급조절, 보관, 위험부담, 정보수집 등을 제조업자가 모두 수행하기보다는 전문성을 갖춘 유통업체에게 맡기는 것이 보다 경제적일 수 있다. 즉, 유통업자는 유통을 전문화함으로써 보다 경제적이고 효율적인 유통기능의 수행이 가능하다.

① 총 거래 수 최소의 원칙　　　　　　② 분업의 원칙
③ 변동비 우위의 원칙　　　　　　　　④ 집중준비의 원칙
⑤ 시간효용의 원칙

해설 ① 총 거래 수 최소의 원칙 : 중간상의 개입으로 거래의 총량이 감소하게 되어 제조업자와 소비자 양자에게 실질적인 비용이 감소한다는 원칙이다.
③ 변동비 우위의 원칙 : 유통업은 상대적으로 변동비의 비중이 크므로 무조건적으로 제조와 유통기관을 통합하여 대규모화하기보다는 각각의 유통기관이 적절한 규모로 역할분담을 하는 것이 비용 면에서 훨씬 유리하다는 논리이다.
④ 집중준비의 원칙 : 유통경로상에 도매상이 개입하여 소매상의 대량 보관기능을 분담함으로써 사회 전체적으로 상품의 보관 총량을 감소시킬 수 있어, 소매상은 최소량만을 보관하게 된다는 원칙이다.

02 최근 우리나라 유통산업의 환경변화로 가장 옳지 않은 것은?

① 고령화현상 가속화로 고령자층의 특성을 분석해 이들을 대상으로 한 서비스의 개발이 필요한 상황이다.
② 여성의 사회진출 증가로 여성들의 취향을 자극할 수 있는 아이템을 발굴하기 위해 노력해야 한다.
③ 1인 가구의 증가로 1인 가구 맞춤형 제품 및 서비스를 제공하는 매장이 계속 증가하고 있다.
④ 인구 감소현상으로 앞으로는 유통업체를 찾는 고객의 수도 감소하게 될 것이다.
⑤ 정보통신기술의 발전으로 유통 채널이 온라인 및 모바일에서 오프라인 중심으로 변화하고 있다.

해설 정보통신기술의 발전으로 유통 채널이 오프라인에서 온라인 및 모바일 중심으로 변화하고 있다.

03 고객을 대하는 태도로 가장 옳지 않은 것은?

① 고객을 응대할 때 적극적이고 성실한 태도
② 고객을 존중하는 태도
③ 고객에게 신뢰를 주려는 태도
④ 고객의 입장에서 도와주려는 태도
⑤ 고객이 원하지 않아도 친절을 베풀려는 태도

<mark>해설</mark> 고객이 원하지 않는 친절을 베풀려는 태도는 고객에게 오히려 거부감을 줄 수 있으므로 고객이 원하는 적절한 선에서 친절을 베푸는 것이 좋다.

04 경로시스템 내 단속형 거래(discrete transaction)와 관계형 교환(relational exchange)의 비교 설명으로 옳지 않은 것은?

	구 분	단속형 거래	관계형 교환
㉠	거래처에 대한 관점	단순고객으로서의 거래처	동반자로서의 거래처
㉡	거래경험의 중요성	낮 음	높 음
㉢	신뢰의 중요성	낮 음	높 음
㉣	잠재거래선의 수	소수의 잠재거래선	다수의 잠재거래선
㉤	거래선의 차별화 정도	낮 음	높 음

① ㉠
② ㉡
③ ㉢
④ ㉣
⑤ ㉤

<mark>해설</mark> 단속형 거래의 잠재거래선 수는 다수이며, 관계형 교환의 잠재거래선 수는 소수이다.

05 소매상이 소비자에게 제공하는 기능으로 옳지 않은 것은?

① 소비자가 원하는 상품구색을 제공한다.
② 소비자에게 필요한 정보를 제공한다.
③ 자체의 신용정책을 통하여 소비자의 금융부담을 덜어주는 금융기능을 수행한다.
④ 소비자에게 배달, 설치, 수리 등의 서비스를 제공한다.
⑤ 소비자에게 제품 사용 방법에 대한 교육을 제외한 정보 전달 서비스를 제공한다.

<mark>해설</mark> 소매상은 소비자에게 제품 사용 방법에 대한 교육을 포함한 상품정보, 유행정보, 생활정보라는 무형의 가치도 제공한다.

06 아래 글상자는 소비자기본법(법률 제17799호, 2020.12.29., 타법개정) 제58조 한국소비자원의 피해구제와 관련한 내용이다. 괄호 안에 들어갈 일자가 순서대로 나열된 것으로 옳은 것은?

> 원장은 제55조 제1항 내지 제3항의 규정에 따라 피해구제의 신청을 받은 날부터 (㉠)일 이내에 제57조의 규정에 따른 합의가 이루어지지 아니하는 때에는 지체 없이 제60조의 규정에 따른 소비자분쟁조정위원회에 분쟁조정을 신청하여야 한다. 다만, 피해의 원인규명 등에 상당한 시일이 요구되는 피해구제신청사건으로서 대통령령이 정하는 사건에 대하여는 (㉡)일 이내의 범위에서 처리기간을 연장할 수 있다.

① ㉠ 30, ㉡ 30
② ㉠ 30, ㉡ 60
③ ㉠ 60, ㉡ 60
④ ㉠ 60, ㉡ 90
⑤ ㉠ 90, ㉡ 120

해설 원장은 피해구제의 신청을 받은 날부터 **30일** 이내에 합의가 이루어지지 아니하는 때에는 지체 없이 소비자분쟁조정위원회에 분쟁조정을 신청하여야 한다. 다만, 피해의 원인규명 등에 상당한 시일이 요구되는 피해구제신청사건으로서 대통령령이 정하는 사건에 대하여는 **60일** 이내의 범위에서 처리기간을 연장할 수 있다(소비자기본법 제58조).

07 귀금속이나 자동차와 같이 고가의 품목에 알맞은 유통경로로 가장 옳은 것은?

① 선택적 유통경로
② 개방적 유통경로
③ 일시적 유통경로
④ 간접적 유통경로
⑤ 전속적 유통경로

해설 전속적 유통경로는 자사의 제품만 취급하는 도매상 또는 소매상을 의미하며, 귀금속, 자동차, 고급의류 등 고가품에 적용된다.
① 선택적 유통경로 : 개방적 유통경로와 전속적 유통경로의 중간 형태로, 일정 지역에서 일정 수준 이상의 자격요건을 지닌 소매점에만 자사 제품을 취급하도록 하며, 의류, 가구, 가전제품 등에 적용된다.
② 개방적 유통경로 : 자사의 제품을 누구나 취급할 수 있도록 개방한 유통경로로, 식품, 일용품 등 편의품에 적용된다.

08 마이클 포터의 가치사슬에서 나타내는 본원적 활동으로 가장 옳지 않은 것은?

① 자원투입
② 판매 및 마케팅
③ 서비스
④ 인적자원관리
⑤ 물류산출

해설 인적자원관리는 지원활동에 해당한다.

> **보충설명**
>
> 마이클 포터의 가치사슬
> 모든 조직에서 수행되는 활동은 본원적 활동과 지원활동으로 나뉜다.
> • 본원적 활동 : 자원유입, 생산운영, 물류산출, 마케팅 및 판매, 서비스
> • 지원활동 : 기업 하부구조, 인적자원관리, 기술개발, 자원확보(조달프로세스)

09 매장 내에서 판매원이 담당하는 일반적인 역할로 가장 옳지 않은 것은?

① 정보를 전달하는 역할
② 수요를 창출하는 역할
③ 서비스를 제공하는 역할
④ 정보를 창출하는 역할
⑤ 상담자의 역할

해설 매장 내 판매원의 역할

정보 전달자의 역할	• 고객에게는 더 높은 만족이 실현될 수 있도록 하기 위한 각종 제품 및 서비스에 대한 정보와 회사의 촉진 전략이나 프로세스 및 제도 등에 대한 정보전달의 역할을 한다. • 회사에는 고객의 소리를 전달하여 경쟁력이 높은 제품이나 서비스의 개발 및 제공에 필요한 피드백 활동을 수행한다.
수요 창출자의 역할	고객의 잠재적 욕구를 발견하고 설득 행위를 통해 잠재고객의 수요를 창출하여 판매를 성사하고, 판매 과정에서 높은 만족을 제공함으로써 지속적인 교환관계가 유지되도록 하는 역할을 한다.
서비스 제공자의 역할	제품의 기능과 관련된 A/S 등의 부수적인 서비스와 배려 등의 인간적인 서비스를 통해 고객의 총체적인 욕구를 충족시키는 역할을 해야 한다.
상담자의 역할	판매담당자는 상품이나 서비스와 관련한 지식뿐만 아니라 사회 전반에 관련된 다양한 정보 및 해박한 지식을 가지고 있어야 하며 이에 따른 상담 능력도 겸비해야 한다. 이를 바탕으로 고객이 인식하고 있는 문제들을 고객의 처지에서 해결해 준다는 마음가짐이 필요하다.

08 ④ 09 ④ **정답**

10 판매원의 기본적인 자세와 관련된 설명으로 가장 옳지 않은 것은?

① 잡담을 배제하고 필요한 대화를 간결하고 명확하게 한다.
② 공무로 자리를 비우는 경우에도 다른 직원에게 행선지나 용건을 알린다.
③ 짙은 화장이나 염색으로 고객에게 강한 인상을 심어준다.
④ 고객이 말을 하고 있는 중에는 집중해서 경청한다.
⑤ 매장이나 환경을 깨끗하게 유지한다.

해설 짙은 화장이나 염색은 금한다.

11 판매원이 알아야 할 시장지식으로서 가장 옳지 않은 것은?

① 주요 고객의 인구 통계적 요소
② 전반적인 소비자 구매 행동의 특성
③ 상권의 규모와 경쟁 매장
④ 매장 주변의 교통환경
⑤ 판매제품의 당기순이익

해설 판매제품의 당기순이익은 회사지식에 해당한다.

12 유통의 기능에 대한 설명으로 가장 옳지 않은 것은?

① 유통의 기능은 크게 상적유통기능과 물적유통기능, 유통조성기능으로 나뉜다.
② 상적유통은 거래유통이라고도 하며 수량적 조정기능, 품질적 조정기능을 포함한다.
③ 시간적 조정기능인 보관, 하역, 포장, 유통가공 등은 물적유통기능에 해당한다.
④ 금융, 위험부담 기능은 유통조성기능에 포함된다.
⑤ 소비자에게 도착할 때까지 모든 과정에서의 물류정보 및 시장정보 처리기능은 유통조성기능에 해당한다.

해설 유통조성기능은 소유권 이전 기능과 물적유통기능이 원활히 수행될 수 있도록 지원해 주는 기능으로 표준화기능, 시장금융기능, 위험부담기능, 시장정보기능 등 크게 네 가지로 구분할 수 있다.

13 짧은 유통경로가 선호되는 경우만을 옳게 나열한 것은?

① 거래되는 규모가 작을수록, 제품의 부패와 진부화 속도가 빠를수록 짧은 유통경로가 선호된다.

② 시장의 지리적 집중도가 높을수록, 제품의 표준화 정도가 높을수록 짧은 유통경로가 선호된다.

③ 구매 빈도가 높을수록, 제품의 기술적 복잡성이 높을수록 짧은 유통경로가 선호된다.

④ 평균 주문 규모가 클수록, 기업의 규모와 재정 능력이 부족할수록 짧은 유통경로가 선호된다.

⑤ 제품의 단가가 낮을수록, 유통경로에 대한 통제 욕구가 강할수록 짧은 유통경로가 선호된다.

해설 ① 거래되는 규모가 작을수록 긴 유통경로가 선호된다.
② 제품의 표준화 정도가 높을수록 긴 유통경로가 선호된다.
④ 자금력이 충분한 기업들은 비용이 많이 들더라도 많은 이익과 경로통제가 가능한 직접유통경로, 즉 짧은 유통경로를 선호하지만, 재정 능력이 부족한 기업들은 중간상을 이용할 수밖에 없으므로 긴 유통경로를 선호한다.
⑤ 제품의 단가가 낮을수록 긴 유통경로가 선호된다.

14 직업과 직업윤리에 대한 설명으로 가장 옳지 않은 것은?

① 직업에 종사하는 사람들의 의식 속에 내재화된 사회적 규범이다.

② 직업인에게 공통으로 요구되는 정신적 자세나 행위규범이다.

③ 일반윤리의 한 특수한 형태로 일반적인 국민윤리에 우선하는 가치체계이다.

④ 직업을 통해 사회나 국가의 발전에 공헌한다는 점에서 모든 직업에 요구되는 공인규범이다.

⑤ 직업인으로서 마땅히 지켜야 하는 도덕적 가치관으로 사회와 직업에 대한 관점에 따라 변화한다.

해설 직업윤리는 국민윤리나 일반윤리보다는 좁은 의미의 직업에 대한 가치체계이다.

15 판매자와 구매자와의 관계에서 윤리적으로 문제가 되는 판매자의 행위가 아닌 것은?

① 구매자에게 금품이나 뇌물을 제공하는 경우

② 구매자에게 필요 이상의 고가품을 권하는 경우

③ 구매자에게 지키지 못할 약속을 남발하는 경우

④ 판매 목표를 달성하기 위하여 유통업자(보통, 대리점)에게 제품을 떠안기는 경우

⑤ 구매자에게 명확한 정보를 제공하는 경우

해설 구매자에게 명확한 정보를 제공하는 것은 판매자가 당연히 해야 할 행위에 해당한다.

16 아래 글상자에서 설명하는 용어로 가장 옳은 것은?

> 유통경로상에서 물적 소유, 촉진, 협상, 위험부담, 주문, 지불 등 거의 모든 유통활동을 수행하며, 소매상 고객들을 위해 재고유지, 판매원 지원, 신용제공, 배달, 경영지도와 같은 종합적인 서비스를 제공하기도 한다.

① 직송 도매상
② 현금거래 도매상
③ 트럭 도매상
④ 완전서비스 도매상
⑤ 진열 도매상

해설 ① 직송 도매상 : 제조업자나 공급자로부터 제품을 구매한 뒤 제품을 제조업자나 공급자가 물리적으로 보유한 상태에서 판매 시 고객들에게 제품을 직송한다.
② 현금거래 도매상 : 배달을 하지 않는 대신 싼 가격으로 소매 기관에 상품을 공급하며, 신용판매를 하지 않고 현금만으로 거래를 한다.
③ 트럭 도매상 : 일반적으로 고정적인 판매루트를 가지고 있으며 트럭이나 기타 수송수단으로 판매와 동시에 상품을 배달한다.
⑤ 진열 도매상 : 소매점의 진열선반 위에 상품을 공급하는 도매상을 말한다.

17 유통경로의 구성원이 특별한 경험이나 전문적인 지식을 가졌을 경우에 발생하는 권력으로 가장 옳은 것은?

① 준거적 권력
② 정보적 권력
③ 보상적 권력
④ 전문적 권력
⑤ 강압적 권력

해설 ① 준거적 권력 : 한 경로구성원이 여러 측면에서 장점을 갖고 있어 다른 경로구성원이 그와 일체성을 갖고 한 구성원이 되고 싶어 하여 거래관계를 계속 유지하고자 할 때 미치는 영향력
② 정보적 권력 : 다른 경로구성원이 이전에 얻을 수 없었거나 알 수 없었던 정보와 결과를 제공해 준다고 인식하는 경우에 갖게 되는 영향력
③ 보상적 권력 : 한 경로구성원이 다른 경로구성원에게 여러 가지 물질적 또는 심리적인 도움을 줄 수 있을 때 형성되는 영향력
⑤ 강압적 권력 : 한 경로구성원의 영향력 행사에 대해서 구성원들이 따르지 않을 때, 처벌이나 부정적 제재를 받을 것이라고 지각하는 경우에 미치는 영향력

18 아래의 글상자에서 설명하고 있는 소매업태의 발전이론으로 가장 옳은 것은?

> – 소비자의 소매점 선택에는 점포가 제공하는 서비스의 정도와 상품의 가격이 영향을 미친다는 가설에 기반한 이론이다.
> – 시장의 다양한 소매점들이 소비자의 선호도가 가장 높은 유통업태의 형태로 전환함에 따라 비슷한 업태로 수렴되고, 자연스럽게 독특한 특성의 새로운 유통업태의 출현을 가능하게 한다는 이론이다.
> – 가격파괴의 선두주자격인 대형할인마트 또는 서비스를 최소화한 창고형 매장 등이 대표적인 예이다.

① 변증법적 이론　　　　　　　　　② 진공지대 이론
③ 소매차륜 이론　　　　　　　　　④ 아코디언이론
⑤ 소매수명주기이론

해설　① 변증법적 이론 : 고가격·고마진·고서비스·저회전율의 장점을 가지고 있는 백화점(정)이 출현하면, 이에 대응하여 저가격·저마진·저서비스·고회전율의 반대적 장점을 가진 할인점(반)이 나타나 백화점과 경쟁하게 되며, 그 결과 백화점과 할인점의 장점이 적절한 수준으로 절충되어 새로운 형태의 소매점인 할인 백화점(합)으로 진화해 간다는 이론이다.
　　　③ 소매차륜 이론 : 소매기관의 진입, 성장, 쇠퇴과정을 가격(비용)에 초점을 두고 설명한 이론으로, 초기에는 혁신적인 형태에서 출발하다 성장하면서 다른 신업태에게 자리를 내주는 것을 말한다.
　　　④ 아코디언이론 : 소매점은 다양한 상품 구색을 갖춘 점포로 시작하여 시간이 경과함에 따라 점차 전문화되고 한정된 상품 계열을 취급하는 소매점 형태로 진화하고, 이는 다시 다양하고 전문적인 제품 계열을 취급하는 소매점으로 진화한다고 그 진화과정, 즉 상품 믹스의 확대 → 수축 → 확대 과정이 아코디언과 유사하여 이름 붙여진 이론이다.
　　　⑤ 소매수명주기이론 : 제품수명주기이론과 동일하게 소매점 유형이 도입기 → 성장기 → 성숙기 → 쇠퇴기의 단계를 거치게 된다는 것이다.

19 국가와 지방자치단체가 행하는 양성평등정책 촉진 사항으로 가장 옳지 않은 것은?

① 성인지 예산　　　　　　　　　② 성 주류화 조치
③ 여성환경 영향평가　　　　　　④ 성인지 교육
⑤ 성인지 통계

해설　성별 환경 영향평가는 정책과 프로그램을 추진할 때 양성의 관점 및 요구를 고르게 반영해 공정한 정책이 이뤄지도록 하는 제도이다. 정부와 지자체는 평가 결과 등에 따라 한 쪽 성에 치우친 일방적으로 유리하거나 불리한 내용을 조정한다.

20 다수의 소매점이 기업으로서 독립성을 유지하면서 공동의 이익을 달성하기 위해 체인본부를 중심으로 분업과 협업의 원리에 따라 구성되는 체인 조직으로 가장 옳은 것은?

① 협동형 연쇄점
② 프랜차이즈 가맹점
③ 단독점
④ 임의형 연쇄점
⑤ 회사형 연쇄점

해설 ① 협동형 연쇄점 : 소매점 자체가 주체가 되는 연쇄점으로, 규모가 비슷한 소매점의 동업자끼리 공동으로 체인 본부를 설치하는 경우와 대규모 소매점이 체인 본부를 설치하고 비교적 소규모의 소매점이 이에 참여하는 2가지 형태가 있다.

② 프랜차이즈 가맹점 : 프랜차이즈 시스템에 의해 가맹한 점포로, 본부(Franchisor)가 가맹점(Franchisee)과의 계약에 따라 가맹점에게 자기의 상호·상표 등을 사용토록 하고 동일한 성격의 사업을 실행하는 권리를 부여하는 동시에, 경영에 관한 지도를 하고 상품(서비스, 원자재 포함)과 노하우를 제공해서 그 대가로 가맹점으로부터 가입금·보증금·정기적인 납입금을 징수하는 제도이다.

⑤ 회사형 연쇄점 : 연쇄화 사업자(체인 본부)가 규모의 이익을 실현하기 위하여 여러 곳에 분산되어 있는 개별적인 소비자의 특성에 대응하여 자기자본과 자기 책임하에서 점포를 여러 곳에 전개시키는 형태이다.

제2과목 **판매 및 고객관리(21~45)**

21 유통업체 브랜드(private brand)에 대한 설명으로 옳지 않은 것은?

① 주된 상표주는 중간상(주로 소매상)이다.
② 제조업체 브랜드(NB)에 비해 주로 저가격이 특징이다.
③ OEM방식보다는 자체생산이 대부분이다.
④ 제조업체 브랜드(NB)보다 마진폭이 비교적 크다.
⑤ 전국적인 규모의 광고를 하는 제조업체 브랜드(NB)에 비해 대중의 인지도가 낮다.

해설 제조업체 브랜드(NB)는 자체생산, 유통업체 브랜드(PB)는 주로 OEM방식이다.

22 고객이 소매업체의 서비스 품질을 평가하는 다섯 가지 요소로 옳지 않은 것은?

① 형평성(fairness)　　　　　　　　② 확신성(assurance)

③ 유형성(tangibility)　　　　　　　④ 공감성(empathy)

⑤ 응답성(responsiveness)

해설　서비스 품질을 평가하는 다섯 가지 요소
- 유형성 : 물리적 시설, 장비, 직원, 커뮤니케이션 자료의 외양
- 신뢰성 : 약속한 서비스를 믿을 수 있고 정확하게 수행할 수 있는 능력
- 대응성 : 고객을 돕고 신속한 서비스를 제공하려는 태세
- 확신성 : 직원의 지식과 예절, 신뢰와 자신감을 전달하는 능력
- 공감성 : 회사가 고객에게 제공하는 개별적 배려와 관심

23 온라인 쇼핑몰과 오프라인 소매점에 공통적으로 적용할 수 있는 바람직한 설계방식으로 가장 옳지 않은 것은?

① 각 웹 페이지나 매장은 관련성이 높은 상품들로 구성한다.

② 적절한 장치를 마련하여 웹 페이지나 매장들을 둘러보기 쉽게 한다.

③ 고객에게 익숙한 표준화된 방식을 적용하여 설계한다.

④ 산만할 정도로 다채롭거나 지루할 정도로 단순한 상품진열은 피한다.

⑤ 고객의 쇼핑동기를 고려한 설계유형을 적용한다.

해설　고객의 관심을 끌 수 있는 차별화된 방식을 적용하여 설계한다.

24 고객 응대에 대한 행동으로 가장 옳지 않은 것은?

① 구매 여부와 관련 없이 언제나 공손하게 예의를 갖추어 대한다.

② 자세는 바르고 태도는 자연스럽게 고객의 의도를 파악한다.

③ 고객의 요구를 받아들이고 해결하기 위해 노력한다.

④ 고객과 눈을 맞추고 속삭이는 듯한 다정한 말투로 대화한다.

⑤ 실수하지 않도록 업무에 대한 정확한 지식을 갖추고 응대한다.

해설　고객과 눈을 맞추되 명확한 요점을 전달하기 위해 정확한 발음과 적정한 속도 및 크기로 대화해야 한다.

25 소매점 재고통제의 목적으로 가장 옳지 않은 것은?

① 고객의 수요와 합치되는 상품 구색을 갖추는 데 도움이 된다.

② 고객에게 상품 구성 및 구색이 풍부하다는 인상을 주어 충동구매를 유도할 수 있다.

③ 판매 기회 상실 및 가격 인하 압박을 감소시켜 보다 큰 이익의 실현을 보장한다.

④ 양호한 재고통제는 무엇을, 언제, 얼마만큼 매입해야 하는가에 대한 정보를 제공한다.

⑤ 상품회전율이 향상되기 때문에 상품에 투입되는 자본이 절감된다.

해설 재고통제의 목적은 최소한도의 수량으로 최대한도의 공급효과를 낼 수 있도록 재고를 관리하는 데 있다.

26 아래 글상자의 내용이 설명하는 레이아웃으로 가장 옳은 것은?

- 작은 매장을 여러 개 운영하는 대형점포나 많은 매장이 모여 있는 복합쇼핑몰 등에서 사용
- 고객들이 편안하고 느긋한 마음으로 자신이 원하는 상품을 둘러보기가 용이
- 상품의 노출도는 높으나 공간을 여유롭게 운영해야 하므로 공간 효율성은 떨어짐
- 매장 내 고객에 대한 안내 서비스가 많이 요구됨

① 격자형 레이아웃

② 경주로형 레이아웃

③ 자유형 레이아웃

④ 그리드 레이아웃

⑤ 루프형 레이아웃

해설 ①·④ 격자형(그리드) 레이아웃 : 쇼 케이스, 진열대, 계산대, 곤돌라 등 진열기구가 직각 상태로 되어 있는 레이아웃으로, 고객의 동일 제품에 대한 반복구매 빈도가 높은 소매점, 즉 슈퍼마켓이나 디스카운트 스토어의 경우에 주로 쓰이고, 비용이 적게 들며 표준화된 집기배치가 가능해 고객이 익숙해지기 쉽다.

② 경주로형 레이아웃 : 자유형 점포배치 형태에서 나온 소매점포의 공간생산성을 높여주는 방식으로, 백화점, 선물점 등에서 널리 이용되며, 주된 통로를 기준으로 각 매장 입구들이 서로 연결되어 있다.

⑤ 루프형 레이아웃 : 통로를 통해 고객의 동선을 유도하여 매장 안쪽까지 고객을 유입하려는 레이아웃 형태로, 대형 매장이나 의류점에서 주로 쓰인다.

27 광고에 대한 설명으로 가장 옳지 않은 것은?

① 다양한 대중매체를 통하여 제품에 대한 정보를 커뮤니케이션한다.

② 통상적으로 고객에게 전달하기 위한 매체별 비용이 소요된다.

③ 총도달률은 광고에 노출되는 사람의 수로 광고가 노출된 평균 횟수를 말한다.

④ 제품으로 인해 소비자의 삶이 어떻게 나아질 수 있는지 교육하는 기능도 수행한다.

⑤ 기업이나 브랜드에 대한 감성적·상징적 소구를 위한 커뮤니케이션에 용이하다.

해설 도달률은 특정광고 캠페인이 최소 1회 이상 노출된 타깃 고객의 비율을 의미한다.

28 서비스 실패가 일어날 경우에 실시해야 할 서비스 회복 절차와 관련된 사항으로 가장 옳지 않은 것은?

① 고객의 말을 경청하고 고객의 상황을 이해하며 의견을 구하는 질문을 한다.

② 문제에 대한 공정한 해결방안을 제시해야 한다.

③ 문제 해결의 순서상 고객의 감정적인 측면을 해결하는 것보다 금전적인 보상을 우선시해야 한다.

④ 고객의 불편이나 손해에 대해 가치부가적인 보상을 제공해야 한다.

⑤ 서비스 회복 절차가 끝난 후 사후관리를 시행해야 한다.

해설 서비스 회복에 있어서 고객 불만족 수준에 적절한 금전적 보상을 제공해야 하지만, 불만족한 고객에게 접점 직원이 사려 깊고 친절한 설명을 통해 고객의 감정적인 측면을 해결하는 것도 중요하다.

29 편의품의 판매전략으로 가장 옳지 않은 것은?

① 구매 빈도가 높으므로 고객이 쉽게 구매할 수 있도록 가능한 주거지 가까이에 있는 매장을 통해 판매한다.

② 상표에 관한 관심이 비교적 높으므로 편의품 제조업체들은 광고 중심의 마케팅전략을 사용한다.

③ 판매 증대를 위해 고객이 점포에 머무르는 시간이 길어지도록 즐거운 쇼핑 분위기를 조성해야 한다.

④ 사전에 철저한 계획을 세우지 않고 구매하므로 습관적 구매를 유도하는 판매전략을 활용한다.

⑤ 단가와 마진이 모두 낮기 때문에 상품회전율을 높이는 판매전략을 사용해야 한다.

해설 편의품의 판매전략은 회전율을 높이는 것이다. 고객이 점포에 머무르는 시간이 길어지면 회전율이 낮아진다.

30 판매활동에 대한 설명으로 가장 옳지 않은 것은?

① 판매활동의 본질은 고객과의 교환거래를 실현시키는 활동이다.
② 고객에게 상품의 효용을 알림으로써 구입을 설득하는 활동이다.
③ 고객이 이 상품을 이용하는 것이 자신에게 유익하다는 것을 알리는 활동이다.
④ 점포의 서비스 수준이나 취급 품목의 품질 수준에 대한 정보를 고객에게 전달하는 활동이다.
⑤ 고객이 현명한 구매와 쾌적한 생활을 영위할 수 있도록 도와주는 활동이다.

해설 판매활동은 대금과 상품의 교환거래를 실현시키는 활동, 즉 구매자로 하여금 교환하도록 용단을 내리게 하기 위한 설득활동을 그 내용으로 하며, 상품의 효용을 고객에게 알림으로써 고객이 구매활동을 하도록 설득하는 행동이다. 따라서 단순히 점포의 서비스 수준이나 취급 품목의 품질 수준에 대한 정보를 고객에게 전달하는 활동은 판매활동과 거리가 멀다.

31 효과적인 경청 방식에 대한 설명으로 가장 옳지 않은 것은?

① 말하는 사람에게 공감하도록 노력하며 상대방의 입장을 이해하면서 듣는다.
② 인내심을 갖고 상대가 원하는 것이 무엇인지 집중하여 듣는다.
③ 전달자의 메시지에 관심을 집중하며 말을 삼가고 질문이나 반박은 하지 않는다.
④ 상대방의 이야기에 고개를 끄덕이거나 맞장구치는 등의 공감 표현을 한다.
⑤ 상대방이 전달하는 말의 내용은 물론, 그 내면의 동기나 정서에도 귀를 기울인다.

해설 효과적인 경청 방식은 이야기를 진행시켜 나감에 있어서는 가끔 맞장구도 치고 가벼운 질문도 삽입해서 고객의 이야기를 잘 듣도록 하는 것이다.

32 브랜드 자산을 형성하는 두 가지 요인으로 가장 옳은 것은?

① 브랜드 아이덴티티, 브랜드 확장
② 브랜드 인지도, 브랜드 이미지
③ 브랜드 인지도, 브랜드 확장
④ 브랜드 이미지, 라인 확장
⑤ 브랜드 아이덴티티, 브랜드 인지도

해설 브랜드 자산은 소비자들에게 그 브랜드의 의미를 지속적으로 전달해주는 마케팅 활동을 통해서 브랜드 인지도 및 이미지를 높임으로써 보다 강화할 수 있다.

33 서비스 실패 시 고객이 불평하지 않는 이유로 가장 옳지 않은 것은?

① 불평이 어떤 것도 바꾸지 못할 것이라 생각함
② 누구에게 불평해야 할지 알지 못함
③ 고객 자신에게도 일정 부분 책임이 있다고 생각함
④ 욕구불만에 대한 감정적 분출
⑤ 고객 자신의 주관적 평가에 대한 불확신

해설 욕구불만에 대한 감정적 분출은 고객이 불평하는 이유에 해당한다.

34 아래 글상자는 서비스의 특성 중 무엇을 설명하고 있는가?

> 서비스는 생산과정에서 소비가 동시에 이루어지는 것이기 때문에 서비스 생산에 있어 고객이 반드시 참여하여야 한다. 그렇기 때문에 서비스제공자(직원, 종업원 등)의 선발 및 교육 훈련을 통해 세심한 고객관리가 중요하다.

① 무형성
② 소멸성
③ 비분리성
④ 동질성
⑤ 공감성

해설 ① 무형성 : 서비스의 기본 특성은 형태가 없다는 것으로, 누구에게나 보이는 형태로 제시할 수 없으며 물체처럼 만지거나 볼 수 없기 때문에 그 가치를 파악하거나 평가하는 것이 어렵다.
② 소멸성 : 판매되지 않은 서비스는 사라지기 때문에 서비스는 재고로 보관할 수 없다.

35 구매시점광고(POP ; Point Of Purchase)에 대한 설명으로 가장 옳지 않은 것은?

① 고객에게 찾고자 하는 매장으로 안내하는 표시 기능을 제공한다.

② 판매원을 대신하여 매장에 행사나 시즌의 분위기를 연출하는 데 활용된다.

③ 상품의 특징, 가격, 소재 등 상품을 설명해주는 데 활용된다.

④ 고객들의 가시거리에 설치되어야 하므로 점포 벽면에 우선 설치하도록 해야 한다.

⑤ 설치목적에 따라 다양하게 활용되기 때문에 소요비용, 예산에 대해 신중히 검토해야 한다.

해설 POP 광고의 종류로는 현수막, 스탠드, 간판, 롤, 블라인드, 모바일 깃발, 벽면에 붙이는 광고물, 포스터, 알림보드, 장식 등 여러 가지가 있으므로 시기 및 장소, 목적에 맞는 것을 선택해서 설치해야 한다.

36 레이아웃에 대한 설명으로 가장 옳지 않은 것은?

① 레이아웃의 그룹핑(grouping)은 상품의 성격과 특성이 유사한 상품들을 그룹별로 진열하는 것을 말한다.

② 레이아웃의 페이싱(facing)은 페이스의 수량을 뜻하는 것으로 앞에서 볼 때 하나의 단품을 옆으로 늘어놓은 개수를 말한다.

③ 레이아웃의 조닝(zoning)은 그룹핑한 상품을 진열공간에 배분하여 도면상에서 상품들이 구분될 수 있도록 표시하는 것을 말한다.

④ 매장의 구성단계는 일반적으로 그룹핑 - 페이싱 - 조닝 순으로 진열한다.

⑤ 매장의 레이아웃은 소비자의 구매 행동양식과 업종 및 업태 그리고 매장 규모를 고려하여 배치하여야 한다.

해설 매장의 구성단계는 일반적으로 그룹핑 - 조닝 - 페이싱 순으로 진열한다.

37 POS(point of sales)시스템에 대한 설명으로 가장 옳지 않은 것은?

① 판매장의 판매시점에서 발생하는 판매정보를 컴퓨터로 자동 처리하는 시스템을 말한다.

② POS시스템을 통해 상품을 제조회사별, 상표별, 규격별로 구분해서 정보를 수집·가공·처리하여 단품관리가 가능하게 한다.

③ POS시스템을 통해 상품의 수량과 위치를 실시간으로 파악할 수 있기 때문에 도난과 같은 상품 손실을 막을 수 있다.

④ POS시스템을 통해 계산 실수나 상품의 혼동을 줄일 수 있다.

⑤ POS시스템은 편의점, 슈퍼마켓과 같은 유통업체뿐만 아니라 음식점과 전문점에서도 사용가능하다.

해설 POS시스템을 통해 상품을 제조회사별, 상표별, 규격별로 구분하여 상품마다의 정보를 수집, 가공, 처리하는 과정에서 단품관리는 가능하지만 상품의 위치까지는 실시간으로 파악할 수 없다.

38 아래 글상자의 괄호 안에 들어갈 용어로 옳은 것은?

> (   )은 단일 품목을 대량 판매하기 위해 사용하는 방식으로 가격이 저렴하다는 인식을 줄 수 있기 때문에 대량 진열과 판촉 행사가 병행되면 효과가 증가하며 신상품이나 인기 상품 또는 계절성 성수기 상품을 대상으로 실시하는 것이 바람직하다.

① 곤돌라 진열(gondola display)

② 섬 진열(island display)

③ 후크 진열(hook display)

④ 엔드 진열(end display)

⑤ 벌크 진열(bulk display)

해설
① 곤돌라 진열 : 대량의 상품을 고객들에게 충분히 잘 보이게 하면서, 고객들이 더욱 직접적으로 풍요로움을 느끼고 상품을 가장 편안하게 집을 수 있도록 고안된 일종의 입체식 진열이다.
② 섬 진열 : 매장 내 독립적으로 있는 평대에 진열하는 방법으로 고객이 사방에서 상품을 볼 수 있도록 진열하는 방식이다.
③ 후크 진열 : 제품포장의 위쪽에 구멍을 뚫고 난 후 걸개에 걸어서 활용하는 방식으로 상품을 효과적으로 고정시키고 진열하는 동시에 매장 사이의 경계를 나타내는 방법이다.
④ 엔드 진열 : 진열선 끝 엔드 곤돌라에 상품을 대량으로 쌓아 변화 진열을 하는 방식으로 엔드 진열의 최대 목적은 출구 쪽으로 돌아서는 고객을 다시 멈추게 하는 데 있다.

39 비주얼 머천다이징에 관한 내용으로 가장 옳은 것은?

① 고객들의 구매욕구를 자극할 수 있도록 시각적인 요소를 연출하고 관리하는 활동

② 연관된 상품을 함께 진열하거나 연관된 상품을 취급하는 점포들을 인접시키는 것

③ 고객들의 주통로와 직각을 이루고 있는 여러 단으로 구성된 선반들이 평형으로 늘어서 있고, 그 선반 위에 상품이 진열되어 있는 형태의 레이아웃

④ 고객들의 주통로와 여러 점포들의 입구가 연결되어 있는 형태의 레이아웃

⑤ 일정한 규칙 없이 상품이나 점포를 배치함으로써 고객들이 자유롭게 쇼핑할 수 있도록 만들어진 레이아웃

해설 비주얼 머천다이징(VMD ; Visual Merchandising)은 시각적으로 소비자의 구매를 유도해 판매에 이르게 하는 전략이다.

40 아래 글상자의 괄호 안에 들어갈 용어로 옳은 것은?

> (   )는 다양한 유통업체들이 서로 경쟁에서 뒤처지지 않기 위해서 점차 무모해지는 공격적인 판매촉진을 통해 경쟁기업으로부터 자신의 고객을 지키려는 행위로 나타나는 효과이다.

① 후광효과(halo effect)

② 눈덩이효과(snowball effect)

③ 채찍효과(bullwhip effect)

④ 밴드웨건효과(bandwagon effect)

⑤ 푸시효과(push effect)

해설 눈덩이효과는 미국의 사업가 워런 버핏(Warren Buffett)이 사용한 용어로 작은 규모로 시작한 것이 가속도가 붙어 큰 효과를 불러오는 것을 뜻한다.
① 후광효과 : 어떤 대상이나 사람에 대한 일반적인 견해가 그 대상이나 사람의 구체적인 특성을 평가하는 데 영향을 미치는 현상이다.
③ 채찍효과 : 하류의 고객주문 정보가 상류로 전달되면서 정보가 왜곡되고 확대되는 현상이다.
④ 밴드웨건효과 : 대중적으로 유행하는 정보를 따라 상품을 구매하는 현상을 말한다.

41 구매의사가 있는 고객에게 판매원이 취해야 하는 태도로서 가장 옳지 않은 것은?

① 구매자에게 제공될 상품 혜택 등을 설명하면서 고객의 질문에 성실히 응해야 한다.

② 단정한 복장과 함께 3S(smile, sincerity, smooth mood)를 갖추어야 한다.

③ 고객의 주의와 관심을 끌기 위해 사실에 근거한 진지한 칭찬을 통해 고객과의 친밀도를 높인다.

④ 구매 선택의 책임은 고객에게 있음을 확인시키면서 고객의 불만이 제기되지 않게 응대한다.

⑤ 판매원은 효과적인 의사전달을 위한 담화, 경청, 제스처 등을 통해 고객에게 설득적인 소구를 한다.

해설　고객이 원하는 방법으로 판매결정을 시도하는 것이 판매원의 기본자세이기 때문에 고객에게 구매 선택의 책임을 전가하는 태도는 옳지 않다.

42 아래 글상자의 ㉠과 관련한 설명으로 가장 옳지 않은 것은?

> ㉠은(는) 소비자가 어떤 제품을 구매한 다음 다양한 부정적인 정보나 미처 알지 못했던 정보들을 접하면서 느끼는 구매에 대한 심리적 불편함을 말한다.

① ㉠은(는) 구매 결정을 쉽게 취소할 수 없을 때 발생한다.

② ㉠은(는) 마음에 드는 대안들이 여러 개 있을 때 발생한다.

③ ㉠은(는) 선매품보다는 편의품을 구매할 때 발생한다.

④ 판매자는 소비자의 ㉠을(를) 최소화하기 위해 판매 직후 감사의 뜻과 함께 구매자에게 안내책자, 홍보지, 서신(letter) 등을 통해 구매자의 선택이 현명하였음을 확인시켜준다.

⑤ 판매자는 소비자의 ㉠을(를) 최소화하기 위해 강화 광고(reinforcement advertising)를 통해 자사 제품의 좋은 면을 강조함으로써 구매자의 선택이 현명했음을 확인시켜준다.

해설　㉠은 인지적 부조화에 대한 설명으로, 인지적 부조화는 편의품보다는 선매품을 구매할 때 발생한다. 구매결정이 내려진 후에 다양한 인지, 태도 혹은 신념 사이에 심리적인 내적 갈등(인지부조화)을 해소하지 못하면 구매한 제품이나 서비스를 반품하거나 부정적인 태도가 형성되어 재구매가 발생되지 않을 뿐만 아니라 타인들에게 부정적인 구전효과가 발생할 수 있다.

43 제품 구성을 핵심고객가치, 실제제품, 확장제품으로 분류할 때 확장제품의 내용으로 옳은 것은?

① 핵심편익 ② 제품특성
③ 디자인 ④ 패키징
⑤ 보 증

해설 확장제품은 A/S와 고객지원서비스, 보증 등의 추가적인 소비자 서비스와 편익을 의미한다.

44 아래 글상자에서 제시하는 판매촉진 전략으로 옳은 것은?

> 제조업자가 대리점들에게 판매 목표를 부여하고 목표를 초과 달성할 경우 지급하는 것으로 중간상 판매촉진에 해당된다.

① 사은품 ② 할인쿠폰
③ 세 일 ④ 보너스팩
⑤ 판매장려금

해설 ①·②·③·④는 소비자 판매촉진에 해당된다.

45 소비재에 대한 설명으로 가장 옳지 않은 것은?

① 편의품 – 고객이 자주 구매하며, 구매에 있어 최소한의 노력을 필요로 하는 것으로 과자, 칫솔 등이 대표적이다.
② 전문품 – 특정 제품이 갖는 독특함 혹은 식별이 가능한 제품으로 기호품, 자동차 등이 대표적이다.
③ 선매품 – 비교적 많은 노력을 통해 유사대안들을 비교·평가한 후 구매하는 제품으로 가구류, 의류 등이 대표적이다.
④ 미탐색품 – 소비자에게 알려져 있지 않거나, 알려져 있더라도 구매의욕이 낮은 제품을 말한다.
⑤ 핵심품 – 애프터서비스(after service)를 부가서비스로 포함하고 있는 제품을 말한다.

해설 핵심품은 소비자의 욕구를 충족시키기 위한 본원적인 기능을 수행하는 제품으로, 배고픔을 해결하기 위한 음식, 원하는 목적지에 도달하기 위한 기차표 등이 있다. 애프터서비스(after service)를 부가서비스로 포함하고 있는 제품은 확장제품에 대한 설명이다.

2023

제2회 | 기출문제해설

제1과목 유통상식(01~20)

01 아래 글상자에서 설명하는 도매상으로 가장 옳은 것은?

> 유통경로상에서 물적 소유, 촉진, 협상, 위험부담, 주문, 지불 등 거의 모든 유통활동을 수행하며, 소매상 고객들을 위해 재고유지, 판매원 지원, 신용제공, 배달, 경영지도 등을 제공하기도 한다.

① 진열 도매상
② 현금거래 도매상
③ 트럭 도매상
④ 직송 도매상
⑤ 완전 서비스 도매상

해설 ① 진열 도매상 : 소매점의 진열선반 위에 상품을 공급하는 도매상으로, 선반에 전시되는 상품에 대한 소유권은 도매상들이 가지고 있으며, 소매상이 상품을 판매한 뒤에 도매상에게 대금을 지불하는 일종의 위탁방식이다.
② 현금거래 도매상 : 배달을 하지 않는 대신 싼 가격으로 소매상에 상품을 공급하며, 신용판매를 하지 않고 현금만으로 거래를 한다.
③ 트럭 도매상 : 일반적으로 고정적인 판매루트를 가지고 있으며 트럭이나 기타 수송수단으로 판매와 동시에 상품을 배달하는 도매상이다.
④ 직송 도매상 : 제조업자나 공급자로부터 제품을 구매한 뒤 제품을 제조업자나 공급자가 물리적으로 보유한 상태에서 판매 시 고객들에게 제품을 직송하는 도매상이다.

02 유통경로의 본질적인 기능으로 가장 옳지 않은 것은?

① 거래의 촉진 및 효율성 증대
② 제품구색의 불일치 완화 및 쇼핑 편의성 제고
③ 거래의 단순화 및 거래비용 절감
④ 소비자 욕구 및 구매관련 정보탐색의 용이성
⑤ 경로 간 경쟁으로 혁신적 발전 촉진

해설 유통경로의 본질적인 기능에는 교환과정의 촉진, 제품구색 불일치의 완화, 거래의 표준화를 통한 비용 절감, 생산과 소비의 연결, 고객서비스 제공, 정보 제공, 쇼핑의 편의성과 즐거움 제공 등이 있다.

03 유통의 기능 중 유통조성활동으로 가장 옳지 않은 것은?

① 잠재고객의 발견, 구매유발을 위한 판매상담 및 판매촉진활동
② 거래 과정에서 거래단위, 가격, 지불조건 등을 표준화시키는 활동
③ 운전 자본 및 신용을 조달하고 관리하는 금융활동
④ 유통과정에서 발생되는 물리적, 경제적 위험을 유통기관이 부담하는 위험부담활동
⑤ 기업이 필요로 하는 합법적인 소비자 정보 및 상품 정보를 수집·제공하는 활동

해설 유통의 조성기능에는 표준화기능, 시장금융기능, 위험부담기능, 시장정보기능이 있다.

04 생필품을 판매하는 점포소매상의 분류별 특징에 대한 설명으로 가장 옳지 않은 것은?

세 분		특 징
점포 소매상 (생필품)	㉠ 구멍가게	소비자와 근접, 외상 판매 가능
	㉡ 편의점	고가격, 넓은 제품구색, 최상의 서비스 제공
	㉢ 슈퍼마켓	저비용, 저마진, 한정된 제품구색
	㉣ 연금매장	특정계층을 위해 구매 시 보조기능 역할을 수행
	㉤ 할인점	저렴한 가격, 유명상표 판매, 정상적 상품을 싸게 파는 상점

① ㉠   ② ㉡
③ ㉢   ④ ㉣
⑤ ㉤

해설 편의점은 보통 편리한 위치에 입지하여 장시간 영업을 하며, 식료품 및 일용 잡화 등을 중심으로 한 한정된 수의 품목만을 취급하는 소매상으로, 일상생활이나 식생활에 편의성을 제공한다.

05 판매원이 갖추어야 할 상품에 대한 지식으로 옳지 않은 것은?

① 상품의 기능, 성능, 특징, 조작 방법
② 상품의 가치, 가격
③ 상품의 구조, 장·단점
④ 원재료의 기본적인 지식
⑤ DM 작성 및 발송법

해설 DM 작성 및 발송법은 업무에 대한 지식에 해당한다.

06 유통의 발생 및 진화 과정에 관한 설명으로 가장 옳지 않은 것은?

① 자급자족 사회에서는 생산과 소비가 분리되어 있어 유통기능이 발생할 여지가 없었다.

② 초기 산업사회에서 대량생산이 가능해짐에 따라 초보적인 유통기능의 발생이 이루어졌다.

③ 후기 산업사회에서는 제조업체는 생산기능을, 유통업체는 다양한 유통기능을 전문적으로 수행하는 경영기능의 분업화가 이루어졌다.

④ 초기 산업사회에서는 소비자의 욕구가 다양하지 않았으므로 제조업자의 판매부서나 독립 유통업자들에 의한 단순한 재분배기능의 수행만으로도 소비자의 욕구를 충족시킬 수 있었다.

⑤ 후기 산업사회로 넘어가면서 고객의 욕구가 다양화됨에 따라 이를 충족시키기 위해 제조업체들은 다품종 소량생산 시스템과 유연생산 시스템으로 전환하였다.

해설 자급자족 사회에서는 공동체 범위 내에서 필요한 것을 스스로 생산해서 스스로 소비하는 사회, 즉 생산과 소비가 분리되지 않았기 때문에 유통기능이 발생할 여지가 없었다.

07 다음 중 유통경로 구성원에 대한 설명으로 옳지 않은 것은?

① 도매상과 소매상을 유통중간상이라고 한다.

② 소매상은 생산자로부터 제품을 구입하여 조직구매자 또는 다른 도매업자에게 판매하는 유통경로 구성원이다.

③ 유통산업이란 경로구성원 중 국민경제적인 측면에서 유통 부문을 구성하는 유통기구들을 의미한다.

④ 최종소비자는 유통시스템의 구성원이라기보다는 상업적 유통시스템이 목표로 하는 표적시장이라고 할 수 있다.

⑤ 금융기관, 광고업체 등은 유통단계를 구성하는 경로구성원이 아니므로 비회원구성원이라고도 한다.

해설 소매상은 생산자나 도매업자로부터 구입한 상품을 최종적으로 소비하는 소비자에게 판매하는 유통경로구성원이다.

08 아래 글상자는 유통산업발전법(법률 제19117호, 2022.12.27., 타법개정) 제2조 정의 내용이다. 괄호 안에 들어갈 용어로 옳은 것은?

> (　　　　)(이)란 일정 범위의 가로(街路) 또는 지하도에 대통령령으로 정하는 수 이상의 도매점포·소매점포 또는 용역점포가 밀집하여 있는 지구를 말한다.

① 매 장　　　　　　　　　　　　② 대규모점포
③ 준대규모점포　　　　　　　　　④ 상점가
⑤ 전문상가단지

해설 ① "매장"이란 상품의 판매와 이를 지원하는 용역의 제공에 직접 사용되는 장소를 말한다.
② "대규모점포"란 다음 각 목의 요건을 모두 갖춘 매장을 보유한 점포의 집단으로서 별표에 규정된 것을 말한다.
　　가. 하나 또는 대통령령으로 정하는 둘 이상의 연접되어 있는 건물 안에 하나 또는 여러 개로 나누어 설치되는 매장일 것
　　나. 상시 운영되는 매장일 것
　　다. 매장면적의 합계가 3천제곱미터 이상일 것
③ "준대규모점포"란 다음 각 목의 어느 하나에 해당하는 점포로서 대통령령으로 정하는 것을 말한다.
　　가. 대규모점포를 경영하는 회사 또는 그 계열회사(「독점규제 및 공정거래에 관한 법률」에 따른 계열회사를 말한다)가 직영하는 점포
　　나. 「독점규제 및 공정거래에 관한 법률」에 따른 상호출자제한기업집단의 계열회사가 직영하는 점포
　　다. 가목 및 나목의 회사 또는 계열회사가 직영점형 체인사업 및 프랜차이즈형 체인사업의 형태로 운영하는 점포
⑤ "전문상가단지"란 같은 업종을 경영하는 여러 도매업자 또는 소매업자가 일정 지역에 점포 및 부대시설 등을 집단으로 설치하여 만든 상가단지를 말한다.

2023

09 고객의 유형에 따른 효과적인 응대 방법으로 가장 옳지 않은 것은?

① 방어적인 유형의 고객에게는 사실을 기초로 한 제품의 장단점으로 공감을 구한다.
② 자신에 대한 자부심으로 단호한 고객에게는 판단상의 오류를 집중적으로 공략한다.
③ 의사결정이 빠른 충동적 고객에게는 상품의 장점을 중심으로 공감을 구한다.
④ 우유부단한 고객의 경우 작은 부문에서부터 결정할 수 있게 공략한다.
⑤ 자주 판매원을 가로막으며 억지스러운 표현을 사용하는 고객에게는 신속하게 판매 포인트를 설명한다.

해설 자신에 대한 자부심으로 단호한 고객은 남의 얘기를 경청하는 것에 소홀하며, 본인의 판단이 옳다고 생각하는 경향이 강하므로 요점만을 제시하고 판단은 본인 스스로 내리게 하는 것이 좋다.

10 아래 글상자가 공통적으로 설명하는 소매업체로 옳은 것은?

> - 건강 및 미용용품을 집중적으로 판매하는 전문점이다.
> - 미국에서 대표적인 체인점으로는 CVS, Walgreens, Boots 등이 있다.
> - 편의성 관점에서 강점을 가지고 있다.

① 카테고리 전문점   ② 전문점
③ 백화점   ④ 드럭스토어
⑤ 편의점

해설 ① 카테고리 전문점 : 할인형 전문점으로서 특정상품계열에서 전문점과 같은 깊은 상품구색을 갖추고 저렴하게 판매하는 것을 원칙으로 한다.
② 전문점 : 특정 범위 내의 상품군을 전문으로 취급하는 소매점으로, 상품에 대한 전문적 품종 갖춤과 전문적 서비스를 고객에게 제공하는 점포이다.
③ 백화점 : 선매품을 중심으로 생활필수품, 전문품에 이르기까지 다양한 상품 계열을 취급하며 대면 판매, 현금정찰 판매, 풍부한 인적 · 물적 서비스로써 판매 활동을 전개하는 상품 계열별로 부문 조직화된 대규모 소매 기관이다.
⑤ 편의점 : 보통 편리한 위치에 입지하여 장시간 영업을 하며, 한정된 수의 품목만을 취급하는 식품점이다.

11 유통경로에 대한 설명으로 가장 옳지 않은 것은?

① 최종사용자인 고객의 만족을 목적으로 한다.
② 가치의 통로이다.
③ 고객이 제품을 소비하는 과정에서 참여하는 상호의존적인 조직들의 집합체이다.
④ 경로구성원들이 수행하는 단속적인 거래과정이다.
⑤ 판매자와 구매자 간의 교환을 촉진한다.

해설 경로구성원들이 수행하는 연속적인 거래과정이다.

12 사회에서 행동의 옳고 그름을 판단하는 도덕적 행동기준이라 할 수 있는 윤리적 행동여부를 판단하기 위한 기준으로 가장 옳지 않은 것은?

① 다른 사람의 희생을 대가로 모든 것을 얻는 것인가?
② 법률이나 기업방침을 위반하고 있지는 않은가?
③ 회사의 윤리강령을 어기는 사항이 아닌가?
④ 공정하게 행동하고 있는가?
⑤ 회사의 수익을 얼마나 증진시킬 수 있을까?

해설 윤리적 기업이란 "기업 활동에 관한 의사결정을 하거나 실천에 옮길 때에 이해관계자의 권익과 기업의 경제적 이익의 균형을 취함으로써 종업원, 고객, 납품(공급)업자, 주주들의 존경과 신임을 얻는 회사"라고 할 수 있다. 따라서 ⑤는 회사의 이익만을 추구하는 기준이므로 옳지 않다.

13 소매업에 관한 내용으로 가장 옳지 않은 것은?

① 구매한 상품에 필요한 가치를 부가하여 소비자에게 판매하는 일련의 비즈니스 활동 수행

② 소비자와의 빈번한 접촉으로 니즈를 가장 잘 파악하므로 소비자나 공급업체에 필요한 정보를 제공

③ 소매업은 최종소비자들의 다양한 욕구를 충족시키기 위해 여러 형태로 끊임없이 진화 발전

④ 방문판매, 다단계판매, 카탈로그 판매, 인터넷 쇼핑몰, TV홈쇼핑 등을 포함

⑤ 고객들을 위해 재고 유지, 판매원 지원, 신용제공, 배송과 같은 종합적인 서비스 제공

해설 재고 유지, 판매원 지원, 신용제공, 배송과 같은 종합적인 서비스를 제공하는 것은 도매상이 수행하는 기능에 관한 내용이다.

14 경로 커버리지 전략에 대한 설명으로 가장 옳지 않은 것은?

① 경로 커버리지란 경로 구성원의 수와 밀도를 지칭하는 것으로 유통집약도라고도 한다.

② 유통경로의 커버리지 증대는 매출의 지속적인 개선을 가져오므로 커버리지 극대화를 목표로 한다.

③ 집약적 유통경로는 유통비용의 증가와 유통경로에 대한 통제력 약화를 가져올 수 있다는 단점이 있다.

④ 전속적 유통경로는 특정 제품 카테고리에서의 충분한 전문성과 차별성을 갖추고 있어야 가능한 전략이다.

⑤ 선택적 유통경로는 일정 수준 이상의 규모와 입지, 평판, 경영 능력을 갖춘 소수의 중간상을 활용하는 전략이다.

해설 경로 내의 중간상 또는 점포수가 증가한다고 해서 반드시 시장점유율이나 매출액이 비례적으로 증가한다고 볼 수 없으므로 얼마나 많은 수의 점포를 특정 지역에 설립할 것인지, 경로 흐름에서 어떤 유형의 경로 구성원이 필요한지의 결정을 통해 실재고객과 잠재고객의 욕구를 실현하는 것이 경로 커버리지 관리의 핵심적인 관점이다.

15 서비스 과정에서 고객참여를 증대시키는 방법으로 가장 옳지 않은 것은?

① 각 서비스마다 고객이 서비스 과정에 참여하는 수준이 다르기 때문에 고객의 과업 수준을 적절히 설정해야 한다.

② 참여 고객의 공헌도에 따라 금전적, 시간적, 심리적인 보상을 효과적으로 제공해야 한다.

③ 고객이 자신의 역할을 효과적으로 수행할 수 있도록 교육할 필요가 있다.

④ 기업에서 제공하는 서비스 범위를 광고나 인플루언서 등을 통해 고객에게 알리고 고객기대를 관리해야 한다.

⑤ 기업의 수익을 증진시키기 위하여 애호도가 높은 고객에게만 참여를 권장해야 한다.

해설 장기적으로 기업의 수익을 증진시키기 위해서는 애호도가 높은 고객뿐만 아니라 잠재고객들에게도 참여를 권장해야 한다.

16 아래 글상자는 청렴기반 윤리규범에 대한 내용이다. 이와 관련된 설명으로 가장 옳은 것은?

> 조직의 지침과 가치관을 제시하고 윤리적으로 건전한 행동을 지지하는 환경을 조성하여 종업원들 사이의 책임을 정의하는 윤리규범

① 잘못을 범한 사람을 벌하거나 제재하여 불법적인 행위 예방을 강조

② 법이나 규제 등의 외적 기준만을 준수

③ 종업원이 범죄 행위만 피하는 것을 목적으로 함

④ 법적 준수를 넘어 정직, 상호 간 존중 등의 핵심 가치를 강조

⑤ 조직 내 윤리사무관(ethics officer)을 배치하여 내부고발을 자체적으로 해결

해설 윤리규범은 공동생활과 협력을 필요로 하는 인간생활에서 형성되는 공동협력의 틀을 기반으로 형성되는 것이므로 법적 준수를 넘어 정직, 상호 간 존중 등의 핵심 가치를 강조한다.

17 매장에서 근무하는 판매원이 지켜야 할 사항으로 가장 옳지 않은 것은?

① 고객 앞에서 다른 직원을 비난하지 않는다.

② 상품진열이나 청소 등으로 고객이 불편을 겪지 않게 유의한다.

③ 고객에 대한 비평이나 귓속말을 하지 않는다.

④ 고객 앞에서 동료와 논쟁하지 않는다.

⑤ 고객 앞에서 협력업체와 상담을 한다.

해설 고객 앞에서는 고객응대에만 집중하고, 협력업체와의 상담 등 다른 업무는 삼가야 한다.

18 양성평등과 관련한 사항 중 가장 옳지 않은 것은?

① 여성가족부장관은 양성평등정책 기본계획을 5년마다 수립해야 한다.

② 지위를 이용한 성적 요구로 상대방에게 혐오감을 느끼게 하는 행위는 성희롱이다.

③ 상대방이 성적 언동에 따르지 않는다는 이유로 불이익을 주는 것도 성희롱이다.

④ 국가는 양성평등 실현을 위한 법적, 제도적 장치를 마련하여야 한다.

⑤ 양성평등은 성별에 따른 차별 없이 업무 중인 공적 영역에 한해 동등하게 참여하고 대우받는 것을 말한다.

해설 양성평등은 성별에 따른 차별 없이 업무 중인 공적 영역뿐만 아니라 사적 영역에서도 동등하게 참여하고 대우 받는 것을 말한다.

19 청소년 보호법(법률 제18550호, 2021.12.7., 일부개정) 제2조 정의상 청소년출입·고용금지업소로 옳지 않은 것은?

① 체육시설의 설치·이용에 관한 법률에 따른 무도학원업 및 무도장업

② 식품위생법에 따른 식품접객업 중 대통령령으로 정하는 것

③ 게임산업진흥에 관한 법률에 따른 청소년게임제공업 및 인터넷컴퓨터게임시설제공업

④ 음악산업진흥에 관한 법률에 따른 노래연습장업 중 대통령령으로 정하는 것

⑤ 사행행위 등 규제 및 처벌 특례법에 따른 사행행위영업

해설 「게임산업진흥에 관한 법률」에 따른 일반게임제공업 및 복합유통게임제공업 중 대통령령으로 정하는 것이 청소년출입·고용금지업소에 해당한다.

20 제품의 구색이 넓은 구색에서 전문화된 좁은 구색으로 변화함에 따라 소매업태가 변화하는 것을 지칭하는 소매업태 변천과정에 관한 이론으로 가장 옳은 것은?

① 소매업 수레바퀴가설   ② 라이프사이클이론
③ 변증법적이론   ④ 자연도태설
⑤ 소매아코디언이론

해설 ① 소매업 수레바퀴가설 : 사회 경제적 환경이 변화됨에 따른 소매상의 진화와 발전을 설명하는 대표적인 이론이다.
② 라이프사이클이론 : 제품수명주기이론과 동일하게 소매점 유형이 도입기 → 성장기 → 성숙기 → 쇠퇴기의 단계를 거치게 된다는 이론이다.
③ 변증법적이론 : 소매점의 진화 과정을 변증법적 유물론에 입각하여 해석, 즉 소매점의 진화 과정을 정반합 과정으로 설명하는 이론이다.
④ 자연도태설 : 환경에 적응하는 소매상만이 생존·발전하게 된다는 이론이다.

21 아래 글상자에서 설명하는 서비스의 특성으로 옳은 것은?

> 같은 호텔에 근무하는 예약담당자 중 한 명은 상냥하고 효율적인 반면, 다른 한 명은 불쾌감을 주고 업무처리가 느릴 수 있다. 즉, 누가, 언제, 어디서, 어떻게 서비스를 제공하느냐에 따라 서비스품질이 크게 달라질 수 있다.

① 무형성 ② 비분리성
③ 이질성 ④ 동시성
⑤ 소멸성

해설 ① 무형성 : 서비스의 기본 특성은 형태가 없다는 것으로, 객관적으로 누구에게나 보이는 형태로 제시할 수 없으며 물체처럼 만지거나 볼 수 없기 때문에 그 가치를 파악하거나 평가하는 것이 어렵다.
② 비분리성 : 서비스는 생산과 소비가 동시에 일어난다는 특성으로, 서비스 제공자에 의해 제공되는 것과 동시에 고객에 의해 소비되는 성격을 가진다.
⑤ 소멸성 : 판매되지 않은 서비스는 사라지기 때문에 서비스는 재고로 보관할 수 없다.

22 소매업체는 고객의 구매행동에 영향을 주기 위해 조명, 색상, 음악, 향기 등을 활용하여 매장 분위기를 조성할 수 있는데 이와 관련된 내용으로 가장 옳지 않은 것은?

① 조명은 상품을 돋보이게 하거나 점포의 분위기 및 인상을 좋게 만들 수 있다.
② 창의적인 색채 활용은 소매업체의 이미지를 향상시키고 분위기 조성에 도움을 준다.
③ 향기는 소비자의 기분과 감정에 영향을 줄 수 있다.
④ 음악은 점포 내 고객의 통행속도에 영향을 줄 수 있다.
⑤ 색상마다 가지는 공통적인 느낌을 통해 세계 어느 곳에서든 동일한 이미지를 형성할 수 있다.

해설 색상마다 가지는 이미지가 다르기 때문에 디스플레이 목적에 맞는 색배합을 통해 연출력을 높이고, 점포만의 차별화된 이미지를 형성할 수 있다.

23 다음 중 고객생애가치(customer lifetime value) 관리방안으로 옳지 않은 것은?

① 경쟁자보다 더 큰 가치를 제공하여 고객획득률을 향상시킨다.

② 고객 만족도를 높여 고객유지율을 향상시킨다.

③ 경쟁사 대비 획득비용과 유지비용을 높게 유지한다.

④ 크로스 셀링과 업셀링을 통해 고객유지율을 향상시킨다.

⑤ 전환장벽을 높여 고객유지율을 향상시킨다.

해설 고객생애가치는 기업의 지속적인 수익창출을 위해 획득비용은 줄이고, 유지비용은 높게 유지하도록 마케팅 전략을 수립하는 것이 중요하다.

24 아래 글상자에서 설명하는 점포 레이아웃 유형으로 가장 옳은 것은?

> 주된 통로를 중심으로 여러 매장 입구가 연결되어 있어 고객이 매장을 손쉽게 둘러 볼 수 있기에 진열된 제품을 최대한 노출시킬 수 있다는 장점이 있다.

① 혼합형(hybrid type) 레이아웃

② 자유형(free-flow type) 레이아웃

③ 격자형(grid type) 레이아웃

④ 버블형(bubble type) 레이아웃

⑤ 경주로형(racetrack type) 레이아웃

해설 ① 혼합형 레이아웃 : 경주로형 · 격자형 · 자유형 방식의 이점을 살린 배치 형태로 각 부문 사이에 상품 및 설치물들의 종류에 따라 격자형 또는 자유형 배치가 사용된다.

② 자유형 레이아웃 : 비품과 통로를 비대칭으로 배치하는 방법으로, 사용하는 집기, 비품류의 대부분은 원형, U자형, 아치형, 삼각형과 같은 불규칙한 형으로 배치한다.

③ 격자형 레이아웃 : 쇼케이스, 진열대, 계산대, 곤돌라 등 상품의 진열설비가 주로 열을 지어 위치하기 때문에 쇼핑객 다수가 모든 선반의 상품들을 일정한 방식에 따라 자신이 필요하다고 생각하는 대로 이리저리 둘러볼 수 있다.

25 다음 중 고객의 소리(VOC) 관리에 대한 설명으로 가장 옳지 않은 것은?

① 제품이나 서비스 문의에 대해서는 신속한 답변을 통해 고객의 궁금증을 해결한다.

② 고객의 소리는 감정이 포함된 발언 또는 문장의 형태로 나타나므로 구체적이고 측정 가능한 고객 핵심 요구사항으로 바꾸는 작업이 필요하다.

③ 채널에 따른 개별 관리를 통해 다양한 채널을 통해 유입되는 고객의 소리가 서로 중복되지 않도록 관리한다.

④ 성의 있는 답변을 통해 친밀감을 형성하고 충성도 제고의 수단으로 활용한다.

⑤ 반복된 질문이나 고객 불만 사례를 분석하여 재발 방지 대책 수립 및 직원 교육을 시행한다.

해설 채널을 통합하여 DB를 구축하고, 축적된 데이터를 체계적으로 관리한다.

26 아래 글상자의 괄호 안에 들어가는 소비자의 대안 평가방법으로 옳은 것은?

> (   )은 고객이 소매업체, 제품 또는 채널을 속성이나 특성의 집합으로 인식하는 개념에 기초한다. 관련 속성에 대한 성과 및 고객이 지각하는 속성의 중요성에 기초하여 제품, 소매업체 또는 채널에 대한 고객의 평가를 예측하는 모델이다.

① 습관적 문제해결모델   ② 제한적 문제해결모델

③ 편익 세분화모델   ④ 비계획적 구매모델

⑤ 다속성 태도모델

해설 다속성 태도모델은 소비자가 고관여 상황에서 광고에서 제시된 정보를 꼼꼼히 처리하여 제품 속성에 대한 신념을 형성하고 이를 토대로 긍정적 또는 부정적 브랜드 태도를 형성하여 구매 의도를 형성한다는 태도 모형이다.

27 소비자 구매 의사결정 단계에 대한 설명으로 가장 옳은 것은?

① 문제인식 – 정보탐색 – 선택 – 선택평가 – 구매 – 구매 후 평가

② 정보탐색 – 문제인식 – 구매 전 대안 평가 – 태도 – 선택 – 구매 후 평가

③ 문제인식 – 정보탐색 – 구매 전 대안 평가 – 구매 – 구매 후 평가

④ 정보탐색 – 대안 평가 – 문제인식 – 태도 – 구매 – 구매 후 평가

⑤ 문제인식 – 대안 평가 – 정보탐색 – 구매 – 구매 후 평가 – 태도

해설 **소비자 구매 의사결정 단계**

문제의 인식 → 정보의 탐색 → 대체안의 평가 → 구매의사의 결정 → 구매 후 행동

28 아래 글상자에서 공통적으로 설명하고 있는 판매촉진 유형으로 옳은 것은?

> – 동일 가격에 내용물만 증가시켜 고객이 특매품의 기분을 느끼게 하는 방법
> – 한 번 구입했으나 특별한 이유 없이 재구매하지 않은 고객에 대한 재구매 유도
> – 상품에 만족한 고객에게 가격적 혜택을 제공함으로써 추가 구매와 더불어 충성고객으로 유인하는 효과

① 쿠폰(coupon)　　　　　　　　　② 보너스 팩(bonus pack)
③ 무료 샘플링(free sampling)　　　④ 가격 할인(off label)
⑤ 보상 판매(trade-ins)

해설 ① 쿠폰 : 제품 구매 시 소비자에게 일정 금액을 할인해주는 일종의 증서로, 신제품의 사용 및 반복구매를 촉진시키고, 타사 고객들을 자사 고객으로 유인하는 데 효과적이다.
③ 무료 샘플링 : 주로 신제품의 경우 구매자들이 시험 삼아 사용할 수 있을 만큼의 양으로 포장하여 무료로 제공하는 것을 말한다.
④ 가격 할인 : 일정 기간 동안 제품의 가격을 일정비율로 할인하여 판매하는 것을 말한다.
⑤ 보상 판매 : 어떤 제품의 제조업자 또는 판매업자 등이 제품을 판매하면서 자사의 구제품을 가져오는 고객에 한하여 구제품에 대해 일정한 자산가격을 인정해주고 신제품 구입 시 일정률 또는 일정액을 할인해주는 판매방법을 말한다.

29 다음 중 제품관여도에 관한 설명으로 가장 옳지 않은 것은?

① 관여도란 어떤 제품의 구매결정에 투입하는 소비자의 시간 및 정보수집 노력을 말한다.
② 고관여 제품에 비해 저관여 제품은 소비자의 동반구매욕구가 강하다.
③ 저관여 제품의 경우 적은 정보로도 짧은 시간 내에 구매결정이 가능하다.
④ 제품관여도에 따른 소비자행동의 차이는 마케팅전략과 유통전략에도 차이를 가져온다.
⑤ 저관여 제품은 여러 상표와 모델을 동시에 비교하고자 하는 소비자의 동시비교욕구가 강하다.

해설 고관여 제품은 여러 상표와 모델을 동시에 비교하고자 하는 소비자의 동시비교욕구가 강하다.

30 아래 글상자에서 설명하는 기술로 옳은 것은?

> 가구업체인 L사는 어플을 통해, 실제 고객의 거실에 가상으로 자사 제품의 그래픽을 구현하여 해당 제품을 거실에 비치한 모습을 현실에서 미리보기 할 수 있게 한다.

① 가상현실(VR)
② 증강현실(AR)
③ 딥페이스(deep face)
④ 비콘(beacon)
⑤ 사물인터넷(IoT)

해설 증강현실(AR)은 실제 존재하는 현실의 이미지에 가상의 부가 정보를 덧붙여서 보다 증강된 현실을 실시간으로 보여주는 기술이다.
① 가상현실(VR) : 컴퓨터로 만들어 놓은 가상의 세계에서 사람이 실제와 같은 체험을 할 수 있도록 하는 최첨단 기술을 말한다.
④ 비콘(beacon) : 저전력 블루투스(BLE)를 통한 차세대 스마트폰 근거리통신 기술이다.
⑤ 사물인터넷(IoT) : 인터넷을 기반으로 모든 사물을 연결하여 정보를 상호 소통하는 지능형 기술 및 서비스를 말한다.

31 다음 중 소비자의 실용적 욕구와 관련된 설명으로 옳지 않은 것은?

① 소비자의 관점에서 볼 때 실용적 욕구는 소비자의 과업과 연관되어 있다.
② 소비자의 실용적 욕구 충족을 위하여 소매점은 소비자에게 일상생활에서 벗어나 휴식을 취할 수 있는 즐거운 경험을 선사할 필요가 있다.
③ 실용적 욕구를 충족시켜주기 위하여 소매업체들은 적절한 정보와 편리한 쇼핑경험을 제공할 필요가 있다.
④ 실용적 욕구에 의해 동기부여된 소비자들은 더 신중하고 효율적인 방식의 쇼핑을 선호한다.
⑤ 소비자가 면접을 위해 정장을 구입하는 등 구체적인 업무를 수행하기 위해 쇼핑을 하는 경우는 실용적 욕구 충족과 관련이 높다.

해설 소비자의 경험적(쾌락적) 욕구 충족을 위하여 소매점은 소비자에게 일상생활에서 벗어나 휴식을 취할 수 있는 즐거운 경험을 선사할 필요가 있다.

32 다음 중 매장의 이미지를 구성하는 요소로 가장 옳지 않은 것은?

① 매장 외관 및 인테리어
② 고객동선과 매장 레이아웃
③ 공간 계획과 비주얼머천다이징
④ 고객의 구매율과 제품 회전율
⑤ 구매시점광고 및 촉진물

해설 고객의 구매율과 제품 회전율은 매장의 매출과 관련된 요소에 해당한다.

33 효과적인 점포 레이아웃의 설계원칙으로 가장 옳지 않은 것은?

① 필요하면 전체 매장을 소규모의 부티크(독립된 매장)들로 분리한다.
② 표적고객층의 구매욕구 충족에 초점을 맞추어 설계한다.
③ 빠르고 효율적인 조정이 가능하도록 레이아웃의 유연성을 유지한다.
④ 고객들이 원하는 상품을 쉽게 찾을 수 있도록 설계한다.
⑤ 비용보다 매출을 우선적으로 고려한다.

해설 비용과 매출을 모두 고려하여 합리적인 점포 레이아웃을 설계해야 한다.

34 다음 중 POP(point of purchasement) 광고의 효과로 가장 옳지 않은 것은?

① 고객의 쇼핑뿐만 아니라 판매원의 접객·판매 활동에도 도움을 준다.
② 의심 많은 고객을 납득시키고 신뢰를 갖게 하기 위한 촉진 방법이다.
③ 고객이 구매를 계획하지 않았던 상품도 사도록 하는 충동구매를 유도한다.
④ 광고, 전시, 기타 다른 판매촉진 활동과 시너지효과를 꾀할 수 있다.
⑤ 상품에 관한 설명을 할 수 있으므로 소비자에게 정보 전달 효과가 있다.

해설 POP 광고는 구매시점에 행하는 광고로, 점포에 방문한 고객들에게 부담 없이 상품을 자유로이 선택 가능하도록 해주는 촉진 방법이다.

35 아래 글상자에서 설명하는 상품의 유형으로 가장 옳은 것은?

> – 독특한 특징이나 브랜드 정체성을 가지고 있어 상당한 구매노력을 기꺼이 감수하려는 특징을 가진 상품으로 가격민감도가 상대적으로 낮다.
> – 대안을 비교하지 않으며, 원하는 제품을 취급하는 소매점을 찾는 데 시간을 투자하는 편이다.

① 편의품   ② 선매품
③ 전문품   ④ 미탐색품
⑤ 산업용품

해설 ① 편의품 : 최소한의 노력으로 적합한 제품을 구매하려는 습관적 구매행동의 특성을 보이는 제품으로 식료품·약품·기호품·생활필수품 등이 여기에 속한다.
② 선매품 : 소비자들이 제품 구매 이전에 제품에 대한 가격·품질·형태·욕구 등에 대한 적합성을 충분히 비교 검토한 후에 선별적으로 구매하는 제품을 말한다.
④ 미탐색품 : 소비자들이 전혀 모르거나 혹은 알고 있더라도 관심이 없어 찾지 않는 제품을 말한다.
⑤ 산업용품 : 다른 상품을 생산하기 위하여 또는 업무활동을 위하여 재판매함으로써 이익을 올리고자 소비·사용하는 제품을 말한다.

36 아래 글상자의 괄호 안에 들어갈 용어를 순서대로 나열한 것으로 옳은 것은?

> 제품 (㉠)은(는) 한 기업이 생산, 출시하는 모든 제품 집합을 말한다. 이 중 상호관련성이 높거나 유사한 제품들의 집합을 제품 (㉡)(이)라고 한다.

① ㉠ 계열, ㉡ 믹스   ② ㉠ 믹스, ㉡ 계열
③ ㉠ 너비, ㉡ 폭   ④ ㉠ 믹스, ㉡ 너비
⑤ ㉠ 계열, ㉡ 폭

해설 제품 믹스는 한 기업이 생산·공급하는 모든 제품의 배합을 의미하고, 제품 계열은 성능, 기능, 고객, 유통, 가격범위 등에서 서로 밀접한 관련이 있는 제품의 집합을 말한다.

> **보충설명**
>
> 상품구성의 폭·깊이·길이
> • 상품구성의 폭(Width) : 소매점이 취급하는 제품계열 내의 하부 제품계열의 수, 즉 상품종류의 다양성을 말한다.
> • 상품구성의 깊이(Depth) : 각 제품계열(특정 종류의 동일 상품) 안에 있는 품목의 수를 의미하는 것으로 소비자 입장에서 선택 폭의 다양성을 의미한다.
> • 상품구성의 길이(Length) : 제품믹스를 구성하는 모든 제품품목의 총 수 또는 각 제품계열의 평균제품 수를 의미한다.

37 한 기업이 보유하고 있는 여러 제품에 적용되는 브랜드 유형 간의 서열을 브랜드 계층구조(brand hierarchy)라고 한다. 다음 중 브랜드 계층구조에 속하는 것으로 옳지 않은 것은?

① 기업 브랜드(corporate brand)
② 패밀리 브랜드(family brand)
③ 개별 브랜드(individual brand)
④ 엄브렐라 브랜드(umbrella brand)
⑤ 브랜드 수식어(brand modifier)

해설 일반적으로 브랜드 계층은 기업 브랜드, 패밀리 브랜드, 개별 브랜드, 브랜드 수식어 등 네 개 계층으로 구분하며, 이러한 브랜드 계층이 전략적으로 조합되어 브랜드 이름이 확정된다.

38 다음 중 제조업체가 유통업체에게 사용하는 푸시(Push) 전략으로 가장 옳지 않은 것은?

① 중간상광고(trade advertising)
② 협동광고(cooperative advertising)
③ 촉진공제(promotional allowances)
④ 우수고객 보상프로그램(mileage program)
⑤ 트레이드 쇼(trade show)

해설 우수고객 보상프로그램은 최종 소비자를 상대로 하는 프로모션 활동이므로 풀(Pull) 전략에 해당한다.

39 점포 혼잡성과 관련한 내용으로 가장 옳지 않은 것은?

① 혼잡한 상황에서 대부분의 고객들은 바빠 보이는 종업원에게 제품 정보 및 서비스에 관해 물어보고 상담하기를 꺼린다.
② 점포 혼잡성은 소비자의 처리할 수 있는 정보의 양을 제한한다.
③ 점포 혼잡성을 지각한 소비자들은 그 점포에 관해 나쁜 이미지를 가지게 될 가능성이 크다.
④ 혼잡한 점포에서 제품을 구매한 소비자들의 구매 만족도는 낮은 편이다.
⑤ 점포 혼잡성을 지각한 소비자들은 구매를 연기하지 않고 반드시 충동구매를 한다.

해설 점포 혼잡성을 지각한 소비자들은 구매를 연기할 가능성이 높다.

40 소비자의 구매행동에 영향을 미치는 요인들에 대한 예시로 가장 옳지 않은 것은?

① 심리적 요인 - 태도
② 인구통계적 요인 - 직업
③ 개인적 요인 - 개성
④ 문화적 요인 - 사회계층
⑤ 사회적 요인 - 라이프스타일

해설 라이프스타일은 개인적 요인에 해당한다.

41 다음 중 소비자 행동에 대한 설명으로 가장 옳지 않은 것은?

① 소비자는 여러 점포 중 실제 방문 용의를 가진 고려 점포군 중 하나를 선택하게 된다.

② 소비자는 점포선택 행동에 있어 선택 결정에 따른 위험부담을 느끼게 된다.

③ 소비자는 관여도가 높은 상황에서는 좀 더 많은 상품 정보를 필요로 한다.

④ 소비자는 개인의 라이프스타일 또는 가치관과 거리가 있는 제품에 더 흥미를 느낀다.

⑤ 소비자가 만족하여 애호도가 높다면 그 브랜드만을 지속해서 구매하게 된다.

해설 소비자는 개인의 라이프스타일 또는 가치관과 밀접한 제품에 더 흥미를 느낀다.

42 서비스 품질을 평가하는 SERVQUAL의 5가지 요인에 관한 설명으로 가장 옳지 않은 것은?

① 응답성(responsiveness)은 고객을 돕고 즉각적인 서비스를 제공하려는 의지와 관련되어 있다.

② 신뢰성(reliability)은 약속된 서비스를 정확하게 제공하는 것을 의미한다.

③ 확신성(assurance)은 서비스를 수행하는 데 있어 종업원들의 능력, 예절 등과 관련되어 있다.

④ 공감성(empathy)은 기업평판, 직원의 정직성 등과 같은 서비스 제공자의 진실성, 정직성을 가리킨다.

⑤ 유형성(tangibles)은 서비스의 평가를 위한 물리적 시설, 장비, 직원 유니폼 등과 같은 외형적인 단서를 의미한다.

해설 공감성은 회사가 고객에게 제공하는 개별적 배려와 관심을 의미한다.

43 커뮤니케이션(communication) 과정에 관한 설명으로 가장 옳은 것은?

① 발신자(sender)는 의사교환과정에서 의사교환 메시지를 받아들이는 주체이다.

② 피드백(feedback)은 커뮤니케이션 과정에서 끼어드는 일체의 방해요인이다.

③ 반응(response)은 발신자가 메시지 전달과정에 보이는 비언어적 행동이다.

④ 해독화(decoding)란 발신자가 부호화하여 전달한 의미를 수신자가 해석하는 과정을 의미한다.

⑤ 부호화(encoding)는 의사소통의 마지막 단계로 이해 가능한 형태로 변환시키는 과정이다.

해설 ① 수신자는 의사교환과정에서 의사교환 메시지를 받아들이는 주체이다.
② 잡음은 커뮤니케이션 과정에서 끼어드는 일체의 방해요인이다.
③ 반응은 수신자가 메시지를 해독하여 받아들이고, 그 메시지에 부합하여 무언가의 행위를 하는 것이다.
⑤ 부호화는 전달내용을 메시지로 변환시키는 과정이다.

41 ④ 42 ④ 43 ④ **정답**

44 다음 중 PR(Public Relation)에 대한 설명으로 가장 옳지 않은 것은?

① 공중의 호의를 획득하고 높이기 위해 정보를 제공하고 커뮤니케이션하는 활동이다.

② 기본적으로 판매 및 매출 증대를 목적으로 하기에 직접적으로 판매에 기여한다.

③ 기업이나 제품과 관계된 뉴스성의 정보를 신문, 잡지 및 방송 등을 통해 전파한다.

④ 메시지 전달을 위해 사용되는 지면이나 시간에 대해 요금을 지불하지 않는다.

⑤ 기업측의 인위적 커뮤니케이션 통제가 어렵기 때문에 정보에 대한 소비자 신뢰도는 높다.

해설 홍보의 목적은 각 조직체에 관한 소비자나 지역주민 일반의 인식과 이해 또는 신뢰감을 높이고, 합리적·민주적인 기초 위에 양자의 관계를 원활히 하려는 데 있다.

2023

45 다음 중 고객 동선에 대한 설명으로 가장 옳지 않은 것은?

① 동선은 직선으로 유도되고 짧지 않은 것이 바람직하다.

② 점포의 동선은 고객이 외부에서 유입되는 이동 동선을 말한다.

③ 주동선은 점포의 입구에서 반대편까지의 동선을 말한다.

④ 보조동선은 매장의 중앙을 중심으로 횡으로 가로지르는 동선을 말한다.

⑤ 순환동선은 집기와 집기 사이의 동선으로 고객의 쇼핑동선을 말한다.

해설 점포의 동선은 고객이 내부에서 통행하는 이동 동선을 말한다.

제 **3** 회 │ # 기출문제해설

제1과목 유통상식(01~20)

01 제품구색이 늘었다 줄었다하는 과정이 되풀이되면서 변화해 간다는 소매업태 변천과정 이론으로 가장 옳은 것은?

① 소매상 수레바퀴 이론
② 소매상 아코디언 이론
③ 소매상의 자연도태설
④ 소매상 수명주기 이론
⑤ 소매상의 변증법적 과정 이론

해설 ① 소매상 수레바퀴 이론 : 사회 경제적 환경이 변화됨에 따른 소매상의 진화와 발전을 설명하는 대표적인 이론이다.
③ 소매상의 자연도태설 : 환경에 적응하는 소매상만이 생존·발전하게 된다는 이론이다.
④ 소매상 수명주기 이론 : 제품수명주기이론과 동일하게 소매점 유형이 도입기 → 성장기 → 성숙기 → 쇠퇴기의 단계를 거치게 된다는 것이다.
⑤ 소매상의 변증법적 과정 이론 : 고가격·고마진·고서비스·저회전율의 장점을 가지고 있는 백화점(정)이 출현하면, 이에 대응하여 저가격·저마진·저서비스·고회전율의 반대적 장점을 가진 할인점(반)이 나타나 백화점과 경쟁하게 되며, 그 결과 백화점과 할인점의 장점이 적절한 수준으로 절충되어 새로운 형태의 소매점인 할인 백화점(합)으로 진화해 간다는 이론으로, 소매점의 진화 과정을 정반합 과정으로 설명한다.

02 얕고 넓은 상품구색과 관련된 설명으로 가장 옳지 않은 것은?

① 상품계열 내에 포함되어 있는 품목의 다양성은 빈약한 반면 여러 종류의 상품계열을 갖추고 있는 경우의 상품구색이다.
② 이런 유형의 상품구색은 상품의 종류가 다양하기 때문에 상권이 넓게 형성된다.
③ 일괄구매에 대한 높은 가능성으로 인해 많은 소비자를 점포로 유인할 수 있다.
④ 백화점이나 할인점과 같은 지역 밀착적인 유통업체에 적합한 상품구색이다.
⑤ 이 상품구색의 경우 유통업체는 독특한 특징을 내세워 차별화하기 힘들다는 한계가 있다.

해설 백화점과 할인점은 깊고 넓은 상품구색을 갖추고 있다.

03 도매상의 혁신전략과 주요 내용에 대한 설명으로 옳지 않은 것은?

구 분	전 략	주요 내용
㉠	인적자원 재배치 전략	핵심사업 강화 목적의 조직 재설계 및 인적자원의 적재적소 배치
㉡	다각화 전략	다각화를 통한 유통라인 개선
㉢	수직적 통합전략	이윤과 시장에서의 지위강화를 위한 통합
㉣	자산가치가 높은 브랜드 보유전략	종합적인 구매 관리 프로그램 활용을 통한 효율증대
㉤	틈새전략	특정 범위에 특화함으로써 중요한 경쟁우위를 얻기 위함

① ㉠   ② ㉡

③ ㉢   ④ ㉣

⑤ ㉤

해설 자산가치가 높은 브랜드 보유전략은 시장에서의 지속적인 경쟁력을 획득하기 위한 전략이다. 종합적인 구매 관리 프로그램 활용을 통한 효율증대는 시스템 판매 전략에 대한 내용이다.

04 직업윤리에 대한 설명으로 옳지 않은 것은?

① 직업윤리란 직업인으로서 마땅히 지켜야 하는 도덕적 가치관을 말한다.

② 원만한 직업생활을 위해 필요한 올바른 직업관 및 업무를 수행함에 있어서 요구되는 태도, 매너 등을 의미한다.

③ 생활에 필요한 경제력을 얻기 위해 인간이 행하는 직업활동에서 인간이 지켜야 할 행위규범을 의미한다.

④ 직업윤리에는 공정 경쟁의 원칙, 정직과 신용의 원칙, 전문성의 원칙, 고객중심의 원칙, 그리고 합리적 객관성의 원칙 등이 기본적으로 요구된다.

⑤ 직업윤리는 사회적 규범이 직업에 적용된 것으로 개인의 윤리수준으로 내면화할 필요는 없다.

해설 직업윤리는 사회에서 직업인에게 요구되는 직업적 양심, 사회적 규범과 관련된 것으로, 사회생활을 하는 인간이 근본적으로 직면할 수밖에 없는 윤리문제이므로 개인의 윤리수준으로 내면화할 필요가 있다.

05 유통의 필요성 중 변동비우위의 원리에 대한 설명으로 가장 옳은 것은?

① 중간상이 개입함으로써 전체 거래빈도의 수가 감소하여 거래를 위한 총비용을 낮출 수 있다.

② 제조업체가 수행할 보관, 위험부담, 정보수집 등에 대한 업무를 유통업체가 대신함으로써 변동비를 낮출 수 있다.

③ 고정비 비중이 큰 제조업체와 변동비 비중이 높은 유통기관이 적절한 역할분담을 통해 비용 면에서 경쟁우위를 차지할 수 있다.

④ 생산자와 소비자 사이에 중간상이 개입함으로써 사회전체 보관의 총비용을 감소시킬 수 있다.

⑤ 도매상이 상품을 집중적으로 대량보관함으로써 제조업체가 지불해야 하는 재고비용의 절감효과를 갖는다.

해설 변동비우위의 원리는 무조건적으로 제조와 유통기관을 통합하여 대규모화하기보다는 각각의 유통기관이 적절한 규모로 역할분담을 하는 것이 비용 면에서 훨씬 유리하다는 논리로, 중간상의 필요성을 강조하는 이론이다.
① 총 거래 수 최소화의 원칙
② 분업의 원칙
④·⑤ 집중준비의 원칙

06 기업의 윤리경영에 대한 설명으로 가장 옳지 않은 것은?

① 경영활동의 규범적 기준을 사회의 윤리적 가치체계에 두는 경영방식을 뜻한다.

② 사회적 신뢰를 위해 투명하고 공정하며 합리적인 업무수행을 추구하는 경영정신이며 그 실천이다.

③ 기업의 이윤추구와 사회적 책임감이라는 두 축의 상호 견제와 보완을 통해 가능해진다.

④ 기업의 진정한 의무와 책임은 이윤추구이므로 사회적 책임을 다하기 위해서는 경영에 방해되는 법과 제도가 수정될 수 있도록 적극 행동해야 한다.

⑤ 기업 행위의 적법성 여부뿐만 아니라 입법의 취지와 사회통념까지 감안하여 경영활동의 규범을 수립해야 한다.

해설 윤리경영은 이익의 극대화가 기업의 목적이지만, 기업의 사회적 책임도 중요하다는 의식과 경영성과가 아무리 좋아도 기업윤리 의식에 대한 사회적 신뢰를 잃으면 결국 기업이 문을 닫을 수밖에 없다는 현실적인 요구를 바탕으로 한다.

07 아래 글상자의 괄호 안에 들어갈 용어를 순서대로 나열한 것으로 옳은 것은?

> 제조업자가 생산시점에 바코드를 인쇄하는 것을 (㉠)(이)라 하고, 소매상이 제품에 점포 나름대로 코드를 부여해 인쇄 후 스티커 형식으로 부착하는 것을 (㉡)(이)라 한다.

① ㉠ POS시스템, ㉡ 스캐너데이터   ② ㉠ 스토어마킹, ㉡ 소스마킹
③ ㉠ 소스마킹, ㉡ 인스토어마킹   ④ ㉠ POS시스템, ㉡ RFID
⑤ ㉠ RFID, ㉡ POS시스템

해설 ㉠ 소스마킹 : 제조업체 및 수출업자가 상품의 생산 및 포장단계에서 바코드를 포장지나 용기에 일괄적으로 인쇄하는 것으로, 주로 가공식품·잡화 등을 대상으로 실시한다.
㉡ 인스토어마킹 : 각각의 소매점포에서 청과·생선·야채·정육 등을 포장하면서 일정한 기준에 의해 라벨러를 이용하거나 컴퓨터를 이용하여 바코드 라벨을 출력하고, 이 라벨을 일일이 사람이 직접 상품에 붙이는 것을 말한다.

08 성희롱에 관한 설명 중 옳지 않은 것은?

① 성희롱은 불쾌한 성적 접근, 부적절한 언어 및 신체적 행동을 포함한다.
② 고객도 관리자와 동료직원 만큼이나 성희롱에 연관될 수 있다.
③ 고객이 종업원에게 성희롱을 하는데도 그만두도록 아무 조치도 취하지 않았다면 고용주에게도 성희롱에 대한 책임이 있다.
④ 퇴폐적 언변, 농담, 낙서뿐만 아니라 종업원에 대한 외설적 평가 또한 성희롱에 포함된다.
⑤ 근무시간 외 근무지 밖에서 일어난 직장 상사의 부적절한 성적 접근은 성희롱으로 간주되지 않는다.

해설 근무시간 외 근무지 밖에서 일어난 직장 상사의 부적절한 성적 접근도 성희롱으로 간주된다.

09 소매업체들이 고객의 욕구 만족과 구매 결정에 영향을 미치기 위해 사용하는 핵심 의사결정변수들을 의미하는 소매믹스의 구성 요소로 가장 옳지 않은 것은?

① 상품의 형태   ② 상품정보의 원천
③ 상품의 다양성과 구색의 전문성   ④ 상품의 가격
⑤ 제공되는 고객서비스 수준

해설 소매믹스 변수
• 물적 시설 : 점포계획
• 상품계획 : 소비자들의 니즈에 맞게 제품믹스를 개발, 확보, 관리
• 가격결정 : 가격뿐만 아니라 제공되는 서비스 가격도 고려
• 촉진 : 장기적으로는 점포 이미지 포지셔닝의 개선, 공공 서비스 확대를 위한 광고 및 홍보의 활용

10 소비자가 관심이 있거나 자기의 욕구와 관련되는 자극에는 주의를 더 기울이고, 그렇지 않은 자극에는 주의를 기울이지 않는 지각의 유형으로 가장 옳은 것은?

① 지각적 조직화(perceptual organization)

② 지각적 방어(perceptual defense)

③ 지각적 균형(perceptual equilibrium)

④ 지각적 경계(perceptual vigilance)

⑤ 지각적 유추(perceptual inference)

해설 지각적 경계는 소비자가 자신을 자극하는 동기와 관련성이 높을수록 그 자극에 대하여 주의를 기울이는 것을 의미한다.

① 지각적 조직화 : 개인이 정보처리대상의 여러 요소들을 따로 지각하지 않고 자신의 경험과 외부 정보를 통합하여 전체적으로 그 대상에 대한 이미지를 결정짓는 것을 말한다.

② 지각적 방어 : 신념과 불일치하는 정보에 강제 노출되면 그 정보를 왜곡시킴으로써 자신의 신념과 태도를 보호하는 심리적 경향을 의미한다.

③ 지각적 균형 : 소비자가 특정 대상에 대해 가지고 있는 신념과 일관되는 정보를 찾는 것을 의미한다.

⑤ 지각적 유추 : 한 대상을 평가 시 직접적인 평가를 하지 않고 다른 것들로부터 추리하는 것을 의미한다.

11 카테고리킬러에 대한 설명으로 가장 옳지 않은 것은?

① 특정 제품군을 깊게 취급한다.

② Office Depot, Home Depot 등이 대표적인 카테고리킬러이다.

③ 한정된 제품군 내의 상품을 할인점보다 저렴하게 판매한다.

④ 고급스러운 분위기를 연출하며 백화점과 주요 경쟁관계에 있다.

⑤ 대형화와 체인화를 카테고리킬러의 성공요인으로 들 수 있다.

해설 카테고리킬러는 셀프서비스와 낮은 가격을 바탕으로 운영되는 것이 특징이기 때문에 고급스러운 분위기를 연출하는 것과는 거리가 멀다.

12 아래 글상자의 괄호 안에 들어갈 유통경쟁의 형태로 가장 옳은 것은?

> (   )은 경로상 같은 단계이지만 다른 유형의 경로구성원과의 경쟁을 말하는 것으로 백화점과 할인점 간의 경쟁이 그 예가 될 수 있다. 제조업자는 판매를 극대화하기 위하여 다양한 유형의 소매상을 통하여 유통을 하게 되는 경우가 많은데, 예를 들어 A전자의 LCD TV를 백화점을 통해서 판매할 수도 있고, 할인점을 통해서 판매할 수도 있다.

① 수직적 마케팅 시스템 경쟁(vertical marketing system competition)
② 업태 간 경쟁(intertype competition)
③ 수직적 경쟁(vertical competition)
④ 경로시스템 간의 경쟁(distribution system competition)
⑤ 전방통합 경쟁(forward integration competition)

해설 ① 수직적 마케팅 시스템 경쟁 : 제조업자부터 소비자까지의 수직적 유통 단계를 전문적으로 관리하고 집중적으로 계획한 유통망으로, 유통경로를 강력히 통제하여 각 경로 구성원들이 수행하는 마케팅 활동이 중복되지 않도록 함으로써 일관성을 도모하고 유통질서를 확립할 수 있다.
③ 수직적 경쟁 : 하나의 마케팅 경로 안에서 서로 다른 경로수준에 위치한 경로구성원 간의 경쟁을 말한다.
④ 경로시스템 간의 경쟁 : 경로구성원들 사이에서의 경쟁이 아닌 유통경로 조직형태 간의 경쟁을 말하는 것으로, 동일시장을 목표로 하는 유통경로 시스템인 수직적 유통경로 시스템(VMS) 또는 수평적 유통경로 시스템(HMS) 간의 경쟁을 말한다.
⑤ 전방통합 경쟁 : 제조회사가 자사소유의 판매지점이나 소매상을 통하여 판매하는 형태의 경쟁을 말한다.

13 소비자기본법(법률 제17799호, 2020.12.29., 타법개정) 제21조 기본계획의 수립 등에 포함된 소비자정책의 목표로 옳지 않은 것은?

① 소비자안전의 강화
② 소비자피해의 원활한 구제
③ 국제소비자문제에 대한 대응
④ 사업자교육 및 정보제공의 촉진
⑤ 소비자와 사업자 사이의 거래의 공정화 및 적정화

해설 소비자정책의 목표(소비자기본법 제21조 제2항 제3호)
• 소비자안전의 강화
• 소비자와 사업자 사이의 거래의 공정화 및 적정화
• 소비자교육 및 정보제공의 촉진
• 소비자피해의 원활한 구제
• 국제소비자문제에 대한 대응
• 그 밖에 소비자의 권익과 관련된 주요한 사항

12 ② 13 ④
2023년 제3회 기출문제 519

14 유통채널 내 소매업체의 영향력이 지속적으로 증가하고 있는 이유로 옳지 않은 것은?

① 소매업체의 대형화와 집중화 현상이 영향력 증가의 주요 요인이 되었기 때문이다.

② 소비자 행동이 대형 매장을 찾아 원스톱 쇼핑(one stop shopping)을 추구하는 경향을 보이는 등 소비자 행동이 대형 소매업체에게 유리한 방향으로 변하였기 때문이다.

③ 소매업체들이 원래 그들이 가지고 있는 고유 기능에만 국한하지 않고 복합 기능까지 수행하면서 영향력이 점차 증가하고 있기 때문이다.

④ 정보기술의 발달로 소매업체들이 소비자 데이터 정보 수집 능력을 키워 제조업체에 비해 유리한 위치를 점할 수 있게 되었기 때문이다.

⑤ 효율적인 경로 기능 관리를 통해 유통채널의 구성원 간 협상력의 불균형이 해소되었기 때문이다.

> **해설** 대형 소매업체의 등장으로 그들의 구매력이 커지면서 제조업체들이 판매촉진활동을 위해 소매업체의 협력을 얻는 것이 점점 힘들어져 협상력에 불균형이 발생했기 때문이다.

15 유통산업발전법(법률 제19117호, 2022.12.27., 타법개정) 제16조 체인사업자의 경영개선사항 등에서 체인사업자가 경영개선사항으로 추진하여야 할 내용으로 옳지 않은 것은?

① 체인점포의 시설 현대화

② 체인점포에 대한 원재료·상품 또는 용역 등의 원활한 공급

③ 체인점포에 대한 점포관리·품질관리·판매촉진 등 경영활동 및 영업활동에 관한 지도

④ 개별브랜드 또는 자기부착상품의 개발·보급

⑤ 유통관리사의 고용 촉진

> **해설** 체인사업자의 경영개선사항 등(유통산업발전법 제16조 제1항)
> 체인사업자는 직영하거나 체인에 가입되어 있는 점포의 경영을 개선하기 위하여 다음의 사항을 추진하여야 한다.
> • 체인점포의 시설 현대화
> • 체인점포에 대한 원재료·상품 또는 용역 등의 원활한 공급
> • 체인점포에 대한 점포관리·품질관리·촉진관리 등 경영활동 및 영업활동에 관한 지도
> • 체인점포 종사자에 대한 유통교육·훈련의 실시
> • 체인사업자와 체인점포 간의 유통정보시스템의 구축
> • 집배송시설의 설치 및 공동물류사업의 추진
> • 공동브랜드 또는 자기부착상표의 개발·보급
> • 유통관리사의 고용 촉진
> • 그 밖에 중소벤처기업부장관이 체인사업의 경영개선을 위하여 필요하다고 인정하는 사항

14 ⑤ 15 ④ **정답**

16 고객이 제품을 구매하는 과정에서 판매원의 바람직한 활동으로 옳지 않은 것은?

① 구매 계획과 예산 등을 파악하여 효과적이고 경제적인 구매를 할 수 있도록 도움을 준다.

② 고객이 스스로 판단하여 구매의사결정을 할 수 있도록 도움이 되는 관련 정보를 제공한다.

③ 상담 시 상담 태도는 부드럽고 온화한 분위기로 대화를 조절하는 것이 바람직하다.

④ 구매 니즈에 기반한 구매대안을 제시함으로써 고객이 더 나은 대안을 선택할 수 있도록 도움을 준다.

⑤ 고객의 구매결정을 성실히 도우며 현명한 결정을 위해 계약서 작성은 가능한 지연시키는 것이 좋다.

해설 고객의 구매결정을 성실히 도우며 원활한 구매확정을 위해 계약서 작성도 신속하게 진행시키는 것이 좋다.

17 직원이 고객에 대응하는 여러 유형의 MOT(moment of truth ; 진실의 순간) 중, 아래 글상자의 괄호 안에 들어갈 용어로 가장 옳은 것은?

> ( )은/는 서비스 제공에 있어 고객이 직면하는 문제 또는 불만사항을 해결하기 위해 직원이 대처하는 것을 뜻한다.

① 고객니즈에의 적응(adaptability)

② 문제에 대한 대처(coping)

③ 서비스 실패에 대한 대응(recovery)

④ 직원의 자발적 행동(spontaneity)

⑤ 기술적 품질(technical quality)

해설 ① 고객니즈에의 적응 : 고객의 특별한 니즈나 요구사항에 대해 서비스 전달 시스템이 얼마나 유연한지가 고객만족에 영향을 준다는 것을 뜻한다.
③ 서비스 실패에 대한 대응 : 문제에 대한 대처(coping)와 마찬가지로 고객의 불만족에 대한 대응이지만, 이는 철저히 서비스의 실패로 인한 불만족에 대한 대응을 뜻한다.
④ 직원의 자발적 행동 : 직원의 통제나 교육 밖의 행동 또는 태도가 고객의 인상에 영향을 미칠 수 있다는 것을 뜻한다.
⑤ 기술적 품질 : 기술적 프로세스 및 시스템을 통해 서비스 품질 판단의 근본을 제공할 수 있다는 것을 뜻한다.

2023

18 불만족한 고객을 응대할 때 유의사항으로 가장 옳지 않은 것은?

① 논쟁이나 변명은 피한다.

② 고객의 항의내용을 인정하지 않아야 한다.

③ 신속하게 처리한다.

④ 잘못된 점에 대해 솔직하게 사과한다.

⑤ 상대방에게 공감하며 긍정적으로 듣는다.

해설   고객의 항의내용을 인정하고 해결하기 위해 노력해야 한다.

19 유통경로의 주요 기능 설명으로 옳은 것을 모두 고르면?

> ㉠ 교환과정의 촉진 기능
> ㉡ 제품구색의 불일치를 완화시키는 기능
> ㉢ 구매자와 제조업자를 효율적으로 연결해 주는 기능
> ㉣ 고객서비스 제공 기능

① ㉠, ㉡   ② ㉠, ㉡, ㉢

③ ㉠, ㉡, ㉢, ㉣   ④ ㉡, ㉢

⑤ ㉡, ㉢, ㉣

해설   유통경로의 주요 기능
• 교환과정의 촉진
• 제품구색 불일치의 완화
• 거래의 표준화
• 생산과 소비의 연결
• 고객서비스 제공
• 정보제공 기능
• 쇼핑의 즐거움 제공

20 고객의 구체적인 욕구를 파악하기 위한 질문기법으로 옳지 않은 것은?

① 상대방의 말을 비판하지 않는다.

② 긍정적인 질문을 한다.

③ 구체적으로 질문을 한다.

④ 더 좋은 서비스를 제공하기 위해 고객이 확실히 원하는 것을 찾아내는 질문을 한다.

⑤ 고객의 수준에 맞추되 판매자의 주관적 견해에 기반하여 질문한다.

해설   고객의 수준에 맞추어 고객의 주요 관심사에 기반하여 질문한다.

21 서비스의 기본 특성에 대한 설명으로 가장 옳지 않은 것은?

① 무형성 : 서비스는 기본적으로 눈에 보이지 않기 때문에 실체를 보거나 만질 수 없다.

② 비분리성 : 서비스는 생산과 소비가 동시에 일어나기 때문에 소비되는 과정에 소비자가 참여하는 특성이 있다.

③ 이질성 : 생산 및 제공과정에 가변적 요소가 많기 때문에 한 고객에 대한 서비스가 다음 고객에 대한 서비스와 다를 가능성이 있다.

④ 소멸성 : 서비스는 재고와 저장이 불가능하기 때문에 한 번 생산된 서비스는 소비되지 않으면 곧바로 소멸된다.

⑤ 신뢰성 : 서비스는 소비자가 믿고 구매할 수 있도록 약속된 서비스를 명확하게 수행해야 한다.

해설 신뢰성은 서비스품질(SERVQUAL) 차원에 해당한다.

22 브랜드에 대해 설명한 아래 글상자의 내용 가운데 가장 옳지 않은 것은?

> 소비자가 기업제품을 경쟁제품과 구별하여 알아볼 수 있도록 돕기 위해 사용하는 ㉠ 명칭, ㉡ 기호, ㉢ 상징, ㉣ 디자인, ㉤ 라벨 또는 이러한 요소들의 결합물을 브랜드라고 한다.

① ㉠   ② ㉡
③ ㉢   ④ ㉣
⑤ ㉤

해설 브랜드는 특정 판매자 그룹의 제품이나 서비스를 드러내면서 경쟁 그룹의 제품이나 서비스와 차별화하기 위해 만든 명칭, 용어, 기호, 표지, 심볼(상징) 또는 디자인이나 그 전체를 배합한 것이다.

23 제품에 대한 안전과 품질 확보 및 정보제공을 용이하게 하기 위해 식품의약품안전처에서 가공식품의 유형 분류 시 고려하는 사항으로 옳지 않은 것은?

① 식품의 섭취대상
② 식품의 원료 또는 성분
③ 식품의 물리·화학적 변화를 유발하는 가공방법
④ 식품의 소매판매용 혹은 산업중간재 여부
⑤ 식품의 형태

해설 식품의 유형 판단 시 고려사항
• 섭취대상 : 특정섭취대상(연령, 신체·건강상태)을 목적으로 제조
• 사용원료 : 가공식품을 특징짓게 하는 원료 또는 성분
• 제조방법 : 식품을 가공하는 데 사용되어 물리·화학적 변화를 유발하는 가공방법
• 함량 : 가공식품 제조에 사용된 원료의 배합비율
• 제품의 용도 : 제품을 사용하는 목적
• 제품형태 : 가공식품의 성상
• 섭취방법 : 가공식품을 섭취하는 방법

24 상품에 대한 촉진활동은 제조업체나 유통업체가 수행할 수 있다. 유통업체보다는 제조업체에 의한 대규모 촉진활동의 필요성이 높은 소비재의 유형으로 가장 옳은 것은?

① 기호품
② 전문품
③ 선매품
④ 편의품
⑤ 비탐색품

해설 편의품은 높은 구매빈도를 보이고, 대량생산이 가능하므로 유통업체보다는 제조업체에 의한 대규모 촉진활동의 필요성이 높은 소비재의 유형이다.

23 ④ 24 ④ 정답

25 아래 글상자에서 설명하는 가격할인의 유형으로 가장 옳은 것은?

> 제조업자가 일반적으로 수행해야 할 유통업무의 일부를 중간상인이 대신 수행할 경우, 이에 대한 보상으로 경비의 일부를 제조업자가 부담하는 것으로 기능할인(function discount)이라고도 한다.

① 수량할인   ② 현금할인
③ 거래할인   ④ 상품 지원금
⑤ 판매촉진 지원금

해설 거래할인은 일반적으로 제조업자가 해야 할 업무의 일부를 중간상인이 하는 경우 이에 대한 보상으로 경비의 일부를 제조업자가 부담해주는 것이다.
① 수량할인 : 제품을 대량으로 구입할 경우에 제품의 가격을 낮추어주는 것을 말한다.
② 현금할인 : 제품에 대한 대금결제를 신용이나 할부가 아닌 현금으로 할 경우에 일정액을 차감해주는 것을 말한다.
⑤ 판매촉진 지원금 : 중간상이 제조업자를 위해 지역광고를 하거나 판촉을 실시할 경우 이를 지원하기 위해서 제조업체가 지급하는 보조금을 말한다.

26 상품라인의 하향확장이 가장 적합하지 않은 상황은?

① 저가격 시장에서 강력한 성장기회를 발견한 경우
② 기존시장으로 진출하려는 강력한 저가격 경쟁사를 방어하려는 경우
③ 고가격대 시장에서 판매가 부진하거나 쇠퇴하고 있다고 판단되는 경우
④ 더 높은 마진과 함께 제품의 고급 이미지를 강화하려는 경우
⑤ 기존상품보다 대중적인 상품을 출시하여 최대한 시장점유율을 높이려는 경우

해설 더 높은 마진과 함께 제품의 고급 이미지를 강화하려는 경우는 상향확장에 적합한 상황이다.

2023

27 아래 글상자 내용 중 거래지향적 판매와 관계지향적 판매에 관한 비교 설명으로 옳지 않은 것만을 모두 나열한 것은?

구 분	거래지향적 판매	관계지향적 판매
㉠	고객 욕구를 이해하기보다는 판매에 초점을 맞춤	판매보다는 고객 욕구를 이해하는 데 초점을 맞춤
㉡	듣기보다는 말하는 데 치중함	말하기보다는 듣는 데 치중함
㉢	설득, 화술, 가격조건 등을 앞세워서 신규고객을 확보하고 매출을 늘리고자 함	상호 신뢰와 신속한 반응을 통하여 고객과 장기적인 관계를 형성하고자 함
㉣	단기적 매출보다 장기적 매출에 초점을 둠	장기적 매출보다 단기적 매출에 초점을 둠

① ㉠
② ㉠, ㉡
③ ㉡, ㉢
④ ㉢, ㉣
⑤ ㉣

해설 거래지향적 판매는 장기적 매출보다 단기적 매출에 초점을 두지만, 관계지향적 판매는 단기적 매출보다 장기적 매출에 초점을 둔다.

28 조직의 구매 담당자가 수행하는 역할로 가장 옳지 않은 것은?

① 제품과 서비스를 실제 사용하는 조직 내의 사용자(users)
② 무엇을 구매할지 구매결정에 영향을 미치는 영향자(influencers)
③ 공급업자를 탐색하고 계약 조건을 협상하는 구매자(buyers)
④ 계약을 체결할 공급업자를 선택하고 승인하는 결정자(deciders)
⑤ 자사 공급업자의 정보를 선택적으로 외부에 공개하는 정보통제자(gatekeepers)

해설 정보통제자는 납품업체의 출입, 접근제한 등 구매센터의 다른 구성원들에게 정보의 흐름을 통제하는 자를 말한다.

29 상품에 대한 설명으로 가장 옳지 않은 것은?

① 소비자가 받게 될 혜택의 묶음이다.
② 소비자는 상품의 사용을 통해 효용을 얻는다.
③ 시장에서 경제적 교환의 대상이 된다.
④ 유형재는 물론 무형재도 포함한다.
⑤ 상표는 상품에 포함되지 않는다.

해설 상표는 상품의 구성요소에 해당하므로 상품에 포함된다.

30 아래 글상자의 소비자 판매촉진에 대한 설명과 그 종류의 연결이 가장 옳은 것은?

> ㉠ 고객의 눈앞에서 상품의 사용법과 차별화된 우위성을 납득시켜 구입과 직접적으로 연결시키기 위한 방법이다.
> ㉡ 상품을 효과적으로 전시하여 고객의 구매를 유발하고자 하는 방법이다.
> ㉢ 소비자가 상품 등을 경품으로 받기 위해 자신의 능력을 활용하여 경쟁하도록 하는 방법이다.
> ㉣ 소비자가 자발적으로 제공한 소비자의 정보를 수집하여 데이터베이스를 구축할 수 있을 뿐만 아니라 호의적인 관계구축을 할 수 있다.
> ㉤ 실제 제품에 대한 객관적인 평가가 어렵고 품질이 중요한 경우에 효과적이다.

① ㉠ 디스플레이(display)
② ㉡ 프리미엄(premium)
③ ㉢ 추첨(sweepstakes)
④ ㉣ 콘테스트(contest)
⑤ ㉤ 샘플(sample)

해설 ㉠ – 시연
㉡ – 디스플레이
㉢ – 콘테스트
㉣ – 추첨

31 복수브랜딩(multibranding)에 대한 설명으로 가장 옳지 않은 것은?

① 복수브랜딩은 소매점에서 더 넓은 진열공간을 차지해 더 높은 점유율을 차지하기 위한 방안이다.
② 복수브랜딩은 서로 다른 구매동기를 가진 세분시장에 맞추어 서로 다른 특성들과 소구점을 가진 제품을 제공한다.
③ 복수브랜딩은 동일제품 범주 내에서 여러 개의 브랜드제품을 도입하는 것이다.
④ 복수브랜딩은 개별 브랜드들 모두가 높은 시장점유율과 높은 수익을 달성할 수 있다는 장점이 있다.
⑤ 복수브랜딩을 통한 복수의 브랜드를 모두 합한 점유율은 단일 브랜드만으로 얻을 수 있는 점유율에 비해 상대적으로 높다.

해설 복수브랜딩은 다양한 니즈를 가진 여러 고객층을 확보할 수 있고 경쟁사의 제품으로 고객이 유출되는 것을 막을 수 있다는 이점이 있으나, 기존 브랜드의 이미지를 약화시켜 자사 제품의 수요를 낮출 수 있는 위험 또한 존재한다.

32 고객유지와 관리를 위한 방법에 대한 설명으로 가장 옳지 않은 것은?

① 소매업체의 개인화전략을 통해 고객이 받게 되는 개인화된 보상이나 편익은 고객유지에 도움이 된다.

② 커뮤니티 구축은 고객들 사이의 공동체 의식을 발전시켜 고객유지와 충성도 구축에 도움이 된다.

③ 부가판매를 통해 기존 고객에게 더 많은 상품과 서비스를 제안하는 것은 고객을 우수고객으로 전환시켜 유지하는 데 도움이 된다.

④ 고객생애가치가 마이너스인 고객에게 더 이상의 부가적인 서비스를 제공하지 않는 방법은 바람직하지 않다.

⑤ 소매업체의 커뮤니티 활동에 우수 고객들을 포함시킴으로써 소매점에 대한 관여도와 충성도가 높아지게 된다.

해설 고객생애가치는 기업이 마케팅 전략을 수립할 때 분기별 이익 창출에 초점을 맞추는 데에서 벗어나 장기적인 관점에서 수익성이 높은 고객과의 관계를 향상시켜 나가는 데 중점을 두기 때문에 고객생애가치가 마이너스인 고객에게 더 이상의 부가적인 서비스를 제공하지 않는 방법은 바람직하다.

33 단골고객을 만드는 고객 응대 기법으로 가장 옳지 않은 것은?

① 첫 방문인 고객에게도 친절히 대하며 고객에게 적절한 상품을 권한다.

② 상품 판매 후에도 고객 후기나 만족도 평가 등을 통해 애프터 케어(after care)를 실시한다.

③ 점포를 재방문한 고객에게는 이전 방문의 내용을 상기시키며 친밀감을 주는 대화를 한다.

④ 고객 등급과 누적 금액에 따른 차별화된 혜택을 친절하게 알려주어 거래에 기반한 이익 관계를 유지한다.

⑤ 상품을 구매하지 않는 고객에게도 끝까지 친절하게 대하여 다시 찾아오도록 한다.

해설 단골고객은 특별히 대우받는다는 느낌을 받길 원하므로 차별화된 혜택을 친절하게 알려주어 신뢰에 기반한 유대관계를 유지해야 한다.

34 고객의 기대에 대한 설명으로 가장 옳지 않은 것은?

① 고객은 과거의 경험을 통해 기대가치를 형성하고, 평가를 통해 재구매를 결정한다.

② 고객은 제품 구매 시 객관적으로 동일한 기대치를 형성한다.

③ 고객의 기대는 구전커뮤니케이션에 의해 영향을 받기도 한다.

④ 고객의 기대와 실제로 경험한 바의 차이로 만족과 불만족을 결정한다.

⑤ 고객의 기대는 자신이 필요로 하는 욕구가 클수록 커진다.

해설 고객은 제품 구매 시 주관적으로 상이한 기대치를 형성한다.

35 아래 글상자는 매장 공간계획의 내용을 기술하고 있다. 매장 공간계획의 수립 과정에 대한 순서로서 가장 옳은 것은?

> ⊙ 상품구색의 결정
> ⓒ 품목별 공간 할당
> ⓒ 상품 카테고리별 공간 할당
> ⓔ 매장 내 품목별 위치의 결정
> ⓜ 매장 안에 배치할 품목별 수량의 결정

① ⊙ – ⓜ – ⓒ – ⓒ – ⓔ
② ⓒ – ⓔ – ⓒ – ⊙ – ⓜ
③ ⓒ – ⓔ – ⓒ – ⓜ – ⊙
④ ⓔ – ⓒ – ⓒ – ⓜ – ⊙
⑤ ⓜ – ⓒ – ⓒ – ⓔ – ⊙

해설 공간계획의 수립 과정
상품구색의 결정 → 매장 안에 배치할 품목별 수량의 결정 → 상품 카테고리별 공간 할당 → 품목별 공간 할당 → 매장 내 품목별 위치의 결정

36 매장 환경에 대한 설명으로 가장 옳지 않은 것은?

① 공간적 배치, 분위기, 시각적 커뮤니케이션 요소 등을 포함한다.
② 공간적 배치의 핵심은 원활한 판매서비스를 제공하는 판매원의 배치이다.
③ 매장 분위기는 오감과 관련된 환경적 쾌적성을 의미한다.
④ 매장 분위기의 주요 요소는 조명, 색상, 소리, 공기의 질과 온도, 향기를 들 수 있다.
⑤ 시각적 커뮤니케이션 요소는 고객이 매장과 상품을 쉽게 발견할 수 있도록 지원한다.

해설 공간적 배치의 핵심은 소비자들이 접근하기 용이한 장소에 상품을 배치하는 것이다.

37 아래 글상자의 괄호 안에 공통으로 들어가는 소비자가 인지하는 효용으로 옳은 것은?

> (   )은 외상판매, 무료배달과 설치, 수리 등 유통시스템이 제공하는 다양한 부가가치를 의미한다. 이처럼 다양한 유통기능을 통해 더 많은 부가가치를 제공할수록 소비자들이 느끼는 (   )은 더 커진다.

① 시간적 편의효용
② 구매단위효용
③ 선택효용
④ 서비스효용
⑤ 장소적 편의효용

해설
① 시간적 편의효용 : 재화나 서비스의 생산과 소비간의 시차를 극복하여 소비자가 재화나 서비스를 필요로 할 때 이를 소비자가 이용 가능하도록 해주는 효용을 말한다.
② 구매단위효용 : 대량으로 생산되는 상품의 수량을 소비지에서 요구되는 적절한 수량으로 분할 · 분배함으로써 창출되는 효용이다.
③ 선택효용 : 생산자로부터 소비자에게 재화나 서비스가 거래되어 그 소유권이 이전되는 과정에서 발생되는 효용이다.
⑤ 장소적 편의효용 : 지역적으로 분산되어 생산되는 재화나 서비스가 소비자가 구매하기 용이한 장소로 전달될 때 창출되는 효용이다.

38 언론의 긍정적 관심확보와 호의적인 기업이미지 구축을 위하여 기업이 다양한 대중들과 우호적인 관계를 구축하는 촉진믹스도구로 가장 옳은 것은?

① 광고(advertising)
② 판매촉진(sales promotion)
③ 인적판매(personal selling)
④ 홍보(public relations)
⑤ 직접 및 디지털 마케팅(direct & digital marketing)

해설
① 광고 : 신속한 메시지 전달로 장 · 단기적 효과가 있으며, 자극적 표현도 전달 가능하다.
② 판매촉진 : 단기적으로 직접적인 효과가 있으며, 충동구매를 유발시킬 수 있다.
③ 인적판매 : 고객별로 정보전달의 정확성이 높으며, 즉각적인 피드백이 가능하다.
⑤ 직접 및 디지털 마케팅 : 직접 마케팅은 광고보다 더 개인적인 형태의 촉진믹스도구로, 촉진의 대상이 되는 개인을 선정하여 응답에 대해 직접적인 접수를 수행하고, 디지털 마케팅은 인터넷을 기반으로 하는 장치를 통해 온라인 광고로 소비자들에게 제품과 서비스를 알리고 판매하는 것이다.

39 고객생애가치(CLV ; customer lifetime value)에 대한 설명으로 가장 옳은 것은?

① 고객생애가치는 인터넷쇼핑몰보다는 백화점을 이용하는 고객들을 평가하는 데 용이하다.

② 고객생애가치는 RFM(recency, frequency, monetary) 분석을 통해 고객의 기업 기여도를 측정할 수 있다.

③ 고객생애가치는 고객과의 관계를 통해 기업에게 기여하는 미래수익을 현재가치로 환산한 금액을 말한다.

④ 고객생애가치는 고객의 점유율(customer share)에 기반하여 정확히 추정할 수 있다.

⑤ 고객생애가치는 시간이 지날수록 고객의 이탈률과 선형적 비례관계를 보인다.

해설 ① 기업의 매출은 모바일과 같은 온라인 영역에서도 발생하고 있기 때문에 고객생애가치는 오프라인 매장뿐만 아니라 온라인 매장에서도 고객정보를 통합하여 관리·평가할 수 있다.

② 고객생애가치는 RFM(recency, frequency, monetary) 분석을 통해 고객이 얼마나 최근에 구입했는가(Recency), 고객이 얼마나 빈번하게 우리 상품을 구입했나(Frequency), 고객이 구입했던 총금액은 어느 정도인가(Monetary Amount) 등에 관한 정보를 축약하여 구입가능성이 높은 고객들을 추려낼 수 있다.

④ 고객생애가치는 고객유지율에 기반하여 추정할 수 있다.

⑤ 고객의 이탈률이 낮을수록 고객생애가치는 증가하므로 반비례관계를 보인다.

40 유통업체는 다양한 방식으로 자사 서비스품질에 대한 고객의 피드백을 수집한다. 서비스 실패 회복을 위한 고객 피드백 수집 방법으로 가장 옳지 않은 것은?

① 온라인의 고객 후기(reviews)

② 회사에 접수된 고객 불평

③ 암행평가(mystery shopping)

④ 표적 집단 인터뷰

⑤ 고객 피드백 카드

해설 암행평가는 평가자가 자신의 정체를 숨기고 실행하는 평가방법으로, 평가업체의 사후관리 및 신뢰도 유지, 서비스 경쟁력과 고객 만족도를 높이기 위해 실시한다.

41 상품의 특성에 따라 매장 내 상품진열방법은 달라진다. 상품에 따른 적절한 상품진열방법의 연결로 가장 옳지 않은 것은?

① 정장스커트 – 적재진열
② 와이셔츠 – 가격대별 진열
③ 신간도서 – 전면진열
④ 식료품 – 품목별 진열
⑤ 거실용 가구 – 아이디어 지향적 진열

해설 적재진열은 대량의 상품을 한꺼번에 쌓아 진열하는 방법으로 보통 계절상품을 진열해서 고객의 이목을 집중시켜 구매 충동을 유발시키며, 상품들의 가격이 저렴할 것이라는 기대를 갖게 하는 데 가장 효과적인 진열방식이다.

42 매장 내 효과적인 상품 배치에 관한 제안으로 가장 옳지 않은 것은?

① 연관구매가 이루어지는 상품들은 서로 인접한 지역에 배치한다.
② 충동구매를 일으키는 상품들은 매장의 앞쪽 지역에 배치한다.
③ 목적구매가 이루어지는 상품들은 매장의 안쪽 지역에 배치한다.
④ 고수익 상품은 할인상품과 함께 고객이 붐비는 지역에 배치한다.
⑤ 프라이버시를 필요로 하는 상품은 고객동선과 일정한 거리를 두고 배치한다.

해설 고수익 상품은 할인상품과 분리하여 고객의 눈에 잘 띄는 지역에 배치한다.

43 서비스품질 격차(gap) 모형에서 나타나는 각종 격차를 해소하기 위한 방법의 연결로 가장 옳지 않은 것은?

① 격차 1 – 고객의 기대를 정확히 이해한다.
② 격차 2 – 업무를 최대한 다양화한다.
③ 격차 3 – 평가 및 보상체계를 잘 갖춘다.
④ 격차 3 – 인적자원을 잘 관리한다.
⑤ 격차 4 – 약속한 사항을 확실히 이행하도록 관리한다.

해설 격차 2의 해소방법은 업무를 최대한 표준화하는 것이다.

44 고객확보를 목적으로 평소 판매가격보다 저렴한 가격으로 판매하는 상품을 지칭하는 용어로 가장 옳은 것은?

① 중점이익상품
② 대용량상품
③ 대량진열판매상품
④ 로스리더상품
⑤ 구색상품

해설 로스리더상품은 제품을 원가 이하나 매우 저렴한 가격으로 판매함으로써 고객의 수를 증가시킨 후, 다른 제품은 정상가격에 구입하도록 유인하는 일종의 미끼상품이다.

45 소비자가 구매결정에 대한 평가를 통해 만족과 불만족을 느끼는 과정을 설명하는 공정성이론에 대한 설명으로 옳지 않은 것은?

① 투입(input) 대비 산출(output)의 개념을 사용한다.
② 자신의 투입 대비 산출 비율을 비교대상의 투입 대비 산출 비율과 비교하였을 때 자신의 투입 대비 산출 비율이 높을수록 더 만족한다.
③ 투입요소는 교환과정에 소요되는 제품과 서비스의 성과, 시간절약, 보상 등이 있다.
④ 소비자 자신의 투입 대비 산출 비율이 비교 대상의 비율과 같다고 느끼면 공정한 상태로 인식하여 비교적 만족을 느낀다.
⑤ 소비자 자신의 투입 대비 산출 비율이 비교 대상의 비율보다 낮다고 느끼면 불만족을 느낀다.

해설 투입요소는 보통 가격이며, 제품과 서비스의 성과, 시간절약, 보상 등은 결과요소에 해당한다.

배우기만 하고 생각하지 않으면 얻는 것이 없고, 생각만 하고 배우지 않으면 위태롭다.

-공자-

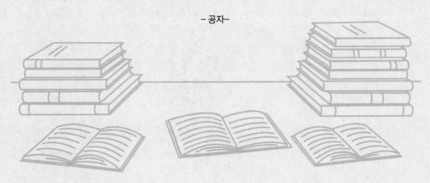

2024년

기출문제

가장 큰 영광은 한 번도 실패하지 않음이 아니라
실패할 때마다 다시 일어서는 데에 있다.

- 공자 -

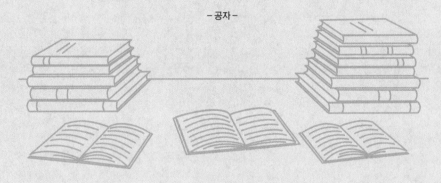

제 **1** 회 │ 기출문제해설

제1과목 │ 유통상식(01~20)

01 유통의 유형 중 직접유통에 대한 설명으로 가장 옳지 않은 것은?

① 직접유통은 제조업체가 중간상을 거치지 않고 소비자와 직접 거래하는 형태이다.

② 제조업체는 직접유통을 통해 유통비용을 절감할 수 있어, 이를 바탕으로 가격경쟁력을 강화할 수 있다.

③ 직접유통은 간접유통에 비해 제한된 일부 제품만을 취급하며 제조업체의 시장지배력이 약한 지역에서만 운영된다.

④ 직접유통은 제조업체가 소비자와 관련된 정보를 즉각적으로 획득할 수 있다는 장점이 있다.

⑤ 직접유통을 수행하기 위해서는 제조업체가 보관, 물류, 판매 등의 기능을 수행해야 하므로 업무가 대폭 증가한다.

해설 직접유통은 간접유통에 비해 기업의 규모와 자본력이 크거나 시장지배력이 높고 제품계열이 넓을 경우 운영된다.

> **보충설명**
>
> 유통경로 설계 시 직접유통경로를 선택하는 경우
>
> | | |
> |---|---|
> | **기업의 특성** | 기업의 규모와 자본력이 크거나 제품계열이 넓은 경우, 신제품을 적극적으로 개발하려는 경우나 경영자의 경험이 풍부한 경우 |
> | **제품의 특성** | 제품의 기술적 복잡성이 높고 서비스 요건이 충족되어야 하며, 부패성 내지는 유행성이 강하거나 표준화되지 않아 제품의 단가가 비싸거나 대체율이 낮고 평균 수주의 규모가 큰 경우 |
> | **시장의 특성** | 시장의 범위가 좁아 구매자 수가 적고, 구매자가 집중되어 있으며, 거래가 빈번하게 일어나지 않는 경우 |
> | **중간상의 특성** | 중간상이 충분한 재고를 유지하기 어려운 경우 |
> | **경쟁적 특성** | 중간상의 이윤을 보장하기 어려울 정도의 심한 가격경쟁이 벌어지는 경우 |

02 유통경로에서 나타나는 흐름을 전방, 후방, 양방흐름으로 구분할 때 관련된 설명으로 옳지 않은 것은?

① 물적 소유는 시간효용을 창출하며 전방기능흐름에 해당한다.

② 촉진은 제품의 판매를 활성화하는 기능으로 전방기능흐름에 해당한다.

③ 위험부담은 제품의 수요변화 및 가격변화 등에 따른 각종 위험을 부담하는 기능으로 후방기능흐름에 해당한다.

④ 주문은 고정 고객의 확보와 관리를 위해 필요한 기능으로 후방기능흐름에 해당한다.

⑤ 금융은 생산자금 및 외상 판매와 관련된 것으로 양방기능흐름에 해당한다.

해설 위험부담은 후방기능흐름이 아니라 양방기능흐름에 해당한다.
유통경로의 3대 기능
• 전방기능흐름 : 물적 소유, 소유권, 촉진
• 후방기능흐름 : 주문 및 시장정보, 대금결제
• 양방기능흐름 : 금융, 협상, 위험부담

03 유통경로가 필요한 이유로 가장 옳은 것은?

① 제품의 구매와 판매에 필요한 정보탐색의 노력을 증가시켜 준다.

② 교환과정에서 거래비용 및 거래 횟수를 줄임으로써 효율성을 높여준다.

③ 반복적인 거래를 감소시킴으로써 구매와 판매를 용이하게 해준다.

④ 한 장소에서 최소의 상품을 취급하여 소비자 정보탐색에 따른 비용과 시간을 감소시켜 준다.

⑤ 제조업체의 다품종 소량생산, 구매자의 소품종 대량 구매 욕구를 충족시켜 준다.

해설 유통경로 내 중간상은 교환 과정을 촉진해 거래비용을 줄이는 등 효율성을 높여준다.
① 제품의 구매와 판매에 필요한 정보탐색의 노력을 감소시켜 준다.
③ 반복적인 거래를 가능하게 함으로써 구매와 판매를 더욱 쉽게 해준다.
④ 한 장소에서 많은 상품을 취급함으로써 정보탐색에 따른 비용과 시간을 감소시켜 준다.
⑤ 제조업체의 소품종 대량생산, 구매자의 다양한 제품라인 요구를 충족시켜 준다.

04 서비스의 특징인 이질성과 관련된 내용으로 가장 옳은 것은?

① 소비자가 생산과정에 참여한다.

② 재고관리가 어렵다.

③ 유형적 단서를 강조하여 문제가 해결될 수 있다.

④ 표준화와 품질관리가 힘들다.

⑤ 생산과 소비가 동시에 일어난다.

해설 서비스의 특성

이질성	• 서비스는 변동적이어서 규격화, 표준화하기 어렵다. • 서비스의 생산 및 인도 과정에는 여러 가변적 요소가 많아서 한 고객에 대한 서비스 업체에서도 종업원에 따라서 제공되는 서비스의 내용이나 질이 달라진다.
소멸성	• 서비스의 생산에는 재고와 저장을 할 수 없으므로 재고 조절이 곤란하다. • 서비스는 시간적인 소멸성을 가진 상품으로 관리에 어려움을 겪는다. 이 경우 수요 완화나 서비스 능력 조정 등을 대안으로 택한다.
무형성	• 서비스의 기본 특성은 형태가 없다는 것이다. 객관적으로 누구에게나 보이는 형태로 제시할 수 없으며 물체처럼 만지거나 볼 수 없다. 따라서 그 가치를 파악하거나 평가하기가 어렵다. • 유형적 단서를 제공하여 객관화하기 어려운 무형성에 따른 문제를 해결할 수 있다.
비분리성	• 서비스는 생산과 소비가 동시에 일어난다. 즉 서비스 제공자에 의해 제공되는 것과 동시에 고객에 의해 소비되는 성격을 가진다. • 비분리성에 따른 여러 가지 문제점을 해결하기 위해서는 고객과 접촉하는 서비스 요원을 신중히 선발하고 철저히 교육해야 한다.

05 도매상의 제조업체를 위한 역할로 가장 옳지 않은 것은?

① 시장과 상품개발에 대한 정보를 제공한다.

② 상품보관이나 재고에 따른 비용을 절감한다.

③ 판매 활성화에 대한 컨설팅 서비스를 제공한다.

④ 시장을 확대하는 역할을 한다.

⑤ 원활한 주문 처리를 한다.

해설 도매상이 수행하는 역할

제조업자를 위한 역할	소매상을 위한 역할
• 시장정보제공 • 재고 유지 • 시장 확대 • 주문 처리 • 고객서비스 대행	• 판매 활성화에 관한 기술·서비스 제공 • 소매상 서비스 • 소단위 판매 • 구색 갖춤 • 신용 및 금융기능

06 유통업자 상표(private brand)에 대한 설명 중에서 옳지 않은 것은?

① 유통업자들의 파워가 커질수록 유통업자 상표가 늘어난다.

② 유통업자 상표는 제조업자에 대한 유통업체의 교섭력을 높이는 데 도움을 준다.

③ 제조업자 상표에 비해 지명도가 떨어지기 때문에 점포 내의 좋은 위치에 진열되지 못하여 고객의 반응을 얻는 데 다소 불리하다.

④ 유통업자 상표의 경우 상품기획은 유통업체가 하고 생산만 제조업체에서 하기도 한다.

⑤ 소매점포에 대한 고객의 충성도를 높일 수 있다.

해설 유통업자 상표(PB) 상품은 패션 상품에서부터 식품, 음료, 잡화에 이르기까지 다양하고, 경쟁 제품보다 가격이 저렴하면서도 품질이 뛰어난 장점을 가지고 있어 고객들의 반응이 좋다.

07 매장에서 고객을 응대하는 바람직한 판매원의 행동으로 가장 옳지 않은 것은?

① 판매원은 고객과 처음으로 대면할 때 제품구매 유도와 함께 관계 형성에도 관심을 가져야 한다.

② 제품을 소개할 때 고객의 흥미를 유발하기 위해 직접 시연(demonstration)하는 방법을 활용할 수 있다.

③ 구매 설득 과정에서 소비자들이 구매에 대한 부정적인 반응을 보일 경우 모두 인정하고 수용해야 한다.

④ 너무 강압적인 구매 권유는 고객들로 하여금 부정적인 태도를 갖게 할 수 있다.

⑤ 판매원의 철저한 사후관리는 고객의 재구매를 유도할 수 있는 전략이다.

해설 소비자들이 구매에 대한 부정적인 반응을 보일 경우 판매원은 가장 먼저 고객의 반응에 경청하고, 질문하여 고객의 부정적 반응에 관한 내용과 원인을 파악한 후 판매원의 의도대로 화제를 유도하여 문제의 해결점을 제시해 가며 고객을 설득해 나가도록 해야 한다.

08 중간상이 수행하는 분류 기능 중 판매를 위하여 제품을 특정한 재고(제품군)들로 구분하는 작업을 의미하는 용어로 옳은 것은?

① 분류(sorting out)
② 집적(accumulation)
③ 분할(allocation)
④ 구색(assorting)
⑤ 정렬(arraying)

해설 중간상의 선별 기능
- 분류(sorting out) : 이질적인 제품들을 크기나 품질 등의 기준을 통해 동질적인 집단으로 나누는 기능이다.
- 집적(accumulation) : 여러 생산자로부터 상품을 구매하여 대량으로 축적하는 기능이다.
- 분할(allocation) : 동질적인 제품들을 소규모 단위로 나누는 기능이다.
- 구색(assorting) : 판매를 위해 분할된 상품들을 연관성 있는 상품들의 집단인 카테고리별로 매장에 진열하는 기능이다.

09 고객을 대할 때의 행동으로 옳지 않은 것은?

① 적합한 호칭을 사용한다.
② 고객에게 친밀감을 보이기 위해 최대한 가까이 다가선다.
③ 지나치게 큰 모션을 취하지 않는다.
④ 판매지향적 자세보다는 고객중심의 마케팅지향적 자세로 대해야 한다.
⑤ 고객의 눈동자에 시선을 맞추고 경청한다.

해설 고객에게 지나치게 가까이 다가서면 고객이 자신의 공간을 침범당했다고 느낄 수 있으므로 대체로 대화가 가능한 1m 이내 50cm 이상의 거리가 접객 효과를 높이는 데 있어 알맞은 간격이다.

10 경청의 자세로 옳지 않은 것은?

① 자연스러운 자세로 고객에게 집중하면서 말의 의도를 파악하며 듣는다.

② 고객의 말을 자신의 경험과 지식에 근거하여 판단하고 해석하며 적극적으로 듣는다.

③ 고객의 말에 호응을 하거나 고개를 끄덕이는 등의 반응을 보인다.

④ 의문이 있는 경우에는 고객의 말이 끝난 뒤에 묻는다.

⑤ 고객과 눈을 맞춘 상태에서 공감하며 듣는다.

해설 자기 경험과 지식에 근거하여 예단하는 것은 경청을 방해하는 요인이다.

> **보충설명**
>
> 적극적 경청의 방법
> • 남의 이야기는 귀를 기울여 듣는다.
> • 감정이입을 한다.
> • 이야기의 요점을 파악한다.
> • 커뮤니케이션에 책임을 진다.
> • 감정적으로 논쟁하지 않는다.
> • 이야기를 도중에 끊지 않는다.
> • 찬사를 적절히 활용하고 반응을 나타낸다.
> • 들은 이야기를 이해하고 질문을 적절히 한다.
> • 상대방의 퍼스낼리티보다는 그 사람의 사고에 마음을 반응시킨다.

11 윤리경영이 필요한 이유로 옳지 않은 것은?

① 윤리경영은 기업의 사회적 책임을 강조하여 사회적 정당성을 확보하는 데 도움을 준다.

② 윤리경영은 기업의 신뢰도와 이미지를 높여 고객의 충성도를 증가시키는 데 도움을 준다.

③ 기업과 사회 간의 상호의존성이 더욱 강화되기 때문에 윤리경영을 통해 지속가능한 성장을 도모할 수 있다.

④ 윤리경영은 다양한 이해관계자들과 긍정적인 관계를 형성하여 협력을 강화하고 기업 목표 달성에 도움을 준다.

⑤ 윤리경영은 기업경영에서 발생할 수 있는 법적인 문제에 대해 사후적으로 해결하는 역할을 한다.

해설 윤리경영이란 기업이 윤리의 준수를 행동 원칙으로 삼고 경제적·법적 책임 수행은 물론 사회 통념적으로 기대되는 윤리적인 책임의 수행을 기업의 의무로 인정하는 것이며, 이해관계가 윤리적으로 상충할 때 규범적 판단과 도덕적 가치 기준을 우선 고려하는 것으로 법의 테두리 안에서 경영활동을 수행함으로써 기업경영에서 발생할 수 있는 법적인 문제에 대해 사전적으로 예방하는 역할을 한다.

12 직업윤리에 대한 설명으로 가장 옳지 않은 것은?

① 직무에 대한 사명감과 책임감 등 모든 직업인에게 공통 보편적으로 요구되는 직업 일반의 윤리는 없다고 볼 수 있다.

② 기본적으로는 직업윤리도 개인윤리의 연장선이라 할 수 있다.

③ 모든 사람은 직업의 성격에 따라 각각 다른 직업윤리를 가질 수 있다.

④ 공직자나 의사, 교육자 등 직업에서 강조되어야 할 윤리는 직업별 윤리라고 할 수 있다.

⑤ 직업윤리는 개인윤리를 바탕으로 각자가 직업에 종사하는 과정에서 요구되는 특수한 윤리 규범이다.

해설 직업윤리는 어떤 직업을 수행하는 사람들에게 요구되는 행동규범으로, 직장 내외에서의 윤리, 모든 직업인에게 공통 보편적으로 요구되는 직업윤리로서 사회 질서를 유지하는 보편적 직업윤리, 직업에 따라 다른 역할과 특성에 따라 다르게 요구되는 직업윤리인 특수 직업윤리 등이 있다.

13 소비자기본법(법률 제19511호, 2023.06.20., 일부개정) 제10조에서 제시하는 국가가 정해야 하는 물품 등에 대한 표시 기준으로 옳지 않은 것은?

① 상품명·용도·성분·재질·성능·규격·가격·용량·허가 번호 및 용역의 내용

② 물품 등을 제조·수입 또는 판매하거나 제공한 사업자의 명칭 및 물품의 원산지

③ 사용 방법, 사용·보관할 때의 주의 사항 및 품질보증 기간 또는 유효기간

④ 물품 등에 따른 불만이나 소비자 피해가 있는 경우의 처리 기구

⑤ 물품 등을 사용할 때의 지시 사항이나 경고 및 그 밖의 위해 방지를 위하여 필요하다고 인정되는 사항

해설 ⑤는 소비자기본법 제8조(위해의 방지) 제1항의 내용이다.
표시의 기준(소비자기본법 제10조)
① 국가는 소비자가 사업자와의 거래에 있어서 표시나 포장 등으로 인하여 물품 등을 잘못 선택하거나 사용하지 아니하도록 물품 등에 대하여 다음 각 호의 사항에 관한 표시 기준을 정하여야 한다.
  1. 상품명·용도·성분·재질·성능·규격·가격·용량·허가 번호 및 용역의 내용
  2. 물품 등을 제조·수입 또는 판매하거나 제공한 사업자의 명칭 및 물품의 원산지
  3. 사용 방법, 사용·보관할 때의 주의 사항 및 경고 사항
  4. 제조연월일, 부품 보유 기간, 품질보증 기간 또는 식품이나 의약품 등 유통과정에서 변질되기 쉬운 물품은 그 유효기간
  5. 표시의 크기·위치 및 방법
  6. 물품 등에 따른 불만이나 소비자 피해가 있는 경우의 처리 기구(주소 및 전화번호를 포함한다) 및 처리 방법
  7. 「장애인차별금지 및 권리구제 등에 관한 법률」 제20조에 따른 시각장애인을 위한 표시 방법
② 국가는 소비자가 사업자와의 거래에 있어서 표시나 포장 등으로 인하여 물품 등을 잘못 선택하거나 사용하지 아니하도록 사업자가 제1항 각 호의 사항을 변경하는 경우 그 변경 전후 사항을 표시하도록 기준을 정할 수 있다.

14 유통산업발전법(법률 제19117호, 2022.12.27., 타법개정)에서 제시하고 있는 유통산업 시책의 기본방향으로 옳지 않은 것은?

① 유통산업에서의 소비자 편익의 증진
② 유통구조의 선진화 및 유통 기능의 효율화 촉진
③ 유통산업에서 소상공인에게 우선적 사업기회 제공
④ 유통산업의 지역별 균형발전의 도모
⑤ 유통산업에서의 건전한 상거래 질서의 확립 및 공정한 경쟁 여건의 조성

해설 유통산업 시책의 기본방향(유통산업발전법 제3조)
1. 유통구조의 선진화 및 유통 기능의 효율화 촉진
2. 유통산업에서의 소비자 편익의 증진
3. 유통산업의 지역별 균형발전의 도모
4. 유통산업의 종류별 균형발전의 도모
5. 중소 유통기업의 구조개선 및 경쟁력 강화
6. 유통산업의 국제경쟁력 제고
7. 유통산업에서의 건전한 상거래 질서의 확립 및 공정한 경쟁 여건의 조성
8. 그 밖에 유통산업의 발전을 촉진하기 위하여 필요한 사항

15 아래 글상자에서 전자상거래와 전통적인 상거래의 비교 설명으로 옳지 않은 것은?

구 분	분 류	전자상거래	전통적인 상거래
㉠	거래시간	24시간	제한된 영업시간
㉡	고객정보	영업사원이 획득하고 정보 재입력이 필요	수시로 획득하고 재입력이 필요 없는 디지털 데이터
㉢	마케팅커뮤니케이션	쌍방향 커뮤니케이션	일방적인 커뮤니케이션
㉣	고객 대응	고객수요를 신속히 포착하여 즉각적인 대응	직접적인 대면 상호작용
㉤	판매 거점	온라인 판매 공간	오프라인 판매 공간

① ㉠   ② ㉡
③ ㉢   ④ ㉣
⑤ ㉤

고객에 관한 수요나 정보를 파악하기 위해서 전통적인 상거래에서는 영업사원이 필요한 정보를 획득하고 재입력이 필요하지만 전자상거래에서는 온라인에서 필요한 정보를 수시로 획득할 수 있으며 재입력할 필요가 없는 디지털 데이터를 사용한다.

전자상거래와 전통적인 상거래 비교

분 류	전자상거래	전통적인 상거래
거래시간	24시간	제한된 영업시간
고객정보	• 온라인으로 수시로 획득 • 재입력이 필요 없는 디지털 데이터	• 영업사원이 획득 • 정보 재입력이 필요
마케팅커뮤니케이션	쌍방향 커뮤니케이션	일방적인 커뮤니케이션
고객 대응	고객수요를 신속히 포착하여 즉각적인 대응	• 직접적인 대면 상호작용 • 고객수요의 포착이 어렵고 이에 대한 대응의 지연
판매 거점	온라인 판매 공간	오프라인 판매 공간 (판매 공간 필요)

16 점포 소매업의 분류별 특징에 대한 설명으로 가장 옳지 않은 것은?

① 백화점은 편리한 입지, 쾌적한 쇼핑 공간 등 최상의 서비스 품질로 고객 만족을 추구하는 점포이다.

② 전문점은 취급하는 제품계열은 한정적이나 제품계열 내에서 깊이 있는 품목을 취급하는 전문화된 서비스를 제공한다.

③ 편의점은 식료품과 편의품 등 한정적인 제품계열을 대규모 매장에서 제공하여 고객에게 편익을 제공한다.

④ 한정적인 제품계열을 깊게 취급하며 할인점보다 저렴한 가격 전략을 추진하는 점포는 카테고리 킬러이다.

⑤ 슈퍼마켓은 일반적으로 다품종, 저가격, 저서비스, 고회전율 전략을 실행한다.

편의점은 식료품과 편의품 등 한정적인 제품계열을 소규모 매장에서 제공하고, 이용하기 편리한 곳에 입지하여 장시간 영업을 하며 고객에게 편익을 제공한다.

소매상의 종류와 특징

백화점	최상의 서비스와 품질로 다양한 상품을 취급
전문점	특정 범위 내의 한정된 상품을 전문적으로 취급
편의점	주택 근처의 편리한 위치에 입지하여 한정된 수의 품목만을 취급
카테고리 킬러	특정한 상품계열에서 전문점과 같은 상품 구색을 갖추고 저렴하게 판매
슈퍼마켓	넓은 구색과 다양한 상품을 취급
할인점	표준상품을 저가격으로 대량 판매하는 박리다매식의 상점
회원제 도매클럽	창고형 도소매클럽으로, 회원으로 가입한 고객만을 대상으로 판매
아웃렛	비인기 상품 또는 이월 상품 등을 할인하여 판매

17 말하기와 관련된 판매원의 자세로 옳지 않은 것은?

① 존댓말을 사용한다.

② 전문용어 사용을 자제한다.

③ 고객이 말하는 속도에 맞춘다.

④ 적당한 크기의 음성으로 명확하게 발음한다.

⑤ 신조어나 줄임말 같은 일상어를 사용하는 것도 무방하다.

해설 판매원은 신조어나 줄임말 같은 말보다는 누구나 알 수 있는 쉬운 말을 써야 한다.
판매원의 올바른 말하는 자세
• 상대방의 인격을 존중하고, 배려하면서 공손한 말씨로 예의 바르게 말한다.
• 외국어나 어려운 전문용어 등은 되도록 삼가고 알기 쉬운 말을 쓴다.
• 고객이 말하는 속도에 보조를 맞춘다.
• 지나치게 큰소리가 아닌, 나직하고, 정확하며 간결하게 자기 의사를 말한다.
• 항상 적극적이고 자신에 찬 어조로 말한다.

18 다음 중 불공정 거래 행위로 옳지 않은 것은?

① 정상가격으로 매입한 직매입 또는 주문제조 상품을 할인행사 등을 이유로 납품 대금을 낮춰서 지급한 경우

② 직매입 납품업체의 납품 과정에서 상품에 오손, 훼손, 하자가 발생한 경우 상품대금을 감액하여 지급한 경우

③ 주문제조 거래 계약에 대해 소매업자의 사정 또는 판매 트렌드 변화 등을 이유로 납품기일을 연기하거나 납품을 거부하는 경우

④ 직매입 또는 주문제조거래 계약을 특정매입계약으로 전환하면서 기존의 재고상품을 특정매입상품으로 취급하여 반품하는 경우

⑤ 납품업자에게 배타적 거래 계약을 하도록 유도하거나 납품업자가 다른 사업자와 거래하는 것을 방해한 경우

해설 직매입 납품업체의 납품 과정에서 상품에 오손, 훼손, 하자가 발생한 경우 상품대금을 감액하여 지급한 경우는 불공정 거래 행위가 아니다.
상품 대금 감액의 금지(대규모유통업에서의 거래 공정화에 관한 법률 제7조 제1항)
대규모 유통업자는 납품받은 상품의 대금을 감액하여서는 아니 된다. 다만, 납품받은 상품이 계약한 상품과 다르거나 납품업자의 책임 있는 사유로 인하여 오손·훼손되었거나 상품에 하자가 있는 등 정당한 사유가 있는 경우로서 해당 거래 분야에서 합리적이라고 인정되는 기간 내에 상품 대금을 감액하는 경우는 그러하지 아니다.

17 ⑤   18 ②   **정답**

19 양성평등과 관련한 사항 중 가장 옳지 않은 것은?

① 동일한 사업 내 동일 가치의 노동에 대해서 성별에 상관없이 동일한 임금을 지급해야 한다.

② 근로자의 교육과 배치 및 승진에 있어 결혼, 임신, 출산 등으로 차별 대우를 해서는 안 된다.

③ 근로자의 정년 및 해고에 관해 여성인 것을 이유로 차별해서는 아니 되지만, 임신 또는 출산을 퇴직 사유로 예정하는 근로계약 체결은 가능하다.

④ 임금, 교육훈련, 승진, 정년, 퇴직 등 직장생활 전 영역에서 남성과 여성에게 동일한 기회를 주어야 한다.

⑤ 직무수행에 필요하지 않은 용모, 키, 체중 등의 신체적 조건과 미혼 조건, 기타 노동부령이 정하는 조건을 요구하지 않는다.

해설 사업주는 여성 근로자의 혼인, 임신 또는 출산을 퇴직 사유로 예정하는 근로계약을 체결하여서는 아니 된다 (남녀고용평등과 일·가정 양립 지원에 관한 법률 제11조 제2항).

20 바람직한 판매사원의 역할로서 가장 옳지 않은 것은?

① 고객에게 상품에 대한 설명 제공

② 판매 조건에 대한 고객과의 협상

③ 판매 종결 이후의 지속적 사후관리

④ 고객의 이의 제기에 대한 응답 제공

⑤ 고객의 성향과 무관한 일관적 대응

해설 판매사원은 고객의 성향이나 요구 사항 등을 파악하여 고객 대응을 효율적으로 하여야 한다.
판매사원의 역할

정보 전달자의 역할	• 고객에게는 더 높은 만족이 실현될 수 있도록 하기 위한 각종 제품 및 서비스에 대한 정보와 회사의 촉진 전략이나 프로세스 및 제도 등에 대한 정보전달의 역할을 한다. • 회사에는 고객의 소리를 전달하여 경쟁력이 높은 제품이나 서비스의 개발 및 제공에 필요한 피드백 활동을 수행한다.
수요 창출자의 역할	고객의 잠재적 욕구를 발견하고 설득 행위를 통해 잠재고객의 수요를 창출하여 판매를 성사하고, 판매 과정에서 높은 만족을 제공함으로써 지속적인 교환관계가 유지되도록 하는 역할을 한다.
서비스 제공자의 역할	제품의 기능과 관련된 A/S 등의 부수적인 서비스와 배려 등의 인간적인 서비스를 통해 고객의 총체적인 욕구를 충족시키는 역할을 해야 한다.
상담자의 역할	판매담당자는 상품이나 서비스와 관련한 지식뿐만 아니라 사회 전반에 관련된 다양한 정보 및 해박한 지식을 가지고 있어야 하며 이에 따른 상담 능력도 겸비해야 한다. 이를 바탕으로 고객이 인식하고 있는 문제들을 고객의 처지에서 해결해 준다는 마음가짐이 필요하다.

21 제품수명주기 중 성숙기에서 수행가능한 전략으로 가장 옳지 않은 것은?

① 대대적인 광고·홍보 캠페인을 시행하여 제품 인지도를 증가시킨다.

② 제품의 용도를 다양화하고 새로운 소비자층을 개발하여 수요를 확대한다.

③ 제품의 생산과 유통을 효율화하고 비용을 절감하여 이익률을 높인다.

④ 제품에 대한 판매촉진을 강화하여 시장점유율을 방어한다.

⑤ 제품의 품질과 디자인을 개선하고 브랜드를 차별화한다.

해설 ①은 도입기에 수행가능한 전략이다.

┌─ **보충설명** ─────────────────────────────────

제품수명주기

도입기	• 상품을 개발하고 도입하여 판매를 시작하는 단계이다. • 수요량이 적고 가격탄력성도 적다. • 경기변동에 대하여 민감하지 않으며 조업도가 낮아 적자를 내는 일이 많은 단계이다. • 아직 상품에 대한 인지도가 낮으므로 소비자들에게 상품을 알려서 인지도를 높이는 것이 우선이다.
성장기	• 어떤 상품이 도입기를 무사히 넘기고 나면 그 상품의 매출액은 늘어나게 되고 시장도 커지게 된다. • 수요량이 증가하고 가격탄력성도 커지며, 초기 설비는 완전히 가동되고 증설이 필요해지기도 하며, 조업도의 상승으로 수익성도 호전한다. • 가장 조심하여야 할 점은 장사가 잘되면 그만큼 경쟁자의 참여도 늘어나게 된다는 것이다.
성숙기	• 대량생산이 본궤도에 오르고 원가가 크게 내림에 따라 상품 단위별 이익은 정상에 달하지만, 경쟁자나 모방상품이 많이 나타난다. • 대다수의 잠재적 구매자에 의하여 상품이 수용됨으로써 판매성장이 둔화하는 기간이다. • 경쟁에 대응하여 상품의 지위를 유지하기 위한 비용이 늘어나 이익은 감소하기 시작하므로 새로운 시장을 찾거나, 그 상품에 대한 새로운 용도를 개발하거나 사용 빈도를 제고하기 위한 다양한 노력을 기울여야 한다.
쇠퇴기	• 어떤 상품이 시장에서 쇠퇴하게 되는 이유는 여러 가지가 있는데, 기술 발달로 인하여 대체품이 나오거나 소비자의 기호 변화 등으로 그 상품에 대한 소비자의 욕구가 사라지는 경우이다. • 수요가 경기변동과 관계없이 감퇴하는 경향을 나타낸다. 광고를 비롯한 여러 촉진 관리도 거의 효과가 없으며, 시장점유율은 급속히 떨어지고 손해를 보는 일이 많아진다.

22 상품 구색에 대한 설명으로 가장 옳지 않은 것은?

① 구색은 주로 소비자 관점에서 대체 가능한 상품으로 제공 범위와 관계가 있다.

② 구색은 표적고객의 수요 충족 기회를 극대화시키는 것과 관계가 있다.

③ 구색을 결정할 때 과잉재고로 인한 비용 문제를 고려해야 한다.

④ 제공할 수 있는 대체 품목 수가 증가할수록 소비자의 욕구를 만족시킬 가능성은 감소한다.

⑤ 구색에 따라 매장이 가지는 개성이 달라질 수 있다.

해설 제공할 수 있는 대체 품목 수가 증가할수록 소비자의 욕구를 만족시킬 가능성은 증가한다.

23 상품을 핵심제품, 유형제품, 확장제품의 3차원으로 분류할 때, 다음 중에서 확장제품을 구성하는 요소로 옳은 것은?

① 품질보증(warranty)

② 포장(package)

③ 상표명(brand name)

④ 디자인(design)

⑤ 스타일(style)

해설 ②·③·④·⑤ 유형(실체)제품

수준별 제품의 종류

핵심제품	구매자가 진정으로 구매하려는 것
유형(실체)제품	브랜드명, 패키징 등 제품과 서비스의 특징이 유형적으로 구현된 것
확장제품	A/S와 고객 지원 서비스, 품질보증 등의 추가적인 소비자 서비스와 편익

22 ④ 23 ①

24 편의품의 경우에 일반적으로 사용되는 경로 커버리지 정책으로 가장 옳은 것은?

① 간접적 경로 커버리지 정책
② 집약적 경로 커버리지 정책
③ 전속적 경로 커버리지 정책
④ 직접적 경로 커버리지 정책
⑤ 선택적 경로 커버리지 정책

해설 유통경로 정책

경로 정책	의 미	특 징
집약적 경로 커버리지 정책	자사의 제품을 누구나 취급할 수 있도록 개방	• 소매상이 많음 • 소비자에게 제품 노출 최대화 • 유통비용의 증가 • 체인화의 어려움 • 식품, 일용품 등 편의품에 적용
전속적 경로 커버리지 정책	자사의 제품만을 취급하는 도매상 또는 소매상	• 소매상 또는 도매상에 대한 통제 가능 • 긴밀한 협조 체제 형성 • 유통비용의 감소 • 제품 이미지 제고 및 유지 가능 • 귀금속, 자동차, 고급 의류 등 고가품에 적용
선택적 경로 커버리지 정책	집약적 유통경로와 전속적 유통경로의 중간 형태로, 일정 지역에서 일정 수준 이상의 자격 요건을 지닌 소매점에만 자사 제품을 취급하도록 함	• 집약적 유통경로에 비해 소매상 수가 적고 유통비용 절감 효과 • 전속적 유통경로에 비해 제품 노출 확대 • 의류, 가구, 가전제품 등에 적용

25 상품 진열을 위한 상품 분류의 기준으로서 가장 옳지 않은 것은?

① 색 상
② 가격대
③ 스타일
④ 사용 용도
⑤ 구매 충동성

해설 상품 진열을 위한 상품 분류의 기준 : 색상별, 가격별, 사이즈나 디자인별, 용도별, 대상별

26 점포설계의 주요 목적으로 가장 옳지 않은 것은?

① 소매업체의 소매 전략 수행
② 직원 작업 공간 확대
③ 방문 시 구매율 증가
④ 효율성 증대를 위한 비용관리
⑤ 법적 요건의 충족

해설 점포설계의 목적
• 최적의 소매 전략을 수행할 수 있도록 설계
• 점포 공간 생산성이 향상되도록 설계
• 방문 시 고객의 구매 행동을 자극하여 구매율이 증가하도록 설계
• 점포설계의 비용적인 측면과 매출 및 이윤을 통한 가치 획득적인 측면 사이의 관계를 고려한 비용관리가 되도록 설계
• 법적 규제 사항을 고려하여 법적 요건이 충족되도록 설계
• 표적시장의 욕구를 충족시키고 경쟁우위를 획득하여 브랜드 충성도가 구축되도록 설계
• 상품 구색이 바뀔 경우를 대비해 유연성을 높이도록 설계
• 점포의 분위기는 점포의 이미지 및 전반적인 전략 및 조화와 일관성을 제공하도록 설계

27 매장의 구성에 관한 내용으로 가장 옳지 않은 것은?

① 매장 내 배치의 기본 원칙은 고객이 쉽게 원하는 물건을 찾을 수 있도록 하는 동시에, 매장 전체를 돌아볼 수 있도록 동선을 구성하는 것이다.
② 매장의 통일성을 위해 모든 제품은 동일한 양식으로 배치해야만 한다.
③ 매장 내의 색상은 고객의 행동에 영향을 미친다.
④ 매장 내 종업원의 복장은 고객의 행동에 영향을 미친다.
⑤ 계산대 근처에 충동성 있는 상품을 배치하여 고객이 계산을 기다리는 동안 충동적으로 상품을 구매하도록 유도할 수 있다.

해설 매출 극대화를 위해 매장 구성은 다양한 양식으로 배치해야 한다.

배치 작업의 유형

자유형	• 비품과 통로를 비대칭으로 배치하는 방법으로, 사용하는 집기, 비품류 대부분은 원형, U자형, 아치형, 삼각형과 같은 불규칙한 형으로 배치한다. • 소비자들이 원하는 상품을 찾기 위해 소비하는 시간이 오래 걸려서 전체적인 쇼핑 시간이 길어지며 충동구매를 촉진한다.	
격자형	• 반복적인 직사각 형태로 배치하는 것으로 고객의 동일 제품에 대한 반복 구매 빈도가 높은 소매점, 즉 대형마트, 슈퍼마켓, 편의점에 적합하다. • 비용이 적게 들며 표준화된 집기 배치가 가능해 고객이 익숙해지기 쉽다. • 상품은 직선형으로 병렬배치하며, 고객들이 지나는 통로에 반복적으로 상품을 배치해야 효율적이다.	
변형형	표준형	입구·계산대·출구로 구성되며, 이런 유형의 점포 배치는 외식 체인, 여행사에서 널리 이용된다.
	경주로형 (루프형)	점포 내부가 경주로처럼 뻗어나간 형태로 선물점, 백화점 등에서 널리 이용된다.
	혼합형	자유형·격자형·경주로형 방식의 이점을 살린 배치 형태로 각 부문 사이에 상품 및 설치물들의 종류에 따라 격자형 또는 자유형 배치가 사용된다.

28 고객을 응대하는 기법으로 가장 옳은 것은?

① 판매원은 항상 고객이 먼저 말을 걸어올 때 응대해야 한다.
② 고객에게 친밀감을 주기 위해 허물없는 태도로 고객을 대하여야 한다.
③ 고객과의 대화는 설득의 성격이 있으므로 더 많은 정보를 갖고 있는 판매자가 주도할 필요가 있다.
④ 상품은 점포의 것이기도 하지만 곧 고객의 것이 될 수도 있는 것이기 때문에 제시나 취급에 최대한 신중한 자세로 임하여야 한다.
⑤ 고객 요구를 파악하여 요구에 맞는 상품을 최대한 많이 제시한다.

해설 ① 판매원은 항상 고객이 먼저 말을 걸어올 때 응대하는 것이 아니라 고객이 매장에 들어온 순서대로 응대하는 것이 좋다.
② 판매원이 허물없는 태도로 고객을 대하는 것은 고객에게 오히려 거부감을 줄 수 있으므로 고객이 원하는 적절한 선에서 친절을 베푸는 것이 좋다.
③ 판매원은 고객과의 대화를 주도하는 것이 아니라 효과적인 의사전달을 위한 담화, 경청, 제스처 등을 통해 고객을 설득하되 고객에게 주도권을 주어야 한다.
⑤ 판매원은 고객의 요구를 파악하여, 이에 부합하는 상품, 서비스, 정보, 경험 등을 제공함으로써 고객의 필요를 적절하게 충족시키도록 한다.

28 ④ **정답**

29 POS(point of sales) 시스템의 장점에 대한 설명으로 가장 옳지 않은 것은?

① 매상 등록 시간이 단축되어 고객 대기시간을 줄일 수 있다.

② POS 도입으로 판매원의 교육훈련 시간이 증가하지만 입력오류를 방지할 수 있다.

③ 단품 관리에 의해 잘 팔리는 상품과 잘 팔리지 않는 상품을 파악할 수 있다.

④ 상품기획이나 매장 효율성 제고 등에 활용할 수 있다.

⑤ POS 시스템은 유통업체만이 아니라 제조업체에도 의미 있는 정보를 제공한다.

해설 POS 시스템 도입으로 판매원 교육 및 훈련 시간을 줄일 수 있다.

POS(Point Of Sales) 시스템

판매 시점 정보관리시스템을 말하는데, 판매장의 판매 시점에서 발생하는 판매 정보를 컴퓨터로 자동 처리하는 시스템이다. POS 시스템에서는 상품별 판매 정보가 컴퓨터에 보관되고, 그 정보는 발주, 매입, 재고 등의 정보와 결합하여 필요한 부문에 활용된다.

30 서비스 품질을 평가하는 SERVQUAL의 품질 차원에 대한 설명으로 가장 옳지 않은 것은?

① 신뢰성(reliability)은 약속된 서비스를 정확하게 제공하는 능력을 의미한다.

② 유형성(tangibles)은 서비스의 제공을 위한 물리적 시설, 장비 등과 같은 외형적인 단서를 의미한다.

③ 확신성(assurance)은 서비스를 제공하는 종업원의 능력, 예절, 전문성 등과 관련이 있다.

④ 공감성(empathy)은 고객에 대한 충분한 이해, 원활한 의사소통 등과 관련이 있다.

⑤ 응답성(responsiveness)은 기업평판과 서비스 제공자의 진실성, 정직성을 의미한다.

해설 SERVQUAL(Service Quality)의 5개 차원

품질 차원	정 의
신뢰성(Reliability)	약속한 서비스를 믿을 수 있고 정확하게 수행할 수 있는 능력
유형성(Tangibles)	물리적 시설, 장비, 직원, 커뮤니케이션 자료의 외양
확신성(Assurance)	직원의 지식과 예절, 신뢰와 자신감을 전달하는 능력
공감성(Empathy)	회사가 고객에게 제공하는 개별적 배려와 관심
응답성(Responsiveness)	고객을 돕고 신속한 서비스를 제공하려는 태세

31 **소비자 대상 판매촉진 방법에 대한 설명으로 옳은 것은?**

① 샘플은 가격에 민감한 고객에게 가격을 할인해 주는 효과가 있어 즉각적인 상품구매를 유도한다.

② 쿠폰은 모든 소비자에게 할인해 주지 않으면서 제품 사용의 기회를 제공한다는 점에서 효과가 있다.

③ 프리미엄은 정상가격에 기존제품보다 더 많은 양이나 더 많은 개수의 제품을 제공하는 것이다.

④ 경품은 제품구매에 대한 확실한 보상으로 무상 또는 저렴한 가격으로 제품이나 서비스를 제공해 주는 것이다.

⑤ 가격할인은 재고상품 판매 또는 매출 증대를 위해 일시적으로 가격을 인하하는 것을 말한다.

해설 소비자 대상 판촉 수단

비가격 판매촉진	샘플 (Sample)		전체 물건의 품질이나 상태를 알아볼 수 있도록 그 일부를 뽑아 놓거나 미리 선보이는 물건
	사은품 (Premium)		소비자가 제품을 구매하는 것에 대하여 무료 또는 낮은 가격으로, 구매한 것과 동일한 제품이나 다른 제품을 제공하는 것
	경품 (Prizes)	소비자경품	일정 기간 특정 상품을 구입한 사람들을 대상으로 추첨하여 현금이나 물건을 주는 것
		소비자현상경품	사업자가 상품이나 용역의 거래에 부수하여 현상의 방법으로 일반소비자에게 제공하는 경품
		공개현상경품	사업자가 상품·용역의 거래에 부수하지 아니하고 광고 등을 이용한 현상의 방법으로 일반소비자에게 제공하는 경품으로 누구나 당첨의 대상이 되는 것
가격 판매촉진	쿠폰 (Coupon)		제품구매 시 소비자에게 일정 금액을 할인해 주는 일종의 증서로, 신제품의 사용 및 반복 구매를 촉진하고, 타사 고객들을 자사 고객으로 유인하는 데 효과적
	가격할인 (Price Off)		일정 기간 일정한 비율로 상품의 가격을 인하해서 판매하는 방법
	보상판매 (Trade—Ins)		특정 기업이 그 기업의 상품이나 다른 기업의 상품을 사용하고 있는 소비자에게 사용 중인 상품을 반납받고, 그 기업에서 생산하는 비슷한 상품을 사는 경우 일정한 금액을 할인해 주거나 좀 더 높은 액수로 보상하여 주는 방법

31 ⑤ **정답**

32 촉진관리에 대한 설명 중 가장 옳지 않은 것은?

① 촉진 유형은 대중매체를 이용한 촉진과 세분화된 커뮤니케이션 방법을 이용한 촉진으로 구분될 수 있다.

② 최근 대중매체보다는 세분화된 커뮤니케이션을 통한 촉진이 주목받고 있다.

③ 촉진믹스는 산업의 특성에 따라 다르게 나타날 수 있다.

④ 촉진 전략 중 광고는 매우 다양한 형태를 가지고 있어 특성을 일반화하기 어렵다.

⑤ 일반적으로 촉진은 한 가지 방법을 선택하여 집중적으로 진행하는 것이 가장 유리하다.

해설 촉진은 상품을 판매하기 위해서 여러 가지 방법으로 소비자의 구매 의욕을 높이는 모든 활동을 말하며, 그 방법으로는 광고, 홍보, 판매촉진, 인적판매 등이 있다. 마케팅 목표를 효과적으로 달성하기 위해서는 하나만 독립적으로 사용하는 것보다는 여러 가지를 상호보완적으로 사용하는 것이 유리하다.

33 푸시(push)전략에 대한 설명으로 가장 옳지 않은 것은?

① 푸시(push)전략 중 광고는 제조업자가 최종 구매자를 대상으로 하는 가장 효과 빠른 촉진 활동이다.

② 푸시(push)전략은 제조업자가 유통업자들을 대상으로 하는 촉진 활동이다.

③ 푸시(push)전략은 주로 판매촉진과 인적판매 수단을 이용한다.

④ 푸시(push)전략의 사례로 제약회사가 일반의약품을 약국을 대상으로 촉진 활동하는 것을 들 수 있다.

⑤ 푸시(push)전략의 목표는 유통업자들로 하여금 해당 상품을 많이 취급하고 최종구매자들에게 적극적으로 권하도록 하는 데 있다.

해설 푸시(push)전략은 제조업자가 유통업자에게 촉진 활동을 하고 유통업자는 최종소비자에게 마케팅 활동을 하는 전략으로 인적판매와 중간상 판촉의 중요성이 증가하게 되고, 최종 소비자를 대상으로 하는 광고의 중요성은 상대적으로 감소하게 된다. 제조업체가 최종 소비자를 대상으로 광고나 홍보를 하고, 소비자가 그 광고나 홍보에 반응해 소매점에 상품이나 서비스를 주문·구매하는 마케팅 전략은 풀(pull)전략이다.

34 아래 글상자에서 설명하는 용어로 가장 옳은 것은?

> 이것은 기업의 커뮤니케이션 경로들을 통합하고 조정하여 명확하고 일관성 있게 기업과 브랜드에 대한 설득력 있는 메시지를 전달하는 것을 의미한다.

① 온라인 광고 전략(online advertising strategy)
② 독립적 마케팅 채널 전략(independent marketing channel strategy)
③ 통합적 대중 마케팅(integrated mass marketing)
④ 통합적 마케팅 커뮤니케이션(integrated marketing communication)
⑤ 병렬 커뮤니케이션 전략(parallel communication strategy)

해설 통합 마케팅 커뮤니케이션(IMC ; Integrated Marketing Communication)
1989년 미국 광고대행사 협회는 IMC를 광고, DM, 촉진 관리, PR 등 다양한 커뮤니케이션 수단들의 전략적인 역할을 비교·검토하고, 명료성과 정확성 측면에서 최대의 커뮤니케이션 효과를 거둘 수 있도록 이들을 통합하는 총괄적인 계획의 수립 과정으로 정의하고 있다.

35 충성도가 높은 고객의 특징으로 가장 옳지 않은 것은?

① 제품을 반복적으로 구매한다.
② 경쟁기업의 유인전략에 잘 반응하지 않는다.
③ 프로모션이나 할인에 대한 민감도가 상대적으로 높다.
④ 잠재 구매자들에게 호의적인 구전을 한다.
⑤ 브랜드에 대한 신뢰도가 상대적으로 높다.

해설 충성도 높은 고객의 특징
• 반복적으로 구매한다.
• 가격이나 경쟁기업의 유인전략에 민감도가 상대적으로 낮다.
• 다른 고객의 유입을 돕고, 적극적이고 능동적으로 긍정적인 피드백을 제공한다.
• 브랜드에 대한 애착과 선호도가 높다.

36 고객 중심의 인접 진열 사례로 가장 옳지 않은 것은?

① 빵 또는 시리얼과 우유
② 치약과 칫솔
③ 세탁세제와 주방·주거 세제
④ 채소류와 샐러드 소스류
⑤ 샴푸류와 린스류

해설 세탁세제와 주방·주거 세제를 같이 진열하는 방법은 품종별 진열 사례이다.

상품 진열 결정의 요소

관련(인접)별	• 어떠한 상품군 중에서 상품 용도나 사용 방법이 상호 관련이 있는 상품끼리 연결해서 진열하는 방식 • 주로 메뉴 제안 또는 생활 제안을 통해 연결구매를 유도하도록 하기 위한 진열 방식
품종별	품종 품목이 많은 상품을 용도별로 진열하는 가장 일반적인 분류법
소재별	원산지나 소재, 재료별로 진열, 본적지 진열
가격별	균일가 집합 진열로 선물 코너가 유리
색상별	고객을 집중시키기 위한 컬러 컨트롤, 계절감을 강조하기 위한 단일 진열
기능별	건강 및 기능성 식품, 저염 식품, 저칼로리 식품 등 테마 진열
계절별	계절을 알리는 진열과 연출을 이용해 일정 기간 집중적으로 실시
행사별	절기, 사회 행사, 지역 축제에 맞춘 상품 진열

37 아래 글상자에서 설명하는 개념으로 가장 옳은 것은?

> 소비자는 제품에 대한 과거 경험이나 일정 수준의 품질을 가지고 있는 제품에 대한 커뮤니케이션에 기반해서 해당 제품의 성능에 대한 신념을 형성한다. 만약 그 제품의 품질이 이에 미치지 못하면 소비자는 불만족을 느낀다.

① 자기효능감 이론(self-efficacy theory)
② 기대불일치모델(expectancy disconfirmation model)
③ 사회적 학습이론(social learning theory)
④ 정서적 반응이론(emotional response theory)
⑤ 브랜드 자산이론(brand equity theory)

해설 기대 불일치 이론

소비자는 사전 기대를 하고 제품을 선택하여 그 제품을 사용한 후 실제 품질을 사전 기대와 비교하여 다시 평가한다. 이때, 사전 기대와 실제 품질 평가 사이에 생긴 인식의 차이가 실제 품질의 사전 기대에 미달할 시에는 불만족하고, 기대를 초과하면 만족하며, 동일한 경우에는 기대를 확인한다는 이론이다.

38 고객의 소리 관리에 대한 설명으로 옳지 않은 것은?

① 고객이 자발적으로 남긴 질문 및 의견들로 통계적 대표성을 갖는다.

② 고객의 입장에서 신속하고 성의 있는 답변으로 충성도를 제고한다.

③ 이메일이나 정기적인 서비스 콜을 통해 지속적으로 고객의 소리를 관리한다.

④ 고객 문의나 불평 처리 시 고객정보가 유출되지 않도록 관리한다.

⑤ 고객 불평에 대한 핵심 내용을 파악하고 재발 방지를 위한 직원 교육을 시행한다.

해설 고객이 자발적으로 남긴 질문 및 의견들인 자발적 VOC는 다양하므로 통계적 대표성이 있다고 말하기 어렵다.
고객의 소리(VOC ; Voice of Customer)의 유형 및 특징

유 형	경 로	특 징
자발적 VOC	• 고객센터 • 소비자 보호원 등 대외민원기관 • 인터넷 상담센터나 포털사이트 등	• 부정적 비중이 높으며 자연 발생적이다. • 통계적 대표성이 없다. • 사전 통제가 어렵다.
의도적으로 수집된 VOC	• 마케팅 조사 등	• 사전 통제가 가능하다. • 제품 개발이나 문제해결에 대한 고객 의견 조사로 전략적 활용도가 높다.

39 점포 레이아웃에 대한 설명으로 옳지 않은 것은?

① 점포 레이아웃은 소비자 흐름을 원활하게 하는 동시에 상품운반이 용이하도록 통로를 만들기 위한 목적을 가지고 있다.

② 주통로는 소비자의 통행을 원활하게 하고 점포를 전체적으로 일목요연하게 볼 수 있도록 설계된 점포의 대로이다.

③ 부통로는 주통로와 연결되어 소비자의 통행을 분산하면서 상품의 품종을 구분할 수 있도록 설계한 통로이다.

④ 일방통행준수(one way control) 방식에서는 입구와 출구를 분명하게 구분하는 것을 원칙으로 한다.

⑤ 소비자 동선은 가능한 한 짧게 설정하고, 상품 동선은 가능한 한 길게 설정하는 것이 동선의 기본 원칙이다.

해설 소비자 동선은 되도록 길게 하고 판매원 동선은 짧게 하는 합리적이고 이상적인 점내 동선의 레이아웃이 이루어져야 한다.

40 고객만족경영에 대한 아래의 설명 중에서 가장 옳지 않은 것은?

① 고객 불평을 중요시하며, 이를 잘 해결하고 고객에게 피드백을 제공해야 한다.
② 고객을 만족시킴으로써 고객과의 관계 형성을 추구한다.
③ 기존 고객의 유지보다는 신규 고객의 창출이 더욱 중요하다.
④ 고객 만족의 선행지수로 종업원만족지수, 내부고객만족지수 등이 있다.
⑤ 고객만족지수 등을 개발하여 성과를 계량화하여야 한다.

해설 신규 고객을 창출하는 데에는 기존 고객관리의 5배 이상의 비용이 들어가므로 기존 고객을 유지하는 전략이 더 효율적이며 중요하다.

41 상품 포장에 대한 설명으로 가장 옳지 않은 것은?

① 상품 포장은 소비자의 주의를 끌 수 있다.
② 상품 포장은 제품의 특징을 표현해 준다.
③ 기업과 브랜드가 즉각적으로 인식되는 상품 포장은 피해야 한다.
④ 상품 포장은 제품을 보호하며 사용을 더 편리하게 만드는 역할을 한다.
⑤ 재활용 및 분리수거 가능한 재료를 사용한 상품 포장은 친환경 이미지를 강조할 수 있다.

해설 상품 포장은 제품이 어느 기업, 어느 브랜드의 것인지 즉각적으로 인식할 수 있게 해준다.
상품 포장의 목적 및 기능
상품식별, 내용물의 보호, 취급상의 편리성, 환경 친화성, 하역의 용이성, 판매촉진, 경제성, 브랜드 확인 등

2024

42 상품별로 매장 공간을 배분할 때 고려해야 할 요인으로서 가장 옳지 않은 것은?

① 판매 장치와 설비의 매장 내 배치
② 계획된 상품별 진열 방식
③ 위치에 따른 상품별 고객 흡인력
④ 상품별 한계 공간 수익성
⑤ 전체 판매에서 차지하는 상품별 상대적 비중

해설 상품별로 매장 공간을 배분할 때 핵심적으로 고려해야 할 사항은 상품의 특성이다. 상품의 시장 특성, 진열 방식 등을 고려한 배치 전략이 중요하다.

43 다음 중 상품의 가격탄력성이 낮을 것으로 판단되는 경우로 옳지 않은 것은?

① 시장의 트렌드 변화가 빠르며 소비자의 구매습관 변화가 빈번하게 발생할 때
② 자사 제품이 경쟁 제품과 비교해 독특한 제품 특성 및 브랜드 위상을 가질 때
③ 대체품을 찾기 힘들거나 대체재들의 품질을 쉽게 비교할 수 없을 때
④ 제품이 소비자의 습관이나 선호와 깊이 연관되어 있을 때
⑤ 소비자들이 고가격을 고품질과 연관시켜 고가격 제품을 기꺼이 구매하고자 할 때

해설 가격탄력성이 낮은 상품
상품의 가격탄력성이 낮다는 것은 가격변동에 대한 민감도가 크지 않다는 뜻으로 주로 독점 상황이나 차별화된 제품, 생필품이나 대체성이 낮은 상품, '가격 = 품질'이라고 생각하는 상황이 여기에 해당한다. 한편, 기업은 되도록 높은 가격을 유지하여 해당 제품의 총판매 수입을 극대화할 수 있다.

44 서비스 품질은 서비스에 대한 고객의 사전 기대와 경험한 이후의 인식의 차이로 결정된다. 이때 고객의 기대를 구성하는 요인으로 옳지 않은 것은?

① 고객의 개인적인 니즈

② 서비스에 대한 고객의 이용 경험

③ 소비자의 기대에 대한 경영자의 인식

④ 서비스에 대한 다른 고객들의 추천

⑤ 기업의 광고 및 홍보활동

해설 서비스 기대 영향 요인

내적 요인	외적 요인	기업 요인
• 개인적 니즈 • 과거의 경험 • 관여도	• 구전(추천) • 대조효과 • 사회적 상황	• 촉진을 위한 홍보활동 • 가격 및 유통 • 기업 이미지

45 소매업체가 고객 유지를 위해 고객과의 유대관계를 강화하는 합리적 방안으로 가장 옳지 않은 것은?

① 교차판매, 묶음판매를 통한 거래관계의 확장

② 구매 금액의 일정 비율을 적립해 주는 보상프로그램 운영

③ 관계마케팅을 위해 잠재적 신규 고객의 행동 예측

④ 단골에게 맞춤화된 차별적 고객서비스 제공

⑤ 판매원과 고객 사이의 신뢰 관계 구축

해설 관계마케팅은 고객과의 유대관계를 형성하고 유지하며 발전시키는 마케팅 활동으로, 신규 고객 모집보다는 기존 고객을 유지하는 것이 중점적인 마케팅이다.

제**2**회 | 기출문제해설

제1과목 | 유통상식(01~20)

01 소매업의 특징에 관한 설명으로서 가장 옳지 않은 것은?

① 영업전략에 따라 소매점의 소매업태를 구분한다.

② 소매업태는 일반적으로 수명주기를 가진다.

③ 주력 판매상품에 따라 소매점의 업종을 구분한다.

④ 소매점의 대형화는 도매상의 발전을 동반한다.

⑤ 산업재 유통경로에는 소매상이 존재하지 않는다.

해설 백화점·연쇄점 등 소매점의 대형화는 도매상의 존속·발전을 위협한다.

① 업태는 어떠한 방법으로 판매하고 있는가를 의미하며, 유통기업의 영업전략에 따라 구분하는 방법으로 최근 유통업계에서는 업종보다 업태의 개념에 입각한 분류가 중시되고 있다.

② 소매업태는 도입기, 성장기, 성숙기, 쇠퇴기의 단계를 거치는 수명주기를 가진다.

③ 업종이란 상품군에 따른 전통적 분류로, 소매기업이 취급하는 주력 판매 상품의 총칭이다.

⑤ 산업재는 생산자가 소비자에게 직접 판매하는 것이 일반적이며, 간혹 대리인이나 산업재 유통업자들이 이용되기도 하므로 산업재 유통경로(Industrial Distribution)에는 소매상이 존재하지 않는다.

02 일반대형마트와 비교한 창고형 할인매장에 대한 특징으로 가장 옳지 않은 것은?

① 물류비나 인건비 절감을 위해 팔레트에 실린 상품을 그대로 매장에 진열하기도 한다.

② 일반대형마트에 비해 상품 구색이 훨씬 다양한 편이다.

③ 배달서비스를 제공하지 않는 경우가 대다수이며 매장 내 서비스 수준도 낮은 편이다.

④ 회원제도를 운영하지 않는 곳도 있지만 회원제로 운영하는 것을 근간으로 한다.

⑤ 대량구매를 원하는 비즈니스 고객들에게 인기가 많다.

해설 창고형 할인매장은 제품 품목 수가 2,800~4,000개 정도로 일반 대형마트보다 상품 종류가 적고, 대면 서비스를 제공하기보다 물건을 나열하고 이를 소비자가 골라갈 수 있도록 하는 등 설비를 간소화하고 서비스를 절감하는 대신에 가격을 할인하여 판매하는 상점이다.

03 아래 글상자의 괄호 안에 들어갈 소매업체를 바르게 나열한 것은?

> (㉠)은(는) 제한된 수의 상호보완적인 상품 카테고리를 판매하며 매장에서 높은 수준의 서비스를 제공하고 있다.
> (㉡)은(는) 다양한 상품과 제한된 서비스 그리고 낮은 가격을 제공하는 소매업태이다.

① ㉠ 카테고리 전문점, ㉡ 전문점
② ㉠ 드럭스토어, ㉡ 종합할인점
③ ㉠ 전문점, ㉡ 종합할인점
④ ㉠ 백화점, ㉡ 카테고리 전문점
⑤ ㉠ 카테고리 전문점, ㉡ 초가치 소매업체

해설 소매업체의 종류와 특징

카테고리 전문점	할인형 전문점으로서 특정 상품계열에서 전문점과 같은 깊은 상품 구색을 갖추고 저렴하게 판매
전문점	특정 범위 내의 한정된 상품을 전문적으로 취급
드럭스토어	건강 및 미용용품 등을 집중적으로 판매하는 편의전문점
종합할인점	서비스는 제한적이나 다양한 상품과 낮은 가격을 제공하는 박리다매식의 상점
백화점	선매품을 중심으로 생활필수품, 전문품까지 다양한 상품을 취급
초가치 소매업체	균일가 숍 등 작은 규모의 할인점
회원제 도매클럽	창고형 도소매클럽으로, 회원으로 가입한 고객만을 대상으로 판매
아웃렛	쇼핑센터의 핵점포로 출점하여, 비인기 상품 또는 이월 상품 등을 할인하여 판매

04 소비자들이 점포를 선택할 때 고려하는 점포 속성 변수로 가장 옳지 않은 것은?

① 소매점 입지 및 소비자의 접근 용이성
② 소매점 상품구색의 폭과 깊이
③ 소매점이 취급하는 상품의 가격
④ 점포 이미지와 소비자 자아 이미지 간의 일치
⑤ 판매원 친절 등과 같은 고객서비스

해설 소비자들이 점포를 선택할 때 고려하는 점포 속성 변수로는 점포 면적 및 소비자의 접근 용이성, 상품의 구색 및 가격, 고객서비스 등이 있다.

05 기업가형 리더의 각 차원별 특징에 대한 설명으로 옳지 않은 것은?

① 행동 초점 : 사업기회에 초점을 둔 전략적 성향을 가진다.
② 사업기회 포착 : 사업기회를 포착하면 신속하고 과감한 행동을 취한다.
③ 경영자원의 동원 : 필요에 따라 임기응변으로 자원을 동원한다.
④ 관리방식 : 공식적인 위계 중심의 관리방식을 선호한다.
⑤ 보상체계 : 가치창조 중심의 보상체계를 선호한다.

해설 기업가형 리더는 위계 중심의 관리방식보다는 수평적인 관리방식을 선호한다.

06 유통경로가 필요한 이유로 가장 옳지 않은 것은?

① 제품 구매와 판매에 필요한 정보탐색의 노력을 감소시켜 준다.
② 제조업자의 기대와 소비자 기대 간의 차이를 조정해 준다.
③ 생산된 제품의 물량과 구색을 소비될 제품의 물량과 구색에 맞게끔 조정해 준다.
④ 반복적인 거래를 가능하게 함으로써, 구매와 판매를 보다 용이하게 해준다.
⑤ 교환 과정에 있어 거래비용과 거래횟수를 증가시켜 효율성을 높여준다.

해설 교환 과정에 있어 거래비용 및 거래횟수를 줄임으로써 효율성을 높여준다.
유통경로가 필요한 이유

수요측면	• 유통경로 내 중간상은 생산과 소비의 양 극점 사이에 존재함으로써 제품의 구매와 판매에 필요한 정보탐색의 노력을 감소시켜 준다. • 제조업자의 기대와 소비자 기대 간의 차이를 조정해서, 생산된 제품의 물량과 구색을 소비될 제품의 물량과 구색에 맞게끔 조정해 준다.
공급측면	• 반복적인 거래를 가능하게 함으로써 구매와 판매를 보다 용이하게 해준다. • 교환 과정에 있어 거래비용 및 거래 횟수를 줄임으로써 효율성을 높여준다.

07 양성평등기본법(법률 제18099호, 2021.04.20., 일부개정)의 경제활동참여조항에 대한 내용으로 가장 옳지 않은 것은?

① 국가기관등과 사용자는 직장 내의 양성평등한 근무환경 조성을 위하여 필요한 조치를 취하여야 한다.

② 국가기관등과 사용자는 여성이 임신·출산·육아 등을 이유로 경력이 단절되지 아니하도록 노력하여야 한다.

③ 국가기관등과 사용자는 인사상 처우에서 성별에 따른 차별 없이 그 자질과 능력을 정당하게 평가받을 수 있도록 노력하여야 한다.

④ 국가와 지방자치단체는 관계 법률에서 정하는 바에 따라 경력단절 여성 등의 경제활동 참여를 위하여 행정적·재정적 지원 등 필요한 시책을 마련할 필요가 없다.

⑤ 국가와 지방자치단체는 관계 법률에서 정하는 바에 따라 근로자의 모집·채용·임금·교육훈련·승진·퇴직 등 고용 전반에 걸쳐 양성평등이 이루어지도록 하여야 한다.

해설 ④ 양성평등기본법 제24조 제5항 : 국가와 지방자치단체는 관계 법률에서 정하는 바에 따라 경력단절 여성 등의 경제활동 참여를 위하여 행정적·재정적 지원 등 필요한 시책을 마련하여야 한다.
① 양성평등기본법 제24조 제2항
② 양성평등기본법 제24조 제4항
③ 양성평등기본법 제24조 제3항 : 국가기관등과 사용자는 여성이 승진·전보 등 인사상 처우에서 성별에 따른 차별 없이 그 자질과 능력을 정당하게 평가받을 수 있도록 노력하여야 한다.
⑤ 양성평등기본법 제24조 제1항

08 소매업체에 대한 설명으로 옳지 않은 것은?

① 개인용이나 가정용으로 구매하는 상품 또는 서비스를 판매하는 사업체이다.
② 제조업체와 최종소비자를 연결하는 중요한 역할을 수행한다.
③ 고객들이 상품을 더 쉽게 구매하고 사용할 수 있도록 도와주는 서비스를 제공한다.
④ 개인 고객들이나 가정의 소비패턴에 맞춰 더 작은 단위로 상품을 분할하는 활동을 한다.
⑤ 점포 내의 상품을 판매하는 사업자로 서비스의 판매는 제외한다.

해설 소매업체는 단순히 제품을 판매하는 것뿐만이 아니고, 다양한 서비스 판매를 포함한 활동도 한다.

09 판매자와 고객과의 관계에서 발생할 수 있는 윤리적 문제에 해당되지 않는 것은?

① 고객에게 필요 이상의 고가품을 권하는 경우

② 고객에게 지키지 못할 약속을 남발하는 경우

③ 판매자가 고객에게 금품이나 뇌물을 제공하는 경우

④ 고객에게 명확하고 정확한 정보를 제공하는 경우

⑤ 판매 목표를 달성하기 위하여 고객에게 제품을 떠안기는 경우

해설 고객에게 명확하고 정확한 정보를 제공하는 경우는 판매자와 고객과의 관계에서 발생할 수 있는 윤리적 문제에 해당되지 않는다.

판매자와 고객과의 관계에서 발생할 수 있는 윤리적 문제

• 고객이 필요한 이상의 기능을 가진 고가품을 권할 경우

• 고객에게 지키지 못할 약속을 남발하는 경우

• 거래처 회사구매 관계자나 고객에게 뇌물을 주는 경우

• 판매 할당량 달성을 위하여 고객에게 재고량이 현재 있는 것밖에 없으니 사두라고 권하는 경우

• 제품의 기능만 과장해서 말하고 결점은 감추는 경우

10 소비재 도매상이 제조업자를 위해 수행하는 기능으로서 가장 옳지 않은 것은?

① 구색갖춤 기능

② 시장정보제공 기능

③ 시장확대 기능

④ 재고유지 기능

⑤ 주문처리 기능

해설 구색갖춤은 도매상이 소매상을 위해 수행하는 기능이다.

도매상이 수행하는 역할

제조업자를 위한 역할	소매상을 위한 역할
• 시장정보제공 • 시장확대 • 재고유지 • 주문처리 • 고객서비스 대행	• 구색갖춤 • 판매 활성화에 관한 기술 · 서비스 제공 • 소매상 서비스 • 소단위 판매 • 신용 및 금융기능

11 아래 글상자에서 나타나는 소매상의 진화와 발전에 대한 접근으로 가장 옳은 것은?

> 소비자는 과거 소매점을 직접 방문하여 상품을 확인하고 구매하였지만, 기술의 발전으로 소매점에 방문하지 않아도 상품을 검색하고 구매할 수 있게 되었다. 이후에는 오프라인과 온라인 소매점의 특성이 적절히 합쳐져 오프라인과 온라인 경로를 넘나들며 상품을 검색하고 구매하는 옴니채널 (omni-channel)이 각광받고 있다.

① 소매업 수레바퀴 이론적 접근
② 변증법적 접근
③ 소매점 아코디언 이론적 접근
④ 소매 수명 주기 이론적 접근
⑤ 유통 시스템적 접근

해설 ② 변증법적 접근 : 두 개의 서로 다른 경쟁적인 소매업태가 하나의 새로운 소매업태로 합쳐지는 소매업태 혁신의 합성 이론으로, 소비자는 과거 소매점을 직접 방문하여 상품을 확인하고 구매(正)하였지만, 기술의 발전으로 소매점에 방문하지 않아도 상품을 검색하고 구매(反)할 수 있게 되었으며 이후에는 오프라인과 온라인 소매점의 특성이 적절히 합쳐져 오프라인과 온라인 경로를 넘나들며 상품을 검색하고 구매(合)하는 옴니채널이 각광받고 있다고 소매점의 진화 과정을 정반합 과정으로 설명한다.
① 소매업 수레바퀴/차륜 이론 : 사회 경제적 환경이 변화됨에 따른 소매상의 진화와 발전을 설명하는 대표적인 이론으로 소매 시장에서 고객들의 구매 욕구를 만족시키기 위하여 저이윤, 저가격 등을 제시하며 등장한 소매업 자가 기존의 소매업자와 경쟁하면서 서비스 단가가 높아지면 다시 낮은 가격을 제시하는 새로운 소매업자가 나타나는 순환 과정을 설명한다.
③ 소매점 아코디언 이론 : 소매점은 다양한 상품 구색을 갖춘 점포로 시작하여 시간이 경과함에 따라 점차 전문화되고 한정된 상품계열을 취급하는 소매점 형태로 진화하고, 이는 다시 다양하고 전문적인 제품계열을 취급하는 소매점으로 진화한다고 보며 그 진화 과정인 상품 믹스의 확대 → 수축 → 확대가 아코디언과 유사하여 이름 붙여진 이론이다.
④ 소매 수명 주기 이론 : 소매점 유형이 도입기 → 성장기 → 성숙기 → 쇠퇴기의 단계를 거치게 된다는 것이다.
⑤ (유통) 시스템적 접근 : 소매상이 과거 수직적 차원의 통합 형태에서 가치 창출을 극대화하기 위한 수평적 통합 형태인 공생적 마케팅 및 유통 관리의 개념을 도입하여 진화 및 발전한다고 보는 것이다.

12 도매상의 유형에서 한정서비스 도매상으로 가장 옳지 않은 것은?

① 현금인도 도매상(cash-and-carry wholesaler)

② 직송 도매상(drop shipper)

③ 트럭 도매상(truck wholesaler)

④ 진열 도매상(rack jobber)

⑤ 전문 도매상(specialty wholesaler)

해설 전문 도매상은 동일계열에 속하는 제품 중에서 특수한 것만을 전문적으로 취급하는 도매상을 말한다.
한정 서비스 도매상(Limited-Service Wholesalers)
• 정의 : 거래 고객들에게 한정된 서비스만을 제공하는 도매상
• 종 류

현금인도/거래 도매상	재고 회전이 빠른 한정된 계열의 제품을 소규모 소매상에게 현금지불 조건으로 배달 없이 판매하는 형태
직송 도매상	제조업자와 대량 구매계약을 하고 구매한 제품을 제조업자 창고에 그대로 두고 판매 시 고객에게 직송하는 형태
트럭 도매상/중개상	소매상에게 직접 제품을 수송하는 역할을 하며 주로 과일, 채소 등 부패성이 강한 식료품을 취급
진열 도매상	소매상에게 매출 비중이 높지 않은 제품들을 판매하며 직접 진열해 주는 도매상

13 판매원의 자세 및 마음가짐으로 가장 옳지 않은 것은?

① 상대방에게 부담을 주지 말고 진심에서 우러나오는 순수한 봉사정신이 있어야 한다.

② 철저한 위생관념에 입각하여 신체상 또는 복장상 청결한 상태를 유지해야 한다.

③ 모든 서비스 업무에 능동적인 자세로 임하여 능률적으로 업무를 처리해야 한다.

④ 제품의 가격을 무조건 양보하여 고객에게 할인을 제공하는 것이 중요하다.

⑤ 판매원은 고객응대 시 고객의 요구사항에 빠르게 대처해야 한다.

해설 판매원은 제품의 가격을 무조건 양보하기보다는 고객의 잠재적 욕구를 살피고 제품과 서비스 품질의 장점을 명확하게 제공하는 설득 행위를 통해 잠재고객의 수요를 창출하여 판매를 성사하고, 판매 과정에서 고객에게 높은 만족을 제공함으로써 지속적인 교환관계가 유지되도록 해야 한다.

14 유통산업에서 발생하는 다양한 환경 변화 중 시장 환경 요인에 대한 내용으로 가장 옳은 것은?

① 교육 수준의 향상

② 고령 인구비율의 증가

③ 소매점 경쟁 구조의 변화

④ 소비자 보호 운동의 확산

⑤ 소득 수준과 소비 구조의 변화

해설 대도시 인구 증가 및 교외 지역의 거주 밀도가 높아짐에 따라 대규모점 또는 전문점이 다수 신설되어 새로운 집단적 상업 지역이 형성되고, 점포 대 점포 간의 경쟁이 아니라 집단 대 집단, 즉 상권 대 상권 또는 상점가 대 상점가라는 경쟁 구조가 지배적인 형태로 변하게 되었다.

보충설명

유통산업의 환경 변화

사회 · 경제적 여건 요인	• 교육 수준의 향상 • 소비자 보호 운동(Consumerism)의 확산 • 소득 수준과 소비 구조의 변화 • 여성의 사회 참여 증가
인구통계학적인 요인	• 출산율이 감소하며 고령 인구비율 증가 • 가족 구성은 독신 가구가 증가하는 등 과거의 대가족에서 핵가족으로 빠르게 변화
시장 환경 요인	• 소매점 경쟁 구조의 변화 • 시장 세분화의 심화 및 새로운 세분 시장의 출현 • 우루과이 라운드와 유통 시장 개방 확대
기술적 환경 요인	• POS 시스템 확산 • 정보 통신망, 비디오텍스나 양방향 CATV와 같은 기술적 환경 변화에 대응한 새로운 프로모션믹스 구성

15 서비스 과정에 고객참여를 증대시키는 방법으로 가장 옳지 않은 것은?

① 각 서비스마다 고객이 서비스 과정에 참여하는 수준이 다르기 때문에 고객의 과업 수준을 적절히 설정해야 한다.

② 기업에서 제공하는 서비스 범위를 광고나 인플루언서 등을 통해 고객에게 알려야 하고 고객기대를 관리해야 한다.

③ 고객이 자신의 역할을 효과적으로 수행할 수 있도록 설명하거나 교육을 할 필요가 있다.

④ 참여고객의 공헌도에 따라 금전적, 시간적, 심리적인 보상을 효과적으로 주어야 한다.

⑤ 기업의 수익을 증진시키기 위하여 애호도가 높은 고객에게만 참여를 권장해야 한다.

서비스 과정에서 고객 참여를 증대시키는 목적은 고객 만족과 고객 충성도를 높여 장기적으로 기업의 수익을 증진하기 위함이므로 애호도가 높은 고객뿐만 아니라 잠재고객들에게도 참여를 권장해야 한다.

서비스 과정에 고객 참여를 증대하는 방법

- 고객의 과업 수준을 적절히 설정
- 기업에서 제공하는 서비스 범위를 알리고 고객 기대 관리
- 고객이 자신의 역할을 효과적으로 수행할 수 있도록 교육
- 참여 고객의 공헌도에 따라 보상 제공

16 판매원이 수행하는 적응판매(adaptive selling)에 대한 설명으로 옳은 것은?

① 다양한 판매상황에서 서로 다른 각각의 고객에게 적합한 판매방식을 수행하도록 판매활동을 조정하는 것을 의미한다.

② 판매에 있어서 모든 상황에 적용되는 가장 최고의 방식이 존재한다.

③ 판매원은 적응판매를 통해 고객들에게 통일된 판매 메시지를 전달한다.

④ 적응판매를 위해 판매원은 관리자로부터 고객의 정보를 수집한다.

⑤ 적응판매는 다수의 고객들에게 동일한 의사소통방식을 활용한다.

적응판매란 고객 중심 판매 접근 방식으로 고객 유형, 판매 상황, 쇼핑객으로부터 받은 피드백에 따라 판매 전략을 조정하는 것을 의미하며 개별 고객의 고유한 요구사항과 선호도를 이해하고 이에 적응하는 데 중점을 둔 판매 방법이다.

17 상인의 윤리강령으로 가장 옳지 않은 것은?

① 거래 및 교환과정에서 솔직하고 정직하게 행동해야 하며, 고객과 신뢰를 유지해야 한다.

② 부당한 경쟁 행위나 타인을 속이는 행위를 하지 말아야 한다.

③ 이익을 추구하기 위해서는 수단과 방법을 가리지 않는다.

④ 환경 보호, 사회 공헌, 노동자의 권리 보장 등과 같은 사회적 책임을 이행해야 한다.

⑤ 고객을 최우선으로 생각하고 고객의 만족도를 높이기 위해 최선을 다해야 한다.

해설 상인은 과장광고나 허위광고로 고객을 기만하지 않고 사재기하거나 폭리를 취하지 않으며 정당한 방법으로 이익을 추구해야 한다.

상인의 윤리강령과 거래 수칙

항상 고객의 입장에 서라

- 고객에게 상품의 기본정보는 정확하게 알려준다.
- 고객에게 해를 주는 물품은 판매하지 않는다.
- 사실과 다른 이미지나 정보로 고객을 현혹하지 않는다.
- 고객의 평가를 겸허히 수용하며, 고객의 반응에 민감하게 반응한다.
- 고객을 차별하지 않는다.
- 하자가 없는 한 고객의 환불 요구에 응해야 하며, 고객에게 항상 친절하게 대한다.

상인 간의 상도의를 지켜라

- 상거래 규칙을 준수한다.
- 동료와는 정당하게 이윤을 분배한다.
- 경쟁자와는 공정한 거래 규칙을 지킨다.
- 생산자에게는 정당한 가격을 지불한다.

정당한 방법으로 이익을 추구하라

- 과장광고나 허위광고로 고객을 기만하지 않는다.
- 폭리를 취하지 말고 정당한 이윤을 추구한다.
- 직원들에게는 정당한 대가를 지불한다.
- 사재기하지 않는다.
- 절약해서 밑천을 저축한다.

사회규범을 준수하라

- 합법적인 거래를 한다.
- 사회의 윤리 감정이나 법 감정에 어긋나는 거래를 하지 않는다.
- 사회에 해를 끼치는 거래를 하지 않는다.

근면, 성실하라

- 노력한 만큼 이윤을 추구한다.
- 불규칙한 휴무를 하지 않는다.
- 개점과 폐점 시간을 정확히 준수한다.
- 정당한 이윤을 많이 남길 수 있는 상품을 개발한다.

정확하게 거래하라

- 원가와 이윤율 등을 정확하게 계산한다.
- 큰 거래는 즉시 하지 말고 여러 사람과 심사숙고한 다음에 결정한다.
- 거래는 계획적이며 구체적으로 한다.

지혜로워라

- 작은 이익을 추구하려다 큰 이익을 놓치지 않는다.
- 사회의 변화 현상을 신속하게 파악하여 흐름에 맞는 상품을 개발한다.

18 아래 글상자의 괄호 안에 들어갈 용어로 가장 옳은 것은?

> (   )은(는) 유통경로 내 다른 경로 구성원과의 거래에 불만족을 느끼는 경로 구성원이 상호 간 거래관계를 단절하거나 축소하는 행위를 말한다.

① 경로역설   ② 경로리더
③ 경로파워   ④ 경로이탈
⑤ 경로갈등

해설 ② 경로리더 : 다른 경로 구성원의 마케팅 의사결정을 통제할 수 있는 경로 구성원
③ 경로파워 : 한 경로 구성원이 유통경로 내의 다른 경로 구성원의 마케팅 의사결정에 영향력을 행사할 수 있는 능력
⑤ 경로갈등 : 유통 경로상 같은 단계의 구성원끼리 또는 다른 단계의 구성원 사이에서 각자가 이익 극대화를 위해 활동하는 과정에서 벌이는 갈등으로, 특정 구성원이 자기의 목표를 달성하는 데 다른 구성원이 방해하거나 해롭게 하고 있다고 여기는 상태

19 유통산업발전법(법률 제19117호, 2022.12.27., 타법개정)에서 제시하는 정부의 유통산업시책 기본 방향으로 가장 옳지 않은 것은?

① 유통산업의 종류별 균형 발전의 도모
② 유통구조의 선진화 및 유통기능의 효율화 촉진
③ 유통산업에서의 소비자 편익의 증진
④ 체인사업의 구조개선 및 경쟁력 강화
⑤ 유통산업의 국제경쟁력 제고

해설 유통산업 시책의 기본 방향(유통산업발전법 제3조)
1. 유통구조의 선진화 및 유통기능의 효율화 촉진
2. 유통산업에서의 소비자 편익의 증진
3. 유통산업의 지역별 균형 발전의 도모
4. 유통산업의 종류별 균형 발전의 도모
5. 중소유통기업(유통산업을 경영하는 자로서 「중소기업기본법」 제2조에 따른 중소기업자에 해당하는 자를 말한다.)
   의 구조개선 및 경쟁력 강화
6. 유통산업의 국제경쟁력 제고
7. 유통산업에서의 건전한 상거래 질서의 확립 및 공정한 경쟁 여건의 조성
8. 그 밖에 유통산업의 발전을 촉진하기 위하여 필요한 사항

20 청소년 보호법(법률 제20423호, 2024.3.26., 타법개정) 상 정의에서 매체물에 해당되는 것의 설명으로 옳지 않은 것은?

① 「게임산업진흥에 관한 법률」에 따른 게임물
② 「음악산업진흥에 관한 법률」에 따른 음반, 음악파일, 음악영상물 및 음악영상파일
③ 「공연법」에 따른 국악 공연을 제외한 공연
④ 「전기통신사업법」에 따른 전기통신을 통한 부호·문언·음향 또는 영상정보
⑤ 「방송법」에 따른 보도 방송프로그램을 포함한 방송프로그램

> **해설** 매체물(청소년 보호법 제2조 제2호)
> 가. 「영화 및 비디오물의 진흥에 관한 법률」에 따른 영화 및 비디오물
> 나. 「게임산업진흥에 관한 법률」에 따른 게임물
> 다. 「음악산업진흥에 관한 법률」에 따른 음반, 음악파일, 음악영상물 및 음악영상파일
> 라. 「공연법」에 따른 공연(국악공연은 제외한다)
> 마. 「전기통신사업법」에 따른 전기통신을 통한 부호·문언·음향 또는 영상정보
> 바. 「방송법」에 따른 방송프로그램(보도 방송프로그램은 제외한다)
> 사. 「신문 등의 진흥에 관한 법률」에 따른 일반 일간신문(주로 정치·경제·사회에 관한 보도·논평 및 여론을 전파하는 신문은 제외한다), 특수 일간신문(경제·산업·과학·종교 분야는 제외한다), 일반 주간신문(정치·경제 분야는 제외한다), 특수 주간신문(경제·산업·과학·시사·종교 분야는 제외한다), 인터넷신문(주로 보도·논평 및 여론을 전파하는 기사는 제외한다) 및 인터넷뉴스 서비스
> 아. 「잡지 등 정기간행물의 진흥에 관한 법률」에 따른 잡지(정치·경제·사회·시사·산업·과학·종교 분야는 제외한다), 정보간행물, 전자간행물 및 그 밖의 간행물
> 자. 「출판문화산업 진흥법」에 따른 간행물, 전자출판물 및 외국간행물(사목 및 아목에 해당하는 매체물은 제외한다)
> 차. 「옥외광고물 등의 관리와 옥외 광고산업 진흥에 관한 법률」에 따른 옥외광고물과 가목부터 자목까지의 매체물에 수록·게재·전시되거나 그 밖의 방법으로 포함된 상업적 광고 선전물
> 카. 그 밖에 청소년의 정신적·신체적 건강을 해칠 우려가 있어 대통령령으로 정하는 매체물

21 하나의 제품 라인(product line)에 포함될 수 있는 제품들로 옳지 않은 것은?

① 유사한 기능을 수행하는 제품들
② 동일한 고객집단에게 판매되는 제품들
③ 비슷하거나 통일된 디자인의 제품들
④ 동일한 유통경로를 통해 판매되는 제품들
⑤ 관련된 제품 범주 안에서 비슷한 가격대에 판매되는 제품들

해설 제품 라인/계열

개 념	기업이 동일한 기능을 제공하는 모든 개별제품의 집합으로 제품기능이 유사하거나, 동일한 고객집단에 판매되거나 동일한 유통경로를 이용하는 제품의 집단
특 징	• 제품들이 동일하거나 유사한 기능을 수행한다. • 제품들이 동일한 고객집단에 판매된다. • 제품들이 동일한 유통경로로 판매된다. • 제품들이 주어진 가격범위 내에 있다.

22 판매촉진에 관한 설명으로서 가장 옳지 않은 것은?

① 단기간 내에 효과를 얻기 위해 사용한다.
② 경쟁점포와 차별화 정도가 적을수록 활용빈도가 높다.
③ 광고와는 상호 대체적 관계이므로 함께 사용하지 않는 편이 효과적이다.
④ 풀(pull)전략에는 영업판촉보다 소비자판촉이 적합하다.
⑤ 실행 이후, 신규고객 유치에 실패하면 일시적으로 판매량 감소가 발생할 수 있다.

해설 판매촉진(판촉)은 상품의 단기적인 판매증진을 위하여 소비자에게 여러 가지 인센티브를 제공하는 것으로, 효과를 높이기 위해 광고와 같은 다른 촉진 수단들과 함께 사용한다.

23 고객서비스 수요증가로 서비스 생산능력이 한계에 직면할 경우, 생산능력을 조절할 수 있는 방법으로 가장 옳지 않은 것은?

① 아웃소싱 활용
② 임시직원 및 보조직원 추가 고용
③ 고객 대면서비스 강화
④ 직원의 다기능화교육(cross training)
⑤ 여분의 시설과 장비를 공유 혹은 대여

해설 수요 증가로 서비스 생산능력이 한계에 직면하였을 때 고객 대면 서비스를 강화하면 서비스 생산능력이 더욱 부족해진다.

24 소매업에서 중요시하는 포장의 기능 및 목적으로 가장 옳지 않은 것은?

① 고객접점에서 차별화 수단
② 상품가치 증대
③ 상품의 효과적 재고관리
④ 상품에 대한 정보전달
⑤ 판매 촉진

해설 재고관리는 유통기업이 적정 수준의 재고를 유지할 수 있도록 관리하는 일을 말하며, 이는 포장의 기능에 속하지 않는다.
포장의 기능 및 목적
• 상품의 차별화
• 내용물 보호 및 상품 가치 증대
• 소비·사용에 관한 정보 제공
• 상품의 판매촉진
• 상품을 운송·보관·판매·소비하는 데 편의 제공

25 상품을 진열할 경우 진열 조건과 관련해서 결정할 내용으로 가장 옳지 않은 것은?

① 어떤 상품을 진열할 것인가에 대한 진열상품

② 어디에 진열할까에 대한 진열 위치

③ 상품의 어느 면을 보이게 할 것인가에 대한 진열 페이싱

④ 누가 진열할까에 대한 진열 담당자 결정

⑤ 어떤 형태로 진열할까에 대한 진열 형태

해설 진열 시 고려할 사항

진열 상품	어떤 상품을 진열할 것인가를 결정
진열량	어느 정도로 진열할지, 진열 수량을 결정
진열 페이싱	• 상품의 어느 면을 보일까를 결정 • 상품의 어느 면을 보일 것인지에 따라 진열 면적, 진열 형태, 진열 방식이 달라짐
진열 위치	• 어디에 진열할까를 결정 • 진열 상품, 양, 페이싱 결정 후에 진열 위치를 결정
진열 형태	• 어느 형태로 진열할까를 결정 • 상품의 특성에 따른 사용 기기나 진열 이미지 등을 결정

26 브랜드 확장에 대한 설명으로 가장 옳지 않은 것은?

① 기존의 친숙한 브랜드명을 이용해 소비자들은 신제품을 긍정적으로 인식할 수 있다.

② 브랜드 확장을 이용한 신제품이 소비자들로부터 호의적인 평가를 받게 되더라도, 기존 브랜드명의 이미지를 강화하기는 어렵다.

③ 브랜드 확장이 성공하기 위해서는 소비자들이 기존 브랜드명에 대해 좋은 인상을 가지고 있어야 한다.

④ 새로운 브랜드명을 도입하는 데 드는 높은 광고비를 절감할 수 있다.

⑤ 브랜드 확장은 신제품 도입에 따른 위험을 상당 부분 감소시킬 수 있다.

해설 브랜드 확장 전략이 성공하면 확장한 제품의 평가가 좋아질 뿐 아니라, 기존의 브랜드까지 좋아지는 효과가 있다.
브랜드 확장(Brand Extension)
높은 브랜드가치를 갖는 한 브랜드의 이름을 다른 제품군에 속하는 신제품의 이름에 확장하여 사용하는 전략

27 아래 글상자에서 설명하는 진열로 옳은 것은?

> – 단일 품목을 대량 판매하기 위해 사용하는 방식 중 하나이다.
> – 가격이 저렴하다는 인식을 줄 수 있기 때문에 대량 진열과 판촉 행사가 병행되면 효과가 증가한다.
> – 신상품이나 인기 상품 또는 계절성 성수기 상품을 대상으로 실시하는 것이 바람직하다.

① 섬 진열(island display)
② 후크 진열(hook display)
③ 벌크 진열(bulk display)
④ 엔드 진열(end display)
⑤ 곤돌라 진열(gondola display)

해설
① 섬 진열 : 매장 내 독립적으로 있는 평대에 진열하는 방법으로 고객이 사방에서 상품을 볼 수 있도록 진열하는 방식이다.
② 후크 진열 : 제품 포장의 위쪽에 구멍을 뚫고 난 후 걸개에 걸어서 활용하는 방식으로 상품을 효과적으로 고정하고 진열하는 동시에 매장 사이의 경계를 나타내는 방법이다.
④ 엔드 진열 : 진열선 끝 엔드 곤돌라에 상품을 대량으로 쌓아 변화 진열을 하는 방식으로 엔드 진열의 최대 목적은 출구 쪽으로 돌아서는 고객을 다시 멈추게 하는 데 있다.
⑤ 곤돌라(진열매대) 진열 : 대량의 상품을 고객들에게 충분히 잘 보이게 하면서, 고객들이 더욱 직접적으로 풍요로움을 느끼고 상품을 가장 편안하게 집을 수 있도록 고안된 일종의 입체식 진열이다.

28 온라인 쇼핑몰의 특징으로 옳지 않은 것은?

① 제품을 비교하기 편리하고 쇼핑시간을 절약할 수 있다.
② 365일, 24시간 언제나 이용할 수 있다.
③ 오프라인 매장에 비해 재고비용이 많이 든다.
④ 중간 유통채널이 없기 때문에 제품의 가격이 상대적으로 저렴하다.
⑤ 주문을 하면 집 앞까지 배달되는 편리성을 가진다.

해설
재고를 온라인 쇼핑몰을 운영하는 회사가 아닌 판매자가 보유하여 주문과 동시에 발주하는 등 오프라인 매장에 비해 재고비용이 적게 든다.
온라인 쇼핑몰의 특징
• 소비자의 취향에 맞는 상품 정보 제공이 가능하고 제품을 비교하기 편리하여 쇼핑 시간을 절약할 수 있다.
• 인터넷에 개설된 국내외 각국의 가상 상점에서 시간 제약 없이 쇼핑할 수 있고, 주문하면 집 앞까지 배달되는 편리성이 있다.
• 판매자 측에서는 점포 운영 및 임대비용 등 고정비나 재고비용이 적게 든다.
• 자사 몰을 구축해서 판매하는 경우 중간 유통 단계를 줄일 수 있기에 제품의 가격이 상대적으로 저렴하다.

29 매장 내 디스플레이 도구 및 구역에 대한 설명으로 가장 옳지 않은 것은?

① 마네킹(mannequin)은 사람의 몸을 실물크기로 표현한 것으로 의복을 전시하는 데 사용된다.

② 매대(end cap)는 주로 충동상품, 세일상품 등의 진열에 활용한다.

③ 탈의실(dressing room)의 경우 소비자들이 구매여부를 결정하게 하는 공간으로 최근에는 가상탈의실을 활용하기도 한다.

④ 판촉구역(promotional area)의 경우 현재 판촉행사 중에 있는 상품들을 진열해놓는 공간이다.

⑤ 벽(wall)은 효율적 활용이 어려운 공간이기에 사인물 부착의 용도로만 이용한다.

해설 벽면을 활용하여 자유롭고 다양한 진열을 할 수 있는 벽면 진열(Wall Display)로 이용하는 등 벽은 효율적으로 활용하기 좋은 공간이다.

30 아래 글상자의 괄호 안에 들어갈 용어로 가장 옳은 것은?

> 제품은 크게 두 가지로 분류된다. (㉠)은(는) 최종소비자가 소비를 목적으로 구매하는 제품이며, (㉡)은(는) 기업이 제품이나 서비스를 생산하는 데 투입하기 위해 구매하는 제품이다.

① ㉠ 선매품, ㉡ 전문품
② ㉠ 편의품, ㉡ 전문품
③ ㉠ 편의품, ㉡ 선매품
④ ㉠ 산업재, ㉡ 소비재
⑤ ㉠ 소비재, ㉡ 산업재

해설 제품은 최종소비자가 구매하는 제품 및 서비스인 소비재와 기업이 구매하는 것으로 추가적인 가공이나 기업의 사업을 영위하기 위한 제품 및 서비스인 산업재로 분류된다. 소비재는 편의품, 선매품, 전문품으로 구분하고, 산업재는 자재와 부품, 설비 같은 자본재, 공정을 위한 소모품으로 구분한다.

31 매장 구성에 관한 다음 설명 중 가장 옳지 않은 것은?

① 고객의 유입이 용이하게 대중교통 및 주차장을 고려하여 보행자의 입장에서 출입구를 만든다.

② 고객의 쇼핑경험을 위해 매장은 상품을 판매하는 상품존과 창고, 휴게실 등의 후방존으로 구분하여 구성한다.

③ 전 매장을 구석구석 둘러볼 수 있도록 고객동선을 구성하여 고객이 쉽게 상품을 구매할 수 있게 해야 한다.

④ 상품을 자유롭게 만져보고 비교하여 결정할 수 있게 함으로써 수익을 실현할 수 있는 매장구성이 되어야 한다.

⑤ 매장은 상품을 진열해놓고 판매하는 장소로 상품이 잘 보이고 눈에 잘 띄도록 고객편의를 고려하여 구성해야 한다.

해설 소매점포의 공간은 고객존, 상품존, 직원존, 매장존, 후방존으로 구분되는데 상품을 판매하는 매장시설은 매장존에 속하며 종업원을 위한 휴게실은 직원존, 창고와 같은 물류공간은 후방존에 속한다.

32 선매품의 판매전략으로 가장 옳지 않은 것은?

① 매장은 교통이 편리한 번화가에 입지하는 것이 유리하다.

② 고객의 질문에 충분히 답할 수 있는 판매원 교육이 중요하다.

③ 매장이 주거지와 다소 떨어져 있는 곳에 입지해도 큰 문제가 되지 않는다.

④ 많은 매장을 운영하는 것이 전략적으로 유리하다.

⑤ 유행에 민감하기 때문에 취급과 매입에 주의하지 않으면 재고누적으로 경영에 어려움을 줄 수 있다.

해설 선매품은 계획을 세워 비교 구매하는, 구매빈도가 낮은 제품으로 많은 매장을 운영하는 것이 전략적으로 유리하지 않아서 대체로 선별된 소수의 유통점에서 취급한다.

33 아래의 글상자에서 설명하는 판매형태로 가장 옳은 것은?

> 짧은 기간 동안 임시 매장을 열고 판매하는 형태로, 평소 쉽게 접할 수 없는 제품이나 서비스를 직접 체험해 볼 수 있어서 소비자로부터 큰 호응을 얻고 있다.

① 직판 모델(direct selling model)

② 가상 매장(virtual store)

③ 플래그십 스토어(flagship store)

④ 팝업스토어(pop-up store)

⑤ 구독 서비스(subscription service)

해설 **팝업스토어(pop-up store)**
주로 한 브랜드의 제품만 취급하는, 짧은 기간 운영되는 오프라인 소매점으로 단기 한정판매 전문 매장이다. 자사 브랜드를 홍보하기 위한 수단으로서, 전시 공간이나 체험관 등을 팝업스토어 내에 마련하는 등 브랜드의 요소를 많이 가미하여 만들며 반응이 좋을 경우, 상설 매장 개점으로 이어지는 경우도 상당하다.

34 고객이 제공받은 서비스가 기대치에 미치지 못한 경우에 발생하는 서비스 차이(gap)와 이를 해결하기 위한 방법에 대한 연결이 가장 옳지 않은 것은?

① 반응차이(responsiveness gap) – 표준화된 매뉴얼 작성

② 표준차이(standards gap) – 적절한 서비스 표준 구축

③ 커뮤니케이션차이(communication gap) – 효과적인 고객 욕구 관리

④ 인식차이(knowledge gap) – 시장조사

⑤ 인도차이(delivery gap) – 종업원 교육

33 ④ 34 ① 정답

해설 표준화된 매뉴얼 작성은 표준 차이를 해결하기 위한 방법이다.

서비스 품질 격차모형(Gap model of Service Quality)

Gap	차 이	해소책
Gap 1 인식 차이	소비자 기대와 경영진이 소비자 기대에 대해 인식하는 것의 차이	• 시장조사 방법의 개선 • 경영자의 고객 중심 경영 의식 고취 • 관리계층의 축소 또는 고위층의 고객접촉 확대
Gap 2 표준 차이	소비자 기대에 대한 경영진의 인식과 서비스 품질 사양 간의 차이	• 서비스 제공 과정의 표준화 • 경영자의 헌신 • 정확한 목표설정 • 고객 기대의 실현 가능성 인식
Gap 3 인도 차이	서비스 품질 사양과 실제로 제공되는 서비스의 차이	• 적절한 채용, 교육, 훈련 • 직무 적합성 확인
Gap 4 커뮤니케이션 차이	서비스 제공 의도와 고객에게 전달된 서비스 내용의 차이	• 고객 기대 조정(고객 교육, 선택 대안 제시, 사후관리) • 철저한 약속관리(현실적 약속, 약속보증) • 전달한 서비스에 대한 증거관리
Gap 5 서비스 차이	실제 성과와 서비스에 대한 고객 인식의 차이	• 고객만족경영 • Gap 1 ~ Gap 4의 해소책

35 아래 글상자의 괄호 안에 들어갈 용어로 옳은 것은?

> 서비스의 특성 중 (   )(으)로 인하여 고객들은 서비스 과정에 참여하여 일정한 역할을 하고 있다.

① 무형성
② 비분리성
③ 소멸성
④ 이질성
⑤ 탈서비스화

해설 서비스는 서비스 제공자에 의해 제공되는 것과 동시에 고객에 의해 소비되는 성격을 갖는 비분리성으로 인해, 서비스 제공 시 고객이 서비스 과정에 참여하게 된다.

서비스의 특성

무형성	형태가 없어 객관적으로 누구에게나 보이는 형태로 제시할 수 없으며 물체처럼 만지거나 볼 수 없어서 그 가치를 파악하거나 평가하기 어려움
비분리성	생산과 소비가 동시에 일어나는 것으로 서비스 제공자에 의해 제공됨과 동시에 고객에 의해 소비되는 성격을 가짐
이질성	서비스의 생산 및 인도 과정에는 여러 가변적 요소가 많아서 동일한 고객에 대한 서비스도 종업원에 따라 제공되는 서비스의 내용이나 질이 달라짐
소멸성	판매되지 않은 서비스는 재고로 보관하거나 저장할 수 없으며, 소비되지 않으면 바로 소멸됨

2024

36 유통업체에서 활용하는 구매시점(POP)광고에 대한 설명으로 가장 옳지 않은 것은?

① 매장에 행사나 시즌 분위기를 연출하는 데 활용된다.

② 고객이 찾는 매장으로 안내하는 표시 기능을 제공한다.

③ 상품의 특징, 가격, 소재 등을 설명해주는 데 활용된다.

④ 설치목적에 따라 다양하게 활용되기 때문에 예산 및 비용에 대해 신중히 검토해야 한다.

⑤ 고객들의 가시거리에 설치되어야 하므로 점포 벽면에 최우선으로 설치해야 한다.

해설 광고의 목적과 역할에 따라 다양한 곳에 현수막, 스탠드, 간판, 롤, 블라인드, 모바일 깃발, 벽면에 붙이는 광고물, 포스터, 알림 보드, 장식 등을 설치할 수 있다.
POP(Point Of Purchase) 광고의 종류

점포 밖 POP	고객의 시선을 집중하고 호기심을 유발하여 판매점의 이미지 향상과 고객을 점포 내로 유도하는 역할을 한다. [예] 윈도우 디스플레이, 연출용 POP, 행사 포스터, 현수막, 간판 등
점포 내 POP	고객에게 매장 및 상품코너를 안내해 주고, 이벤트 분위기를 연출하여 충동구매를 자극하는 역할도 한다. [예] 간판, 일러스트 모빌류, 행거 안내사인, 상품코너 포스터 등
진열 POP	가격, 제품 비교, 제품 정보 등을 안내하며, 타 상품과의 차별화를 주는 이익 및 장점을 안내하여 고객의 구매 결정을 유도하는 역할을 한다. [예] 제품 안내 카드, 가격표 등

37 아래 글상자에서 설명하는 프로모션 수단으로 옳은 것은?

> 매우 신뢰성이 높다는 차별적 특성을 가지고 있는 프로모션 수단으로서, 뉴스, 행사 등을 활용하기 때문에 소비자들은 광고보다 더 믿을 만하다고 생각하는 경향이 있다.

① 보너스 팩
② 판매촉진
③ 직접마케팅
④ PR
⑤ 인적판매

해설 PR(Public Relation)은 기업이나 제품과 관계된 뉴스성의 정보를 신문, 잡지 및 방송 등을 통해 전파하는 것으로, 정보에 대한 소비자 신뢰도가 높다.

① 보너스 팩 : 동일 가격에 내용물만 증가시켜 고객이 특매품의 기분을 느끼게 하는 방법이다.

② 판매촉진 : 소비자에게 실제 구매나 점포에 들어오도록 자극하는 역할을 하는 것이다.

③ 직접마케팅 : 광고보다 더 개인적인 형태의 촉진믹스 도구로, 촉진의 대상이 되는 개인을 선정하여 이메일, 전화통화 등 개인적인 커뮤니케이션을 사용하여 제품이나 서비스를 소비자에게 직접 판매하는 마케팅이다.

⑤ 인적판매 : 고객별로 정보전달의 정확성이 높으며, 즉각적인 피드백이 가능한 판매기법이다.

38 고객의 소리(VOC) 관리에 대한 설명으로 옳지 않은 것은?

① 고객이 자발적으로 남긴 질문 및 의견들로 통계적 대표성을 갖는다.

② 고객의 입장에서 신속하고 성의 있는 답변으로 충성도를 제고해야 한다.

③ 이메일이나 정기적인 서비스 콜을 통해 지속적으로 고객의 소리를 관리한다.

④ 고객 문의나 불평 처리 시 고객정보가 유출되지 않도록 관리한다.

⑤ 고객 불평에 대한 핵심 내용을 파악하고 재발 방지를 위한 직원 교육을 시행한다.

해설 고객이 자발적으로 남긴 질문 및 의견들인 자발적 VOC는 통계적 대표성이 있다고 말하기 어렵다.
고객의 소리(VOC ; Voice of Customer)의 유형 및 특징

구 분	자발적 VOC	의도적으로 수집된 VOC
경 로	• 고객센터 • 소비자원 등 대외 민원 기관 • 인터넷 상담센터나 포털사이트 등	• 마케팅 조사 등
특 징	• 통계적 대표성이 없다. • 부정적 내용의 비중이 높으며 자연 발생적이다. • 사전 통제가 어렵다.	• 사전 통제가 가능하다. • 제품 개발이나 문제해결에 대한 고객 의견조사로, 전략적 활용도가 높다.

39 고객유지를 위한 사후관리 행동으로 가장 옳은 것은?

① 제품이나 서비스에 대한 욕구, 지불능력 등 소비자에 대한 충분한 정보를 수집한다.

② 구매 대안에 대한 다양하고 객관적인 정보를 제공한다.

③ 고객의 욕구를 파악하고 이를 바탕으로 고객이 문제점을 인식하는 계기를 제공한다.

④ 판매 이후 고객이 제품에 대한 불만을 가질 경우 이에 대한 해결책을 제시한다.

⑤ 고객의 저항을 해소시키기 위해 설득 및 협상을 진행한다.

해설 고객 불만 처리, 상품 반송 등은 고객 유지를 위한 사후관리 행동에 해당한다. 특히 고객의 불만이나 컴플레인에 대해서는 장기적인 고객관계의 유지 차원에서 고객 지향성에 입각한 적극적인 처리 자세가 요구된다.

2024

40 고객관계관리(CRM)에 대한 설명 중 가장 옳지 않은 것은?

① 고객유치보다는 고객생애가치에 기반한 마케팅을 진행한다.
② 고객점유율보다는 시장점유율에 비중을 둔다.
③ 고객획득보다는 고객유지에 중점을 둔다.
④ 상품의 판매보다는 고객과의 관계에 중점을 둔다.
⑤ 기업의 입장보다는 고객의 입장에서 상품을 판매한다.

해설 고객관계관리(CRM ; Customer Relationship Management)는 시장점유율보다 고객점유율에 비중을 둔다.

41 고객을 응대하는 판매원의 자세로 옳지 않은 것은?

① 항상 친절하고 명랑한 표정과 말투로 고객을 응대한다.
② 친밀한 관계 형성을 위해 친구 같은 편안한 태도로 응대한다.
③ 매장 안에서 고객을 만나면 언제나 먼저 인사한다.
④ 통로에서 고객을 마주치면 길을 양보한다.
⑤ 고객이 무엇을 묻거나 안내를 원하면 무엇보다 우선해서 응대한다.

해설 고객에게 친구 같은 편안한 태도로 응대하면 고객의 반감을 일으키므로 판매원은 고객을 존경하고 고객의 체면을 지켜주는 태도로 응대해야 한다.

> **보충설명**
>
> 고객을 대하는 올바른 태도
> • 고객을 존경하고 고객의 체면을 지켜주는 태도
> • 열성적이며 성실한 태도
> • 고객을 적극적으로 도와주려는 태도
> • 고객에게 감동을 주려는 태도

42 아래 글상자에서 설명하는 고객의 구매의사결정에 영향을 미치는 요인으로 옳은 것은?

> 개인이 자신의 판단, 신념, 행동을 결정하는 데 기준으로 사용하는 집단으로서 태도나 행동을 평가하기 위한 기준점을 제공한다.

① 문 화
② 사회계층
③ 준거집단
④ 가 족
⑤ 친 구

해설 소비자 구매 행동의 외부 영향 요인

문 화	개인이 사회 구성원으로서 획득하는 지식, 믿음, 예술, 법, 도덕, 관행, 습관을 포함한 복합체를 의미한다.
사회계층	유사한 가치관, 흥미, 라이프스타일 및 행동 패턴 등을 지닌 비교적 영속적·동질적인 집단으로서 사회 구성원들의 규범, 태도 및 행동을 위한 준거 틀로 작용한다.
준거집단	소비자의 신념과 판단, 행동에 있어서 기준으로 사용하는 집단이다.
가 족	개인의 행동에 대한 영향력이 지배적인 혈연 등으로 맺어진 집단이다.

43 아래의 글상자에서 설명하는 소매업체의 활동과 관련된 고객욕구로 가장 옳은 것은?

> 소매업체는 매장에서 배경음악, 비주얼 디스플레이, 향기와 같은 자극적인 경험을 선사하는 등 소비자들이 일상생활에서 벗어나 휴식을 취하고 점포를 방문하도록 장려한다.

① 생리적 욕구
② 안전의 욕구
③ 사회적 욕구
④ 실용적 욕구
⑤ 쾌락적 욕구

해설 소매업체는 매출을 높이기 위해 고객의 청각, 시각, 후각 등 감각이나 감정적 자극을 즐기고자 하는 쾌락적 욕구를 활용한다.

 42 ③ 43 ⑤

2024년 제2회 기출문제 **585**

44 아래 글상자의 소비자 A의 구매행동에 해당하는 용어로서 가장 옳은 것은?

> 식료품 구매를 위해 소매점을 방문한 소비자 A는 진열된 치약을 보고 집에 치약이 떨어진 것을 기억해 구매를 결정했다. 몇 개 상표의 성분을 비교·검토한 후 가장 좋다고 판단한 상표의 치약을 구매했다.

① 순수 충동구매　　　　　　　② 회상적 충동구매
③ 계획적 충동구매　　　　　　　④ 암시적 충동구매
⑤ 제안형 충동구매

해설 소비자 A가 식료품 구매를 위해 소매점을 방문하여 치약을 사려는 계획은 없었지만, 구매 시점에서 진열된 치약을 보고 집에 치약이 떨어진 것이 떠올라 구매한 것은 회상적 충동구매에 해당한다.

충동구매의 종류

순수한 충동구매	가장 일반적인 방식의 충동구매로, 일상 습관이나 패턴을 벗어난 구매를 말한다.
회상적 충동구매	계획에는 없지만 구매 시점에서 필요한 물건을 생각해 내거나 과거에 본 광고를 떠올려 구매하는 형태이다.
계획적 충동구매	품목이나 브랜드를 결정하지 않고 점포를 방문하여 할인쿠폰을 이용하거나 세일하는 상품을 구매하는 형태가 있다.
암시적 충동구매	구매할 계획·의도가 전혀 없는 상태에서 제품에 대한 사전지식이 없음에도 최신 스타일 등의 특성에 끌려 구매하는 형태이다.
제안형 충동구매	점포에서 수행하는 POP 광고 등 마케팅 활동에 의해 사전지식이 없는 상품을, 필요를 느끼고 구매하는 형태이다.

45 구매의사가 있는 고객에게 판매원이 취해야 하는 태도로서 가장 옳지 않은 것은?

① 구매자에게 제공될 상품혜택 등을 설명하면서 고객의 질문에 성실히 응해야 한다.
② 단정한 복장과 함께 3S(smile, sincerity, smooth mood)를 갖추어야 한다.
③ 사실에 근거한 진솔한 칭찬으로 고객의 주의와 관심을 끌고 친밀도를 높인다.
④ 구매 선택의 책임은 고객에게 있음을 확인시키면서 고객의 불만이 제기되지 않게 응대한다.
⑤ 판매원은 효과적인 의사전달을 위한 담화, 경청, 제스처 등을 통해 고객에게 설득적인 소구를 한다.

해설 구매 선택의 책임을 고객에게 전가하는 것은 오히려 고객의 구매 의사를 저해할 수 있는 태도로, 구매 의사가 있는 고객에게 판매원은 고객의 구매 의사를 적극적으로 지지해야 한다.
구매 의사가 있는 고객에게 판매원이 취해야 하는 올바른 태도
• 고객의 구매 의사를 확인하고, 이를 적극적으로 지지한다.
• 고객의 구매 의사를 실현할 수 있도록 필요한 정보를 제공하고, 도움을 준다.
• 고객의 구매 의사에 따라 상품을 판매하고, 고객의 만족도를 높인다.

제 **3** 회 │ **기출문제해설**

제1과목 **유통상식(01~20)**

01 도매상의 혁신전략과 설명의 연결이 가장 옳지 <u>않은</u> 것은?

① 합병과 매수 : 기존 시장에서의 지위 확보, 다각화를 위한 전후방 통합
② 자산의 재배치 : 회사의 핵심사업 강화 목적, 조직의 재설계
③ 회사의 다각화 : 유통다각화를 통한 유통라인 개선
④ 전방과 후방통합 : 이윤확대와 시장에서의 지위강화를 위한 통합
⑤ 유통의 새로운 기술 : 합작투자와 전략적 제휴를 통한 해외진출 가속화

해설 유통의 새로운 기술 전략에는 온라인 주문·발주 시스템, 창고 자동화, 향상된 재고관리 등이 해당한다. 합작투자, 전략적 제휴를 통한 해외진출 가속화는 국제시장으로 확장하기 위해 사용하는 경영전략이다.

02 유통경로의 특징으로 옳지 <u>않은</u> 것은?

① 유통경로는 상호의존적인 조직들의 집합체이다.
② 경로구성원이 수행하는 활동은 불연속적인 과정으로 이해되어야 한다.
③ 유통경로는 제품이나 서비스를 고객이 사용 또는 소비하도록 하기 위해 필요한 것이다.
④ 유통경로의 핵심기능은 판매자와 구매자 간의 교환을 촉진하는 데 있다.
⑤ 제품의 본질을 가치의 총합으로 볼 때 유통경로는 가치가 흘러가는 통로로 이해할 수 있다.

해설 경로구성원들이 수행하는 연속적인 거래과정이다.

03 중간상이 제공하는 기능에 대한 설명으로 가장 옳지 않은 것은?

① 분류(sorting out)는 이질적인 제품들을 크기나 품질 등의 기준을 통해 동질적인 집단으로 나누는 기능이다.

② 집적(accumulation)은 여러 생산자들로부터 상품을 구매하여 대량으로 축적하는 기능이다.

③ 표준화(standardization)는 제품들을 동일한 형식으로 일반화시켜 매장에 진열하는 기능이다.

④ 구색(assortment)은 판매를 위해 분할된 상품들을 연관성 있는 상품들의 집단인 카테고리별로 매장에 진열하는 기능이다.

⑤ 배분(allocation)은 동질적인 제품들을 소규모 단위로 나누는 기능이다.

해설   중간상의 선별 기능
• 분류(sorting out) : 이질적인 제품들을 크기나 품질 등의 기준을 통해 동질적인 집단으로 나누는 기능이다.
• 집적(accumulation) : 여러 생산자로부터 상품을 구매하여 대량으로 축적하는 기능이다.
• 배분(allocation) : 동질적인 제품들을 소규모 단위로 나누는 기능이다.
• 구색(assorting) : 판매를 위해 분할된 상품들을 연관성 있는 상품들의 집단인 카테고리별로 매장에 진열하는 기능이다.

04 직장 내 상급자와의 관계에서 지켜야 할 예절로 옳지 않은 것은?

① 상급자를 인도할 때는 우측 2~3보 앞에서 하고, 상급자를 수행할 때는 우측 뒤를 따른다.

② 상급자에 앞서서 자기 이야기부터 먼저 하지 않는다.

③ 상급자에 대한 호칭은 보통 직급 또는 직책명 뒤에 님을 붙여서 부른다.

④ 상급자가 자기를 알아보지 못한 경우에는 굳이 인사하여 상급자를 귀찮게 할 필요는 없다.

⑤ 상급자보다 상위의 위치에 앉거나 서지 않는다.

해설   상급자가 자기를 알아보지 못하더라도 자기가 알면 인사한다. 상급자가 못 본 체한다고 생각해서는 안 된다.

05 소매업태의 변천과정을 설명하는 이론 중, 특정 유형의 소매업태가 도입기, 성장기, 성숙기 그리고 쇠퇴기의 단계를 거친다고 보는 이론으로 가장 옳은 것은?

① 소매업 수레바퀴가설
② 소매 아코디언이론
③ 대리이론
④ 거래비용이론
⑤ 소매 수명주기이론

해설 소매 수명주기이론(Retail Life Cycle Theory)은 새로운 소매형태가 시장에 도입된 이후 제품수명주기와 같이 '도입기 → 성장기 → 성숙기 → 쇠퇴기'의 단계를 거치게 된다는 이론이다. 이에 따르면 새로운 소매점 유형은 도입 초기에 높은 성장률과 성장 가능성을 보유하게 된다.

06 아래 글상자에서 설명하는 소매업 유형으로 가장 옳은 것은?

> 박리다매의 원칙에 입각하여 상품을 일반 점포보다 항상 저렴한 가격으로 판매하는 대규모 점포를 말한다.

① 편의점
② 전문점
③ 백화점
④ 슈퍼마켓
⑤ 할인점

2024

해설 할인점은 표준적인 상품을 저가격으로 대량 판매하는 상점으로 특정 제품을 일시적인 가격 인하로 판매하는 것이 아니라 모든 제품에 대하여 상시적으로 싼 가격으로 파는 소매점을 말한다.

07 아래 글상자에서 설명하는 용어로 가장 옳은 것은?

> 어떤 상품과 서비스가 생산자로부터 소비자 및 최종 사용자에게로 이전되는 과정에 참여하는 모든 개인 및 기업

① 유통경로
② 유통단계
③ 유통구조
④ 유통시장
⑤ 유통과정

해설 유통경로는 제품이나 서비스가 생산자로부터 소비자에 이르기까지 거치게 되는 통로 또는 단계 즉, 각종 중간자를 말한다.

08 아래 글상자에서 설명하는 유통경로 기능으로 가장 옳은 것은?

> 제조업체와 소비자 사이에 중간상이 개입하게 되면 제조업자는 소수의 중간상과 거래할 수 있으므로 수많은 소비자와 개별적 거래를 하는 불편에서 벗어날 수 있다. 즉, 중간상의 개입으로 교환과정을 단순화시킬 수 있으므로 거래가 효율적으로 이루어질 수 있다.

① 교환과정의 촉진
② 제품구색 불일치 완화
③ 분업의 원리
④ 고객서비스 제공
⑤ 후방경로 활동

해설 교환과정의 촉진
유통경로는 교환과정에서부터 발생되는데, 시장 경제가 복잡해질수록 교환과정이 복잡해지고 더 많은 생산자와 잠재적인 소비자가 증가하게 됨에 따라, 유통경로는 시장에서의 거래 수를 감소시키고 거래를 촉진시킨다.
유통경로의 사회 · 경제적 기능
• 교환과정의 촉진
• 제품구색 불일치의 완화
• 거래의 표준화
• 생산과 소비 연결
• 고객서비스 제공
• 정보 제공
• 쇼핑의 즐거움 제공

09 아래 글상자에서 설명하는 경로커버리지 전략으로 가장 옳은 것은?

> 일정 지역에서 한 유통업자에 대해서만 그 제품을 취급하도록 하는 전략으로, 제조업자가 유통업자에 대한 통제력이 상대적으로 높으며, 서로의 강한 유대관계를 가지려 할 때 채택하는 경향이 있다.

① 집약적 유통(intensive distribution)
② 전속적 유통(exclusive distribution)
③ 선택적 유통(selective distribution)
④ 다채널 유통(multi-channel distribution)
⑤ 직접 유통(direct distribution)

해설 전속적 유통경로
- 일정한 상권 내에 자사제품만을 취급할 수 있는 제한된 수의 소매점을 가지는 방식
- 장점 : 소매점에 대한 통제를 확보하여 소매점과의 긴밀한 협조체제를 형성함으로써 거래비용의 감소와 제품 이미지 제고가 가능
- 주로 전문품과 선매품으로, 구체적으로는 자동차, 고급의류, 고가가구 등이 해당

---

10 아래 글상자에서 설명하는 내용으로 가장 옳은 것은?

> 수직적 마케팅 시스템 중에서 통합의 정도가 가장 약한 것으로, 경로구성원들의 마케팅활동이 소유권 및 계약에 의하지 않으며 어느 한 경로구성원의 규모, 파워, 또는 경영지원에 의해 조정되는 유형이다.

① 프랜차이즈 시스템(franchise system)
② 기업형 VMS(corporate vertical marketing system)
③ 관리형 VMS(administered vertical marketing system)
④ 도매상후원 자발적 연쇄점(wholesaler-sponsored voluntary chain)
⑤ 소매상 협동조합(retailer cooperative)

해설 수직적 마케팅 시스템의 유형
- 관리형 VMS : 경로구성원들의 마케팅 활동이 소유권이나 계약에 의하지 않고 어느 한 경로구성원의 규모, 파워 또는 경영 지원에 의해 조정되는 경로 유형으로, 수직적 마케팅 시스템 중 통합 또는 통제의 정도가 가장 낮음
- 기업형 VMS : 한 기업이 다른 경로구성원들을 법적으로 소유하고 관리하는 유형으로 전방 통합과 후방 통합이 있음
- 계약형 VMS : 경로구성원들이 각자가 수행해야 할 기능을 계약에 의해 합의함으로써 공식적인 경로 관계를 형성하는 경로 시스템 예 소매상 주재 협동연쇄점, 도매상 주재 자유연쇄점, 프랜차이즈 시스템

11 유통활동을 상적유통기능, 물적유통기능, 유통조성기능으로 분류할 때 상적유통기능에 해당하는 것으로 옳은 것은?

① 소유권 이전 기능
② 장소적 분리 해소 기능
③ 포장 및 유통가공 기능
④ 품질 표준화 기능
⑤ 시간적 분리 해소 기능

해설 상적유통은 상품의 매매 자체를 의미하는 것으로 매매는 생산과 소비 사이의 사회적 분리를 극복하기 위하여 생산자로부터 상품을 구입하고 소비자에게 판매함으로써 상품의 소유권을 이전시키는 기본적인 기능이다. 소유권 이전에는 단순한 상품의 물리적 이전뿐만 아니라 상품의 지배권 이전도 포함한다.

12 아래 글상자의 괄호 안에 들어갈 용어를 순서대로 올바르게 나열한 것은?

> 영업사원에 대한 보상의 형태는 (㉠)과(와) (㉡)(으)로 나누어진다. (㉠)에는 일정한 기간 동안 규칙적으로 동일한 금액을 받는 봉급, 판매성과나 이익의 일정비율을 받는 커미션 등이 있다.
> (㉡)(으)로는 승진이나 경력개발과 같은 요소가 있으며, 이는 영업사원들의 성취욕구를 자극하는 촉매제 역할을 한다.

① ㉠ 고정비, ㉡ 변동비
② ㉠ 금전적 보상, ㉡ 비금전적 보상
③ ㉠ 비금전적 보상, ㉡ 금전적 보상
④ ㉠ 연봉제, ㉡ 성과급제
⑤ ㉠ 샐러리, ㉡ 보너스

해설 일정 기간 동안 규칙적으로 받는 임금이나 복리후생 등은 금전적 보상에 해당하고, 승진이나 경력개발 같은 요소는 비금전적 보상에 해당한다.

13 직업윤리를 준수하는 행동으로 옳은 것은?

① 영업사원을 채용하는 과정에서 예외 없이 규정을 준수하여 프로세스를 진행한 경우

② 스카우트 제의가 들어왔을 때 기존회사의 기밀을 가지고 이직하는 경우

③ 경쟁사 제품에 대한 고객의 반응을 알아보기 위해 마케팅 조사기관에 종사하는 것처럼 위장하는 경우

④ 영업사원이 판매 실적을 부풀리기 위해 확인되지 않은 제품의 성능을 과장하여 설명하는 경우

⑤ 회사 내 연구개발팀이 개량된 제품을 개발하였으나 기대에 미흡한 결과에도 제품개량을 과장하여 광고하는 경우

해설 직업윤리는 사회 안에서 인간이 삶의 유지를 위해 지속적인 행위과정에서 지켜야 할 상호적 관계의 도리나 사회적으로 기대되는 내·외적인 행위규준을 의미한다. 영업사원 채용 과정에서 규정을 준수하여 프로세스를 진행하는 것은 직업윤리를 준수하는 행동에 해당한다.

14 고객과의 대화 시 유의할 점에 대한 설명으로 옳은 것은?

① 목소리를 최대한 크게 하거나 속삭여서 차별성을 보여 준다.

② 고객이 어떠한 말을 해도 말다툼을 하지 않는다.

③ 고객의 말을 가로막아 빠른 결론을 내린다.

④ 말끝을 흐려서 여운을 남긴다.

⑤ 전문용어를 사용해서 고객이 감탄하게 한다.

해설 고객과의 만남에서는 고객의 이익과 행복을 우선한다는 정신에 입각하여 대화를 전개하며 고객이 어떠한 말을 해도 말다툼을 해서는 안 된다.
① 음성이 명확하며 부드러운 목소리여야 하며, 적당한 음량과 템포를 유지한다.
③ 고객의 말을 경청하고 공감하는 등 신중한 대화를 통해 고객의 욕구를 파악한다.
④ 정확한 발음과 적당한 속도로 명확하게 말한다.
⑤ 전문용어를 남용하지 않고 고객이 이해하기 쉽도록 적절한 해설을 붙이며 설명한다.

15 고객을 맞이하는 판매원의 자세에 대한 내용으로 가장 옳지 않은 것은?

① 자세는 바르고 태도는 공손하게 한다.

② 실수하지 않도록 업무지식에 능통해야 한다.

③ 고객과의 약속은 반드시 지킨다.

④ 판매와 관련된 고객의 문제를 해결하기 위해 노력한다.

⑤ 매출에 도움이 되는 고객만 선별해서 응대한다.

해설 고객에 대하여 '구매할 것이다, 하지 않을 것이다'와 같은 선입견을 가지지 말아야 하며, 고객의 구매량과 상관없이 모든 고객이 전부 중요하다는 생각을 가져야 한다.

16 양성평등참여를 위해 양성평등기본법에서 제시하고 있는 사항들로 옳지 않은 것은?

① 공직에 여성과 남성이 평등하게 참여하기 위한 시책 마련

② 직장 내의 양성평등한 근무환경 조성을 위한 조치 마련

③ 일과 가정생활의 조화로운 양립을 위한 여건 마련

④ 여성인적자원의 개발에 필요한 시책 마련

⑤ 임신, 출산, 수유, 육아에 관해서는 모성권만 보장

해설 국가기관등과 사용자는 임신, 출산, 수유, 육아에 관한 모성권·부성권을 보장하고, 이를 이유로 가정과 직장 및 지역사회에서 불이익을 받지 아니하도록 하여야 한다(양성평등기본법 제25조 제1항).

17 유통산업발전법(법률 제19117호, 2022. 12. 27., 타법개정)에서 정의하는 용어에 대한 설명으로 옳지 않은 것은?

① 매장이란 상품의 판매와 이를 지원하는 용역의 제공에 직접 사용되는 장소를 말한다.
② 임시시장이란 다수의 수요자와 공급자가 일정한 기간 동안 상품을 매매하거나 용역을 제공하는 일정한 장소를 말한다.
③ 상점가란 같은 업종을 경영하는 여러 도매업자 또는 소매업자가 일정 지역에 점포 및 부대시설을 설치한 곳을 말한다.
④ 체인사업에는 직영점형, 프랜차이즈형, 임의가맹점형, 조합형 등이 있다.
⑤ 무점포판매란 상시 운영되는 매장을 가진 점포를 두지 아니하고 상품을 판매하는 것이다.

해설 상점가란 일정 범위의 가로(街路) 또는 지하도에 대통령령으로 정하는 수 이상의 도매점포 · 소매점포 또는 용역점포가 밀집하여 있는 지구를 말한다(유통산업발전법 제2조 제7호).

18 소비자기본법(법률 제20301호, 2024. 2. 13., 일부개정)에서 말하는 소비자의 기본적 권리로서 옳지 않은 것은?

① 물품 또는 용역으로 인한 생명 · 신체에 대한 위해로부터 보호받을 권리
② 물품 등을 선택함에 있어서 필요한 지식 및 정보를 제공받을 권리
③ 안전하고 쾌적한 소비환경에서 소비할 권리
④ 합리적인 소비생활을 위하여 필요한 교육을 받을 권리
⑤ 소비자의 기본적 권리를 확보하기 위해서 소비자 문제에 관한 조사 및 연구를 할 수 있는 권리

해설 소비자의 기본적 권리(소비자기본법 제4조)
• 물품 또는 용역으로 인한 생명 · 신체 또는 재산에 대한 위해로부터 보호받을 권리
• 물품 등을 선택함에 있어서 필요한 지식 및 정보를 제공받을 권리
• 물품 등을 사용함에 있어서 거래상대방 · 구입장소 · 가격 및 거래조건 등을 자유로이 선택할 권리
• 소비생활에 영향을 주는 국가 및 지방자치단체의 정책과 사업자의 사업활동 등에 대하여 의견을 반영시킬 권리
• 물품 등의 사용으로 인하여 입은 피해에 대하여 신속 · 공정한 절차에 따라 적절한 보상을 받을 권리
• 합리적인 소비생활을 위하여 필요한 교육을 받을 권리
• 소비자 스스로의 권익을 증진하기 위하여 단체를 조직하고 이를 통하여 활동할 수 있는 권리
• 안전하고 쾌적한 소비생활 환경에서 소비할 권리

19 청소년 보호법(법률 제20423호, 2024. 3. 26., 타법개정) 중 청소년유해약물등의 판매·대여 등의 금지에 대한 설명으로 가장 옳지 않은 것은?

① 누구든지 청소년을 대상으로 청소년유해약물등을 판매·대여·배포하거나 무상으로 제공하여서는 아니 된다.

② 청소년을 대상으로 청소년유해약물등을 자동기계장치·무인판매장치·통신장치를 통하여 판매·대여·배포하는 것은 허용된다.

③ 누구든지 청소년에게 권유·유인·강요하여 청소년 유해약물등을 구매하게 하여서는 아니 된다.

④ 청소년유해약물등을 판매·대여·배포하고자 하는 자는 그 상대방의 나이 및 본인 여부를 확인하여야 한다.

⑤ 누구든지 청소년의 의뢰를 받아 청소년유해약물등을 구입하여 청소년에게 제공하여서는 아니 된다.

해설 청소년유해약물등의 판매·대여 등의 금지(청소년 보호법 제28조 제1항)
누구든지 청소년을 대상으로 청소년유해약물등을 판매·대여·배포(자동기계장치·무인판매장치·통신장치를 통하여 판매·대여·배포하는 경우를 포함한다)하거나 무상으로 제공하여서는 아니 된다. 다만, 교육·실험 또는 치료를 위한 경우로서 대통령령으로 정하는 경우는 예외로 한다.

20 구매자 요구와 판매자 요구 사이의 균형 추구를 강조하는 판매자의 윤리적 가치로서 가장 옳은 것은?

① 정직성
② 공정성
③ 책임감
④ 존경심
⑤ 개방성

해설 공정성은 의사결정을 내리는 과정에서 규칙을 누구에게나 공정하게 적용하고 결정을 따르는 이익 혹은 불이익이 공평하게 나누어질 때 윤리적이라고 보는 것이다. 이는 양자 간의 비율에 대해 다른 사람과 비교하였을 때 합리적 균형을 유지하는 것이므로, 구매자와 판매자 요구 사이의 균형을 추구하는 윤리적 가치는 공정성이다.

21 제품믹스(product mix)의 구성을 평가하는 일반적인 기준으로 가장 옳은 것은?

① 크기(size), 모양(shape), 품질(quality)

② 폭(width), 길이(length), 깊이(depth)

③ 판매량(sales volume), 수익(profit), 점유율(market share)

④ 생산(production), 판매(sales), 서비스(service)

⑤ 기능(function), 디자인(design), 포장(packaging)

해설 제품믹스는 한 기업이 생산·공급하는 모든 제품의 배합을 의미하는데, 폭/너비(width), 깊이(depth), 길이(length) 라는 기준을 통해 평가된다.

22 접객서비스에 대한 아래의 내용 중에서 가장 옳은 것은?

① 매장에서는 자신의 센스를 최대한 발휘하여 아주 화려하게 의상을 갖추어야 한다.

② 고객은 자신이 구입한 상품이 마음에 들기만 하면 만족한다.

③ 고객요구가 파악되면 요구에 맞는 대안을 최대한 많이 제시한다.

④ 판매원은 무엇보다도 회사가 목적하는 바를 충분히 이행하고 있는지를 항상 체크하고 기업의 이익 향상 관점에서 고객을 보아야 한다.

⑤ 판매원은 무엇보다도 충분한 상품지식과 사용방법 등을 숙지하고 있어야 한다.

해설 판매원이 기본적으로 갖추어야 할 요건은 지식(Knowledge), 태도(Attitude), 기술(Skill), 습관화(Habit) 등이다.
① 옷차림은 판매담당자의 첫인상을 좌우하므로 단정해야 한다.
② 고객은 구입한 상품뿐만 아니라 판매원의 태도, 점포 분위기 등 전반적인 상황을 고려한다.
③ 고객이 어떠한 특성을 가진 상품을 바라고 있는가를 이해하고 그 패턴에 합치한 얼마간의 상품을 갖추어 제시해 야 한다.
④ 기업의 이익도 중요하지만 고객본위의 응대가 더 중요하다.

23 다음 중 기업의 마케팅커뮤니케이션 활동이 아닌 것은?

① 판매촉진   ② 인적 판매

③ 검색엔진최적화   ④ 홍 보

⑤ 전시회

해설 마케팅커뮤니케이션 활동은 촉진의 하위활동인 광고, 판매촉진, 홍보, 인적판매 등을 통해 수행된다. 그 밖의 방법에 는 진열, 실연, 견본배포, 전시회 등이 있다.
검색엔진 최적화(SEO ; Search Engine Optimization)
웹사이트의 검색엔진을 최적화하여 검색결과 페이지에서 상위에 노출되도록 만드는 과정을 통해 트래픽을 늘리고 매출 성장으로 이어지도록 돕는 마케팅 활동이다.

24 상품에 대한 관여도 수준에 따라 소비자의 구매행동이 달라진다. 상품 관여도에 관한 설명으로서 가장 옳지 않은 것은?

① 상품 관여도 수준은 개인 특성에 따라 달라진다.
② 상품 관여도 수준은 상황적 맥락의 영향을 받지 않는다.
③ 지각된 위험이 낮을수록 상품 관여도 수준은 낮아진다.
④ 구매결과의 불확실성이 클수록 상품 관여도 수준은 높아진다.
⑤ 구매의 영향이 단기적일수록 상품 관여도 수준은 낮아진다.

해설　상품 관여도는 어떤 특정 상황에서 자극에 의해 발생하는 상품에 대한 개인적인 중요도나 관심도를 말하며, 그 중요도에 따라 소비자가 제품 구입 시 시간과 노력을 많이 들이는 고관여 상품과 중요도가 낮아 구입 결정이 간단하고 신속하게 이루어지는 저관여 상품으로 구분된다. 상품 관여도의 결정요인으로는 개인적 특성(개인의 취미, 흥미, 소득수준 등), 자극의 특성(제품 · 가격 · 마케팅 등), 상황적 특성(제품군에 대한 소비자의 지속적 관심 정도, 구매상황과 사용상황의 차이, 소비자의 상황에 따른 차이 등)이 있다.

25 다음 중 POP(point of purchase)광고의 기능으로 가장 옳지 않은 것은?

① 점포 외부의 접객분위기를 높이는 기능
② 소비자에게 정보를 제공하는 기능
③ 점포 내의 분위기를 활성화하는 기능
④ 매장 내 위치나 이벤트를 안내하는 기능
⑤ 구매를 유발하는 기능

해설　POP 광고란 고객에게 판매하는 시점에서의 광고라는 뜻으로, 점포 외부의 POP 광고는 고객의 시선을 집중하고 호기심을 유발하여 고객을 점포 내로 유도하는 역할을 하며, 점포 내부의 POP 광고는 고객이 상품을 구입하려는 점포 내부의 이미지를 조성하고 접객 분위기를 활성화하는 역할을 한다.

26 유통업체 브랜드(PB ; private brand)에 대한 설명으로 가장 옳지 않은 것은?

① 브랜드의 주체는 제조업자이다.
② 판매 및 재고관리는 유통업체가 담당한다.
③ 주로 OEM방식을 통해 제품을 생산한다.
④ PB의 장점은 다른 브랜드의 제품에 비해 가격이 저렴하고 높은 마진을 달성할 수 있다는 점이다.
⑤ 식음료나 공산품 같은 편의품뿐만 아니라 화장품 및 패션 등의 선매품에도 PB가 활용되고 있다.

해설　유통업체 브랜드(PB ; private brand)는 유통업체가 개별적으로 자체개발한 상표로, 유통업체의 독자적인 브랜드명, 로고, 포장을 가진다.

27 소비자들의 구매의사결정에 영향을 미치는 매장 혼잡성을 설명하는 내용으로 가장 옳지 않은 것은?

① 혼잡한 상황에서 대부분의 고객은 바빠 보이는 직원에게 뭔가를 물어보고 상담하기를 꺼린다.
② 혼잡하다고 느낀 소비자는 구매를 연기하지 않고 반드시 충동구매를 한다.
③ 혼잡한 점포 내에서 구매한 상품에 대해 고객은 일반적으로 만족도를 낮게 인식하는 편이다.
④ 혼잡성은 소비자가 인식하고 처리할 수 있는 정보의 양을 제한한다.
⑤ 혼잡성을 경험한 소비자는 그 점포에 대해 나쁜 이미지를 갖게 될 가능성이 크다.

해설 구매장소의 혼잡성은 소비자들에게 부정적인 영향을 미치며, 혼잡한 장소에 대한 회피로 구매 가능성이 감소되어 구매를 연기할 가능성이 높다.

28 아래 글상자는 서비스 특성 중 하나를 설명한 것이다. 이에 가장 옳은 것은?

> 서비스는 생산과 소비가 동시에 일어난다. 즉, 서비스가 서비스 제공자에 의해 생산되며, 동시에 고객에 의해 소비되는 성격을 지닌다.

① 무형성
② 비분리성
③ 이질성
④ 소멸성
⑤ 유형성

해설 서비스의 특성
• 비분리성 : 서비스는 생산과 소비가 동시에 일어난다. 즉 서비스 제공자에 의해 제공되는 것과 동시에 고객에 의해 소비되는 성격을 가진다.
• 무형성 : 서비스의 기본 특성은 형태가 없다는 것이다. 객관적으로 누구에게나 보이는 형태로 제시할 수 없으며 물체처럼 만지거나 볼 수 없어 그 가치를 파악하거나 평가하는 것이 어렵다.
• 이질성 : 서비스의 생산 및 인도 과정에는 여러 가변적 요소가 많기 때문에 동일한 고객에 대한 서비스도 종업원에 따라서 제공되는 서비스의 내용이나 질이 달라진다.
• 소멸성 : 판매되지 않은 제품은 재고로 보관할 수 있다. 그러나 판매되지 않은 서비스는 사라지고 만다. 즉, 서비스는 재고로 보관할 수 없으며, 한 번 생산된 서비스는 소비되지 않으면 곧바로 소멸된다.

2024

29 브랜드 연상(브랜드 이미지)에 대한 설명으로 가장 옳지 않은 것은?

① 브랜드 연상은 고객이 특정 브랜드에 가지는 전체적인 인상을 의미한다.

② 바람직한 브랜드 연상은 고객에게 브랜드와 관련된 호의적이고 강렬한 인상을 남긴다.

③ 제품속성과 직접 관련된 연상은 제품 범주, 품질이나 가격 등을 통해 구축된다.

④ 제품속성과 관련이 없는 브랜드 연상은 주로 제품의 기능적 편익에 의존한다.

⑤ 기업 자체의 이미지가 브랜드 연상으로 작용할 수 있다.

해설 제품의 기능적 편익은 소비자의 기능적 욕구를 충족시켜주는 품질, 기능, 성능 등을 말하며 이는 제품속성과 직접 관련된 연상을 구축하는 데 큰 영향을 미친다. 제품속성과 관련이 없는 브랜드 연상의 유형으로는 브랜드 퍼스낼리티 와 관련된 연상, 제품 사용자와 연계한 연상, 제품용도와 관련된 연상, 원산지와 관련된 연상 등이 있다.

30 다음 중 아래의 글상자에서 공통으로 설명하는 상품의 유형으로 가장 옳은 것은?

> • 소비자들은 강한 브랜드 선호도와 충성도를 가진다.
> • 소비자들은 상당한 구매노력을 기꺼이 감수하려는 경향이 있다.
> • 소비자들의 가격민감도가 상대적으로 낮다.
> • 보통 전속적 유통을 채택한다.

① 편의품

② 선매품

③ 전문품

④ 미탐색품

⑤ 산업용품

해설 전문품
상표나 제품의 특징이 뚜렷하여 구매자가 상표 또는 점포의 신용과 명성에 따라 구매하는 제품을 말한다. 비교적 가격이 비싸고 특정한 상표만을 수용하려는 상표집착(Brand Insistence)의 구매행동 특성을 나타내는 제품으로 자동차, 피아노, 카메라, 전자제품 등과 독점성이 강한 디자이너가 만든 고가품의 의류가 여기에 속한다. 구매자가 기술적으로 상품의 질을 판단하기 어려우며, 적은 수의 판매점을 통해 유통되어 제품의 경로는 다소 제한적일 수도 있으나 빈번하게 구매되는 제품이 아니므로 마진이 높다. 유통방식에 대하여 전문품은 보통 전속적 유통방식을 택한다.

31 다음 중 매장 내 · 외부 공간 및 환경 관리에 대한 설명으로 가장 옳지 않은 것은?

① 매장 배치의 기본은 소비자들이 쉽게 원하는 물건을 찾을 수 있게 하는 것이다.

② 소비자들이 필요한 것만 구매해서 빠르게 나갈 수 있게 동선을 만들어야 한다.

③ 고객의 구매욕구를 높이기 위해 상품을 매력적으로 느낄 수 있게 매장 환경을 관리한다.

④ 매장 앞 전면부는 간판 및 입간판 등을 통해 통행하는 소비자들의 시선을 끌 수 있어야 한다.

⑤ 매장의 음악과 향기는 소비자의 기분과 감정에 영향을 미친다.

해설 고객의 동선은 되도록 입구에서 점내 깊숙한 곳까지 길게 하고 판매원의 동선은 짧게 하는 동선 레이아웃이 이루어져야 한다.

32 다음 중 상품의 판매 활동에 대한 설명으로 가장 옳지 않은 것은?

① 판매 활동의 본질은 대금과 상품의 교환거래를 실현시키는 활동이다.

② 상품 관련 정보를 제공함으로써 상품의 이용이 유익하다는 것을 알리는 활동이다.

③ 상품의 효용을 고객에게 알림으로써 구매 결정을 유도하는 활동이다.

④ 상품의 구매 조건을 설명하여 지금 구매가 이득임을 납득시키는 활동이다.

⑤ 소비자가 상품을 이용함으로써 제품의 가치를 실현시키는 활동이다.

해설 상품의 판매 활동은 대금과 상품의 교환거래를 실현시키는 활동이다. 즉, 구매자로 하여금 교환하도록 용단을 내리게 하기 위한 설득을 그 내용으로 하며 상품의 효용을 고객에게 알림으로써 고객이 구매 활동을 하도록 설득하는 활동이다.

33 거래 완결을 위해 판매에 수반하여 반드시 제공되어야 할 판매서비스로서 가장 옳지 않은 것은?

① 상품 사용 관련 정보 제공   ② 고객 맞춤형 수선서비스 제공
③ 상품에 대한 주문 처리   ④ 상품 대금의 청구서 발급
⑤ 대금 지불 과정 구축 및 운영

해설 고객 맞춤형 수선서비스는 대체로 거래 완결 후에 제공되어야 할 서비스이다. 판매서비스는 판매 행위가 최종적으로 상품의 판매로 이어지도록 하기 위하여 수반되는 판매원의 커뮤니케이션 설득과정이다.

판매서비스의 구분

구 분	내용 및 사례
거래지원서비스	• 거래계약의 체결 또는 완결을 지원 • 상품의 구매와 사용 방법에 관한 정보제공 • 충분한 재고 보유와 안전한 배달을 보장하는 주문처리 • 명료하고 정확하며 이해하기 쉬운 청구서를 발행하는 대금청구 • 고객이 단순하고 편리한 방식으로 대금을 납부하게 하는 대금지불 등
가치증진서비스	• 구매 과정에서 고객이 지각하는 가치를 향상 • 친절한 접객서비스, 쾌적한 점포 분위기 제공 등

34 다음 중 POS(point of sale)의 장점으로 가장 옳지 않은 것은?

① 체크아웃 처리속도의 증가

② 인건비 절감

③ 입력오류 방지

④ 구매선택 다양성 증가

⑤ 가격조정과 점검 및 전산처리 용이

해설 POS(point of sale) 시스템은 판매장의 판매시점에서 발생하는 판매 정보를 컴퓨터로 자동 처리하는 시스템으로, 효과에는 계산원의 관리 및 생산성 향상, 점포 사무작업의 단순화, 가격표 부착 작업의 절감, 고객의 부정 방지, 품절 방지 및 상품의 신속한 회전 등이 있다. 구매 선택의 다양성 증가는 POS의 장점으로 적절하지 않다.

35 아래 글상자에서 설명하는 판매결정기법으로 가장 옳은 것은?

> 고객이 선택을 하지 못하고 있을 때 판매를 종결하기 위해 "직접 가져가실 수 있게 포장해 드릴까요?" 혹은 "배송해 드릴까요?"라고 두 가지 대안을 제시하면 그중 어느 쪽이든 하나를 선택하여 대답을 할 확률이 높기에 판매원이 많이 사용하는 기법이다.

① 요약 반복법

② 보증법

③ 실례법

④ 타이밍지적법

⑤ 가정적 종결법

해설 추정 승낙법(가정적 종결법)은 대부분의 판매원이 가장 많이 사용하는 방법으로, 두 가지 안 중에서 하나를 택하도록 하는 방법이다. 고객은 '살 것인가, 말 것인가'를 생각하지 않고 '어느 쪽으로 해야 할 것인가'를 진지하게 생각하게 되므로 판매 효과가 크다.

36 아래 글상자에서 설명하는 가격할인의 유형으로 가장 옳은 것은?

> 제조업자가 일반적으로 수행해야 할 유통업무의 일부를 중간상인이 대신 수행할 경우, 이에 대한
> 보상으로 경비의 일부를 제조업자가 부담하는 것으로 기능할인(function discount)이라고도 한다.

① 수량할인
② 현금할인
③ 거래할인
④ 상품 지원금
⑤ 판매촉진 지원금

해설 거래할인은 일반적으로 제조업자가 해야 할 업무의 일부를 중간상인이 하는 경우 이에 대한 보상으로 경비의 일부를
제조업자가 부담해주는 것이다.
① 수량할인 : 제품을 대량으로 구입할 경우에 제품의 가격을 낮추어주는 것을 말한다.
② 현금할인 : 제품에 대한 대금결제를 신용이나 할부가 아닌 현금으로 할 경우에 일정액을 차감해주는 것을
말한다.
⑤ 판매촉진 지원금 : 중간상이 제조업자를 위해 지역광고를 하거나 판촉을 실시할 경우 이를 지원하기 위해서 제조
업체가 지급하는 보조금을 말한다.

37 아래 글상자의 괄호 안에 들어갈 촉진전략 유형으로 가장 옳은 것은?

> (   )은 생산자가 최종소비자들에게 광고나 소셜미디어 활동을 통해 제품을 구매하도록 유도하는
> 촉진전략이다.

① 푸시(push) 전략
② 풀(pull) 전략
③ 인적 판매 전략
④ 대량판매 전략
⑤ 할인 전략

해설 풀(pull) 전략은 제조업자가 최종소비자를 대상으로 적극적인 촉진을 사용하여 소비자가 자사의 제품을 적극적으로
찾게 함으로써 중간상들이 자발적으로 자사 제품을 취급하게 만드는 전략이다.

38 상품이나 서비스를 셀프서비스(self-service)를 활용하여 판매하는 방식의 장점으로 가장 옳지 않은 것은?

① 상품 포장의 간소화 개선
② 고객의 구매과정 통제력 확보
③ 구매 장소의 유연성 증가
④ 구매 시간의 편의성 증진
⑤ 구매 소요시간의 절약

해설 셀프서비스는 기술 및 자동화시스템의 사용(예 셀프서비스 키오스크)으로 고객이 직원의 도움 없이 정보에 접근하여 거래를 완료할 수 있는 시스템이다. 셀프서비스의 주요 장점으로는 시스템을 이용한 구매를 통한 구매장소의 유연성과 구매시간의 편의성 증진, 구매시간 단축, 구매과정에 대한 고객의 자기통제력 향상, 직원의 숙련도와 상관없는 비교적 균일한 서비스 제공, 인건비 절감 등이 있다. 상품의 포장은 셀프서비스 판매와 관련 없다.

39 아래 글상자에서 설명하는 서비스 회복을 위한 지침으로 가장 옳은 것은?

> 현장에서 문제를 해결하기 위해서는 일선 직원들이 서비스 실패나 고객불평에 즉시 대처할 수 있는 권한과 재량권을 가지고 있어야 한다. 효과적인 서비스 회복은 고객의 소리를 듣고, 해결책을 찾아 즉석에서 해결해야 하는데 때로는 규정에서 벗어날 수도 있기 때문이다.

① 권한위임
② 직원훈련과 보상
③ 경험으로부터 학습
④ 서비스 회복기회 추적
⑤ 감정이입

해설 고객의 불만 발생과 그 해결은 고객과 서비스요원 사이의 짧은 순간에 이루어지는 고객접점서비스, 즉 결정적 순간(MOT)에 이루어진다. 따라서 고객접점에 있는 서비스요원에게 권한을 부여해야 하는데 이를 권한위임이라고 한다.

40 판매를 위해 판매원이 수행할 수 있는 효과적인 스몰 토크 방법으로 가장 옳지 않은 것은?

① 스몰 토크는 논란이 되는 사회적 이슈나 정치, 종교와 같은 주제는 피하고 날씨나 드라마, 스포츠와 같은 가벼운 주제로 한다.

② 질문은 예나 아니오로 끝나지 않는 열린 질문으로 한다.

③ 스몰 토크는 판매를 위한 본격적인 대화 전에 하는 것으로 신뢰감을 주기 위해 전문용어를 많이 쓰려고 노력한다.

④ 스몰 토크에 대한 반응으로 내용은 가볍지만 '네~', '정말요?', '대단한데요?'와 같은 확실한 언어 리액션을 보여준다.

⑤ 스몰 토크의 핵심 세 가지 요소는 관찰, 질문, 표현이다.

해설 스몰 토크는 판매를 위한 본격적인 대화 전에 어색한 분위기를 깨고 긴장감을 완화하여 친밀감을 형성하기 위한 가벼운 대화로 전문 용어를 가급적 배제해야 한다. 만약 전문 용어를 사용하는 경우에는 반드시 해석을 붙여서 고객이 이해하기 쉽도록 힘써야 한다.

41 고객의 소리를 관리하는 것이 중요한 이유로 가장 옳지 않은 것은?

① 고객의 소리는 제품 및 서비스 개선지점을 파악하는 데 도움을 준다.

② 고객 문제에 대한 신속한 대응으로 서비스 품질을 강화시킬 수 있다.

③ 고객의 필요를 확인함으로 인해 마케팅 전략 수립에 도움이 된다.

④ 통계방식을 활용하여 제품 및 서비스의 불량률을 개선하고 품질혁신경영을 수행하는 바탕이 된다.

⑤ 고객의 소리를 통해 기업의 긍정적인 이미지를 강화할 수 있다.

해설 고객의 소리(VOC) 관리는 고객이 상품을 구매하는 과정에서 발생할 수 있는 불만 등을 관리하여 고객과의 관계를 효과적으로 유지하는 것을 의미한다. 불량률 개선이나 품질 혁신 경영은 고객의 소리 관리를 통한 효과라고 볼 수 없다.

고객의 소리(VOC ; Voice of Customer) 관리를 통한 기대 효과
• 고객 불만과 클레임에 대한 신속한 대응
• 고객의 욕구를 파악하여 향후 마케팅에 활용
• 기업의 고객응대 프로세스의 개선
• 서비스 마인드 재정립 및 브랜드 이미지 쇄신 기회

42 다음 중 고객 응대를 위해 판매원이 이해하고 있어야 하는 고객에 관한 내용으로 가장 옳지 않은 것은?

① 매장에서 고객 접객 시 고객공간을 침범하지 말고 접객을 위한 적정 간격을 유지해야 한다.

② 고객은 언제나 합리적인 사고를 통해 구매하므로 고객에게 자세한 설명은 오히려 구매의사결정에 방해가 된다.

③ 고객을 존중하면서 고객의 동기 및 가치관과 이해 수준에 따라 고객응대를 해야 한다.

④ 동일한 나이나 소득수준이어도 성격이나 생활양식에 따라서 고객의 욕구가 다를 수 있다는 것을 이해해야 한다.

⑤ 판매원은 구매결정을 고객에게 맡기지 말고 고객의 반응을 올바르게 포착하여 판매결정을 촉구해야 한다.

해설 고객에게 상품을 설명할 때에는 상품지식을 충분히 활용하여 자세하고 정확하게 설명해야 한다.

43 소매점포 매장에서 조명(lighting)을 활용하는 목적으로 가장 옳지 않은 것은?

① 고객 관심을 특정상품으로 유도

② 점포 내 고객의 이동속도 조절

③ 점포 내 고객의 기분 전환

④ 점포 및 매장의 이미지 개선

⑤ 제품에 따른 조도 조절로 매출 증대

해설 조명은 상품을 부각시키고 고객을 유인하여 매출액을 증대시키는 역할을 하며, 점포의 분위기 및 인상을 좋게 만들 수 있다. 점포 내 고객의 이동속도 조절은 조명의 역할로 적절하지 않다.

44 특정 제품이나 서비스에 대한 고객의 추천정도를 0점에서 10점 사이의 척도로 측정하여 고객충성도를 계산하는 지표로 옳은 것은?

① NPS(net promoter score)

② CSAT(customer satisfaction score)

③ KPI(key performance indicator)

④ CES(customer effort score)

⑤ ROI(return on investment)

해설 순고객추천지수(NPS ; Net Promoter Score)
고객이 경험한 제품·서비스를 주위 사람들에게 추천할 의향이 얼마나 있는지를 11점(0~10점) 척도로 묻는 것으로, 9~10점에 응답한 고객집단을 Promoter, 7~8점에 응답한 고객을 Passive, 0~6점에 응답한 고객을 Detractor로 구분한 후, Promoter에서 Detractor의 비율을 차감하여 계산한다.

45 소비자 판촉수단에 대한 설명으로 가장 옳지 않은 것은?

① 무료샘플은 주로 소비자들이 시험삼아 사용해 볼 수 있을 만큼의 양을 따로 포장하여 소비자들에게 무료로 제공하는 것을 의미한다.

② 쿠폰은 제품을 구입할 때 구매자에게 일정금액을 할인해 주는 할인권을 의미한다.

③ 리베이트는 쿠폰과 그 성격이 비슷하며 가격할인이 구매시점에 일어난다.

④ 프리미엄은 소비자가 제품을 구매한 것에 대하여 무료 또는 저렴한 가격으로 구매한 것과 동일한 제품이나 다른 제품을 제공하는 것이다.

⑤ 시연회는 고객들 앞에서 실제로 자사제품을 보여주거나 자사제품의 사용법과 차별적인 특성을 시연해 보이는 것이다.

해설 리베이트는 소비자가 제품 구매 후 구매영수증 등을 제조업체에게 제출하면 구매가격의 일부분을 할인율만큼 소비자에게 보상해주는 것으로, 제품을 구매했다는 증거 제시 등이 필요하다.

2025 시대에듀 유통관리사 3급 10개년 기출문제해설

개정11판1쇄 발행	2025년 04월 10일 (인쇄 2025년 03월 28일)
초 판 발 행	2014년 04월 10일 (인쇄 2014년 03월 06일)
발 행 인	박영일
책 임 편 집	이해욱
편 저	안영일 · 유통관리연구소
편 집 진 행	김준일 · 남민우 · 류채윤
표지디자인	김도연
편집디자인	유가영 · 하한우
발 행 처	(주)시대고시기획
출 판 등 록	제10-1521호
주 소	서울시 마포구 큰우물로 75 [도화동 538 성지 B/D] 9F
전 화	1600-3600
팩 스	02-701-8823
홈 페 이 지	www.sdedu.co.kr
I S B N	979-11-383-9069-9 (13320)
정 가	24,000

유통관리사 3급 자격시험 모의답안지
(1문항 ~ 45문항)

※ 감독위원		서 명
*감독위원 서명이 없으면 무효 처리됩니다.		

성 명	
주민등록번호	
종목등급	

※ 결시자 표기	A형	Ⓐ
*감독위원은 결시자면 표기하십시오, *수험자는 표기하지 마십시오.	B형	Ⓑ

	문제지 유형
A형	Ⓐ
B형	Ⓑ

이 사 번 호

0	⓪⓪	⓪	⓪	⓪	⓪	⓪	⓪
1	①①	①	①	①	①	①	①
2	②②	②	②	②	②	②	②
3	③③	③	③	③	③	③	③
4	④④	④	④	④	④	④	④
5	⑤⑤	⑤	⑤	⑤	⑤	⑤	
6	⑥⑥	⑥	⑥	⑥	⑥	⑥	
7	⑦⑦	⑦	⑦	⑦	⑦	⑦	
8	⑧⑧	⑧	⑧	⑧	⑧	⑧	
9	⑨⑨	⑨	⑨	⑨	⑨	⑨	

● 인적사항 성명, 주민등록번호, 종목등급, 수험번호이 정부 인쇄되었을 경우에는 틀린지에 정정하지 마시고 감독결과 보고서의 인적상이자전철에 정정 내용을 기록하시기 바랍니다.

● 답안작성은 컴퓨터용 사인펜을 사용하지 않으면 실격 처리됩니다.

◎ 답안작성시 유의사항
① 필기구는 반드시 흑색 사인펜만을 사용할 것
② 응시번호는 숫자로 기재하고 해당란에 마킹할 것
③ 문제지 해당란은 문제지 표지에 표시된 유형을 마킹할 것
④ 정답을 2개이상 마킹하거나, 정정, 정돈 마킹한 경우에는 해당 답항은 무효로 처리함
⑤ 감독위원 날인이 없는 답안지는 무효 처리됨

답 안 표 기 란

	〈1과목〉 유통상식		〈2과목〉 판매 및 고객관리	

1	① ② ③ ④ ⑤	11	① ② ③ ④ ⑤	21	① ② ③ ④ ⑤	31	① ② ③ ④ ⑤	41	① ② ③ ④ ⑤
2	① ② ③ ④ ⑤	12	① ② ③ ④ ⑤	22	① ② ③ ④ ⑤	32	① ② ③ ④ ⑤	42	① ② ③ ④ ⑤
3	① ② ③ ④ ⑤	13	① ② ③ ④ ⑤	23	① ② ③ ④ ⑤	33	① ② ③ ④ ⑤	43	① ② ③ ④ ⑤
4	① ② ③ ④ ⑤	14	① ② ③ ④ ⑤	24	① ② ③ ④ ⑤	34	① ② ③ ④ ⑤	44	① ② ③ ④ ⑤
5	① ② ③ ④ ⑤	15	① ② ③ ④ ⑤	25	① ② ③ ④ ⑤	35	① ② ③ ④ ⑤	45	① ② ③ ④ ⑤
6	① ② ③ ④ ⑤	16	① ② ③ ④ ⑤	26	① ② ③ ④ ⑤	36	① ② ③ ④ ⑤		
7	① ② ③ ④ ⑤	17	① ② ③ ④ ⑤	27	① ② ③ ④ ⑤	37	① ② ③ ④ ⑤		
8	① ② ③ ④ ⑤	18	① ② ③ ④ ⑤	28	① ② ③ ④ ⑤	38	① ② ③ ④ ⑤		
9	① ② ③ ④ ⑤	19	① ② ③ ④ ⑤	29	① ② ③ ④ ⑤	39	① ② ③ ④ ⑤		
10	① ② ③ ④ ⑤	20	① ② ③ ④ ⑤	30	① ② ③ ④ ⑤	40	① ② ③ ④ ⑤		

부정행위자 처리안내

시험중 다음과 같은 행위를 하는 자는 유통산업발전법시행령 규정에 의거 답해시험을 중지 또는 무효로 하고 당해 시험일로부터 3년간 시험응시자격이 정지됩니다.

· 시험과 관련된 대화를 하는 자, 시험문제지 및 답안지를 교환하는 자, 대리시험을 치르는 자 및 치르게 한 자
· 시험문제 내용과 관련된 물건을 소지, 사용하거나 주고 받은 자
· 기타 부정 또는 불공정한 방법으로 시험을 치르는 자

[이 답안지는 마킹연습용 모의답안지입니다.]

유통관리사 3급 자격시험 모의답안지
(1문항 ~ 45문항)

답 안 표 기 란

〈1과목〉 유통상식

번호	1	2	3	4	5
1	①	②	③	④	⑤
2	①	②	③	④	⑤
3	①	②	③	④	⑤
4	①	②	③	④	⑤
5	①	②	③	④	⑤
6	①	②	③	④	⑤
7	①	②	③	④	⑤
8	①	②	③	④	⑤
9	①	②	③	④	⑤
10	①	②	③	④	⑤
11	①	②	③	④	⑤
12	①	②	③	④	⑤
13	①	②	③	④	⑤
14	①	②	③	④	⑤
15	①	②	③	④	⑤
16	①	②	③	④	⑤
17	①	②	③	④	⑤
18	①	②	③	④	⑤
19	①	②	③	④	⑤
20	①	②	③	④	⑤
21	①	②	③	④	⑤
22	①	②	③	④	⑤
23	①	②	③	④	⑤
24	①	②	③	④	⑤
25	①	②	③	④	⑤
26	①	②	③	④	⑤
27	①	②	③	④	⑤
28	①	②	③	④	⑤
29	①	②	③	④	⑤
30	①	②	③	④	⑤

〈2과목〉 판매 및 고객관리

번호	1	2	3	4	5
31	①	②	③	④	⑤
32	①	②	③	④	⑤
33	①	②	③	④	⑤
34	①	②	③	④	⑤
35	①	②	③	④	⑤
36	①	②	③	④	⑤
37	①	②	③	④	⑤
38	①	②	③	④	⑤
39	①	②	③	④	⑤
40	①	②	③	④	⑤
41	①	②	③	④	⑤
42	①	②	③	④	⑤
43	①	②	③	④	⑤
44	①	②	③	④	⑤
45	①	②	③	④	⑤

부정행위자 처리안내

시험중 다음과 같은 행위를 하는 자는 유통산업발전법시행령 규정에 의거 당해시험을 중지 또는 무효로 하고 당해
시험시행일로부터 3년간 시험응시자격이 정지됩니다.
- 시험과 관련된 대화를 하는 자, 시험문제지 및 답안지 교환자, 타인의 답안지 및 문제지를 보고 답안을 작성하는
  자, 대리시험을 치르는 자 및 치르게 한 자
- 시험문제 내용과 관련된 물건을 소지, 사용하거나 주고 받은 자
- 기타 부정 또는 불공정한 방법으로 시험을 치른 자

※ 결표 시 자기	※감독위원은 결 시자만 표기하 십시오. *수험자는 표기하 지 마십시오.

문제지 형별	A형	Ⓐ
	B형	Ⓑ

※ 감독위원 확인		*감독위원 서명이 없으면 무효 처리됩니다.

성명	성명
주민등록번호	주민등록번호
종목급	종목급

- 인적사항(성명, 주민등록번호, 종목등급, 수험번호)이 잘못 인쇄되었을 경우에는 답안지에 정정하지 마시고 감독관과 보고서의 인적상이자란에을에 정정 내용을 기록하시기 바랍니다.
- 답안작성은 컴퓨터용 사인펜을 사용하지 않으면 실격 처리됩니다.
- 답안작성 유의사항
  ① 필기구는 반드시 흑색 사인펜만을 사용할 것
  ② 응시번호는 숫자로 기재하고 해당란에 마킹할 것
  ③ 문제지 형별란은 문제지 표지에 표시된 형별을 마킹할 것
  ④ 정답을 2개이상 마킹하거나, 정정, 잘못 마킹한 경우에는 해당 문항을 무효로 처리함
  ⑤ 감독위원 날인이 없는 답안지는 무효 처리됨

응 시 번 호						
0	⓪	⓪	⓪	⓪	⓪	⓪
1	①	①	①	①	①	①
2	②	②	②	②	②	②
3	③	③	③	③	③	③
4	④	④	④	④	④	④
5	⑤	⑤	⑤	⑤	⑤	⑤
6	⑥	⑥	⑥	⑥	⑥	⑥
7	⑦	⑦	⑦	⑦	⑦	⑦
8	⑧	⑧	⑧	⑧	⑧	⑧
9	⑨	⑨	⑨	⑨	⑨	⑨

유통관리사 3급 자격시험 모의답안지

(1문항 ~ 45문항)

※ 감독위원 확인
*감독위원 서명이 없으면 무효 처리됩니다.

	성명	서명
성명		
주민등록번호		
종목등급		

※ 결시자
*감독위원 결시자의 성명표기 확인후, *수험자는 표기하지 마십시오.

문제지 유형		
A형	Ⓐ	
B형	Ⓑ	

※ 수험번호

0	⓪	⓪	⓪	⓪	⓪	⓪	⓪	⓪
1	①	①	①	①	①	①		
2	②	②	②	②	②	②	②	
3	③	③	③	③	③	③	③	
4	④	④	④	④	④	④	④	
5	⑤	⑤	⑤	⑤	⑤	⑤	⑤	
6	⑥	⑥	⑥	⑥	⑥	⑥	⑥	
7	⑦	⑦	⑦	⑦	⑦	⑦	⑦	
8	⑧	⑧	⑧	⑧	⑧	⑧	⑧	
9	⑨	⑨	⑨	⑨	⑨	⑨	⑨	

● 인적사항(성명, 주민등록번호, 종목등급, 수험번호)이 잘못 인쇄되었을 경우에는 담당자에게 정정하지 마시고 감독관과 보고서의 인적자이자현황에 정정 내용을 기록하시기 바랍니다.

● 답안작성은 컴퓨터용 사인펜만 사용하며 않으면 실격 처리됩니다.

● 답안작성 유의사항
① 필기구는 반드시 흑색 사인펜만을 사용할 것
② 응시번호는 숫자를 기재하고 해당란에 마킹할 것
③ 문제지 해당란은 문제지 표지에만 마킹할 것
④ 정답을 2개이상 마킹하거나, 정정, 정답란에는 해당 문항을 무효로 처리됨
⑤ 감독위원 날인이 없는 답안지는 무효 처리됨

답 안 표 기 란

〈1과목〉 유통상식

1	① ② ③ ④ ⑤	11	① ② ③ ④ ⑤	21	① ② ③ ④ ⑤	31	① ② ③ ④ ⑤	41	① ② ③ ④ ⑤
2	① ② ③ ④ ⑤	12	① ② ③ ④ ⑤	22	① ② ③ ④ ⑤	32	① ② ③ ④ ⑤	42	① ② ③ ④ ⑤
3	① ② ③ ④ ⑤	13	① ② ③ ④ ⑤	23	① ② ③ ④ ⑤	33	① ② ③ ④ ⑤	43	① ② ③ ④ ⑤
4	① ② ③ ④ ⑤	14	① ② ③ ④ ⑤	24	① ② ③ ④ ⑤	34	① ② ③ ④ ⑤	44	① ② ③ ④ ⑤
5	① ② ③ ④ ⑤	15	① ② ③ ④ ⑤	25	① ② ③ ④ ⑤	35	① ② ③ ④ ⑤	45	① ② ③ ④ ⑤
6	① ② ③ ④ ⑤	16	① ② ③ ④ ⑤	26	① ② ③ ④ ⑤	36	① ② ③ ④ ⑤		
7	① ② ③ ④ ⑤	17	① ② ③ ④ ⑤	27	① ② ③ ④ ⑤	37	① ② ③ ④ ⑤		
8	① ② ③ ④ ⑤	18	① ② ③ ④ ⑤	28	① ② ③ ④ ⑤	38	① ② ③ ④ ⑤		
9	① ② ③ ④ ⑤	19	① ② ③ ④ ⑤	29	① ② ③ ④ ⑤	39	① ② ③ ④ ⑤		
10	① ② ③ ④ ⑤	20	① ② ③ ④ ⑤	30	① ② ③ ④ ⑤	40	① ② ③ ④ ⑤		

〈2과목〉 판매 및 고객관리

부정행위 처리안내

시험중 다음과 같은 행위를 하는 자는 유통산업발전법시행령 규정에 의거 당해시험을 중지 또는 무효로 하고 당해

• 시험과 관련된 물건을 3년간 시험응시자격이 정지됩니다.
• 시험과 관련된 대화를 하는 자, 시험문제지 및 답안지 교환자, 타인의 답안지 및 문제지를 보고 답안을 작성하는 자, 대리시험을 치르는 자 치르게 한 자
• 시험문제 내용과 관련된 물건을 소지, 사용하거나 주고 받은 자
• 기타 부정 또는 불공정한 방법으로 시험을 치른 자

유통관리사 3급 자격시험 모의답안지
(1문항 ~ 45문항)

*감독위원 서명이 없으면 무효 처리됩니다.

	성 명
성 명	
주민등록번호	
종목등급	

※ 표기	*감독위원은 결 시자만 표기하 십시오.
결시자	*수험자는 표기하 지 마십시오.

문제지 형별	Ⓐ 형 A
	Ⓑ 형 B

응시번호							
0	⓪	⓪	⓪	⓪	⓪	⓪	⓪
1	①	①	①	①	①	①	①
2	②	②	②	②	②	②	②
3	③	③	③	③	③	③	③
4	④	④	④	④	④	④	④
5	⑤	⑤	⑤	⑤	⑤	⑤	⑤
6	⑥	⑥	⑥	⑥	⑥	⑥	⑥
7	⑦	⑦	⑦	⑦	⑦	⑦	⑦
8	⑧	⑧	⑧	⑧	⑧	⑧	⑧
9	⑨	⑨	⑨	⑨	⑨	⑨	⑨

● 인적사항(성명, 주민등록번호, 종목등급, 수험번호)이 잘못 인쇄되었을 경우에는 답안지에 정정하지 마시고 감독결과 보고서의 인적상이자현황에 정정 내용을 기록하시기 바랍니다.

● 답안작성은 컴퓨터용 사인펜을 사용하시고 지정된 사인펜을 사용하지 않으면 실격 처리됩니다.

● 답안작성 유의사항
① 필기구는 반드시 흑색 사인펜만을 사용할 것
② 응시번호는 숫자로 기재하고 해당란에 마킹할 것
③ 문제지 형별란에 문제지 표지의 형별을 마킹할 것
④ 정답을 2개이상 마킹하거나, 정정, 잘못 마킹한 경우에는 해당 문항을 무효로 처리됨
⑤ 감독위원 날인이 없는 답안지는 무효 처리됨

부정행위자 처리안내

시험중 다음과 같은 행위를 하는 자는 유통산업발전법시행령 규정에 의거 당해시험을 중지 또는 무효로 하고 당해 시험시행일로부터 3년간 시험응시자격이 정지됩니다.

• 시험과 관련된 대화를 하는 자, 시험문제지 및 답안지를 교환하는 자
• 시험 도중 다른 수험자의 답안지 및 문제지를 보고 답안을 작성하는 자, 대리시험을 치르는 자 및 치르게 한 자
• 시험문제 내용과 관련된 물건을 소지, 사용하거나 주고 받은 자
• 기타 부정 또는 불공정한 방법으로 시험을 치른 자

답안 표기란

	〈1과목〉 유통상식						〈2과목〉 판매 및 고객관리										
1	① ② ③ ④ ⑤	11	① ② ③ ④ ⑤	21	① ② ③ ④ ⑤	31	① ② ③ ④ ⑤	41	① ② ③ ④ ⑤
2	① ② ③ ④ ⑤	12	① ② ③ ④ ⑤	22	① ② ③ ④ ⑤	32	① ② ③ ④ ⑤	42	① ② ③ ④ ⑤
3	① ② ③ ④ ⑤	13	① ② ③ ④ ⑤	23	① ② ③ ④ ⑤	33	① ② ③ ④ ⑤	43	① ② ③ ④ ⑤
4	① ② ③ ④ ⑤	14	① ② ③ ④ ⑤	24	① ② ③ ④ ⑤	34	① ② ③ ④ ⑤	44	① ② ③ ④ ⑤
5	① ② ③ ④ ⑤	15	① ② ③ ④ ⑤	25	① ② ③ ④ ⑤	35	① ② ③ ④ ⑤	45	① ② ③ ④ ⑤
6	① ② ③ ④ ⑤	16	① ② ③ ④ ⑤	26	① ② ③ ④ ⑤	36	① ② ③ ④ ⑤		
7	① ② ③ ④ ⑤	17	① ② ③ ④ ⑤	27	① ② ③ ④ ⑤	37	① ② ③ ④ ⑤		
8	① ② ③ ④ ⑤	18	① ② ③ ④ ⑤	28	① ② ③ ④ ⑤	38	① ② ③ ④ ⑤		
9	① ② ③ ④ ⑤	19	① ② ③ ④ ⑤	29	① ② ③ ④ ⑤	39	① ② ③ ④ ⑤		
10	① ② ③ ④ ⑤	20	① ② ③ ④ ⑤	30	① ② ③ ④ ⑤	40	① ② ③ ④ ⑤		

유통관리사 2급

합격을 꿈꾸는 수험생에게

정성을 다해 만든 유통관리사 2급 도서들을
꿈을 향해 도전하는 수험생 여러분들께 드립니다.

P.S. 단계별 교재를 선택하기 위한 팁!

한권으로 끝내기

시험의 중요개념과 핵심
이론을 파악하고 기초를
잡고 싶은 수험생

시험에 출제되는 핵심이론
부터 필수기출문제, 시험장
에서 보는 최빈출 필기노트
까지 한권에 담았습니다.

동영상 강의 교재

▶

단기완성

시험에 자주 출제된 필수
이론 위주로 학습하고
싶은 수험생!

실제 기출문제 출제경향을
완벽 분석하여 엄선한 핵심
유형이론과 유형별 기출문제
를 담았습니다.

▶

기출문제해설

최근 기출문제와 상세한
해설을 통해 학습내용을
확인하고 실전감각을
키우고 싶은 수험생!

시험 준비 마무리 단계에
서 알찬 해설을 통해 중요개
념 정리부터 공부 방향까지
한 번에 잡을 수 있습니다.

유통관리사 합격!

시대에듀와 함께라면 문제없습니다.

물류관리사

합격을 꿈꾸는 수험생에게

물류관리사 자격시험의 합격을 위해 정성을 다해 만든 물류관리사 도서들을
꿈을 향해 도전하는 수험생 여러분들께 드립니다.

P.S. 단계별 교재를 선택하기 위한 팁!

한권으로 끝내기

이론 파악으로
기본다지기

핵심이론부터 실전문제까지
차근차근 학습하며
기초를 잡고 싶은 수험생

시험에 출제되는 핵심이론부터
키워드별 기출유형문제와 최근에
시행된 기출문제까지 한권에 담았
습니다.

동영상 강의 교재

▶

단기완성
핵심요약집

초단기
합격 PROJECT

시험에 출제된 필수 핵심이론을
테마별로 체계적으로 정리하여
단기간에 합격하고 싶은 수험생

실제 시험에 출제된 중요이론을
압축하여 테마별로 수록하였습
니다.

▶

5개년 첨삭식
기출문제해설

기출문제 정복으로
실력다지기

최신 기출문제와 상세한 첨삭식
해설을 통해 학습내용을 확인하고
실전감각을 키우고 싶은 수험생

최근 5개년 기출문제를 상세한
첨삭식 해설과 함께 한권에 담았
습니다.

물류관리사 합격!

시대에듀와 함께라면 문제없습니다.

나는 이렇게 합격했다

자격명: 위험물산업기사
구분: 합격수기
작성자: 배*상

나는 할수있다
69년생 50중반 직장인 입니다. 요즘
자격증을 2개정도는 가지고 입사하는 젊은친구들에게
일을시키고 지시하는 역할이지만 정작 제자신에게 부족한점
이많다는것을느꼈기 때문에 자격증을따야겠다고
결심했습니다. 처음 시작할때는 과연되겠
냐?하는 의문과 걱정 이 한가득이었지만
시대에듀 인강 을 우연히접하게
되었고 잘차려 진밥상과 같은 커
리큘럼은 뒤늦게 시 작한 늦깍이 수험 생이었던 저를
합격의 길 로 인도해주었습니다. 직장생활을
하면서 취득했기에 더욱 기뻤습니다.
감사합니다!

합격은 시대에듀

♥

당신의 합격 스토리를 들려주세요.
추첨을 통해 선물을 드립니다.